EUROPA LEHRMITTEL

EUROPA-FACHBUCHREIHE
für wirtschaftliche Bildung

PRÜFUNGSVORBEREITUNG AKTUELL

FÜR

KAUFFRAU/KAUFMANN IM EINZELHANDEL

ABSCHLUSSPRÜFUNG

GESTRECKTES PRÜFUNGSVERFAHREN

GESAMTPAKET

16. AUFLAGE

VERLAG EUROPA-LEHRMITTEL • Nourney, Vollmer GmbH & Co. KG
Düsselberger Straße 23 • 42781 Haan-Gruiten

EUROPA-Nr.: 74704

Verfasser:
Dipl.-Hdl. Gerhard Colbus, Studiendirektor, Weihmichl

16. Auflage 2019

Druck 5 4 3 2 1

ISBN 978-3-8085-2552-4

Satz: Gerhard Colbus, 84107 Weihmichl
Druck: mediaprint solutions GmbH, 33100 Paderborn

Vorbemerkungen

Das vorliegende Buch wurde zur 16. Auflage überarbeitet und und der neuen Ausbildungsordung von 2017 angepasst. Das Buch ist abgestimmt auf den Ausbildungsberuf „Kaufmann im Einzelhandel/Kauffrau im Einzelhandel". Es entspricht den bundesweit einheitlichen Prüfungsanforderungen und deckt mit nahezu 2 200 Aufgaben den gesamten Prüfungsstoff ab.
Der inhaltliche Aufbau richtet sich nach dem aktuellen **Prüfungskatalog von 2017** und berücksichtigt das durchgeführte **„gestreckte Prüfungsverfahren"**.
Teil I bietet ca. **1 670** Übungsaufgaben zum **1. Prüfungsabschnitt des gestreckten Prüfungsverfahrens**, der gewöhnlich zum Ende des zweiten Ausbildungsjahres stattfindet, und ist gegliedert in die drei Prüfungsfächer **„Verkauf und Werbemaßnahmen"**, **„Warenwirtschaft und Kalkulation"** sowie **„Wirtschafts- und Sozialkunde"**. Da das Fach „Verkauf und Werbemaßnahmen" offen, das heißt in ungebundener Form geprüft wird, finden Sie über 300 Aufgaben, eingebunden in **28 Situationen.**
Teil II bietet in **46 Situationen** ca. **500 offene Aufgaben** zur Vorbereitung auf das Prüfungsfach **„Geschäftsprozesse im Einzelhandel"**, das im **2. Prüfungsabschnitt** zum Ende der Ausbildung ebenfalls in **ungebundener** Form geprüft wird.
Die gebundenen Aufgaben sind in kammerüblicher Frageform (auch zusammenhängend und handlungsorientiert) gehalten und nach Themenbereichen geordnet. Die einzelnen Wissensgebiete werden durch vielfältige Fragestellungen hinterfragt, sodass das Einüben des Lernstoffes schematisiert und damit erleichtert wird.

Die verschiedenen Aufgabentypen verlangen neben der schriftlichen Beantwortung der offenen Fragen entweder das Ankreuzen einer oder mehrerer Antworten, das Übertragen von Lösungsbuchstaben, das Aufstellen von logischen Reihenfolgen oder auch das Berechnen der Ergebnisse. Bei den Reihenfolgeaufgaben ist darauf zu achten, dass die richtige Reihenfolge in den Kästchen **vor** den einzelnen Arbeitsschritten einzutragen ist (siehe Beispiel).

Beispiel einer Reihenfolgeaufgabe:

Bringen Sie folgende Tätigkeiten zur Neueinstellung von Mitarbeitern in die richtige Reihenfolge.

[5] Arbeitsvertrag
[1] Stellenangebot im Anzeigenteil der Regionalpresse
[4] Bewerbungsgespräch (Vorstellungsgespräch)
[2] Lesen einer Anzeige bei den Stellenangeboten
[3] Bewerbungsschreiben mit Bewerbungsunterlagen an angegebene Adresse richten

Die Lösung (im Lösungsteil mit **5-1-4-2-3** angegeben) ist von oben nach unten in die Kästchen zu übertragen, sodass die **1** bei „Stellenangebot im Anzeigenteil der Regionalpresse" steht usw.

Bei der Erstellung des vorliegenden Übungsbuches wurde mit großer Sorgfalt gearbeitet. Dennoch können bei dieser Vielzahl von Aufgaben Fehler nicht völlig ausgeschlossen werden. Verlag und Autor können deshalb keine juristische Verantwortung und auch keinerlei Haftung übernehmen. Sollten Ihnen Unstimmigkeiten auffallen, ist der Autor für eine kurze Nachricht unter info@bvc-colbus.de dankbar.

Vielen Dank.

Im Sommer 2019

Autor und Verlag

INHALTSÜBERSICHT

TEIL I

VERKAUF UND WERBEMASSNAHMEN OFFENE AUFGABEN

WARENWIRTSCHAFT UND KALKULATION

WIRTSCHAFTS- UND SOZIALKUNDE

TEIL II

GESCHÄFTSPROZESSE IM EINZELHANDEL OFFENE AUFGABEN

ANHANG

LÖSUNGEN

PRÜFUNGSVORBEREITUNG AKTUELL

FÜR

Kauffrau/Kaufmann im Einzelhandel

GESTRECKTES PRÜFUNGSVERFAHREN

TEIL I

Verkauf und Werbemaßnahmen
Warenwirtschaft und Kalkulation
Wirtschafts- und Sozialkunde

GESTRECKTES PRÜFUNGSVERFAHREN

TEIL I

PRÜFUNGSFÄCHER

PRÜFUNGSVORBEREITUNG AKTUELL

FÜR

Kauffrau/Kaufmann im Einzelhandel

PRÜFUNGSFACH

VERKAUF UND WERBEMASSNAHMEN

VERKAUF UND WERBEMASSNAHMEN

SITUATIONSAUFGABEN

Sie arbeiten im Warenhaus Peter Kolb OHG.

Unternehmensbeschreibung

Name:	Peter Kolb OHG
Geschäftssitz:	Luitpoldstr. 56, 84034 Landshut
Betriebsform:	Kauf- und Warenhaus
Handelsregister:	Landshut, HRA 9991
Umsatzsteueridentnummer:	DE 998877665
Mitarbeiter:	150, davon 22 Auszubildende
Geschäftsführer lt. Gesellschaftervertrag:	Peter Kolb sen.
Bankverbindung:	Sparkasse Landshut IBAN: DE70 7435 0000 0000 0123 45 BIC: BYLADEM1LAH

I. WAREN- UND DIENSTLEISTUNGSANGEBOT

SITUATION 1

Das Warenhaus Peter Kolb OHG führt ein sehr umfangreiches Sortiment. In einer Mitarbeiterbesprechung werden sortimentspolitische Fragen erörtert. Auch Sie werden aufgefordert, sich an sortimentspolitischen Entscheidungen zu beteiligen.

1. Aufgabe

Bringen Sie die folgenden sortimentspolitischen Begriffe in einen logischen Aufbau: Artikel - Sortiments- bzw. Warenbereich - Warenart - Warengruppe. Beginnen Sie in der ersten Zeile mit dem Oberbegriff. Geben Sie dazu ein erläuterndes Beispiel aus Ihrer Branche (Abteilung).

Sortimentsgliederung	Beispiel aus Ihrer Abteilung (Branche)

2. Aufgabe

Eine Abteilung des Warenhauses Peter Kolb OHG führt u. a. die unten aufgeführten Artikel. Mit welchen passenden Oberbegriffen könnte diese Warengruppe zusammengefasst werden? Geben Sie zwei Vorschläge.

Artikelbezeichnungen	Lösungsvorschläge
Babystrampler Kinderspielzeug Nahrung für Kleinkinder Spezielle Pflegemittel für Kinder Sonnencrems für Kinder Babyschuhe Kinderwagen	

3. Aufgabe

Erklären Sie die folgenden Sortimentsbegriffe und geben Sie Beispiele:

Breites Sortiment	
Tiefes Sortiment	
Schmales Sortiment	
Flaches Sortiment	

4. Aufgabe
Um welche Art der Sortimentsführung handelt es sich bei den grafischen Darstellungen? Nennen Sie Betriebsformen, deren Sortiment in etwa den Darstellungen entspricht.

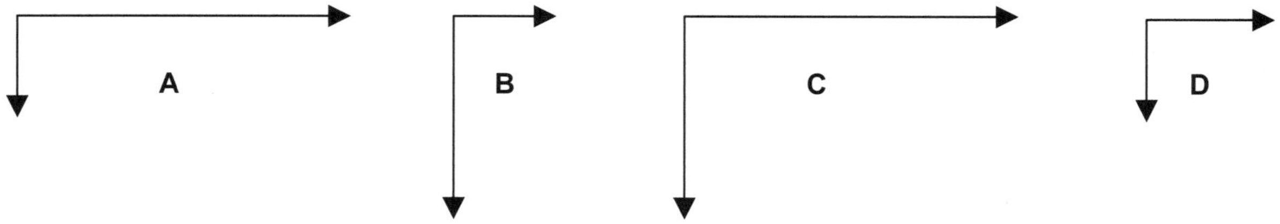

A	
B	
C	
D	

5. Aufgabe
Nur selten bleibt ein Sortiment über längere Zeit unverändert. So ist es auch beim Warenhaus Kolb OHG. Nennen Sie Gründe, die eine Anpassung des Sortiments an veränderte Bedingungen erfordern.

Gründe		

6. Aufgabe
Das Warenhaus Peter Kolb OHG führt ein Vollsortiment. Erläutern Sie diesen Begriff.

Vollsortiment	

7. Aufgabe
Neben dem Kernsortiment führt das Warenhaus Peter Kolb OHG auch ein Randsortiment. Erläutern Sie diese beiden Begriffe.

Kernsortiment	
Randsortiment	

8. Aufgabe

Mehrere Artikel sind neu in Ihr Sortiment aufgenommen worden. Sie wollen sich über diese Artikel informieren. Welche Informationsquellen können Sie dazu heranziehen?

9. Aufgabe

Ihnen fallen die folgenden Zeichen auf der Verpackung der neuen Produkte auf. Welche Zeichen sind das und wie ist ihre Bedeutung?

umweltfreundlich weil runderneuert		
Wollsiegel Reine Schurwolle		
CE		
DER GRÜNE PUNKT		

10. Aufgabe

In der Lebensmittelabteilung des Warenhauses Peter Kolb OHG werden verschiedene Rotweine geführt. Das Warenwirtschaftssystem liefert folgenden Ausdruck:

RENNER-/PENNERLISTE - Auswertung für Monat September - Rotwein, ausländisch							
Anbauland	**Bezeichnung**	**Verkaufspreis**	**Bestellmenge**	**Aktueller Bestand**	**Monatsabsatz**	**Monatsumsatz**	**Rohgewinn**
Australien	Rosemount Estate, Jigsaw Red	5,99	1800	180	3240	19.407,60	194,08
Kalifornien	Woodbridge Merlot Robert Mondavi	7,99	1200	0	1200	9.588,00	1.917,60
Frankreich	Pennautier, Vin de Pays d`Òc Syrah	3,99	750	240	510	2.034,90	406,98
Frankreich	Ch. Mont-Redon AC Cotes du Rhone	8,99	420	240	240	2.157,60	539,40
Italien	Primitivo di Manduria Giravolta Pozzopalo DOC	13,99	120	95	25	349,75	139,90
Frankreich	Cum Laude Sant'Antimo DOC	15,99	120	100	20	319,80	127,92
Portugal	Peninsula tinto Vinho	11,99	150	150	0	0,00	0,00

Warum wird diese Liste als RENNER-/PENNER-LISTE bezeichnet? Erläutern Sie dies kurz mit Hilfe der in der Liste abgedruckten Zahlen.

Renner	
Penner	

11. Aufgabe

Der französische Wein Cum Laude Sant'Àntimo DOC wurde zwar nur 20-mal verkauft, gehört also auch noch in gewisser Weise zu den „Pennern". Warum will das Warenhaus Peter Kolb OHG diesen Wein dennoch im Sortiment behalten?

12. Aufgabe

Die Lebensmittelabteilung des Warenhauses Peter Kolb OHG möchte den ausgezeichneten französischen Wein Cum Laude Sant'Animo DOC (siehe vorherige Aufgabe) besser verkaufen. Machen Sie zwei Vorschläge, wie dies gelingen könnte.

SITUATION 2

Eine Kundenstudie ergab, dass die individuellen Sonderwünsche der Kunden in letzter Zeit zugenommen haben. Das Warenhaus Peter Kolb OHG will mit seiner Sortimentspolitik auf die veränderte Situation reagieren, damit die künftigen Absatzchancen gesteigert werden können.

1. Aufgabe
Welche Aufgaben hat die Sortimentspolitik?

2. Aufgabe
Welche Maßnahmen gehören zur Sortimentspolitik? Erläutern Sie diese.

3. Aufgabe
Welche Vor- und Nachteile sind mit einem tiefen Sortiment verbunden?

4. Aufgabe
Innerhalb der Geschäftsleitung der Peter Kolb OHG ergibt sich eine Diskussion, ob eine Sortimentsbereinigung durchgeführt werden, oder ob man das bisherige Sortiment erweitern soll. Für beide Ansichten gibt es Argumente. Nennen Sie jeweils zwei.

5. Aufgabe
Aus welchen Gründen wird neben dem Kernsortiment noch ein Randsortiment geführt?

6. Aufgabe
Erläutern Sie den Begriff Kommissionsgüter und beurteilen Sie das Vorhaben, zunächst verstärkt Kommissionsware in das Sortiment aufzunehmen.

7. Aufgabe
Eine Maßnahme innerhalb der Sortimentspolitik ist die Produktdiversifikation. Erläutern Sie knapp diesen Begriff und geben Sie ein Beispiel.

SITUATION 3

Unlängst war in „WELT-ONLINE“ zu lesen:

Nach Einschätzung eines Hamburger Professors stehen Handelsunternehmen aufgrund des demografischen Wandels vor einem Umbruch. „Die Überalterung der Gesellschaft schreitet voran, wir sind länger alt als jung“, so sagte der Professor für Kommunikationsdesign am Montag. Ferner seien ältere Käuferschichten heute wohlhabender als jüngere....

1. Aufgabe
Nennen Sie drei Gründe, warum ältere Menschen als Kunden für den Einzelhandel immer wichtiger werden.

2. Aufgabe
Das Warenhaus Peter Kolb OHG will sein Sortiment diesen demografischen Veränderungen anpassen. Welche Veränderungen halten Sie für sinnoll? Machen Sie vier Vorschläge.

3. Aufgabe
Welche Änderung im Verkaufsraum würden Sie vorschlagen, wenn die Kundengruppe „Senioren“ spezifisch angesprochen und auf Dauer gewonnen werden soll? Machen Sie vier Vorschläge.

4. Aufgabe
Ältere Kunden legen auch mehr Wert auf Service. Worauf sollte das Serviceangebot des Warenhauses Peter Kolb OHG auf keinen Fall verzichten?

5. Aufgabe

Das Warenhaus Peter Kolb OHG beabsichtigt, das Verkaufspersonal in Weiterbildungsschulungen auf den kundengerechten Umgang mit älteren Menschen vorzubereiten. Wie kann die Kundenberatung den Anforderungen bzw. Bedürfnissen älterer Kunden gerecht werden? Nennen Sie drei Beispiele.

6. Aufgabe

Nennen Sie vier Beispiele für seniorengerechte Produkte und begründen Sie, warum Sie gerade diese Produkte empfehlen.

7. Aufgabe

Sie haben beobachtet, dass ältere Kunden öfter bei ihren Kaufentscheidungen unentschlossen wirken. Machen Sie drei Vorschläge, wie Sie diesen Kunden behilflich sein können.

8. Aufgabe

Warum zögern ältere Menschen besonders beim Kauf von technischen Geräten wie Handys oder Laptops? Nennen Sie vier Gründe. Zeigen Sie am Beispiel eines Handykaufs, wie Sie bei der Beratung vorgehen.

9. Aufgabe

Beim Gespräch mit einer Kassiererin erfahren Sie, dass gerade ältere Menschen lieber mit Bargeld zahlen. Haben Sie eine Erklärung dafür?

SITUATION 4

Das Warenhaus Peter Kolb OHG legt Wert darauf, dass die Mitarbeiter die geführten Waren gut kennen. Denn nur so ist es möglich, dem Kunden deren Vorteile überzeugend darzustellen.

1. Aufgabe
Um sich das nötige Wissen über die Waren zu beschaffen, gibt es mehrere Möglichkeiten. Nennen Sie 5 Informationsquellen, die Sie nutzen können, um Ihre Warenkenntnisse zu verbessern.

2. Aufgabe
Eine wichtige Informationsquelle sind Messen und Ausstellungen. Nennen Sie Gründe, warum der Besuch solcher Veranstaltungen sinnvoll ist.

3. Aufgabe
Die naheliegendste Art und Weise sich Warenkenntnisse über die vorhandenen Waren zu beschaffen ist, dass man sich mit der Ware beschäftigt. Beschreiben Sie, welche Kenntnisse Sie sich so aneignen können? Geben Sie ein Bespiel.

4. Aufgabe
Oft hilfreich für die Informationsbeschaffung sind die Kammern (IHK) und Fachverbände. Welche Möglichkeiten bieten diese Institutionen?

5. Aufgabe
Viele Informationen, die für die Verkaufsargumentation unerlässlich sind, sind nicht unbedingt aus der Ware selbst ersichtlich. Nennen Sie Beispiele, wie Sie dennoch in Ihrem Umfeld zu solch wichtigen Informationen kommen können.

6. Aufgabe
Eine umfassende Informationsquelle ist natürlich das Internet. Welche Vor- und Nachteile hat die Inforationsbeschaffung im Netz ?

7. Aufgabe
Nun gilt es, die erworbenen Warenkenntnisse erfolgswirksam im Verkaufsgespräch anzuwenden. Das Warenwissen muss in eine kundengerechte Sprache umgesetzt werden. Ein wichtiges Hilfsmittel dazu ist der Warenbeschreibungsbogen. Erläutern Sie kurz Zweck und Aufbau eines solchen Bogens und geben Sie ein praktisches Beispiel.

SITUATION 5

In der Führungsspitze des Warenhauses Peter Kolb OHG macht man sich Gedanken, wie man mehr Kunden an das Unternehmen binden und weitere Stammkunden dazu gewinnen kann. Gerade die Konsumflaute der letzten 10 Jahre erfordert ein Umdenken. Da die Warenangebote bei vielen Mitbewerbern ähnlich sind, kommt man zu dem Schluss, dass im Servicebereich die Chance liegt, sich von der Konkurrenz abzuheben.

1. Aufgabe
Was verstehen Sie unter Serviceleistungen im Einzelhandel?

2. Aufgabe
Das Warenhaus Peter Kolb OHG will zusätzlich zu den selbstverständlichen Serviceleistungen dem Kunden weitere Dienste anbieten. Man ist sich natürlich darüber im Klaren, dass ein all umfassendes Servicenetz finanziell und organisatorisch nicht realisierbar ist. Also muss eine passende Auswahl getroffen werden. Diese soll sich an den Erwartungen der Kunden orientieren.

2. 1 Nennen Sie Serviceleistungen, die der Kunde als selbstverständlich ansieht.

2.2 Im Rahmen eines Brainstormings werden Überlegungen angestellt, wie man sich im Servicebereich von der Konkurrenz abheben könnte. Ziel ist es, eine Auswahl von kundenorientierten Serviceleistungen anbieten zu können. Zu welchen Überlegungen könnte das Brainstorming in einem ersten Schritt geführt haben?

3. Aufgabe
Welche Ziele werden mit der Verbesserung der Serviceleistungen verfolgt?

4. Aufgabe
Schlagen Sie Serviceleistungen vor, die über das, was Kunden ohnehin erwarten, hinausgehen.

5. Aufgabe
In einer Mitarbeiterschulung wird Ihnen das neue Konzept zu mehr Serviceleistungen vorgestellt. Ziel des Servicegedankens sei die Erbringung einer perfekten Dienstleistung, damit diese dem Kunden in positiver Erinnerung bleibt. Dabei bittet die Unternehmensleitung um Ihre tatkräftige Unterstützung und erwartet neben Freundlichkeit insbesondere auch Zuverlässigkeit, Entgegenkommen, Souveränität und Einfühlungsvermögen. Schildern Sie, worauf es bei diesen geforderten Eigenschaften im Zusammenhang mit den Serviceleistungen besonders ankommt.

Zuverlässigkeit	
Entgegenkommen	
Souveränität	
Einfühlungsvermögen	

6. Aufgabe
Serviceleistungen sind in ihrer Ausrichtung und Zielsetzung unterschiedlich. Worauf können Serviceleistungen ausgerichtet sein und nennen Sie jeweils ein Beispiel.

7. Aufgabe
Serviceleistungen sind mit Kosten verbunden. Wie können sie derart umgesetzt werden, dass die Zielsetzung (siehe Aufgabe 3) auch realisiert werden kann?

8. Aufgabe
Serviceleistungen müssen im Verkaufsgespräch zum richtigen Zeitpunkt einbezogen werden. Wann sollten Sie Serviceleistungen in das Gespräch einbeziehen?

9. Aufgabe
Formulieren Sie Ihr Service-Angebot in den folgenden Situationen in wörtlicher Rede. Denken Sie dabei an den SIE-Stil.

Beispiel	Problem	Service-Angebot
Kundin möchte ein Wandregal kaufen.	Kann nicht montieren.	
Kundin möchte mehrere Getränke für eine Party kaufen.	Hat kein Auto.	
Kunde möchte ein neues Auto kaufen.	Verfügt nicht über die Mittel.	

SITUATION 6

Auf Grund der Konkurrenzsituation wird es für das Warenhauses Peter Kolb OHG immer wichtiger, einmal gewonnene Kunden zu halten und an sich zu binden. Denn gehen Kunden verloren, müssen neue Kunden gewonnen werden, was in der Regel sehr viel teurer ist als - neben den Service-leistungen - weitere Maßnahmen zur Kundenbindung zu ergreifen.

1. Aufgabe
Erläutern Sie den Begriff Kundenbindung.

2. Aufgabe
Kundenbindung setzt Kundenzufriedenheit voraus. Die Grundlagen dazu sind eine faire Preisgestaltung, ein attraktives Sortiment und ein freundliches Personal. Wie kann Ihr Verhalten als Verkäuferin/Verkäufer zu einer Kundenzufriedenheit und damit auch zur Kundenbindung beitragen?

3. Aufgabe
Das Zusenden einer Glückwunschkarte zum Geburtstag oder auch das Eingehen auf ganz induviduelle Wünsche bzw. Bedürfnisse des Kunden sind ebenfalls Maßnahmen, die zur Kundenbindung beitragen. Dazu sind aber kundenspezifische Informationen erforderlich. Was ist in diesem Zusammenhang unter den Begriffen „Database Marketing“ und „Data-Warehouse“ zu verstehen?

4. Aufgabe
Ziel des Warenhauses Peter Kolb OHG ist es auch, bei den Kunden ein Zugehörigkeits- bzw. Gemeinschaftsgefühl zu fördern. Welche Maßnahmen sind dazu geeignet?

5. Aufgabe
Ziel des Warenhauses Peter Kolb OHG ist, dass die Kunden das Unternehmen nicht nur als Einkaufsmöglichkeit, sondern es im Idealfall als „ihr Geschäft“ ansehen. Um diesem Ziel nachzukommen, ist es notwendig, die Beziehungen zu den Kunden systematisch zu überprüfen, regelmäßig zu pflegen und entsprechend auszuwerten.
Wie wird diese Tätigkeit bezeichnet?

6. Aufgabe
Voraussetzung für das CRM ist die Erfassung von Kundendaten, da dann mit speziellen Softwareprogrammen ausgewertet werden. Welche Möglichkeiten bietet das digitale Zeitalter, um Kundendaten zu erfassen?

7. Aufgabe
Wie können per E-Mail Daten auf ihe Aktualität hin überprüft werden?

8. Aufgabe
Kürzlich stieß der Marketingleiter des Warenhauses Peter Kolb OHG auf folgende Internetseite: „So geht Kundenbindung heute. Bringen Sie Ihr Unternehmen auf das Handy Ihres Kunden.“ Angeboten wurde die Einrichtung einer Kundenapp. Welche Vorteile hätte eine Kundenapp für das Warenhaus?

9. Aufgabe
Wo liegen die Vorteile einer Kundenapp für den Kunden?

10. Aufgabe
Die modernen Medien bieten dem Warenhaus Peter Kolb OHG die Möglichkeit in den Sozialen Medien (Social Media) zu präsentieren. Worin sehen Sie den Vorteil der Social Media bezuglich der Kundenbindung?

SITUATION 7

Der Ausbilder des Warenhauses Peter Kolb OHG weiß aus Erfahrung, dass eine gewisse Kundenschicht besonderen Wert legt auf Markenartikel.

1. Aufgabe
Was zeichnet Markenartikel aus?

2. Aufgabe
Ist von Markenartikel die Rede, fällt einem der Werbeslogan „Da weiß man was man hat!“ ein. Was wollen die Hersteller bzw. der Handel damit zum Ausdruck bringen?

3. Aufgabe
Unterscheiden Sie Markenzeichen und Gütezeichen.

Markenzeichen	Gütezeichen

4. Aufgabe
Was ist unter dem Ökolabel zu verstehen und welche Produkte werden damit ausgestattet?

5. Aufgabe
Ein vom Kunden gewünschter Artikel trägt die abgebildete Kennzeichnung. Inwiefern kann dieses Kennzeichen die Kaufentscheidung des Kunden positiv beeinflussen?

6. Aufgabe
Was bedeutet das abgebildeten Zeichen?

7. Aufgabe
Wann handelt es sich um ein Prüfzeichen?

8. Aufgabe

Um welche Prüfzeichen handelt es sich bei den Abbildungen?

II. WARENPRÄSENTATION UND WERBEMASSNAHMEN

SITUATION 8

Das Warenhaus Peter Kolb OHG plant eine Werbekampagne zu starten, in der u. a. auch auf ein neues Servicekonzept hingewiesen werden soll.

1. Aufgabe
Erläutern Sie die Ziele (Aufgaben) der Werbung.

2. Aufgabe
Erläutern Sie kurz die folgenden Begriffe:

Absatzwerbung	
Public Relations	
Sales Promotion	
Visual Merchandising	
Corporate Identity	

3. Aufgabe
Werbemaßnahmen können unterschiedliche Zielsetzungen haben. Erklären Sie die nachstehenden Begriffe:

Einführungswerbung	
Erhaltungswerbung	
Expansionswerbung	
Aktionswerbung	
Imagewerbung	

4. Aufgabe
Werbearten werden unterschieden nach dem
- **Werbeobjekt (Wofür wird geworben?),**
- **Werbetreibenden (Wer wirbt?),**
- **Werbesubjekt (Wer wird umworben?).**

Füllen Sie die nachstehende Übersicht aus, indem Sie anstelle des Fragezeichens entweder den entsprechenden Begriff oder die zutreffende Erläuterung eintragen.

Wofür wird geworben?	**Erläuterungen**
Firmenwerbung	?
Sortimentswerbung	?
?	Der Werbetreibende wirbt für bestimmte Produkte
Wer wirbt?	**Erläuterungen**
Alleinwerbung	?
?	Werbung mehrerer Unternehmen für gemeinsame Ziele, der einzelne Werbetreibende ist nicht erkennbar.
?	Werbung mehrerer Unternehmen für gemeinsame Ziele, der einzelne Werbetreibende ist erkennbar.
Wer wird umworben?	**Erläuterungen**
Direktwerbung	?
?	Diese Werbung soll möglichst viele Menschen ansprechen.

5. Aufgabe
Bevor die Werbekampagne gestartet wird, sind neben dem Werbebudget auch Streukreis, Streuzeit, Streuweg und Streugebiet festzulegen. Erklären Sie diese Begriffe.

Werbebudget	
Streukreis	
Streuzeit	
Streugebiet	
Streuweg	

6. Aufgabe
Unterscheiden Sie Werbemittel und Werbeträger.

Werbemittel	
Werbeträger	

7. Aufgabe
Welche Werbemittel sind für die geplante Werbekampagne des Warenhauses Peter Kolb OHG geeignet? Machen Sie fünf Vorschläge.

8. Aufgabe
Was bedeuten die nachstehenden Grundsätze, die bei Werbeaktionen beachtet werden sollten?

Wahrheit	
Klarheit	
Stetigkeit	
Originalität	
Wirtschaftlichkeit	

9. Aufgabe
Da auch überlegt wird, Plakatwerbung zu betreiben, interessiert es Sie, wie ein Plakat möglichst werbewirksam gestaltet werden kann. Erläutern Sie, worauf es bei der Plakatgestaltung hauptsächlich ankommt. Unterscheiden Sie dabei in Plakate für die Innen- und Außenwerbung.

Plakat für Innenwerbung	
Plakat für Außenwerbung	

10. Aufgabe
Eine Auszubildende schlägt vor, auch ein Gewinnspiel durchzuführen, bei dem alle Kunden mitmachen dürfen, die einen Einkauf im Wert von ab 50,00 € getätigt haben. Sie verspricht sich von dieser Aktion eine bedeutende Umsatzsteigerung, zumal ein attraktiver Preis zu gewinnen ist. Wie ist Ihre Meinung dazu?

11. Aufgabe
Ein Werbefachmann skizziert den Prozess der Werbeplanung und -durchführung wie folgt:

1. **Marketingziele**
2. **Werbeziele**
3. **?**
4. **Festlegung der Werbeobjekte**
5. **Festlegung der Werbesubjekte**
6. **Festlegung der Werbebotschaft**
7. **Auswahl der Werbemittel**
8. **Pretest (Tests, die vor der Schaltung der endgültigen Werbemittel durchgeführt werden, um Hinweise auf den möglichen Werbeerfolg zu erhalten)**
9. **?**
10. **Auswahl der Zeit und Region**
11. **Werbedurchführung**
12. **?**

Ersetzen Sie die Fragezeichen mit jeweils einem der folgenden Begriffe: *Werbekontrolle, Werbeetat, Auswahl der Werbeträger.*

12. Aufgabe
Neben dem ökonomischen Werbeerfolg (z. B. Absatz- bzw. Umsatzsteigerung) gibt es noch andere, die so genannten außerökonomischen Erfolge einer Werbekampagne. Welche Erfolge können durch die Werbung noch erzielt werden?

SITUATION 9

In einer internen Schulung lernen die Auszubildenen des Warenhauses Peter Kolb OHG, dass trotz Marktwirtschaft wettbewerbsrechtliche Vorschriften zu beachten sind.

1. Aufgabe
Um unfairen Wettbewerb zu vermeiden, gibt es gesetzliche Regelungen, die es zu beachten gilt. Welche Vorschriften diesbezüglich sind Ihnen bekannt?

2. Aufgabe
Die Generalklausel des UWG lautet: „Unlautere geschäftliche Handlungen sind unzulässig, wenn sie geeignet sind, die Interessen von Mitbewerbern, Verbrauchern oder sonstigen Marktteilnehmern spürbar zu beeinträchtigen.“ Wer soll demnach durch dieses Gesetz geschützt werden?

3. Aufgabe
Selbst Geld- oder Freiheitsstrafen können bei Verstößen gegen das UWG ausgesprochen werden. In welchen Fällen ist dies denkbar?

4. Aufgabe
Welche Zielsetzung hat das Kartellgesetz?

5. Aufgabe
Nennen Sie einige Beispiele unlauteren Wettbewerbs laut UWG.

6. Aufgabe
Sind die folgenden Werbemaßnahmen erlaubt? Sehen Sie dazu den abgebildeten Gesetzestext.
6.1 Kaufmann A wirbt mit einem Ergebnis der Stiftung Warentest.
6.2 Die Einzelhändler A, B und C führen Orangensaft. Einzelhändler C wirbt: „Überall bekommen Sie O-Saft, bei uns zahlen Sie den niedrigsten Preis!"
6.3 Die Einzelhändler A, B und C führen Orangensaft. Einzelhändler B wirbt: „Überall bekommen Sie O-Saft, bei uns ist er am preiswertesten!"
6.4 „Unser Reparaturservice ist freundlicher als der bei Kaufmann B. Schließlich bekommen Sie bei jeder Reparatur eine Tasse Kaffee".
6.5 In einer Webeanzeige vergleicht Kaufmann A die Preise der eigenen Produkte mit den nur geringfügig höheren Verkaufspreisen des Konkurrenzunternehmens mit dem Vermerk, dass der Mitbewerber „Mondpreise" verlangt.

6.1	
6.2	
6.3	
6.4	
6.5	

6 Vergleichende Werbung

(1) Vergleichende Werbung ist jede Werbung, die unmittelbar oder mittelbar einen Mitbewerber oder die von einem Mitbewerber angebotenen Waren oder Dienstleistungen erkennbar macht.
(2) Unlauter im Sinne von § 3 handelt, wer vergleichend wirbt, wenn der Vergleich

1. *sich nicht auf Waren oder Dienstleistungen für den gleichen Bedarf oder dieselbe Zweckbestimmung bezieht,*
2. *nicht objektiv auf eine oder mehrere wesentliche, relevante, nachprüfbare und typische Eigenschaften oder den Preis dieser Waren oder Dienstleistungen bezogen ist,*
3. *im geschäftlichen Verkehr zu Verwechslungen zwischen dem Werbenden und einem Mitbewerber oder zwischen den von diesen angebotenen Waren oder Dienstleistungen oder den von ihnen verwendeten Kenzeichen führt,*
4. *die Wertschätzung des von einem Mitbewerber verwendeten Kennzeichens in unlauterer Weise ausnutzt oder beeinträchtigt,*
5. *die Waren, Dienstleistungen, Tätigkeiten oder persönlichen oder geschäftlichen Verhältnisse eines Mitbewerbers herabsetzt oder verunglimpft oder*
6. *eine Ware oder Dienstleistung als Imitation oder Nachahmung einer unter einem geschützten Kennzeichen vertriebenen Ware oder Dienstleistung darstellt.*

(3) Bezieht sich der Vergleich auf ein Angebot mit einem besonderen Preis oder anderen besonderen Bedingungen, so sind der Zeitpunkt des Endes des Angebots und, wenn dieses noch nicht gilt, der Zeitpunkt des Beginns des Angebots eindeutig anzugeben. Gilt das Angebot nur so lange, wie die Waren oder Dienstleistungen verfügbar sind, so ist darauf hinzuweisen.

7. Aufgabe
Was regelt das Produkthaftungsgesetz und worin besteht der Zweck diese Gesetzes?

8. Aufgabe
Wann liegt laut Produkthaftungsgesetz ein Fehler vor?

9. Aufgabe
Was schreibt die Preisangabenverordnung im Wesentlichen vor?

SITUATION 10

In den verschiedenen Abteilungen des Warenhauses Peter Kolb OHG werden alle drei Verkaufssysteme praktiziert.

1. Aufgabe

Nennen Sie die im Einzelhandel vorkommenden Verkaufssysteme. Unterscheiden Sie die verschiedenen Systeme nach den Kriterien Warendarbietung, Kundentätigkeit und Verkäuferverhalten.

	Warendarbietung:	
	Kundentätigkeit:	
	Verkäuferverhalten:	
	Warendarbietung:	
	Kundentätigkeit:	
	Verkäuferverhalten:	
	Warendarbietung:	
	Kundentätigkeit:	
	Verkäuferverhalten:	

2. Aufgabe

Welche Vorteile haben die einzelnen Systeme für den Kunden und für den Einzelhändler?

	Vorteile für Kunden:	
	Vorteile für EH:	
	Vorteile für Kunden:	
	Vorteile für EH:	
	Vorteile für Kunden:	
	Vorteile für EH:	

3. Aufgabe
Für welche Ware eignet sich besonders die Bedienungsform als Verkaufsform?

4. Aufgabe
Die Entscheidung, welche Verkaufsform gewählt wird, hängt von mehreren Einflussfaktoren ab. Nennen Sie Gründe für die Wahl einer bestimmten Verkaufsform.

5. Aufgabe
Vor allem beim Bedienungssystem, aber auch beim Vorwahlsystem, setzt das Warenhaus Peter Kolb OHG neben den Plankäufen auf Impulskäufe. Erklären Sie diese Begriffe und geben Sie zwei Beispiele.

6. Aufgabe

Es gibt Abteilungen im Warenhaus Peter Kolb OHG, da findet man alle drei Verkaufsformen vor. Nennen Sie ein Beispiel, wo dies der Fall sein kann und begründen Sie Ihre Antwort.

Beispiel:	Begründungen

7. Aufgabe

Das Vorwahlsystem ist bei Kunden deshalb so beliebt, weil dieses System es erlaubt, sich in Ruhe und ohne Zwang umschauen zu können. Dennoch gibt es Situationen, in denen der Kunde eine Beratung benötigt. Nennen Sie vier solcher Situationen.

8. Aufgabe

Eine wichtige Aufgabe der Verkäuferin/des Verkäufers beim Vorwahlsystem ist es, den Kunden ständig zu beobachten, um zu erkennen, wann er beraten werden möchte. An welchem Kundenverhalten kann man erkennen, dass dieser Hilfe wünscht?

9. Aufgabe
Es wird beabsichtigt, von Vollbedienung auf Selbstbedienung umzustellen. Von dieser Umstellung verspricht sich der betroffene Abteilungsleiter einen Umsatzzuwachs. Worauf stützt sich diese Hoffnung? Geben Sie drei Gründe dafür an.

10. Aufgabe
Bei Selbstbedienung muss aber auch mit gewissen Nachteilen gerechnet werden. Nennen Sie drei Nachteile, die dieses System für den Einzelhändler mit sich bringt.

11. Aufgabe
Das Warenhaus Peter Kolb OHG hat im Bedienungsbereich eine neue Warengruppe ins Sortiment aufgenommen. Damit Sie in der Lage sind, die Kunden fach- und sachgerecht bedienen zu können, wollen Sie sich umfassend über die neuen Artikel informieren. Nennen Sie Quellen, wo Sie die gewünschten Informationen erhalten können.

SITUATION 11

Im Kellergeschoss des Warenhauses Peter Kolb OHG befindet sich ein Discounter. Als Schulungsunterlage sollten Sie den Grundriss des Discounters Ihrem Ausbilder vorlegen. Nachstehend das Ergebnis:

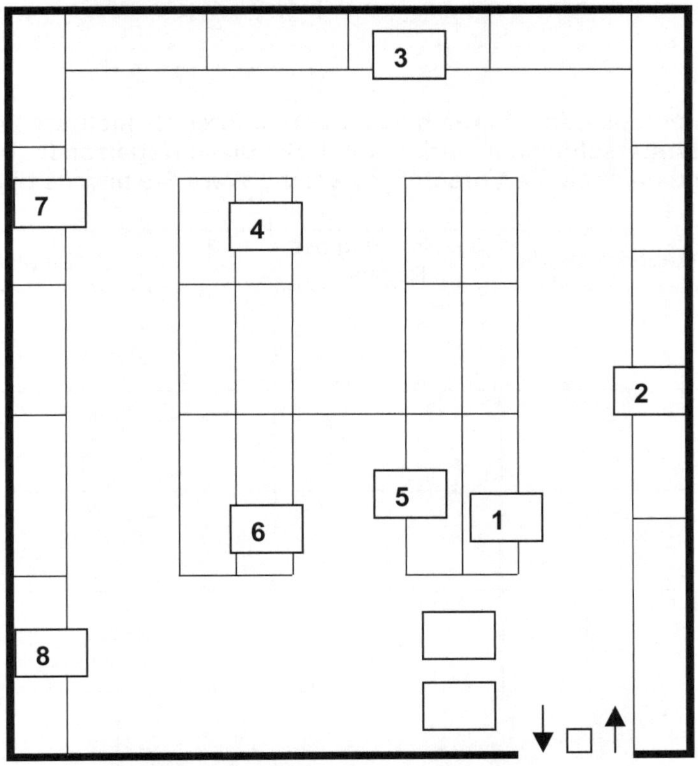

1. Aufgabe
Zeichnen Sie die typische Kundenlaufrichtung in die Grafik ein.

2. Aufgabe
Würden Sie die mit 1 bis 8 gekennzeichneten Regalplätze als verkaufsstark oder als verkaufsschwach bezeichnen? Tragen Sie „schwach“ bzw. „stark“ in die Kästchen nach den Ziffern ein.

1	
2	
3	
4	
5	
6	
7	
8	

3. Aufgabe
Machen Sie Vorschläge, wie die verkaufsschwachen Zonen verbessert werden könnten!

4. Aufgabe
Verkaufsexperten unterscheiden innerhalb eines Verkaufsregals mehrere Zonen, die in ihrer Verkaufswirksamkeit unterschiedlich sind. Nennen Sie diese Regalzonen, beurteilen Sie ihre Verkaufsintensität und machen Sie Vorschläge, welche Ware Sie jeweils platzieren würden.

Höhe des Regals ca.	Verkaufsintensität	Bezeichnung des Regals	Zu platzierende Ware
1,60 bis 2,20 m			
1,20 bis 1,60 m			
0,80 bis 1,20 m			
0,00 bis 0,80 m			

5. Aufgabe
Erklären Sie, warum Obst und Gemüse in der Regel gleich hinter dem Eingang, Frischfleisch und Frischkäse im hinteren Teil, Wasch- und Putzmittel in der „toten Ecke“ und Sonderangebote in den Gängen des Ladens platziert werden?

Obst und Gemüse	
Frischfleisch und -fisch	
Wasch- und Putzmittel	
Sonderangebote	

6. Aufgabe
Wie werden die Staus vor den Kassen umsatzfördernd genutzt?

7. Aufgabe
Bei der Warenpräsentation sind weitere Grundsätze zu beachten. Erläutern Sie in diesem Zusammenhang die Begriffe Verbundplatzierung und Zweitplatzierung. Geben Sie je zwei Beispiele!

Verbundplatzierung	
Beispiele	
Zweitplatzierung	
Beispiele	

8. Aufgabe
Der Abteilungsleiter plant, im Bereich Obst und Gemüse innerhalb einer Aktionswoche eine Warenlandschaft zu erstellen. Erklären Sie diesen Begriff und geben Sie ein Beispiel für die Obst- und Gemüseabteilung.

9. Aufgabe
Was ist im Zusammenhang mit der Warenpräsentation unter dem Begriff „Visual Merchandising“ zu verstehen?

10. Aufgabe
Bei der Warenlagerung gibt es ebenfalls Grundsätze, die zu beachten sind. Nennen Sie einige Regeln.

11. Aufgabe

Oberste Zielsetzung ist, dass sich der Kunde im Verkaufsraum wohlfühlt. Nennen und erläutern Sie vier Gestaltungselemente, mit denen eine angenehme Atmosphäre geschaffen werden kann.

Gestaltungselemente	Erläuterungen/Anmerkungen

SITUATION 12

Das Warenhaus Peter Kolb OHG will auch verstärkte Werbung am Point of Sale betreiben.

1. Aufgabe
Was ist in diesem Zusammenhang unter POS-Werbung zu verstehen?

2. Aufgabe
Welche Bereiche bieten sich im Warenhaus Peter Kolb OHG zur POS-Werbung an?

3. Aufgabe
Die Werbung für eine Aktion soll „nicht vor dem Geschäft enden", so hat Ihr Abteilungsleiter gefordert. Nennen Sie verkaufsfördernde Maßnahmen, die zur Unterstützung der Aktion im POS eingesetzt werden können.

4. Aufgabe
Nennen Sie Gelegenheiten, die sich zur Durchführung von Aktionen eignen und formulieren Sie dazu jeweils ein brauchbares Motto.

SITUATION 13

Neben Artikeln der Unterhaltungselektronik führen Sie in Ihrer Abteilung auch noch „Alles um den PC“. Schon häufiger mussten Sie sich von Kunden sagen lassen, dass im MultiMarkt einige Artikel Ihres Sortiments günstiger wären.

1. Aufgabe
Wie setzt sich der Preis der Ware zusammen? Nenne Sie einige Einflussfaktoren auf den Preis.

2. Aufgabe
Unterscheiden Sie a) kalkulierte Preisgestaltung und b) marktorientierte Preisgestaltung.

3. Aufgabe
Betritt der Kunde ein Geschäft, so hat er bereits gewisse Vorstellungen von der Preislage, aber auch von der Ladengestaltung, der Warenpräsentation und der Auswahl, die ihn erwartet. Nennen Sie zwei Beispiele und erläutern Sie die entsprechenden Kundenerwartungen.

4. Aufgabe
Die Preisauszeichnung ist gesetzlich geregelt. Was ist bei folgenden Preisangaben laut Preisangabenverordnung fehlerhaft?

CD-Tower 50 CD`s Stückpreis nur 10 Cent	Hackfleisch 400 g 1.99 €	Modische Bluse Angebotspreis 25,-- € + Mwst.	Korn 30 % Vol. 32 % Vol. 38 % Vol. ab 3,79 €

5. Aufgabe
Bei nahezu allen Artikeln hat sich der genormte GTIN-Strichcode (früher EAN-Code) als maschinenlesbare Auszeichnung durchgesetzt. Im „Price-look-up“ (PLU) Verfahren wird dieser Strichcode von der elektronischen Datenkasse erfasst. Wie erfolgt der Kassiervorgang des PLU-Verfahrens?

6. Aufgabe
Welche Vorteile ergeben sich für den Einzelhändler durch den Einsatz des PLU-Verfahrens?

SITUATION 14

Die neu in das Sortiment des Warenhauses Peter Kolb OHG aufgenommenen Produkte müssen am Markt eingeführt werden. Dazu ist eine entsprechende Werbekampagne zu starten, die insbesondere die Kunden der Region erreichen und ansprechen soll.

1. Aufgabe
Welche Werbeträger bzw. Werbemittel halten Sie für geeignet? Begründen Sie Ihre Vorschläge.

2. Aufgabe
Nennen Sie weitere Möglichkeiten der Werbung.

3. Aufgabe
Im Werbeplan sind u. a. der Streukreis, die Streuzeit, das Streugebiet und der Streuweg festzulegen. Definieren und unterscheiden Sie diese Begriffe.

4. Aufgabe
Eine Anzeige soll vorbereitet werden. Welche Grundsätze sind dabei zu berücksichtigen? Nennen Sie drei.

5. Aufgabe
Die Werbekampagne soll zusätzlich durch verkaufsfördernde Maßnahmen unterstützt werden. Welche Maßnahmen sind hierzu geeignet? Machen Sie 5 Vorschläge.

6. Aufgabe
Ihr Chef legt großen Wert auf das Image des Unternehmens in der Öffentlichkeit. Schlagen Sie ihm 3 geeignete Maßnahmen vor, die die öffentliche Meinung positiv beeinflussen (Public-Relations-Maßnahmen).

7. Aufgabe
Sie werden beauftragt, den Werbeerfolg einer durchgeführten Werbemaßnahme zu ermitteln. Welche Möglichkeiten haben Sie, diesen Erfolg zu messen?

8. Aufgabe
Eine exakte Messung des Werbeerfolges ist kaum durchführbar. Erläutern Sie kurz die Problematik der Werbeerfolgsmessung.

III. VERKAUF VON WAREN

SITUATION 15

Sie sind im Warenhaus Peter Kolb OHG beschäftigt. Ihre hauptsächliche Aufgabe besteht darin, Beratungsgespräche zu führen.

1. Aufgabe

Um den Kundenwunsch möglichst schnell und auch möglichst treffend zu ermitteln, stellen Sie dem Kunden Fragen. Welche Fragen führen in der Regel zum Ziel? Formulieren Sie zwei Beispiele in direkter Rede.

2. Aufgabe

Beurteilen Sie folgende Situation:
Kundin: *„Ich suche einen Pullover."*
Verkäuferin: *„Welche Farbe soll der Pulli denn haben?"*
Kundin: „Am besten blau mit weißen Margeriten drauf."

3. Aufgabe

Machen Sie einen Vorschlag, wie die Situation aus Aufgabe 2 eventuell noch zu retten ist.

4. Aufgabe

Will man im Verkaufsgespräch „der Chef im Ring" sein, gilt es, die richtigen Fragen zu stellen, denn wer seine Fragen geschickt stellt, der kann den Gesprächsverlauf so leiten, dass es in die gewünschte Richtung geht. Deshalb sollte man unbedingt mit den verschiedenen Formen und Arten von Fragen vertraut sein.
Es gibt offene (öffnende) Fragen, geschlossene Fragen und Alternativfragen. Erläutern Sie den Unterschied. In welcher Phase des Verkaufsgesprächs sind sie einsetzbar? Geben Sie jeweils ein Beispiel.

Offene Fragen:	
Beispiel:	
Geschlossene Fragen:	
Beispiel:	
Alternativfragen:	
Beispiel:	

5. Aufgabe

Fragearten können Informationsfragen oder auch Lenkungsfragen sein. Bei den Informationsfragen unterscheidet man wiederum in bedarfsbezogene Fragen und warenbezogene Fragen.
Geben Sie je ein Beispiel in wörtlicher Rede für eine bedarfs- bzw. warenbezogene Frage.

Bedarfsbezogene Frage:	
Warenbezogene Frage:	

6. Aufgabe
Als Lenkungsfragen bezeichnet man folgende Fragearten:
(1) Reflektierende Fragen
(2) Alternativfragen
(3) Suggestivfragen
(4) Bestätigungsfragen
(5) Rhetorische Fragen

Wann handelt es sich um welche Frage? Tragen Sie die entsprechende Ziffer vor die Frage bzw. Situationen ein.

[ ] Kunde: „Ich benötige einen Stoff, der keine Allergien verursacht.“
Verkäufer: „Also möchten Sie ein Sweatshirt aus ökologischer Baumwolle?“

[ ] „Sie sind doch auch der Meinung, dass dieses Gerät viele Funktionen hat?“

[ ] „Möchten Sie lieber die preisgünstigere Waschmaschine oder diese hier mit dem Sparprogramm?“

[ ] „Trägt sich dieser Pullover nicht wunderbar?“

[ ] „Sie suchen also einen DVD-Rekorder mit Festplatte. Habe ich Sie da richtig verstanden?“

7. Aufgabe
Beurteilen Sie folgende Situation bezüglich der gestellten Fragen.

Verkäuferin: *„Guten Tag“* (Die Verkäuferin schaut den Kunden dabei fragend an:)
Kunde: *„Guten Tag. Ich bräuchte mal wieder eine neue Hose.“*
Verkäuferin: *„Tragen Sie Größe 48?“*
Kunde: *„Stimmt. Meistens passt mir diese Größe.“*
Darauf hin bringt die Verkäuferin drei Hosen unterschiedlicher Farbe.
Verkäuferin: *„Wollen Sie mal eine probieren?“*
Kunde: *„Oh, diese hier trägt sich aber wunderbar. Haben Sie diese noch in einer anderen Farbe?“*

8. Aufgabe
Natürlich verlaufen die Verkaufsgespräche nicht immer so glatt wie in Aufgabe 7. Oft benötigt die Verkäuferin/der Verkäufer gute Argumente, um den Kunden von der vorgelegten Ware zu überzeugen. Dabei kann warenbezogen und/oder kundenbezogen argumentiert werden. Welche Argumente lassen sich von der Ware ableiten?

9. Aufgabe
Bei den kundenbezogenen Argumenten unterscheidet man in Argumente zum Gebrauchsnutzen und zum Geltungsnutzen. Unterscheiden Sie diese Argumentationsmöglichkeiten und geben Sie ein Beispiel.

Gebrauchsnutzen:	
Beispiel:	
Geltungsnutzen:	
Beispiel:	

10. Aufgabe
Nennen Sie weitere Möglichkeiten, aus denen sich Argumente ableiten lassen.

SITUATION 16

Sie arbeiten in der Abteilung für Sportartikel. Dort werden die Waren überwiegend im Vorwahlsystem angeboten.

1. Aufgabe

Sie beobachten einen Kunden, der schon eine Zeit lang einen Tennisschläger in der Hand hält. Immer wieder prüft er die Griffstärke und das Gewicht des Schlägers. Eine Kollegin von Ihnen, die näher zum Kunden steht, geht auf ihn zu und spricht ihn wie folgt an:
„Guten Tag, suchen Sie etwas Bestimmtes?“
Beurteilen Sie diese Art der Kontaktaufnahme und formulieren Sie ein besseres Beispiel in wörtlicher Rede.

2. Aufgabe

Ein anderer Kunde wird wie folgt angesprochen: *„Dieses Racket ist ausgestattet mit einem Cortex-Dämpfungssystem und verfügt über Elliptic Geometry.“* Beurteilen Sie diese Kundenansprache.

3. Aufgabe

Die Kontaktaufnahme mit dem Kunden im Vorwahl-System stellt hohe Ansprüche an die Verkäuferin/den Verkäufer. So ist viel Einfühlungsvermögen und Erfahrung nötig, um den Kunden situationsgerecht ansprechen zu können, da die unterschiedlichsten Verhaltensweisen des Kunden zu beobachten sind. Welche Verhaltensweisen sind möglich und wie ist der Kunde in der jeweiligen Situation anzusprechen?

4. Aufgabe
Was ist unter der situationsgerechten Kundenansprache zu verstehen?

5. Aufgabe
Ein Stammkunde betritt Ihre Abteilung. Worauf ist bei der Kontaktaufnahme zu achten?

6. Aufgabe
Ein Kunde betritt Ihre Abteilung. Durch sorgfältiges Beobachten erkennen Sie, dass er bedient werden möchte. Sie grüßen freundlich und stellen den Kontakt mit der Frage „Wie kann ich Ihnen behilflich sein?“ her. Wie schaffen Sie es, möglichst schnell den Kundenwunsch zu ermitteln?

7. Aufgabe
Eine Verkäuferin erkundigt sich beim Kunden über viele verschiedene Eigenschaften und Details, die die gewünschte Ware aufweisen soll. Inwiefern kann dadurch der Erfolg eines Beratungsgesprächs gefährdet sein?

8. Aufgabe
Warum ist es ratsam, den Kunden nach dem Zweck bzw. Anlass oder Einsatzbereich der gewünschten Ware zu fragen?

9. Aufgabe
Wie viel Ware sollten Sie dem Kunden nach der Wunschermittlung zeigen und welche Preisklasse ist auszuwählen? Begründen Sie Ihre Antworten.

10. Aufgabe

Worauf ist bei der Warenvorlage zu achten? Erläutern Sie Ihre Antwort am Beispiel einer Digitalkamera.

SITUATION 17

Sie arbeiten im Warenhaus Peter Kolb OHG. Sie sind im Verkauf eingesetzt. Da Sie in der Berufsschule ein Referat über die Argumentation im Verkauf zu halten hatten, bittet Sie Ihr Ausbilder, Ihren jüngeren Kolleginnen klarzumachen, worauf es bei der Argumentation im Wesentlichen ankommt.

1. Aufgabe
Erläutern Sie zunächst den Begriff Verkaufsargumente?

2. Aufgabe
Welche Voraussetzungen müssen bei einer Verkäuferin/bei einem Verkäufer gegeben sein, damit er erfolgreich im Verkauf argumentieren kann?

3. Aufgabe
Durch Vorteilsformulierungen können Sie warenbezogene in kundenbezogene Argumente umformulieren. Dabei ist der Sie-Stil zu beachten. Formulieren Sie nachstehende Beispiele um.

Der Staubsauger hat eine Saugleistung von 2000 Watt.
Dieses Bügeleisen hat eine kurze Aufheizzeit.
Dieses Campingmesser besteht aus sieben Teilen.

4. Aufgabe
Um kundenbezogen argumentieren zu können, ist es erforderlich, die Argumente in den Vordergrund zu stellen, die dem persönlichen Nutzenerwarten des Kunden entsprechen. Was versteht man in diesem Zusammenhang unter Kaufmotiv und weshalb spielen Kaufmotive im Verkauf eine so wichtige Rolle?

5. Aufgabe
Man unterscheidet in rationale (vernunftbetonte) und emotionale (gefühlsbetonte) Kaufmotive. Die vernunftbezogenen Kaufmotive werden vom Verstand, vom Bewusstsein (deshalb auch verstandesmäßige Kaufmotive), die gefühlsbetonten vom Unterbewusstsein (von Gefühlen und Trieben) geleitet. Eine exakte Trennung dabei ist allerdings nicht möglich.
Nennen Sie verstandesmäßige und gefühlsmäßige Kaufmotive.

Vernunftbetonte Kaufmotive	Gefühlsbetonte Kaufmotive

6. Aufgabe
Der Verkäuferin/dem Verkäufer gelingt es, durch gezielte Fragestellung das Kaufmotiv bzw. die Kaufmotive des Kunden herauszufinden. Welche Vorteile für den weiteren Verlauf des Verkaufsgesprächs sind damit verbunden?

7. Aufgabe
Neben dem Hauptmotiv gibt es noch mehrere Nebenmotive, die den Kunden zum Kauf eines Produktes bewegen können. Welche Motive könnten zum Beispiel vorliegen, wenn sich der Kunde eine neue, nicht ganz billige Uhr kauft?

8. Aufgabe
Welche Kaufmotive (Kundenansprüche) sind aus den folgenden Kundenäußerungen herauszuhören? Welche davon sind gefühlsbetont (g), welche vernunftbetont (v)?

Kundenäußerungen	Kaufmotive	v/g
Ich brauche dringend einen neuen Geldbeutel. Bei mir gehen die alle so schnell kaputt.		
Ich benötige mal wieder einen neuen Pulli. Diesmal soll es aber etwas Ausgefallenes sein.		
Ist das Gerät auch wirklich sicher?		
Ich möchte ein Paar einfache, preiswerte Schuhe.		
Welcher Lippenstift passt wohl am besten zu meinem Teint?		
Ist das auch die aktuelle Modefarbe?		

9. Aufgabe
Das Kernstück eines Verkaufsgesprächs ist die Argumentation. Wählen Sie aus Ihrem Sortiment einen Artikel aus und nennen Sie dazu
9.1 ein warenbezogenes Argument
9.2 ein kundenbezogenes Argument
9.3 ein kaufmotivbezogenes Argument.

Beispiel:	
9.1	
9.2	
9.3	

10. Aufgabe
Die beste Argumentation kann nur dann erfolgreich sein, wenn sie einher geht mit gekonnter Warenpräsentation. Dabei sollte darauf geachtet werden, dass der Kunde möglicht bald Kontakt mit der Ware bekommt, z. B. durch Ausprobieren, Anprobieren, Greifen der Ware, in die Hand nehmen usw. Warum ist dies so wichtig?

SITUATION 18

Sie sind mitten in einem Beratungsgespräch mit einem Kunden. Sie konnten den Kundenwunsch ermitteln und haben dem Kunden drei Artikel vorgelegt.

1. Aufgabe
Die Mimik und Gestik des Kunden deuten darauf hin, dass die vorgelegte Ware ihn nicht begeistert. Wie verhalten Sie sich weiterhin?

2. Aufgabe
Durch Beobachten des Kunden und gutes Zuhören können Sie die Signale erkennen, die der Kunde aussendet, wenn er innerlich unmittelbar vor der Kaufentscheidung steht. Nennen Sie solche Signale.

Signale durch Mimik, Gestik, Körpersprache	Gesprochene Signale

3. Aufgabe
Sie haben dem Kunden inzwischen die passende Ware in unterschiedlicher Ausführung vorgelegt und auch erläutert. Dennoch zeigt der Kunde sich zögerlich. Was können Sie tun, um die Entscheidung des Kunden herbeizuführen?

4. Aufgabe
Der Kunde lässt zwar erkennen, dass die vorgelegte Ware die richtige für ihn ist, kann sich aber noch nicht entscheiden. Welche Bedenken könnten für die endgültige Entscheidung noch hinderlich sein?

5. Aufgabe
Mit Hilfe welcher Abschlusstechniken können Sie dem Kunden helfen, sich endgültig zu entscheiden?

6. Aufgabe
Um erst gar keine Kaufreue beim Kunden aufkommen zu lassen, können Sie mit Abschlussverstärkern arbeiten. Erklären Sie den Begriff Abschlussverstärker und geben Sie drei Beispiele.

7. Aufgabe
Es heißt: „Der letzte Eindruck ist der bleibende". Was können Sie für einen guten bleibenden Eindruck bei der Verabschiedung des Kunden tun?

8. Aufgabe
Nachstehend sind 12 mögliche Schritte zum Kaufabschluss aufgelistet. Bringen Sie diese in eine logische Reihenfolge, indem Sie die Ziffern 1 bis 12 vor die Arbeitsschritte eintragen.

[ ] Sorgfältige Aushändigung der Ware
[ ] Stellen einer Entscheidungsfrage
[ ] Entscheidung des Kunden
[ ] Ausschreiben des Kassenzettels
[ ] Äußerung von Abschlusssignalen
[ ] Bezahlung der Ware
[ ] Bekräftigung der richtigen Entscheidung
[ ] Einpacken der Ware
[ ] Verabschiedung des Kunden
[ ] Empfehlung des Geschäfts
[ ] Beratung des Kunden
[ ] Für den Einkauf bedanken

9. Aufgabe
Erläutern und beurteilen Sie den Begriff „Hochdruckverkauf". Geben Sie drei Beispiele in wörtlicher Rede.

10. Aufgabe
Warum soll die Verkäuferin/der Verkäufer auch dann noch freundlich gegenüber dem Kunden sein, wenn dieser sich den Kauf trotz aller Bemühungen noch mal überlegen möchte?

SITUATION 19

Sie arbeiten im Verkauf beim Warenhaus Peter Kolb OHG in der Herrenkonfektionsabteilung. Sie bedienen gerade einen ca. 35-jährigen Mann, der sich für eine wichtige Geschäftsbesprechung neu einkleiden möchte.

1. Aufgabe

Nachdem Sie dem Kunden einen schicken Anzug verkauft haben, bringen Sie ihn zur Kasse. Sie sorgen dafür, dass der Anzug entsprechend verpackt wird. Nachdem der Kunde bezahlt hat, verabschieden Sie ihn. Zu Hause stellt der Kunde fest, dass er zu dem Anzug nicht das passende Hemd hat.

Nach ca. zwei Stunden erscheint der Kunde wieder in Ihrer Abteilung und tritt etwas mürrisch auf Sie zu. Was könnte der Grund für die schlechte Laune des Kunden sein?

2. Aufgabe

„Zusatzangebote bringen Vorteile für Kunden, Verkäufer und Einzelhändler." Können Sie dieser Aussage zustimmen? Begründen Sie Ihre Meinung.

3. Aufgabe

Unterscheiden Sie die Begriffe „Zusatzverkauf", „Ergänzungsverkauf" und „Mehrverkauf" an Hand von Beispielen.

4. Aufgabe

Wann ist der richtige Zeitpunkt für ein Zusatzangebot?

5. Aufgabe
Der Kunde Ihrer Kollegin hat sich für eine Hose entschieden. Da sie noch einen Zusatzverkauf tätigen möchte, fragt sie den Kunden: „Haben Sie sonst noch einen Wunsch?“ Wie beurteilen Sie diese Frage? Geben Sie ein Verbesserungsbeispiel an.

6. Aufgabe
Nennen Sie „Killerformulierungen“, die dem Kunden bei der Frage nach dem Zusatzverkauf ein „NEIN“ suggerieren und somit den Zusatzverkauf zunichte machen.

7. Aufgabe
Nennen Sie Beispiele, wo der Zusatzartikel den Hauptartikel erst einsatzbereit macht (notwendige Zusatzartikel) und Beispiele, die den Hauptartikel aufwerten (nützliche Zusatzartikel).

Notwendige Zusatzartikel	Nützliche Zusatzartikel

8. Aufgabe
Nennen Sie Verhaltensregeln, die die Verkäuferin/der Verkäufer beim Zusatzangebot stets beachten sollte.

9. Aufgabe
Um die Zufriedenheit der Kunden zu steigern, gehen Hersteller mit Verbundangeboten auf den Markt. Damit soll den Kunden eine Komplettlösung angeboten und sicher gestellt werden, dass sie nichts vergessen. Nennen Sie drei solcher Verbundangebote aus Ihrer Branche.

10. Aufgabe

Nennen Sie zu drei Hauptartikeln jeweils zwei Ergänzungen. Erläutern Sie, wie die vorgeschlagenen Ergänzungen den Hauptartikel aufwerten.

SITUATION 20

Sie arbeiten u. a. zusammen mit mehreren Auszubildenden im Verkauf. In der Pause kommt eine junge Kollegin zu Ihnen und klagt: „Also ich weiß nicht, bei fast jedem meiner Beratungsgespräche müssen die Kunden widersprechen. Immer haben Sie was einzuwenden."

1. Aufgabe
Wie können Sie Ihre junge Kollegin trösten?

2. Aufgabe
Wie beurteilen Sie als erfahrene Verkäuferin/als erfahrener Verkäufer Kundeneinwände?

3. Aufgabe
Wogegen können sich Kundeneinwände richten? Nennen Sie vier Gründe und formulieren Sie jeweils ein Beispiel in wörtlicher Rede.

4. Aufgabe
Der Kunde kann echte und unechte Einwände vorbringen. Erklären Sie den Unterschied und formulieren Sie jeweils ein Beispiel.

5. Aufgabe
Wodurch unterscheiden sich die folgenden Kundeneinwände:
„Ich glaube, diese Hose ist doch nicht das Richtige für mich." **und**
„Diese Farbe ist aber sehr auffällig."

6. Aufgabe
Welche Verhaltensweisen sollte die Verkäuferin/der Verkäufer grundsätzlich bei Kundeneinwänden beachten?

7. Aufgabe
Welche Einwände des Kunden sollten Sie nicht entkräften? Begründen Sie Ihre Antwort.

8. Aufgabe
Nennen Sie Methoden, die Sie bei der Entkräftung der Kundeneinwände anwenden können und erläutern Sie diese kurz.

Methoden	Erläuterungen

9. Aufgabe
Erläutern Sie die Ja-aber-Methode anhand eines selbst gewählten Beispiels.

10. Aufgabe
Wie beurteilen Sie folgenden Kundeneinwand: „So viel wollte ich eigentlich nicht ausgeben."

SITUATION 21

Ihnen ist aufgefallen, dass manche Kunden kaufen, ohne nach dem Preis zu fragen, wiederum andere fragen frei heraus, was denn die vorgelegte Ware koste.

1. Aufgabe
Sie führen ein Verkaufsgespräch. Wann kauft der Kunde, ohne nach dem Preis zu fragen?

2. Aufgabe
Wann nennen Sie den Preis der Ware im Verkaufsgespräch?

3. Aufgabe
Welche Grundsätze sind bei der Preisnennung zu beachten?

4. Aufgabe
Beurteilen und verbessern Sie folgendes Preisgespräch:
Kunde: ***„Fräulein, wie viel kostet dieser Schlafanzug?“***
Verkäuferin: „59,00 €“.
Kunde: ***„Oh, das ist aber viel Geld für einen Schlafanzug. Das muss ich mir doch noch mal überlegen. Auf Wiedersehen.“***
Verkäuferin: ***„Auf Wiedersehen.“***

5. Aufgabe
Erläutern Sie die Sandwich-Methode.

6. Aufgabe
Nennen und erläutern Sie weitere Methoden der Preisnennung.

7. Aufgabe
Um den so genannten Preisschock zu verhindern, gibt es Techniken der Preisnennung. Nennen Sie solche Techniken und erläutern Sie diese kurz.

8. Aufgabe
Wie reagieren Sie, wenn Sie während des Verkaufsgesprächs erkennen, dass das Kaufmotiv des Kunden „Sparsamkeit" ist?

9. Aufgabe
Ein häufiger Kundeneinwand ist der hohe Preis. Beurteilen Sie folgenden Kundeneinwand und formulieren Sie Vorschläge, wie darauf zu reagieren ist.

Kundeneinwand: *„So viel Geld kann ich im Moment nicht ausgeben."*

10. Aufgabe
Wie reagieren Sie auf folgenden Kundeneinwand: *„Dieser DVD-Player ist mir aber wirklich zu teuer."?*

SITUATION 22

Sie arbeiten im Verkauf. Ein Kunde kommt zu Ihnen und verlangt einen DVD-Player von Panasonic. Leider wurde gestern der letzte davon verkauft.

1. Aufgabe
Erläutern Sie den Begriff Alternativangebot.

2. Aufgabe
Wann kommt es zu Alternativangeboten?

3. Aufgabe
Welche Voraussetzung muss gegeben sein, um ein treffendes Alternativangebot zu unterbreiten?

4. Aufgabe
Welchen Nutzen bringen Alternativangebote?

5. Aufgabe
Oft verlangen Kunden bekannte Markenartikel. Dabei meinen sie aber nicht die Marke als solche, sondern eine Produktart. Nennen Sie solche Beispiele.

6. Aufgabe
Nennen Sie Gründe, die dazu führen, dass die vom Kunden verlangte Ware nicht vorrätig ist.

7. Aufgabe
Worauf ist bei der Unterbreitung von Alternativangeboten zu achten?

8. Aufgabe
Siehe das Eröffnungsbeispiel. Wie könnte das Verkaufsgespräch für diese Situation verlaufen?

9. Aufgabe
Sie haben den Kundenwunsch durch Nachfragen exakt ermittelt. Der Kunde besteht dennoch auf der von ihm gewünschten Ware. Wie sollten Sie sich in diesem Fall verhalten?

10. Aufgabe
Formulieren Sie für die folgenden Beispiele jeweils ein Alternativangebot.

Kundenwunsch	Vorrätige Alternative	Formulierung des Alternativangebotes
Grünes T-Shirt	T-Shirt in aktuellen Farben	
Handcreme von Dove	Verschiedene Hand-cremes anderer Marken	
Speichermedium von Sony	Verschiedene andere Speichermedien	

SITUATION 23

Im Vorwahl- und Selbstbedienungssystem hat der Kunde zwar freien Zugang zur Ware, aber auch hier wünscht der Kunde immer öfter den unmittelbaren Kontakt zum Verkäufer, zumal die menschliche Beziehung oftmals den Ausschlag gibt, welches Geschäft der Kunde aufsucht. Somit kommt dem Verkaufsgespräch nicht nur im Vollbedienungssystem große Bedeutung zu.

1. Aufgabe
Nennen Sie die verschiedenen Aufgaben eines Verkaufsgesprächs.

2. Aufgabe
Für das Verkaufsgespräch gibt es keine allgemein gültigen Regeln, zumal der Verlauf von mehreren Einflussfaktoren bestimmt wird. Nennen Sie Faktoren, die Einfluss auf das Verkaufsgespräch nehmen.

3. Aufgabe
Das Beratungsgespräch besteht aus mehreren Phasen oder Stufen. Teilen Sie das Gespräch in vier Hauptphasen ein und erläutern Sie diese kurz.

Stufen	Erläuterungen

4. Aufgabe
Die einzelnen Phasen des Verkaufsgesprächs werden in der aus Amerika stammenden AIDA-Formel zusammengefasst. Erläutern Sie diese Formel.

A =	
I =	
D =	
A =	

5. Aufgabe
Verkaufsgespräche sollten möglichst nicht unterbrochen werden. Dennoch ist es nicht immer zu vermeiden, dass die Verkäuferin/der Verkäufer das laufende Gespräch unterbrechen muss. Nennen Sie solche Fälle.

6. Aufgabe
Wie hat sich die Verkäuferin/der Verkäufer zu verhalten, wenn sein Verkaufsgespräch unterbrochen wird?

SITUATION 24

Ein ca. 55-jähriger Kunde kommt zu Ihnen in die Abteilung und möchte den letzte Woche gekauften DVD-Rekorder zurückgeben, da er mit der Bedienung nicht zurecht kommt und ihm die Bedienungsanleitung wie „ein spanisches Buch" vorkommt. Da er vorerst mal „bedient" ist von dem „modernen Kram", bittet er Sie um Herausgabe des Kaufpreises.

1. Aufgabe
Handelt es sich hier um einen Umtausch oder eine Reklamation? Begründen Sie Ihre Antwort.

2. Aufgabe
Bei dem Verkaufsgespräch, das letzte Woche mit dem 55-Jährigen geführt worden war, waren sich Verkäufer und Kunde einig, dass der DVD-Rekorder genau das Richtige für den Kunden ist, da dieser sich seine alte Filmesammlung von VIDEO auf DVD überspielen wollte. Welche rechtliche Situation ergab sich nach der Kundenentscheidung, den DVD-Rekorder zu kaufen und welche rechtlichen Folgen sind damit verbunden?

3. Aufgabe
Welche Gründe könnten dazu geführt haben, den DVD-Rekorder wieder zurückgeben zu wollen?

4. Aufgabe
Wie ist jetzt die rechtliche Situation? Hat der Kunde ein Recht auf Umtausch?

5. Aufgabe
In welchem Fall wäre es für den Kunden dennoch möglich, den Rekorder umzutauschen?

6. Aufgabe
Eine Vereinbarung bezüglich Umtauschs wurde nicht getroffen. Der 55-Jährige ist aber ein guter Kunde, der alle seine technischen Geräte in Ihrer Abteilung kauft. Welche Überlegungen sollten Sie anstellen, nachdem der Kunde Sie bat, den DVD-Rekorder zurückzunehmen?

7. Aufgabe
In Ihrer Abteilung gibt es auch Produkte, die nicht umgetauscht werden können, auch nicht aus Kulanz. Nennen Sie Beispiele (branchenbezogen):

8. Aufgabe
Sie bieten reduzierte Ware an und weisen darauf hin, dass diese Ware in jedem Fall vom Umtausch ausgeschlossen ist. Wie ist Ihre Meinung dazu?

9. Aufgabe
Aus Erfahrung wissen Sie, in welchen Fällen der Kunde die Ware umtauschen möchte. Nennen Sie solche Beispiele und wie können Sie schon im Vorhinein darauf reagieren?

10. Aufgabe
Wie hat sich die Verkäuferin/der Verkäufer bei dem Wunsch nach Umtausch zu verhalten?

11. Aufgabe
Welche Möglichkeiten gibt es, auf den Umtauschwunsch des Kunden einzugehen?

SITUATION 25

Einige Tage nach dem Verkauf einer Ware kommt ein Kunde zu Ihnen und reklamiert aufs heftigste das Fehlen einer Eigenschaft, die ihm beim Kauf der Ware zugesichert worden war. Eine Prüfung Ihrerseits ergab, dass die Ware tatsächlich mangelhaft ist.

1. Aufgabe
Wann weist eine Kaufsache laut BGB einen Mangel auf? Nennen Sie mögliche Fehler.

2. Aufgabe
Mit welchen Erwartungen kommt der Kunde (siehe Situation) zu Ihnen?

3. Aufgabe
Sie haben sich vergewissert, dass es sich um eine berechtigte Reklamation handelt. Wie verhalten Sie sich richtig?

4. Aufgabe
Am nächsten Morgen kommt eine Kundin und reklamiert, dass ihr neues Kleid beim Waschen eingegangen wäre. Mit welchen Fragen können Sie feststellen, ob keine unsachgemäße Behandlung seitens der Kundin vorliegt? Formulieren Sie zwei Beispiele in wörtlicher Rede.

5. Aufgabe
Sehen Sie noch mal die Ausgangssituation. Welche Rechte hat der Kunde bei einer berechtigten Reklamation?

6. Aufgabe
Der Kunde besteht auf Nachbesserung, der Verkäufer erledigt diese aber nicht fristgerecht. Welche weiteren Rechte hat der Gesetzgeber dem Kunden für diesen Fall eingeräumt?

7. Aufgabe
Damit Reklamationen erst gar nicht oder nur geringfügig vorkommen, können Sie schon beim Verkaufsgespräch vorbeugend tätig werden. Was können Sie in dieser Hinsicht tun? Nennen Sie 4 Möglichkeiten.

8. Aufgabe
Wie sind die nachstehenden Reklamationsfälle angemessen zu lösen?

8.1 Eine Kundin kauft ein Kleid. Zu Hause stellt sie fest, dass der Saum nicht richtig geheftet ist. Sie hat eine Nähmaschine und möchte den Schaden selbst reparieren.

8.2 Die Kundin hat eine Bluse gekauft. Beim ersten Anziehen merkt sie, dass die Knöpfe nicht sachgemäß angenäht sind.

8.3 Eine Skihose, bei der die Reißverschlüsse nicht ordnungsgemäß eingenäht sind, wird zurückgebracht.

8.4 Eine Kundin bringt ein Sommerkleid zurück, bei dem sich sämtliche Nähte lösen. Ein weiteres Kleid in ihrer Größe ist nicht vorrätig.

8.5 Eine Kundin kauft eine Hose, bei der die Farbechtheit extra zugesichert wurde. Beim Waschen gemäß Pflegeanleitung tritt Farbe aus. Andere Wäschestücke werden eingefärbt.

8.6 Eine Kundin stellt zu Hause fest, dass der gekaufte Schnellkochtopf viel zu groß ist für ihren Haushalt. Außerdem kommt sie mit der Bedienung nicht zurecht.

8.7. Nach 14 Tagen stellt sich heraus, dass die neu gekaufte Gefriertruhe defekt ist. Das ganze Gefriergut muss weggeworfen werden.

9. Aufgabe
Sie haben die Aufgabe, Reklamationen aus kaufmännischer Sicht zu bearbeiten. Wie reagieren Sie auf die folgenden Fälle? Formulieren Sie in wörtlicher Rede.

9.1 Die Ware weist einen gravierenden Mangel auf.
9.2 Die Ware weist einen geringfügigen Mangel auf.
9.3 Der Mangel ist eindeutig auf unsachgemäße Behandlung seitens des Kunden zurückzuführen.

9.1
9.2
9.3

10. Aufgabe
Wie lange ist laut Gesetzgeber die Frist für die Verjährung von Ansprüchen wegen Mängeln an einer Kaufsache und wann beginnt die Laufzeit dieser Frist?

11. Aufgabe
Welcher Unterschied besteht zwischen gesetzlicher Gewährleistung und Garantie?

IV. SERVICEBEREICH KASSE

SITUATION 26

Eine Kundin schlendert durch die Lebensmittelabteilung des Warenhauses Peter Kolb OHG. Sie entnimmt den einzelnen Regalen verschiedene Artikel. Anschließend geht sie zur Kasse und legt dort alle Artikel auf das Laufband. Die Kassiererin scannt alle Artikel wortlos mit finsterer Mine ein. Lediglich den Gesamtbetrag bringt sie über ihre Lippen. Die Kundin legt darauf hin der Kassiererin ihre ec-Karte vor. Wieder wortlos nimmt die Kassierern die Karte, erledigt einige Handgriffe und legt der Kundin einen Beleg vor, den diese unterschreibt. Nach Prüfen der Unterschrift gibt die Kassiererin der Kundin noch einen Kassenbeleg und wendet sich der nächsten Kundin zu.

1. Aufgabe
Sie haben gelernt, dass die Kasse vor Öffnung des Geschäftes „verkaufsbereit“ sein soll. Worauf ist zu achten, damit ein fehlerfreies und reibungsloses Arbeiten an der Kasse gewährleistet ist?

2. Aufgabe
Barzahlung hat im Einzelhandel immer noch eine große Bedeutung. Der große Vorteil von Bargeld liegt darin, dass für die gekaufte Ware der Kaufpreis sofort kassiert wird und es keinerlei Schwierigkeiten bezüglich des Gelderhalts gibt (keine Mahnungen, keine verspäteten Zahlungen). Dennoch sind mit der Barzahlung einige Nachteile verbunden. Nennen Sie fünf solcher Nachteile.

3. Aufgabe
An der Kasse findet die letzte Begegnung des Kunden mit dem Verkaufspersonal (bei Selbstbedienung oft auch die einzigste) statt. Der „bleibende“ Eindruck sollte also möglichst positiv sein. Wie hat sich die Kassiererin kundengerecht zu verhalten?

4. Aufgabe
Damit der Kassiervorgang schnell und möglichst fehlerlos abgewickelt werden kann, sind bestimmte Regeln zu beachten. Nennen Sie diese.

5. Aufgabe
An eine Kassierin/einen Kassierer werden hohe Anforderungen gestellt. Beschreiben Sie das Anforderungsprofil an eine Kassierkraft.

6. Aufgabe
Bei den heutigen hochtechnisierten Kassensystemen sollte die Kassierkraft auch mit entsprechendem Fachwissen ausgestattet sein. Welches Fachwissen wird von einer Kassierkraft erwartet?

7. Aufgabe
Eine Kundin wünscht, mit ihrer Bankkarte zu bezahlen. Wie läuft der Kassiervorgang ab?

8. Aufgabe
An der Kasse findet eine Kundin folgende Symbole. Erklären Sie, welche Zahlungsmöglichkeiten zugelassen sind.

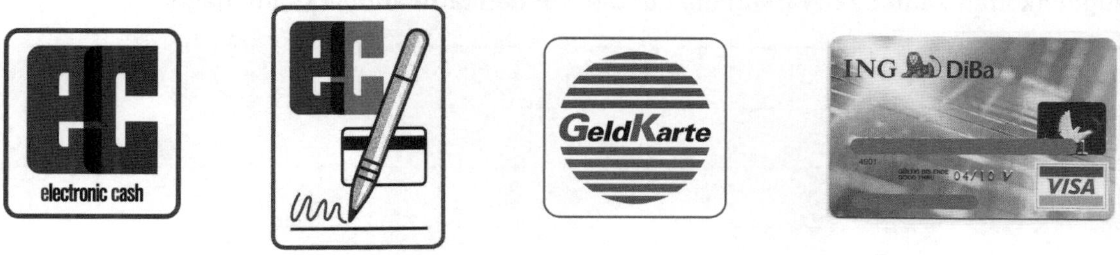

9. Aufgabe
Wie funktioniert der Zahlungsvorgang mit einer Geldkarte?

10. Aufgabe
Beim Warenhaus Peter Kolb OHG kann man seit kurzem auch mit der Kundenkarte bezahlen. Worin liegt der Unterschied zwischen einer Kunden- und einer Kreditkarte.

11. Aufgabe
Welche Vorteile ergeben sich aus einer Kundenkarte zum einen für das Warenhaus Peter Kolb OHG und zum andern für den Kunden?

Vorteile für das Warenhaus Peter Kolb OHG	Vorteile für den Kunden

12. Aufgabe

Das Warenhaus Peter Kolb OHG strebt danach, mehr Kunden an das Unternehmen zu binden und möchte u. a. aus diesem Grund, dass mehr Kunden die angebotene Kundenkarte nutzen. Mit welchen Möglichkeiten kann das Warenhaus auf die Kundenkarte aufmerksam machen?

13. Aufgabe

Das ELV-Lastschriftverfahren ist zwar das kostengünstigste, aber es birgt auch Unsicherheiten. Nennen Sie Risiken, die der Einzelhändler mit dieser Zahlungsweise eingeht.

14. Aufgabe

Worin liegen die Vorteile der Kartenzahlung für das Warenhaus Peter Kolb OHG im Vergleich zur Barzahlung?

15. Aufgabe
Zeigen Sie in 5 Schritten den Ablauf des Zahlungsvorgangs bei der abgebildeten Form der Kartenzahlung auf (siehe auch Aufg. 6).

16. Aufgabe
Ein Kunde kommt an die Kasse und legt Ihnen den abgebildeten Coupon aus einer Werbeaktion sowie einen Warengutschein in Höhe von 20,00 € des Warenhauses Peter Kolb OH vor. Sein Einkauf belief sich auf 87,50 €. Berechnen Sie den Betrag, den der Kunde noch zu zahlen hat.

Wir schenken Ihnen bei Ihrem nächsten Einkauf
20 %

Warenhaus Peter Kolb OHG
Luitpoldstr. 55
84032 Landshut

17. Aufgabe
Nennen Sie Gründe, die das Warenhaus Peter Kolb OHG dazu veranlassen, solche Coupons an Kunden auszugeben.

18. Aufgabe
Eine Kundin kommt 10 Minuten nach Ladenschluss mit 7 Artikeln zu Ihnen an die Kasse. Sie sind gerade dabei, die Kasse zu schließen. Die Kundin fragt, ob sie die Artikel noch mitnehmen darf. Formulieren Sie in wörtlicher Rede, was Sie der Kundin antworten.

19. Aufgabe
Eine Kundin bringt Ihnen ein vor einer Woche gekauftet Hemd zurück mit der Bitte um Umtausch, da die Farbe doch nicht zu dem neuen Anzug Ihres Mannes passen würde. Das Hemd ist noch original verpackt. Sind Sie zu dem Umtausch verpflichtet? Wie verhalten Sie sich richtig?

20. Aufgabe
Eine Kundin kommt zu Ihnen an die Kasse, hält einen Artikel in der Hand und sagt: „Das hier erhalte ich im Internet aber viel günstiger“. Nennen Sie drei Argumente, mit denen Sie angemessen reagieren können.

SITUATION 27

Wenn es im Einzelhandel auch noch eine Vielzahl von unterschiedlichen Kassensystemen gibt, so ist zumindest in größeren Einzelhandelsunternehmen die elektronische Datenkasse im Einsatz, so auch im Warenhauses Peter Kolb OHG.

1. Aufgabe
Beschreiben Sie kurz, wie elektronische Datenkassen funktionieren.

2. Aufgabe
Wie wird das oben beschriebene Verfahren bezeichnet und nennen Sie einen Vorteil dieses Verfahrens sowohl für den Kunden als auch für das Unternehmen.

3. Aufgabe
Damit im zentralen Datenverarbeitungssystem (Warenwirtschaftssystem) die erforderlichen Daten gefunden werden können, wird der Artikel über eine Nummer identifiziert. Diese Nummer wird in der Regel vom Hersteller vergeben. Wie wird diese Nummer bezeichnet und wie erfolgt die Codierung?

4. Aufgabe
In der Regel kennzeichnet der Hersteller seine Produkte mit der 13-stelligen GTIN-Nummer. Wie ist diese Nummer aufgebaut?

5. Aufgabe
Die Kassiererin zieht den Barcode eines Artikels mehrmals erfolglos über den Scanner. Welche Ursache könnte diese Störung des Kassiervorgangs haben und wie kann dieser dennoch fortgesetzt werden?

6. Aufgabe
Da Scannerkassen mit dem Hauptrechner verbundnen sind, sind sie nicht nur in der Lage, über die Artikelnummer die für den Kassiervorgang erforderlichen Daten abzurufen. Sie verfügen über weitere wichtige Funktionen, die für die Geschäftsführung von Bedeutung sind. Nennen Sie vier.

7. Aufgabe
An moderne Datenkassen lassen sich eine Reihe von Zusatzgeräten anschließen, die für den Kassiervorgang behilflich sein können. Nennen Sie solche Geräte und beschreiben Sie kurz deren Funktion.

SITUATION 28

Ihnen liegen die folgenden Kassenberichte des Warenhaus Peter Kolb OHG vor:

Die nächsten sieben Aufgaben beziehen sich auf nachstehenden Kassenbericht.

Kassenbericht 18. September, 13:00 Uhr
Kasse 3, Kassiererin 011

Kunden	160
Artikel	256
Öffnungszeit in Stunden	4
Kunden je Stunde	60
Stornierungen	2
Bruttoumsatz	7.060,50 €
Wechselgeld	180,00 €
Kreditkartenkauf	209,00 €
EC-Cash	3.980,90 €
Bestand an Sollgeld	?

1. Aufgabe
Berechnen Sie den Sollgeldbestand.

2. Aufgabe
Berechnen Sie den Nettoumsatz (19 % Umsatzsteuer).

3. Aufgabe
Am Abend betrug der Bruttoumsatz an der Kasse 3 insgesamt 20.889,98 €. Berechnen Sie den Umsatz, den die Kassiererin mit dem Kürzel „011“ kassiert hatte in Prozent des Gesamtumsatzes.

4. Aufgabe
Errechnen Sie den Bruttoumsatz pro Stunde, den die Kassiererin mit dem Kürzel „011“ an diesem Tag kassiert hat.

5. Aufgabe
Ermitteln Sie den Anteil der Umsätze per EC-Karte in Prozent bis 13:00 Uhr.

6. Aufgabe
Unter den Bargeldbeständen befand sich ein falscher 50-€-Schein. Welche Maßnahmen helfen, Falschgeld zu erkennen?

7. Aufgabe
Siehe nochmals den abgebildeten Kassenbericht. Welche der genannten Daten können Sie aus diesem Kassenbericht entnehmen? Nennen Sie vier.

8. Aufgabe
Ihnen liegt folgender vereinfachter Kassenbericht vor:

Bestand bei Geschäftsöffnung	**300,00 €**
Ausgaben für Büromaterial	**30,00 €**
Bestand bei Geschäftsschluss	**4.770,00 €**

Ermitteln Sie den Tagesumsatz in €!

9. Aufgabe
Der Tages-Kassenbericht weist folgende Zahlen aus:

Kassenbestand am Abend	**8.456,87 €**
Barentnahmen	**313,50 €**
Tageslosung	**8.400,37 €**

Ermitteln Sie die Höhe des Wechselgeldes, das am Morgen in der Kasse lag.

10. Aufgabe

Im Warenhaus Peter Kolb OHG sind die Kassen entsprechend der Abbildung eingesetzt. Was trifft auf Verbundkassen bezüglich des Kassiervorgangs zu?

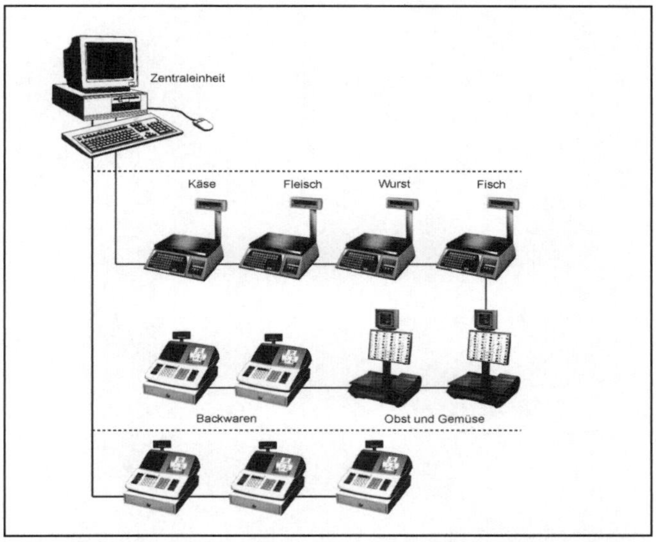

PRÜFUNGSVORBEREITUNG AKTUELL

FÜR

Kauffrau/Kaufmann im Einzelhandel

PRÜFUNGSFACH

WARENWIRTSCHAFT UND KALKULATION

WARENWIRTSCHAFT UND RECHNUNGSWESEN

I. WARENBESTANDSKONTROLLE

BEI DEN NACHSTEHENDEN AUFGABEN SIND DIE RICHTIGEN ERGEBNISSE ANZUKREUZEN BZW. ZUZUORDNEN.

1. Welchen Vorteil bringt dem Einzelhändler die Erfassung sämtlicher Warenbewegungen auf EDV-Anlagen?

a) Er braucht keine Inventur mehr durchzuführen, weil er den Warensollbestand jederzeit abrufen kann.

b) Er braucht die Anzahl der Waren beim Wareneingang nicht mehr zu überprüfen.

c) Eine besondere Warenpflege ist nicht mehr erforderlich, da ja der Warenbestand jederzeit abrufbar ist.

d) Da der Warenbestand jederzeit abgerufen werden kann, stehen auch jederzeit die notwendigen Informationen zur Entscheidungstreffung (Warendisposition) zur Verfügung.

e) Lagerkontrollen werden von der EDV-Anlage selbstständig durchgeführt.

2. Die artikelgenaue Erfassung der Warenbewegungen nach Größe, Farbe, Ausführung und Preis ist im Warenwirtschaftssystem (WWS) unerlässlich. In welcher Reihenfolge spielt sich der Ablauf eines WWS ab? Ordnen Sie zu, indem Sie die Ziffern des abgebildeten Schemas in die Kästchen bei den Stufen im WWS eintragen.

Schema

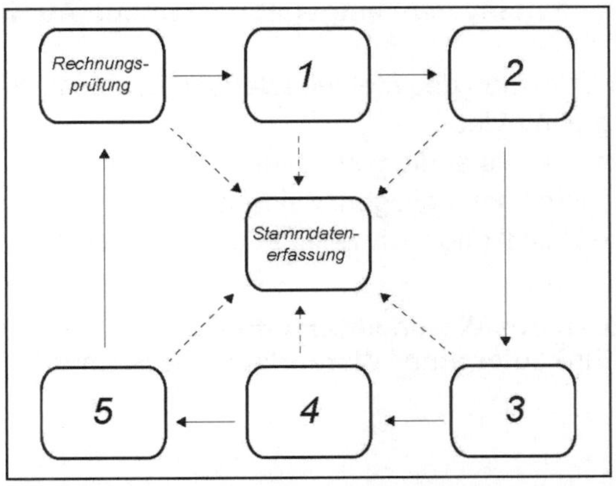

Stufen des WWS

[ ] Wareneingang

[ ] Bestellung

[ ] Verkauf

[ ] Lagerung

[ ] Bedarfsermittlung

3. Wie wird der geschlossene Regelkreis, der die betrieblichen Grundaufgaben „Beschaffung, Lagerhaltung und Verkauf" organisatorisch verknüpft, bezeichnet?

a) Computerverkauf

b) Computersystem

c) Datensystem

d) Warenwirtschaftssystem

e) Computerregulierungssystem

4. Welche Aussage trifft <u>nicht</u> auf das Warenwirtschaftssystem (WWS) zu?

a) Durch das WWS werden wichtige Daten nur einmal am Ort ihrer Entstehung erfasst.

b) Durch das WWS werden Daten schnell verfügbar gehalten.

c) Das WWS ist im Wesentlichen auf die Erfahrungen aus der Vergangenheit und die Einschätzung künftiger Entwicklungen angewiesen.

d) Durch das WWS werden Daten rationell erfasst.

e) Durch das WWS werden Daten aussagekräftig miteinander verbunden.

5. Was gehört <u>nicht</u> zu den Aufgaben des Warenwirtschaftssystems?

a) Die Lagerplanung

b) Die Bestandsüberwachung

c) Die Einkommensteuerermittlung

d) Die Personaleinsatzplanung

e) Die Sortimentsgestaltung

6. **Um sich im harten Wettbewerb erfolgreich behaupten zu können, sind Flexibilität und ständige Anpassung an den Markt unbedingt erforderlich. Dieses Ziel versucht die Geschäftsleitung des Warenhauses Peter Kolb OHG durch die Einführung eines Warenwirtschaftssystems zu erreichen. Worin liegt die Bedeutung eines solchen Systems?**
   a) Die artikelgenaue und zeitnahe Erfassung des Warenflusses ist gewährleistet.
   b) Die zeitnahe Ablage der Belege ist gewährleistet.
   c) Die Warenlagerungskontrollen sind überflüssig.
   d) Es sind nicht nur die Dateibestände (Sollbestände), sondern auch die tatsächlich vorhandenen Warenbestände (Istbestände) sofort aufrufbar.
   e) Die Lieferdauer für die einzelnen Artikel verkürzt sich.

7. **Das Warenhaus Peter Kolb OHG verfügt über ein Warenwirtschaftssystem, das die vier Module Lagerwesen, Inventur, Bestellwesen und Auftragswesen enthält. Welches Ziel soll u. a. damit angestrebt bzw. erreicht werden?**
   a) Ausschluss von Inventurdifferenzen
   b) Senkung der Mindestbestände
   c) Übernahme der Wareneingangskontrolle durch die DV-Anlage
   d) Feststellung der Lieferbereitschaft während der Vertragsverhandlungen mit der Kundschaft
   e) Wegfall der Aufstellung eines Inventarverzeichnisses nach HGB
   f) Erhöhung des Anteils ungelernter Arbeitskräfte, da Fachwissen nicht mehr erforderlich ist

8. **Nachdem die Ware ordnungsgemäß geliefert, geprüft und ins Lager eingeräumt wurde, ist bei der elektronischen Datenerfassung ein Eingabefehler gemacht worden: Statt der 500 neu gelieferten Artikel wurden 600 ins Warenwirtschaftssystem eingegeben. Welche Auswirkung hat dieser Fehler?**
   a) Es kam zu Verkaufsstockungen, obwohl bei Erreichen des Meldebestandes neu bestellt wurde.
   b) Der Fehler wird vom EDV-System rechtzeitig gemeldet.
   c) Der Fehler wird vom Warenwirtschaftssystem selbstständig verbessert.
   d) Das Warenwirtschaftssystem meldet in jedem Fall den richtigen Meldebestand.
   e) Wenn bei Erreichen des Meldebestandes die Bestellung rechtzeitig aufgegeben wird, kann es zu keinen Verkaufsstockungen kommen.

9. **Das Warenhaus Peter Kolb OHG hat im Rahmen des Warenwirtschaftssystems eine Menge Daten erfasst. Welche Information kann der Einkäufer einer Warendatei entnehmen?**
   a) Die Qualität der Ware
   b) Den Lagerplatz der einzelnen Artikel
   c) Die Liefertermine der bestellten Waren
   d) Das Lieferprogramm des Lieferers
   e) Die Bezugsquellen für einen Artikel
   f) Das Datum der Bedarfsmeldung des Lagerverwalters

10. **Was gehört <u>nicht</u> zu den Zielen der Warenwirtschaft?**
   a) Sortimentsoptimierung
   b) Bestandsoptimierung
   c) Platzierungsoptimierung
   d) Bestandsüberwachung
   e) Personalüberwachung

11. **In Ihrem Unternehmen wird mit dem EDV-gestützten Warenwirtschaftssystem gearbeitet. Wie werden Warenumsätze direkt erfasst?**
   a) Ausschließlich durch mobile Datenerfassungsgeräte
   b) Durch den Einsatz mechanischer Sammelkassen
   c) Durch den Einsatz vieler mechanischer Einzelkassen
   d) Durch den Einsatz von Scannerkassen
   e) Durch die ausschließliche Anwendung externer Speicher

12. Zur Sortimentskontrolle verwendet ein Unternehmen ein Warenwirtschaftssystem. Welcher Teilbereich erfasst am besten den Absatz?

a) Das Einkaufssystem
b) Das Warenüberwachungssystem
c) Das Wareneingangssystem
d) Das Warenausgangssystem
e) Das Lagerwirtschaftssystem

13. Unternehmerische Entscheidungen hängen oftmals von einer schnellen Verfügbarkeit von Verkaufsdaten ab. In welchem Fall stehen diese Daten am schnellsten zur Verfügung?

a) Wenn die Kassenberichte zentral erfasst und ausgewertet werden
b) Wenn die Kassenabrechnung mehrmals täglich durchgeführt wird
c) Wenn die Verkaufsdatenerfassung an mehreren Kassen gleichzeitig erfolgt
d) Wenn die Warenetiketten unabhängig vom Kassiervorgang ausgewertet werden
e) Wenn die Kassen direkt an ein EDV-gestütztes Warenwirtschaftssystem angebunden sind

14. Wesentliche Aufgabe des WWS ist es, die erfassten Daten nach verschiedenen Fragestellungen auszuwerten. Ordnen Sie zu.

Einkaufsbezogene Fragestellungen	**Ergebnisse**
a) Welche Konditionen bietet mir ein Lieferer?	
b) Welche Waren können noch eingekauft werden?	[ ] Bestellvorschlag
c) Welche Rechnungen müssen wann bezahlt werden?	
d) Welche Artikel sollen nachbestellt werden?	[ ] Limitverwaltung
e) Welche Artikel eines Lieferanten verkaufen sich besonders gut?	
f) Wann kommt ein bestimmter Artikel?	[ ] Lieferantenstatistik

15. Nach Einführung eines computergestützten Warenwirtschaftssystems soll der Erfolg einer jährlich durchgeführten Sonderaktion (z. B. griechische Woche) gezielt festgestellt werden. Wie ist dieses Ziel zu erreichen?

a) Es muss in jedem Fall eine Inventur durchgeführt werden.
b) Die Umsätze der bei der Aktion angebotenen Waren werden an der Datenkasse gesondert erfasst.
c) Das Sortiment muss mit einem Codewort durch den Computer zusammengestellt werden.
d) Waren müssen abhängig vom Absatz platziert werden.
e) Die Umsätze der einzelnen Waren müssen um die zukünftigen Bestellkosten vermindert werden.

16. Mit Hilfe des EDV-gestützten Warenwirtschaftssystems soll der Erfolg eines Eröffnungsangebotes ermittelt werden. Wie kann dieser ermittelt werden?

a) Durch Platzieren der Ware auf einer gesonderten Fläche
b) Durch Ausdrucken der Absatzzahlen der Ware
c) Durch eine Zwischeninventur
d) Durch Versehen der Ware mit farbigen Preisetiketten
e) Durch Führen von zusätzlichen Strichlisten an der Kasse

17. Welche Unterlagen werden benötigt, wenn die Umsatzentwicklung des letzten Monats ausgewertet werden soll?

a) Die Bestelldurchschläge und die Lieferscheine des letzten Monats
b) Die Rechnungen der Lieferer des letzten Monats
c) Den durchschnittlichen Lagerbestand der letzten Monate
d) Die Kundenfrequenz der letzten Monate
e) Die artikelgenauen Verkaufsdaten bezüglich Menge und Werte des letzten Monats

18. Welche Daten benötigen Sie, um die Pro-Kopf-Leistung jeder Abteilung zu ermitteln?

a) Anzahl der vollbeschäftigten Mitarbeiter und Umsatz der Abteilung
b) Wareneinsatz pro Abteilungsbereich und Gesamtumsatz der Abteilung
c) Gesamtumsatz und Kosten der Abteilung
d) Umsatz pro Quadratmeter Verkaufsfläche und Anzahl der Mitarbeiter
e) Umsatz und Leistungsentlohnung pro Mitarbeiter

19. Der Einzelhändler erfasst alle Daten, die zur Warendisposition erforderlich sind, mit Hilfe von mobilen Datenerfassungsgeräten (MDE). Welche Aussage dazu ist zutreffend?

a) Ohne mobile Datenerfassung wäre die Einführung des Warenwirtschaftssystems nicht möglich.
b) Durch die mobile Datenerfassung werden alle Daten immer langfristig gespeichert.
c) Die mobile Datenerfassung berechnet selbstständig den durchschnittlichen Lagerbestand.
d) Mit Hilfe von mobilen Datenerfassungsgeräten ist eine Datenerfassung am Regal (Lesen des maschinenlesbaren Etiketts) möglich.
e) Mobile Datenerfassung ist nur an ortsgebundenen Datenerfassungsplätzen möglich.

20. Das WWS ermöglicht den Einsatz von Mobilen Datenerfassungsgeräten (MDE). Welchen Vorteil bringt dies dem Einzelhändler?

a) Der Einsatz von MDE ermöglicht eine Verkürzung der Inventuraufnahmezeiten.
b) Der Einsatz von MDE schließt Fehler bei der Inventur aus.
c) Der Einsatz von MDE verbessert die Kundenberatung ganz erheblich.
d) Der Einsatz von MDE ermöglicht Personaleinsparung beim Verkauf.
e) Der Einsatz von MDE beschleunigt den Kassiervorgang.

21. Ein Einzelhändler wickelt seine regelmäßige Warendisposition über die Mobile Datenerfassung (MDE) ab. Welche Aussage ist richtig?

a) MDE hilft dem Einzelhändler erheblich bei der Programmerstellung seines Warenwirtschafts-systems.
b) MDE erleichtert dem Einzelhändler die Datenerfassung und -übertragung.
c) MDE gibt dem Einzelhändler die Umschlagshäufigkeit der einzelnen Artikel an.
d) MDE sichert dem Einzelhändler ohne zusätzliche Maßnahmen Dispositionsdaten entsprechend dem Datenschutz.
e) MDE speichert die Daten immer langfristig.

22. Welche Aussage gilt für die artikelgenaue Erfassung aller Warenbewegungen?

a) Die artikelgenaue Erfassung von Verkaufsdaten setzt grundsätzlich den Einsatz mobiler Datenerfassungsgeräte voraus.
b) Die artikelgenaue Erfassung der Verkäufe ist lediglich durch die Jahresinventur gewährleistet.
c) Werden die Verkäufe nach Artikelgruppen erfasst, die Wareneingänge jedoch artikelgenau, so können artikelgenaue Verkaufsdaten gewonnen werden.
d) Die artikelgenaue Erfassung ist grundsätzlich an das Vorhandensein von Scannern gebunden.
e) Die artikelgenaue Erfassung ermöglicht detaillierte Informationen über die Umsatzentwicklung.

23. Welche Voraussetzung muss gegeben sein, um den mengen- und wertmäßigen Waren- und Datenfluss im Warenwirtschaftssystem artikelgenau und zeitnah datenmäßig zu erfassen?

a) Jeder Artikel enthält alle Angaben über Einkaufspreise, Kalkulation usw.
b) Jeder Artikel trägt eine Artikelnummer.
c) Jeder Artikel enthält die Lieferantennummer.
d) Jeder Artikel enthält eine Prüfnummer.
e) Jeder Artikel enthält eine Lagerplatznummer.

24. Ein Mitarbeiter beschäftigt sich mit der Budgetierung. Was ist darunter zu verstehen?

a) Er ermittelt die Liquidität des abgelaufenen Geschäftsjahres.
b) Er gibt Geld- und Mengengrößen für die Mitarbeiter vor.
c) Er erstellt monatliche Absatzberichte.
d) Er ermittelt Rentabilitätszahlen.
e) Er ermittelt den Rohgewinn und die Handelsspanne eines Auftrags.

25. Welches Ziel wird mit einer artikelgenauen, schnellen Erfassung von Bestandsveränderungen im Lager angestrebt?

a) Erhöhung der Kapitalbindung
b) Erhöhung der Lagerkosten
c) Erhöhung des Lagerumschlages
d) Erhöhung des Lagerrisikos
e) Erhöhung des durchschnittlichen Lagerbestandes

26. Ordnen Sie zu.

Leistungen des Warenwirtschaftssystems

a) Leichtes Verfolgen von Inventurdifferenzen
b) Einfache kaufmännische Verwaltung
c) Wegfall von Routinearbeiten
d) Aktuelle Führungshilfen
e) Bessere Sortimentsanalyse
f) Schnellere Abwicklung der Wareneingänge

Beispiele

[ ] Personalentlastung

[ ] Renner- und Pennerlisten

[ ] Etiketten- und Preislistenerstellung

27. Welche Informationen kann eine EDV-gestützte Artikelerfassung <u>nicht</u> geben (<u>zwei</u> Antworten)?

a) Die Beschaffenheit des Artikels
b) Die Umschlagshäufigkeit des Artikels
c) Bei welchem Artikel der größte Abverkauf stattfindet
d) Der Zustand der Ware
e) In welcher Farbe ein Artikel am meisten verkauft wird
f) Die gängigsten Größen eines Artikels

28. Um besser mit warenwirtschaftlichen Daten arbeiten zu können, wurde ein neues Warenwirtschaftssystem angeschafft. Welche Information kann dieses System jedoch <u>nicht</u> ermitteln?

a) Den Istbestand der Waren
b) Den Sollbestand der Waren
c) Den Sollbestand der Waren, geordnet nach Farben und Größen
d) Den Meldebestand mit dem Hinweis, dass eine Nachbestellung erforderlich ist
e) Schwer verkäufliche Ware

29. In einem Einzelhandelsunternehmen werden alle Artikel in Artikeldateien mit Hilfe des Warenwirtschaftssystems erfasst. Welcher Vorteil ist damit für die Lagerverwaltung gegeben?

a) Die Güte der Waren kann ständig überprüft werden.
b) Die Personaleinsatzplanung der Lagermitarbeiter kann dadurch besser gesteuert werden.
c) Inventurdifferenzen werden dadurch verhindert.
d) Angaben über den Sollbestand sind ständig verfügbar.
e) Inventuren sind nicht mehr nötig.

30. Wonach hat sich die betriebswirtschaftliche Entscheidung, ob das WWS eingeführt werden soll oder nicht, zu richten?

a) Nur an der Überlegung, Arbeitsplätze einzusparen
b) Nur an der Überlegung, ob dadurch mehr verkauft werden kann
c) Nur an der Überlegung, ob der zu erwartende Nutzen insgesamt die Leistungen der bisherigen Betriebsorganisation übertreffen kann
d) Nur an der Überlegung, dass dadurch die Organisation wesentlich erleichtert wird
e) Nur an der Überlegung, ob die Kundschaft sich mit dem neuen System zurecht findet

31. Ein Einzelhändler, der ein computergestütztes Warenwirtschaftssystem einführen will, least zu diesem Zweck eine EDV-Anlage. Wie wirkt sich diese Maßnahme aus?

a) In einem solchen Fall muss auch immer ein Wartungsvertrag abgeschlossen werden.
b) Durch höhere Abschreibung aufgrund der geleasten Anlage erzielt er einen höheren Gewinn.
c) Da das Leasen einer teuren EDV-Anlage mit hohem Kapitalaufwand verbunden ist, muss er einen langfristigen Kredit aufnehmen.
d) Bei relativ geringem Kapitalaufwand ist er in der Lage, trotz der technischen Entwicklung auf dem Computer-Sektor, vorwiegend mit modernen Anlagen zu arbeiten.
e) Stellt er fest, dass die Computer-Anlage sich nicht bewährt, kann er jederzeit vom Leasingvertrag zurücktreten.

32. Welche Tätigkeit zählt unmittelbar zur Programmpflege?

a) Anpassung an gesetzliche Änderungen
b) Eingreifen bei Fehlbedienungen des Anwenders
c) Erstellen eines Unterprogrammes
d) Einsatz der Programme beim Anwender
e) Unterstützung der Anwender zu Beginn des Programmeinsatzes im Betrieb

33. Eine Lieferung traf aufgrund des Verschuldens seitens des Lieferanten zu spät ein. In welche Datei wird der Hinweis „verspätete Lieferung“ eingetragen?

a) Lagerdatei
b) Artikeldatei
c) Bestandsdatei
d) Liefererdatei
e) Mahndatei

34. Ein Auftrag soll mit Hilfe der EDV bearbeitet werden. Der Kunde hat die Ware zum 15. Juni geordert. Welche Information bzw. Informationsquelle wird dazu benötigt?

a) Die Kundendatei
b) Der Meldebestand
c) Der durchschnittliche Lagerbestand
d) Der Beschaffungsplan
e) Der derzeitige Lagerbestand und die offenen Bestellungen

35. Um die per EDV gespeicherten Daten zu schützen und zu sichern, werden Maßnahmen zum Schutz vor Viren diskutiert. Welche Maßnahme ist hierfür geeignet?

a) Die Daten werden grundsätzlich verschlüsselt.
b) Die Datenübermittlung innerhalb der Firma erfolgt grundsätzlich über Disketten.
c) Alle Daten werden regelmäßig gesichert.
d) Die Passwörter werden nur noch einmal im Jahr geändert.
e) Alle von außen kommenden Daten werden grundsätzlich auf Viren überprüft.

36. „Stammdaten müssen gepflegt werden.“ Welcher Arbeitsvorgang ergibt sich aus diesem Satz in Bezug auf Stammdaten, die der EDV-unterstützten Beschaffung zugrunde liegen?

a) Stornierung offener Bestellungen
b) Abrufen gespeicherter Bestellungen beim Ersatzlieferanten, falls der Erstlieferant in Lieferungsverzug gerät
c) Mengenmäßige Änderung des wöchentlichen EDV-Bestellvorschlages
d) Festhalten von Änderungen in den entsprechenden Dateien, wenn sich vertraglich die Lieferbedingungen unserer Lieferanten geändert haben
e) Noch ausstehende Teillieferungen besonders kenntlich herausstellen

37. Im Verkaufsabwicklungssystem eines Betriebes werden Informationen über Kunden in der Datenverarbeitungsanlage gespeichert. Wie bezeichnet man die über einen Kunden gespeicherten Informationen (siehe Abb.)?

a) Als Datei
b) Als Datenfeld
c) Als Datenreihe
d) Als Datensatz
e) Das Datenbank
f) Als Informationselement

Kunden-Nr.	3 4 5 7
Name:	Spärlich Kurt
Straße:	Luitpoldstr. 12
PLZ:	84034
Ort:	Landshut
Sachbearbeiter:	Frau Maier
Telefon:	0871/9765

38. Ordnen Sie zu.

Tätigkeiten

a) Einlesen der auf Festplatte gepeicherten Kundennummer
b) Anschließen der Festplatte über USB-Schnittstelle
c) Weitergabe der Rechnungen an die Buchhaltung
d) Berechnung des Gesamtpreises aus Stückzahl x Einzelpreis
e) Drucken der Rechnung
f) Lesen der Bedienungsanweisung des Programms durch den Sachbearbeiter

Bereiche der EDV

[ ] Dateneingabe
[ ] Datenverarbeitung
[ ] Datenausgabe

39. Was versteht man in der DV-Sprache unter einem Menü?
a) Es ist die Zusammenstellung der Hardware für unseren Betrieb.
b) Es handelt sich um die graphische Darstellung aller eingesetzten Personalcomputer.
c) Die mitgelieferten Anwenderprogramme werden als Menü bezeichnet.
d) Es handelt sich um die Farbzusammenstellung von Bildschirmhintergrund und Schrift (z. B. grau/schwarz).
e) Es handelt sich um ein Angebot von Funktionen, die der Computer erledigen kann.

40. Was versteht man unter Software?
a) Software sind maschinenlesbare Belege.
b) Software sind die Rechenarbeiten einer Datenverarbeitungsanlage.
c) Software sind z. B. die Betriebssysteme und Anwenderprogramme.
d) Software ist die technische Zusatzeinrichtung einer Datenverarbeitungsanlage.
e) Software sind die von einer Datenverarbeitungsanlage benutzten Speichermedien.

41. Was versteht man unter einem Datenverarbeitungsprogramm?
a) Alle Vorgänge von der Zielsetzung über die Analyse bis zur Dokumentation des erprobten Programmablaufs
b) Die Gesamtheit aller schriftlichen Anweisungen, die zur Durchführung eines Datenverarbeitungsprozesses notwendig sind
c) Eine logische Folge von Einzelbefehlen in maschinenlesbarer Form zur Lösung einer bestimmten Aufgabe
d) Das Zerlegen eines Problems in einzelne Arbeitsschritte, dargestellt im Programmablaufplan
e) Die Codierung in einer bestimmten Programmiersprache

42. Was versteht man unter Datenerfassung?
a) Übertragung von Daten auf maschinengerechte Datenträger
b) Codieren des Programms
c) Ausdrucken von Daten über Schnelldrucker
d) Speicherung von Daten, damit sie zum Ausdrucken zur Verfügung stehen
e) Verarbeiten von Daten in der Zentraleinheit

43. Was versteht man unter Datensicherung?
a) Maßnahmen, um sicherheitsgefährdete Daten vor Einsichtnahme zu bewahren
b) Sicherstellung von Daten, die nicht ordnungsgemäß verarbeitet wurden
c) Bewahrung von Daten vor Vernichtung
d) Festhalten von Daten zum Zweck der Überprüfung
e) Bewahrung von personenbezogenen Daten vor Missbrauch bei ihrer Speicherung, Übermittlung, Veränderung und Löschung

44. Welche Angaben sind personenbezogene Daten nach dem Bundesdatenschutzgesetz?
a) Kennzahlen von Personengesellschaften, z. B. Umsätze, Kalkulation, Lagergrößen
b) Daten über angebotene Waren, Liefer- und Zahlungsbedingungen, Lieferzeiten eines Lieferers in einer Bezugsquellendatei
c) Daten von juristischen Personen, z. B. Firmenname
d) Einzeldaten über persönliche und sachliche Verhältnisse einer natürlichen Person, z. B. Vorname, Name, Straße, PLZ, Wohnort
e) Daten eines stillen Gesellschafters, z. B. Höhe seiner ins Betriebsvermögen geleisteten Einlage

45. Welche Aufgabe hat der gesetzliche Datenschutz?
a) Schutz aller gespeicherten sachbezogenen Daten natürlicher und juristischer Personen vor Missbrauch
b) Schutz personenbezogener Daten natürlicher Personen vor Missbrauch
c) Schutz des gesamten Datenverarbeitungssystems vor Störungen irgendwelcher Art
d) Schutz vor Verstößen eines Angestellten gegen das Wettbewerbsverbot
e) Sicherung aller Daten vor Verlust, Manipulation und Verfälschung

46. Um am Monatsende eine genaue Aufstellung aller Warenbewegungen vornehmen zu können ist es notwendig, die entsprechenden Artikel per EDV zu erfassen. Welche Hardwarekomponente ist geeignet, um die Artikelnummern einlesen zu können?

a) Der Bildschirm
b) Der Printer
c) Das Warentransportband an der Kasse
d) Eine online-Leitung zu Banken und Sparkassen
e) Der Scanner

47. Nach dem Aufrufen Ihres Warenwirtschaftssystems öffnet sich das entsprechende Dialogfenster. Wie können Sie sich nun in das System einloggen?

a) Sie drücken nur noch die ENTER-Taste.
b) Sie geben Ihren Benutzernamen ein und drücken dann die ENTER-Taste.
c) Sie geben das Passwort ein uns sind automatisch im Warenwirtschaftssystem.
d) Sie geben den Benutzernamen und das Passwort ein und drücken dann die ENTER-Taste.
e) Sie geben den Benutzernamen und das Passwort ein und gehen mit dem Cursor auf Abbrechen.

48. Zur Erfassung der Daten werden verschiedene Geräte eingesetzt. Ordnen Sie die entsprechenden Geräte ihren Einsatzmöglichkeiten zu.

Geräte

a) Mobile Datenerfassungsgeräte
b) Kartenlesegeräte
c) Elektronische Waagen
d) Modems
e) Scannerkassen
f) Etikettendrucker

Einsatzmöglichkeiten

[ ] Ermittlung der Tageslosung

[ ] Ermittlung der Inventurbestände

[ ] Durchführung der bargeldlosen Zahlungen

49. Was versteht man unter einem Barcode?

a) Einen maschinell lesbaren Strichcode
b) Eine Angabe zum Barwert der Sendung
c) Einen maschinell lesbaren Magnetstreifen
d) Eine Beschriftung im ASCII-Code
e) Eine Beschriftung in OCR-A-Schrift

50. Welche Aussage über die in einem Lieferschein enthaltenen Daten ist richtig?

a) Die Artikelnummer ist ein Stammdatum.
b) Die Liefermenge ist ein Ordnungsdatum.
c) Die Lieferscheinnummer ist ein Stammdatum.
d) Der Liefertag ist ein Stammdatum.
e) Die Artikelbezeichnung ist ein Bewegungsdatum.

51. Die Datenerfassung im Lager soll rationeller gestaltet werden. Dazu sind die Artikel mit Barcodes versehen. Mit welchem Gerät sind die darin verschlüsselten Informationen zu erfassen?

a) Tastatur
b) Klarschriftleser
c) Magnetschriftleser
d) Lesestift (Scanner)
e) Berührungsbildschirm

52. Eine Mitarbeiterin in der Buchhaltung hat im April offensichtlich computergespeicherte personenbezogene Daten weitergegeben, obwohl sie zu den Daten keine Zugriffsberechtigung hatte. Die Datenschutzbeauftragte ordnet daraufhin an, dass Benutzernamen nach 3 fehlerhaften Passwort-Eingaben am PC für die weitere Benutzung gesperrt werden. Was soll dadurch in erster Linie bewirkt werden?

a) Zeitliche Verzögerungen im Dialogsystem sollen ausgeschlossen werden.
b) Der Benutzer soll gezwungen werden, sich Namen und Passwörter besser zu merken.
c) Benutzername und Passwort müssen vor der weiteren Verwendung vom Systembetreuer auf Fehler geprüft werden.
d) Es soll erschwert werden, dass Passwörter durch Probieren ermittelt werden können.
e) Es soll verhindert werden, dass Daten versehentlich gelöscht werden.

53. Nach einer Warenlieferung mussten Sie Ihre Bezugsquellendatei aktualisieren. Welcher Vorgang machte diese Aktualisierung notwendig?

a) Bei unserem Lieferanten hat sich der Ansprechpartner geändert.
b) Durch die Anlieferung der Waren erhöhte sich der Lagerbestand.
c) Eine fehlerhafte Eingabe von 12 Artikeln ins Warenwirtschaftssystem wurde berichtigt.
d) Durch eine Verkaufsaktion hat sich der Absatz erhöht.
e) Die Durchführung einer Verkaufsaktion machte eine neue Platzierung der Ware notwendig.

54. Das Warenhaus Peter Kolb OHG will das Sortiment in der Sportartikelabteilung erweitern. Deshalb wurden neue Lieferanten ausfindig gemacht, von denen auch Angebote vorliegen. Anhand der Angebote sollen die Angaben im Warenwirtschaftssystem vervollständigt und anschließend ausgewertet werden. Welche Arbeit muss demnach im Warenwirtschaftssystem vorgenommen werden?

a) Die Kundendatei muss ergänzt werden.
b) Im Programm „Auftragserfassung“ müssen alle Angebote erfasst werden.
c) Die Liefererdatei muss ergänzt werden.
d) In der Wareneingangsdatei müssen die Angebote erfasst werden.
e) In die Lagerdatei müssen die neuen Lieferer aufgenommen werden.

55. Bei der Lagerbestandskontrolle haben Sie eine Differenz zwischen Soll- und Istbestand festgestellt. Wodurch kann diese Differenz entstanden sein?

a) Es wurde mehr Ware verkauft als in der Planung vorgesehen.
b) Es wurde weniger Ware umgesetzt als vorgesehen.
c) Es wurde eine Fehlmeldung beim Wareneingang nicht erfasst.
d) Es wurde die Ware nicht nach Art und Güte kontrolliert.
e) Es wurde beschädigte Ware durch den Spediteur angeliefert.

<u>Zu den nächsten beiden Aufgaben siehe die abgebildete Statistik.</u>

	KUNDENZAHL		UMSATZENTWICKLUNG IN €	
JAHR	2017	2018	2017	2018
Januar	14.800	14.700	270.000	260.000
Februar	25.000	25.700	500.000	505.000
März	20.600	24.000	415.000	440.000
April	18.500	19.100	350.000	320.000
Mai	21.400	23.400	405.000	410.000
Juni	22.200	21.200	420.000	390.000
Summe	122.500	128.100	2.360.000	2.325.000

56. Obige Statistik zeigt das Ergebnis der Kundenzählung und der Umsatzzahlen in einem Warenhaus. Welchen Sachverhalt kann man aus dieser Statistik ermitteln?

a) Im Monat April 2018 war die Steigerung des Umsatzes gegenüber dem April 2017 größer als im Monat März 2018 gegenüber März 2017.
b) Trotz gestiegener Kundenzahl ging der Umsatz pro Kunde im März 2018 gegenüber dem Vorjahr zurück.
c) Im Monat Juni 2018 nahm die Anzahl der Kunden gegenüber dem Vorjahr prozentual stärker zu, als in der Gesamtsumme.
d) Die Monate Januar und April 2018 liegen in der Umsatzentwicklung über dem Vorjahr.
e) Obwohl die Kundenzahl im Januar 2018 zurückging, konnte ein Mehrumsatz von 10.000 € erzielt werden.

57. Wie hoch ist der durchschnittliche Umsatz pro Kunde in den Halbjahren 2017 und 2018? Tragen Sie den Unterschied in das Kästchen ein.

58. Das Warenhaus Peter Kolb OHG arbeitet mit einem computergestützten Warenwirtschaftssystem (WWS). Welcher Vorteil ergibt sich dadurch?

a) Es kann schnell auf Informationen aus den Bereichen Einkauf, Lager und Verkauf zugegriffen werden.

b) Jederzeit können Informationen über personenbezogene Daten der Mitarbeiter beschafft werden.

c) Durch die Vernetzung mit dem WWS der Mitbewerber kann auch auf deren Daten zugegriffen werden.

d) Durch den Einsatz des WWS können Fehler beim Kassiervorgang ausgeschlossen werden.

e) Das WWS ermöglicht eine automatische Überprüfung der Waren auf Mindesthaltbarkeitsdatum, Beschaffenheit und Aktualität.

59. Die meisten Artikel des Warenhauses Peter Kolb OHG weisen einen GTIN-Code auf. Welcher Vorteil ist damit verbunden?

a) Eine Auszeichnung der Waren mit dem GTIN-Code führt zu einer Verringerung der Kassendifferenzen.

b) Ware, die mit dem GTIN-Code versehen ist, wird automatisch bei Erreichen des Meldebestandes nachbestellt.

c) Durch die GTIN-Codierung können Preisänderungen zentral im Kassensystem vorgenommen werden.

d) Aus dem GTIN-Code sind u. a. das Herstellungsland, der Hersteller und der Einkaufspreis ablesbar.

e) Der GTIN-Code macht eine Preisauszeichnung für alle Artikel überflüssig.

60. Lieferer-Dateien enthalten Stamm- und Bewegungsdaten. Welche Daten sind Bewegungsdaten?

a) Warenarten

b) Artikel-Nummern

c) Einzelpreise

d) Anschriften der Lieferer

e) Bestellmengen

61. Sie wurden damit beauftragt, bei der Auswertung der Umsatzentwicklung der letzten drei Monate mitzuhelfen. Welche Unterlagen werden Sie sich besorgen?

a) Die Bestelldurchschläge und die Lieferscheine der letzten drei Monate

b) Die Rechnungen der Lieferanten der letzten drei Monate

c) Den durchschnittlichen Lagerbestand der letzten drei Monate

d) Die Kundenfrequenz der letzten drei Monate

e) Die artikelgenauen Verkaufsdaten bezüglich Mengen und Werte der letzten drei Monate

62. Sie erhielten ein Angebot von einem neuen Lieferanten. Sie beabsichtigen, die Angaben im Warenwirtschaftssystem zu aktualisieren. Welche Arbeit muss diesbezüglich im Warenwirtschaftssystem vorgenommen werden?

a) Die Lieferdatei muss ergänzt werden.

b) Im Programm „Auftragserfassung" müssen alle Angebote erfasst werden.

c) Die Kundendatei muss ergänzt werden.

d) In der Wareneingangsdatei müssen die Artikelnummern eingetragen werden.

e) In die Lagerdatei müssen die neuen Bestände aufgenommen werden.

63. Was ist unter dem Istbestand zu verstehen?

a) Tatsächlicher Bestand

b) Meldebestand

c) Buchbestand

d) Durchschnittsbestand

e) Mindestbestand

64. Welcher Bestand sollte mit dem Buchbestand übereinstimmen?

a) Meldebestand

b) Sollbestand

c) Istbestand

d) Durchschnittsbestand

e) Mindestbestand

65. Im Rahmen des Warenwirtschaftssystems sind auch automatische Bestellungen für bestimmte Artikel möglich. Welche Aussage zu einer automatischen Bestellung ist richtig?

a) Für die Bestellung per Computer ist die Eingabe des Verkaufspreises erforderlich.
b) Der Computer druckt die von den Mitarbeitern eingegebenen Bestellungen aus.
c) Der Computer vergleicht alle eingegebenen Bestellungen und bestellt automatisch beim nächsten Hersteller.
d) Der Computer löst bei Erreichen des Meldebestandes einen Bestellvorgang aus.
e) Der Computer löst einen Bestellvorgang bei Erreichen des Mindestbestandes aus.

66. Welcher Wert wird vom Warenwirtschaftssystem nicht automatisch erfasst, sodass seine Überprüfung von Zeit zu Zeit unabdingbar ist?

a) Die monatliche Bestellmenge
b) Die Umschlagshäufigkeit
c) Der monatliche Umsatz
d) Der Meldebestand
e) Der Tagesabsatz

67. Ordnen Sie zu.

Erklärungen zum Lagerwesen

a) Menge, die stets bestellt werden muss
b) Der im Lager wirklich vorhandene Bestand
c) Der Bestand, der ständig auf Lager sein muss
d) Der in der Lagerbuchhaltung ausgewiesene Bestand
e) Der Lagerbestand, bei dem Mitteilung an die Abteilung Einkauf gemacht werden muss
f) Die im Warenentnahmeschein angeforderte Warenmenge

Bestandsbegriffe

[ ] Buchbestand (Sollbestand)

[ ] Meldebestand

[ ] Istbestand

68. Ordnen Sie zu.

Lagerbestände

a) Mindestbestand
b) Höchstbestand
c) Meldebestand
d) Durchschnittlicher Lagerbestand
e) Sollbestand
f) Istbestand

Erklärungen

[ ] Der bei der Inventur ermittelte Bestand.

[ ] Bestand, bei dem bestellt werden muss

[ ] Bestand, der immer auf Lager sein muss

69. Was kann mit der Formel „Durchschnittlicher Tagesumsatz x Durchschnittliche Lieferzeit + Eiserner Bestand" errechnet werden?

a) Die durchschnittliche Lagerdauer
b) Die Umschlagshäufigkeit
c) Der Meldebestand
d) Der Höchstbestand
e) Der durchschnittliche Lagerbestand

70. Eine Warenart wird am Tag durchschnittlich 30-mal verkauft. Der Eiserne Bestand ist auf 180 Stück festgelegt. Die Lieferzeit beträgt 10 Tage. Wie hoch ist der Meldebestand?

a) 30
b) 300
c) 5400
d) 54000
e) 480

71. Was trifft für den Meldebestand zu?

a) Bei Erreichen des Meldebestandes muss eine Inventur vorgenommen werden.
b) Der Bestand, der ständig am Lager vorhanden sein muss, ist der Meldebestand.
c) Das Erreichen des Meldebestandes bestimmt den Bestellzeitpunkt.
d) Der Meldebestand ist der Bestand an Warenvorräten zum Bilanzstichtag.
e) Bei Erreichen des Meldebestandes darf nicht mehr zugekauft werden, da sonst der Lagerbestand zu groß wird.

72. In der Lagerhaltung spricht man vom Eisernen Bestand (Mindestbestand) und vom Meldebestand. Welcher Zusammenhang zwischen diesen beiden Beständen ist zutreffend?

a) Der Eiserne Bestand spielt nur in wirtschaftlich schlechten Zeiten eine Rolle, während der Meldebestand immer von Bedeutung ist.
b) Der Eiserne Bestand ist kleiner als der Meldebestand.
c) Eiserner Bestand und Meldebestand sind inhaltlich gleichzusetzen.
d) Erst wenn Eiserner Bestand und Meldebestand gleich groß sind, muss nachbestellt werden.
e) Der Meldebestand ist kleiner als der Eiserne Bestand.

73. Was ist zu tun, wenn Verkaufsstockungen auftreten, da der tägliche Absatz höher als geplant ist?

a) Die Bestellmenge verringern
b) Dem Lieferer längere Lieferzeiten gewähren
c) Den durchschnittlichen Tagesabsatz durch Sonderangebote steigern
d) Den Meldebestand erhöhen
e) Den Höchstbestand senken

74. Als erste Lagerkennziffer ermittelt der Einzelhändler den durchschnittlichen Lagerbestand. Wozu benötigt er diese Größe?

a) Um durchschnittliche Verkaufserlöse zu berechnen
b) Zur Berechnung der Umschlagshäufigkeit
c) Um „Ladenhüter“ zu vermeiden
d) Um die Bestellungen rechtzeitig aufgeben zu können
e) Zur Berechnung des Inventurbestandes

75. Die Lagerdatei für einen Artikel enthält u. a. folgende Eintragungen:

Bestand 31.12. vergangenes Jahr	**34 Stück**
Bestand 31.03. dieses Jahr	**105 Stück**
Bestand 30.06. "	**131 Stück**
Bestand 30.09. "	**83 Stück**
Bestand 31.12. "	**20 Stück**
Einstandspreis pro Stück:	**18,75 €**

Welche Lagerkennziffer kann man mit diesen Angaben errechnen?

a) Den durchschnittlichen Lagerbestand
b) Den durchschnittlichen Umsatz pro Quartal
c) Die durchschnittlichen Lagerkosten
d) Die durchschnittlichen Verkaufserlöse
e) Die durchschnittliche Lagerdauer

76. Mit der nachstehenden Formel kann man eine Lagerkennzahl errechnen. Welche?

$$\frac{\textbf{Jahresanfangsbestand + 12 Monatsendbestände}}{\textbf{13}}$$

a) Den Lager-Istbestand
b) Die durchschnittliche Lagerdauer
c) Den Lager-Sollbestand
d) Den durchschnittlichen Lagerbestand
e) Den Mindestbestand

77. Welche Behauptung zur Lagerdauer ist zutreffend?

a) Durch eine hohe Lagerdauer erhöht sich die Umschlagshäufigkeit.
b) Die Lagerdauer beeinflusst den Warenumsatz.
c) Durch eine niedrige Lagerdauer erhöhen sich die Lagerkosten.
d) Die Lagerdauer hat keinen Einfluss auf die Lagerkosten.
e) Durch eine hohe Lagerdauer erhöhen sich die Lagerkosten.

78. Welche Zeit drückt die Lagerdauer einer Ware aus?
a) Die Zeit bis zum Verkauf des letzten Stückes einer bestimmten Ware
b) Die Zeit zwischen Bestellung und Eingang der Ware
c) Die Zeit zwischen Ausgang (Verkauf) und Bezahlung der Ware
d) Die Zeit bis zum Einkauf der neuen Ware
e) Die Zeit zwischen Ein- und Ausgang (Verkauf) der Ware

79. Welche Größe beeinflusst die Umschlagshäufigkeit?
a) Der erzielte Gewinn
b) Die jeweilige Warenart
c) Die Größe des Geschäftes
d) Die Lagerkosten
e) Das eingesetzte Kapital

80. Die Lagerdatei für einen Artikel enthält folgende Eintragungen:

Bestand am 31.12. letzten Jahres	**48 Stück**
Bestand am 31.03. diesen Jahres	**136 Stück**
Bestand am 31.06. diesen Jahres	**124 Stück**
Bestand am 31.09. diesen Jahres	**172 Stück**
Bestand am 31.12. diesen Jahre	**30 Stück**
Einstandspreis pro Stück:	**44,75 €**

Wie ermitteln Sie den durchschnittlichen Lagerbestand?
a) AB + EB / 2
b) AB + EB x Einstandspreis pro Stück
c) AB + 4 Quartalsendbestände / 4
d) AB + 4 Quartalsendbestände / 5
e) AB + 12 Monatsendbestände / 13

81. Welche Aussage bezüglich der Umschlagshäufigkeit einer Warenart ist richtig?
a) Gut gehende Ware hat eine hohe Umschlagsgeschwindigkeit.
b) Zwischen Warengattung und Umschlagsgeschwindigkeit besteht kein Zusammenhang.
c) Gut gehende Ware hat eine niedrige Umschlagsgeschwindigkeit.
d) Güter des täglichen Bedarfs haben eine niedrige Umschlagsgeschwindigkeit.
e) Schlecht gehende Ware hat eine hohe Umschlagsgeschwindigkeit.

82. Welche Kennziffer macht eine Aussage darüber, wie oft der durchschnittliche Warenbestand in einem Jahr verkauft wird?
a) Der Warenumsatz
b) Der Warenabsatz
c) Der Wareneingang
d) Der Lagerumschlag
e) Die Lagerdauer

83. Welche Definition trifft auf den Begriff „Lagerumschlag" zu?
a) Die Gesamtheit der Kosten, die das Warenlager verursacht
b) Die Menge der vom Reservelager ins Verkaufslager gebrachten Artikel
c) Die Häufigkeit, mit der der Warenbestand verkauft wird
d) Die Gesamtheit der im Lager anfallenden Arbeiten
e) Die regelmäßige Lagerkontrolle und Umschichtung der Ware

84. Welche Angabe benötigt man zur Ermittlung der Umschlagshäufigkeit?
a) Den Wareninventurbestand
b) Den Wareneinsatz
c) Den Bruttoumsatz
d) Den Reingewinn
e) Den Rohgewinn

85. Was hat eine Erhöhung der Lagerkosten zur Folge?

a) Die Senkung der durchschnittlichen Lagerdauer
b) Die Senkung des durchschnittlichen Lagerbestandes
c) Die Senkung der Umschlagshäufigkeit
d) Die Senkung der Lieferzeit
e) Die Senkung des Meldebestandes

86. In welchem Fall liegt eine Erhöhung der Umschlagsgeschwindigkeit vor?

a) Der Wareneinsatz nimmt ab, der durchschnittliche Lagerbestand bleibt gleich.
b) Der Wareneinsatz nimmt im gleichen Verhältnis wie der durchschnittliche Lagerbestand zu.
c) Der Wareneinsatz bleibt gleich, der durchschnittliche Lagerbestand nimmt zu.
d) Der Wareneinsatz nimmt ab, der durchschnittliche Lagerbestand nimmt zu.
e) Der Wareneinsatz nimmt zu, der durchschnittliche Lagerbestand bleibt gleich.

87. Wodurch kann der Istbestand der Waren lt. Inventur höher sein als der Sollbestand?

a) Vom Lieferer erhaltene Ware wurde doppelt erfasst.
b) An Kunden gelieferte Ware wurde nicht erfasst.
c) Bei einem Einbruch wurde Ware gestohlen.
d) Vom Lieferer erhaltene Ware wurde nicht erfasst.
e) Durch einen Wasserrohrbruch wurde Ware verdorben.

88. Eine Warenart wird täglich 100 mal umgesetzt. Ihre Beschaffungszeit beträgt 14 Tage. Bei welcher Menge muss nachbestellt werden, wenn der Vorrat stets für 8 Tage reichen soll?

a) 800
b) 912
c) 1400
d) 2200
e) 11200

89. Welche Bezeichnung trifft auf den Mindestlagerbestand zu?

a) Mindestumsatz
b) Reservelager
c) Verkaufslager
d) Meldebestand
e) Eiserner Bestand
f) Kernsortiment

90. Angenommen, von 3 000 Einheiten einer Ware werden täglich 100 Einheiten verkauft und die Neulieferung nähme mindestens 14 Tage in Anspruch. Nach wie viel Tagen müsste neu bestellt werden, wenn der Eiserne Bestand mit 800 Einheiten festgesetzt worden ist?

a) Nach 4 Tagen
b) Nach 6 Tagen
c) Nach 8 Tagen
d) Nach 10 Tagen
e) Nach 12 Tagen
f) Nach 14 Tagen

91. Was bestimmt die Differenz zwischen Meldebestand und Mindestbestand (Eiserner Bestand)?

a) Das Einkaufslimit
b) Die Lagergröße
c) Die Beschaffungsdauer
d) Die Einkaufsmenge
e) Der Bestellrhythmus

92. Was trifft für den „Eisernen Bestand" zu?

a) Es ist der Mindestbestand zur Aufrechterhaltung des Warenangebotes.
b) Es ist der Durchschnittsbestand.
c) Es ist eine Maßnahme gegen Kaufkraftschwund.
d) Es ist die durchschnittliche Lagerdauer.
e) Es ist die Umsatzgeschwindigkeit.
f) Es ist der Lagerbestand, der je nach Verbrauch und Beschaffungszeit errechnet wird.

93. Aus welchem Grund muss der Meldebestand für eine Warenart erhöht werden?

a) Die Lagerkosten sind gestiegen.
b) Der Lieferer gewährt kein Skonto mehr.
c) Die Lieferzeit hat sich verlängert.
d) Der durchschnittliche Tagesumsatz dieses Artikels ist kleiner geworden.
e) Die Lagerbestände sollen verringert werden.

94. In welchem Fall sollte der Meldebestand sofort erhöht werden?

a) Die Zahl der Mitbewerber vor Ort ist stark gestiegen.
b) Die Lieferzeit wird vom Großhändler verkürzt, Tagesabsatz und Mindestbestand bleiben unverändert.
c) Der Mindestbestand wird herabgesetzt, Lieferzeit und Tagesabsatz bleiben unverändert.
d) Der Tagesabsatz steigt, Lieferzeit und Mindestbestand bleiben unverändert.
e) Die Lagerkapazität konnte erweitert werden.

95. Eine Warensendung trifft neu bei einem Einzelhändler ein. Mit dieser Sendung sind 1 280 Stück dieser Warenart auf Lager. Ermitteln Sie den Bestand am Bestelltag, wenn eine Lieferzeit von 10 Tagen, ein durchschnittlicher Tagesumsatz von 80 Stück und ein eiserner Bestand von 160 Stück zu berücksichtigen sind!

a) 80 Stück
b) 800 Stück
c) 960 Stück
d) 320 Stück
e) 320 Stück

96. In einem Warenhaus soll der Meldebestand für Regenschirme festgelegt werden. Welche Überlegung trifft zu?

a) Die Höhe des Meldebestandes hängt ausschließlich vom Tagesabsatz ab.
b) Die Höhe des Meldebestandes hängt ausschließlich von der Lieferzeit ab.
c) Die Höhe des Meldebestandes hängt unter anderem von der Lieferzeit und vom Tagesabsatz ab.
d) Die Höhe des Meldebestandes verändert sich nicht, wenn der Mindestbestand gesenkt wird.
e) Die Höhe des Meldebestandes verändert sich immer, wenn die Bestellmenge angehoben wird.

97. Der Meldebestand beträgt 380 Stück bei einer durchschnittlichen Lieferzeit von 10 Tagen und einem Tagesumsatz von 30 Stück. Aufgrund technischer Neuerungen seitens unseres Lieferers kann die Beschaffungszeit um 2 Tage verkürzt werden. Dies hat zur Folge, dass wir unseren Mindestbestand um 30 Stück verringern können. Ermitteln Sie den neuen Meldebestand.

a) 300 Stück
b) 240 Stück
c) 360 Stück
d) 350 Stück
e) 290 Stück
f) 320 Stück

98. Was führt zu einer Senkung des Meldebestandes für einen Artikel?

a) Die Lieferzeit ist verlängert worden.
b) Die Lagerkosten sind gesunken.
c) Der durchschnittliche Tagesabsatz dieses Artikels ist zurückgegangen.
d) Der durchschnittliche Tagesabsatz dieses Artikels ist gestiegen.
e) Die Lagerbestände sollen erhöht werden.

99. Ordnen Sie zu.

Begriffe zur Lagerhaltung | **Buchstaben aus der Abb.**

a) Mindestbestand
b) Meldebestand
c) Höchstbestand
d) Optimaler Lagerbestand
e) Bestellrhythmus
f) Wiederbeschaffungszeit

[ ] (a)

[ ] (b)

[ ] (c)

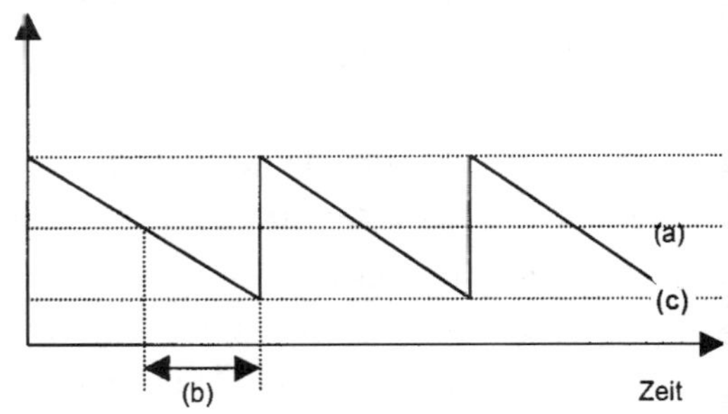

Lagerhaltungsmodell

100. Die Abbildung zeigt den Verlauf der Lagerbestände eines Artikels während der letzten 14 Tage. Die Lieferzeit beträgt üblicherweise 2 Tage. Wie viel Tage können überbrückt werden, ohne dass es zu Verkaufsstockungen kommt? Tragen Sie das Ergebnis in das Kästchen ein.

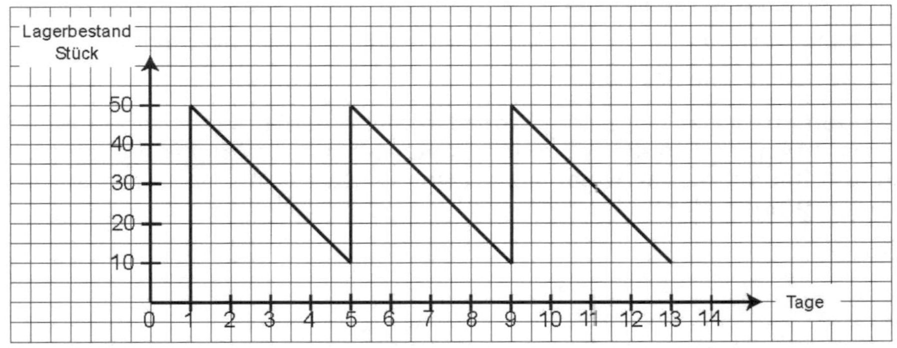

101. Die Geschäftsleitung eines Warenhauses möchte wegen der gesunkenen Nachfrage nach Textilien den Lagerbestand senken. Welcher Grund spricht für die Durchführung dieser Maßnahme?

a) Bei Lieferschwierigkeiten können Engpässe auftreten
b) Es ist nicht immer genügend Auswahl vorhanden.
c) Es muss häufiger nachbestellt werden.
d) Die Zinsen für gebundenes Kapital werden niedrig gehalten.
e) Die Umschlagshäufigkeit wird verlangsamt.

102. Was bringt der „durchschnittliche Lagerbestand“ zum Ausdruck?

a) Der Durchschnitt des Lagerumschlages eines Geschäftsjahres
b) Der Durchschnitt der in einem Geschäftsjahr verkauften Lagerbestände
c) Der Durchschnitt der im Laufe eines Geschäftsjahres tatsächlich vorhandenen Lagerbestände
d) Der Durchschnitt der Lagerbestände der Branche
e) Der Lagerbestand, bei dem eine Auffüllung des Lagers veranlasst wird

103. Der Einzelhändler berechnet u. a. auch den Zeitraum, während dem der durchschnittliche Lagerbestand einmal umgesetzt wird. Wie bezeichnet man diese Größe?

a) Durchschnittliche Rendite
b) Wirtschaftlichkeit
c) Durchschnittliche Lagerdauer
d) Umschlagshäufigkeit
e) Durchschnittliche Rentabilität

104. Welcher Lagerdauer entspricht ein Lagerumschlag von 0,5?
a) 5 Tage
b) 50 Tage
c) 90 Tage
d) 500 Tage
e) 720 Tage

105. Welche Größe wird mit der Formel „360 / Umschlagsgeschwindigkeit" errechnet?
a) Die Umschlagshäufigkeit
b) Die durchschnittliche Lagerdauer
c) Der Meldebestand
d) Der Lagerzinsfuß
e) Die Lagermesszahl

106. Welche Aussage zur Umschlagsgeschwindigkeit ist richtig?
a) Umschlagsgeschwindigkeit + Lagerdauer = durchschnittlicher Lagerbestand
b) Je höher die Umschlagsgeschwindigkeit, desto geringer die Lagerdauer
c) Je höher die Umschlagsgeschwindigkeit, desto höher die Lagerdauer
d) Die Umschlagsgeschwindigkeit hat keine Auswirkung auf die Lagerdauer.
e) Je niedriger die Umschlagsgeschwindigkeit, desto geringer die Lagerdauer

107. Um einen optimalen Lagerbestand zu ermitteln, sind die verschiedensten Einflussfaktoren zu berücksichtigen. Welcher Zusammenhang ist zutreffend?
a) Je höher die Lagerkosten eines Artikels sind, desto besser lässt sich der Artikel verkaufen.
b) Das Lagerrisiko nimmt bei abnehmender Umschlagshäufigkeit zu.
c) Die Lagerzinsen steigen mit dem Werbeaufwand für einen Artikel.
d) Die Prämie für die Versicherung des Warenlagers ist abhängig von der Umschlagshäufigkeit.
e) Der optimale Lagerbestand nimmt zu, wenn die Lieferzeit sich verkürzt.

108. Die durchschnittliche Umschlagshäufigkeit der gesamten Branche eines Einzelhändlers wird mit „4" angegeben. Die eigene Umschlagsgeschwindigkeit liegt bei „2". Was ist diesem Einzelhändler zu raten?
a) Der Einzelhändler sollte sein Sortiment bereinigen, da der Wert schlechter als branchenüblich ist.
b) Der Einzelhändler braucht bei derart geringfügigen Abweichungen keine Änderungen in seiner Sortimentspolitik vorzunehmen.
c) Der Einzelhändler kann auf zusätzliche Maßnahmen verzichten, da der Wert besser als branchenüblich ist.
d) Der Einzelhändler sollte versuchen, die Lagerdauer zu erhöhen, da der Wert schlechter als branchenüblich ist.
e) Der Einzelhändler sollte seinen Lagerbestand erhöhen, da der Wert besser als branchenüblich ist.

109. Warum wird in einem Einzelhandelsunternehmen der durchschnittliche Lagerbestand ermittelt?
a) Um die Eigenkapitalrentabilität zu errechnen
b) Um den Wert des Wareneingangs zu errechnen
c) Um die Umsatzstatistik zu ermitteln
d) Um das Einkaufslimit zu ermitteln
e) Um die Umschlagshäufigkeit zu errechnen

110. Was gilt für die Umschlagshäufigkeit?
a) Bleibt der Wareneinsatz bei vermindertem durchschnittlichen Warenbestand gleich, vermindert sich die Umschlagshäufigkeit.
b) Erhöht sich der Warenabsatz bei gleichbleibendem durchschnittlichen Lagerbestand, nimmt die Umschlagshäufigkeit ab.
c) Erhöht sich der Wareneinsatz bei gleichbleibendem durchschnittlichen Lagerbestand, nimmt die Umschlagshäufigkeit zu.
d) Erhöht sich der Wareneinsatz nicht, der durchschnittliche Lagerbestand nimmt aber zu, so nimmt die Umschlagshäufigkeit zu.
e) Erhöht sich die durchschnittliche Lagerdauer, nimmt die Umschlagshäufigkeit gleichermaßen zu.

111. Wie hoch ist die Umschlagshäufigkeit einer Warengruppe, wenn deren durchschnittliche Lagerdauer 60 Tage beträgt?

a) 3
b) 8
c) 6
d) 9
e) 10

112. Was bewirkt eine prozentuale Kostensenkung, wenn die Summe der Kosten unverändert geblieben ist und der durchschnittliche Lagerbestand sich ebenfalls nicht verändert hat?

a) Das Warenlager wurde immer auf dem gleichen Stand gehalten.
b) Die Umschlagshäufigkeit hat sich erhöht.
c) Die Umschlagshäufigkeit hat sich verringert.
d) Der Umsatz ist gesunken.
e) Die Lagerdauer hat sich erhöht.

113. Wie wird der Kapitalbedarf von der Lagerumschlagshäufigkeit beeinflusst?

a) Je geringer die Lagerumschlagshäufigkeit ist, desto geringer ist auch der Kapitalbedarf.
b) Je größer die Lagerumschlagshäufigkeit ist, desto geringer ist der Kapitalbedarf.
c) Nur die Preislage der gelagerten Ware beeinflusst den Kapitalbedarf.
d) Lagerumschlagshäufigkeit und Kapitalbedarf stehen in keinem Zusammenhang.
e) Mit zunehmender Lagerumschlagshäufigkeit steigt der Kapitalbedarf.

114. Welcher Zusammenhang besteht zwischen Lagerumschlag und Kapitalbedarf?

a) Die Lagerumschlagsgeschwindigkeit beeinflusst den Kapitalbedarf nicht.
b) Die Verkaufspreise der gelagerten Ware beeinflussen den Kapitalbedarf.
c) Je niedriger die Lagerumschlagsgeschwindigkeit, desto größer ist der Kapitalbedarf.
d) Je niedriger die Lagerumschlagsgeschwindigkeit, desto geringer ist der Kapitalbedarf.
e) Je höher die Lagerumschlagsgeschwindigkeit, desto größer ist der Kapitalbedarf.

115. Ein Einzelhändler errechnet die Wirtschaftlichkeit seines Betriebes. Er hat folgende Daten:

Warenbestand	**01.01.:**	**€ 160.000**
Warenendbestand	**31.12.:**	**€ 220.000**
Wareneinsatz:		**€ 760.000**

Berechnen Sie und tragen Sie die Lösungen in das Kästchen ein:

a) Durchschnittlichen Lagerbestand
b) Umschlagshäufigkeit
c) Durchschnittliche Lagerdauer

116. Nachdem der Einzelhändler mit Hilfe der Buchführung seinen Wareneinsatz ermittelt hat, möchte er seinen Kapitalbedarf ermitteln. Welche Größe benötigt er dazu?

a) Lagerzins
b) Reingewinn
c) Handelsspanne
d) Umschlagshäufigkeit
e) Inventurbestand

117. Unsere Buchhaltung teilt folgende Angaben mit:

Wareneinsatz:		**246.000 €**
Inventurbestand	**31.12. l.J.**	**45.000 €**
Bestand	**31.03. d.J.**	**72.000 €**
Bestand	**30.06. d.J.**	**38.000 €**
Bestand	**30.09. d.J.**	**27.000 €**
Inventurbestand	**31.12. d.J.**	**23.000 €**

a) Wie viel € beträgt der durchschnittliche Lagerbestand unter Berücksichtigung aller gegebenen Bestände?
b) Wie hoch ist die Umschlagshäufigkeit? Tragen Sie die Lösungen in obiges Kästchen ein.

118. Ein Einzelhändler errechnet für sein gesamtes Warensortiment eine Lagerdauer von 50 Tagen. Sein durchschnittlicher Lagerbestand beträgt 200.000 €. Wie viel € beträgt sein Wareneinsatz?

a) 1.440.000
b) 14.400.000
c) 10.000.000

119. Der diesjährige Lagerumschlag blieb im Vergleich zum Vorjahr um 2 Punkte zurück. Was bedeutet dies bei gleichgebliebenem Wareneinsatz für den Betrieb?

a) Die Kapitalbindung blieb davon unberührt.
b) Die Lagerkosten konnten gesenkt werden.
c) Die Kapitalbindung hat sich vermindert.
d) Die Kapitalbindung hat sich erhöht.
e) Die Lagerkosten blieben unverändert.

120. Ein Einzelhändler arbeitet überwiegend mit Kommissionsware. Welchen Einfluss hat dies auf die Kapitalbindung?

a) Die Kapitalbindung ist zwar gering, aber dafür trägt der Einzelhändler ein erhöhtes Lagerrisiko.
b) Die Kapitalbindung ist hoch, aber dafür trägt der Einzelhändler ein geringes Lagerrisiko.
c) Die Kapitalbindung ist hoch, weil der Einzelhändler sein Sortiment erweitert.
d) Die Kapitalbindung ist gering, obwohl der Einzelhändler sein Sortiment erweitert.
e) Die Kapitalbindung ist gering, obwohl durch das größere Sortiment die Lagerzinsen steigen.

121. Welcher Vorgang führt zu einer Erhöhung der Umschlagshäufigkeit bei der Warenlagerung?

a) Der Wareneinsatz nimmt ab, der durchschnittliche Lagerbestand nimmt zu.
b) Der Wareneinsatz nimmt im gleichen Verhältnis wie der durchschnittliche Lagerbestand zu.
c) Der Wareneinsatz bleibt gleich, der durchschnittliche Lagerbestand nimmt zu.
d) Der Wareneinsatz nimmt zu, der durchschnittliche Lagerbestand nimmt ab.
e) Der Wareneinsatz nimmt ab, der durchschnittliche Lagerbestand bleibt gleich.

122. Der geplante Jahresbruttoumsatz beträgt 450.000,00 €. Erfahrungsgemäß liegt die Umschlagsgeschwindigkeit bei „3". Wie hoch ist das in die Lagerhaltung zu investierende Kapital, wenn ein Kalkulationszuschlag von 50 % zu berücksichtigen ist?

a) 100 000,00 €
b) 150 000,00 €
c) 200 000,00 €
d) 250 000,00 €
e) 300 000,00 €

123. Ein Einzelhändler erhält ein günstiges Angebot über 500 Geschenkkartons. Die übliche Bestellmenge beträgt nur 100 Stück. Welche Folge kann durch die Annahme des Angebots eintreten?

a) Der Mindestbestand kann gesenkt werden.
b) Die Annahme der Ware muss verweigert werden.
c) Die Kapitalbindung wird sich vermindern.
d) Die Lagerkapazität reicht nicht aus.
e) Die Umschlagshäufigkeit wird sich erhöhen.

124. Da der Lagerbestand zu hoch ist, strebt der Einzelhändler einen Abbau an. Welche Gefahr kann mit einer Senkung des Lagerbestandes verbunden sein?

a) Ein niedriger Lagerbestand legt hohe Betriebsmittel unverzinslich fest.
b) Ein niedriger Lagerbestand schränkt die Auswahl ein und kann dadurch zu Kundenverlusten führen.
c) Ein niedriger Lagerbestand blockiert das Limit zum Einkauf neuer Ware.
d) Ein niedriger Lagerbestand verursacht erhöhte Kosten für die Lagerhaltung und Pflege.
e) Ein niedriger Lagerbestand birgt die Gefahr des Veraltens und des Verderbens der Ware.

125. Umschlagshäufigkeiten einzelner Artikel werden verglichen. Was kann u. a. daraus ersehen werden?

a) Die Zeit zwischen Bestellung und Verkauf der Artikel
b) Die schwer absetzbaren Artikel
c) Der Istbestand der Artikel
d) Der vorgegebene Meldebestand
e) Der Sollbestand der Artikel

126. Wie können Sie bereits beim Einkauf von Waren das Risiko des zu großen bzw. zu kleinen Lagerbestandes verringern?

a) Sie sollten Lieferer mit längeren Lieferzeiten nicht berücksichtigen.
b) Sie sollten nur Lieferer berücksichtigen, die am gleichen Ort wohnen, da diese jederzeit liefern können.
c) Sie sollten Mengenrabatte nutzen, da preiswerte Ware schneller verkauft werden kann.
d) Sie sollten bei zu erwartenden Preiserhöhungen vorher noch größere Mengen einkaufen.
e) Sie sollten vor dem Einkauf den möglichst genauen Bedarf ermitteln.

127. Zur Bedarfsplanung zieht der Einzelhändler statistische Aufzeichnungen heran. Auf welche Statistik wird er sich dabei stützen?

a) Einkaufsstatistik
b) Absatzstatistik
c) Kostenstatistik
d) Betriebsvergleich
e) Umsatzstatistik

128. Sie arbeiten in der Lebensmittelabteilung. Bei der Warenkontrolle stellen Sie fest, dass bei einer Palette mit Joghurt das Mindesthaltbarkeitsdatum in 2 Tagen abläuft. Welche Maßnahme ist zu ergreifen?

a) Sie verschenken die Ware an die Kunden.
b) Sie überstempeln das Datum um 4 Tage, da es sich ja um das Mindesthaltbarkeitsdatum handelt.
c) Sie führen einen Notverkauf durch.
d) Sie stellen die Ware ins Kühlhaus mit dem Hinweis „Ware nicht verkaufsfähig“.
e) Sie bieten die Ware im Preis reduziert an.

129. Bei der Kontrolle der Haltbarkeitsdaten ist festgestellt worden, dass bei mehreren Packungen „Wiener Würstchen“ das Mindesthaltbarkeitsdatum bereits überschritten ist. Was ist zu tun?

a) Überkleben des Mindesthaltbarkeitsdatums mit Sonderpreisetiketten und Platzieren der Packungen in der Eingangszone.
b) Da eine Probe der Würstchen ergeben, hat, dass sie noch genießbar sind, wird nichts unternommen.
c) Die Würstchen werden aus der Packung genommen und in Form von Wurstsalat erneut angeboten.
d) Die Packungen werden aus den Regalen entfernt und ihr Wert wird abgeschrieben.
e) Mit dem Hinweis „Zum baldigen Verzehr bestimmt“ wird die Ware in den Hauptkundenlauf platziert.

130. Die Ware, die sich im Verkaufs- bzw. Reservelager befindet, ist regelmäßig hinsichtlich ihres Zustandes zu kontrollieren. Welche Maßnahme ist geeignet, um wirtschaftliche Schäden möglicht gering zu halten?

a) Schwerverkäufliche Ware wird an wohltätige Einrichtungen verschenkt.
b) Damit die Kunden stets frische Ware erhalten, ist nach dem Grundsatz „Neue Ware nach vorne, alte Ware nach hinten“ zu verfahren.
c) Frühzeitige Preisermäßigungen helfen, die von Überalterung bedrohte Ware möglichst bald zu verkaufen.
d) Da Warenschäden grundsätzlich nicht verhindert werden können, kann auf eine sachgerechte Warenpflege verzichtet werden.
e) Fehlerhafte Ware wird mit einwandfreier Ware gemischt.

131. Bei der Lagerkontrolle stellt ein Einzelhändler bei einer Ware leichte Schäden fest, die das Aussehen der Ware beeinträchtigen. Die Ware wurde vor acht Monaten geliefert. Welche Maßnahme ist betriebswirtschaftlich sinnvoll?

a) Der Einzelhändler sortiert die Ware aus, da beschädigte Ware nicht verkauft werden darf.
b) Der Einzelhändler überklebt den Schaden mit einem Preisschild und verkauft die Ware als mangelfrei.
c) Der Einzelhändler bietet die Ware mit einem Hinweis auf den Schaden zu einem Sonderpreis an.
d) Der Einzelhändler schickt die Ware an den Lieferer zurück, da - trotz offenem Mangel - ein Anspruch auf Ersatzlieferung besteht.
e) Der Einzelhändler lässt die beschädigte Ware versteigern.

132. Was ist im HGB für die Inventur vorgeschrieben?

a) Sie muss außerhalb der Geschäftszeit durchgeführt werden.
b) Sie muss zum Ende des Geschäftsjahres durchgeführt werden.
c) Sie muss immer zum Ende des Kalenderjahres durchgeführt werden.
d) Sie muss alle im Geschäft vorhandenen Waren einschließlich der schon verkauften erfassen.
e) Sie muss mehrmals im Jahr durchgeführt werden.

133. Welche Aussage trifft auf den Inventurbestand zu?

a) Der Inventurbestand ist der statistische Warenbestand zu Verkaufspreisen.
b) Der Inventurbestand ist der tatsächliche Warenbestand zu Einstandspreisen.
c) Der Inventurbestand ist der tatsächliche Warenbestand zu Verkaufspreisen.
d) Der Inventurbestand ist der statistische Warenbestand zu Einstandspreisen.
e) Der Inventurbestand ist der buchhalterisch ermittelte Warenbestand zu Einstandspreisen.

134. Bringen Sie die folgenden Arbeitsschritte bei der Durchführung der Stichtagsinventur in die richtige Reihenfolge.

[ ] Zählen, Messen, Wiegen sämtlicher Warenvorräte
[ ] Festlegen eines Zähltages
[ ] Bewertung der Warenvorräte zum Bilanzstichtag
[ ] Niederschrift der Ergebnisse in Zählzettel
[ ] Eintragen der ermittelten Bestände in Inventurblätter

135. Mit welchen Preisen werden die bei der Inventur ermittelten Lagervorräte bewertet, damit sie in das Inventar übernommen werden können?

a) Mit Zieleinkaufspreisen
b) Mit Nettoverkaufspreisen
c) Mit Selbstkostenpreisen
d) Mit Bezugspreisen
e) Mit Bareinkaufspreisen
f) Mit Bruttoverkaufspreisen

136. Wie ist der Begriff „Inventur" zu definieren?

a) Das Bestandsverzeichnis aller Waren
b) Die genaue Erfassung der wichtigsten Warenarten zum Ende des Geschäftsjahres
c) Die genaue Erfassung aller Warenbestände zum Anfang des Geschäftsjahres
d) Die genaue Erfassung aller Warenbestände zum Ende des Geschäftsjahres
e) Das Bestandsverzeichnis der wichtigsten Waren
f) Die genaue Erfassung der wichtigsten Warenarten zum Anfang des Geschäftsjahres

137. Welche gesetzliche Grundlage verpflichtet den Einzelhändler, nach Ablauf eines Geschäftsjahres eine Inventur durchzuführen?

a) Das Gesetz gegen Wettbewerbsbeschränkungen
b) Die Preisangabenverordnung
c) Die Gewerbeordnung
d) Das Handelsgesetzbuch
e) Das Produkthaftungsgesetz

138. Welchem Zweck dient u. a. die jährlich durchzuführende Inventur?

a) Um den wertmäßigen Meldebestand festzuhalten
b) Um festzustellen, ob zu viel Ware am Lager liegt
c) Um festzustellen, ob der geplante Umsatz erreicht wurde
d) Um die Differenz zwischen Höchst- und Mindestbestand festzustellen
e) Um die Differenz zwischen Soll- und Istbestand festzustellen

139. Bringen Sie die folgenden Arbeitsschritte bei der Inventur in die richtige Reihenfolge. Beginnen Sie mit „Die Zählzettel in übersichtlicher Reihenfolge auslegen."

[ ] Die Waren zählen, messen und wiegen.
[ ] Die Zählzettel in übersichtlicher Reihenfolge auslegen.
[ ] Die ermittelten Bestände in die Inventurblätter eintragen lassen.
[ ] Den eingetragenen Bestand anhand von Stichproben des Zähl-, Mess- und Wiegevorganges kontrollieren.
[ ] Die Zähler einteilen und genaue Arbeitsanweisung geben.

140. Welche Aussage zur Inventur ist zutreffend?

a) Die Inventur ist das Verzeichnis aller am Jahresende vorhandenen Vermögens- und Schuldenteile.
b) Die Inventur dient zur Feststellung des Mindestlagerbestandes.
c) Die Inventur ist das Zählen, Messen und Wiegen aller Waren.
d) Die Inventur dient als Grundlage für die Berechnung der anfallenden Lagerkosten.
e) Die Inventur ist vorgeschrieben, um Ladenhüter festzustellen.

141. Zu welchem Zweck wird die gesetzlich vorgeschriebene Inventur durchgeführt?

a) Zur Ermittlung von Trendartikeln
b) Zur Feststellung von Kern- und Randsortiment
c) Zur Ermittlung des Istbestandes für den Jahresabschluss
d) Zur Ermittlung des Jahresumsatzes
e) Zur Ermittlung des Limits des Wareneinkaufs für das kommende Jahr

142. Auf welche Weise wird im Inventar das Reinvermögen ermittelt?

a) Die Summe des Vermögens und die Summe der Schulden werden addiert.
b) Die Summe der Schulden wird von der Summe des Vermögens subtrahiert.
c) Die Summe des Vermögens wird von der Summe der Schulden subtrahiert.
d) Das Anlagevermögen und das Umlaufvermögen werden addiert.
e) Das Umlaufvermögen wird vom Anlagevermögen subtrahiert.

143. Was ist unter einer permanenten Inventur zu verstehen?

a) Aufnahme der Bestände, wenn neue Ware geliefert wird
b) Vierteljährliche Aufnahme der Bestände
c) Monatliche Aufnahme der Bestände
d) Jährliche Aufnahme der Bestände
e) Aufnahme der Bestände durch fortlaufende Erfassung der Veränderungen

144. Mit Hilfe des Warenwirtschaftssystems (bei z. B. integriertem Modul „Inventur") kann die Jahresinventur vereinfacht werden. Welche Inventurart bietet den größten zeitlichen Spielraum für die körperliche Bestandsaufnahme?

a) Stichtagsinventur
b) Verlegte Inventur
c) Permanente Inventur
d) Monatliche Inventur
e) Quartalsinventur

145. Das HGB erlaubt dem Einzelhändler, die Bestandsaufnahme seiner Vermögens- und Schuldenteile permanent zu betreiben. Welche Aussage über diese Art Inventur ist richtig?

a) Die körperliche Bestandsaufnahme ist alle 5 Jahre durchzuführen.
b) Eine körperliche Bestandsaufnahme ist nicht erforderlich, da der Bestand laufend fortgeschrieben wird.
c) Der Sollbestand kann auf Grund der genauen Fortschreibung der Zu- und Abgänge jederzeit festgestellt werden.
d) Eine Bestandsaufnahme ist nicht erforderlich, da Ist- und Sollbestand jederzeit übereinstimmen.
e) Die körperliche Bestandsaufnahme und der Vergleich mit dem Sollbestand haben am 31.12. eines jeden Jahres zu erfolgen.

146. Am Ende des Geschäftsjahres stellen Sie in der Buchhaltung fest, dass der Inventurbestand einer Artikelgruppe kleiner ist als der Sollbestand auf dem Konto. Wie müssen Sie vorgehen?

a) Sie übernehmen die Differenz als Saldovortrag in das nächste Jahr.
b) Sie buchen die Differenz als Ertrag.
c) Sie bewerten den Inventurbestand neu.
d) Sie buchen die Differenz als Aufwand.
e) Sie buchen den auf dem Konto ermittelten Saldo als Schlussbestand.

147. Das Ergebnis einer Lagerkontrolle ergab, dass von einem Artikel noch 20 Stück vorhanden sind. Laut Lagerdatei müssten aber noch 25 Stück vorhanden sein. Wie kann sich eine solche Differenz ergeben?

a) Der Artikel wurde unter dem Einkaufspreis verkauft.
b) Von dem Artikel wurden mehr verkauft als geplant.
c) Der Mindestbestand des Artikels wurde auch verkauft.
d) Der Meldebestand für diesen Artikel wurde um 5 Stück erhöht.
e) Entnommene Artikel wurden nicht buchungsmäßig erfasst.

148. Die Durchführung einer Inventur ist dem Einzelhändler vorgeschrieben. Wo ist diese Rechtsvorschrift zu finden?

a) Im Gewerbeaufsichtsamt
b) Bei der IHK
c) Im BGB
d) Im Handelsgesetzbuch
e) Bei der Berufsgenossenschaft

149. Welche Art der Bestandsermittlung wird im § 241 HGB (siehe unten) beschrieben?

a) Permanente Warenbestandsaufnahme
b) Stichprobeninventur
c) Vierteljährliche Warenbestandsaufnahme
d) Warenbestandsaufnahme in unterschiedlichen Zeitabständen
e) Geschätzte Warenbestandsaufnahme

§ 241 HGB
(1) Bei der Aufstellung des Inventars darf der Bestand der Vermögensgegenstände nach Art, Menge und Wert auch mit Hilfe anerkannter mathematisch-statistischer Methoden auf Grund von Stichproben ermittelt werden. Das Verfahren muss den Grundsätzen ordnungsmäßiger Buchführung entsprechen. Der Aussagewert des auf diese Weise aufgestellten Inventars muss dem Aussagewert eines auf Grund einer körperlichen Bestandsaufnahme aufgestellten Inventars gleichkommen.
(2) Bei der Aufstellung des Inventars für den ...

150. Worauf kann eine Inventurdifferenz zurückzuführen sein?

a) Die Lieferung bestellter Ware hat sich verzögert.
b) Der durchschnittliche Tagesumsatz hat sich erhöht.
c) Wegen Verderbs ausgesonderte Ware wurde nicht abgebucht.
d) Der Meldebestand wurde herabgesetzt.
e) Der Eiserne Bestand wurde unterschritten.

151. Welche Aussage zur permanenten Inventur ist richtig?

a) Bei der permanenten Inventur wird der jeweilige Bestand an Forderungen und Verbindlichkeiten ermittelt und der Kontostand regelmäßig (permanent) mit den Schuldnern und Gläubigern abgestimmt.

b) Bei der permanenten Inventur müssen nach gesetzlichen Vorschriften mehrere Male im Jahr die Bestände körperlich aufgenommen und mit den Soll-Beständen der Lagerkartei abgestimmt werden.

c) Bei der permanenten Inventur werden die Zu- und Abgänge von Vorräten durch laufende Mengenfortschreibung in der Lagerkartei erfasst. Alle Bestände müssen einmal im Jahr körperlich aufgenommen und mit den Soll-Beständen der Lagerkartei verglichen werden.

d) Bei der permanenten Inventur wird auf eine körperliche Bestandsaufnahme verzichtet, da die Bestände dauernd (permanent) aus der Lagerkartei abgelesen werden können.

e) Bei der permanenten Inventur müssen die Bestände innerhalb von 10 Tagen vor oder nach dem Abschluss-Stichtag körperlich aufgenommen werden.

152. Bei den Inventurarbeiten stellt sich heraus, dass für eine Warenart ein viel zu hoher Lagerbestand vorhanden ist. Was ist zu tun?

a) Die Ware an den Lieferer zurücksenden

b) Die Ware als Werbegeschenke an die Kunden verteilen

c) Die Ware als „Eisernen Bestand“ aufheben

d) Die Ware möglichst werbewirksam im Verkaufsraum ausstellen

e) Sofort einen Notverkauf vornehmen

153. Beim Vergleich des Istbestandes mit dem Sollbestand ergibt sich bei einer Warengruppe eine Differenz (Inventurdifferenz). Wodurch kann keine Inventurdifferenz entstanden sein?

a) Die Ware steht nach der Inventur an einem anderen Platz im Regal.

b) Die Ware ist während der Lagerung verdorben und wurde nicht erfasst.

c) Die Ware wurde bei der Inventur nicht richtig gezählt.

d) Es wurde Ware gestohlen.

e) Die Ware wurde bei der Eingabe in das Warenwirtschaftssystem nicht richtig erfasst.

154. Bei der Stichtagsinventur wurden ein Istbestand von Sporttaschen in Höhe von 100 Stück ermittelt. Das Warenwirtschaftssystem weist dagegen einen Sollbestand von 105 Stück aus. Was könnte der Grund dafür sein, dass der tatsächliche Bestand niedriger ist als der durch das Warenwirtschaftssystem ausgewiesene Bestand?

a) Versehentlich wurde ein Wareneingang von Sporttaschen in die Warengruppe Reisetaschen gebucht.

b) Fehlerhafte Sporttaschen wurden an den Lieferer zurückgeschickt. Dieser Vorgang wurde nicht erfasst.

c) Der Meldebestand bei Sporttaschen wurde durch die Einkaufsabteilung heraufgesetzt.

d) Die durchschnittliche Lagerdauer der Ledertaschen hat sich verlängert.

e) Durch einen Fehler beim Kassieren wurden verkaufte Sporttaschen doppelt als Abgang durch das Warenwirtschaftssystem erfasst.

155. Nachdem die Ware ordnungsgemäß geliefert, geprüft und ins Lager eingeräumt wurde, ist bei der elektronischen Datenerfassung ein Eingabefehler gemacht worden: Statt der 500 neu gelieferten Artikel wurden 600 ins Warenwirtschaftssystem eingegeben. Welche Auswirkung hat dieser Fehler?

a) Es kam zu Verkaufsstockungen, obwohl bei Erreichen des Meldebestandes neu bestellt wurde.

b) Der Fehler wird vom EDV-System rechtzeitig gemeldet.

c) Der Fehler wird vom Warenwirtschaftssystem selbständig verbessert.

d) Das Warenwirtschaftssystem meldet in jedem Fall den richtigen Meldebestand.

e) Wenn bei Erreichen des Meldebestandes die Bestellung rechtzeitig aufgegeben wird, kann es zu keinen Verkaufsstockungen kommen.

156. Die Lieferung von 35 Stück des Artikels „Blue-ray-Player IK 879“ soll per EDV erfasst werden. Bei der Eingabe in das Warenwirtschaftssystem wurden versehentlich nur 30 Stück erfasst. Welche Folgen hat dieser Eingabefehler?

a) Der Istbestand für diesen Artikel entspricht dem Sollbestand.
b) Der Sollbestand für diesen Artikel ist niedriger als der Istbestand.
c) Der Istbestand für diesen Artikel ist niedriger als der Sollbestand.
d) Die Differenz zwischen Ist- und Sollbestand beträgt 30 CD-Player.
e) Im Sollbestand sind 5 CD-Player zu viel registriert.

157. Sie sehen die Bildschirmmaske eines Warenwirtschaftssystems nach der Erfassung des Wareneingangs von 50 Packungen Folienschreiber. Bei der Eingabe ist ein Fehler unterlaufen. Welche Auswirkung hat dieser Eingabefehler?

a) Der Istbestand ist höher als der Sollbestand.
b) Der tatsächliche Bestand ist niedriger als der Sollbestand.
c) Der Meldebestand wird früher erreicht.
d) Der Mindestbestand wird früher erreicht.
e) Die Umschlagshäufigkeit erhöht sich.

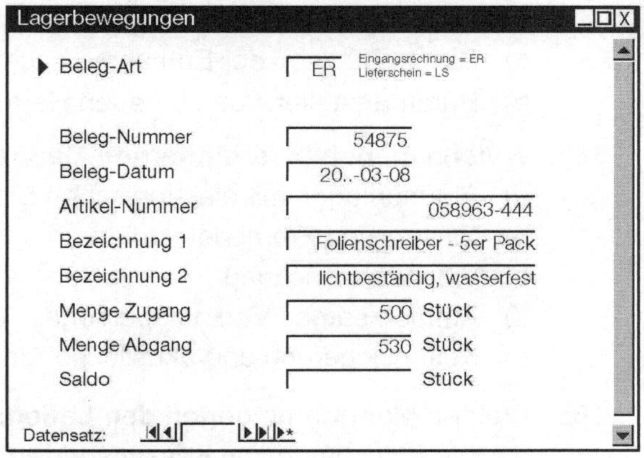

158. Wie ermittelt man eine Inventurdifferenz?

a) Durch Vergleich des Eisernen Bestandes mit dem Meldebestand
b) Durch Vergleich des Anfangsbestandes mit dem Endbestand
c) Durch Vergleich des Inventurbestandes mit dem Durchschnittsbestand
d) Durch Vergleich des Sollbestandes mit dem Istbestand
e) Durch Vergleich des Höchstbestandes mit dem Mindestbestand

159. Welchen Vorteil hat eine ständige Lagerfortschreibung (permanente Inventur)?

a) Die körperliche Inventur ist nicht mehr nötig.
b) Angaben über den Istbestand sind ständig verfügbar.
c) Inventurdifferenzen werden dadurch verhindert.
d) Angaben über den Sollbestand sind ständig verfügbar.
e) Die Güte der Ware kann ständig überprüft werden.

160. Der durchschnittliche tägliche Absatz des Artikels A ist größer als der geplante Absatz. Was folgt daraus?

a) Der Sollbestand ist kleiner als der Istbestand.
b) Der Istbestand ist kleiner als der Sollbestand.
c) Der eiserne Bestand ist um die oben genannte Differenz zu erhöhen.
d) Der Meldebestand ist zu berichtigen.
e) Die Bestellmenge ist um die oben genannte Differenz zu vermindern.

161. Ein Mitarbeiter im Lager vergisst, einen Warenabgang über 50 Heizgeräte zu erfassen. Welche Auswirkung hat dieser Fehler?

a) Der Istbestand stimmt mit dem Sollbestand überein.
b) Der Sollbestand ist zu hoch.
c) Der Sollbestand wird niedriger ausgewiesen als er ist.
d) Der Meldebestand wird dadurch schneller erreicht.
e) Der Istbestand ist zu hoch.

162. Wann muss das Lager den Einkauf zum Nachbestellen auffordern?

a) Bei Erreichen des Eisernen Bestandes
b) Bei Erreichen des Inventurbestandes
c) Bei Erreichen des Anfangsbestandes
d) Bei Erreichen des Warenendbestandes
e) Bei Erreichen des Meldebestandes

163. Im Lager wurde eine Warenentnahme von 30 Herrenhemden nicht erfasst. Wie ist dieser Fehler mit Hilfe des Warenwirtschaftssystems zu korrigieren?

a) Durch Schicken eines Beleges über den Mehrbestand an die Lagerabteilung
b) Durch Eingeben eines geschätzten Umsatzes in das Kassensystem
c) Der Fehlbestand kann ignoriert werden, weil ein gewisser Schwund bereits in der Kalkulation eingeplant ist.
d) Durch Erfassen der Entnahme nachträglich im Warenwirtschaftssystem
e) Durch Bestellen von 30 neuen Herrenhemden beim Lieferer über Mobile Datenerfassung (MDE)

164. Welche diebstahlverhindernde Maßnahme ist für den Einzelhändler am kostengünstigsten?

a) Alarmanlagen mit elektronischen Sicherungsetiketten
b) Einsatz von Fremddetekteien
c) Videoüberwachung
d) Aufmerksames Verkaufspersonal
e) Kettensicherung und akustische Alarmsicherung

165. Welche Maßnahme gegen den Ladendiebstahl verspricht den geringsten Erfolg?

a) Die Einrichtung von Kassensperren
b) Die Überwachung durch sichtbare Videokameras
c) Der Einsatz von Sicherheitskräften
d) Das Anbringen von Sicherungsetiketten
e) Das Aufstellen von Hinweisschildern auf Strafverfolgung

II. WARENANNAHME UND -LAGERUNG

1. **Wer ist dazu befugt, eingegangene Ware zu überprüfen?**
   a) Der Fahrer
   b) Nur der Warenannahmeleiter
   c) Nur der Abteilungsleiter
   d) Jeder beauftragte Mitarbeiter
   e) Nur der Geschäftsführer

2. **Laut HGB ist die gelieferte Ware unverzüglich zu prüfen. Was bedeutet in diesem Zusammenhang „unverzüglich"?**
   a) Die Ware ist spätestens bei der Auszeichnung zu prüfen.
   b) Die Ware muss innerhalb von 2 Tagen überprüft werden.
   c) Die Ware muss innerhalb von 6 Tagen überprüft werden.
   d) Die Ware muss ohne schuldhafte Verzögerung überprüft werden.
   e) Die Ware muss noch in Anwesenheit des Lieferers überprüft werden.

3. **Sie haben neu angelieferte Ware zu überprüfen. Was prüfen Sie noch während der Anwesenheit des Spediteurs?**
   a) Anzahl, Verpackung und Qualität der Pakete
   b) Nur Art und Beschaffenheit der Ware
   c) Absender, Lieferschein und Verpackung der Pakete
   d) Anschrift, Anzahl und Verpackung der Pakete
   e) Nur die Anzahl der gelieferten Pakete

4. **Weshalb ist die sofortige Überprüfung neu angelieferter Ware notwendig?**
   a) Um arglistig verschwiegene Mängel festzustellen
   b) Um das Versanddatum festzustellen
   c) Um offene Mängel unverzüglich rügen zu können
   d) Um zugesicherte Eigenschaften überprüfen zu können
   e) Um die Einhaltung der Lieferfrist festzustellen

<u>**Die nächsten zwei Aufgaben gehören zusammen.**</u>

5. **Sie sind in der Warenannahme des Warenhauses Peter Kolb OHG beschäftigt. Ein Paketdienst liefert bei Ihnen 5 Pakete mit dem abgebildeten Paketaufkleber ab. Wie verhalten Sie sich bei der Warenannahme richtig?**
   a) Sie nehmen die Sendung unbeanstandet an.
   b) Sie lassen sich vom Anlieferer nur bestätigen, dass bei einem Paket der Klebstreifen etwas aufgerissen ist und nehmen die Sendung an.
   c) Sie nehmen die Sendung an, lassen sich aber bestätigen, dass ein Paket fehlt.
   d) Sie verweigern die Annahme der Pakete, da offensichtlich ein Paket fehlt.
   e) Sie nehmen die Sendung an, da der Fahrer die unverzügliche Nachlieferung des fehlenden Paketes verspricht.

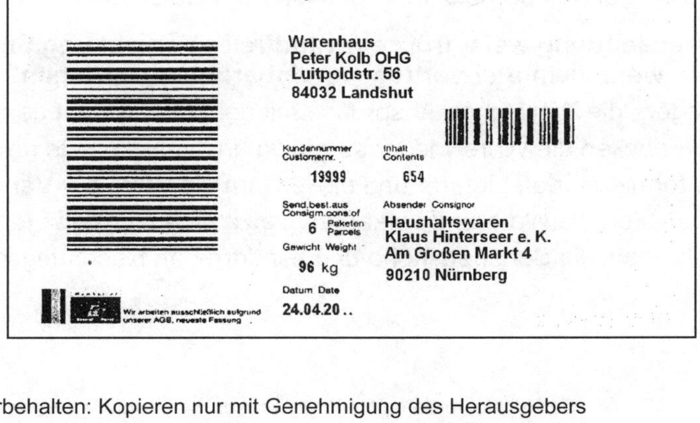

Warenwirtschaft und Kalkulation

6. **Nach dem Auspacken der Ware stellen Sie fest, dass einige Artikel wegen der unzureichenden Verpackung während des Transports beschädigt wurden. Wer trägt den entstandenen Schaden?**
   a) Der Hersteller der Fa. Klaus Hinterseer e. K.
   b) Der Hersteller des Verpackungsmaterials
   c) Klaus Hinterseer e. K.
   d) German Parcel als Transporteur der Ware
   e) Das Warenhaus Peter Kolb OHG

7. **Warum ist es notwendig, den termingerechten Eingang der bestellten Waren zu überwachen?**
   a) Um das Einkaufslimit nicht zu überschreiten
   b) Um Skonto in Anspruch nehmen zu können
   c) Um die Verkaufsbereitschaft sicher zu stellen
   d) Um die Rechnung rechtzeitig bezahlen zu können
   e) Um die Umschlagshäufigkeit der Waren zu erhöhen

8. **Sie erhalten von Ihrem langfristigen Lieferanten unaufgefordert einen Posten preisgünstiger Waren mit Rechnung zugesandt. Wie verhalten Sie sich richtig?**
   a) Wenn Ihr Ausbildungsunternehmen die Ware kaufen will, geben Sie die Rechnung zur Bezahlung weiter, andernfalls benachrichtigen Sie Ihren Lieferanten.
   b) Wenn Ihr Ausbildungsunternehmen die Ware kaufen will, müssen Sie Ihren Lieferanten benachrichtigen.
   c) Da keine Bestellung vorliegt, behalten Sie die Ware zunächst und warten ab, bis Sie vom Lieferanten angemahnt werden.
   d) Sie senden die Ware unverzüglich an den Lieferanten zurück.
   e) Sie müssen die Ware einem Lagerhalter übergeben.

9. **Nehmen wir an, eine Warensendung, die mit der Bahn transportiert wurde, ist beschädigt. Was müssen Sie tun?**
   a) Sie erkundigen sich bei Ihrer Transportversicherung, ob diese den Schaden bezahlt.
   b) Sie reklamieren innerhalb von 8 Tagen bei der Deutschen Bahn AG.
   c) Sie beschweren sich ausschließlich beim Lieferer.
   d) Sie machen den Schaden sofort bei der Deutschen Bahn AG geltend.
   e) Sie verweigern ohne Begründung die Annahme.

10. **Neue Ware wird geliefert. Was hat ein Einzelhändler bei der Annahme dieser Ware zu tun?**
   a) Rechnungskontrolle
   b) Auftragsrückstandskontrolle
   c) Mengenkontrolle
   d) Kontrolle der Verkaufspreise
   e) Bestandsaufnahme der vorhandenen Ware

11. **Eine Kiste einer Bahnsendung ist bei Ankunft an Ihrer Laderampe beschädigt. Was haben Sie sofort zu unternehmen?**
   a) Sie verweigern ohne Begründung die Annahme.
   b) Sie beschweren sich ausschließlich beim Lieferer.
   c) Sie lassen sich den Schaden vom Überbringer bestätigen.
   d) Sie erkundigen sich bei Ihrer Transportversicherung, ob diese den Schaden bezahlt.
   e) Sie reklamieren innerhalb 14 Tagen bei der Deutschen Bahn AG.

12. **Eine Warensendung weist trotz einwandfreier Verpackung Schäden auf. Wie haben Sie sich zu verhalten, wenn keinerlei Vertragsvereinbarungen vorliegen?**
   a) Sie lagern die Ware ohne Absprache mit dem Lieferer auf dessen Kosten in einem Lagerhaus ein.
   b) Sie verpacken die Ware wieder sorgfältig und schicken sie an den Lieferer zurück.
   c) Sie informieren den Lieferer und stellen ihm die Ware zur Verfügung.
   d) Sie behalten die Ware und verkaufen sie zu einem ermäßigten Preis.
   e) Sie ermitteln die Schadenshöhe und mindern den Rechnungsbetrag um diese Summe.

13. Bei der Warenannahme ist u. a. die Überprüfung der gelieferten Waren eine wichtige Tätigkeit. In welchem Fall liegt ein Mangel in der Menge vor?

a) Ein Herrenpullover hat einen Webfehler.
b) Herren-T-Shirts aus Baumwolle wurden bestellt, T-Shirts aus Mischgewebe wurden geliefert.
c) An Stelle von 20 Pullovern mit Rollkragen wurden Pullover mit V-Ausschnitt geliefert.
d) Es wurden Anoraks mit Druckknöpfen an Stelle von Reißverschlüssen geliefert.
e) 5 Kartons mit je 12 Herrenhemden wurden bestellt, 7 Kartons mit je 10 Hemden wurden geliefert.

14. Wie haben die gelieferten Waren auf Mängel hin zu überprüfen. Welcher Mangel kann <u>nicht</u> sofort festgestellt werden?

a) Die Farbsortierung der gelieferten Socken entspricht nicht der Bestellung.
b) Anstatt der bestellten Wollpullis wurden Baumwollpullis geliefert.
c) Die gelieferten Taschenlampen sind ohne Batterien.
d) Bei einem Teil der gelieferten Bücher sind einige Seiten vertauscht.
e) Anstatt der bestellten 70 Hemden wurden nur 60 geliefert.

15. Eine Falschlieferung wird von dem Einzelhändler per Postpaket unfrei an den Lieferer zurückgeschickt. Was bedeutet dies?

a) Die Ware ist noch nicht bezahlt.
b) Die Paketgebühren gehen zu Lasten des Lieferers.
c) Die Paketgebühren zahlt der Einzelhändler.
d) Das Paket ist eine Nachnahmesendung.
e) Die Ware wird ohne Versicherungsschutz verschickt.

16. Eine Warenlieferung wird ausgepackt. Dabei stellen sich erhebliche Mängel an der Ware heraus. Was ist zu tun?

a) Unverzüglich die Mängel rügen und den Lieferer um Nachbesserung bzw. Ersatzlieferung bitten
b) Ware sofort an den Lieferer zurücksenden
c) Unverzüglich die Mängel rügen und die Ware gleichzeitig an den Lieferer zurücksenden
d) Mangelhafte Ware innerhalb 24 Monaten zurücksenden
e) Mangelhafte Ware 24 Monate aufbewahren

17. Was sagt Ihnen der Begriff „Retoure"?

a) Eine Paketsendung ins Ausland
b) Die an den Lieferer zurückgeschickte Ware
c) Die Rückgabe von geliehenen Transportbehältern an den Lieferer
d) Der Transport der Ware aus dem Verkauf zurück ins Reservelager
e) Die vom Kundendienstfahrzeug täglich zurückgelegte Strecke

18. Ein Lieferer hat mehr Ware geliefert als bestellt waren. Was ist zu tun?

a) Die zu viel gelieferte Ware sofort zurückschicken
b) Die zu viel gelieferte Ware ordnungsgemäß aufbewahren und dem Lieferer zur Verfügung stellen
c) Die zu viel gelieferte Ware als Kommissionsware einem Mitbewerber anbieten
d) Die gesamte Lieferung einlagern und eine schriftliche Erklärung verlangen
e) Die Ware behalten und bezahlen

19. Ware wird ausgeliefert. Warum lässt sich der Lieferer die Übergabe von z. B. Paketen von Ihnen bestätigen?

a) Weil es gesetzlich vorgeschrieben ist
b) Weil er eine Bestätigung für die ordnungsgemäße Übergabe benötigt
c) Weil sonst keine Rechnung ausgestellt werden kann
d) Weil Sie eine Bestätigung über den ordnungsgemäßen Empfang benötigen
e) Weil der Fahrer ohne diese Unterschrift die Transportkosten nicht abrechnen kann

20. Eine Sendung mit Gemüsekonserven (Erbsen) ist am 2. März bei Ihrem Unternehmen eingetroffen. 2 Wochen nach der Lieferung stellen Sie fest, dass die Dosen falsch etikettiert sind und Bohnen enthalten. Wann müssen Sie diesen Mangel beanstanden?

a) Unverzüglich nach Entdecken des Mangels
b) Spätestens nach Eingang der Sendung
c) Spätestens nach Eingang der Rechnung
d) Innerhalb von 24 Monaten nach der Entdeckung
e) Innerhalb von 24 Wochen nach der Lieferung

21. Beim Wareneingang werden mehrere Kontrollen durchgeführt. Welcher Vorgang sollte im Rahmen der Prüfung als erster erfolgen?

a) Die Prüfung des Packzettels mit dem Lieferschein
b) Die Qualitätskontrolle der gelieferten Waren
c) Die Prüfung der äußeren Beschaffenheit der angelieferten Pakete
d) Die Prüfung auf Einhaltung der Versandvorschriften
e) Die Stückzahlkontrolle der bestellten Mengen

22. Bringen Sie die folgenden Schritte bei der Bearbeitung eines Wareneingangs in die richtige Reihenfolge.

[ ] Die Ware auszeichnen und einsortieren
[ ] Die Zahl der Pakete und die äußere Verpackung kontrollieren
[ ] Die Ware auspacken
[ ] Dem Überbringer die ordnungsgemäße Anlieferung bestätigen
[ ] Die Empfängeranschrift prüfen
[ ] Prüfen, ob Art, Menge und Qualität der gelieferten Ware stimmen

23. Neu gelieferte Ware soll computermäßig erfasst und in das Warenwirtschaftssystem eingebunden werden. Welches Gerät ist zur Erfassung am besten geeignet?

a) Elektronische Datenkasse
b) Elektronische Datenwaage
c) Stationäre Scannerkasse
d) Mobiles Datenerfassungsgerät (MDE-Gerät)
e) Elektrische Registrierkasse

24. Sie haben 10 Pakete angenommen. Bevor Sie die Ware innerbetrieblich weiterleiten, müssen Sie den Wareneingang nochmals prüfen. Wie gehen Sie dabei richtig vor?

a) Sie haben nach Wareneingang eine Woche Zeit, um die Kartons auszupacken und die Artikel einzeln zu prüfen.
b) Sie lassen sich die Rechnung zu dieser Warenlieferung geben und überprüfen diese auf rechnerische Richtigkeit.
c) Sie überprüfen beim Auspacken der Kartons stichprobenartig die Art, Güte und Beschaffenheit der enthaltenen Artikel.
d) Sie packen die Ware im Beisein des Fahrers aus und überprüfen die Vollständigkeit der Artikel.
e) Sie packen die Kartons aus und überprüfen die Stückzahl und den Preis der enthaltenen Artikel.

25. Aus welcher Feststellung bei der Wareneingangsprüfung können Sie <u>keine</u> Rechte gegenüber dem Lieferer ableiten?

a) Statt roter Kerzen wurden blaue Kerzen geliefert.
b) Für die ordnungsgemäß gelieferte Ware besteht zur Zeit kein Bedarf.
c) Statt der durch Bestellung und Auftragsbestätigung festgelegten 200 Stück wurden nur 100 Stück geliefert und berechnet.
d) Statt der bestellten 100 Stück wurden 200 Stück geliefert.
e) Die Lieferung traf 10 Tage zu spät ein.

26. Aus welcher Feststellung bei der Wareneingangsprüfung können Sie Rechte gegenüber dem Lieferer ableiten?

a) Die gelieferte Stückzahl liegt unter der Bestellmenge.
b) Die Beschaffenheit der Ware ist mangelfrei.
c) Der Liefertermin wurde nicht überschritten.
d) Die äußere Verpackung wurde nicht beschädigt.
e) Die ordnungsgemäß gelieferte Ware wird nicht benötigt.

27. Nach der Einführung eines Warenwirtschaftssystems in Ihrem Unternehmen erfolgt auch eine genaue Erfassung der Wareneingänge. Warum müssen Sie bei der Warenannahme eine artikelgenaue EDV-Erfassung durchführen?

a) Um die exakte Warenmenge zu ermitteln
b) Um den Rechnungsbetrag beim Zahlungstermin zu ermitteln
c) Um die Höhe der Lagerkosten zu ermitteln
d) Um die sorgfältige Aufnahme bei der Inventur zu gewährleisten
e) Um eine genaue Erfassung und Fortschreibung des Artikelbestandes zu erreichen

28. Mit einem Warenwirtschaftssystem kann eine artikelgenaue Erfassung der Warenzu- und abgänge vorgenommen werden. Wozu kann ein solches System keine Informationen liefern (zwei Antworten)?

a) Zur Umschlagshäufigkeit des Artikels
b) Zu den gängigsten Größen eines Konfektionsartikels
c) Zur Beschaffenheit des Artikels
d) Zur Höhe des Absatzes beim meistgekauften Artikel
e) Zur Farbe, in der ein Artikel am meisten gekauft wird
f) Zur Zufriedenheit der Kunden mit dem Lieferservice

29. Womit können Sie feststellen, ob Warenlieferung und Bestellung übereinstimmen?

a) Wareneingangsmeldung
b) Kopie der Bestellung
c) Kopie des Angebotes
d) Frachtbrief
e) Kopie der Rechnung

30. Warum wird die Warensendung mit den Angaben auf dem Lieferschein verglichen?

a) Man prüft das Zahlungsziel.
b) Man prüft die Haltbarkeit der gelieferten Ware.
c) Man prüft die Übereinstimmung mit der Bestellung.
d) Man prüft die Vollständigkeit der gelieferten Ware.
e) Man prüft die Gewährung eines Nachlasses.

31. Der Lieferer bringt Ware mit seinem eigenen Lkw. Welches Formular ist dazu geeignet, die gelieferte Menge auf ihre Vollständigkeit hin zu überprüfen?

a) Angebot
b) Auftragsbestätigung
c) Lieferschein
d) Bestellkopie
e) Frachtbrief

32. Eine Warensendung wird angeliefert. Welches Warenbegleitpapier muss der Einzelhändler bei ordnungsgemäßer Lieferung unterschreiben?

a) Quittung
b) Bestellung
c) Frachtbrief
d) Rechnung
e) Lieferschein

33. Wofür benötigt die Einkaufsabteilung den Lieferschein für eingegangene Ware?

a) Für die Buchung des Wareneinkaufs
b) Zur ständigen Lagerbestandskontrolle
c) Zur Kontrolle, ob der Wareneingang richtig in die Warenkartei eingetragen wurde
d) Zur Kontrolle der Rechnung auf rechnerische Richtigkeit
e) Zur Kontrolle der Rechnung auf sachliche Richtigkeit

34. Welche beiden Schriftstücke sind geeignet, um die Übereinstimmung von Bestellung und Lieferung einer Ware überprüfen zu können?

a) Lieferschein und Rechnung
b) Bestelldurchschlag und Auftragsbestätigung
c) Bestelldurchschlag und Lieferschein
d) Auftragsbestätigung und Angebot
e) Auftragsbestätigung und Rechnung

Warenwirtschaft und Kalkulation

35. Was ist in die Lagerdatei aufzunehmen?

a) Die Höhe der Lagerarbeiterlöhne
b) Der Tagesumsatz eines Artikels
c) Die Zahlungsbedingungen der Lieferer
d) Die Transportkosten der Ware
e) Die Ein- und Ausgänge eines Artikels

36. Welche Aussage über die Lagerkarte ist richtig?

a) Anhand der Lagerkarte wird die Stichtagsinventur durchgeführt.
b) Anhand der Lagerkarte wird der eiserne Bestand ermittelt.
c) Anhand der Lagerkarte wird die eingehende Ware kontrolliert, wenn der Lieferschein fehlt.
d) Anhand der Lagerkarte wird der Bedarfsmeldeschein erstellt.
e) Anhand der Lagerkarte wird der Packzettel erstellt.

37. Die Lagerdatei für einen Artikel zeigt Eintragungen gemäß der folgenden Tabelle. Am 15. Februar sind ein Zugang von 70 Stück und ein Abgang von 18 Stück zu buchen. Wie viel Stück beträgt der Bestand? Tragen Sie das Ergebnis in das Kästchen ein.

Mindestbestand 20 Stück			
Datum	Zugang	Abgang	Bestand
01. Jan.	-	-	52
15. Jan.	-	19	33
01. Febr.	-	11	22
15. Febr.			

38. Neben dem Verkaufsraum unterhält der Einzelhändler noch ein Reservelager. Warum?

a) Um bei Bedarf das Verkaufslager rasch auffüllen zu können
b) Um den Kunden große Warenmengen vorzeigen zu können
c) Um die Inventur durchführen zu können
d) Um die „Ladenhüter“ platzsparend unterbringen zu können
e) Um einen Raum in Reserve zu haben, in dem bei großem Kundenandrang ebenfalls bedient werden kann

39. Sie arbeiten in einem Sportfachgeschäft und haben festgestellt, dass ein überdurchschnittlicher Lagerbestand an Snow-Boards vorhanden ist. Welcher Nachteil kann damit verbunden sein?

a) Fehler in der Lagerbuchhaltung sind leicht möglich.
b) Diebstahl wird nicht bemerkt.
c) Die Inventur stimmt nicht mehr.
d) Eine übersichtliche Vorratshaltung ist nicht möglich.
e) Das Risiko des Veraltens wächst.

40. Neue Ware muss ins Regal einsortiert werden. Worauf ist zu achten?

a) Die neue Ware muss gut sichtbar vorne im Regal stehen.
b) Noch vorhandene Ware muss vor der neuen Ware platziert werden.
c) Die gesamte Ware muss in dem Regal Platz finden.
d) Die neue Ware darf erst eingelagert werden, wenn das Regal leer ist.
e) Die neue Ware muss stets griffbereit und getrennt von der alten Ware eingeordnet werden.

41. Welcher Aushang an der Anschlagstafel des Betriebes ist gesetzlich vorgeschrieben?

a) Feuer- und Unfallverhütungsvorschriften
b) Einladung zu einer Jubiläumsfeier
c) Offene Stellen
d) Bekanntmachung über ein betriebliches Fußballspiel
e) Geschäftsbericht

42. Was zählt zu den Grundsätzen der Warenpflege im Lager?
a) Auffüllen der Theken
b) Abstauben der Glasplatten in der Auslage
c) Umsortieren der alten vor die neue Ware
d) Reinigen der Dekorationsfläche
e) Reinigen der Spiegel in den Kabinen

43. Welche Aufgabe gehört u. a. zur Warenpflege?
a) Das Abstauben und Reinigen der angebotenen Waren
b) Die Überprüfung der gelieferten Menge
c) Das Anbringen von Sicherungsetiketten
d) Das Festhalten des Wareneingangs in der Lagerkartei
e) Die Preisreduzierung bei beschädigter Ware

44. Aus welchem Grund ist die Warenpflege eine wichtige Aufgabe für alle Mitarbeiter?
a) Weil die Kunden verschmutzte Waren nie kaufen
b) Weil das Lagern von Waren unter Berücksichtigung gesetzlicher Vorschriften Bestandskontrollen überflüssig macht
c) Weil die gelagerte Ware für das Unternehmen wichtiges Betriebskapital darstellt
d) Weil bei mangelhafter Lagerpflege immer gegen gesetzliche Vorschriften verstoßen wird
e) Weil nur korrekt gelagerte Ware bei der Inventuraufnahme berücksichtigt werden kann

45. Welche Warenart kann von Insekten beschädigt werden?
a) Wein
b) Glaswaren
c) Textilien
d) Seife
e) Konserve

46. Für welche Ware schreibt die Berufsgenossenschaft eine besondere Lagerung vor, um die Sicherheit im Lager zu gewährleisten?
a) Spirituosen
b) Textilien
c) Hochwertige Lederwaren
d) Glas- und Porzellanwaren
e) Spraydosen

47. Welche der nachstehenden Aussagen ist ein Lagergrundsatz?
a) Die Lagerdauer sollte möglichst hoch sein.
b) Die Ware muss zweckmäßig und übersichtlich gelagert werden.
c) Der durchschnittliche Lagerbestand sollte nicht unterschritten werden.
d) Neue Ware sollte immer vor alte Ware gelagert werden.
e) Der Mindestbestand darf nicht überschritten werden.

48. Wie kann man Lagerverluste verhindern?
a) Durch Erhöhen des Meldebestandes
b) Durch sachgemäße Behandlung der Ware
c) Durch das Lagerverzeichnis
d) Durch schnelles Einordnen der Ware
e) Durch große Lagerräume

49. Welche <u>zwei</u> Lagerarbeiten sind <u>nicht</u> der Warenpflege zuzuordnen?
a) Umordnen der alten Warenbestände vor neu gelieferte Waren
b) Überwachen der Lagertemperaturen
c) Erfassen von Warenzugängen und Warenabgängen in der Lagerkartei
d) Abdecken empfindlicher Waren mit Schutzfolien
e) Aussortieren von qualitativ nicht einwandfreien Waren
f) Schutz der Ware vor Diebstahl

50. Bei der Lagerhaltung sind auch Qualitätskontrollen erforderlich. Warum?
a) Um die Einstandspreise zu errechnen
b) Um Soll- und Istbestände zu ermitteln
c) Um die Lagerkosten festzustellen
d) Um die Umschlagshäufigkeit zu errechnen
e) Um Schwund und Schäden an der Ware zu vermeiden

51. Warenbestände sind permanent zu kontrollieren. Warum?
a) Um die Bilanz erstellen zu können
b) Um sich die Inventur zu ersparen
c) Um die Aufwendungen feststellen zu können
d) Um die Beschaffenheit und Menge der Ware zu überprüfen
e) Um den Gewinn festzustellen

52. Aus welchem Grund sind Lagerkontrollen notwendig?
a) Damit das Personal in verkaufsschwachen Zeiten beschäftigt werden kann
b) Um Gewinn und Verlust zu ermitteln
c) Zum Kennenlernen der Ware
d) Um Ladenhüter vermeiden zu können
e) Um einen Überblick über die Lagerkosten zu bekommen

53. Welche Maßnahme dient dazu, das Lagerrisiko möglichst gering zu halten?
a) Erhöhen des Meldebestandes, weil sich die Lieferfrist verkürzt hat
b) Erhöhen des Mindestbestandes, weil sich die Nachfrage verringert hat
c) Einkaufen einer geringen Menge, weil die Nachfrage bereits zum großen Teil gedeckt ist
d) Einkaufen einer großen Menge, weil ein umfassendes Sortiment alle Wünsche der Kunden abdeckt
e) Überschreiten des Höchstbestandes bei der nächsten Bestellung, um Mengenrabatt zu erhalten

54. Ordnen Sie zu.

Vorsichtsmaßnahmen
a) Abdecken mit dunkler Folie
b) Einrichten von Ventilatoren und Heizkörper
c) Abdecken mit klarer Folie
d) Einbau einer automatischen Löschanlage
e) Einsatz von Gabelstaplern
f) Installieren von Alarmanlagen

Lagerschäden
[ ] Schäden durch Staub
[ ] Schäden durch Feuchtigkeit
[ ] Schäden durch Licht
[ ] Schäden durch Feuer

55. Welches Kontrollorgan überwacht die Einhaltung der bei der Lagerung vorgeschriebenen Bestimmungen?
a) Gesundheitsamt
b) Industrie- und Handelskammer
c) Gewerbeaufsichtsamt
d) Einzelhandelsverband
e) Gewerkschaften
f) Verbraucherverband

56. Welche Frage kann durch die Warenkontrolle beantwortet werden?
a) Welche Artikel müssen neu in das Sortiment aufgenommen werden?
b) Erfolgen die Lieferungen pünktlich?
c) Für welche Artikel besteht keine Nachfrage mehr?
d) Welche Artikel bedürfen im Verkauf einer Beratung?
e) Sind die Artikel richtig kalkuliert?

57. Welchen Vorteil bringt eine große Lagerhaltung mit sich?

a) Die Übersichtlichkeit ist dadurch gewährleistet.
b) Hohe Lagerrisiken können vermieden werden.
c) Beim Einkauf können Mengenrabatte ausgenutzt werden.
d) Zu starke Kapitalbindung durch Warenvorräte wird vermieden.
e) Es wird weniger Personal benötigt.
f) Lagerkosten werden eingespart.

58. Welchen Nachteil bringt eine zu große Lagerhaltung mit sich?

a) Die Lagerdauer vermindert sich.
b) Es ist immer genügend Auswahl vorhanden.
c) Die Gefahr des Verderbens wird kleiner.
d) Der Betrieb erleidet Zinsverluste durch Kapitalfestlegung.
e) Der Verkauf kann stocken.

59. Sie arbeiten in der Einkaufsabteilung des Warenhauses Peter Kolb OHG. Welche Arbeitsweise beim Einkauf einer bestimmten Artikelgruppe ist richtig, wenn ein zu großer Lagerbestand vermieden werden soll?

a) Die Anzahl der Lieferer für diese Artikelgruppe ist zu erhöhen, da dadurch ein besserer Überblick über die Lagerbestände gegeben ist.
b) Bestellungen erfolgen nur bei Lieferern, die Mengenrabatt geben, da preiswertere Ware sich schneller verkaufen lässt.
c) Der Meldebestand ist zu erhöhen, da dadurch kleinere Mengen einzukaufen sind.
d) Bestellungen erfolgen anhand der Computer-Bedarfsliste, da dies der genaue Bedarf ist.
e) Bestellt werden nur solche Verpackungseinheiten, die weniger Lagerplatz benötigen.

60. Welchen Nachteil bringt eine zu geringe Bestellmenge mit sich?

a) Es können Waren verderben oder unmodern werden.
b) Das Lager reicht nicht aus.
c) Es bleibt zuviel Geld übrig.
d) Es können nicht alle Kundenwünsche befriedigt werden.
e) Es bekommen nicht alle Vertreter einen Auftrag.

61. Welcher Nachteil ist auf einen zu kleinen Lagerbestand zurückzuführen?

a) Zu hohe Lagerdauer
b) Umsatzverluste wegen zu kleiner Auswahl
c) Hohe Betriebsmittel liegen unverzinslich fest.
d) Gefahr des Verderbs
e) Ladenhüter entstehen

62. Wodurch werden Ladendiebstähle begünstigt?

a) Unübersichtliche Stellen im Verkaufsraum
b) Ordentlicher Thekenaufbau
c) Einkaufskörbe oder -wagen
d) Eine große Auswahl
e) Ständiges Beobachten der Kunden

63. Wonach hat sich die Einrichtung des Warenlagers zu richten?

a) Nach dem saisonalen Wareneingang
b) Nach der Größe des Verkaufsraumes
c) Nach der Anzahl der Mitarbeiter
d) Nach dem Standort des Lagers
e) Nach der Art und Beschaffenheit der Ware

64. Eine zweckmäßige Lagereinrichtung bringt Vorteile mit sich. Welche der nachstehenden Aussagen nennt einen solchen Vorteil?

a) Die Lagerumschlagsgeschwindigkeit wird erhöht.
b) Das Lager kann auch dem Kunden zugänglich gemacht werden.
c) Die Ware kann in unbegrenzter Menge gelagert werden.
d) Die durchschnittliche Lagerdauer wird verringert.
e) Sie macht die Lagerung übersichtlich und erleichtert die Kontrolle.

65. Welche Anforderung ist an einen Lagerraum zu stellen?

a) Nur das Reservelager soll eine geeignete Vorratshaltung ermöglichen.
b) Der Lagerraum soll möglichst groß sein.
c) Die Fenster des Lagerraums müssen mit Gittern gesichert sein.
d) Der Lagerraum muss täglich kontrolliert werden.
e) Der Lagerraum muss einen direkten Zugang zum Verkaufsraum haben.

66. Welche Aussage zum Aufbau bzw. zur Einrichtung des Lagers ist zutreffend?

a) Das Lager soll so groß wie möglich sein, um Mengenrabatte auszunutzen.
b) Der Lagerraum muss auch für Kunden zugänglich sein.
c) Der Lagerraum muss täglich kontrolliert werden.
d) Der Lagerraum soll eine geeignete Vorratshaltung ermöglichen.
e) Der Lagerraum muss aus Sicherheitsgründen über eine automatische Feuerlöscheinrichtung verfügen.

67. Was ist von Vorteil bei einem kleinen Lagerbestand?

a) Die Engpässe bei Lieferschwierigkeiten werden beseitigt.
b) Man muss weniger auf Nachbestellungen achten.
c) Man kann sich besser vor Preissteigerungen schützen.
d) Die Zinsen für gebundenes Kapital sind niedriger.
e) Das Sortiment kann verbreitert werden.

68. Welche Aussage spricht für einen hohen Lagerbestand?

a) Die Kosten für Miete und Licht sowie Heizung sinken.
b) Der Gewinn steigt infolge des großen Bestandes.
c) Der Lagerbestand wird schneller umgeschlagen.
d) Engpässe bei Lieferschwierigkeiten des Großhändlers treten kurzfristig nicht auf.
e) Die Zinsen für gebundenes Kapital sinken.

69. Welche Aussage ist für die Höhe des Lagerbestandes zutreffend?

a) Niedriger Lagerbestand verlängert die Lagerdauer.
b) Hoher Lagerbestand verringert die Kosten der Lagerung.
c) Geringe Umschlagshäufigkeit erfordert einen hohen Lagerbestand.
d) Hohe Umschlagshäufigkeit erfordert einen hohen Lagerbestand.
e) Je kürzer die Lieferfristen desto kleiner kann der Lagerbestand sein.

70. Wann spricht man von einem ausreichenden Lagerbestand?

a) Wenn von jeder Warenart 1 Stück auf Lager ist
b) Wenn mindestens soviel Ware auf Lager ist, dass keine Verkaufsstockungen auftreten können
c) Wenn möglichst wenig Ware vorhanden ist, damit die Lagerkosten gering sind
d) Wenn auch wenig gängige Ware in mehreren Stücken auf Lager ist
e) Wenn möglichst viel Ware vorhanden ist

71. Wann liegt ein geringes Lagerrisiko vor?

a) Wenn der Lagerumschlag niedrig ist
b) Wenn das Sortiment tief ist
c) Wenn die Lagerkosten niedrig sind
d) Wenn die Lagerdauer gering ist
e) Wenn der Lagerbestand hoch ist

72. Welcher Sachverhalt gehört zum Lagerrisiko?

a) Der Höchstbestand wird durch einen Irrtum bei der Bestellung überschritten.
b) Der Meldebestand wird durch die Unachtsamkeit eines Mitarbeiters unterschritten.
c) Die gelagerte Ware ist überversichert.
d) Der Eiserne Bestand wird unterschritten, weil die bestellte Ware verspätet eintrifft.
e) Der Wert der gelagerten Ware sinkt, wenn sie von den Kunden aufgrund von Modeänderungen nicht mehr nachgefragt wird.

73. In letzter Zeit sind immer öfter verdorbene bzw. veraltete Waren aus dem Lager auszusortieren. Wie kann dieses Lagerrisiko gesenkt werden?

a) Durch Erhöhen des Meldebestandes, weil sich die Lieferfrist verkürzt hat
b) Durch Einkauf einer geringeren Menge, weil die Nachfrage zum großen Teil gedeckt ist
c) Durch Erhöhen des Eisernen Bestandes, weil sich die Nachfrage verringert hat
d) Durch Einkauf einer größeren Menge, weil ein umfassendes Sortiment alle Wünsche Ihrer Kunden abdeckt
e) Durch Erhöhen des Höchstbestandes, um Mengenrabatte auszunutzen

74. Gegen welches Risiko kann der Einzelhändler sein Warenlager <u>nicht</u> versichern?

a) Gegen Wasserschaden
b) Gegen Sturmschaden
c) Gegen Einbruchdiebstahl
d) Gegen Diebstahl
e) Gegen Blitzschlag

75. Wann steigen die Lagerkosten (<u>zwei</u> Antworten)?

a) Wenn die Umschlagsgeschwindigkeit gleichbleibend ist
b) Wenn der Umsatz zurückgeht
c) Wenn der Umsatz gleichbleibend ist
d) Wenn sich die Umschlagsgeschwindigkeit erhöht
e) Wenn der Umsatz steigt
f) Wenn die Wareneinkaufspreise um durchschnittlich 5 % gesunken sind
g) Wenn sich der Warenabsatz verringert hat

76. Welche der nachstehenden Kosten können <u>nicht</u> mit der Lagerhaltung in Verbindung gebracht werden?

a) Schwundkosten
b) Energiekosten
c) Lohnkosten
d) Werbungskosten
e) Raumkosten

77. Wie wird der Lagerbestand von der Lieferzeit beeinflusst?

a) Die Lieferzeit hat keinen Einfluss auf den Lagerbestand, weil immer ein Mindestlagerbestand vorhanden sein muss.
b) Je länger die Lieferzeit ist, desto kürzer ist die durchschnittliche Lagerdauer.
c) Je kürzer die Lieferzeit ist, desto größer muss der Lagerbestand sein.
d) Je kürzer die Lieferzeit ist, desto kleiner kann der Lagerbestand sein.
e) Je länger die Lieferzeit ist, desto kleiner muss der Lagerbestand sein.

78. Was versteht der Einzelhändler unter dem Begriff Lieferzeit?

a) Den Zeitraum vom Ausgang der Bestellung bis zum Eintreffen der Ware am Empfangsbahnhof
b) Den Zeitraum von der Meldung an die Einkaufsabteilung bis zum Eintreffen der Ware beim Besteller
c) Den Zeitraum vom Absenden der Ware durch den Lieferer bis zum Eintreffen am Empfangsbahnhof
d) Den Zeitraum vom Absenden der Ware durch den Lieferer bis zum Eintreffen beim Empfänger
e) Den Zeitraum vom Ausgang der Bestellung bis zum Eintreffen der Ware beim Empfänger

79. Welche Formulierung erfüllt den Grundsatz der Übersichtlichkeit im Lager?

a) Innerhalb des Kernsortiments ist das Randsortiment einzugliedern.
b) Innerhalb der Artikelgruppen ist nach Einkaufspreisen zu gliedern.
c) Innerhalb von Artikeln ist nach Warengruppen zu gliedern.
d) Innerhalb von Warengruppen ist nach Artikeln zu gliedern.
e) Innerhalb des Randsortiments ist das Kernsortiment zu finden.

80. Welche Information können Sie dem Lagerplan entnehmen?

a) Den Platz der gelagerten Warengruppen
b) Den Bestellzeitpunkt für die einzelnen Artikelgruppen
c) Die Menge der ausgehenden Ware
d) Die Lagerdauer der einzelnen Artikelgruppen
e) Den Sollbestand der gelagerten Artikel

81. Wozu dienen Stichproben im Lager eines Einzelhandelsgeschäftes?

a) Zur Kontrolle der Übereinstimmung von Soll- und Istbestand
b) Zur Feststellung der verschiedenen Lagerkosten
c) Zur Feststellung der Einstandspreise für die verkaufte Ware
d) Als Grundlage für die Verkaufsstatistik
e) Zur Feststellung der Umschlagshäufigkeit

82. Sie arbeiten in einem Lebensmittel-Einzelhandelsgeschäft und haben festgestellt, dass in den letzten Tagen im Lager zunehmend Obst und Gemüse verdirbt. Was unternehmen Sie, um derartige Verluste zu vermeiden?

a) Sie verkaufen die qualitativ beste Ware immer zuerst.
b) Sie verkaufen Ware, deren Lieferung einige Tage zurückliegt, möglichst zuerst.
c) Sie verkaufen Ware aus Neulieferungen immer zuerst.
d) Sie bieten im Verkauf kleinere Abgabenmengen an.
e) Sie nehmen auf den äußeren Zustand der Ware keine Rücksicht.

83. Welche Prüfung ist bei der Warenannahme unbedingt erforderlich, solange der Anlieferer noch anwesend ist?

a) Prüfung des Inhalts der Warensendung, denn auch bei unbeschädigter Verpackung kann die Ware fehlerhaft sein
b) Prüfung der Warenart und der Warenbeschaffenheit
c) Prüfung der Warenmenge und der Aufmachung der Ware
d) Prüfung der Anschrift und der Beschaffenheit der äußeren Verpackung
e) Prüfung des Packzettels und der Warengüte

84. Ein Einzelhändler hat eine Sendung angenommen. Warum muss er die Ware unverzüglich prüfen?

a) Um sich das Recht auf Reklamation zu sichern
b) Um nicht in Annahmeverzug zu geraten
c) Um versteckte Mängel festzustellen
d) Um mangelhafte Ware innerhalb von 2 Wochen zurückschicken zu können
e) Um Schäden an der Verpackung festzustellen

85. Die durch einen Spediteur angelieferte Ware weist Schäden bei der äußeren Verpackung auf. Warum lassen Sie sich diese Transportschäden schriftlich bestätigen?

a) Damit sichern Sie sich das Recht auf Reklamation, wenn die Ware ebenfalls beschädigt ist.
b) Dadurch können Sie den zu zahlenden Rechnungsbetrag um den Wert der Ware reduzieren, deren äußere Verpackung beschädigt ist.
c) Durch diese Bestätigung müssen Sie keine unverzügliche Prüfung der Ware mehr vornehmen.
d) Dadurch haben Sie die Möglichkeit, beschädigte Ware innerhalb von 2 Wochen zurückzuschicken.
e) Dadurch haben Sie das Recht, die komplette Rechnung erst dann zu bezahlen, wenn der Lieferer die beschädigte Verpackung ausgetauscht hat.

86. Ordnen Sie zu.

Aussagen

a) Die Bestände der gelagerten Waren werden in regelmäßigen Abständen überprüft.

b) Es wird veranlasst, dass die Waren bei Anforderung unverzüglich in den Verkaufsraum gelangen.

c) Die Waren werden in handelsüblichen Packungsgrößen verpackt.

d) In regelmäßigen Abständen erfolgt eine Überprüfung der im Lager tätigen Mitarbeiter.

e) In regelmäßigen Abständen werden veraltete oder verdorbene Waren aussortiert.

f) Neu eingetroffene Warensendungen werden ausgepackt und kontrolliert.

Tätigkeiten im Lager

[ ] Warenannahme

[ ] Lagerkontrolle

[ ] Warenpflege

87. Ihr Unternehmen erhält von einem Lieferer eine Rechnung über die Ware, die vor 14 Tagen geliefert wurde. Sie sollen diese Rechnung kontrollieren. Was kontrollieren Sie nicht?

a) Ob die Einzelpreise mit den Angebotspreisen übereinstimmen

b) Ob die gelieferte Warenmenge mit der berechneten Warenmenge übereinstimmt

c) Ob die Anzahl der Packstücke mit der auf dem Begleitpapier angegebenen übereinstimmt

d) Ob die Einzelpreise mit den jeweiligen Mengen richtig multipliziert wurden

e) Ob die Möglichkeit von Skontoabzug genutzt werden kann

88. Ihnen liegt die abgebildete Wareneingangsmeldung zur Prüfung vor. Welche Information können Sie dieser Meldung entnehmen?

a) Die Bestellmenge liegt unter der Liefermenge.

b) Die Liefermenge liegt unter der Bestellmenge.

c) Es wurden falsche Sakkos geliefert.

d) Es liegt ein versteckter Mangel vor.

e) Die bestellten Größen wurden nicht eingehalten.

Wareneingangsmeldung

Wareneingangsschein	**Datum:** 25. März 20..	**Beleg-Nr.:** 6547
Lieferer: Textil Weber OHG 99089 Erfurt	**Bestell-Nr.** 897	**Bestellmenge:** 30 Stück
Versandart: DHL	**Verpackungsart:** Paket	**Liefermenge:** 28 Stück
	Lieferschein-Nr.: 1643	
Warenart: Sakkos		

89. Welche Reihenfolge ist bei der Bearbeitung eines Wareneinganges einzuhalten?

[ ] Die Ware auspacken

[ ] Die Zahl der Pakete und die äußere Verpackung kontrollieren

[ ] Die Ware auszeichnen und einsortieren

[ ] Dem Überbringer die ordnungsgemäße Anlieferung bestätigen

[ ] Die Empfangsanschrift prüfen

[ ] Prüfen, ob Art, Menge und Qualität der gelieferten Ware stimmen

90. Was fällt nicht in den Aufgabenbereich der Warenannahme?

a) Feststellen von Transportschäden

b) Feststellung der gelieferten Menge

c) Prüfen der Warenart

d) Prüfung der gelieferten Qualität

e) Prüfen des Zahlungsziels

91. Warum verwendet der Großhändler im Geschäftsverkehr mit dem Einzelhändler Lieferscheine?

a) Lieferscheine sind als Buchungsunterlage und für die Preisberechnung erforderlich.
b) Lieferscheine sind für den Einsatz von EDV-Anlagen notwendig.
c) Lieferscheine sind gesetzlich vorgeschrieben.
d) Die Auslieferung der Ware seitens des Großhändlers und die Warenannahme seitens des Einzelhändlers wird erleichtert.
e) Rechenfehler werden vermieden.
f) Lieferscheine veranlassen den Einzelhändler zur schnelleren Bezahlung.

92. Was tun Sie, wenn Sie beim Auspacken einer Ware Mängel feststellen?

a) Sie bewahren die Ware auf, bis der Vertreter kommt. Er muss dann Ersatz leisten.
b) Der Lieferer wird auf Erfüllung des Kaufvertrages verklagt.
c) Der Mangel wird genau festgestellt und dem Lieferer unverzüglich mitgeteilt.
d) Dem Lieferer wird ein Deckungskauf angedroht.
e) Sie führen einen Sonderverkauf durch.

93. Einem Einzelhändler fällt erst 8 Monate nach Lieferung auf, dass die Ware einen versteckten Mangel aufweist. Er rügt unverzüglich beim Lieferer. Ist er den gesetzlichen Vorschriften gerecht geworden?

a) Ja, denn die Verjährungsfrist unter Kaufleuten beträgt 3 Jahre.
b) Nein, denn er hätte innerhalb von 6 Monaten rügen müssen.
c) Nein, denn er hätte die Ware sofort bei Lieferung überprüfen müssen.
d) Nein, denn er hätte innerhalb von 12 Monaten rügen müssen.
e) Ja, denn er hat unverzüglich nach Feststellung des Mangels innerhalb von 24 Monaten zu rügen.

94. Ein Einzelhändler prüft sofort nach Erhalt seine Ware und stellt fest, dass zu wenig geliefert wurde. Welcher Mangel liegt vor?

a) Offener Mangel
b) Versteckter Mangel
c) Mangel in der Art
d) Mangel in der Verwendbarkeit
e) Mangel in der Beschaffenheit

95. Ordnen Sie zu.

Rügefristen

a) Unverzüglich nach Entdecken des Mangels bis zum Ablauf von 6 Wochen nach Lieferung
b) Unverzüglich nach der Lieferung
c) Innerhalb von 8 Tagen nach der Lieferung
d) Unverzüglich nach Entdecken des Mangels bis zum Ablauf von 24 Monaten nach der Lieferung
e) Innerhalb von 24 Monaten nach der Lieferung
f) Innerhalb von 6 Wochen nach der Lieferung

Mängelarten

[ ] Offene Mängel beim zweiseitigen Handelskauf
[ ] Versteckte Mängel beim zweiseitigen Handelskauf
[ ] Versteckte Mängel beim Verbrauchsgüterkauf

96. Nachstehend werden Sachmängel aufgelistet. Wann handelt es sich dabei um einen Qualitätsmangel?

a) Statt der bestellten 250-g-Packungen werden 500-g-Packungen geliefert.
b) Statt 4,50 m werden nur 3,50 m Stoff geliefert.
c) Eine gelieferte Maschine weist eine technische Störung auf.
d) Statt des bestellten Rotweins wird Weißwein geliefert.
e) Statt 5 Kisten Champagner werden 15 Kisten geliefert.

97. Warum ist die Qualitätskontrolle beim Eingang von Waren besonders sorgfältig durchzuführen?

a) Um etwaige Mängel an der Qualität der Verpackung festzustellen
b) Um etwaige Mängel bezüglich der Gattung der Ware festzustellen
c) Um etwaige Mängel in der Güte der Ware festzustellen
d) Um die Vollständigkeit der Sendung zu überprüfen
e) Um etwaige Mängel hinsichtlich der Menge der eingetroffenen Waren festzustellen

98. Ein Einzelhändler hat eine Mängelrüge erteilt. Was hat nach dem Gesetz mit der Ware zu geschehen?

a) Sie muss sofort an den Lieferer zurückgeschickt werden.
b) Sie muss unverzüglich auf Kosten des Lieferers einem Lagerhalter übergeben werden.
c) Sie ist nach Möglichkeit mit Preisnachlass zu verkaufen.
d) Sie muss zunächst aufbewahrt werden.
e) Sie ist zum Eigenverbrauch zu verwenden.

99. Unter welchen Voraussetzungen kann ein Transportunternehmer für Schäden, die bei der Warenannahme festgestellt wurden, haftbar gemacht werden?

a) Der Transportunternehmer haftet nur, wenn schon bei der Annahme von Warenlieferungen sofort Stichproben vorgenommen werden, um die Warenqualität zu prüfen.
b) Um Haftungsansprüche gegenüber dem Transportunternehmer geltend machen zu können, muss die Annahme der Ware mit äußerlich erkennbaren Schäden abgelehnt werden.
c) Nur wenn die Warenlieferung „frei Haus" erfolgte, muss der Transportunternehmer für Transportschäden der Ware aufkommen.
d) Der Transportunternehmer haftet für alle Transportschäden, die aufgrund mangelhafter Verpackung entstanden sind.
e) Der Transportunternehmer haftet, wenn äußerlich erkennbare Schäden sofort beanstandet wurden.

100. In einem modernen Betrieb werden im Reserve- und Verkaufslager Maschinen und Geräte eingesetzt. Welchen Vorteil hat dies?

a) Der Einsatz technischer Hilfsmittel verhindert die Verlustrisiken des Lagerbestandes.
b) Durch den Einsatz technischer Hilfsmittel entfallen Warenpflege und Warenkontrolle.
c) Der Einsatz technischer Hilfsmittel macht Spezialeinrichtungen zur Lagerung der Ware überflüssig.
d) Der Einsatz technischer Hilfsmittel schafft zusätzliche Arbeitsplätze.
e) Der Einsatz technischer Hilfsmittel erleichtert die Lagerhaltung sowie die fachgerechte Aufbewahrung der Ware.

101. Welcher Gesichtspunkt spielt bei der Einrichtung eines Warenlagers mit Geräten, Maschinen und Vorrichtungen die wichtigste Rolle?

a) Anzahl der Lieferer
b) Art und Beschaffenheit der Ware
c) Größe des Verkaufsraums
d) Der vereinbarte Erfüllungsort
e) Die Ausbildung der Mitarbeiter im Lager

102. Um im Brandfall gewappnet zu sein, ist der Lagerraum mit Feuerlöschern auszustatten. Wodurch kann unter Einsatz des Feuerlöschers der Brandherd gelöscht werden?

a) Das Feuer wird ausgeblasen.
b) Das Feuer wird erstickt, weil die Schaumdecke die Sauerstoffzufuhr verhindert.
c) Das Feuer wird abgedrückt.
d) Das Feuer wird durch Wasserzufuhr gelöscht.
e) Der Flammpunkt der brennenden Masse wird erhöht.

<u>Situation zu den nächsten sieben Aufgaben</u>

Dem Warenhaus Peter Kolb OHG liegt für den Bezug von Damenblusen folgende Rechnung vor:

Damenblusen	100 Stück	à 18,00 €	1.800,00 €
		abzüglich 12,5 % Rabatt	225,00 €
			1.575,00 €
		Versand und Verpackung	25,00 €
			1.600,00 €
		19 % Umsatzsteuer	304,00 €
			1.904,00 €
			========

103. Wie hoch ist der Bezugspreis für eine Damenbluse? Tagen Sie das Ergebnis in das Kästchen ein.

104. Das Warenhaus Peter Kolb OHG kalkuliert mit 66 2/3 % Handlungskosten, 5 % Gewinn und 19 % Umsatzsteuer. Wie hoch ist der Bruttoverkaufspreis für eine Damenbluse? Tragen Sie das Ergebnis in das Kästchen ein.

105. Um künftig die Kalkulation zu vereinfachen, bittet Sie Ihr Abteilungsleiter, den entsprechenden Kalkulationszuschlag und den Kalkulationsfaktor zu ermitteln. Zu welchen Ergebnissen kommen Sie? Tragen Sie die ermittelten Ergebnisse in das Kästchen ein.

106. Um eventuell auftretende Mängel fristgerecht rügen zu können, sind die Mitarbeiter des Wareneingang gehalten, die eingetroffenen Damenblusen zu kontrollieren. Welche Frist ist dabei zu beachten?

a) Die Damenblusen sind spätestens bei der Auszeichnung zu überprüfen.
b) Die Damenblusen sind immer im Beisein des Lieferers zu überprüfen.
c) Die Damenblusen sind ohne schuldhafte Verzögerung zu überprüfen.
d) Die Damenblusen sind innerhalb von zwei Tagen zu überprüfen.
e) Die Damenblusen sind innerhalb von 14 Tagen zu überprüfen.

107. Nach der Warenannahme und der fristgerechten Überprüfung der Damenblusen wird eine falsche Liefermenge in das Warenwirtschaftssystem eingegeben. Statt der 100 Blusen tippen Sie 200 Blusen ein. Welche Auswirkungen hat dieser Eingabefehler?

a) Da zum errechneten Zeitpunkt neue Ware bestellt wird, kommt es zu keiner Verkaufsstockung.
b) Die richtige Bestellmenge wird Ihnen vom Warenwirtschaftssystem auch in diesem Fall rechtzeitig signalisert.
c) Da das Warenwirtschaftssystem den Fehler automatisch korrigiert, hat der Fehler keine Auswirkungen.
d) Zum errechneten Zeitpunkt signalsiert das Warenwirtschaftssystem trotz Eingabefehler den richtigen Istbestand.
e) Obwohl zu dem vom Warenwirtschaftssystem errechneten Bestellzeitpunkt fristgerecht bestellt und und auch fristgerecht geliefert wurde, kann es dennoch zu Verkaufsstockungen kommen.

108. Die Damenblusen verkaufen sich nicht so schnell, wie dies ursprünglich erwartet worden war. Dies wirkt sich auf ihre Lagerdauer aus. Welche Aussage dazu ist zutreffend?

a) Durch eine niedrigere Lagerdauer erhöhen sich die Lagerkosten.
b) Durch eine höhere Lagerdauer erhöhen sich die Lagerkosten.
c) Durch eine höhere Lagerdauer erhöht sich die Umschlagshäufigkeit.
d) Die Lagerdauer hat keinerlei Einfluss auf die Lagerkosten.
e) Die höhere Lagerdauer erhöht automatisch den Warenumsatz.

109. Neben anderen Lagerkennzahlen ermittelt das Warenwirtschaftssystem auch den optimalen Lagerbestand. Welcher Zusammenhang bezüglich der Lagerkennzahlen und anderen Einflussfaktoren ist richtig beschrieben?

a) Je höher die Lagerkosten der Damenblusen sind, desto besser verkaufen sie sich.
b) Das Lagerrisiko für die Damenblusen nimmt bei abnehmender Umschlagshäufigkeit zu.
c) Die anteiligen Lagerzinsen steigen mit dem Werbeaufwand für die Damenblusen.
d) Die Versicherungsprämie für das Warenlager ist abhängig von der Umschlagshäufigkeit.
e) Der optimale Lagerbestand nimmt zu, wenn die Lieferzeit sich verkürzt.

III. PREISKALKULATION

1. Welche Aussage über eine Quittung ist richtig?

a) Als Quittung gilt nur ein besonderer Quittungsvordruck, niemals z. B. ein Kassenbon.
b) Eine Quittung muss auf jeden Fall den Namen und die Anschrift des Schuldners enthalten.
c) Eine Quittung muss nur bei Barzahlung ausgestellt werden.
d) Auf einer Quittung muss ab 50 € der im Rechnungsbetrag enthaltene Umsatzsteueranteil ausgewiesen werden.
e) Einem Schuldner muss über den gezahlten Betrag auf Verlangen immer eine Quittung ausgestellt werden und zwar kostenlos.

2. Ein Gastwirt kauft in einem Einzelhandelsbetrieb Bürobedarf von 108 €. Er bezahlt bar und verlangt eine Quittung, aus der zu ersehen ist, wie viel € Umsatzsteuer im Kaufpreis enthalten ist. Welche Aussage ist richtig?

a) Bei Käufen im Wert von 200,00 € und mehr hat der Kunde Anspruch darauf, dass die Umsatzsteuer gesondert ausgewiesen wird.
b) Bei dieser Kaufsumme darf dem Kunden keine Quittung ausgestellt werden, auf der die Umsatzsteuer gesondert ausgewiesen ist.
c) Der Einzelhändler ist nur verpflichtet, die Kaufsumme brutto anzugeben.
d) Der Kunde hat bei jeder Kaufsumme Anspruch darauf, dass die Umsatzsteuer gesondert ausgewiesen wird.
e) Der Einzelhändler ist nur beim Verkauf an Wiederverkäufer verpflichtet, die Umsatzsteuer gesondert auszuweisen.

3. Welche Aufgabe erfüllt der Kassenbon nicht?

a) Der Kassenbon zeigt, dass der Kunde bezahlt hat.
b) Der Kassenbon garantiert, dass jede Ware zum richtigen Preis abgerechnet ist.
c) Der Kassenbon erleichtert den Umtausch.
d) Der Kassenbon dient dem Kunden zur Kontrolle.
e) Der Kassenbon in Verbindung mit dem Garantieschein beweist den Anspruch auf Garantieleistung.

4. Welche Angaben muss eine Quittung enthalten, damit sie als beweiskräftige Urkunde für die Zahlung dient?

a) Unterschrift des Zahlungsempfängers, Mehrwertsteuer
b) Das Wort „Quittung", Betrag, Mehrwertsteuer
c) Zahler, Betrag, Datum der Zahlung
d) Das Wort „Quittung", Zahler, Betrag, Mehrwertsteuer
e) Zahler, Unterschrift des Zahlungsempfängers, Betrag, Datum der Zahlung

5. In welchem Fall ist eine Quittung im Einzelhandel als Beleg unbrauchbar?

a) Wenn die Unterschrift des Zahlenden fehlt
b) Wenn das Datum der Ausstellung fehlt
c) Wenn der Vorname des Zahlenden fehlt
d) Wenn die enthaltene Mehrwertsteuer fehlt
e) Wenn der Betrag nicht in Worten wiederholt ist

6. **Eine Kundin kauft bei Ihnen Waren ein und bittet um eine Quittung. Bei welcher Position der abgebildeten Quittung ist der Name der Kundin einzutragen?**
   a) Position 1
   b) Position 2
   c) Position 3
   d) Position 4
   e) Position 5

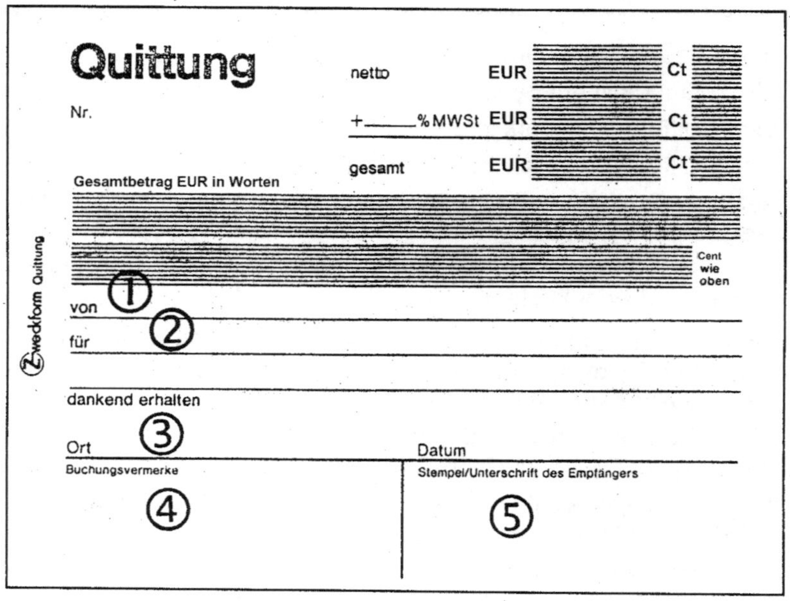
Quittung
Nr.
netto EUR Ct
+ ____ % MWSt EUR Ct
gesamt EUR Ct
Gesamtbetrag EUR in Worten
Cent wie oben
Zweckform Quittung
von ①
für ②
dankend erhalten
Ort ③
Datum
Buchungsvermerke ④
Stempel/Unterschrift des Empfängers ⑤

7. **Die Kundin Monika Maier kauft beim Warenhaus Peter Kolb OHG, Landshut, eine Espressomaschine des Typs AXP für 399,00 €. Die Kundin bezahlt bar und wünscht eine Quittung. Sie stellen der Kundin die Quittung aus. Ordnen Sie zu, indem Sie 4 der insgesamt 8 Buchstaben der abgebildeten Quittung in die Kästchen vor den Inhalten der Quittung übertragen.**

Quittung

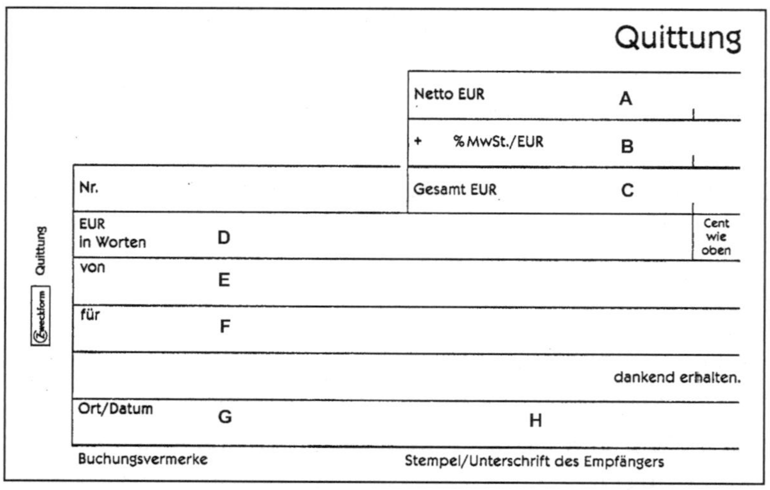
Quittung
Netto EUR A
+ %MwSt./EUR B
Nr.
Gesamt EUR C
EUR in Worten D
Cent wie oben
von E
für F
Zweckform Quittung
dankend erhalten.
Ort/Datum G
H
Buchungsvermerke
Stempel/Unterschrift des Empfängers

Inhalte

[ ] Landshut, 27. März. 20..

[ ] 399,00

[ ] Espressomaschine AXP

[ ] dreihundertneunundneunzig

8. **Der Kassenbon erfüllt verschiedene Funktionen. Unter anderem ermöglicht er es dem Einzelhändler, Rückschlüsse auf das Kaufverhalten der Kunden zu ziehen. Unter welcher Voraussetzung ist dies möglich?**
   a) Kassenbons sind mit dem Namen der Verkäuferin versehen.
   b) Jeder einzelne Kassenbon muss elektronisch aufbewahrt werden.
   c) Umtausch muss mit dem Kassenbon ausgeschlossen werden.
   d) Nur wenn ein einheitlicher Mehrwertsteuersatz ausgewiesen ist, können Rückschlüsse auf das Kundenverhalten gezogen werden.
   e) Nur Kassenbons, die mit Registrierkassen erstellt werden, lassen Rückschlüsse auf das Kundenverhalten zu.

9. Sie sollen einem neuen Mitarbeiter die Bedeutung verschiedener Belege erläutern. Ordnen Sie zu.

Beschreibungen

a) Interner Beleg, um dem Einkauf anzuzeigen, dass Ware nachbestellt werden muss
b) Externer Beleg, der eine genaue Aufstellung aller gelieferten Artikel enthält, ohne dass Preise genannt werden
c) Externer Beleg, mit dem eine Anfrage bestätigt wird
d) Externer Beleg, der eine genaue Aufstellung aller gelieferten Artikel unter Nennung von Preisen, Sofortrabatten, Fracht- und Verpackungskosten zuzüglich Umsatzsteuer enthält
e) Interner Beleg, um eine sachliche Rechnungskontrolle durchführen zu können

Belege

[ ] Lieferschein
[ ] Bestellkopie

10. Eine Kundin möchte einen Artikel bruchsicher verpackt haben. Wohin sind die anfallenden Kosten zu buchen?

a) Auf Büromaterial
b) Auf das Konto Aufwendungen für Verpackungsmaterial
c) Auf das Konto Frachten, Fremdlager
d) Auf das Konto Aufwendungen für Werbung
e) Auf das Konto Bezugskosten

11. Ein Artikel ist irrtümlich mit 3,15 € statt mit 31,50 € ausgezeichnet. Eine Kundin nimmt den Artikel, geht zur Kasse und möchte ihn zu dem ausgezeichneten Preis von 3,15 € kaufen. Wie reagieren Sie aufgrund der rechtlichen Situation?

a) Sie geben der Kundin 25 % Rabatt und kassieren nur 23,63 anstatt 31,50 €.
b) Sie kassieren von der Kundin 3,15 €, da die Preisauszeichnung im Verkaufsraum verbindlich ist.
c) Sie kassieren von der Kundin 3,15 €, da die Verwechselung gegen das „Gesetz gegen den unlauteren Wettbewerb" verstößt.
d) Sie klären die Kundin über den Irrtum auf und berechnen 31,50 €.
e) Sie kassieren von der Kundin 3,15 €, da sie mit einer Anzeige droht.

12. Ein Kunde sieht im Geschäft interessiert einen Trainingsanzug an. Der Trainingsanzug ist gemäß der Abbildung ausgezeichnet. Welche Information kann der Kunde dem Preisetikett <u>nicht</u> entnehmen?

a) Das Einkaufsdatum des Trainingsanzugs war der 22. 09.
b) Der Bruttoverkaufspreis der Ware beträgt 129,90 €.
c) Der Bruttoverkaufspreis der Ware betrug 159,90 €.
d) Die Ware wurde um 30,00 € reduziert.
e) Umtausch der Ware ist nur gegen Vorlage dieses Kassenbons möglich.

13. Beim Auszeichnen der Ware wurden die Preisetiketten von zwei Warengruppen verwechselt. Deshalb wurde auch beim Kassieren der Preis der falschen Warengruppe in die Kasse eingegeben. Welche Auswirkung hat dieser Vorgang?

a) Durch diesen Vorgang ergibt sich keine Differenz im Kassenbestand.

b) Der Mindestbestand dieser beiden Warengruppen muss neu festgelegt werden.

c) Der Kundin ist ein über den zu viel kassierten Betrag eine Gutschrift auszustellen.

d) Es muss sofort ein Kassensturz durchgeführt werden, um die Unstimmigkeiten zwischen Soll- und Ist-Bestand zu überprüfen.

e) Der Kassen-Soll-Bestand ist niedriger als der Kassen- st-Bestand.

BEI DEN NACHFOLGENDEN AUFGABEN SIND DIE ERGEBNISSE ZU BERECHNEN:

I. THEMENBEREICH: GRUNDRECHENARTEN, DURCHSCHNITTSRECHNEN

14. Ein Kunde zeigt Ihnen den abgebildeten skizzenhaften Grundriss seines Wohnzimmers. Er möchte einen Bodenbelag kaufen. Der ausgewählte Belag kosten pro m^2 15,90 €. Wie teuer wird der Bodenbelag?

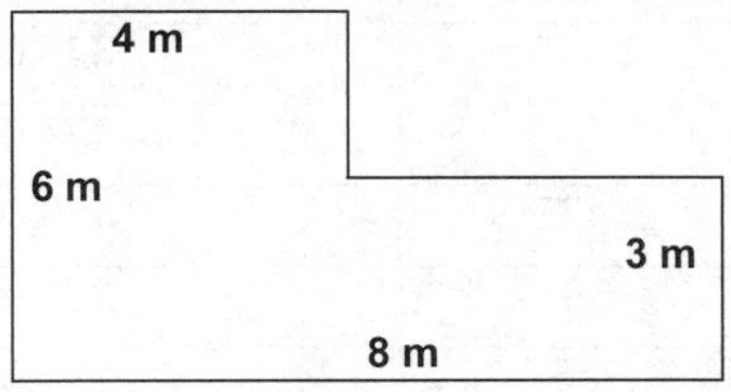

15. Bierkrüge mit einem Sonderaufdruck sollen zu einer Verkaufsaktion verkauft werden. Das Warenhaus Peter Müller beabsichtigt deshalb, größere Mengen einzukaufen. Wie viel Kartons Bierkrüge können transportiert werden, wenn im Lieferwagen höchstens noch 650 kg zugeladen werden können, ein Bierkrug 450 g wiegt und im Karton jeweils 40 Bierkrüge verpackt sind?

16. Eine Kundin will 6 Kissenbezüge zu 8,90 € je Stück gegen andere zu 12,90 € je Stück umtauschen. Sie will jedoch nicht mehr bezahlen müssen. Wie viel € müssen Sie der Kundin zurückzahlen, wenn Sie ihr die größtmögliche Zahl der teureren Kissenbezüge verkaufen?

17. Berechnen Sie den Wert eines Geschenkkorbes mit folgendem Inhalt:

2 Flaschen Wein	Einzelpreis	4,50 €
2 Stangen Salami	Einzelpreis	9,20 €
1 Dose Nürnberger Lebkuchen	Einzelpreis	6,90 €
1 Packung Bauchfleisch 450 g	Kilopreis	8,89 €
1 Beutel Bonbons 150 g	Kilopreis	19,00 €

18. Aus einem Warenvorrat von 55 kg werden verkauft: 10,25 kg; 800 g; 1 1/2 kg; 750 g; 4 kg 50 g; 450 g. Wie viel kg verbleiben als Restbestand?

19. Wie lautet der Kassenzettel, wenn ein Kunde 4 Stück einer Ware zu je 3,25 €, 7 Stück zu je 2,98 €, 12 Stück zu je 1,27 € und 5 Stück zu je 3,75 € gekauft hat?

20. Ein Einzelhändler erzielte eine Tageseinnahme von 4.212,86 € bei 212 gezählten Kunden. Für welchen Betrag wurde durchschnittlich von jedem Kunden gekauft?

21. Die Umsätze der 4 Kauffrauen im Einzelhandel waren wie folgt: A 2.473,64 €; B 5.328,76 €, C 4.127,35 €, D 3.591,41 €. Wie hoch war der durchschnittliche Umsatz je Kauffrau?

22. Ein Restposten an T-Shirts verschiedener Preisklassen soll preisgünstig zum gleichen Preis abgesetzt werden. Mit welchem Preis ist der Sondertisch auszuzeichnen? 8 T-Shirts zu je 18,55 €, 14 Stück zu je 17,50 €, 13 Stück zu je 16,45 € und 5 Stück zu je 14,95 €.

23. 15 kg Daunen zu je 54 € pro kg, 3 kg Halbdaunen zu je 40 € pro kg und 7,5 kg gerissene Fasern zu je 12 € pro kg werden zur Füllung von Kopfkissen gemischt. Zu welchem Preis wird eine Kissenfüllung von 1 000 g angeboten?

24. Eine Sendung von 154 Flaschen Rotwein zum Preis von 3,25 € je Flasche soll in einen anderen Wein zu 3,50 € je Flasche umgetauscht werden. Wie viel Flaschen der neuen Sorte erhält man für den gleichen Betrag?

25. Nach der Inventur wird folgende Auswertung erstellt:

Artikel/Stückzahl	Gesamtwert in €
2 540	456.825,00
1 950	98.750,00
950	245.225,00
600	75.000,00

Wie viel € beträgt der Durchschnittspreis eines Artikels?

26. Für den Transport der Waren zum Kunden hat das Warenhaus Peter Müller OHG mehrere Transportunternehmen beauftragt. Die angefallenen Transportkosten sind in der folgenden Tabelle zusammengefasst:
Berechnen Sie den durchschnittlichen Transportpreis je 100 Stück in €!

Transportunternehmen	Stück	Transportkosten in €
Spedition Becker Trans GmbH	2 325	325,00
Spedition Köstner	1 736	297,00
DANZAS GmbH	3 178	405,00
Ex-Speditionsgesellschaft mbH	56	113,00
WISA GmbH	953	175,00

27. Ihnen liegt folgende Statistik zu einer Aktionswoche vor. Ermitteln Sie, um wie viel Prozent der Umsatz in der Aktionswochen insgesamt über dem Plan-Umsatz liegt?

Woche	Plan-Umsatz	Ist-Umsatz
1. Woche	600.000 €	618.324 €
2. Woche	620.000 €	625.765 €
3. Woche	580.000 €	585.098 €
4. Woche	550.000 €	568.325 €
Gesamt		

Umsatz Aktionswoche

28. Bei einer Kundenzählung wurde festgestellt, dass 630 Kunden das Geschäft aufsuchten. Die Geschäftszeit lautet: 10:00 Uhr bis 19:00 Uhr. Wie viel Kunden haben im Durchschnitt das Geschäft je Stunde betreten?

29. Die Kosten für ein gemietetes Lager belaufen sich jährlich auf 24.000,00 €. Bei einem eigenen Lager könnte ¼ der Kosten eingespart werden. Wie hoch wären die monatlichen Kosten für ein eigenes Lager?

30. Ihnen liegen für das vergangene Jahr für die Warengruppe Sporttaschen folgende Bestände vor. Ermitteln Sie den durchschnittlichen Warenbestand für diese Warengruppe! Tragen Sie das Ergebnis in das Kästchen ein!

Anfangsbestand	3.500 €
31.03.	4.100 €
30.06.	4.200 €
30.09.	3.200 €
31.12.	3.000 €

II. THEMENBEREICH: VERTEILUNGSRECHNEN

31. Eine Prämie von 5.400 € soll zwischen den Verkäuferinnen entsprechend ihrer Überstunden verteilt werden. A hat 54, B hat 36, C hat 18 und D hat 27 Überstunden. Wie viel erhält B?

32. An einem Geschäft sind A mit 1/6, B 1/5, C mit 1/8 beteiligt. D hatte eine Beteiligung von 18.300 €. Wie viel € beträgt die Gesamtsumme des Kapitals?

33. Ein Einzelhändler verteilt eine bestimmte Summe an seine vier Verkäuferinnen. A erhält 1/4, B 2/5, C 1/6 und D den Restbetrag über 561 €. Wie viel € erhält die Verkäuferin A?

34. Zum Bau eines Selbstbedienungsladens gaben A 1/3, B 1/4 und C 400 000 €.
a) Wie viel € zahlte A?
b) Wie viel kostete der Bau?

35. Ein Fachgeschäft bezahlt für seine Geschäftsräume 770 € Miete. Die Kosten werden nach der Fläche aufgeteilt: Laden 6 x 8 m, Lager 6 x 7 m, Büro 4 x 5 m. Wie viel € Miete entfallen auf den Laden?

36. Unter drei Personen A, B und C wird ein Gewinn im Verhältnis 3 : 4 : 5 verteilt. Wie hoch war dieser Gewinn, wenn A 1.125 € erhält?

37. An einem Einzelhandelsgeschäft sind vier Personen beteiligt, A mit 1/3, B mit 1/5, C mit 1/6. Mit wie viel € ist D beteiligt, wenn das Gesamtkapital 36.000 € beträgt?

38. Drei Kaufleute sind an einem Betrieb mit folgenden Einlagen beteiligt:
A mit 44.000 €, B mit 60.000 €, C mit 24.000 €. Der Reingewinn von 6.528 € soll im Verhältnis der Kapitaleinlagen verteilt werden. Wie viel € Gewinn erhält A?

39. 4 Arbeiter haben gemeinsam im Lotto gespielt. Als sie einen größeren Gewinn erzielt hatten, einigten sie sich auf folgende Verteilung: A erhält 1/2, B 1/5, C 1/8 und D den Rest vom Gesamtgewinn. Nach der Verteilung ergab sich für D ein Betrag von 5.250 €. Wie viel € betrug der Gesamtgewinn?

40. Drei Einzelhändler haben gemeinsam eine Raumpflegerin beschäftigt, die insgesamt einen Monatslohn von 820 € erhält. Die drei Einzelhändler teilen den Lohn im Verhältnis der Ladenflächen auf. A hat 91 qm, B 112 qm, C 84 qm. Wie viel € Lohn muss B bezahlen?

41. An einem Einzelhandelsgeschäft sind 4 Personen beteiligt: A mit 1/4, B mit 1/4, C mit 1/5 und D mit 9.000 €. Wie viel € beträgt die Beteiligung von C?

42. Drei Kaufleute haben gemeinsam Ware gekauft. Es entstanden Bezugskosten in Höhe von 375 €, von denen A 2/5, B 1/3 und C den Rest zu zahlen hat. Wie viel € muss C bezahlen?

43. Die Geschäftsmiete einen Einzelhandelsbetriebes in Höhe von 13.500 € soll auf die Fläche der genutzten Räume verteilt werden. Die Geschäftsräume haben folgende Maße: Büro 12,5 x 4 m, Lager 25,4 x 9 m, Verkaufsraum 24,6 x 9 m. Wie viel € der Miete entfallen auf das Büro?

44. Drei Kaufleute haben gemeinsam Ware bezogen. An Kosten entstanden dabei 720 €, von denen A 1/3, B 2/5 und C den Rest zu zahlen hat. Wie viel € hat C zu zahlen?

45. Die Einzelhändler A, B, C und D übernahmen die Kosten in Höhe von 72.180 € für eine gemeinsame Werbeveranstaltung wie folgt: A 2/9, B 1/3, C 5/12 und D den Rest. Wie viel € musste C zahlen?

III. THEMENBEREICH: DREISATZRECHNUNG

46. Die Heizungsanlage eines Einzelhandelsgeschäftes benötigt 5 840 l Heizöl, wenn an 160 Tagen geheizt wird. Wie viel Liter Heizöl werden für 152 Tage benötigt?

47. Wir verkaufen täglich 12,2 m einer Ware. Wie viel m müssen mindestens auf Lager sein, wenn der Vorrat für 15 Tage reichen soll?

48. Ein Transport mit 120 Kisten wird mit 5.664 € versichert. Bei einem Verkehrsunfall werden 48 Kisten zerstört. Wie viel € beträgt der Schaden?

49. Eine Kundin hat ausgerechnet, dass sie für einen Wintermantel 4,80 m eines 90 cm breiten Wollstoffes benötigt. Da der vorgesehene Stoff nicht mehr vorrätig ist, entscheidet sie sich für einen ähnlichen, der aber 120 cm breit ist. Wie viel Meter benötigt sie von diesem Stoff?

50. Die monatlichen Stromkosten für 12 Glühbirnen in einem Lagerraum betragen 90 € bei täglich durchschnittlich 14 Std. Brenndauer. Wie viel € betragen die monatlichen Kosten, wenn nur 10 Lampen täglich 13 Stunden brennen?

51. 100 kg Rohkaffee verlieren beim Rösten 19 kg an Gewicht. Wie viel kg Röstkaffee erhält man aus 70 kg Rohkaffee?

52. Ein LKW-Transport, bestehend aus 128 Kisten gleichen Inhalts, wird mit 11.328 € versichert. Durch einen Verkehrsunfall werden 68 Kisten zerstört. Wie viel € muss die Versicherung bezahlen?

53. Ein Warenhaus bezahlt an seine Mitarbeiter umsatzbezogene Prämien. So werden für einen Umsatz von 2.000 € 60,61 € Prämien gezahlt. Wie hoch ist die Prämie bei einem Umsatz von 2.800 €?

IV. THEMENBEREICH: PROZENTRECHNEN

54. Nach einer Preissenkung von 8,5 % wird eine Ware für 878,40 € verkauft. Wie viel € betrug der Preis vorher?

55. Eine Ware wird im Schaufenster mit 814,81 € ausgezeichnet. Wie viel € Umsatzsteuer (19 %) zahlt der Kunde für die Ware?

56. Die monatlichen Telefonkosten eines Einzelhändlers stiegen von 115 € im September auf 136,16 € im Oktober. Um wie viel Prozent haben die Telefonkosten zugenommen?

57. Das Gehalt einer Verkäuferin wird um 6 % erhöht, das sind 68,40 €. Wie viel € beträgt das Gehalt nach der Erhöhung?

58. Bei einer Aktion wurde eine Ware um 20 % herabgesetzt und kostet jetzt 16,80 €. Wie teuer war die Ware vorher?

59. Ein Auszubildender eines Schuhgeschäftes kauft sich unter Ausnutzung von 15 % Personalrabatt 1 Paar Stiefel und zahlt 127,50 €. Wie viel € beträgt der Ladenpreis der Stiefel?

60. Ein Kaufmann bietet eine Ware in zwei verschiedenen Packungen an: 2,5 kg zu 9 € und 9 kg zu 29,70 €. Um wie viel % wird die Ware in der größeren Packung günstiger angeboten?

61. Bei der Inventur ergab sich bei einer Warensorte ein Istbestand von 292,950 kg. Der Sollbestand müsste jedoch 310 kg betragen. Wie viel % beträgt die Abweichung?

62. Ein Kunde erhält aufgrund seiner berechtigten Mängelrüge 15 % Nachlass. Er zahlt dann noch 178,50 €. Über welchen €-Betrag lautete die Rechnung?

63. Eine Verkäuferin zahlte nach Abzug von 50 € Personalrabatt noch 450 € für eine Ware. Wie viel % Personalrabatt wurden ihr gewährt?

64. Eine Kundin kauft eine Stereo-Anlage auf Teilzahlung. Der Teilzahlungspreis setzt sich zusammen aus einer Anzahlung von 2.000 € und 8 Monatsraten von je 380 €. Der Teilzahlungspreis übersteigt den Barzahlungspreis um 12 %. Wie viel € beträgt der Barzahlungspreis?

65. Nach einer Steigerung um 6 1/4 % betrugen die Kosten für die Werbung 5.168,85 €. Um wie viel € sind die Kosten gestiegen?

66. Die Heizungskosten eines Einzelhändlers stiegen von 1.250 € auf 1.700 €. Um wie viel % haben die Heizkosten zugenommen?

67. Ein Elektroherd kostet bei Barzahlung 750 €. Eine Kundin kauft auf Raten und zahlt 60 € an, den Rest in 12 Monatsraten zu je 70 €. Wie viel % beträgt der Aufpreis?

68. Letztes Jahr wurde ein Artikel für 240 € angeboten. Dieses Jahr ist er mit 255,60 € ausgezeichnet worden. Wie viel % beträgt die Preissteigerung?

69. In der Gehaltsabrechnung eines kaufmännischen Angestellten sind u. a. folgende Beträge ausgewiesen: Bruttogehalt 2.345 €; Abzüge 870 €; Vorschuss 300 €. Wie viel % seines Bruttogehalts bekommt er ausbezahlt?

70. Nach einer Gehaltserhöhung von 3 % erhält ein kaufmännischer Angestellter 37,50 € mehr Gehalt. Wie viel beträgt sein Gehalt nach der Erhöhung?

71. Ein Elektrogerät wird uns mit 20 % Wiederverkäuferrabatt angeboten, das sind 120 €. Wie viel beträgt der Zieleinkaufspreis dieses Gerätes?

72. Die Lohnsteuer eines Arbeitnehmers beträgt 87,80 €. Zusätzlich muss der Arbeitgeber 9 % Kirchensteuer und 5,5 % Solidaritätszuschlag von der zu zahlenden Lohnsteuer einbehalten. Wie viel € Steuern müssen insgesamt abgeführt werden?

73. In einem Einzelhandelsunternehmen beträgt der Personalrabatt 15 % vom Nettoverkaufspreis. Eine Angestellte sparte dadurch beim Einkauf 37,35 €. Wie viel betrug der Bruttoverkaufspreis bei einem Mwst.-Satz von 19 %?

74. Ein Schuhhersteller hat die Preise für Herrenschuhe um 5 % heraufgesetzt. Ein Paar kostet jetzt 156,70 €. Wie viel € kosteten die Schuhe vor der Preiserhöhung?

75. Bei einer Bezahlung einer Liefererrechnung von 4.200 € soll vorab eine Gutschrift über 300 € berücksichtigt werden. Außerdem können 3 % Skonto vom Rechnungsbetrag abgezogen werden. Wie viel € sind an den Lieferer zu zahlen?

76. Ein Kunde kauft ein Fernsehgerät auf Teilzahlung. Der Teilzahlungspreis setzt sich zusammen aus einer Anzahlung von 600 € und 10 Monatsraten von je 120 €. Damit zahlt der Kunde 6 2/3 % Teilzahlungsaufschlag.
a) Wie viel € beträgt der Teilzahlungspreis?
b) Wie viel € beträgt der Barpreis?
c) Um wie viel % ist der Barpreis billiger als der Teilzahlungspreis?

77. Der Kunde überweist uns nach Abzug von 3 % Skonto 508,28 €. Wie hoch war der Rechnungsbetrag?

78. Für wie viel € wird eine Ware verkauft, die mit 126,24 € ausgezeichnet war und für den Sonderverkauf um 16 2/3 % herabgesetzt wird?

79. Von einer Liefererrechnung über 4.285 € ziehen Sie 15 % Mengenrabatt ab. Von dem noch zu zahlenden Betrag überweisen Sie 2.500 € vom Postbankkonto. Wie viel € müssen Sie noch per Verrechnungsscheck bezahlen, wenn Sie noch 3 % Skonto berücksichtigen können?

80. Eine Ware sollte 33 1/3 % über dem Einkaufspreis verkauft werden. Wegen eines Mangels musste sie später um 16 2/3 % unter dem Einkaufspreis verkauft werden. Es wurden noch 83,33 € erzielt. Wie hoch war der ursprüngliche Verkaufspreis?

81. Auf einem Werbeprospekt ist zu lesen: Wolldecke Einzelpreis 29,90 €, Einzelpreis ab 2 Stück 25,00 €. Wie viel Prozent spart die Kundin beim Kauf von zwei Decken im Vergleich zum Einzelpreis?

V. THEMENBEREICH: BERUFSBEZOGENES RECHNEN

82. An der Kasse soll die Tageslosung errechnet werden. Am Morgen befanden sich 252,00 € Wechselgeld und bei Geschäftsschluss 4.117,68 € in der Kasse. Während des Tages erfolgte eine Barabhebung vom Bankkonto von 800,00 € und weiterhin bezahlte ein Kunde eine Rechnung vom vergangenen Monat von 330,00 €. Wie viel € beträgt die Tageslosung?

83. Ein Einzelhändler hat am 01.01 einen Warenbestand von 160.200,00 €. Die vierteljährlichen Bestände betragen:

31.03.: 240.000,00 €;
30.06.: 150.000,00 €;
30.09.: 250.800,00 €;
31.12.: 200.000,00 €.

Wie hoch ist der durchschnittliche Lagerbestand?

84. Dem Kassenbericht eines Einzelhändlers wurden folgende Zahlen entnommen:

Wechselgeld	248,50 €
Ausgaben	
- für Schaufensterreinigung	140,80 €
- für Porto	14,00 €
- für Nachnahmesendung	120,00 €
- für Privat	3.200,00 €

Wie viel € waren bei Geschäftsschluss tatsächlich in der Kasse, wenn eine Tageslosung von 48.638,40 € erzielt wurde?

85. Tageskassenabrechnung: Wechselgeld 125,00 €
Entnahmen: für Hausfracht 12,00 €, für Warensendung 823,00 €, Privatentnahme 400,00 €
Bargeldbestand 11.290,00 €
a) Wie viel € beträgt die Tageslosung?
b) Wie viel € beträgt die in der Tageslosung enthaltene Umsatzsteuer bei einem Steuersatz von 19 %?

86. Auszug aus dem Kassenbericht:

Kassenbestand am Abend	12.423,18 €
Barentnahmen	300,00 €
Tageslosung	12.073,18 €

Wie viel € Wechselgeld waren morgens in der Kasse?

87. In der Sportabteilung wird bei der Kassenabrechnung eine Tageslosung von 9.357,20 € ermittelt. Nachträglich stellt die Kassiererin fest, dass ein Beleg übersehen wurde, da an diesem Tag eine Nachnahmesendung im Wert von 248,00 € eingelöst worden ist. Wie viel € beträgt die berichtigte Tageslosung?

88. Ein Feinkostgeschäft verkauft einen Kräuteressig. Aus einem Vorratstank mit 100 Litern werden folgende Flaschengrößen abgefüllt: 42 x 1-Liter-Flaschen; 35 x 7/10-Liter Flaschen; 55 x 2/10-Liter Flaschen. Wie viel Liter Kräuteressig sind nach dem Abfüllen noch im Tank (ohne Abfüllverluste)?

89. Ein Kunde legt einem Einzelhändler den Kassenzettel vor und reklamiert Ware im Wert von 36,87 €. Der Einzelhändler erkennt die Reklamation an. Der Kunde kauft anschließend

0,315 kg Schweizer Käse	1 kg kostet	22,90 €
1 018 g Holländischen Edamer	100 g kosten	1,78 €
3/8 kg Tiroler Bauernspeck	100 g kosten	2,98 €

Wie hoch ist der Differenzbetrag?

90. In einem Warenhaus befinden sich 3 Abteilungen im Erdgeschoss. Eine tägliche statistische Auswertung erfasst die Kundenanzahl und den durchschnittlichen Umsatz je Kunde. In der folgenden Aufstellung fehlt die Kundenzahl der Abteilung C, die Sie ausrechnen sollen.

	Kundenanzahl	durchschnittlicher Umsatz je Kunde
Abteilung A	739	32,40 €
Abteilung B	896	38,60 €
Abteilung C		39,80 €

Der Gesamtumsatz der 3 Abteilungen betrug 88.976,20 €.

91. Aus der Schreibwarenabteilung liegen Ihnen folgende Werte vor. Ermitteln Sie den Umsatz, netto pro Kunde und tragen Sie das Ergebnis in das Kästchen ein.

Kassenauswertung Freitag, 26.05.	
Umsatz, brutto	1.661,84 €
Umsatzsteuer 19 %	€
Umsatz, netto	€
Anzahl Artikel	
Anzahl Kunden	38
Artikelanzahl pro Kunde	3
Umsatz, netto pro Kunde	€

92. Die Lebensmittelabteilung eines Warenhauses möchte Orangen in Steigen zum Preis von 1,29 € je kg, „brutto für netto", anbieten. Jede Steige beinhaltet 9,5 kg Orangen, die Tara beträgt 500 g. Mit welchem Bruttoverkaufspreis muss eine Steige ausgezeichnet werden?

93. Ein Geschäftsraum soll mit neuem Teppichboden ausgelegt werden. Dazu benötigt man 36 m einer Ware, die 4,50 m breit liegt. Wie viel Meter Teppichboden benötigt man, wenn die Ware nur die Breite von 4,00 m hat?

94. Der Verkaufsraum eines Einzelhandelsbetriebes soll mit neuem Teppichboden ausgelegt werden. Von dem alten Bodenbelag waren bei 1,20 m Breite 82,40 m Länge notwendig. Der neue Teppichboden hat eine Breite von 4,00 m. Wie viel Meter muss er lang sein?

95. Wenn von einer Warenart durchschnittlich 18 Stück pro Tag verkauft werden, reicht der Vorrat 42 Tage. Wie viel Tage reicht der Vorrat, wenn täglich im Durchschnitt 21 Stück verkauft werden?

96. Ein Einzelhändler muss für mehrere Kisten, die zusammen 72 kg wiegen, 28,80 € Hausfracht bezahlen. Wie viel € entfallen auf eine Kiste mit 19,5 kg Gewicht?

97. Die Kosten für eine gemeinsame Kinowerbung von 8 Geschäften betragen 360,00 € je Unternehmen. Wie viel € müsste ein Unternehmer bezahlen, wenn sich nur 6 Geschäfte beteiligten?

98. Eine Kundin verlangt 4 m Stoff von 0,90 m Breite. Der gewünschte Stoff ist jedoch nur in 1,20 m Breite vorrätig. Wie viel Meter Stoff dieser Breite braucht die Kundin?

99. Werbekosten von 3.019,20 € werden zwischen vier Einzelhändler wie folgt verteilt: A trägt 1/4, B 1/5, C 1/3, D den Rest. Wie viel € der Werbekosten entfallen auf D?

100. Drei Einzelhändler unterhalten gemeinsam einen Verkaufsstand. Die Kosten werden verteilt: A soll 1/3 und B soll 2/5 des Gesamtbetrages zahlen. C zahlt 1.584,00 €. Wie viel € betragen die Gesamtkosten?

101. Ein Einzelhändler hat im vergangenen Geschäftsjahr 4 verschiedene Werbemittel eingesetzt, die seinen Werbeetat in unterschiedlicher Weise belastet haben: Verkaufsraum 1/8, Anzeigen 1/3, Schaufenster 2/5, Werbebriefe 6.834,00 €. Wie viel € hat der Einzelhändler insgesamt für Werbemittel ausgegeben?

102. Bei einem Lagerbestand von 220.000,00 € beträgt die durchschnittliche Lagerdauer 54 Tage. Mit welchem Lagerzinssatz muss der Einzelhändler rechnen, wenn für längerfristige Kredite 10 % Zinsen gefordert werden?

103. Der Lagerzinssatz im Lederwareneinzelhandel wird mit 2 % berechnet. Der Jahreszinsfuß der Banken beträgt 8 %. Wie viel Tage beträgt die durchschnittliche Lagerdauer der Waren in dieser Branche?

104. Die Statistik eines Einzelhandelsbetriebes zeigt folgende Zahlen:

Jahr	Umsatz in €	durchschnittl. im Verkauf Beschäftigte
Vorjahr	800.000,00	10
Laufendes Jahr	840.000,00	8

Um wie viel Prozent stieg der durchschnittliche Umsatz je Verkäufer?

105. Das Warenwirtschaftssystem liefert in einem Verkaufsbericht u. a. folgende Zahlen:

Kassen-Nr.	**1**	**2**
Umsatz	28.826,00 €	38.467,80 €
Kundenanzahl	812	903
Artikelanzahl	1 412	1 250

Um wie viel Prozent liegt der durchschnittliche Umsatz je Kunde der Kasse 2 über dem der Kasse 1?

106. Die gesamten Handlungskosten eines Einzelhandelsbetriebes betrugen 810.000 €. Darin waren 526.500 € Personalkosten enthalten. Wie viel Prozent beträgt der Anteil der Personalkosten an den Gesamtkosten?

107. Die im Monatsumsatz enthaltene Umsatzsteuer beträgt 11.112,60 €. Welchen Umsatz einschließlich 19 % Umsatzsteuer erzielte die Unternehmung?

108. Aus Wettbewerbsgründen muss der Verkaufspreis einer Ware um 10 % herabgesetzt werden. Zur Aktionswoche „Alles muss raus“ wird der gleiche Artikel erneut um 30 % gesenkt und nun für 189,00 € verkauft. Wie viel € betrug er ursprüngliche Preis?

109. Sie sind im Rechnungswesen tätig und bearbeiten die Abschriften. Ermitteln Sie mit Hilfe der Übersicht den prozentualen Ist-Anteil der Abschriften am Gesamtumsatz! Der Stückpreis pro Ware beträgt 10 €.

Abschriftenstatistik

Artikel	Abverkauf in Stück	Umsatz in €	Abschriften in €
Größe 44	700		1.000,00
Größe 46	1 200		800,00

110. In der Lebensmittelabteilung eines Warenhauses wird Waldhonig in Gläsern verkauft. Bisher wurden Gläser mit 500 g Einwaage zu 6,00 € je Glas angeboten. Nach einer Umstellung der Verpackung auf Gläser mit 400 g Einwaage lässt das Warenhaus den Verkaufspreis unverändert. Um wie viel Prozent hat sich dadurch der Preis für den Honig im 400 g-Glas gegenüber dem bisherigen 500 g-Glas erhöht?

111. Der Warenumsatz stieg letztes Jahr gegenüber dem Vorjahr um 24 % auf 1.041.600 €.
Für das laufende Jahr rechnet man mit einem Rückgang um 20 %. Wie viel € beträgt voraussichtlich der Warenumsatz in diesem Jahr?

112. Eine Verkäuferin erzielte in den Monaten Juli bis Dezember folgende Umsätze:
Juli 12.000,00 €, August 18.000,00 €, September 20.000,00 €, Oktober 21.000,00 €, November 24.000,00 €, Dezember 25.000,00 €.
Wie viel % beträgt der Dezemberumsatz gegenüber dem Durchschnittsumsatz?

113. Nach Abzug von 25,00 € Skonto beträgt der Barzahlungspreis 600,00 €. Wie viel % Skonto wurde gewährt?

114. Eine Werbeaktion war mit 18.720,00 € veranschlagt. Die tatsächlichen Kosten beliefen sich auf 17.550,00 €. Wie viel % betrug die Ersparnis?

115. Eine Ware kostet nach einer 8 %-igen Preiserhöhung 136,00 €. Um wie viel € wurde die Ware teurer?

116. Der Preis einer Ware wurde um 15 % erhöht und beträgt jetzt 92,00 €. Wie viel € betrug der Preis vor der Erhöhung?

117. Der Umsatz im Januar war im Vergleich zum Weihnachtsmonat Dezember um 27 % niedriger. Wie hoch war der Dezember-Umsatz, wenn der Januar 43.625,00 € betrug?

118. Ein Popelinemantel wird von 297,00 € auf 198,00 € herabgesetzt. Wie viel % beträgt die Preisermäßigung?

119. Ein Einzelhändler erzielt einen Monatsumsatz von 618.173,67 € einschließlich 19 % Umsatzsteuer. Wie viel € beträgt die Umsatzsteuer und wie hoch ist der Nettoumsatz?

120. Ein Kleid wurde um 12 ½ % und anschließend nochmals um 16 2/3 % im Preis gesenkt und konnte schließlich für 150,00 € verkauft werden. Wie teuer war das Kleid ursprünglich?

121. Der Verkaufspreis einer Ware wurde von 425,00 € zunächst um 25 % und 14 Tage später nochmals um 12,5 % herabgesetzt. Wie viel € beträgt der neue Verkaufspreis nach den beiden Preissenkungen?

122. Der Preis für eine Ware wurde von 96,00 € auf 81,60 € herabgesetzt. Wie viel Prozent beträgt die Ermäßigung?

123. Der Verkaufspreis einer Ware beträgt 480,00 €. Er wird zunächst um 12 ½ und danach um weitere 15 % herabgesetzt. Wie viel € beträgt der neue Verkaufspreis?

124. Am ersten Tag der „Italienischen Woche" erzielte ein Einzelhändler mit 1 827 Kunden einen Umsatz von 21.924 €. Ein Jahr später wurde die Aktion wiederholt. Hier wurden am ersten Tag mit 1 717 Kunden 25.755 € Umsatz erzielt. Wie viel % ist der Durchschnittsverkauf ein Jahr später pro Kunde höher?

125. Wie hoch ist der Wareneinsatz einer Warengattung bei folgenden Angaben: Durchschnittlicher Lagerbestand: 18.000 €; Umschlagshäufigkeit:10?

126. Auf Grund der Lagerbuchhaltung ergeben sich folgende Daten:

Jahresanfangsbestand:	12.000 €
Wareneingänge 01.01. bis 31.12.	96.000 €
Inventurbestand am 31.12.	23.000 €

Wie viel € beträgt der Wareneinsatz?

127. Für Artikel Nr. 989/6 entnehmen Sie der Lagerbuchhaltung folgende Daten:
Einstandspreis pro Stück 23,00 €; Bruttoverkaufspreis pro Stück 39,00 €

Datum	Eingang in Stück	Ausgang in Stück	Bestand in Stück
01.10.			62
02.10.	25	28	
15.10.		15	
31.10.	25		
15.11.		29	
30.11.	25		
10.12.		35	
31.12.			

Wie viel € beträgt der buchmäßige Inventurbestand zum 31.12?

128. Bei gleichbleibendem Wareneinsatz von 600.000 € steigt die Umschlagshäufigkeit von 8 auf 10. Um wie viel € verändert sich der Kapitaleinsatz durch die Erhöhung der Umschlagshäufigkeit?

129. Folgende Kennziffern bzw. Bestände sind bekannt:

Warenanfangsbestand	94.664,00 €
Summe der 12 Monatsendbestände	440.337,00 €
Umschlagshäufigkeit	9

Wie viel € beträgt der Wareneinsatz?

130. Der Einzelhändler Müller erzielt in seiner Schuhabteilung eine Lagerdauer von 36 Tagen. Der durchschnittliche Lagerbestand dieser Warengruppe beträgt 56.000,00 €. Berechnen Sie den Wareneinsatz in € für diese Abteilung?

131. Ein Mitbewerber verkauft einen Artikel zu 171,00 €, der allen Einzelhändlern zu einem Bezugspreis von 90,00 € angeboten wird. Mit welchem Kalkulationsfaktor rechnet der Mitbewerber (USt. 19 %)?

132. Zur Berechnung der Umschlagshäufigkeit liegen folgende Kennzahlen vor:

	1. Halbjahr	2. Halbjahr
Durchschnittlicher Lagerbestand	1 600 000 €	1 800 000 €
Wareneinsatz	12 000 000 €	14 040 000 €
Umschlagshäufigkeit	7,5	

Um wie viel Prozent hat sich die Umschlagshäufigkeit im 2. Halbjahr im Vergleich zum 1. Halbjahr verändert?

133. Aus der Abteilung Herrenoberbekleidung liegt Ihnen die folgende Statistik vor. Der Umsatz des Mitarbeiters A betrug im Mai 8.876 €.
a) Wie viel € beträgt der Gesamtumsatz der Abteilung?
b) Um wie viel € liegt der Umsatz des Mitarbeiters F unter dem durchschnittlichen Umsatz je Mitarbeiter? Tragen Sie die Ergebnisse in das Kästchen ein!

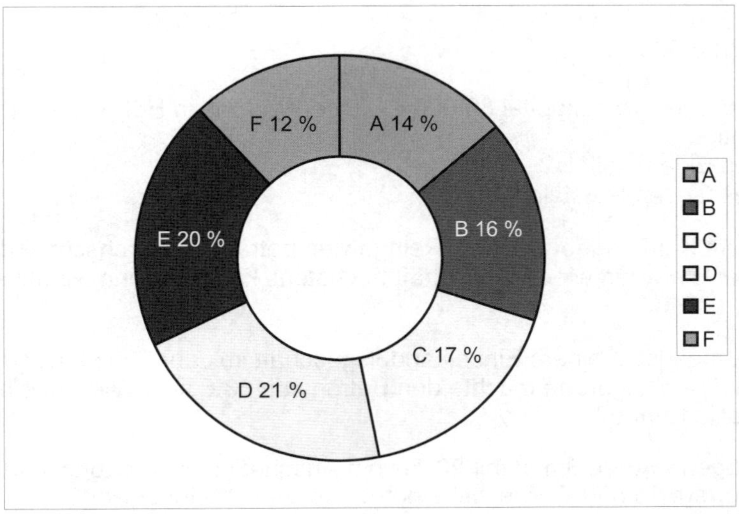

134. In der Nachsaison wird ein Artikel um 20 % ermäßigt und für 165,60 € angeboten. Vor der Saison war der Verkaufspreis des Artikels um 15 % angehoben worden.
a) Wie viel € kostete der Artikel vor der 20-%igen Ermäßigung?
b) Wie viel € kostete der Artikel vor der 15-%igen Erhöhung?

135. Ein Einzelhändler hat sein Warenlager unterversichert. Bei einem Brandschaden ersetzt die Versicherung den Schaden nur im Verhältnis zur Versicherungssumme.

Wert des Warenlagers	450.000 €
Versicherter Wert des Warenlagers	180.000 €
Brandschaden	75.000 €

Wie viel € beträgt der von der Versicherung ersetzte Betrag?

136. Ein Einrichtungsgegenstand wurde drei Jahre mit einem Abschreibungsprozentsatz von 16 2/3 % vom Anschaffungswert in die Schlussbilanz übernommen. Am Ende des dritten Jahres betrug der Bilanzwert 4.672 €. Wie hoch war der Anschaffungswert des Gegenstandes?

137. SCHLUSSBILANZ

A			P
Beb. Grundstücke	65.000	Eigenkapital	44.000
Fuhrpark	15.000	Langfr. FK	68.000
Ladenausstattung	10.000	Kurzfr. FK	75.000
Waren (Bestand)	48.000		
Ford.a.L.u.L.	11.800		
Kreditinstitute	28.200		
Kasse	9.000		
Summe	187.000		187.000

a) Wie viel % der Bilanzsumme beträgt das Anlagevermögen?
b) Wie viel % des langfristigen Fremdkapitals müssen außer dem Eigenkapital zusätzlich zur Deckung des Anlagevermögens herangezogen werden?

Warenwirtschaft und Kalkulation

138. Der durchschnittliche Lagerbestand beträgt 400.000 €. Um Versicherungskosten zu sparen, versichert ein Einzelhändler das Lager nur mit 250.000 €. Nach einem Brand wird ein Schaden von 86.400 € festgestellt. Wie viel € ersetzt die Versicherung?

139. Das Umlaufvermögen einer Unternehmung beträgt 270.000 €, das sind 40 % aller Aktiva. Das Fremdkapital beträgt 45 % der Bilanzsumme.
a) Wie viel € beträgt das Eigenkapital?
b) Mit wie viel Prozent ist das Anlagevermögen durch das Eigenkapital gedeckt?

140. Das Anlagevermögen stellt mit 206.400 € 32 % des Gesamtvermögens dar. Wie viel € beträgt das Eigenkapital, wenn es 75 % des Gesamtkapitals der gleichen Bilanz ausmacht?

141. Ein Kaufmann hat für seinen Lieferwagen eine Nutzungsdauer von 6 Jahren angesetzt. Nach 5-jähriger (linearer) Abschreibung steht der Wagen noch mit 7.400 € zu Buche. Wie viel € betrug der Anschaffungswert des Lieferwagens?

142. Das vereinfachte G+V-Konto (93) weist beim Jahresabschluss folgende Zahlen aus:

S	GuV		H
AfW	240.000	UfW	388.000
Aufwand Kl.6 u.7	120.000		

Das Eigenkapital betrug 224.000 €, das Fremdkapital 86.000 €. Zinsen werden in Höhe von 8 % vom Fremdkapital berücksichtigt.
a) Wie hoch ist die Rentabilität des Eigenkapitals?
b) Wie hoch ist die Rentabilität des Gesamtkapitals?

143. Ein Einzelhandelsgeschäft wird zum Kauf angeboten. Der Reingewinn beträgt im Durchschnitt der letzten Jahre 45.600 €. Für wie viel € werden wir das Geschäft höchstens kaufen, wenn wir mit einer 9,5-%igen Verzinsung rechnen?

144. Der durchschnittliche Umsatz je Kunde ist in einem Einzelhandelsgeschäft im Jahr 2005 im Vergleich zum Jahr 2004 um 7 % gestiegen. Die Steigerung machte den Betrag von 63 € aus. Wie viel € betrug 2005 der durchschnittliche Umsatz je Kunde?

145. Ein Gegenstand des Anlagevermögens wurde 3 mal mit 20 % vom Anschaffungswert abgeschrieben. Sein augenblicklicher Buchwert beträgt 15.600 €. Wie viel € betrug der Anschaffungswert?

146. Die Zahl der Mitarbeiter eines Warenhauses verringerte sich in den letzten 10 Jahren von 1.680 auf 1.428. Gleichzeitig stiegen die gesamten Personalkosten von 33.600.000 € auf 35.700.000 €. Um wie viel Prozent stiegen die Personalkosten je Arbeitnehmer?

147. Siehe untenstehendes GuV-Konto! a) Wie viel € beträgt der Rohgewinn? b) Wie hoch ist die Umsatzrentabilität?

Soll	Gewinn- und Verlustkonto		Haben
Wareneingang	400.000,00	Warenverkauf	600.000,00
Abgrenzungssammelkonto	6.000,00		
Personalkosten	25.000,00		
Mieten und sonstige Sachkosten für Geschäftsräume	12.000,00		
Steuern, Abgaben, Pflichtbeiträge	6.000,00		
Nebenkosten des Finanz- u. Geldverkehrs	2.000,00		
Besondere Kostenarten für Werbung und Reisen	4.000,00		
Transportkosten und Verpackung	5.000,00		
Allgemeine Verwaltungskosten	2.000,00		
Abschreibungen auf Anlagen	4.000,00		
Eigenkapital	134.000,00		
==	600.000,00 =========	==	600.000,00 =========

148. Auf der Ihnen vorliegenden Kassenstatistik sind zwei Beträge aufgrund des schlechten Ausdrucks nicht mehr lesbar. Ermitteln Sie die fehlenden Beträge und tragen Sie sie in die vorgesehenen Spalten ein.

Kassenstatistik – Abteilung Textil vom 28.02.20..				Datum: 28.02.20.. Zeit: 20:45 Uhr Seite: 12	
Kunden	Mwst.	Einnahmen	Warenrücknahmen	Einnahmen ./. Warenrücknahmen	Sondernachlass
1	19,00	111,22	27,39	**?**	0,00
1	19,00	77,56	0,00	77,56	0,00
3	19,00	625,11	0,00	625,11	0,00
2	19,00	155,93	0,00	155,93	0,00
1	19,00	**?**	57,45	73,86	0,00

149. An einem Tag wurden 876 Kunden befragt, ob sie eine Kundenkarte besitzen. Das Ergebnis war wie folgt:

	Kunden mit Kundenkarte	Kunden ohne Kundenkarte
Weiblich	408	112
Männlich	212	?

Wie viel männliche Kunden besaßen keine Kundenkarte? Tragen Sie das Ergebnis in das Kästchen ein.

<u>**Situation zu den nächsten zwei Aufgaben**</u>

Aus der Lebensmittelabteilung des Warenhauses Peter Kolb OHG liegen Ihnen folgende Zahlen vor:

33. KW	Umsatz in €	Zahl der Kunden
Montag	22.900	630
Dienstag	25.800	750
Mittwoch	27.700	780
Donnerstag	29.900	790
Freitag	34.800	820
Samstag	40.100	960
Summe		

150. Wie hoch ist der durchschnittliche Tagesumsatz? Tragen Sie das Ergebnis in das Kästchen ein.

151. Wie viel € beträgt der durchschnittliche Umsatz je Kunde in der 33. Kalenderwoche? Tragen Sie das Ergebnis in das Kästchen ein.

VI. THEMENBEREICH: KALKULATION

152. Sie erhalten folgendes Angebot:

Glühwein, Literflasche	1,20 €
bei Abnahme von mindestens 200 Flaschen	10 % Rabatt
bei Bezahlung innerhalb 8 Tagen	3 % Skonto
Frachtkosten pauschal	50,00 €

Sie bestellen 400 Flaschen. Wie hoch ist der Bezugspreis für die gesamte Sendung?

153. Der Bezugspreis einer Ware beträgt 400,00 €. Die Handlungskosten werden mit 25 % und der Gewinn mit 10 % kalkuliert. Wie hoch ist der Bruttoverkaufspreis bei einem MwSt.-Satz von 19 %?

154. Wie hoch ist der Selbstkostenpreis einer Ware, die im Bezugspreis 876,90 kostet und mit 48 % Handlungskosten kalkuliert wird?

155. Der Listenpreis einer Ware beträgt 240 €, der Lieferer gewährt 8 % Rabatt, an Bezugskosten fallen 14,20 € an. Wir rechnen mit einem Kalkulationszuschlag von 34,2 %.
a) Wie viel € beträgt der Bezugspreis?
b) Wie viel € beträgt der Bruttoverkaufspreis?

156. Auf den Listenpreis einer Ware gewährte ein Lieferer einem Einzelhändler 16 % Rabatt, das sind 224 €. Wie viel € beträgt der Zieleinkaufspreis?

157. Wir beziehen einen Artikel zu 24,60 €. Wie viel € beträgt der Nettoverkaufspreis, wenn 16 2/3 % Handlungskostenzuschlag und 15 % Gewinn zu berücksichtigen sind?

158. Eine Liefererrechnung über 500 € wird nach Abzug von Skonto mit 480 € durch Banküberweisung an den Lieferer beglichen. Die Handlungskosten werden mit 25 % und der Gewinn mit 6 1/4 % kalkuliert. Die Umsatzsteuer beträgt 19 %.
a) Welcher Skontosatz wurde gewährt?
b) Wie viel € wurden für die Handlungskosten berechnet?
c) Wie viel € beträgt der Nettoverkaufspreis?
d) Wie viel € beträgt der Bruttoverkaufspreis?

159. Wir erhalten eine Warensendung von brutto 2 000 kg, Tara 5 %, zum Preis von 57 € je 100 kg netto. An Frachtkosten fallen 2,80 € je 100 kg an. Wie viel € beträgt der Bezugspreis?

160. Der Bezugspreis einer Ware beträgt 48,00 €. Die Handlungskosten werden mit 40 % und der Gewinn mit 6,25 % kalkuliert. Wie hoch ist der Bruttoverkaufspreis bei einem Mehrwertsteuersatz von 19 %?

161. Der Selbstkostenpreis einer Ware beträgt 60 €. Wir rechnen mit 3,5 % Gewinn und 19 % Umsatzsteuer. Wie hoch ist der Bruttoverkaufspreis?

162. Der Listenpreis einer Ware beträgt 24,40 €, der Lieferer gewährt 12,5 % Rabatt und 2 % Skonto. Wie viel € beträgt der Bareinkaufspreis?

163. Der Bezugspreis einer Ware beträgt 84 €, die Handlungskosten 14,70 €. Wie viel Prozent beträgt der Handlungskostenzuschlag?

164. Ein Kaufmann bezieht in einer Sendung drei verschiedene Warenposten. Insgesamt verursachen diese 122,40 € Bezugskosten. Warenposten A: 173 kg; Warenposten B: 261 kg; Warenposten C: 76 kg. Wie viel € Bezugsspesen fallen anteilmäßig auf die einzelnen Warenposten?

165. Der Einkauf von zwei Warensorten hat 252,60 € Transportversicherungskosten verursacht, die zu verteilen sind: 460 kg Sorte A zu 14,50 €/kg; 140 kg Sorte B zu 12,50 €/kg. Wie viel € Transportversicherungskosten entfallen auf Ware A?

166. Der Listenpreis einer Ware beträgt 240 €. Die Bezugskosten dafür betragen: 18,60 € Bahnfracht und 9 € Hausfracht. Der Lieferer gewährt 5 % Rabatt und 3 % Skonto.
a) Wie viel € beträgt der Bareinkaufspreis?
b) Wie viel € beträgt der Bezugspreis?

167. Folgende Warensendung trifft ein:

Artikel	Menge	Gesamtgewicht	Preis pro Stück in €
A	200	220 kg	13,90
B	300	330 kg	6,95

Die Sendung hat nachstehende Bezugskosten verursacht:
* Fracht-, Verlade- und Hausfrachtkosten 110 €
* Transportversicherungskosten 48,65 €.
Wie viel € betragen die Bezugskosten für Artikel A?

168. Ein Einzelhändler bezieht 120 kg Obst. 1 kg kostet laut Angebot 0,90 €. Der Lieferer gewährt 35 % Rabatt und 2 % Skonto.
a) Wie viel € beträgt der Zieleinkaufspreis der gesamten Lieferung?
b) Wie viel € beträgt der Bareinkaufspreis der gesamten Lieferung?

169. Der Listenpreis einer Ware beträgt 27 € pro Stück. Wir bestellen 100 Stück und erhalten 5 % Rabatt und bei Zahlung innerhalb von 10 Tagen 3 % Skonto. Für die Warensendung fallen an: 12 € Hausfracht zum Versandbahnhof, 32,45 € Fracht und 11,95 € Hausfracht vom Bestimmungsbahnhof zum Lager.
a) Wie viel € beträgt der Bareinkaufspreis der Gesamtbestellung bei Bezahlung innerhalb der Skontofrist?
b) Wie viel € beträgt der Bezugspreis der Gesamtsendung, wenn „ab Werk“ geliefert wird?
c) Wie viel € beträgt der Bezugspreis pro Stück, wenn die Lieferbedingung „frachtfrei“ lautet?

170. Der Bezugspreis für eine Ware beträgt 451 €, der Handlungskostensatz 44 %. Wie viel € beträgt der Selbstkostenpreis?

171. Der Listenpreis einer Ware beträgt 168 €. Folgende Zahlen der Kalkulation stehen zur Verfügung:

Liefererrabatt	12 1/2 %
Skonto	2 1/2 %
Fracht	17,50 €
Hausfracht	4,20 €

Wie viel € beträgt der Bareinkaufspreis?

172. Das Konto G+V zeigt folgende Eintragungen:

Soll		G + V	Haben
Aufw. für Waren	200.000	Umsatzerl. für Waren	300.000
Summe Klasse 6+7	70.000		
Eigenkapital	30.000		
	300.000		300.000

a) Wie viel Prozent beträgt der Handlungskostenzuschlag?
b) Wie viel Prozent beträgt der Gewinnzuschlag?
c) Wie viel Prozent beträgt die Unternehmerrentabilität bei 100.000 € Eigenkapital?

173. Im letzten Jahr betrug der Wareneinsatz einer Einzelhandelsunternehmung 820.000 €, die betrieblichen Aufwendungen betrugen 401.800 €, als Gewinn wurden 90.000 € erzielt. (MwSt-Satz: 19 %).
a) Wie viel % beträgt die Handelsspanne?
b) Wie viel % beträgt der Gewinnzuschlag?
c) Wie viel % beträgt der Kalkulationsabschlag?
d) Wie viel % beträgt der Kalkulationszuschlag?

174. Ihnen liegt ein Angebot wie folgt vor: Listenpreis 12,00 € pro Stück, bei Mindestabnahme von 100 Stück 5 % Rabatt; 3 % Skonto bei Bezahlung innerhalb 10 Tagen. Lieferung frei Haus. Sie bestellen 200 Stück dieses Artikels. Wie viel € beträgt der Bezugspreis für die gesamte Bestellung, wenn Sie nach 8 Tagen die Rechnung begleichen wollen?

175. Wie viel Millionen € beträgt der Warenumsatz zu Nettoverkaufspreisen bei einer Handelsspanne (ohne Umsatzsteuer) von 45 %, wenn der Wareneinsatz 660.000.000 € beträgt?

176. Eine Kalkulation enthält folgende Beträge:

Listenpreis	280,00 €
Bareinkaufspreis	210,00 €
Bezugspreis	240,00 €
Selbstkostenpreis	288,00 €
Nettoverkaufspreis	320,00 €
Bruttoverkaufspreis	371,20 €

a) Wie viel % beträgt der Zuschlag für die Handlungskosten?
b) Wie viel % beträgt der Zuschlag für den Gewinn?

177. Angaben zu einer Warenkalkulation:

Soll		G + V	Haben
Aufw.f.Waren (60)	61.000	Umsatzerlöse für Waren. (50)	90.000
Gehälter (62)	10.500		
Mieten, Pachten (670)	4.900		
Werbung, Dekor.(687)	960		
Abschreibung (65)	1.000		
Büromaterial (680)	3.640		
Eigenkapital (30)	8.000		
	90.000		90.000

Umsatz zu Bruttoverkaufspreisen einschl. 19 % Umsatzsteuer : 107.100 €

a) Wie viel % beträgt der Handlungskostenzuschlag?
b) Wie viel % beträgt der Gewinnzuschlag?
c) Wie viel % beträgt der Kalkulationszuschlag?
d) Wie viel % beträgt der Kalkulationsabschlag?
e) Wie viel % beträgt die Handelsspanne?

178. Sie sollen den abgebildeten Auszug der Betriebsvergleichsergebnisse auswerten. Ermitteln Sie den Einzelhandelszweig mit dem höchsten Umsatzzuwachs. Stellen Sie fest, wie viel € der Mehrumsatz gegenüber dem Vorjahr betragen hat! Runden Sie das Ergebnis auf volle € ab und tragen Sie es in das Kästchen ein!

Auszug aus dem Betriebsvergleich ausgewählter Einzelhandelszweige

Auswertungspositionen	Lebensmittel	Textil	Möbel	Glas, Porzellan, Keramik
Absatz je Betrieb in €	2 380 000,00	3 761 000,00	9 422 000,00	2 837 000,00
Absatz in % des Vorjahres	98,5	99,8	105,2	99 1
Absatz je beschäftigte Person in €	266 400,00	247 100,00	397 200,00	219 100,00
Absatz je Einzelverkauf (Kunde) in €	17,90	193,70	2 182,40	61 20
Absatz je m² Verkaufsraum in €	9 560,00	7 430,00	2 770,00	6 260,00
Umschlagsgeschwindigkeit des Warenlagers	15,2	2,5	3,3	2,2
Betriebskosten in % des Absatzes				
Personalkosten	8,8	17,3	14,6	19,1
•				
•				
•				
Abschreibungen	1,0	1,7	1,3	1,9
Sonstige Kosten	2,1	3,3	2,9	3,0
Gesamtkosten	**22,4**	**39,0**	**30,9**	**39,9**
Betriebshandelsspanne in % des Absatzes ohne USt	19,5	38,4	32,8	38,6
Betriebswirtschaftliches Betriebsergebnis in % des Absatzes[1]	- 2,9	- 0,6	+ 1,9	- 1,3
Steuerliches Betriebsergebnis in % des Absatzes	+ 1,8	+ 4,0	+ 3,1	+2,8

[1] Betriebswirtschaftliches Betriebsergebnis = Betriebshandelsspanne abzüglich Gesamtkosten
Steuerliches Betriebsergebnis = Handelsspanne abzüglich Gesamtkosten ohne Unternehmerlohn und ohne Zinsen für das Eigenkapital

BEI DEN NACHSTEHENDEN AUFGABEN SIND DIE RICHTIGEN ERGEBNISSE ANZUKREUZEN!

179. Um welche Art einer grafischen Darstellung handelt es sich bei der Abbildung?

a) Kurvendiagramm
b) Stabdiagramm
c) Flächendiagramm
d) Punktdiagramm
e) Tabelle

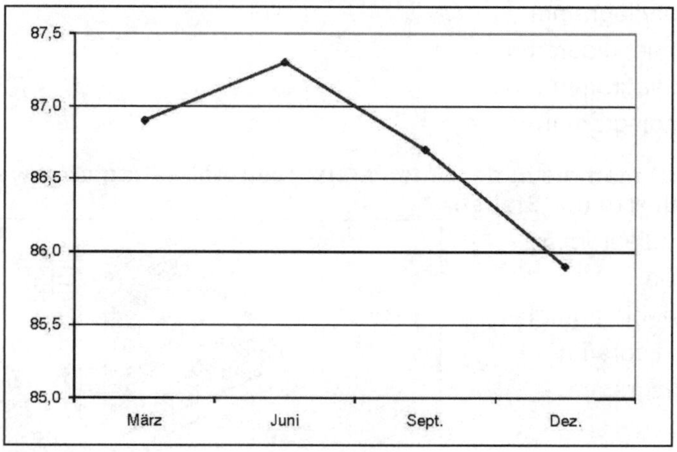

180. Wie nennt man die in unten stehender Abbildung angewendete Art der grafischen Darstellung in der Statistik?

a) Liniendiagramm
b) Stabliniendiagramm
c) Flächendiagramm
d) Kurvendiagramm
e) Säulendiagramm

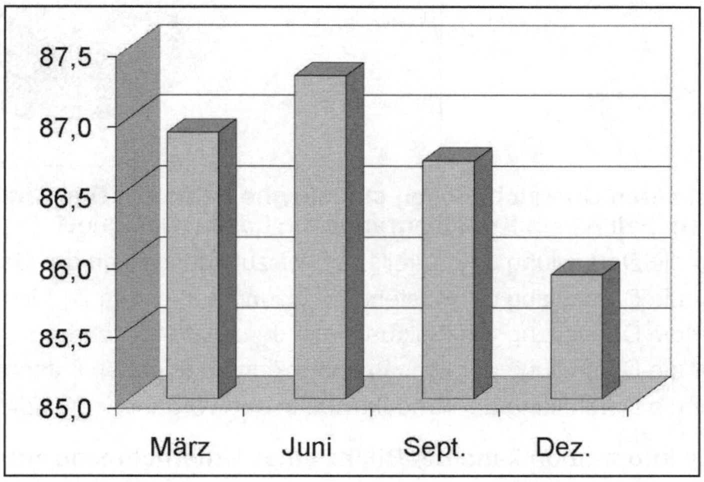

181. Welche Art der statistischen Darstellung wurde für unten stehende Abbildung verwendet?

a) Säulendiagramm
b) Punktdiagramm
c) Kurvendiagramm
d) Bilddiagramm
e) Flächendiagramm

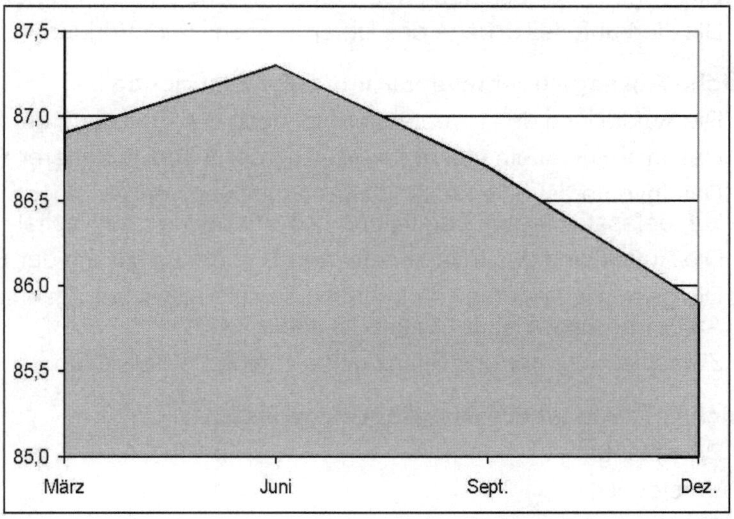

Warenwirtschaft und Kalkulation

182. Der prozentuale Anteil der Produktgruppe „Fahrradzubehör“ am Gesamtumsatz soll grafisch dargestellt werden. Welche Darstellung ist dafür am besten geeignet?

a) Kurvendiagramm
b) Säulendiagramm
c) 3D-Liniendiagramm
d) Kreisdiagramm
e) Punktdiagramm

183. Wie nennt man die in der unten stehenden Abbildung angewandte Art der grafischen Darstellung in der Statistik?

a) Liniendiagramm
b) Tabelle
c) Kurvendiagramm
d) Kreisdiagramm
e) Bilddiagramm

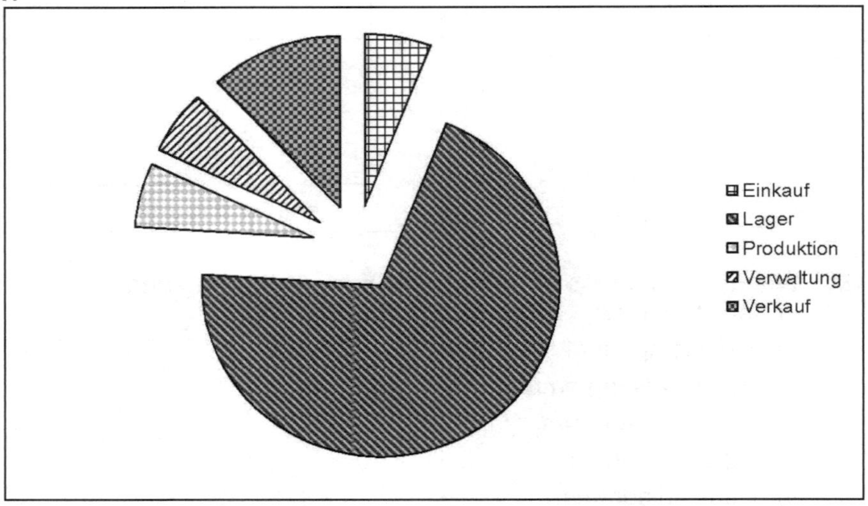

184. Zur besseren Übersicht sollen statistische Zahlen in Diagrammen dargestellt werden. In welchem Fall ist ein Kreisdiagramm am besten geeignet?

a) Für die Darstellung des Anteils der Auszubildenden an der Gesamtbelegschaft.
b) Für die Darstellung der Kostenentwicklung der letzten 24 Monate
c) Für die Darstellung der Fluktuation in den letzten 5 Jahren
d) Für die Darstellung der Umsatzentwicklung der letzten 8 Jahre
e) Für die Darstellung der Produktivität in den vergangenen 12 Monaten

185. Welche Information kann der Bilanz eines Unternehmens entnommen werden?

a) Die Aufwendungen und Kosten des Unternehmens im vergangenen Jahr
b) Die Zusammensetzung des Umlaufvermögens und das Alter der Warenbestände
c) Die Summe des Vermögens und der Schulden des Unternehmens
d) Die Summe der Schulden des Unternehmens und die Namen der Gläubiger
e) Die Herkunft der Erträge des Unternehmens vom Vorjahr

186. Welche Aussage über Inventar und Bilanz ist richtig?

a) Die Aufstellung des Inventars erfolgt nach der Erstellung der Bilanz.
b) Das Inventar ist ein verkürzter Auszug der Bilanz in anderer Form.
c) Das Inventar ist eine ausführliche Aufstellung von Vermögen und Kapital, die Bilanz eine kurzgefasste Gegenüberstellung von Vermögen und Kapital.
d) Die Aufstellung des Inventars ist freiwillig, die Erstellung der Bilanz vorgeschrieben.
e) Die gesetzliche Aufbewahrungsfrist des Inventars beträgt 6 Jahre, die gesetzliche Aufbewahrungsfrist der Bilanz 10 Jahre.
f) Zwischen Inventar und Bilanz gibt es keinen Unterschied.

187. Welches Konto ist ein passiver Bilanzposten?

a) Privatkonto
b) Vorsteuer
c) Abschreibungen auf Sachanlagen
d) Eigenkapital
e) Waren (Handelswaren)
f) Umsatzerlöse für Waren

188. Was ist auf der Aktivseite der Bilanz zu finden?
a) Das Anlagevermögen und das Eigenkapital
b) Das Anlagevermögen und das Fremdkapital
c) Das Anlagevermögen und das Umlaufvermögen
d) Die Finanzierung des Vermögens
e) Die Höhe der Schulden

189. Sie wurden beauftragt, die Bilanz Ihres Unternehmens zu analysieren. Wo sind die Vermögensquellen des Unternehmens?
a) Auf der Aktivseite der Bilanz
b) Auf der Passivseite der Bilanz
c) Auf der Sollseite des Gewinn- und Verlustkontos
d) Auf der Habenseite des Gewinn- und Verlustkontos
e) Auf der Sollseite des Kontos Gezeichnetes Kapital
f) Auf der Habenseite des Kontos Gezeichnetes Kapital

190. In welcher Reihenfolge werden die Arbeiten zur Erstellung des Jahresabschlusses durchgeführt?
a) Inventur - Inventar - Bilanz
b) Inventur - Bilanz - Inventur
c) Inventar - Inventur - Bilanz
d) Bilanz - Inventar - Inventur
e) Bilanz - Inventur – Inventar

191. Wie heißt der Preis, den ein Einzelhändler mit Hilfe seiner Zuschläge ermittelt?
a) Unverbindliche Preisempfehlung
b) Richtpreis
c) Festpreis
d) Höchstpreis
e) Kalkulierter Preis

192. Ein Einzelhändler erhält von einem Lieferer im Januar eine Gutschrift, weil der Warenbezug im vergangenen Jahr eine bestimmte Umsatzsumme erreicht hatte. Wie nennt man diese Gutschrift?
a) Skonto
b) Mengenrabatt
c) Treuerabatt
d) Bonus
e) Barzahlungsnachlass

193. Ordnen Sie zu.

Kosten und Ertragsarten	**Begriffe der Kalkulation**
a) Abschreibungen	
b) Nachlässe	[ ] Handlungskosten
c) Kapitalverzinsung	
d) Einkommensteuer	[ ] Gewinn
e) Hausfracht	
f) Umsatzsteuer	[ ] Bezugskosten
g) Skonto	

194. Welche Steuer ist im Handlungskostenaufschlagssatz enthalten?
a) Gewerbesteuer
b) Lohnsteuer
c) Grundsteuer
d) Einkommensteuer
e) Vorsteuer

Warenwirtschaft und Kalkulation

195. Wie senkt sich der Prozentsatz der Handlungskosten?
a) Durch gleichbleibenden Umsatz bei gleichbleibenden Handlungskosten
b) Durch gleichbleibenden Umsatz bei steigenden Handlungskosten
c) Durch niedrigeren Umsatz bei gleichbleibenden Handlungskosten
d) Durch niedrigeren Umsatz bei steigenden Handlungskosten
e) Durch höheren Umsatz bei gleichbleibenden Handlungskosten

196. Welcher Begriff stellt eine Kostenart dar, die in die Handlungskosten eingeht?
a) Aufwendungen für Frachten und Fremdlager
b) Zollkosten
c) Umsatzsteuer
d) Bezugskosten
e) Vorsteuer

197. Was ist den Handlungskosten zuzuordnen?
a) Überweisung für gebuchte Urlaubsreise des Betriebsinhabers
b) Kosten für vom Lieferer in Rechnung gestellte Verpackung
c) Kosten für den Transport eingekaufter Waren
d) Arbeitgeberanteil zu Sozialversicherungen
e) Anteilig verbrauchtes Öl für Heizung des Privathauses des Einzelhändlers

198. Was gehört zu den Handlungskosten?
a) Die Umsatzsteuer
b) Die Bezugskosten
c) Die Lohnsteuer
d) Der Wareneinkaufspreis
e) Die Abschreibung auf Ladenausstattung

199. Aus der Buchhaltung sind folgende Zahlen zu entnehmen: Umsatz zu Einstandspreisen 1.000.000 €; Handlungskosten 200.000 €. Wie hoch ist der Handlungskostenzuschlagssatz!
a) 2 %
b) 5 %
c) 7,2 %
d) 12 %
e) 20 %
f) 25 %

200. Welche Größe geht in die Gewinnspanne ein?
a) Der Unternehmerlohn
b) Die Zinsen für Fremdkapital
c) Die gesamten Lohnkosten
d) Die Abschreibungen
e) Die Mitarbeiterlöhne

201. Ordnen Sie zu!

Kosten und Ertragsarten
a) Abschreibungen
b) Umsatzsteuer
c) Skonto
d) Einkommensteuer
e) Eigenkapitalverzinsung
f) Hausfracht für Anfuhr

Begriffe der Kalkulation
[ ] Preisabzüge
[ ] Handlungskosten
[ ] Gewinn

202. Was ist im Gewinnzuschlag enthalten?
a) Fremdkapitalverzinsung
b) Einkommensteuer
c) Lohnsteuer
d) Konjunkturzuschlag
e) Eigenkapitalverzinsung

203. Was beeinflusst die Gewinnspanne?
a) Rückstellungen für Investitionen
b) Unternehmerisches Risiko
c) Zinsaufwendungen für Fremdkapital
d) Personalkosten
e) Abschreibungen

204. Was stellt der auf der Habenseite des Gewinn- und Verlustkontos ausgewiesene Saldo dar?
a) Die Summe der Erträge
b) Die Summe der Aufwendungen
c) Den Reinverlust
d) Den Reingewinn
e) Den Rohverlust
f) Den Rohgewinn
g) Das Eigenkapital

205. Ordnen Sie zu.

Abzuschließende Konten	**Abschlusskonten**
a) Bezugskosten für Waren	
b) Ladenausstattung	[ ] Aufwendungen für Waren
c) Privatkonto	
d) Aufwendungen für Energie	[ ] Umsatzerlöse
e) Vorsteuer	
f) Erlösberichtigungen	[ ] G + V – Konto

206. Was bedeutet der Begriff „Liquidität"?
a) Kapitalrentabilität
b) Gesamtkosten
c) Kalkulationszuschlag
d) Sofort verfügbare Geldmittel
e) Gewinnzuschlag

207. Ordnen Sie zu.

Sachverhalte bzw. Definitionen	**Begriffe**
a) Er steht auf der Aktivseite der Bilanz.	
b) Saldo des G+V-Kontos	[ ] Rohgewinn
c) Er bildet die Grundlage zur Berechnung der Umsatzsteuerzahllast.	[ ] Reingewinn
d) Das ist der durch Schätzung ermittelte vorläufige Gewinn.	
e) Unterschied zwischen Wareneinsatz und Verkaufserlöse	

208. Mit welcher Formel kann der erwirtschaftete Gewinn eines Einzelhändlers errechnet werden (Eigenkapitalvergleich)?
a) EK am Anfang ./. EK am Ende + Privatentnahmen ./. Privateinlagen
b) EK am Ende ./. EK am Anfang ./. Privatentnahmen + Privateinlagen
c) EK am Ende ./. EK am Anfang + Privatentnahmen ./. Privateinlagen
d) EK am Ende ./. EK am Anfang ./. Privatentnahmen ./. Privateinlagen
e) EK am Ende ./. EK am Anfang + Privatentnahmen + Privateinlagen

209. Woran orientiert sich der Einzelhändler, wenn er die Menge der einzukaufenden Saisonartikel festlegt?
a) An dem durchschnittlichen Lagerbestand des laufenden Jahres
b) An der Umsatzstatistik des Vorjahres
c) An der Absatzstatistik des Vorjahres
d) An dem Inventurergebnis
e) An der Kalkulation unter Berücksichtigung der Inflationsrate

210. Was kann der Umsatzstatistik entnommen werden?

a) Die Menge der Verkaufseinheiten
b) Die Entwicklung der betrieblichen Kosten
c) Der Warenverkauf zum Einstandspreis
d) Die vom Betrieb zu zahlende Umsatzsteuer
e) Der Wert der verkauften Ware

211. Im Rechnungswesen ist der „Wareneinsatz" eine wichtige Größe. Was versteht man darunter?

a) Der Wert der verkauften Ware zum Verkaufspreis
b) Der Wert der eingekauften Ware zum Einstandspreis
c) Der Wert des gesamten Lagerbestandes
d) Der Wert der Ware zum Einstandspreis einschließlich Umsatzsteuer
e) Der Wert der verkauften Ware zum Einstandspreis

212. Welche Aussage zu den Bezugskosten ist zutreffend?

a) Bezugskosten werden wie alle Kosten auf die Sollseite von G+V abgeschlossen.
b) Bezugskosten werden direkt auf SBK abgeschlossen.
c) Bezugskosten erhöhen den Wert der eingekauften Waren und werden deshalb auf das Konto Waren (Bestand) abgeschlossen.
d) Das Konto Bezugskosten wird im Rahmen der Abschlussbuchungen abgeschlossen.
e) Bezugskosten erhöhen den Wert der eingekauften Waren und werden deshalb auf das Konto Aufwendungen für Waren im Rahmen der vorbereitenden Abschlussbuchungen abgeschlossen.

213. Welche Aussage zu den „Umsatzerlösen für Waren" ist zutreffend?

a) Unter den Umsatzerlösen versteht man den Reingewinn des Einzelhändlers.
b) Umsatzerlöse sind die während einer Abrechnungsperiode erzielten Verkäufe zu Einstandspreisen.
c) Umsatzerlöse sind die während einer Abrechnungsperiode erzielten Verkäufe zu Verkaufspreisen.
d) Umsatzerlöse sind die erzielten mengenmäßigen Verkaufszahlen während einer Abrechnungsperiode.
e) Zieht man von den Umsatzerlösen den Wareneinsatz ab, so erhält man immer den erzielten Reingewinn des Einzelhändlers.

214. Für welchen Fall fällt Umsatzsteuer an?

a) Für den Eigenverbrauch durch Privatentnahme
b) Für den Versand per Infopost und Päckchen durch die Post
c) Für Zinserträge
d) Für die Abschreibung auf Grund von Ladendiebstählen
e) Für zu bezahlende Löhne und Gehälter

215. Welche Aussage trifft auf den Begriff „Mehrwertsteuer" zu?

a) Es handelt sich um eine Luxussteuer.
b) Es wird ein höherer Wert versteuert.
c) Es wird der durch Herstellung, Verarbeitung und Dienstleistung entstehende Mehrwert versteuert.
d) Bestimmte Waren werden mehrmals versteuert.
e) Durch die Versteuerung werden die Gegenstände mehr wert.
f) Es handelt sich um einen Mehrwert gegenüber der früheren Umsatzsteuer.

216. Wo nimmt der Staat Einfluss auf die Kalkulation des Einzelhändlers?

a) Bei Mengenrabatten
b) Bei Sonderrabatten
c) Bei den Bezugskosten
d) Bei Löhnen und Gehältern
e) Beim Gewinnzuschlag
f) Bei dem zu berücksichtigen Umsatzsteuersatz

217. Welche Aussage über die Umsatzsteuer ist richtig?

a) Die Differenz zwischen Umsatzsteuer und Vorsteuer ist als Zahllast an das Finanzamt abzuführen.
b) Bei Privatentnahmen des Einzelhändlers entfällt die Umsatzsteuer.
c) Die Umsatzsteuer ist Teil der Handelsspanne.
d) Sie muss als Kostenfaktor in der Kalkulation berücksichtigt werden.
e) Die Umsatzsteuer gehört zu den direkten Steuern.

218. Bringen Sie die Kalkulation in die richtige Reihenfolge.

[ ] Zieleinkaufspreis
[ ] Bruttoverkaufspreis
[ ] Bezugspreis
[ ] Bareinkaufspreis
[ ] Selbstkostenpreis
[ ] Listenpreis
[ ] Nettoverkaufspreis

219. Ordnen Sie zu.

Rechenoperationen

a) Listenpreis abzüglich Skonto
b) Listenpreis abzüglich Rabatt
c) Bareinkaufspreis zuzüglich Bezugskosten
d) Bezugspreis zuzüglich Handlungskosten
e) Bruttoverkaufspreis abzüglich Umsatzsteuer
f) Bareinkaufspreis abzüglich Bezugskosten

Rechenergebnisse

[ ] Zieleinkaufspreis
[ ] Selbstkostenpreis
[ ] Nettoverkaufspreis

220. Vom Listenpreis einer Ware werden Rabatt und Skonto abgezogen. Wie nennt sich der Preis, der sich laut Kalkulationsschema daraus ergibt?

a) Rechnungspreis
b) Selbstkostenpreis
c) Bezugspreis
d) Zieleinkaufspreis
e) Bareinkaufspreis
f) Nettoeinkaufspreis

221. Wie wird der Preis einer Ware genannt, von dem Lieferernachlässe abgezogen und Versandkosten draufgeschlagen wurden?

a) Listenpreis
b) Nettoverkaufspreis
c) Selbstkostenpreis
d) Angebotspreis
e) Bezugspreis
f) Zieleinkaufspreis

222. Da ein Konkurrenzunternehmen den gleichen Artikel zu einem günstigeren Preis anbietet, will ein Kunde von uns einen Preisnachlass in entsprechender Höhe. Welcher Preis stellt die Preisuntergrenze dar, wenn die Kosten gedeckt sein sollen?

a) Der Bareinkaufspreis zuzüglich Umsatzsteuer
b) Der Einstandspreis zuzüglich Umsatzsteuer
c) Der Selbstkostenpreis zuzüglich Umsatzsteuer
d) Der Nettoverkaufspreis zuzüglich Umsatzsteuer
e) Der Bruttoverkaufspreis zuzüglich Umsatzsteuer

223. Welcher Preis folgt nach Zuschlag der Handlungskosten in der Kalkulation?

a) Zieleinkaufspreis
b) Nettoverkaufspreis
c) Bruttoverkaufspreis
d) Bezugspreis
e) Selbstkostenpreis

224. Auf welchen Preis werden in der Kalkulation die Handlungskosten aufgeschlagen?
a) Auf den Listenpreis
b) Auf den Zieleinkaufspreis
c) Auf den Selbstkostenpreis
d) Auf den Bezugspreis
e) Auf den Nettoverkaufspreis
f) Auf den Bareinkaufspreis

225. Wo wird im Kalkulationsschema der Gewinn draufgeschlagen?
a) Auf den Bareinkaufspreis
b) Auf den Bezugspreis
c) Auf den Selbstkostenpreis
d) Auf den Listenpreis
e) Auf den Nettoverkaufspreis
f) Auf den Zieleinkaufspreis

226. Wie ergibt sich der Selbstkostenpreis einer Ware?
a) Bareinkaufspreis und Bezugskosten
b) Bezugspreis und Gewinn
c) Zieleinkaufspreis und Gewinn
d) Einstandspreis und Handlungskosten
e) Nettoverkaufspreis und Gewinn

227. Welcher Preis ist der Grundwert bei der Berechnung des Kalkulationszuschlagssatzes?
a) Der Bareinkaufspreis
b) Der Bezugspreis
c) Der Nettoverkaufspreis
d) Der Zieleinkaufspreis
e) Der Selbstkostenpreis

228. Was versteht man unter dem Kalkulationszuschlagssatz?
a) Der Unterschied zwischen Bezugspreis und Bruttoverkaufspreis, ausgedrückt in einem Prozentsatz des Nettoverkaufspreises
b) Der Unterschied zwischen Selbstkostenpreis und Nettoverkaufspreis, ausgedrückt in einem Prozentsatz des Nettoverkaufspreises
c) Der Unterschied zwischen Bezugspreis und Selbstkostenpreis, ausgedrückt in einem Prozentsatz des Bezugspreises
d) Der Unterschied zwischen Bezugspreis und Nettoverkaufspreis, ausgedrückt in einem Prozentsatz des Nettoverkaufspreises
e) Der Unterschied zwischen Bezugspreis und Bruttoverkaufspreis, ausgedrückt in einem Prozentsatz des Bezugspreises

229. Welcher Preis wird unter Verwendung des Kalkulationszuschlagssatzes errechnet?
a) Bareinkaufspreis
b) Nettoverkaufspreis
c) Selbstkostenpreis
d) Zieleinkaufspreis
e) Bruttoverkaufspreis

230. Welche Größe multipliziert man mit dem Bezugspreis, wenn man den Bruttoverkaufspreis zu errechnen hat?
a) Gewinnzuschlag
b) Kalkulationsfaktor
c) Handelsspanne
d) Umschlagsgeschwindigkeit
e) Kalkulationszuschlagssatz

231. Welche Aussage über den Kalkulationsfaktor ist richtig?

a) Er dient zur Ermittlung des Gewinns.
b) Er dient der Ermittlung des Handlungskostensatzes.
c) Er dient zur Errechnung der Selbstkostenpreise.
d) Er dient der Errechnung des Umsatzsteueranteils.
e) Er dient zur Errechnung der Bruttoverkaufspreise.

232. Ein Einzelhändler will einen Artikel zum gleichen Preis wie seine örtlichen Konkurrenten verkaufen. Wie kann er, vom Konkurrenz-Bruttoverkaufspreis ausgehend, direkt seinen höchstens aufzuwendenden Einstandspreis errechnen?

a) Er multipliziert den Konkurrenzpreis mit seinem Kalkulationsfaktor.
b) Er teilt den Konkurrenzpreis durch seine Handelsspanne.
c) Er multipliziert den Konkurrenzpreis mit seiner Handelsspanne.
d) Er teilt den Konkurrenzpreis durch seinen Kalkulationsfaktor.
e) Er zieht vom Konkurrenzpreis seinen Gewinn ab.

233. Welche Formel zur Ermittlung des Kalkulationsfaktors ist richtig?

a) (Bruttoverkaufspreis - Bezugspreis) x 100 / Bezugspreis
b) Bruttoverkaufspreis / Bezugspreis
c) (Nettoverkaufspreis - Bezugspreis) x 100 / Nettoverkaufspreis
d) Bruttoverkaufspreis / Nettoverkaufspreis
e) Nettoverkaufspreis / Bezugspreis

234. Welche Aussage zum Kalkulationsfaktor ist zutreffend?

a) Der Kalkulationsfaktor ist die Differenz zwischen Selbstkostenpreis und Nettoverkaufspreis.
b) Der Kalkulationsfaktor ist die Differenz zwischen Einstandspreis und Nettoverkaufspreis.
c) Der Kalkulationsfaktor drückt den Bruttoverkaufspreis aus, der einem Einstandspreis von 1,00 € entspricht.
d) Der Kalkulationsfaktor ist der Unterschied zwischen Bezugspreis und Bruttoverkaufspreis, ausgedrückt in einem €-Betrag.
e) Der Kalkulationsfaktor entspricht der Differenz zwischen dem Bezugspreis und dem Listenpreis.

235. Welche Größe ist <u>nicht</u> in der Handelsspanne enthalten?

a) Die Personalkosten
b) Der Gewinn
c) Die Gewerbesteuer
d) Die Umsatzsteuer
e) Die Werbungskosten
f) Die Abschreibung

236. Welche Erläuterung trifft für die Handelsspanne zu?

a) Der Aufschlag auf den Rechnungspreis
b) Der Gewinn des Kaufmanns
c) Der Unterschied zwischen Bezugspreis und Bruttoverkaufspreis, ausgedrückt in Prozent des Bezugspreises
d) Der Prozentsatz der Handlungskosten bei der Kalkulation
e) Der Unterschied zwischen Bezugspreis und Nettoverkaufspreis, ausgedrückt in einem Prozentsatz des Nettoverkaufspreises

237. Welcher Begriff ist identisch mit der Handelsspanne?

a) Rohgewinn
b) Rentabilität
c) Handlungskostensatz
d) Kalkulationszuschlagssatz
e) Reingewinn

238. Welche Formel zur Ermittlung der Handelsspanne ist richtig?

a) (Bruttoverkaufspreis - Bezugspreis) x 100 / Bezugspreis
b) Bruttoverkaufspreis / Bezugspreis
c) (Nettoverkaufspreis - Bezugspreis) x 100 / Nettoverkaufspreis
d) Bruttoverkaufspreis / Nettoverkaufspreis
e) Nettoverkaufspreis / Bezugspreis

239. Welche Formel zur Ermittlung des Kalkulationsabschlags ist richtig?

a) (Bruttoverkaufspreis - Bezugspreis) x 100 / Bezugspreis
b) Bruttoverkaufspreis / Bezugspreis
c) (Nettoverkaufspreis - Bezugspreis) x 100 / Nettoverkaufspreis
d) Bruttoverkaufspreis / Nettoverkaufspreis
e) (Bruttoverkaufspreis - Bezugspreis) x 100 / Bruttoverkaufspreis

240. Aus welchem Konto können nach dem Abschluss die Handlungskosten in € errechnet werden?

a) Aufwendungen für Waren
b) Schlussbilanzkonto
c) Gewinn- und Verlustkonto
d) Aufwendungen für Material und für bezogene Leistungen
e) Umsatzerlöse für Waren
f) Aufwendungen für Kommunikation

241. Wohin wird der Wareneinsatz (Einstandspreis der verkauften Waren) verbucht?

a) Auf das Schlussbilanzkonto ins Soll
b) Auf das Schlussbilanzkonto ins Haben
c) Auf das Gewinn- und Verlustkonto ins Soll
d) Auf das Gewinn- und Verlustkonto ins Haben
e) Auf das Konto Umsatzerlöse für Waren ins Soll
f) Auf das Konto Umsatzerlöse für Waren ins Haben

PRÜFUNGSVORBEREITUNG AKTUELL

FÜR

Kauffrau/Kaufmann im Einzelhandel

PRÜFUNGSFACH

WIRTSCHAFTS- UND SOZIALKUNDE

WIRTSCHAFTS- UND SOZIALKUNDE

BEI DEN NACHSTEHENDEN AUFGABEN SIND DIE RICHTIGEN ERGEBNISSE ANZUKREUZEN BZW. ZUZUORDNEN.

1. Welche Aussage zur Stellung des Einzelhandels in der Gesamtwirtschaft ist richtig?

a) Der Einzelhandel ist auch das Bindeglied zwischen Herstellung und Verbrauch.
b) Der Einzelhandel ist das Bindeglied zwischen Herstellern und Großhändlern.
c) Der Einzelhandel ist nur das Bindeglied zwischen Urerzeugung und Verbrauch.
d) Der Einzelhandel stellt die Verbindung zwischen Rohstofferzeugung und Produktion her.
e) Der Einzelhandel bezieht seine Ware ausschließlich vom Großhandel.

2. Welche Aussage über die Stellung des Einzelhandels innerhalb der Gesamtwirtschaft ist richtig?

a) Der Einzelhandel ist Bestandteil der Urerzeugung.
b) Der Einzelhandel ist Bestandteil des Bereichs Güterbearbeitung.
c) Der Einzelhandel ist Bestandteil des Bereichs Weiterverarbeitung.
d) Der Einzelhandel ist Bestandteil des Bereichs Verteilung.
e) Der Einzelhandel ist Bestandteil des Bereichs Verbrauch.

3. Wo ist der Einzelhandel einzuordnen?

a) Zwischen Urerzeugung und Weiterverarbeitung
b) Zwischen Großhandel und Weiterverarbeitung
c) Zwischen Großhandel und Verbraucher
d) Zwischen Weiterverarbeitung und Großhandel
e) Zwischen Dienstleistungsbetrieben und Verbraucher

4. Ordnen Sie zu.

Wirtschaftszweige

a) Verarbeitende Industrie
b) Handel
c) Verkehrswirtschaft
d) Landwirtschaft/Bergbau
e) Versicherungswirtschaft
f) Geld- und Kreditwirtschaft

Aufgaben

[ ] Rohstoffgewinnung
[ ] Risikoabsicherung
[ ] Sammlung und Verteilung von Konsumgütern

5. Ordnen Sie zu.

Tätigkeiten

a) Die Krankenkasse zahlt Mutterschaftsgeld.
b) Ein Juwelier verkauft ein Armband.
c) Eine Bank gewährt einen Kredit.
d) Ein Arzt verschreibt einem Kranken Medikamente.
e) Ein Hotel vermietet Zimmer an Urlauber.
f) Ein Bäcker backt Brot und Brötchen.
g) Ein Landwirt erntet Gemüse.

Wirtschaftsbereiche

[ ] Urproduktion
[ ] Verarbeitung
[ ] Handel

6. In der Volkswirtschaft haben die Betriebe unterschiedliche Funktionen zu erfüllen. Welche Zuordnung ist richtig?

	Funktionen	**Betriebe**
a)	Güterverteilung	Handwerksbetriebe
b)	Gütererzeugung	Handelsbetriebe
c)	Güterverteilung	Handelsbetriebe
d)	Güterverteilung	Industriebetriebe
e)	Güterweiterverarbeitung	Landwirtschaftliche Betriebe

7. Die verschiedenen Wirtschaftszweige haben unterschiedliche Leistungen zu erbringen. Welche Leistung wird von dem Wirtschaftszweig „Handel“ erbracht?

a) Verarbeitung verschiedener Rohstoffe
b) Weitergabe von Zahlungs- und Kreditmitteln
c) Marktorientierte Herstellung von Wirtschaftsgütern
d) Beförderung von Sachgütern und Nachrichten
e) Verteilung von Wirtschaftsgütern

8. Der Einzelhandel hat im Rahmen der Gesamtwirtschaft verschiedene Aufgaben zu erfüllen. Welche Beschreibung stellt eine wesentliche Aufgabe des Einzelhandels dar?

a) Der Einzelhandel soll das Güterangebot und die Güternachfrage der Konsumenten ständig steigern.
b) Der Einzelhandel soll Güter für die Bedarfsdeckung der Konsumenten bereithalten.
c) Der Einzelhandel soll die Bedürfnisse und den Bedarf der Konsumenten begrenzen.
d) Der Einzelhandel soll die Bedürfnisse der Konsumenten dem Güterangebot anpassen.
e) Der Einzelhandel soll den Bedarf der Konsumenten durch die Güternachfrage ausgleichen.

9. Welche Aufgaben sind vom Einzelhandel in der Wirtschaft immer zu erfüllen?

a) Warenverkauf an den Verbraucher und Kreditfinanzierung des Wareneinkaufs
b) Auswahl eines Warensortiments und Transport der Waren zum Verbraucher
c) Auswahl eines Warensortiments und Warenverkauf an den Verbraucher
d) Wareneinkauf bei allen Herstellern und Verkauf dieser Waren an alle Verbraucher
e) Herstellung von Erzeugnissen und Warenverkauf an die Verbraucher

10. Welche Funktion haben Handelsbetriebe innerhalb der Gesamtwirtschaft u. a. zu erfüllen?

a) Herstellung von Konsumgütern
b) Versorgung der Wirtschaft mit Krediten
c) Kauf und Aufbewahrung von Wertpapieren
d) Markterschließung und Raumüberbrückung
e) Anbau und Vertrieb von Obst und Gemüse

11. Welche der nachstehenden Tätigkeiten gehört zur Informationsfunktion?

a) Anbieten von Waren direkt an den Verbraucher
b) Meldung der Käuferwünsche an den Hersteller
c) Beschaffung von Waren in größeren Mengen
d) Vorauswahl beim Großhändler
e) Verkauf in kleinen Mengen

12. Die Herstellung der Ware und ihr Verbrauch liegen zeitlich auseinander. Welche Aufgabe erwächst daraus dem Einzelhändler?

a) Räumliche Überbrückungsfunktion
b) Zeitliche Überbrückungsfunktion
c) Informationsfunktion
d) Zeitliche Überbrückungsfunktion für Geld
e) Verteilungsfunktion
f) Auswahlfunktion

13. In einer Mitarbeiterschulung wird über die Aufgaben des Einzelhandels diskutiert. Welche Aufgaben sind u. a. dem Einzelhandel zuzuordnen?

a) Raumüberbrückung, Warenverteilung, Markterschließung, Produktentwicklung
b) Raumüberbrückung, Zeitüberbrückung, Markterschließung, Produktplanung
c) Markterschließung, Zeitüberbrückung, Kundenberatung, Rohstoffgewinnung
d) Sortimentsbildung, Zeitüberbrückung, Markterschließung, Lagerhaltung
e) Warenverteilung, Softwareentwicklung, Markterschließung, Zeitüberbrückung

14. Welche Leistung des Einzelhandels ist zunächst nicht verbraucher-, sondern herstellerbezogen?

a) Fachliche Beratung und Information
b) Weitergabe von Anregungen zur Produktverbesserung
c) Zustellung von Waren
d) Vorführung der Artikel
e) Erweiterung der Gewährleistungsfrist auf 1 Jahr

15. Ein Einzelhändler nimmt neue Artikel in sein Sortiment auf und weckt somit neue Bedürfnisse bei seinen Kunden. In welchen Aufgabenbereich fällt diese Tätigkeit?

a) Lagerhaltung
b) Mengenausgleich
c) Markterschließung
d) Kundenberatung
e) Marktbeobachtung

16. Welche Beschreibung trifft auf einen Einzelhandelsbetrieb zu?

a) Der Einzelhandel kauft und verarbeitet Rohstoffe, die er dann als Fertigprodukte verkauft.
b) Beim Einzelhandel stammt das Eigenkapital immer nur von einer Person.
c) Bei Einzelhandelsbetrieben erfolgt der Warenverkauf in kleinen Mengen an jedermann. Der Verkauf an Großabnehmer ist nicht erlaubt.
d) Bei Einzelhandelsbetrieben besteht die Firmenbezeichnung grundsätzlich aus einem ausgeschriebenen Vor- und Zunamen.
e) Der Einzelhandel kauft gewerbsmäßig Waren ein und verkauft diese, meist unverändert, an Verbraucher.

17. In der Gesamtwirtschaft übernehmen Einzelhändler verschiedene Funktionen. Welche Funktion wird u. a. von den Einzelhandelsbetrieben übernommen?

a) Einzelhandelsbetriebe bestimmen das Produktionsverfahren von Herstellern.
b) Einzelhandelsbetriebe beeinflussen indirekt die Lenkung der Warenproduktion.
c) Einzelhandelsbetriebe planen und organisieren die Produktion von Gütern.
d) Einzelhandelsbetriebe dürfen Kundendienstleistungen laut Gesetz nur in Absprache mit dem Hersteller erbringen.
e) Einzelhandelsbetriebe verändern immer den Sortimentsaufbau ihrer Lieferer.

18. Ordnen Sie zu.

Aussagen zu den Funktionen des Einzelhandels

a) Der Einzelhandel lagert die Ware und stellt sie verbrauchsgerecht bereit.
b) Der Einzelhandel ersetzt anteilige Fahrtkosten bei längeren Anfahrtswegen.
c) Der Einzelhandel bietet warenbezogene Service- und Dienstleistungen an.
d) Der Einzelhandel hilft Produkte durch absatzpolitische Maßnahmen vor Ort einzuführen.
e) Der Einzelhandel übernimmt die Transportfunktion und sorgt somit für räumlichen Ausgleich.
f) Der Einzelhandel findet besonders günstige Bezugsquellen.

Funktionen

[ ] Raumüberbrückung

[ ] Lagerhaltung

[ ] Markterschließung

19. Für die kommende Saison ist eine weitere Markterschließung für eine Warengruppe geplant. Was soll damit erreicht werden?

a) Das Interesse neuer Kunden soll durch Aufnahme zusätzlicher Artikel in das Sortiment geweckt werden.
b) Es soll eine optimale Vorratshaltung gewährleistet sein.
c) Für die angesprochene Warengruppe soll eine Umgestaltung der Verkaufsform erfolgen.
d) Die fachmännische Kundenberatung soll verbessert werden.
e) Die Zeit zwischen Produktion und Bedarf soll wesentlich verkürzt werden.

20. Der Einzelhandel hat u. a. auch die Aufgabe des „Mengenausgleichs“. Welche Tätigkeit ergibt sich daraus für einen Einzelhandelsbetrieb?

a) Der Einzelhändler kauft große Mengen ein und ermöglicht so einen guten Marktüberblick.
b) Der Einzelhändler verkauft nur die kleinen Mengen, die er auch in kleinen Mengen eingekauft hat.
c) Der Einzelhändler gewährt jedem Kunden beim Kauf größerer Mengen einen Rabatt von 20 %.
d) Der Einzelhändler kauft größere Mengen ein und verkauft sie in der Regel in kleineren Mengen.
e) Der Einzelhändler kauft möglichst große Mengen ein, weil der Verbrauch schwankend ist.

21. Sie arbeiten in einem Warenhaus. Welcher Wirtschaftsstufe innerhalb der Gesamtwirtschaft ist ein Warenhaus zuzuordnen?

a) Der Herstellung
b) Der Urproduktion
c) Dem Verbrauch
d) Der Verteilung
e) Der Weiterverarbeitung

22. Welche Tätigkeit eines Warenhauses dient der Marktbeobachtung?

a) Eine Abteilungsleiterin veranlasst den Einkauf von 300 m Vorhangstoff, der als Meterware angeboten werden soll.
b) Eine Verkäuferin berät eine Kundin, die eine Vase als Geburtstagsgeschenk sucht.
c) Die Abteilungsleiter orientieren sich bei der Auswahl der Waren, die den Kunden angeboten werden, unter anderem an der Kaufkraft der Kunden.
d) Ein Verkäufer bietet einem Kunden neben Markenschuhen aus Deutschland auch italienische Schuhe an.
e) Die zuständige Abteilungsleiterin informiert einen Möbelhändler über Absatzchancen von Stilmöbeln, nach denen die Kunden fragen.

23. Welche der Positionen nennt Aufgaben, die die Einzelhandelsbetriebe im volkswirtschaftlichen Leistungsprozess zu erfüllen haben?

a) Produktion und Verbrauch von Konsumgütern
b) Sortimentsgestaltung und Markterschließung
c) Arbeitsbeschaffung und Ausbildungsberatung
d) Kapitalbeschaffung und Geldanlage
e) Weiterverarbeitung und Verbrauch

24. Was gehört nicht zu den Aufgaben der Lagerhaltung?

a) Vorstellung eines vollständigen Warensortiments
b) Planungen über Sortimentsveränderungen
c) Ausgleich saisonbedingter Nachfrageschwankungen
d) Vermeidung von Verkaufsstockungen
e) Überbrückung zeitlicher Unregelmäßigkeiten bei der Warenlieferung

25. Welche der nachstehenden Tätigkeiten ist eine Aufgabe des Einzelhandels?

a) Verarbeitung von Fertigerzeugnissen
b) Lagerhaltung von Konsumgütern
c) Verbrauch von Dienstleistungen
d) Gewinnung von Rohstoffen
e) Herstellung von Verbrauchsgütern

26. Welcher Vorgang stellt im Sinne der Kundenorientierung eine Serviceleistung des Einzelhandels dar?

a) Regelmäßige, kostenlose Zustellung unverlangter Warensendungen an Kunden
b) Gewährung von 10 % Rabatt für Stammkunden
c) Einladung zur Geschäftseröffnung mit einer Video-Filmvorführung
d) Kostenlose Zustellung gekaufter Artikel an Kunden
e) Gewährleistung von 4 % Preisnachlass bei Barzahlung anstatt Zahlung mit Kreditkarte

27. Welcher Zusammenhang besteht zwischen der Betriebsform und der Kundenerwartung?

a) Die Kunden haben die Erwartung, in einem Fachmarkt „alles unter einem Dach“ zu finden.
b) Die Kunden haben die Erwartung, in einem Fachgeschäft gut und umfassend beraten zu werden.
c) Die Kunden haben die Erwartung, in einem Discounter vielfältige Serviceleistungen nutzen zu können.
d) Die Kunden haben die Erwartung, in einem Warenhaus über Katalog bestellen zu können.
e) Die Kunden haben die Erwartung, einen Verbrauchermarkt in bester Citylage zu finden.

28. Welche Aussage über die Lagerhaltung ist nicht zutreffend?

a) Die Lagerhaltung erfordert ständige Überwachung und Kontrollen.
b) Die Lagerhaltung bringt hohe Zinsen.
c) Die Lagerhaltung überbrückt Unregelmäßigkeiten auf dem Beschaffungsmarkt.
d) Die Lagerhaltung ermöglicht Großeinkäufe.
e) Die Lagerhaltung ermöglicht es, Waren für den Verbraucher bereitzustellen.

29. Welche Funktion(en) haben Einzelhandelsbetriebe im Rahmen des volkswirtschaftlichen Leistungsprozesses zu erfüllen?

a) Produktion von Verbrauchs- und Gebrauchsgütern
b) Anlage von Geld und Vermögen
c) Abwicklung des Zahlungs- und Kreditverkehrs
d) Markterschließung und Raumüberbrückung
e) Erschließung neuer Rohstoffe

30. Welche Aufgaben hat der Einzelhandel in der Wirtschaft immer zu erfüllen?

a) Warenverkauf an den Endverbraucher und Kreditfinanzierung des Wareneinkaufs
b) Auswahl eines Warensortimentes und Transport der Waren zum Endverbraucher
c) Wareneinkauf bei allen Herstellern und Verkauf dieser Waren an alle Verbraucher
d) Auswahl eines Warensortimentes und Warenverkauf an den Endverbraucher
e) Herstellung von Erzeugnissen und Warenverkauf an die Endverbraucher

31. Kreuzen Sie die richtige Reihenfolge der volkswirtschaftlichen Arbeitsteilung an.

a) Handel und Dienstleistung, Urproduktion, Weiterverarbeitung
b) Urproduktion, Handel und Dienstleistung, Weiterverarbeitung
c) Weiterverarbeitung, Handel und Dienstleistung, Urproduktion
d) Urproduktion, Weiterverarbeitung, Handel und Dienstleistung
e) Weiterverarbeitung, Urproduktion, Handel und Dienstleistung

32. Welche Bedingung gilt für das ökonomische Prinzip?

a) Das ökonomische Prinzip ist nur für Großunternehmen wichtig.
b) Das ökonomische Prinzip sollte die Grundlage allen wirtschaftlichen Handelns sein.
c) Das ökonomische Prinzip gilt nur bei der Kombination von Produktionsfaktoren.
d) Das ökonomische Prinzip ist ohne den Einsatz von Produktionsfaktoren zu verwirklichen.
e) Das ökonomische Prinzip wird ausschließlich durch das Minimalprinzip erfüllt, mit minimalen Mitteln einen maximalen Erfolg zu erzielen.

33. Das Warenhaus Peter Kolb OHG wird nach dem erwerbswirtschaftlichen Prinzip geführt. Welches Ziel wird damit angestrebt?

a) Die angefallenen Erträge sollen nur die entstandenen Kosten decken.
b) Entstandene Verluste sollen durch Kreditaufnahmen abgedeckt werden.
c) Die Zahl der Auszubildenden soll sich an der allgemeinen Personalentwicklung des Betriebes orientieren.
d) Das eingesetzte Kapital soll sich möglichst hoch verzinsen.
e) Das Personal soll in Zukunft eine höhere Umsatzbeteiligung erhalten.

34. Welche Aussage zum ökonomischen Prinzip ist richtig?

a) Um das ökonomische Prinzip zu beachten, müssen in einer Volkswirtschaft die Produktionskapazitäten ständig erweitert werden.

b) Das ökonomische Prinzip als Maximalprinzip besagt, dass ein bestimmter Erfolg mit möglichst geringem Mitteleinsatz erzielt werden soll.

c) Das ökonomische Prinzip ist ohne den Einsatz von Produktionsfaktoren zu verwirklichen.

d) Wegen der Knappheit der Güter muss das ökonomische Prinzip beim wirtschaftlichen Handeln beachtet werden.

e) Wird das ökonomische Prinzip in einem Unternehmen beachtet, können keine Verluste entstehen.

35. Wer handelt nach dem Minimalprinzip?

a) Eine Hausfrau kauft nach Preisvergleich ihren monatlichen Warenbedarf beim günstigsten Einzelhändler ein.

b) Eine Hausfrau kauft für ihr monatliches Haushaltsgeld so viele Waren wie möglich bei ihrem Einzelhändler ein.

c) Eine Hausfrau kauft beim Einzelhändler so viele Waren wie möglich mit dem geringstmöglichen Haushaltsgeld ein.

d) Ein Unternehmen bearbeitet in einer Produktionsschicht so viele Aufträge wie möglich.

e) Ein Unternehmen bearbeitet innerhalb der geringst möglichen Zeit so viele Aufträge wie möglich.

36. In welchem Fall handelt der Einzelhändler nach dem Minimalprinzip?

a) Der Einzelhändler gibt beim Abschluss von Kaufverträgen kleine Zugaben.

b) Der Einzelhändler stellt alle Auslieferungen zu einem Tourenplan zusammen.

c) Der Einzelhändler stellt Zusatzpersonal ein.

d) Der Einzelhändler zahlt seinen Verkäuferinnen Verkaufsprämien.

e) Der Einzelhändler wirbt in der Tageszeitung für einen Sonderverkauf.

37. Das Warenhaus Peter Kolb OHG ist bestrebt, während der 10-stündigen Tagesöffnungszeit den höchstmöglichen Umsatz zu erzielen. Was wird mit dieser Zielsetzung beschrieben?

a) Der Wirtschaftskreislauf

b) Das Zusammenwirken der Produktionsfaktoren

c) Die maximale Bedürfnisbefriedigung der Kunden

d) Das ökonomische Prinzip als Minimalprinzip

e) Das ökonomische Prinzip als Maximalprinzip

38. Was besagt das Maximalprinzip (ökonomisches Prinzip)?

a) Mit möglichst geringem Aufwand einen höchstmöglichen Ertrag zu erzielen.

b) Mit gegebenen Mitteln einen gegebenen Ertrag zu erzielen.

c) Mit gegebenen Mitteln einen höchstmöglichen Ertrag zu erzielen.

d) Mit geringsten Mitteln einen bestimmten Ertrag zu erzielen.

e) Um ein Ziel zu erreichen, dürfen nur begrenzte Mittel eingesetzt werden.

39. Was besagt das Minimalprinzip?

a) Ein gegebener Ertrag soll unter Einsatz von minimalen Mitteln erwirtschaftet werden.

b) Ein gegebener Ertrag soll mit gegebenen Mitteln erwirtschaftet werden.

c) Ein höchstmöglicher Ertrag soll mit gegebenen Mitteln erwirtschaftet werden.

d) Ein höchstmöglicher Ertrag soll mit möglichst niedrigem Einsatz von Mitteln erwirtschaftet werden.

e) Um ein höchstmögliches Ziel zu erreichen, dürfen nur soviel Mittel eingesetzt werden, wie notwendig sind.

40. In welchem Fall liegt der Zielsetzung eines Unternehmers das ökonomische Prinzip als Maximalprinzip zugrunde?

a) Ein Unternehmer will die Anteilsmehrheit an einer Kapitalgesellschaft möglichst kostengünstig erwerben, um seinen Einfluss zu erweitern.

b) Ein Unternehmer will mit möglichst wenig Mitteln einen möglichst hohen Gewinn erzielen.

c) Ein Unternehmer will mit einem vorgegebenen Werbeetat einen möglichst hohen Umsatz erzielen.

d) Zwischen zwei Angeboten von Werbeagenturen entscheidet sich ein Unternehmer für das preisgünstigere.

e) Ein Unternehmer will für eine festgelegte Produktionsmenge die Kosten möglichst gering halten.

41. In welchem Fall handelt der Einzelhändler nach dem Minimalprinzip?

a) Er richtet für seine Mitarbeiter einen Pausenraum ein, um dadurch deren Motivation zu erhöhen.
b) Er bestellt für sein Warensortiment 200 Artikel beim preisgünstigsten Anbieter, den er durch Angebotsvergleich ermittelt.
c) Er mietet einen zusätzlichen Lagerraum an, um die Abhängigkeit von Lieferern zu vermeiden.
d) Er kauft für die bevorstehende Heizperiode 10 000 Liter Heizöl.
e) Er stellt noch eine Verkäuferin ein, um den Absatz in diesem Jahr steigern zu können.

42. Ein Spielwarengeschäft möchte sein Sortiment mit elektronischen Spielwaren erweitern mit der Absicht, dadurch den Umsatz steigern zu können. In welchem Fall wird nach dem ökonomischen Prinzip als Minimalprinzip vorgegangen?

a) Durch die neuen Produkte soll ein Umsatzanstieg von 5 % mit dem geringst möglichen Werbeaufwand erzielt werden.
b) Durch die neuen Produkte soll ein möglichst großer Umsatzanstieg erreicht werden, während der Werbeaufwand um 5 % gesenkt werden soll.
c) Durch Einstellen weiterer Verkäufer sollen die neuen Produkte möglichst erfolgreich verkauft werden.
d) Zur Einführung der neuen Produkte soll für einen Zeitraum von einem halben Jahr der Werbeetat verdoppelt werden.
e) Durch Limitierung des Einkaufs der neuen Produkte soll der Umsatz optimiert werden.

43. Was ist unter Umsatzrentabilität im Einzelhandel zu verstehen?

a) Das Verhältnis von Eigenkapital zu Umsatz
b) Die Umsatzsteigerung im Verhältnis zum Umsatz des Vorjahres
c) Das Verhältnis von Reingewinn zu Umsatz
d) Das Verhältnis von Rohgewinn zu Umsatz
e) Der durchschnittliche Umsatz je Quadratmeter Verkaufsfläche

44. Was versteht man unter Wirtschaftlichkeit?

a) Die Gegenüberstellung von Verkaufserlösen und Ertrag
b) Die Gegenüberstellung von Gewinn und Verkaufserlösen
c) Die Gegenüberstellung von Aufwand und Verkaufserlösen
d) Die Gegenüberstellung von Zinsaufwand und Gesamtkapital
e) Die Gegenüberstellung von Gewinn und Kapital

45. Welches Verhältnis gibt die „Unternehmungsrentabilität" an?

a) Das Verhältnis von Reingewinn zum Eigenkapital
b) Das Verhältnis von den flüssigen Mitteln zu den kurzfristigen Verbindlichkeiten
c) Das Verhältnis von Fremdkapital zum Eigenkapital
d) Das Verhältnis von Reingewinn zum Gesamtkapital
e) Das Verhältnis von Eigenkapital zum Anlagevermögen

46. Welcher Begriff bringt das Verhältnis des Reingewinns zum Eigenkapital zum Ausdruck?

a) Unternehmungsrentabilität
b) Unternehmerrentabilität
c) Wirtschaftlichkeit
d) Fremdkapitalrentabilität
e) Umsatzrentabilität
f) Risikoprämie

47. Wann spricht man von der Kapitalrentabilität eines Betriebes?

a) Das Verhältnis von Reingewinn zu Kapital
b) Das Verhältnis von Rohgewinn zu Vermögen
c) Das Verhältnis von Reingewinn zu Umsatz
d) Das Verhältnis von Kapital zu Umsatz
e) Das Verhältnis von Schulden zu Eigenkapital

48. Mit welcher Formel kann die Gesamtkapital-Rentabilität errechnet werden?
a) Gesamtkapital x 100 / (Gewinn + Fremdkapitalzinsen)
b) (Gewinn + Fremdkapitalzinsen) x 100 / Gesamtkapital
c) Gewinn x Fremdkapitalzinsen / Gesamtkapital x 100
d) Gesamtkapital x Fremdkapitalzinsen / Gewinn x 100
e) Gewinn x 100 / (Gesamtkapital + Fremdkapitalzinsen)

49. Mit welchen Größen berechnet man die Eigenkapitalrentabilität?
a) Aufwand und Ertrag
b) Umschlagshäufigkeit und Lagerdauer
c) Gewinn und variable Kosten
d) Gewinn und fixe Kosten
e) Gewinn und eingesetztes Kapital

50. Wie wird die Wirtschaftlichkeit in einem kaufmännischen Betrieb errechnet?
a) Aufwand / Warenumsatz
b) Bruttogewinn x 100 / Wareneinsatz
c) Reingewinn x 100 / Warenumsatz
d) Aufwand / Bruttogewinn
e) Ertrag / Wareneinsatz

51. Warum ist wirtschaftliches Handeln notwendig?
a) Weil die Bedürfnisse knapp sind
b) Weil der Bedarf nicht messbar ist
c) Weil die Bedürfnisse einschränkbar sind
d) Weil die Güter knapp sind
e) Weil die Güter überall erhältlich sind

52. Was ist unter Wirtschaftlichkeit zu verstehen?
a) Das Verhältnis von Ertrag zu Aufwand
b) Das Verhältnis von Reingewinn zu Eigenkapital
c) Das Verhältnis von Gesamtkosten zu Gesamtumsatz
d) Das Verhältnis von Anlagevermögen zu Umlaufvermögen
e) Das Verhältnis von Eigenkapital zu Fremdkapital

53. Welches Ziel liegt dem erwerbswirtschaftlichen Prinzip zugrunde?
a) Den größtmöglichen Umsatz zu erzielen
b) Den größtmöglichen Gewinn zu erwirtschaften
c) Möglichst niedrige kostendeckende Preise zu erzielen
d) Die optimale Bedarfsdeckung zu erreichen
e) Den freien Wettbewerb zu sichern

54. Welche Zielsetzung eines Unternehmens entspricht dem erwerbswirtschaftlichen Prinzip?
a) Die Zufriedenheit der Mitarbeiter mit dem Betriebsklima
b) Die höchstmögliche Verzinsung des eingesetzten Kapitals
c) Die Verwendung von umweltfreundlichen Materialien im Verpackungsbereich
d) Die Sicherung und Erhaltung der Arbeitsplätze
e) Die ständige Unterbietung der Mitbewerber durch Niedrigpreise

55. Welches Ziel eines erwerbswirtschaftlichen Betriebes hat bei Veränderungen des Personaleinsatzes Vorrang?
a) Die Preisstabilität
b) Die Aufwandsmaximierung
c) Die Wirtschaftlichkeit
d) Die Bedarfsdeckung
e) Die Umweltverträglichkeit

56. Mit welcher Formel wird die Unternehmerrentabilität errechnet?

a) (Reingewinn + Zinsen) x 100 / Gesamtkapital
b) Reingewinn x 100 / Umsatz zu Verkaufspreisen
c) Reingewinn x 100 / Eigenkapital
d) Reingewinn x 100 / Umlaufvermögen
e) Reingewinn x 100 / Anlagevermögen

57. Bei welchem Unternehmen steht als Zielsetzung das erwerbswirtschaftliche Prinzip im Vordergrund?

a) Gaswerke der Stadt Frankfurt
b) Abwasserverband Fulda
c) Verkehrsbetriebe der Stadt Nürnberg
d) Stadtbücherei Landshut
e) Elektroeinzelhandel Efa Landshut

58. Warum ermittelt ein Unternehmer die Kennziffer der Rentabilität?

a) Damit der Ertrag nicht höher wird als der Aufwand
b) Damit die Verzinsung des eingesetzten Kapitals ersichtlich wird
c) Damit die Rohstoffe möglichst effektiv eingesetzt werden können
d) Damit die Differenz zwischen Umsatz und Kosten möglichst gering gehalten werden kann
e) Damit die Preise der Güter die Kosten decken

59. Welche Aussage zur Wirtschaftlichkeit ist richtig?

a) Unter Wirtschaftlichkeit versteht man das Leistungsbild eines Betriebes in Hinblick auf seine Sozialleistungen.
b) Wirtschaftlichkeit bedeutet, dass ein Betrieb nur mit geringstem Aufwand ohne Berücksichtigung des Ertrages arbeitet.
c) Bei Wirtschaftlichkeit wird der erzielte Ertrag zum Aufwand in Beziehung gesetzt.
d) Wirtschaftlichkeit heißt, dass ein Betrieb immer mehr Eigenkapital als Fremdkapital einsetzt.
e) Wirtschaftlichkeit bedeutet die Erreichung des geplanten Umsatzes mit unbegrenzten Einsatzmitteln.

60. In welchem Fall spricht man von der Rentabilität eines Unternehmens?

a) Wenn es seine Kosten senkt
b) Wenn seine Produktivität steigt
c) Wenn es seinen Umsatz steigert
d) Wenn es Gewinn erwirtschaftet
e) Wenn es seinen Absatz erhöht

61. Ein Ziel der Betriebe ist u. a. die Bedarfsdeckung. Welche Tätigkeit ist diesem Ziel zuzuordnen?

a) Ein Unternehmen versucht seinen Gewinn zu optimieren.
b) Ein Einzelhändler führt eine Sortimentsbereinigung durch, nachdem er Änderungen im Kaufverhalten seiner Kunden festgestellt hat.
c) Produktionsbetriebe verwenden mehr Dauerverpackungen statt Einwegbehälter.
d) Der Mehrbedarf an Fachpersonal führt in Betrieben zu regelmäßigen Schulungen der Angestellten.
e) Die Geschäftsleitung kontrolliert die Rentabilität, Wirtschaftlichkeit und Liquidität des Betriebes, um die Existenz zu sichern.

62. In einem Unternehmen wird auf den Verkauf von Produkten verzichtet, deren Verpackungen bei der Vernichtung Schadstoffe abgeben. Welche Zielsetzung steht in diesem Unternehmen im Vordergrund?

a) Bedarfsdeckung
b) Arbeitsplatzsicherung
c) Rentabilität
d) Wirtschaftlichkeit
e) Umweltverträglichkeit

63. Aus Umweltschutzgründen will ein Einzelhändler nur umweltfreundliche Produkte in sein Sortiment aufnehmen. Auf welche Artikel wird er verzichten?

a) Mehrwegflaschen mit Apfelsaft
b) Papier-Tragetaschen
c) Phosphatfreie Waschmittel
d) Spraydosen ohne Treibgas
e) Einwegbecher und -teller

64. Was trifft auf die Verkaufsverpackung zu?

a) Verminderung der Abfallmenge
b) Information und Werbung
c) Förderung des Umweltschutzes
d) Schutz der Ware beim Transport
e) Zusätzlicher Warenschutz

65. Welche Maßnahme ist geeignet, einen Stoffkreislauf anzukurbeln?

a) Die Verwendung von ergiebigen Konzentraten bei Waschmitteln, um Verpackung zu sparen
b) Der verstärkte Einsatz von Glas zur Verpackung, da es sich gut recyceln lässt
c) Die Lagerung von Abfällen auf der Müllhalde
d) Die Weiterverwendung von Verpackungen für andere Zwecke, z. B. Senfgläser als Trinkgläser in der Kantine
e) Die Behandlung von Abfällen, um deren Schädlichkeit zu vermindern (z. B. Müllverbrennung)

66. Ein Unternehmen erzielte durch Arbeitsteilung einen Produktivitätszuwachs. Welche Maßnahme war der Grund für diese Produktivitätssteigerung?

a) Die Erhöhung des Bedarfs an Arbeitskräften für die Fertigung einer Ware
b) Die einseitige Tätigkeit am Arbeitsplatz hat zu einer besseren Motivation der Mitarbeiter geführt.
c) Die Verminderung der Kapitalbindung im Anlagenbereich
d) Die Zerlegung der Produktionsvorgänge in Teilschritte mit vermehrtem Einsatz von Maschinen
e) Die Bildung von Kleinstbetrieben mit leicht überschaubarem Arbeitsablauf

67. In den letzten Jahren hat sich die Zahl der Erwerbstätigen im produzierenden Gewerbe bei gleichbleibender Produktion von Waren und Dienstleistungen fast halbiert. Welche Aussage zur Produktivität ist zutreffend?

a) Nur wenn in allen Wirtschaftsbereichen die Zahl der Beschäftigten sinkt, kann man von einem Sinken der Produktivität reden.
b) Die Produktivität ist gestiegen, da die Zahl der Beschäftigten bei gleicher Leistung gesunken ist.
c) Die Produktivität ist gesunken, weil die Zahl der Beschäftigten bei gleicher Leistung gesunken ist.
d) Die Produktivität steigt immer dann, wenn die Zahl der Beschäftigten steigt.
e) Die Produktivität ist gesunken, weil die Produktion der Waren und Dienstleitungen von immer mehr Spezialisten erbracht wird.

68. Was ist die „freiwillige Kette" innerhalb der Gruppenbildung des Handels?

a) Der freiwillige Zusammenschluss der Einkaufsgenossenschaften
b) Der freiwillige Zusammenschluss von Großhändlern mit ihren Einzelhändlern
c) Der freiwillige Zusammenschluss von Verbrauchern, die ihren Bedarf in eigenen Läden decken
d) Der Absatz von Waren unter Einschaltung des Groß- und Einzelhandels
e) Die Selbstbedienung des Einzelhandels beim Großhandel

69. Selbstständige Einzelhändler haben sich zur Sicherstellung und Erweiterung ihrer Markanteile mit einem Großhändler zusammengeschlossen. Sie firmieren unter gemeinsamen Zeichen, erhalten jedoch ihre Eigenständigkeit. Wie wird dieser Zusammenschluss genannt?

a) Handelsketten
b) Konzern
c) Einkaufsgenossenschaft
d) Filialkette
e) Cash and carry

70. Ein Unternehmen schließt sich mit anderen Einzelhändlern und einem Großhändler zusammen. Die rechtliche Selbstständigkeit aller Beteiligten soll erhalten bleiben. Wie nennt man diesen Zusammenschluss?

a) Einkaufszentrum
b) Franchising
c) Einkaufsgenossenschaft
d) Freiwillige Kette
e) Filialgeschäft

71. Um ihre Marktposition zu verbessern, schließen sich Unternehmen, die gleiche oder ähnliche Ziele verfolgen, zusammen. Welche Aussage trifft in diesem Zusammenhang auf einen Konzern zu?

a) Ein Konzern liegt vor, wenn mehrere Unternehmen vereinbaren, für ihre Produkte gemeinsam zu werben.
b) Ein Konzern ist der Zusammenschluss von Unternehmen, die rechtlich zwar selbstständig bleiben, ihre wirtschaftliche Unabhängigkeit aber verlieren.
c) Ein Konzern kann nur von solchen Unternehmen gebildet werden, die gleiche Produkte anbieten.
d) Ein Konzern hat grundsätzlich keine Möglichkeit, den Wettbewerb am Markt zu beeinflussen.
e) Ein Konzern liegt vor, wenn die angeschlossenen Unternehmen sowohl ihre wirtschaftliche als auch ihre rechtliche Selbstständigkeit aufgegeben haben.

72. Die Überschrift eines Zeitungsartikels lautete: *„Der Spirituosenhersteller Underberg schluckt Asbach."* Im Text dieses Zeitungsartikels war zu lesen, dass die Getränkegruppe Underberg die restlichen 50 % Anteile am Weinbrandhersteller Asbach von einem französischen Spirituosen-Konzern übernommen hat. Welche Aussage ist für diesen Sachverhalt zutreffend?

a) Es handelte sich um einen vertikalen Unternehmenszusammenschluss.
b) Der Vorgang förderte die Konzentration auf dem deutschen Spirituosenmarkt.
c) Es entstand ein Kartell.
d) Es handelte sich um eine Unternehmensverschmelzung (Trust).
e) Es entstand eine Holding.

73. Viele Einzelhandelsbetriebe schließen sich zusammen, um der Konkurrenz der Großbetriebe zu begegnen. Bei welcher Form des Zusammenschlusses bleibt die rechtliche Selbstständigkeit erhalten?

a) Verbrauchergenossenschaften (Konsumgenossenschaften)
b) Freiwillige Ketten
c) Produktionsgenossenschaften
d) Kreditgenossenschaften
e) Gesellschaften mit beschränkter Haftung

74. Ordnen Sie zu.

Betriebswirtschaftliche Aussagen	**Kooperationsmöglichkeiten**
a) Rechtlich selbstständige Einzelhändler verpflichten sich, überwiegend bei der gleichen Großhandlung einzukaufen.	[ ] Freiwillige Kette
b) Rechtlich selbstständige Einzelhändler beschließen, vor Festtagen gemeinsame Werbeaktionen zu starten.	[ ] Einkaufszentrum
c) Rechtlich selbstständige Einzelhändler der gleichen Branche treffen vertraglich vereinbarte Preisabsprachen.	[ ] Einkaufsgenossenschaft
d) Rechtlich selbstständige Einzelhändler eröffnen innerhalb eines Gebäudekomplexes ihre Geschäfte.	
e) Rechtlich selbstständige Einzelhändler schließen sich zum Zwecke des gemeinsamen Wareneinkaufs zusammen.	
f) Rechtlich selbstständige Einzelhändler suchen sich ihre Ware beim Großhändler gegen Bezahlung selbst aus.	

75. Welcher Fachausdruck ist für die zwischenbetriebliche Zusammenarbeit unter Einzelhändlern üblich?

a) Konzentration
b) Kooperation
c) Kartell
d) Rationalisierung
e) Konzern

76. Ein Einzelhändler will seine Kapitalbasis vergrößern und gleichzeitig seine persönliche Arbeitsbelastung vermindern. Durch welche Maßnahme kann er beide Ziele am besten verwirklichen?

a) Durch Aufnahme eines Bankkredites
b) Durch Umwandlung seines Unternehmens in eine AG
c) Durch Aufnahme eines Stillen Gesellschafters
d) Durch Umwandlung in eine OHG
e) Durch Aufnahme eines Hypothekenkredits

77. Die Kooperation im Handel dient verschiedenen Zwecken. Welche Form der Zusammenarbeit ist nicht erlaubt?

a) Gemeinsamer Einkauf
b) Gemeinsame Festlegung der Preise
c) Gemeinschaftliche Werbung
d) Betriebs- und Branchenvergleiche
e) Gemeinsame Nutzung von Rechenanlagen

78. Zum Schutz des freien Wettbewerbs gibt es Überwachungsorgane. Wer nimmt diese Aufgabe wahr?

a) Die Stiftung Warentest
b) Das Bundesfinanzministerium
c) Das Gewerbeaufsichtsamt
d) Das Bundeskartellamt
e) Der Verfassungsschutz

79. Wie bezeichnet man einen horizontalen oder vertikalen Zusammenschluss von Unternehmungen, die rechtlich selbstständig bleiben, aber ihre wirtschaftliche Selbstständigkeit durch einheitliche Leitung aufgegeben haben?

a) Konzern
b) Kartell
c) Freiwillige Kette
d) Einkaufsgenossenschaft
e) Kooperation

80. Welchen Vorteil hat der Einzelhändler durch den Anschluss an eine Einkaufsorganisation?

a) Die Einkaufsorganisation übernimmt für ihn den Einzug der Forderungen.
b) Seine Einkaufsbedingungen verbessern sich.
c) Beim Wareneinkauf über die Einkaufsorganisation entfällt für ihn die Buchführungspflicht.
d) Er kann alle nicht verkauften Waren an die Einkaufsorganisation zurückgeben.
e) Die Einkaufsorganisation verschafft ihm steuerliche Vergünstigungen.

81. Ein Unternehmen stellt einem Einzelhändler seine Waren oder Dienstleistungen, die Warenzeichen, seine Erfahrungen und evtl. Einrichtungen gegen Entgelt zur Verfügung. Welcher Begriff wird mit diesem Sachverhalt beschrieben?

a) Franchising
b) Rack Jobber
c) Freiwillige Kette
d) Leasing
e) Einkaufsgenossenschaft

82. In welchem Fall spricht man von freiwilligen Ketten?

a) Mehrere Einzelhändler arbeiten freiwillig zusammen, um das Rechnungswesen zu rationalisieren.
b) Ein Einzelhändler arbeitet mit mehreren Lieferern zusammen, die ihm freiwillig viele kleine Mengen liefern.
c) Großhändler und Einzelhändler einer Branche arbeiten zusammen, z. B. mit dem Ziel einer gemeinsamen Absatzpolitik.
d) Einzelhändler schließen sich zu einer Verkaufsgenossenschaft zusammen.
e) Ein Großhändler verkauft nur an einen bestimmten Industriebetrieb.

83. Ordnen Sie zu.

Formen der Kooperation

a) Rack-Jobbing
b) Einkaufszentrum
c) Vertriebsbindung
d) Franchising
e) Handelsmarken
f) Werksvertretung

Erläuterungen

[ ] Das Recht, bestimmte Waren und Dienstleistungen unter Verwendung von Namen, Warenzeichen und Schutzrechten des Vertragspartners anzubieten

[ ] Es handelt sich um eine Ansammlung von Einzelhandels- und Dienstleistungsbetrieben unter einem Dach.

[ ] Ergänzung des Sortiments durch selbstständiges Auffüllen von Regalflächen auf eigene Rechnung im Einzelhandelsbetrieb.

84. Welche Vorteile bietet der Rack-Jobber dem Einzelhändler?

a) Der Rack-Jobber stellt dem Einzelhändler sein Kassensystem zur Verfügung.
b) Der Rack-Jobber garantiert dauernde Niedrigpreise und Preisknüller.
c) Der Einzelhändler kauft in Form der Selbstbedienung Waren beim Großhändler ein.
d) Der Einzelhändler vermietet dem Großhändler Regalflächen, und der Großhändler trägt das Verkaufsrisiko.
e) Der Rack-Jobber bietet dem Einzelhändler immer erst eine Vorauswahl an.

85. Das Warenhaus Peter Kolb OHG hat in der Schreibwarenabteilung eine Regalfläche an einen Großhändler vermietet. Welche Aussage dazu ist zutreffend?

a) Das Regal muss von den eigenen Mitarbeitern betreut werden.
b) Die Werbekosten werden immer allein vom Großhändler getragen.
c) Der Großhändler verpflichtet sich, ständig Sonderangebote für die Kunden bereitzuhalten.
d) Die angebotenen Waren werden nur mit Beratung verkauft.
e) Der Großhändler kümmert sich um die ständige Aktualisierung des Sortiments.

86. Was wird als „Rack-Jobber-System" bezeichnet?

a) Der Großhändler schließt sich mit Einzelhändlern zum gemeinsamen Einkauf zusammen.
b) Der Großhändler bietet dem Einzelhändler die Möglichkeit, gekaufte Ware bei ihm einzulagern und in Teilmengen abzurufen.
c) Der Großhändler ergänzt das Sortiment des Einzelhändlers durch selbstständiges Auffüllen von Regalflächen auf eigene Rechnung im Einzelhandelsbetrieb.
d) Der Großhändler bietet dem Einzelhändler ein tiefes und breites Sortiment zum Kauf an.
e) Der Großhändler ermöglicht es dem Einzelhändler, in Form der Selbstbedienung seinen Auftrag selbstständig zusammenzustellen.

87. Welche Vorteile ergeben sich aus der Zusammenarbeit mit einem Regalgroßhändler (Rack-Jobber) für einen Lebensmittel-Einzelhändler?

a) Der Einzelhändler kann dadurch sein Sortiment erweitern, ohne dabei das Verkaufsrisiko übernehmen zu müssen. Er erhält zusätzlich Regalmiete, ohne für die Regalpflege sorgen zu müssen.
b) Der Einzelhändler erhält vom Großhändler die Regalmiete und erzielt bei einem Verkauf der Ware zusätzlich seinen kalkulierten Gewinn.
c) Der Einzelhändler erweitert sein Sortiment, ohne dabei das Verkaufsrisiko übernehmen zu müssen. Er hat aber für die Nachfüllung der Regale zu sorgen.
d) Der Einzelhändler erhält vom Großhändler lediglich die Regalmiete, ansonsten ergibt sich kein Vorteil für ihn.
e) Der Einzelhändler erweitert sein Sortiment und übernimmt für die neue Ware das Verkaufsrisiko. Er braucht aber nicht für die Nachfüllung der Regale zu sorgen.

88. Was ist „Franchising“?

a) Mischung aus Kommissionsgeschäft und Filialbetrieb
b) Eine besondere Art der Warenfinanzierung
c) Eine Art ambulanter Handel
d) Eine Verkaufskommission
e) Eine Einkaufskommission

89. Welche Dienstleistung erbringt der Franchisegeber seinem Franchisenehmer nicht?

a) Unterstützung durch Werbung
b) Schulung des Verkaufspersonals
c) Überlassung eines Alleinvertriebsrechtes
d) Übernahme des vollen Risikos bei Forderungsausfall
e) Finanzierungshilfen

90. Ordnen Sie zu.

Erläuterungen

a) Das Recht, bestimmte Waren und Dienstleistungen unter Verwendung von Namen, Markenzeichen und Schutzrechten des Kontraktgebers anzubieten
b) Es handelt sich um eine Ansammlung von Einzelhandels- und Dienstleistungsbetrieben unter einem Dach.
c) Der Großhändler verpflichtet sich, nicht an Waren-, Versand- oder Kaufhäuser zu verkaufen.

Formen der Kooperation

[ ] Vertriebsbindung
[ ] Einkaufszentrum
[ ] Franchising

91. Was kennzeichnet u. a. Franchising?

a) Ein Hersteller bietet dem Einzelhändler seine Waren und Dienstleitungen an und stellt zusätzlich seine Vertriebsorganisation zur Verfügung.
b) Ein Hersteller bietet dem Einzelhändler Waren zu besonders günstigen Konditionen an.
c) Ein Einzelhändler stellt einem Hersteller Verkaufsraum zur Verfügung. Dieser übernimmt auf eigene Rechnung die laufende Auffüllung der Regale.
d) Viele Einzelhändler verschiedener Branchen werben gemeinsam für ihr Einkaufszentrum.
e) Viele Einzelhändler, deren Produkte sich ergänzen, werben gemeinsam, um die Attraktivität der einzelnen Waren zu erhöhen.

92. Das Franchising beinhaltet eine vertragliche Zusammenarbeit zwischen dem Franchisegeber und dem Franchisenehmer. Welche Aussage trifft auf das Franchising zu?

a) Der Franchisenehmer kümmert sich besonders um die Einkaufskonditionen.
b) Der Franchisegeber erhält ein Entgelt, das sich nach dem Umsatz richtet.
c) Der Franchisenehmer ist in keinem Fall an das Sortiment seines Franchisegebers gebunden.
d) Der Franchisegeber ist nicht berechtigt, die Einhaltung der vertraglichen Vereinbarungen zu kontrollieren.
e) Der Franchisenehmer bestimmt alle Marketingmaßnahmen.

93. Welcher Grund könnte einen Einzelhändler veranlassen, einen Franchisevertrag abzuschließen?

a) Weil er als unselbstständiger Geschäftsführer für mögliche Verbindlichkeiten seines Betriebes haftet
b) Weil er als selbstständiger Unternehmer auf die Erfahrung und Unterstützung des Franchisegebers vertrauen darf
c) Weil er Regalflächen gegen Umsatzbeteiligung an den Franchisegeber ohne Absatzrisiko vermieten kann
d) Weil er trotz erhöhten Kapitalaufwandes und strenger Kontrollen eine unabhängige Geschäftspolitik betreiben kann
e) Weil er auch als Franchisenehmer sein Sortiment selbst bestimmen kann

94. Unter Franchising versteht man ein System, bei dem Einzelhändler (Franchisenehmer) unter einheitlichen Bedingungen des Franchisegebers verkaufen. Welches Merkmal gehört <u>nicht</u> zum Franchising?

a) Der Einzelhändler ist Angestellter des Franchisegebers.
b) Alle Läden haben die gleiche Ausstattung.
c) Es werden lediglich die Produkte des Franchisegebers angeboten.
d) Der Verkauf erfolgt unter dem gemeinsamen werbewirksamen Emblem des Franchisegebers.
e) Der Franchisegeber entwickelt die Produkte, ihre Aufmachung und Verpackung.

95. Zur optimalen Verwendung der Verkaufsfläche einer neu gegründeten Filiale soll ein Franchise-Vertrag mit einem bekannten Franchisegeber abgeschlossen werden. Was könnte der Grund zu diesem Vertrag sein?

a) Weil dadurch ein eingeführtes, bekanntes Markenkonzept mit verkaufsfördernden Hilfen gewonnen wird
b) Weil dadurch ein Teil der Verkaufsfläche an einen befreundeten Mitbewerber vermietet werden kann
c) Weil dadurch ein Teil der Verkaufsfläche für Ausstellungszwecke für einen Warenhersteller reserviert werden kann
d) Weil dadurch eine Verpachtung eines Teils der Verkaufsfläche an einen kleinen Einzelhändler mit ähnlichen Warengruppen ermöglicht wird
e) Weil dadurch dem Franchisegeber ein räumliches Verkaufsrecht gegen Entgelt für einen Teil der Verkaufsfläche gewährt wird

96. Was ist ein Kartell?

a) Kartelle sind Gesellschaften von mindestens 4 Personen zur Erreichung gemeinsamer wirtschaftlicher Ziele.
b) Kartelle sind Zusammenschlüsse von großen Unternehmen unter einheitlicher Leitung.
c) Kartelle sind vertragsgemäße Zusammenschlüsse von rechtlich und wirtschaftlich selbstständig bleibenden Unternehmungen.
d) Kartelle sind Betriebe mit mindestens 500 Beschäftigten.
e) Kartelle sind Konzerne des Einzelhandels.

97. Welche Aussage bezieht sich auf ein Kartell?

a) Dieser Unternehmenszusammenschluss führt zu einer rechtlichen und finanziellen Verschmelzung der Unternehmungen.
b) Diesen Unternehmenszusammenschluss erkennt man daran, dass mehrere rechtlich selbstständige Betriebe eine einheitliche Leitung haben.
c) Dieser Unternehmenszusammenschluss erfolgt durch eine gegenseitige Kapitalbeteiligung.
d) Dieser Unternehmenszusammenschluss entsteht durch einen Vertrag, der zum Ziel hat, die Marktmacht der Vertragspartner zu vergrößern.
e) Dieser Unternehmenszusammenschluss kommt durch ein Gesetz zustande.

98. In der Bundesrepublik Deutschland hat der Staat die Aufgabe, Unternehmenszusammenschlüsse zu prüfen und gegebenenfalls zu verhindern. Welchem Bereich der Wirtschaftspolitik werden diese Aufgaben zugeordnet?

a) Der Stabilitätspolitik
b) Der Sozialpolitik
c) Der Konjunkturpolitik
d) Der Verteilungspolitik
e) Der Wettbewerbspolitik

99. Welche Aussage über wirtschaftliche Konzentration ist richtig?

a) Durch wirtschaftliche Konzentration steigt die Zahl der Unternehmen.
b) Durch wirtschaftliche Konzentration wird vollständige Konkurrenz erreicht.
c) Durch wirtschaftliche Konzentration kann die Marktposition einiger Unternehmen gegenüber anderen Unternehmen und den Verbrauchern gestärkt werden.
d) Mit dem Gesetz gegen Wettbewerbsbeschränkungen soll wirtschaftliche Konzentration gefördert werden.
e) Durch das Gesetz gegen Wettbewerbsbeschränkungen wird wirtschaftliche Konzentration ausgeschlossen.

100. In welchem Fall kann die Kartellbehörde das Instrument der Fusionskontrolle einsetzen?
a) Bei Kartellabsprachen zwischen Unternehmungen
b) Wenn marktbeherrschende Unternehmen ihre Marktmacht zum Nachteil der Nachfrager missbrauchen
c) Wenn ein Monopolbetrieb Abnehmer diskriminiert
d) Wenn Unternehmenszusammenschlüsse ab einer bestimmten Größenordnung durchgeführt werden
e) Wenn ein großer Hersteller eine 10%ige Beteiligung an einem anderen Unternehmen erwirbt

101. Welches Beispiel stellt im Rahmen des Wirtschaftskreislaufs einen Geldstrom dar?
a) Eine Werbeagentur entwirft ein Plakat für einen Einzelhändler.
b) Ein Betrieb fertigt Messgeräte an.
c) Die Glasfassade eines Kaufhauses wird gereinigt.
d) Ein Einzelhändler liefert Waren an seine Kunden aus.
e) Ein Unternehmen überweist Löhne und Gehälter.

102. Welche Aussage über den Geldstrom, der von den privaten Haushalten zu den Unternehmen fließt, ist richtig?
a) Die Pacht für das Betriebsgrundstück wird bezahlt.
b) Die Arbeitskräfte werden für ihre Arbeit entlohnt.
c) Die Konsumgüter werden bezahlt.
d) Die Leasingraten für Anlagegüter werden bezahlt.
e) Die Produktionsgüter werden bezahlt.

103. Welche Aussage über die Vorgänge innerhalb eines Wirtschaftskreislaufs ist richtig?
a) Geld- und Güterströme fließen in entgegengesetzter Richtung.
b) Die eingesetzten Produktionsfaktoren werden von den Haushalten konsumiert.
c) Die Unternehmen beziehen Waren von den Haushalten.
d) Geld- und Güterströme fließen in die gleiche Richtung.
e) Geld- und Güterströme stehen in keiner Beziehung zueinander.

104. Welche wirtschaftliche Tätigkeit führt im einfachen Wirtschaftskreislauf zur Nachfrage nach Produktionsfaktoren?
a) Unternehmer legen Kapital bei Banken an.
b) Unternehmer entnehmen den Unternehmen Gewinne.
c) Arbeitnehmer suchen Arbeitsplätze.
d) Unternehmen stellen Arbeitskräfte ein.
e) Unternehmen entlassen Arbeitskräfte.

105. Im Wirtschaftskreislauf besteht eine Beziehung zwischen Haushalten und Unternehmungen. In welcher Aussage ist diese Beziehung richtig dargestellt?
a) Die Unternehmungen stellen mit Produktionsgütern die Produktionsfaktoren her.
b) Die Unternehmungen und die Haushalte erzeugen die Produktionsfaktoren.
c) Die Unternehmungen verkaufen den Produktionsfaktor Arbeit an die Haushalte.
d) Die Haushalte stellen den Unternehmungen den Produktionsfaktor Arbeit zur Verfügung.
e) Die Haushalte verarbeiten die Produktionsfaktoren zu Konsumgütern.

106. Der Wirtschaftskreislauf ist mit den Sektoren „private Haushalte“ und „Unternehmen“ dargestellt. Welche der nachstehenden Tätigkeiten trifft auf die „privaten Haushalte“ zu?
a) Konsumgüter am Markt nachfragen
b) Konsumgüter für den Markt herstellen
c) Investitionsgüter am Markt anbieten
d) Produktionsfaktoren am Markt nachfragen
e) Investitionsgüter am Markt nachfragen

107. Welche Aufgabe haben die Unternehmen im einfachen Wirtschaftskreislauf?

a) Sie stellen Produktionsfaktoren aus Konsumgütern her.
b) Sie setzen Produktionsfaktoren bei der Produktion ein.
c) Sie verteilen Produktionsfaktoren an die Haushalte.
d) Sie stellen den Haushalten Produktionsfaktoren zur Verfügung.
e) Sie ersetzen Produktionsgüter durch Produktionsfaktoren.

108. Im Wirtschaftskreislauf spricht man von dem Geldstrom und dem Güterstrom. Wo wird ein Beispiel für einen Geldstrom genannt?

a) Das Warenhaus Peter Kolb OHG installiert neue Scannerkassen.
b) Das Warenhaus Peter Kolb OHG erhält eine Warenlieferung.
c) Das Warenhaus Peter Kolb OHG reklamiert eine Falschlieferung.
d) Das Warenhaus Peter Kolb OHG liefert Waren an seine Kunden aus.
e) Das Warenhaus Peter Kolb OHG überweist einen Rechnungsbetrag an den Lieferer.

109. Wie wird der Geld- bzw. Güterstrom im einfachen Wirtschaftskreislauf richtig dargestellt?

a) Einkommen fließen von den Haushalten zu den Unternehmen.
b) Ausgaben für Güter fließen von den Unternehmen zu den Haushalten.
c) Güter fließen von den Haushalten zu den Unternehmen.
d) Löhne und Gehälter sind Teil des Geldstromes von den Unternehmen zu den Haushalten.
e) Haushalte zahlen für die Überlassung von Produktionsfaktoren Einkommen an die Unternehmen.

110. Welche Aussage über den Wirtschaftskreislauf ist richtig?

a) Geld- und Güterströme fließen im Wirtschaftskreislauf in der gleichen Richtung.
b) Der Gewinn aus dem Verkauf von Erzeugnissen fließt den Unternehmen über den Warenkreislauf zu.
c) Der Staat beeinflusst weder den Waren- noch den Geldkreislauf.
d) Der Produktionsfaktor Arbeit ist Bestandteil des Wirtschaftskreislaufs.
e) Unternehmen stellen den Haushalten Produktionsfaktoren zur Verfügung und beziehen dafür Einkommen.

111. Ergänzen Sie im unten stehenden Kreislaufschema die fehlenden Begriffe (A und B). Kreuzen Sie das zutreffende Lösungspaar an.

a) A = Bank B = Haushalte
b) A = Unternehmen B = Haushalte
c) A = Haushalte B = Staat
d) A = Haushalte B = Unternehmen
e) A = Unternehmen B = Bank

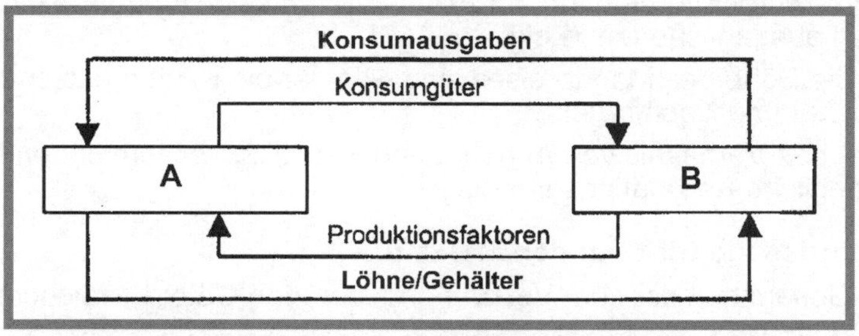

112. Ergänzen Sie in dem Kreislaufschema den fehlenden Begriff auf der gestrichelten Linie und kreuzen Sie den richtigen Buchstaben an.

a) Ersparnisse
b) Subventionen
c) Konsumausgaben
d) Wareneinsatz
e) Investitionen

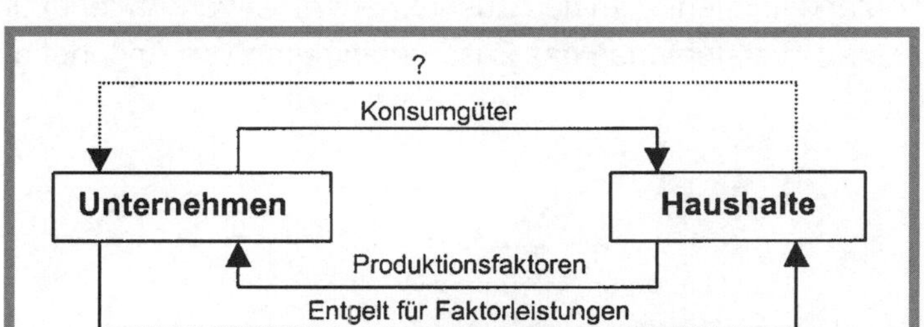

113. Ergänzen Sie in dem Kreislaufschema den fehlenden Begriff auf der gestrichelten Linie und kreuzen Sie den richtigen Buchstaben an.

a) Löhne und Gehälter
b) Warenumsatz
c) Arbeitsleistungen
d) Wareneinsatz
e) Investitionen

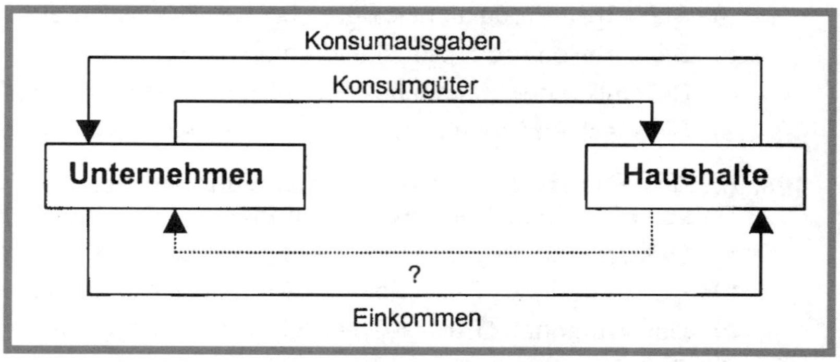

114. Was führt im einfachen Wirtschaftskreislauf zur Nachfrage nach Produktionsfaktoren?

a) Ein Unternehmer bringt Geld zu seiner Hausbank.
b) Ein neu gegründetes Unternehmen stellt Arbeitskräfte ein.
c) Die Bundesagentur für Arbeit vermittelt Arbeitskräfte an Unternehmen.
d) Der Unternehmer entnimmt Gewinne aus seinem Unternehmen.
e) Im Zuge der Rationalisierung werden Arbeitskräfte entlassen.

115. Welche Aussage über den Gleichgewichtspreis bei vollständiger Konkurrenz ist richtig?

a) Liegt der Marktpreis über dem Gleichgewichtspreis, so entsteht ein Verkäufermarkt.
b) Beim Gleichgewichtspreis ist die Nachfrage größer als das Angebot.
c) Beim Gleichgewichtspreis ist das Angebot größer als die Nachfrage.
d) Beim Gleichgewichtspreis entspricht die Angebotsmenge der Nachfragemenge.
e) Der Gleichgewichtspreis führt zu einer Benachteiligung der Verbraucher.

116. Markt ist ein Zusammentreffen von Angebot und Nachfrage. In welchem Fall handelt es sich <u>nicht</u> um einen „Markt"?

a) Das Finanzamt schickt Steuerprüfer in die Betriebe und verlangt Steuernachzahlungen.
b) Das Arbeitsamt vermittelt offene Arbeitsstellen an Arbeitslose.
c) Eine Bank zahlt Zinsen für die Spareinlagen ihrer Kunden.
d) Ein Makler bietet eine Dreizimmerwohnung an und sucht Mieter.
e) Eine Hausfrau kauft in einem Warenhaus einen Bikini für den Urlaub.

117. Welche Aussage zum Marktpreis ist richtig?

a) Die Höhe des Marktpreises wird allein durch die anfallenden Kosten bestimmt.
b) Der vom Hersteller empfohlene Verkaufspreis ist ein typischer Marktpreis, der Preisgleichheit am Markt gewährleistet.
c) Wettbewerber vereinbaren für bestimmte Artikel in ihrem Einzugsgebiet einheitliche Preise für einen ausgeglichenen Markt.
d) Für die Höhe des Marktpreises sind weniger die Kosten entscheidend als das Verhalten aller Anbieter und Nachfrager.
e) Nicht das Verhältnis von Angebot und Nachfrage bestimmt den Marktpreis, sondern allein die betriebliche Kalkulationsgrundlage.

118. Welche Aussage trifft auf den Markt zu?

a) Die Gesamtheit der zum Verkauf angebotenen Güter bezeichnet man als Markt.
b) Markt ist das Ergebnis von Angebot und Nachfrage.
c) Markt ist die Gesamtheit der nachgefragten Güter.
d) Unter Markt versteht man das Zusammentreffen von Angebot und Nachfrage.
e) Unter Markt versteht man das Zusammentreffen von Angebot und Bestellung.

119. Der Marktpreis bildet sich durch das Zusammentreffen von Angebot und Nachfrage. In welchem Fall ist der Zusammenhang von Marktpreis und Angebot bei unveränderter Nachfrage richtig dargestellt?

a) Bei sinkendem Angebot wird der Marktpreis steigen.
b) Bei steigendem Marktpreis wird das Angebot sinken.
c) Bei steigendem Angebot wird der Marktpreis steigen.
d) Bei sinkendem Angebot wird der Marktpreis sinken.
e) Bei sinkendem Marktpreis wird das Angebot steigen.

120. Wodurch werden die Marktpreise in einer freien Marktwirtschaft gebildet?

a) Durch Festlegung von Richtpreisen durch den Hersteller
b) Durch eine staatliche Preisaufsichtsbehörde
c) Durch die Preisbindung des Herstellers
d) Durch den Wettbewerb der Anbieter und das Verhalten der Kunden
e) Durch Kontrolle seitens der Verbraucherzentrale

121. Welche <u>zwei</u> Aussagen zur abgebildeten Grafik sind richtig?

a) P = Gleichgewichtspreis
b) A = Gleichgewichtsmenge
c) M = Gleichgewichtspreis
d) M = Gleichgewichtsmenge
e) P = Gleichgewichtsmenge
f) N = Gleichgewichtspreis

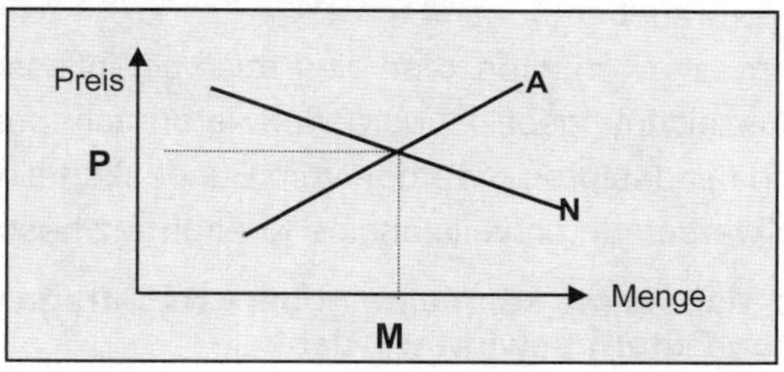

122. Welche Maßnahme führt in der Regel zu einer Erhöhung der Nachfrage der privaten Haushalte nach wirtschaftlichen Gütern?

a) Erhöhung der Preise
b) Senkung der Lohnsteuer
c) Erhöhung des Umsatzsteuersatzes
d) Erhöhung des Zinssatzes für Kredite
e) Senkung der Sozialleistungen

123. Welche Größe wird in der Abbildung durch den Punkt X gekennzeichnet?

a) Die Angebotsmenge
b) Die Nachfragemenge
c) Der Höchstpreis
d) Der Mindestpreis
e) Der Gleichgewichtspreis

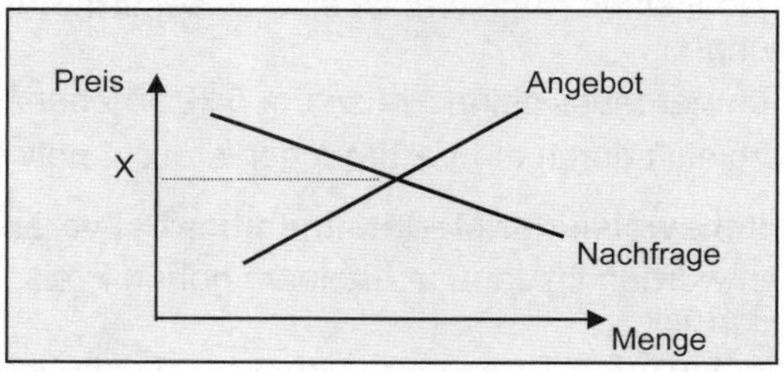

124. Unter welcher Voraussetzung besteht die Tendenz, dass die Preise sinken?

a) Die Nachfrage steigt bei gleichbleibendem Angebot.
b) Die Nachfrage steigt stärker als das Angebot.
c) Die Nachfrage geht bei gleichbleibendem Angebot zurück.
d) Die Nachfrage und das Angebot bleiben gleich.
e) Die Nachfrage steigt bei sinkendem Angebot.

125. Welche Marktsituation ist für den Käufer am günstigsten?

a) Das Angebot an Obst ist größer als die Nachfrage.
b) Das Angebot an Kalbfleisch ist geringer als die Nachfrage.
c) Die Nachfrage nach Wohnungen ist größer als der zur Verfügung stehende Wohnraum.
d) Die Nachfrage nach Fisch ist größer als das Angebot.
e) Der Nachfrage nach Baugrundstücken in einer Gemeinde steht kein Angebot gegenüber.

126. Wodurch werden die Preise am Markt nach oben begrenzt?

a) Durch einen Höchststeuersatz für Unternehmensgewinne
b) Durch den Wettbewerb, der unter den Anbietern besteht
c) Durch die Festsetzung von Höchstpreisen durch das Bundeskartellamt
d) Durch die Festlegung von Richtpreisen durch die Produzenten
e) Durch Preisabsprachen, die zwischen den Anbietern stets zulässig sind

127. Welche Aussage über die Preisbildung in der Bundesrepublik Deutschland ist richtig?

a) Preiserhöhungen von mehr als 10 % müssen vom Staat genehmigt werden.
b) Alle Preise werden durch Absprache zwischen den Unternehmern festgelegt.
c) Alle Preise entstehen als Gleichgewichtspreise am vollkommenen Markt.
d) Bei der betrieblichen Preiskalkulation wird der Marktpreis ermittelt.
e) Die Verbraucher können in manchen Fällen durch ihr Verhalten die Preise beeinflussen.

128. Welche Aussage über das Marktgeschehen im Wirtschaftssystem der Bundesrepublik Deutschland ist richtig?

a) Da die Preise durch Angebot und Nachfrage bestimmt werden, erübrigt sich ein Preisvergleich durch die Verbraucher.
b) Das Konsumentenverhalten kann die Preise beeinflussen.
c) Die Preisauszeichnungspflicht garantiert verbraucherfreundliche Preise.
d) Höchst- und Mindestpreise werden vom Bundeskartellamt bestimmt.
e) Alle Preise werden durch vollständige Konkurrenz bestimmt.

129. Durch welche Maßnahme kann eine höhere Nachfrage der privaten Haushalte nach wirtschaftlichen Gütern bewirkt werden?

a) Durch die Senkung der Sozialleistungen
b) Durch die Senkung der Lohnsteuer
c) Durch die Einführung eines höheren Mehrwertsteuersatzes
d) Durch die Erhöhung des Zinsniveaus für Kredite
e) Durch die Erhöhung der Sozialversicherungsbeiträge

130. Welche Aussage über das Marktgeschehen ist zutreffend?

a) Alle Kreditinstitute berechnen für Kredite die gleichen Zinssätze.
b) Gleichartige Artikel haben die gleichen Preise, weil das Bundeskartellamt die Preise überwacht.
c) Die Marktmacht eines Anbieters ist eine wesentliche Voraussetzung für die Durchsetzung von Preiserhöhungen.
d) Der Unternehmer muss seine Preise um 5 % erhöhen, wenn die Löhne um 5 % gestiegen sind.
e) Ein Preisvergleich durch die Verbraucher ist nicht notwendig.

131. Welche Verhaltensweise der Marktteilnehmer bei veränderter Preissituation ist typisch?

a) Weintrauben werden im Januar zu einem hohen Preis angeboten. Der Kunde greift auf günstigere Südfrüchte zurück.
b) Saisonbedingt werden Tomaten besonders günstig angeboten. Die Kunden entscheiden sich für teurere Produkte.
c) Der Kunde wird für wenig vorhandene Ware immer den verlangten hohen Preis zahlen.
d) Je größer das Angebot an Erdbeeren ist, umso höher wird der Preis für den Kunden.
e) Je höher der Preis für exotische Früchte ist, desto mehr Kunden entscheiden sich für den Kauf der Ware.

132. Welche Aussage beschreibt ein Merkmal des vollkommenen Marktes?

a) Die auf dem Markt gehandelten Güter weisen Qualitätsunterschiede auf.
b) Die Preisbildung erfolgt durch Angebot und Nachfrage.
c) Es wird kein Marktteilnehmer ausgeschaltet.
d) Die Kaufentscheidung wird durch Gefühle der Käufer beeinflusst.
e) Die Anbieter besitzen geringe Kenntnisse über die Nachfrage.

133. Der Inhaber eines Fachgeschäftes erfährt, dass in seiner unmittelbaren Nachbarschaft ein preisgünstiger Mitbewerber eine Filiale eröffnen will. Es ist davon auszugehen, dass sich die Nachfrage nach der angebotenen Ware in nächster Zeit nicht verändern wird. Welche Maßnahme zur eigenen Preisgestaltung wird der Geschäftsführer des Fachgeschäftes ergreifen?

a) Er erhöht seine Preise und stellt besonders freundliche Verkäuferinnen ein.
b) Er erhöht seine Preise, denn Konkurrenz belebt das Geschäft.
c) Er hält seine Preise, verlängert dafür seine Öffnungszeiten bis 20:00 Uhr und verliert somit keine Kunden.
d) Er senkt seine Preise für ein Jahr und verkauft seine Waren unter Selbstkosten.
e) Er senkt einen Teil seiner Preise, um seine Kunden nicht zu verlieren.

134. Es ist auf dem Markt zu beobachten, dass sich die Benzinpreise relativ häufig ändern. In welchem Fall ist die Änderung des Preises <u>nicht</u> durch Angebot und Nachfrage bestimmt?

a) Benzinpreise steigen aufgrund der bevorstehenden Urlaubssaison.
b) Benzinpreise steigen aufgrund der gestiegenen Nachfrage.
c) Benzinpreise fallen aufgrund der Preissenkung der Mitbewerber.
d) Benzinpreise fallen aufgrund rückgängiger Nachfrage.
e) Benzinpreise steigen aufgrund eines staatlich festgelegten Steuersatzes.

135. In welchem Fall steigt der Gleichgewichtspreis?

a) Wenn bei unverändertem Angebot die Nachfrage sinkt
b) Wenn bei sinkendem Angebot die Nachfrage schneller sinkt
c) Wenn bei sinkendem Angebot die Nachfrage steigt
d) Wenn bei steigendem Angebot die Nachfrage sinkt
e) Wenn bei steigendem Angebot die Nachfrage unverändert bleibt

136. Welche Aussage über den Verkäufermarkt ist richtig?

a) Am Verkäufermarkt fallen die Preise besonders stark.
b) Am Verkäufermarkt ist nur Angebot vorhanden.
c) Am Verkäufermarkt sind Angebot und Nachfrage ausgewogen.
d) Am Verkäufermarkt ist das Angebot größer als die Nachfrage.
e) Am Verkäufermarkt ist die Nachfrage größer als das Angebot.

137. In welchem Fall wird ein Käufermarkt beschrieben?

a) Der Umsatzrückgang in der Automobilbranche zwingt die Hersteller zu Sonderangeboten.
b) Die Nachfrage nach Eigentumswohnungen kann in einer Großstadt nicht befriedigt werden.
c) Die Nachfrage nach Fernreisen kann trotz zusätzlicher Reiseangebote der Reiseveranstalter nicht befriedigt werden.
d) Trotz starker Nachfrage nach einem Uhrenmodell werden die Produktionszahlen nicht erhöht, um einen Preisverfall am Sammlermarkt zu verhindern.
e) Bereits drei Monate vor einer bedeutenden internationalen Messe sind fast alle Hotels in der Umgebung ausgebucht.

138. Welcher Zusammenhang zwischen Menge und Preis wird durch den abgebildeten Kurvenverlauf dargestellt?

a) Je höher der Angebotspreis festgesetzt wird, umso kleiner ist die Angebotsmenge.
b) Je niedriger der Angebotspreis festgesetzt wird, umso größer ist die Angebotsmenge.
c) Je höher der Angebotspreis festgesetzt wird, umso größer ist die Angebotsmenge.
d) Je kleiner die Angebotsmenge, umso höher wird der Angebotspreis festgesetzt.
e) Je größer die Angebotsmenge, umso niedriger wird der Angebotspreis festgesetzt.

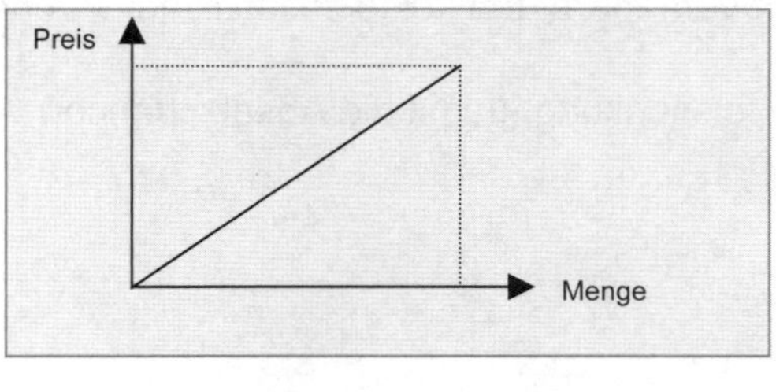

139. Wer bestimmt überwiegend in einer sozialen Marktwirtschaft die Preise für die Konsumgüter?

a) Die Sozialpartner
b) Das Bundeswirtschaftsministerium
c) Die Bundesregierung
d) Das Bundeskartellamt
e) Der Markt

140. Wodurch werden die Marktpreise in einer freien Marktwirtschaft gebildet?

a) Durch Festlegung von Richtpreisen durch den Hersteller
b) Durch eine staatliche Preisaufsichtsbehörde
c) Durch die Preisbindung des Herstellers
d) Durch Kontrolle seitens der Verbraucherzentrale
e) Durch den Wettbewerb der Anbieter und das Verhalten der Kunden

141. Welche Güter haben eine niedrige Preiselastizität?

a) Grund und Boden
b) Kartoffeln
c) Besteck
d) Biergläser
e) Taschenrechner

142. Wie hoch ist bei nachstehendem Anbieter- und Nachfragerverhalten der Gleichgewichtspreis?

Verhalten der Nachfrager		**Verhalten der Anbieter**	
Preis:	**05 10 15 20 25 30 €**	**Preis:**	**05 10 15 20 25 30 €**
Menge:	**60 55 50 45 40 35 Stück**	**Menge:**	**15 25 35 45 55 65 Stück**

a) 10 €
b) 15 €
c) 20 €
d) 25 €
e) 30 €

143. Welche Funktion hat der Preis im Modell der vollständigen Konkurrenz?

a) Er lenkt die Nachfrage nach den Wünschen des Staates.
b) Er ermöglicht eine Verteilung der Konsumgüter nach sozialen Gesichtspunkten.
c) Er lenkt das Güterangebot nach den Wünschen des Staates.
d) Er gibt dem Verbraucher die Qualität der Produkte an.
e) Er führt den Ausgleich von Angebot und Nachfrage herbei.

144. In der Marktwirtschaft bestimmen im Wesentlichen Angebot und Nachfrage den Preis. In einer Zeitungsnotiz heißt es: „Durch das warme Wetter wurde das Wachstum der Gemüsekulturen stark begünstigt. Bei Salat ist es auf den Erzeugermärkten bereits zu einer Angebotsschwemme gekommen, die zu Absatzschwierigkeiten führen kann." Welche Aussage über mögliche Folgen für die Preisentwicklung ist richtig?

a) Das gestiegene Salatangebot führt zu einem starken Preisanstieg, weil zusätzlich Kosten entstehen.
b) Der Wettbewerb der Händler untereinander zwingt dazu, den Salatpreis heraufzusetzen, damit je Stück ein hoher Gewinn erzielt werden kann.
c) Die Käufer drängen sich um die reichlich vorhandene Ware und führen mit der erhöhten Nachfrage eine Preissteigerung herbei.
d) Die Händler werden die Preise nicht verändern, um keine zusätzliche Unruhe in die Märkte zu bringen.
e) Das große Angebot führt zu einer Preissenkung, damit die Absatzchancen verbessert werden.

145. Eine Voraussetzung für die vollkommene Konkurrenz ist die Markttransparenz. Was versteht man darunter?

a) Anbieter und Nachfrager müssen eine vollständige Marktübersicht haben.
b) Angebot und Nachfrage müssen gleichzeitig an einem Ort zusammentreffen.
c) Die Güter müssen gleichartig sein.
d) Anbieter und Nachfrager müssen sofort auf eine Änderung der Marktsituation reagieren.
e) Käufer und Verkäufer dürfen sich nicht gegenseitig bevorzugen.

146. In welcher Weise beeinflussen Angebot und Nachfrage die Preise?

a) Eine steigende Nachfrage führt bei sinkendem Angebot zu kleinen Preisveränderungen.
b) Ein sinkendes Angebot führt bei gleichbleibender Nachfrage zu sinkenden Preisen.
c) Eine steigende Nachfrage führt bei gleichbleibendem Angebot zu steigenden Preisen.
d) Eine sinkende Nachfrage führt bei gleichbleibendem Angebot zu steigenden Preisen.
e) Ein steigendes Angebot führt bei gleichbleibender Nachfrage zu steigenden Preisen.

147. Welche grundsätzliche Funktion hat der Marktpreis in einer Volkswirtschaft?

a) Er ermöglicht eine Verteilung der Konsumgüter nach sozialen Gesichtspunkten.
b) Er lenkt die Nachfrage nach den Wünschen des Staates.
c) Er gibt dem Verbraucher die Qualität der Produkte an.
d) Er lenkt das Güterangebot nach den Wünschen des Staates.
e) Er soll den Ausgleich von Angebot und Nachfrage bewirken.

148. In unserem marktwirtschaftlichen System bildet sich der Preis (bei vollkommener Wettbewerbssituation) durch Angebot und Nachfrage, wie die Abbildung vereinfacht zeigt. Was stellt die mit X gekennzeichnete Kurve dar?

a) Gleichgewichtskurve
b) Mengenkurve
c) Angebotskurve
d) Preiskurve
e) Nachfragekurve

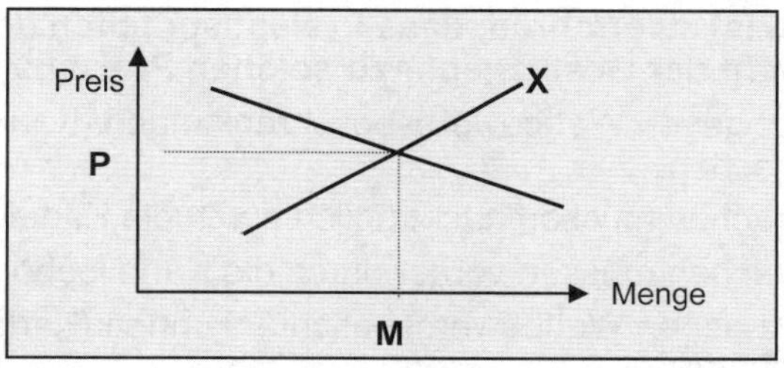

149. Siehe obige Abbildung. Wie wird die mit M gekennzeichnete Größe genannt?

a) Gleichgewichtspreis
b) Gleichgewichtsangebot
c) Gleichgewichtsmenge
d) Gleichgewichtsnachfrage
e) Marktmenge

150. Siehe nochmals obige Abbildung. Wie wird die mit P gekennzeichnete Größe genannt?

a) Gleichgewichtspreis
b) Gleichgewichtsangebot
c) Gleichgewichtsmenge
d) Gleichgewichtsnachfrage
e) Marktmenge

151. In einer Verbraucherzeitschrift werden Testergebnisse veröffentlicht. Welchen Nutzen bringen diese Veröffentlichungen dem Endverbraucher?

a) Der Verbraucher kann die angegebenen Preise beim Einzelhandel durchsetzen.
b) Dadurch werden dem Verbraucher mangelfreie Waren garantiert.
c) Die Hersteller sollen zur einheitlichen Preisgestaltung angehalten werden.
d) Der Markt wird durch diese Veröffentlichungen überschaubarer.
e) Die getesteten Produkte müssen in jedem Fachhandel erhältlich sein.

152. Was dient dem Verbraucherschutz?

a) Die Verbraucherzentralen veröffentlichen vergleichende Preisinformationen.
b) Die zunehmende wirtschaftliche Konzentration stärkt die Marktmacht der Anbieter.
c) Die Hersteller verkürzen die Zeiten der Gewährleistungsansprüche.
d) Die Hersteller müssen in der Bundesrepublik Deutschland ihre Waren mit Preisempfehlungen auszeichnen.
e) Die Bundesregierung setzt für landwirtschaftliche Produkte Mindestpreise fest.

153. Welche Aufgabe hat der Verbraucherschutz?

a) Bedürfnisse zu wecken
b) Anbietern Preise zu diktieren
c) Markt übersichtlicher zu gestalten
d) Einheitspreise durchzusetzen
e) Geschäftslokale auf Unfallsicherheit zu überprüfen

154. Zum Schutz der Verbraucher hat der Staat besondere Maßnahmen ergriffen. Welche Aussage darüber ist richtig?

a) Testzeitschriften sind in der Hauptsache als Mittel zur Absatzförderung für alle gerade getesteten Güter gedacht.
b) Das Abzahlungsgesetz erleichtert den Unternehmen den Absatz bei Ratenkäufen durch den Verbraucher.
c) Das Abzahlungsgesetz schränkt den Freiheitsraum und die Rechte des Konsumenten ein.
d) Die von verschiedenen Unternehmen eingerichteten Verbraucherzentralen informieren ausführlich über das eigene Angebot und die Erzeugnisse der Konkurrenz.
e) Für den Einzelhandel besteht eine Preisauszeichnungspflicht für die zum Verkauf angebotenen Waren.

155. In den Medien ist zu erfahren, dass Preisabsprachen der Hersteller zu Preiserhöhungen führen sollen. Wie steht der Gesetzgeber zu solchen Preisabsprachen?

a) Das Gesetz gegen Wettbewerbsbeschränkungen (Kartellgesetz) verbietet grundsätzlich alle Preisabsprachen.
b) Preisabsprachen müssen nachträglich durch die Kartellbehörde genehmigt werden.
c) Preisabsprachen müssen vorher durch die Kartellbehörde genehmigt werden.
d) Das Gesetz gegen Wettbewerbsbeschränkungen (Kartellgesetz) verbietet grundsätzlich alle Preiserhöhungen.
e) Preisabsprachen dürfen nur in Zusammenhang mit einer Steuererhöhung erfolgen.

BEI DEN NACHSTEHENDEN AUFGABEN SIND DIE RICHTIGEN ERGEBNISSE ANZUKREUZEN BZW. ZUZUORDNEN.

1. Wer ist eine juristische Person?

a) Der Richter
b) Der Rechtsanwalt
c) Der Gerichtsvollzieher
d) Die Aktiengesellschaft
e) Der Teilhaber einer KG

2. Wer bzw. was ist eine juristische Person?

a) Die Kommanditgesellschaft
b) Die GmbH
c) Der Rechtsanwalt
d) Der Richter
e) Das Amtsgericht

3. In welchem Fall handelt eine natürliche Person als Organ einer „juristischen Person"?

a) Ein GmbH-Geschäftsführer unterschreibt für die GmbH einen Vertrag.
b) Ein Vorstandsmitglied einer AG kauft sich privat ein Auto.
c) Ein Gerichtsvollzieher pfändet Orientteppiche einer GmbH.
d) Ein Richter gibt das Urteil seiner Kammer in einem Wirtschaftsverfahren bekannt.
e) Ein Rechtsanwalt lehnt die Vertretung einer GmbH in einer Wirtschaftsstrafsache ab.

4. Wo liegt <u>keine</u> juristische Person vor?

a) Die Brauhaus GmbH
b) Die Obermeier & Söhne OHG
c) Die Maschinenbau AG
d) Die Einkaufsgenossenschaft Meisterkauf eG
e) Die Kreissparkasse Landshut

5. Welche Organisation zählt zu den juristischen Personen des privaten Rechts?

a) Die Industrie- und Handelskammer
b) Die Bundesanstalt für Arbeit
c) Die Deutsche Rentenversicherung DRV
d) Die Gesellschaft mit beschränkter Haftung
e) Die Kommanditgesellschaft
f) Die Berufsgenossenschaft

6. Welche Aufgabe hat das öffentliche Recht?

a) Es regelt die Rechts- und Geschäftsfähigkeit natürlicher Personen.
b) Es regelt die Schuldverhältnisse, die sich aus Verträgen ergeben.
c) Es regelt die Rechtsbeziehungen zwischen Privatleuten und Unternehmen.
d) Es regelt die Rechtsbeziehungen zwischen dem Einzelnen und dem Staat.
e) Es regelt die Rechtsbeziehungen aller juristischen Personen untereinander.

7. Welche Aussage über das Privatrecht ist richtig?

a) Das Privatrecht regelt die Rechtsverhältnisse zwischen Privatpersonen und dem Staat als Hoheitsträger.
b) Für das Privatrecht gilt das Prinzip der Gleichordnung der Beteiligten.
c) Das Privatrecht umfasst ausschließlich geschriebenes Recht.
d) Das Privatrecht regelt die Beziehungen des Einzelnen zu den Körperschaften des öffentlichen Rechts nach den Grundsätzen der Über- und Unterordnung.
e) Ein Teil des Privatrechts ist das Strafrecht.

8. Wer ist eine juristische Person des privaten Rechts?
a) Die Volkswagen AG
b) Die Stadt Saarbrücken
c) Die Deutsche Bundesbank
d) Der Norddeutsche Rundfunk
e) Die Industrie- und Handelskammer Stuttgart

9. Wodurch wird eine GmbH rechtsfähig?
a) Durch Gründungsbeschluss der Gesellschafter
b) Durch notarielle Beurkundung des Gesellschaftsvertrages
c) Durch Veröffentlichung der Handelsregistereintragung
d) Durch Eintragung ins Handelsregister
e) Durch tatsächliche Geschäftsaufnahme

10. Welche Aussage trifft für eine juristische Person zu?
a) Ihr können durch Gerichtsbeschluss die bürgerlichen Ehrenrechte aberkannt werden.
b) Sie kann vor Gericht klagen und verklagt werden.
c) Sie wird vom Finanzamt zur Einkommensteuer veranlagt.
d) Sie besitzt entweder die beschränkte oder die volle Geschäftsfähigkeit.
e) Sie hat nach dem Grundgesetz das aktive und passive Wahlrecht.

11. Welche Aussage über eine juristische Person trifft nicht zu?
a) Sie kann beschränkt geschäftsfähig sein.
b) Sie kann Eigentum erwerben.
c) Sie kann verklagt werden.
d) Sie kann ein Insolvenzverfahren beantragen.
e) Sie kann Klage erheben.

12. Wer bzw. was ist eine juristische Person des privaten Rechts?
a) Amtsgericht
b) Richter
c) Rechtsanwalt
d) KG
e) eG

13. Handelsgeschäfte unter Kaufleuten werden vom HGB gesetzlich geregelt. Welche der nachstehenden natürlichen oder juristischen Personen fällt unter die Bestimmungen des Handelsrechts?
a) Ein Richter beim Landgericht
b) Scheid GmbH
c) Ein Wirtschaftsprüfer
d) Ein Heilpraktiker
e) Ein Notar

14. Ordnen Sie die aufgeführten natürlichen und juristischen Personen zu. Kennzeichnen Sie dabei die natürlichen Personen mit (1), die juristischen Personen des privaten Rechts mit (2) und die juristischen Personen des öffentlichen Rechts mit (3).
a) Rechtsanwalt Uwe Klein [ ]
b) Stadtverwaltung Landshut [ ]
c) Flughafen GmbH München [ ]
d) Gesellschafter einer KG [ ]
e) FC Bayern München e.V. [ ]
f) Allgemeine Ortskrankenkasse (AOK) [ ]

15. Kann die 2-jährige Emma rechtswirksam ihren Großvater beerben?
a) Nein, weil sie rechtsunfähig ist
b) Ja, weil sie geschäftsfähig ist, also Träger von Rechten und Pflichten sein kann
c) Nein, weil sie beschränkt geschäftsfähig ist
d) Ja, weil sie rechtsfähig ist, also Träger von Rechten und Pflichten sein kann
e) Ja, weil sie zwar beschränkt geschäftsfähig ist, aber Vorteile erben kann

16. In welchem Fall liegt ein einseitiges Rechtsgeschäft vor?
a) Ein Familienvater schreibt eigenhändig sein Testament.
b) Ein 19-jähriger Auszubildender schließt für sich eine Lebensversicherung ab.
c) Ein Käufer zahlt beim Kauf eines Fernsehers 500 € an und verlangt Lieferung frei Haus.
d) Ein Mieter leiht sich bei seiner Nachbarin 1 kg Mehl.
e) Eine Mutter schenkt ihrer Tochter ein Kleid.

17. In welchem Fall liegt ein einseitiges Rechtsgeschäft vor?
a) Ein Einzelhändler erhält die Kündigung für seine Geschäftsräume.
b) Ein Privatmann verkauft Obst aus seinem Garten an einen Einzelhändler.
c) Ein Einzelhändler schenkt seiner Frau einen Pelzmantel.
d) Ein Einzelhändler leiht sich von seinem Freund dessen Auto.
e) Ein Einzelhändler pachtet ein Grundstück von einem Privatmann.

18. In welchem Fall ist nur eine Willenserklärung erforderlich?
a) Kauf
b) Miete
c) Testament
d) Bürgschaft
e) Schenkung

19. Wann liegt ein einseitiges Rechtsgeschäft vor?
a) Bei einer Willenserklärung, die empfangsbedürftig ist
b) Bei zwei Willenserklärungen, die übereinstimmen
c) Bei einem Kaufvertrag
d) Bei einem Mietvertrag
e) Wenn Angebot und Bestellung übereinstimmen

20. In welchem Fall liegt ein einseitiges Rechtsgeschäft vor?
a) Pacht
b) Leihe
c) Kündigung
d) Einseitiger Handelskauf
e) Bürgschaft

21. Wann beginnt die Rechtsfähigkeit des Menschen?
a) Mit der Geburt
b) Mit 7 Jahren
c) Mit 14 Jahren
d) Mit 18 Jahren
e) Mit 21 Jahren

22. Welches Rechtsgeschäft ist gültig?
a) Ein minderjähriger Auszubildender darf seine Ausbildungsvergütung zur freien Verfügung behalten. Er kauft sich davon ein Rennrad. Die Eltern stimmen dem zu.
b) Ein 17-jähriger Schüler schließt einen Ratenvertrag zum Kauf einer Stereoanlage ab.
c) Ein 16-jähriges Mädchen erhält von ihrer Tante zur Einzahlung auf ihr Sparbuch 400 € geschenkt. Sie kauft sich davon ein Kostüm.
d) Ein 10-jähriger Junge kauft sich von seinem über Monate angesparten Geld eine elektrische Eisenbahn.
e) Ein 5-jähriger Junge kauft sich von seinem Taschengeld eine Tafel Schokolade.

23. Welches Rechtsgeschäft ist nichtig?

a) Die 16-jährige Jutta kauft eine DVD für 19,99 € von ihrer Ausbildungsvergütung.

b) Die 19-jährige Susanne kauft sich ohne Einwilligung der Eltern ein sehr teures Kleid in zwei Monatsraten.

c) Der 18-jährige Rainer kündigt seinen Berufsausbildungsvertrag schriftlich.

d) Die 10-jährige Alica bekommt von ihrer Tante 100,00 € zum Geburtstag geschenkt.

e) Der 10-jährige Benedict kauft von seinem 6-jährigen Freund Phillip ein Spielzeugauto. Den Kaufpreis von 6,00 € entrichtet er von seinem Taschengeld.

24. Welches Rechtsgeschäft kann ein 16-jähriger Schüler ohne Zustimmung bzw. Genehmigung seiner Eltern wirksam abschließen?

a) Kauf eines Farbfernsehers auf Raten

b) Aufnahme eines persönlichen Kredits

c) Abschluss eines Ausbildungsvertrages

d) Annahme eines wertvollen Schmuckes als Geschenk

e) Erwerb und Zulassung eines Kraftfahrzeuges

25. In welchem Lebensalter ist man beschränkt geschäftsfähig?

a) Von 7 bis 18 Jahren

b) Von 7 bis 21 Jahren

c) Von 7 bis 14 Jahren

d) Von 18 bis 21 Jahren

e) Von 14 bis 21 Jahren

26. Beim Abschluss eines Kaufvertrages ist Geschäftsfähigkeit erforderlich. Wann ist man voll geschäftsfähig?

a) Mit 7 Jahren

b) Mit 14 Jahren

c) Mit 16 Jahren

d) Mit 18 Jahren

e) Mit 21 Jahren

27. Der Sohn eines Geschäftsmannes soll das Geschäft seines verstorbenen Vaters übernehmen, ist aber noch nicht voll geschäftsfähig. Mit wie viel Jahren kann das Vormundschaftsgericht ihn für volljährig erklären?

a) Mit 16 Jahren

b) Mit 18 Jahren

c) Mit 20 Jahren

d) Mit 14 Jahren

e) Mit 25 Jahren

28. Ein Einzelhändler verkauft an einen 16-jährigen Kunden ein Kleinkraftrad auf Teilzahlung. Ist der Kauf gültig?

a) Ja, denn der Vertrag wurde schriftlich abgeschlossen

b) Ja, wenn der Kunde die Ratenzahlungen einhalten kann

c) Nein, weil die Einwilligung des gesetzlichen Vertreters fehlt

d) Nein, weil der Kunde zu wenig verdient und die Raten nicht zahlen kann

e) Ja, weil das Kleinkraftrad unter Eigentumsvorbehalt geliefert wird

29. Wann liegt ein zweiseitiges Rechtsgeschäft vor?

a) Bei einer Willenserklärung, die empfangsbedürftig ist

b) Bei einer Willenserklärung, die nicht empfangsbedürftig ist

c) Bei einer Kündigung

d) Bei einem Testament

e) Bei einem Vertrag

30. Auf welche Personen trifft folgender Sachverhalt zu: „Sie können vollkommen selbstständig handeln, müssen aber die Folgen für ihr Tun selbst verantworten."?

a) Personen, die dauernd geisteskrank sind
b) Personen, die das 7. Lebensjahr vollendet haben
c) Personen zwischen 7 und 18 Jahren
d) Personen, die das 18. Lebensjahr vollendet haben
e) Jede rechtsfähige Person

31. Welche Aussage über die Rechtsfähigkeit des Menschen ist richtig?

a) Rechtsfähigkeit ist die Fähigkeit, Träger von Rechten und Pflichten zu sein.
b) Es ist die Fähigkeit, Verträge schon von Geburt an rechtsgültig abschließen zu können.
c) Die Rechtsfähigkeit beginnt mit der Vollendung des 18. Lebensjahres.
d) Die Rechtsfähigkeit besitzen nur juristische Personen.
e) Die Rechtsfähigkeit trifft nur auf Juristen zu.

32. Was ist unter dem Begriff Geschäftsfähigkeit zu verstehen?

a) Träger von Rechten und Pflichten zu sein
b) Haftung für einen verursachten Schaden zu übernehmen
c) Rechtsgeschäfte selbstständig und rechtswirksam vorzunehmen
d) Vor Gericht klagen oder verklagt zu werden
e) Ein Handelsgeschäft zu betreiben

33. Welche Aussage über die Rechts- und Geschäftsfähigkeit ist richtig?

a) Geschäftsfähigkeit ist die Fähigkeit von Personen, Träger von Rechten und Pflichten zu sein.
b) Die Willenserklärung eines beschränkt Geschäftsfähigen bedarf in der Regel der Zustimmung des gesetzlichen Vertreters.
c) Rechtsfähigkeit ist die Fähigkeit, rechtsgeschäftliche Willenserklärungen abzugeben und entgegenzunehmen.
d) Die Willenserklärung eines Geschäftsunfähigen ist anfechtbar.
e) Jede natürliche Person ist von der Geburt bis zum Tode geschäftsfähig.

34. Ordnen Sie zu.

Lebensalter	**Rechtliche Folgen**
a) Mit Vollendung der Geburt	
b) Mit Vollendung des 7. Lebensjahres	[ ] Beginn der beschränkten Geschäftsfähigkeit
c) Mit Vollendung des 12. Lebensjahres	
d) Mit Vollendung des 14. Lebensjahres	[ ] Beginn der Rechtsfähigkeit
e) Mit Vollendung des 16. Lebensjahres	
f) Mit Vollendung des 18. Lebensjahres	[ ] Beginn der vollen Geschäftsfähigkeit
g) Mit Vollendung des 21. Lebensjahres	

35. Welche Aussage über die Geschäftsfähigkeit ist richtig?

a) Die beschränkte Geschäftsfähigkeit beginnt mit dem 6. Lebensjahr.
b) Die beschränkte Geschäftsfähigkeit endet mit dem 16. Lebensjahr.
c) Die beschränkte Geschäftsfähigkeit ermöglicht den Abschluss von Rechtsgeschäften im Rahmen eines Ausbildungsvertrages.
d) Die volle Geschäftsfähigkeit kann nur von natürlichen Personen ausgeübt werden.
e) Die volle Geschäftsfähigkeit ist die staatliche Erlaubnis zum Führen eines Einzelhandelsbetriebes.

36. Welche Aussage über die Rechtsfähigkeit ist richtig?

a) Die Rechtsfähigkeit einer GmbH endet mit der Löschung im Handelsregister.
b) Die Rechtsfähigkeit einer natürlichen Person kann gerichtlich eingeschränkt werden.
c) Die Rechtsfähigkeit einer juristischen Person beginnt mit der Aufnahme der Geschäftstätigkeit.
d) Die Rechtsfähigkeit einer natürlichen Person ist nur bei Volljährigen gewährleistet.
e) Die Rechtsfähigkeit einer natürlichen Person kann durch die Bestellung eines Betreuers beendet werden.

37. Welches Rechtsgeschäft ist unwirksam?

a) Der vierzehnjährige Hans kauft von seinem Taschengeld eine CD zum Preis von 14,50 €.
b) Die achtzehnjährige Carmen kündigt ihr Arbeitsverhältnis.
c) Der sechsjährige Max tauscht mit seinem gleichaltrigen Freund Fritz ein Spielzeugauto.
d) An seinem 18. Geburtstag kauft sich Sven ein Auto für 8 500 €.
e) Der neunjährige Moritz bekommt von seiner Tante ein Sparbuch mit 500 € geschenkt.

38. Der 14-jährige Georg erhält von seiner Tante 800 € geschenkt. Er möchte sich davon ein Fahrrad kaufen. Wie ist die Rechtslage?

a) Georg kann das Geldgeschenk nur mit Zustimmung der Eltern annehmen.
b) Georg darf das Geldgeschenk annehmen. Das Fahrrad kann er jedoch nur kaufen, wenn seine Tante damit einverstanden ist.
c) Da es sich hier um Rechtsgeschäfte handelt (Schenkung, Kauf), die Georg nur rechtliche Vorteile bringen, benötigt er die Zustimmung der Eltern nicht.
d) Georg darf das Geldgeschenk auch gegen den Willen der Eltern annehmen. Zum Fahrradkauf benötigt er jedoch die Zustimmung der Eltern.
e) Sowohl die Schenkung als auch der Kaufvertrag müssen schriftlich vereinbart werden.

39. Mit Vollendung der Geburt wird ein Mensch rechtsfähig. Kann diese Rechtsfähigkeit eingeschränkt werden?

a) Ja, bei Geisteskrankheit
b) Nein, in keinem Fall
c) Ja, bei Verurteilung zu einer Freiheitsstrafe
d) Ja, bei Kindern und Jugendlichen
e) Ja, bei einer Betreuung

40. In welchem Fall ist ein Vertrag anfechtbar?

a) Der Käufer oder der Verkäufer ist geschäftsunfähig.
b) Eine Willenserklärung wurde durch widerrechtliche Drohung erzwungen.
c) Der Vertrag verstößt gegen ein gesetzliches Gebot oder Verbot.
d) Der Kunde hat den zugesagten Kredit bereits überschritten.
e) Der Vertrag wurde nicht in der vom Gesetz vorgeschriebenen Form abgeschlossen.

41. Welche Aussage über anfechtbare Rechtsgeschäfte ist richtig?

a) Anfechtbare Rechtsgeschäfte sind von Anfang an nichtig.
b) Anfechtbare Rechtsgeschäfte sind gültig, solange sie nicht angefochten werden.
c) Jedes Rechtsgeschäft kann erfolgreich angefochten werden.
d) Nur Schein- und Scherzgeschäfte sind anfechtbar.
e) Rechtsgültig abgeschlossene Verträge sind nicht anfechtbar.

42. In welchem Fall kann der Lieferer einen abgeschlossenen Kaufvertrag mit Erfolg anfechten?

a) Wenn er nicht mehr genug Waren auf Lager hat
b) Wenn er die Ware anderweitig günstiger verkaufen kann
c) Wenn er nachträglich feststellt, dass er den geplanten Absatz überschreitet
d) Wenn der Kaufvertrag nicht schriftlich abgeschlossen wurde
e) Wenn er nachträglich feststellt, dass im Angebot ein zu niedriger Preis angegeben wurde

43. Welches Rechtsgeschäft ist anfechtbar?

a) Der Grundstückskaufvertrag wurde nicht von einem Notar beurkundet.
b) Der Käufer hat sich bei Abschluss eines Kaufvertrages bezüglich der bestellten Menge verschrieben.
c) Der Kaufvertrag wurde nur zum Schein geschlossen.
d) Die Willenserklärung des einen Vertragspartners wurde im Zustand der vorübergehenden Störung der Geistestätigkeit abgegeben.
e) Der Käufer war geschäftsunfähig.

44. Welches Rechtsgeschäft kann rechtswirksam angefochten werden?

a) Ein Einzelhändler zahlt trotz der Mahnung des Großhändlers den Rechnungsbetrag für gelieferte Ware nicht.

b) Ein Sechsjähriger kauft ohne Zustimmung der Eltern von seinem gesparten Taschengeld eine CD.

c) Ein Sechzehnjähriger kauft sich auf Raten ein Mofa.

d) Ein langjähriger Mietvertrag wird nur mündlich abgeschlossen.

e) Ein Autohändler verkauft einem Kunden einen Unfallwagen, den er als unfallfreies Auto ausgibt.

45. In welchem Fall ist ein Vertrag nichtig?

a) Wenn der Verkäufer den Käufer arglistig täuscht

b) Wenn ein Kaufvertrag durch Drohung erzwungen wird

c) Wenn der Vertrag gegen gesetzliche Bestimmungen verstößt

d) Wenn im Angebot aufgrund eines Tippfehlers statt 125 € nur 12,50 € für ein Stück angegeben wird

e) Wenn der Abschluss nicht schriftlich bestätigt wird

46. In welchem Fall ist ein abgeschlossener Kaufvertrag nichtig?

a) Bei widerrechtlicher Drohung

b) Bei arglistiger Täuschung

c) Bei Nichteinhaltung einer gesetzlichen Formvorschrift

d) Wenn sich der Lieferer bei der Preisangabe geirrt hat

e) Wenn sich ein 18-Jähriger ohne Zustimmung des gesetzlichen Vertreters ein Auto kauft

47. Ein 17-jähriger Kunde schließt selbstständig einen schriftlichen Teilzahlungsvertrag für ein Farbfernsehgerät ab. Ist dieser Vertrag gültig?

a) Nein, weil der Kunde noch nicht volljährig ist

b) Ja, denn der Vertrag wurde schriftlich abgeschlossen

c) Ja, wenn der Kunde die Ratenzahlung einhalten kann

d) Ja, weil das Farbfernsehgerät unter Eigentumsvorbehalt geliefert wird

e) Nein, weil der Kunde zu wenig verdient, um die Raten zu bezahlen

48. Ein 19-jähriger Auszubildender schließt einen Ratenkaufvertrag ab und entschließt sich nach 4 Tagen, vom Vertrag zurückzutreten. In welchem Gesetz ist dieses Widerrufsrecht geregelt?

a) Gesetz zum Schutze der arbeitenden Jugend

b) Handelsgesetzbuch

c) Einkommensteuergesetz

d) Bürgerliches Gesetzbuch

e) Gesetz zum Schutz der Jugend in der Öffentlichkeit

49. Welche zwei Rechtsgeschäfte kann ein 17-Jähriger ohne Zustimmung seines gesetzlichen Vertreters rechtswirksam vornehmen?

a) Er meldet sich verbindlich zu einer kostenlosen Fortbildungsveranstaltung an.

b) Er nimmt einen Kredit auf, um sich eine Stereoanlage kaufen zu können.

c) Er schließt einen Berufsausbildungsvertrag ab.

d) Er kauft sich einen Computer und bezahlt diesen in Raten.

e) Er schließt einen Bausparvertrag ab.

f) Er kauft sich Fachliteratur im Wert von 100,00 €.

50. Wie wird Eigentum an beweglichen Sachen übertragen?

a) Nur durch Einigung

b) Nur durch Übergabe

c) Durch Einigung und Übergabe

d) Durch Auflassung

e) Durch Eintragung

51. Sie haben einem Kunden eine Fahrradtasche gegen bar verkauft. Wie werden Besitz und Eigentum an der Tasche richtig beschrieben?

a) Besitz und Eigentum an der Tasche sind verschiedene Beschreibungen für denselben Sachverhalt.

b) Durch Übergabe wird der Kunde Eigentümer an der Tasche, durch Einigung und Übergabe wird er Besitzer.

c) Der Kunde kann als Besitzer mit der Tasche nach Belieben verfahren, als Eigentümer kann er das nicht.

d) Besitz ist die tatsächliche Herrschaft über die Tasche, Eigentum die rechtliche Herrschaft über die Tasche.

e) Besitz ist die rechtliche Herrschaft über die Tasche, Eigentum die tatsächliche Herrschaft über die Tasche.

52. Wie wird Eigentum an unbeweglichen Sachen (z. B. Verkauf eines Geschäftshauses) übertragen?

a) Durch mündliche Äußerung des Willens

b) Durch Übertragung

c) Durch Auflassung

d) Durch Einigung und Auflassung

e) Durch Einigung und Eintragung ins Grundbuch

53. Welche Aussage über Eigentum ist richtig?

a) Eigentum an einer Sache ist im Gegensatz zum Besitz nur dann gegeben, wenn die Sache tatsächlich zur Verfügung steht.

b) Wird beim Kauf einer Sache Eigentumsvorbehalt vereinbart, bleibt der Verkäufer im Besitz der Sache.

c) Gestohlene Ware wird Eigentum des Käufers, wenn er diese gutgläubig erworben hat.

d) Die Eigentumsübertragung beim Kauf von beweglichen Sachen erfolgt in der Regel durch Einigung und Übergabe.

e) Das Eigentum an einem Grundstück wird auch auf Grund eines mündlichen Vertrages erworben.

54. Welche Aussage über Besitz und Eigentum ist richtig?

a) Eigentum ist die tatsächliche Herrschaft über eine Sache, Besitz die rechtliche Herrschaft über eine Sache.

b) Eigentum ist die rechtliche Herrschaft über eine Sache, Besitz die tatsächliche Herrschaft über eine Sache.

c) Zwischen Besitz und Eigentum besteht rechtlich kein Unterschied.

d) Eigentum und Besitz können nicht in einer Hand liegen.

e) Der Eigentümer einer Sache muss auch ihr Besitzer sein.

55. In welchem Fall wird Eigentum rechtswirksam übertragen?

a) Erwerb einer gestohlenen Maschine

b) Verpfändung einer Briefmarkensammlung

c) Notariell beglaubigter Immobilienkauf mit Auflassung

d) Von einem Gerichtsvollzieher beurkundeter Immobilienkauf mit Auflassung

e) Notariell beurkundeter Immobilienkauf mit Auflassung und Eintragung ins Grundbuch

56. Was bedeutet nach Artikel 14 des Grundgesetzes die Sozialbindung des Eigentums?

a) Das öffentliche Eigentum untersteht dem besonderen Schutz des Staates.

b) Die Verfügungsmacht des Eigentümers kann nur durch einen jeweiligen besonderen Gerichtsbeschluss eingeschränkt werden.

c) Eigentum verpflichtet. Der Gebrauch des Eigentums soll zugleich dem Wohl der Allgemeinheit dienen.

d) Der Staat darf Privateigentum ohne Entschädigung entziehen, wenn diese Enteignung dem Allgemeinwohl dient.

e) Der Staat setzt bei einer zulässigen Enteignung die zu leistende Entschädigung fest, ohne dass der bisherige Eigentümer im Streitfall über die Entschädigungshöhe ein Gericht anrufen kann.

57. In welchem Fall sind Besitzer und Eigentümer ein und dieselbe Person?

a) Eine Auszubildende leiht sich in der Videothek eine CD aus.
b) Ein Landwirt pachtet das Nachbargrundstück.
c) Ein Unternehmen least für den Reisenden einen PKW.
d) Ein Handelsvertreter kauft für seinen Betrieb einen neuen Schreibtisch.
e) Die Schnäppchenhalle Holzner mietet eine weitere Lagerhalle.

58. Besitzer und Eigentümer eines Grundstücks sind zwei unterschiedliche Personen. Welche Aussage ist richtig?

a) Der Besitzer darf das Grundstück verkaufen.
b) Der Besitzer hat die rechtliche Herrschaft über das Grundstück.
c) Der Besitzer darf das Grundstück verpfänden.
d) Der Eigentümer darf das Grundstück durch Aufnahme von Hypotheken belasten.
e) Der Eigentümer hat die tatsächliche Herrschaft über das Grundstück.

59. Welcher Vertrag verpflichtet zur Übertragung des Eigentums und des Besitzes an der Sache?

a) Der Pfandvertrag
b) Der Mietvertrag
c) Der Leihvertrag
d) Der Kaufvertrag
e) Der Pachtvertrag

60. Ordnen Sie zu.

Begriffsbestimmungen

a) Fähigkeit, Träger von Rechten und Pflichten zu sein
b) Befähigung, selbstständig ein Handelsgewerbe führen zu können
c) Fähigkeit, Rechtsgeschäfte rechtswirksam vornehmen zu können
d) Rechtliche Verfügungsgewalt über eine Sache
e) Tatsächliche Verfügungsgewalt über eine Sache
f) Vereinigung mit eigener Rechtspersönlichkeit

Rechtsbegriffe

[ ] Geschäftsfähigkeit
[ ] Eigentum
[ ] Juristische Person

61. Welche Aussage über die Rechtswirksamkeit der Willenserklärungen eines 15-Jährigen ist richtig?

a) Er kann ohne Zustimmung des gesetzlichen Vertreters einen Ratenkauf abschließen.
b) Er kann ohne Zustimmung des gesetzlichen Vertreters ein Ausbildungsverhältnis eingehen.
c) Er kann gegen den Willen des gesetzlichen Vertreters die ihm geschenkte Stereoanlage veräußern, weil sie sein Eigentum ist.
d) Er kann gegen den Willen des gesetzlichen Vertreters einen Taschenrechner kaufen, wenn er den Kaufpreis mit seinem Taschengeld bar bezahlt.
e) Er kann gegen den Willen des gesetzlichen Vertreters eine Urlaubsreise buchen, wenn er sie zur Hälfte mit geschenktem Geld finanziert.

62. Welche Aussage zur Rechtswirksamkeit abgegebener Willenserklärungen ist richtig?

a) Ein Sechsjähriger kann mit Einwilligung seines gesetzlichen Vertreters einen Kaufvertrag wirksam abschließen.
b) Ein Sechsjähriger kann nicht als Bote die zum Abschluss eines Kaufvertrages fehlende Willenserklärung seines gesetzlichen Vertreters überbringen.
c) Ein Elfjähriger kann ohne Einwilligung des gesetzlichen Vertreters einen Ratenkauf tätigen, wenn er die Zahlungen aus seinem Taschengeld bestreiten will.
d) Ein von einem Elfjährigen ohne Einwilligung des gesetzlichen Vertreters geschlossener Vertrag ist rechtswirksam, wenn der Elfjährige lediglich einen rechtlichen Vorteil aus dem Vertrag zieht.
e) Ein von einem Elfjährigen ohne Einwilligung des gesetzlichen Vertreters geschlossener Vertrag ist auch dann nicht rechtswirksam, wenn der gesetzliche Vertreter ihn nachträglich genehmigt.

63. In welchem Fall handelt es sich um ein Rechtsgeschäft, das durch eine einseitig empfangsbedürftige Willenserklärung zustande kommt?

a) Ein Arbeiter kündigt sein Arbeitsverhältnis fristgemäß.
b) Ein Unternehmer nimmt ein Darlehen bei der Bank auf.
c) Ein Familienvater schreibt ein Testament.
d) Ein Auszubildender leiht sich ein Buch aus.
e) Ein Kind erhält ein Schenkungsversprechen.

64. Welche Willenserklärung ist gültig?

a) Eine Willenserklärung eines Geschäftsunfähigen
b) Eine Willenserklärung, in der ein Minderjähriger sein Arbeitsverhältnis kündigt
c) Eine Willenserklärung, die gegen die Vorschrift verstößt
d) Eine Willenserklärung, die scherzhaft abgegeben wurde
e) Eine Willenserklärung, die zum Schein abgegeben wurde

65. Welche Willenserklärung hat bereits rechtliche Wirkung, ohne empfangsbedürftig zu sein?

a) Kündigung
b) Angebot
c) Testament
d) Bestellung
e) Schenkung

66. Sie sollen einem neuen Auszubildenden das Wesen der Rechtsgeschäfte erklären. Welche Aussage über das Zustandekommen von Rechtsgeschäften ist richtig?

a) Die Kündigung ist ein einseitiges Rechtsgeschäft; die Willenserklärung ist empfangsbedürftig.
b) Das Testament ist ein zweiseitiges Rechtsgeschäft; die Willenserklärung ist empfangsbedürftig.
c) Ein Rechtsgeschäft kann wegen mangelnder Geschäftsfähigkeit eines Beteiligten angefochten werden.
d) Arglistige Täuschung beim Vertragsabschluss führt zur Nichtigkeit eines Rechtsgeschäftes.
e) Für die Wirksamkeit eines Rechtsgeschäftes sind immer zwei übereinstimmende Willenserklärungen erforderlich.

67. In welchem Fall handelt es sich um einen bürgerlichen Kauf?

a) Die Ehefrau eines Fabrikanten verkauft ihren Privatwagen an ihren Schwager.
b) Die Stadtverwaltung beschafft für die Schule Schreibtische.
c) Ein Lebensmittelhändler kauft für seinen privaten Bedarf bei einer Winzergenossenschaft 200 Flaschen Wein.
d) Ein Auszubildender kauft einen Arbeitsanzug in einem Fachgeschäft.
e) Ein Fotofachgeschäft verkauft gebrauchte Fotoapparate an ausgesuchte Stammkunden.

68. Welches Rechtsgeschäft ist ein Handelskauf im Sinne des HGB?

a) Eine Kollegin kauft in Ihrer Abteilung einen Sportanzug.
b) Eine Kundin kauft in Ihrem Warenhaus ein Paar Turnschuhe.
c) Sie kaufen im Auftrag Ihres Ausbildungsbetriebes bei der Einkaufsorganisation Global-Sport einen Sonderposten Ski-Pullover.
d) Als Mitarbeiter des Warenhauses Peter Kolb OHG verkaufen Sie Sportausrüstungen an den örtlichen Skiclub e.V.
e) Herr Oberpriller verkauft privat seinen gebrauchten Tennisschläger an seinen Freund.

69. In welchem Fall handelt es sich um einen zweiseitigen Handelskauf?

a) Ein Auszubildender kauft in einem Fachgeschäft einen Anzug.
b) Ein Lebensmittelfilialunternehmen kauft bei einer Winzergenossenschaft Wein.
c) Ein Angestellter verkauft einem Kollegen einen gebrauchten Fotoapparat.
d) Die Stadtverwaltung beschafft für die Berufsschule Videokassetten.
e) Ein Fabrikant kauft für den privaten Weinkeller bei einem Winzer 50 Flaschen Wein.

70. In welchen Fällen handelt es sich um einen einseitigen Handelskauf (drei Antworten)?
a) Ein Kunde kauft bei einem Einzelhändler.
b) Ein Unternehmer kauft einen gebrauchten PKW von einem Privatmann.
c) Ein Einzelhändler erhält Ware vom Großhändler.
d) Ein Privatmann verkauft seinem Freund einen gebrauchten Fernseher.
e) Ein Auszubildender kauft in seinem Ausbildungsbetrieb Arbeitskleidung.

71. In welchem Fall liegt ein Verbrauchsgüterkauf vor?
a) Ein Einzelhändler bestellt Südfrüchte bei einem Importeur in Hamburg.
b) Ein Einzelhändler bestellt nach einer Weinprobe Wein für sein Feinkostgeschäft.
c) Frau Meier, die Angestellte des Einzelhändlers, verkauft ihrem Nachbarn Äpfel aus dem eigenen Garten.
d) Ein Einzelhändler bezieht Dekorationsmaterial bei einem Großhändler am gleichen Ort.
e) Ein Einzelhändler verkauft Früchte an eine Kundin.

72. In welchem Fall liegt ein zweiseitiger Handelskauf vor?
a) Beide Vertragspartner sind geschäftsfähig und der Kauf dient privaten Zwecken.
b) Beide Vertragspartner sind Kaufleute und der Kauf dient geschäftlichen Zwecken.
c) Einer der beiden Vertragspartner ist Kaufmann und der Kauf dient geschäftlichen Zwecken.
d) Beide Vertragspartner sind Privatpersonen und der Kauf dient privaten Zwecken.
e) Beide Vertragspartner sind Kaufleute und der Kauf dient privaten Zwecken.

73. In welchem Fall handelt es sich um einen bürgerlichen Kauf?
a) Die Stadtverwaltung beschafft für die Schule Schreibtische.
b) Ein Fabrikant verkauft seinen Privatwagen an seinen Schwager.
c) Ein Lebensmittelhändler kauft für seinen privaten Bedarf bei einer Winzergenossenschaft 200 Flaschen Wein.
d) Ein Auszubildender kauft einen Arbeitsanzug in einem Fachgeschäft.
e) Ein Fotofachgeschäft verkauft gebrauchte Fotoapparate an ausgesuchte Stammkunden.

74. Welche Aussage zum Kaufvertrag ist richtig?
a) Waren hat der Verkäufer im Zweifel auf seine Gefahr und Kosten dem Käufer zu übersenden.
b) Der Eigentumsvorbehalt ist auch wirksam, wenn er nicht ausdrücklich vereinbart wurde.
c) Ist keine Vereinbarung über die Beschaffenheit des eingekauften Rohstoffes getroffen, hat der Lieferer Rohstoffe zu liefern, die sich zur gewöhnlichen Verwendung eignen und eine Beschaffenheit aufweisen, die üblich ist und der Käufer nach der Art der Sache erwarten kann.
d) Ist für die Übernahme der Bezugskosten an einen anderen Ort als den Erfüllungsort keine Vereinbarung getroffen, gilt die Klausel „frachtfrei".
e) Der vertragliche Erfüllungsort richtet sich nach dem Gerichtsstand des Schuldners.

75. Der Einzelhändler Müller bestellt per Fax beim Großhändler Meier 40 Kartons Forellen zur Lieferung am nächsten Morgen. In welchem Fall kommt ein Kaufvertrag zustande?
a) Großhändler Meier kündigt per Fax die Lieferung von 35 Kartons Forellen für den nächsten Morgen und Restlieferung für 14.00 Uhr an.
b) Großhändler Meier bestätigt die 40 Kartons telefonisch für 14.00 Uhr.
c) Großhändler Meier schreibt einen Expressbrief mit der Lieferzusage von 40 Kartons. Der Brief wird am Nachmittag des nächsten Tages zugestellt.
d) Per E-Mail bestätigt Großhändler Meier die Lieferung einer ähnlichen Fischart.
e) Großhändler Meier liefert am nächsten Morgen 40 Kartons ohne vorherige Information an den Einzelhändler Müller, der die Lieferung annimmt.

76. Ein Kaufvertrag entsteht durch zwei inhaltlich übereinstimmende Willenserklärungen. In welchem Fall ist dieser Sachverhalt gegeben?

	1. Schritt	**2. Schritt**
a)	Befristetes Angebot	Bestellung innerhalb der angegebenen Frist
b)	Freibleibendes Angebot	Bestellung
c)	Bestellung	Auftragsbestätigung mit Einschränkungen
d)	Anfrage	Verbindliches Angebot
e)	Zeitungsanzeige für Spezialmaschine	Bestellung

Wirtschafts- und Sozialkunde

77. Welche Formvorschriften gelten beim Abschluss eines Kaufvertrages?

a) Kaufverträge über 100.000,00 € müssen notariell beurkundet werden.
b) Grundsätzlich bestehen für Kaufverträge keine Formvorschriften.
c) Der Kaufvertrag muss schriftlich abgeschlossen werden, wenn der Kaufgegenstand einen Wert von über 100.000,00 € hat.
d) Der Kaufvertrag bedarf der Schriftform, wenn sich Käufer und Verkäufer noch nicht in allen Punkten geeinigt haben.
e) Jeder Kaufvertrag muss schriftlich abgeschlossen werden; ansonsten ist er ungültig, weil die Beweiskraft fehlt.

78. In welchem Fall ist ein Kaufvertrag zustande gekommen?

a) Der Lieferer unterbreitet dem Käufer auf dessen Anfrage ein Angebot.
b) Der Lieferer sendet dem Käufer auf dessen Bestellung eine entsprechende Auftragsbestätigung.
c) Der Käufer bestellt aufgrund einer Zeitungsanzeige.
d) Der Käufer bestellt aufgrund eines freibleibenden Angebots.
e) Die Bestellung des Käufers wird vom Lieferer unter Angabe erhöhter Preise bestätigt.
f) Der Lieferer sendet aufgrund einer telefonischen Anfrage eine Auftragsbestätigung an den Käufer.

79. Welche Aussage über die Erfüllung eines Kaufvertrages ist richtig, wenn keine vertragliche Regelungen bestehen?

a) Der Käufer muss im Zweifel auf seine Gefahr und seine Kosten dem Verkäufer Geld übermitteln.
b) Der Käufer muss im Zweifel Geld an den Wohnsitz des Verkäufers überbringen.
c) Der Verkäufer muss im Zweifel auf seine Gefahr und seine Kosten dem Käufer Waren zuschicken.
d) Der Verkäufer muss im Zweifel am Wohnsitz des Käufers Geld abholen.
e) Der Verkäufer muss im Zweifel dem Käufer Waren an dessen Wohnsitz überbringen.

80. Welche Aussage zum Verpflichtungs- bzw. Erfüllungsgeschäft ist richtig?

a) Das Verpflichtungsgeschäft muss schriftlich abgeschlossen werden.
b) Das Verpflichtungsgeschäft legt die Rechte und Pflichten der Vertragspartner fest.
c) Das Erfüllungsgeschäft muss gleichzeitig mit dem Verpflichtungsgeschäft erfolgen.
d) Das Erfüllungsgeschäft legt die Rechte und Pflichten der Vertragspartner fest.
e) Das Erfüllungsgeschäft ist ein einseitiges Rechtsgeschäft.

81. In welchem Fall kommt ein rechtswirksamer Kaufvertrag zustande?

a) Ein Verkäufer schickt unaufgefordert ein besonders günstiges Angebot, der Kunde bestellt umgehend zu den genannten Bedingungen.
b) Ein Privatmann nimmt vom Briefträger ein Päckchen an, in dem sich unbestellte Ware befindet.
c) Ein Kunde bestellt aufgrund einer detaillierten Werbeanzeige in der Tageszeitung.
d) Ein Kaufmann bestellt Ware zum bisherigen Preis, der Verkäufer liefert die Ware zum erhöhten Neupreis.
e) Ein Kunde schickt eine Anfrage und erhält daraufhin ein detailliertes Angebot.

82. Welche Aussage zur ordnungsgemäßen Erfüllung eines Kaufvertrages ist richtig?

a) Der Käufer darf die Annahme der vertragsgemäß gelieferten Ware verweigern.
b) Der Käufer zahlt den vereinbarten Kaufpreis.
c) Der Verkäufer ist beim Verkauf von Sachen verpflichtet, dem Käufer die tatsächliche, nicht die rechtliche Herrschaft über eine Sache zu verschaffen.
d) Das Erfüllungsgeschäft umfasst Abschluss und Erfüllung des Kaufvertrages.
e) Der Kaufvertrag wird durch das Verpflichtungsgeschäft erfüllt.

83. In welchem Fall ist ein rechtswirksamer Vertrag zustande gekommen?

a) Ein 17-Jähriger schließt mit dem Auszubildenden einen Ausbildungsvertrag ab.
b) Bei einem Grundstück wird ein Kaufpreis von 40.000,- € vereinbart. Bei der notariellen Beurkundung wird nur ein Betrag von 20.000,- € angegeben.
c) In eine Bestellung wird aus Versehen 200 Stück statt 20 eingesetzt. Der Lieferer sendet daraufhin die 200 Stück.
d) Ein Kaufmann erhält telefonisch ein günstiges Angebot. Einen Tag später bestellt er die Ware. Der Anbieter lehnt die Lieferung ab.
e) Ein Nicht-Kaufmann verbürgt sich mündlich zur Sicherung eines Kredites für einen Freund.

84. Welche beiden Willenserklärungen führen zum Abschluss eines Kaufvertrags?

	1. Willenserklärung:	2. Willenserklärung:
a)	Anfrage	Bestellung
b)	Bestellung	Angebot
c)	Unverlangte Lieferung	Bezahlung
d)	Verbindliches Angebot	Lieferung
e)	Freibleibendes Angebot	Bestellung
f)	Angebot ohne Freizeichnungsklausel	Auftragsbestätigung

85. In welchem Fall handelt es sich um einen Kaufvertrag?

a) Inhalt des Vertrages ist die Veräußerung von Sachen oder Rechten gegen Entgelt.
b) Inhalt des Vertrages ist die Herstellung einer Sache oder Erbringung einer Leistung gegen Entgelt.
c) Inhalt des Vertrages ist die entgeltliche Überlassung von Sachen zum Gebrauch.
d) Inhalt des Vertrages ist die Leistung von Diensten gegen Entgelt.
e) Inhalt des Vertrages ist die entgeltliche Überlassung von Geld oder anderen vertretbaren Sachen bei späterer Rückgabe.
f) Inhalt des Vertrages ist die Herstellung einer Sache gegen Entgelt, wobei der Hersteller auch die Materialien dazu liefert.

86. Welches Rechtsgeschäft ist weder anfechtbar noch nichtig?

a) Bei einem Versandhaus wird eine vergoldete Uhr bestellt. Versehentlich wird zum gleichen Preis eine goldene Uhr geliefert und vom Besteller angenommen.
b) Ein Gebrauchtwagenhändler verkauft wissentlich einen als unfallfrei bezeichneten Unfallwagen.
c) Ein Bankkunde kauft 20 X-Aktien in der Erwartung, dass der Kurs steigt. Der Kurs fällt jedoch.
d) Ein Hauseigentümer verkauft sein Haus. Der Kaufvertrag wird von einem Makler beurkundet.
e) Ein kaufmännischer Angestellter erhält eine wertvolle Briefmarkensammlung geschenkt. Zur Umgehung der Schenkungssteuer wird ein Kaufvertrag abgeschlossen.

87. Ordnen Sie zu.

Rechtshandlungen

a) Ein Kunde bestellt aufgrund eines unverbindlichen Angebotes und erhält eine Auftragsbestätigung.
b) Ein Kunde bestellt einen Artikel aufgrund einer Zeitungsanzeige.
c) Ein Händler verkauft einem 17-Jährigen eine Stereoanlage. Die Genehmigung der Eltern steht noch aus.
d) Ein Kunde hat in einem Kaufvertrag die Bestellnummer 081 mit der Stückzahl 123 verwechselt.
e) Ein Fünfjähriger kauft sich ein Spielzeug.
f) Ein Kunde sendet eine vom Angebot abweichende Bestellung.

Rechtliche Auswirkungen

[ ] Vertrag ist anfechtbar
[ ] Vertrag ist nichtig
[ ] Vertrag ist rechtswirksam

88. In welchem Fall ist das Rechtsgeschäft anfechtbar?

a) Ein 17-Jähriger verfasst ein handschriftliches Testament gegen den Willen der Eltern.
b) Ein Autokäufer unterschreibt einen Kaufvertrag, in dem irrtümlich ein Kaufpreis von 32.000,00 € anstatt 23.000,00 € angegeben ist.
c) Ein Wertpapierkäufer kauft Aktien in irrtümlicher Erwartung eines steigenden Kurses.
d) Ein Schüler kauft sich eine Stereoanlage im Wert von 2.000,00 €. Die Genehmigung der Eltern steht noch aus.
e) Ein Mietvertrag für eine Wohnung mit einer Laufzeit von drei Jahren wird mündlich abgeschlossen.

89. Welches Rechtsgeschäft ist anfechtbar?

a) Ein Münzsammler kauft eine Münze in der irrtümlichen Erwartung, dass die Preise steigen.
b) Ein 16-jähriger Schüler kauft ein Mokick, obwohl die Zustimmung des gesetzlichen Vertreters verweigert wird.
c) Ein Nichtkaufmann verbürgt sich mündlich für einen Geschäftsfreund.
d) Beim Kauf eines Gebrauchtwagens wird trotz Nachfrage vom Verkäufer absichtlich verschwiegen, dass es sich um einen Unfallwagen handelt.
e) In einem Mietvertrag mit einem Studenten ist ein Mietpreis vereinbart, der die ortsübliche Miete um das Dreifache übersteigt.

90. Welches Rechtsgeschäft ist anfechtbar?

a) Ein 17-jähriger Schüler hebt als Bevollmächtigter seines Vaters 1.000 € von dessen Konto ab.

b) Ein wegen Verschwendungssucht entmündigter 45-jähriger Mann kauft 30 CD´s.

c) Eine 15-jährige Schülerin kauft von ihrem Taschengeld einen DVD-Player im Werte von 135,00 €.

d) Eine 20-jährige Auszubildende will 5 XY-Aktien kaufen, setzt aber in den Auftragsvordruck 50 Stück ein.

e) Ein 17-jähriger Schüler schließt einen Berufsausbildungsvertrag ab.

91. Ordnen Sie zu.

Vertragssituationen

a) Ein Student unterschreibt bei einem Zeitschriftenwerber eine Bestellung für eine Zeitschrift, ohne die Bezugsbedingungen zu lesen. Er meint, er könne die Zeitschrift jederzeit abbestellen. Später stellt er fest, dass er die Zeitschrift mindestens für ein Jahr abnehmen muss.

b) Ein Lieferer bietet eine Ware schriftlich für 15 € statt für 51 € (Schreibfehler) an. Der Kunde bestellt 10 Stück zu 15 €. Daraufhin bemerkt die Sachbearbeiterin den Fehler und ruft bei dem Kunden an.

c) Der Eigentümer eines Wochenendhauses verkauft das Haus an einen Interessenten für 30.000 €. Der Vertrag wird von beiden schriftlich abgeschlossen und unterschrieben. Der Käufer zahlt 20.000 € an, den Rest verweigert er wegen nachträglich festgestellter Baumängel.

d) Ein Autohändler veranlasst einen Kunden, einen Kaufvertrag für ein neues Auto zu unterschreiben. Andernfalls will er die Versicherung informieren, dass der Kunde für die Reparatur des Unfallschadens eine überhöhte Rechnung eingereicht hat.

e) Ein Gemüsehändler bestellt bei seinem Großhändler zum Wochenende wesentlich mehr Obst und Gemüse als sonst, weil er mit erheblich größerer Nachfrage rechnet. Er irrt sich. Einen großen Teil der verderblichen Waren hat er bis Samstagnachmittag noch nicht verkauft.

f) Ein Gebrauchtwagenhändler verkauft ein Auto als unfallfrei, obwohl er wusste, dass der vorherige Halter einen Unfall hatte.

g) Ein Rechtsanwalt kauft bei seiner Bank Gold, weil er annimmt, dass der Goldpreis in nächster Zeit erheblich steigen wird. Er hofft, dadurch ein gutes Geschäft zu machen. Leider hat er sich geirrt; der Goldpreis geht sogar zurück.

Gründe der Anfechtbarkeit

[ ] Irrtum in der Erklärung

[ ] Arglistige Täuschung

[ ] Widerrechtliche Drohung

92. Welche Aussage über den Kaufvertrag ist richtig?

a) Die Einigung der Vertragspartner wird als Erfüllungsgeschäft bezeichnet.

b) Die Übergabe einer beweglichen Sache wird als Verpflichtungsgeschäft bezeichnet.

c) Für Kaufverträge über unbewegliche Sachen gibt es keine Formvorschriften.

d) Ein Kaufvertrag, der gegen ein Gesetz verstößt, ist anfechtbar.

e) Ein Kaufvertrag über eine bewegliche Sache ist aufgrund eines Erklärungsirrtums eines Vertragspartners anfechtbar.

93. Welche Aussage über anfechtbare Rechtsgeschäfte bzw. Willenserklärungen ist richtig?

a) Die Willenserklärung eines Geschäftsfähigen ist anfechtbar.

b) Anfechtbare Rechtsgeschäfte sind bis zur Anfechtung zunächst gültig.

c) Willenserklärungen, die zum Schein abgegeben werden, sind anfechtbar.

d) Rechtsgeschäfte, die gegen ein gesetzliches Verbot verstoßen, sind anfechtbar.

e) Anfechtbare Rechtsgeschäfte sind von vornherein nichtig.

94. Herr Krause will bei einem Winzer 50 Flaschen Wein bestellen. Durch einen Tippfehler lautet die Bestellung über 500 Flaschen. Die 500 Flaschen werden geliefert. Wie ist die Rechtslage?

a) Der Vertrag ist nicht zustande gekommen.

b) Herr Krause kann den Vertrag anfechten.

c) Es liegt ein Mangel vor, den Herr Krause entsprechend den Vorschriften über die Mängelrüge beanstanden kann.

d) Herr Krause muss die 500 Flaschen in jedem Fall abnehmen.

e) Es liegt ein Formfehler vor, der zum Rücktritt vom Vertrag berechtigt.

95. Welches Rechtsgeschäft ist von Anfang an nichtig?

a) Bei einem Angebot wird als Preis statt 50,00 € je Stück durch Verschreiben 5,00 € je Stück angegeben.

b) Ein Käufer wird widerrechtlich durch Drohung zur Unterzeichnung eines Kaufvertrages gezwungen.

c) Ein Käufer schließt einen Kaufvertrag ab, wird dabei aber arglistig getäuscht.

d) Ein 17-jähriger Auszubildender schließt einen Ratenkauf über 5.000,00 € ab. Die Eltern versagen die Genehmigung.

e) Durch falsche Übermittlung werden einem kleinen Industriebetrieb für den Eigenbedarf statt 10 Elektromotoren 100 Elektromotoren geliefert.

96. Welche Aussage zu Rechtsgeschäften ist richtig?

a) Rechtsgeschäfte können nicht von juristischen Personen geschlossen werden, da diese keine Rechtsfähigkeit besitzen.

b) Rechtsgeschäfte können nur von voll geschäftsfähigen Personen geschlossen werden.

c) Ein Testament ist ein zweiseitiges Rechtsgeschäft.

d) Umfangreiche Rechtsgeschäfte müssen immer durch einen Notar beglaubigt werden.

e) Ein Rechtsgeschäft, das infolge arglistiger Täuschung zustande gekommen ist, kann angefochten werden.

97. In welchem Fall ist ein Vertrag anfechtbar?

a) Der Vertrag verstößt gegen ein gesetzliches Gebot oder Verbot.

b) Der Vertrag wurde nicht in der vom Gesetz vorgeschriebenen Form abgeschlossen.

c) Eine Willenserklärung wurde durch widerrechtliche Drohung oder durch Nötigung erzwungen.

d) Der Käufer hat in der Zwischenzeit ein günstigeres Angebot erhalten.

e) Der Käufer oder der Verkäufer ist nicht geschäftsfähig.

98. Welche Erklärungen müssen übereinstimmen, damit ein Kaufvertrag zustande kommt?

a) Eine bestimmte Anfrage und eine Bestellung

b) Eine allgemeine Anfrage und eine Bestellung

c) Ein festes Angebot und eine Bestellung

d) Ein freibleibendes Angebot und eine Bestellung

e) Eine Bestellung und eine Rechnung

99. In welchem Fall ist ein Kaufvertrag zustande gekommen?

a) Ein Käufer bestellt auf ein freibleibendes Angebot.

b) Ein Käufer bestellt auf ein verbindliches Angebot.

c) Ein Käufer bestellt auf ein verbindliches Angebot, ändert aber die Bedingung „unfrei" in „frei Haus" um.

d) Ein Lieferant, mit dem wir keine Geschäftsbeziehung haben, schickt unbestellte Ware.

e) Ein Käufer bestellt auf ein Angebot mit dem Vermerk „Ohne Obligo".

100. Ein Kaufvertrag entsteht durch Antrag und Annahme. In welchem Fall handelt es sich um einen Antrag des Verkäufers?

a) Werbung für eine Ware durch die Zeitung

b) Im Schaufenster dekorierte Ware mit Preisschildern

c) Postwurfsendung mit Hinweis auf besonders preiswerte Artikel

d) Auf Plakaten abgebildete Ware mit Angabe der Preise

e) Persönliches Anschreiben an einen Kunden mit genauer Artikelbezeichnung und Preisangabe

101. Welche Voraussetzung muss vorliegen, damit ein rechtswirksamer Kaufvertrag zustande kommt?

a) Anfrage und Angebot

b) Übergabe der Ware

c) Zwei übereinstimmende Willenserklärungen

d) Ein Verkaufsgespräch

e) Das Ausfüllen von Formularen

Wirtschafts- und Sozialkunde

102. In welchem Fall gilt der Kaufvertrag als geschlossen?

a) Wenn eine Anfrage erfolgt ist
b) Wenn die Ware geliefert oder übergeben wurde
c) Wenn eine Bestellung abgegeben wurde
d) Wenn beide Partner ihre Pflichten aus dem Kaufvertrag erfüllt haben
e) Wenn Angebot und Bestellung übereinstimmen

103. Ein Kunde hat sich für eine bestimmte Ware entschieden. Nach der Bezahlung wird sie dem Kunden ausgehändigt. Wann ist der Kaufvertrag zustande gekommen?

a) Mit der Bezahlung an der Kasse
b) Mit Ausschreibung des Kassenzettels
c) Mit Aushändigung der Ware am Packtisch
d) Mit der Äußerung des Kunden, diese Ware zu kaufen
e) Mit dem Verlassen des Geschäftes

104. In welchem Fall kommt ein Kaufvertrag rechtsgültig zustande?

a) Wenn der Verkäufer ein Angebot macht
b) Wenn der Käufer Ware bestellt
c) Wenn der Verkäufer unbestellte Ware per Nachnahme verschickt und der Käufer diese einlöst
d) Nur wenn mehrere Zeugen anwesend sind
e) Wenn der Verkäufer die Ware geliefert und der Käufer die Ware bezahlt hat

105. Ein Kunde leistet eine Anzahlung auf eine gekaufte Ware, will diese aber am nächsten Tag nicht mehr haben und verlangt sein Geld zurück. Wie ist die Rechtslage?

a) Der Kunde hat Anspruch auf Rückerstattung des Geldes, da er keine Gegenleistung dafür erhalten hat.
b) Der Einzelhändler kann auf Abnahme der Ware und Restzahlung bestehen.
c) Der Einzelhändler kann nicht auf Abnahme der Ware bestehen, darf aber den Anzahlungsbetrag einbehalten als Ausgleich für entgangenen Gewinn.
d) Dem Kunden muss eine Ware seiner Wahl im Wert der Anzahlung ausgehändigt werden.
e) Der Kaufvertrag wurde durch den Widerruf am nächsten Tag nichtig.

106. Was besagt der Grundsatz der Vertragsfreiheit?

a) Alle Menschen können rechtswirksam Verträge abschließen.
b) Nur voll Geschäftsfähige können Verträge abschließen.
c) Jedem Vertragspartner ist es frei gestellt, einen geschlossenen Vertrag jederzeit zu widerrufen.
d) Alle Verträge müssen in Schriftform abgeschlossen werden.
e) Vertragsinhalte können beliebig ausgestaltet werden, soweit nicht gesetzliche Vorschriften entgegen stehen.

107. Was bedeutet der Begriff Vertragsfreiheit?

a) Es kann jeder beliebige Vertrag rechtswirksam von jedem abgeschlossen werden.
b) Jeder Mensch, der rechtsfähig ist, kann rechtsgültige Kaufverträge schließen.
c) Bei unserer Wirtschaftsordnung kann im Allgemeinen der Vertragspartner frei gewählt werden.
d) Jeder Mensch, der volljährig ist, hat das Recht, mit einem Partner Verträge abzuschließen, auch wenn dieser nicht dazu bereit ist.
e) Auch staatliche Monopolunternehmen können ihre Vertragspartner frei wählen.

108. Welche Aussage über die Vertragsfreiheit ist richtig?

a) Jeder abgeschlossene Vertrag ist wirksam.
b) Der Grundsatz der Vertragsfreiheit ist nur für Vollgeschäftsfähige anwendbar.
c) Verträge können im Rahmen der Rechtsordnung nach dem freien Willen der Vertragspartner gestaltet werden.
d) Jeder Vertrag kann formfrei abgeschlossen werden.
e) Alle Menschen können rechtswirksam Verträge abschließen.

109. Welche Aussage über die Vertragsfreiheit ist zutreffend?

a) Sie erlaubt den Vertragspartnern, den Inhalt eines geschlossenen Vertrages nach eigenem Ermessen auszulegen.

b) Sie erlaubt den Vertragspartnern immer, die Form des zu schließenden Vertrages frei zu wählen.

c) Die Bestimmungen des BGB zu den Allgemeinen Geschäftsbedingungen (AGB) schränken die Vertragsfreiheit zu Lasten des Einzelhändlers ein.

d) Nur zwischen voll geschäftsfähigen Vertragspartnern herrscht Vertragsfreiheit.

e) Nur beim zweiseitigen Handelskauf herrscht Vertragsfreiheit.

110. Eine Rechnung enthält den Vermerk: „Die Ware bleibt bis zur restlosen Bezahlung mein Eigentum." Wie ist dies rechtlich zu beurteilen, wenn im Kaufvertrag darüber nichts vereinbart wurde?

a) Der Eigentumsvorbehalt kann nur bei Ratenkäufen vereinbart werden.

b) Diese Mitteilung ist rechtsverbindlich.

c) Der Kaufvertrag ist nichtig.

d) Der Vermerk auf der Rechnung hat keine rechtliche Wirkung.

e) Die Ware darf erst weiterverkauft werden, wenn die Liefererrechnung beglichen ist.

111. Warum behält sich der Einzelhändler beim Verkauf von Waren gegen Teilzahlung das Eigentum an der Ware solange vor, bis der Kunde die Ware bezahlt hat?

a) Weil der Käufer dann nicht in Zahlungsverzug geraten kann

b) Weil der Kaufvertrag erst nach Bezahlung aller Raten zustande kommt

c) Weil die Ware erst nach Zahlung an den Käufer übergeben werden muss

d) Weil das Risiko des Forderungsverlustes beim Warenverkauf auf Raten vermindert wird

e) Weil die Anzahlung eine erhebliche Sicherheit bietet

112. Eine Ware, die unter Eigentumsvorbehalt geliefert wurde, wird nicht bezahlt. Welche Maßnahme wird der Einzelhändler ergreifen?

a) Der Lieferer verlangt die sofortige Herausgabe der Ware durch den Gerichtsvollzieher.

b) Der Lieferer kann nichts unternehmen, da der Käufer mit der Übergabe der Ware deren Eigentümer wird.

c) Der Lieferer kann den Kaufvertrag anfechten.

d) Der Lieferer tritt nach erfolgloser Nachfristsetzung vom Kaufvertrag zurück und fordert die Herausgabe der Ware.

e) Der Lieferer beantragt sofort beim Amtsgericht einen Vollstreckungsbescheid.

113. Welches Recht wird dem Einzelhändler durch den Eigentumsvorbehalt eingeräumt?

a) Aussonderungsrecht bei Insolvenz des Käufers

b) Recht auf Rücktritt vom Kaufvertrag

c) Recht auf Umtausch

d) Recht auf Pfändung

e) Recht auf Minderung

114. Wann liegt eine Sicherungsübereignung vor?

a) Der Besitz und das Eigentum an einer Sache werden bis zur Kreditrückzahlung auf den Gläubiger übertragen.

b) Das Eigentum an einem Gegenstand wird auf den Gläubiger übertragen; der Schuldner bleibt der Besitzer.

c) Der Gläubiger übernimmt entbehrliche Sachen in Verwahrung; nach Bezahlung der Schuld händigt er sie dem Schuldner aus.

d) Der Besitz einer Sache wird auf den Gläubiger übertragen.

e) Der Schuldner übergibt dem Gläubiger einen Teil seines Geschäftsvermögens zur Sicherheit.

115. Im Kaufvertrag wird Eigentumsvorbehalt vereinbart. Was bedeutet dies?

a) Die Ware bleibt bis zur vollständigen Bezahlung beim Lieferer.

b) Der Käufer wird erst Besitzer der Ware, wenn er sie vollständig bezahlt hat.

c) Der Käufer erhält die Ware, wird jedoch nicht der Eigentümer.

d) Der Besitzer der Ware ist immer auch ihr Eigentümer.

e) Mit der Übergabe der Ware wird der Käufer der Eigentümer; der Eigentumsvorbehalt erlischt.

116. In welchem Fall wird ein im Kaufvertrag vereinbarter Eigentumsvorbehalt unwirksam?

a) Andere Gläubiger des Einzelhändlers haben die Waren pfänden lassen, obwohl dieser auf den Eigentumsvorbehalt hingewiesen hat.
b) Die Waren wurden vom Einzelhändler an einen gutgläubigen Kunden verkauft.
c) Über das Vermögen des Einzelhändlers wurde das Insolvenzverfahren eröffnet; die Waren befinden sich noch in seinem Lager.
d) Der Einzelhändler hat Antrag auf Eröffnung des Vergleichsverfahrens gestellt.
e) Der Lieferer tritt wegen Zahlungsverzug des Einzelhändlers vom Vertrag zurück; die Waren befinden sich noch im Lager des Einzelhändlers.

117. In welchem Fall erlischt der Eigentumsvorbehalt an der gelieferten Ware?

a) Wenn die Ware dem Käufer übergeben wird
b) Wenn die Ware vor der Bezahlung verarbeitet wird
c) Wenn die Ware nicht innerhalb von 6 Monaten bezahlt wird
d) Wenn die Ware mit mehr als der Hälfte des Preises bezahlt wird
e) Wenn die Ware gestohlen wird

118. Warum vereinbart ein Einzelhändler mit einem Kunden in einem Kaufvertrag Eigentumsvorbehalt?

a) Der Einzelhändler will damit die Kaufpreisforderung absichern.
b) Der Einzelhändler schließt damit Ansprüche aus einer Mängelrüge aus.
c) Der Einzelhändler erhält damit das Recht, jederzeit vom Kaufvertrag zurückzutreten.
d) Der Einzelhändler liefert die Ware erst nach vollständiger Bezahlung.
e) Der Kunde erhält damit das Recht, jederzeit vom Kaufvertrag zurückzutreten.

119. Was trifft für den Eigentumsvorbehalt zu?

a) Der Eigentumsvorbehalt erlischt durch Zahlung von mindestens der Hälfte der vereinbarten Raten.
b) Beim Eigentumsvorbehalt bleibt der Verkäufer Besitzer der Ware, der Käufer wird Eigentümer bis zur vollständigen Bezahlung.
c) Der Eigentumsvorbehalt kann auch noch nach der Lieferung, aber vor der Bezahlung, vom Verkäufer ausgesprochen werden.
d) Der Eigentumsvorbehalt erlischt durch Zahlung des Kaufpreises.
e) Der Eigentumsvorbehalt bleibt auch bei einem Weiterverkauf der Ware an gutgläubige Dritte bis zur völligen Bezahlung bestehen.

120. Wer trägt die Verpackungskosten beim Versand und wer die Transportkosten, wenn im Kaufvertrag nichts vereinbart wurde?

a) Der Käufer trägt beides.
b) Der Verkäufer trägt beides.
c) Die Verpackungskosten der Verkäufer, die Transportkosten der Käufer
d) Die Transportkosten der Verkäufer, die Verpackungskosten der Käufer
e) Verkäufer und Käufer je zur Hälfte

121. „Geldschulden sind Bringschulden." Was besagt dieser Satz?

a) Der Käufer hat dem Verkäufer das Geld zu übermitteln und auch die Kosten der Zahlung zu tragen.
b) Der Käufer kann den Zahlungstermin selbst bestimmen.
c) Der Käufer kann nicht mit Scheck bezahlen.
d) Der Käufer darf kein Skonto abziehen.
e) Der Käufer hat das Geld persönlich zu überbringen.

122. Was versteht man unter Skonto?

a) Einen Nachlass für den Einkauf größerer Mengen
b) Einen Nachlass für vorzeitige Zahlung
c) Einen Nachlass für leicht beschädigte Ware
d) Einen Aufschlag beim Ratenkauf
e) Einen Nachlass, den nur gute Kunden erhalten

123. Was ist die Tara?
a) Ein Nachlass vom Rechnungspreis
b) Eine Zugabe für Einwiegeverlust
c) Das Waren- und Verpackungsgewicht
d) Nur das Gewicht der Verpackung
e) Nur das Gewicht der Ware

124. Was versteht man unter Skonto?
a) Skonto ist ein Nachlass bei Abnahme einer bestimmten Menge.
b) Skonto ist eine Zinsberechnung.
c) Skonto wird nur langjährigen Kunden als Treueprämie gewährt.
d) Skonto regt zur Ratenzahlung an.
e) Skonto ist ein Abzug bei Bezahlung innerhalb einer festgesetzten Frist.

125. Was versteht man unter Rollgeld?
a) Banderolierte Euromünzen
b) Benutzungsgebühr für ausländische Autobahnen
c) Kosten der An- und Zufuhr
d) Allgemeine Frachtkosten
e) Das tägliche Wechselgeld in der Kasse
f) Alle Bezugs- und Nebenkosten, die beim Warentransport anfallen

126. Was versteht man unter Rabatt?
a) Einen Aufschlag beim Ratenkauf
b) Einen Aufschlag für ein Zahlungsziel
c) Einen Nachlass für vorzeitige Zahlung
d) Einen Nachlass für den Einkauf größerer Mengen
e) Einen Nachlass für leicht verderbliche Ware

127. Welche Lieferbedingung über die Beförderungskosten gilt, wenn im Kaufvertrag nichts vereinbart wurde?
a) Frei Bestimmungsbahnhof
b) Frachtfrei
c) Ab Lager
d) Frei Haus
e) Unfrei

128. „Warenschulden sind Holschulden." Was besagt dieser Merksatz?
a) Der Käufer muss die gekaufte Ware immer selbst abholen.
b) Der Käufer kann bestimmen, mit welchem Transportmittel die Waren geschickt werden.
c) Der Käufer trägt die Beförderungskosten, wenn nichts anderes vereinbart ist.
d) Der Verkäufer muss die verkaufte Ware herbeiholen.
e) Der Merksatz ist ohne praktische Bedeutung.

129. Wer trägt die Transportkosten beim Versendungskauf, wenn nichts vereinbart wurde?
a) Der Lieferer
b) Der Lieferer bis zum Bestimmungsbahnhof
c) Der Käufer ab Empfangsstation
d) Der Käufer ab Versandbahnhof
e) Lieferer und Käufer je zur Hälfte

130. Auf ein Angebot mit der Klausel freibleibend bestellt ein Einzelhändler und erhält kurz darauf eine Bestellungsannahme. Durch welche zwei Willenserklärungen kommt der Kaufvertrag zustande?

a) Anfrage und Angebot
b) Angebot und Bestellungsannahme
c) Bestellung und Bestellungsannahme
d) Bestellungsannahme und Rechnung
e) Es kommt kein Kaufvertrag zustande.

131. Warum gewährt der Lieferer dem Einzelhändler Skonto?

a) Damit der Einzelhändler einen höheren Gewinn erzielt
b) Damit der Einzelhändler öfter bei ihm einkauft
c) Damit der Einzelhändler bereits vor dem eingeräumten Zahlungsziel bezahlt
d) Damit der Einzelhändler nicht bei der Konkurrenz kauft
e) Damit der Lieferer dem Einzelhändler kein Zahlungsziel einräumen muss

132. Das Schuhhaus Kaiser & Co., Dortmund, erhält von seinem Lieferanten per E-Mail folgendes Angebot: „Wir bieten Sommerschuhe, Sandalen ´Riviera`, in allen Größen, Sommerfarben, je Paar 15 €, frachtfrei, 30 Tage Ziel, 10 Tage 3 % Skonto.“ Wie kommt der Kaufvertrag zustande?

a) Durch schriftliche Bestellung innerhalb von 8 Tagen
b) Durch sofortige Bestellung per E-Mail
c) Durch Bestellung und Auftragsbestätigung
d) Durch schriftliche Bestellung per Eilboten
e) Durch Bestellung mittels beigefügtem Bestellschein

133. Sie erhalten Ware geliefert. Im Kaufvertrag wurde „Lieferung frei Haus“ vereinbart. Wie viel Bezugskosten müssen Sie bezahlen, wenn die Fracht 15 € und das Rollgeld für Ab- und Anfuhr je 3 € betragen?

a) 3 €
b) 6 €
c) 15 €
d) 18 €
e) 21 €
f) keine

134. Wann muss der Kunde die Rechnung zahlen, wenn im Kaufvertrag über den Zahlungstermin nichts vereinbart wurde?

a) Nach der ersten Zahlungsaufforderung
b) Bei Übergabe der Warensendung durch die Post oder einer Fuhrunternehmung
c) Innerhalb des gesetzten Zahlungsziels
d) Sofort nach Erhalt der Ware
e) Innerhalb einer Frist von 30 Tagen

135. Was bedeutet das Einräumen eines Zahlungsziels für den Käufer?

a) Er muss die Ware erst eine bestimmte Zeit nach der Lieferung bezahlen.
b) Er muss sofort bezahlen.
c) Er muss einen Teil des Betrages beim Kaufabschluss, den Rest später bezahlen.
d) Er muss nach Erhalt der Ware ohne Abzug bezahlen.
e) Er muss die Ware vor Lieferung bezahlen.

136. Wie lautet die Vereinbarung im Kaufvertrag, wenn der Verkäufer die Versandkosten bis zum Empfangsbahnhof trägt?

a) Unfrei
b) Frachtfrei
c) Ab Werk
d) Frei Haus
e) Frei Lager

137. Ein Weinhändler inseriert: „Beim Kauf von 36 Flaschen Wein erhalten Sie eine Flasche Wein gratis." Um welche Vergünstigung handelt es sich?

a) Skonto
b) Naturalrabatt
c) Treuerabatt
d) Barzahlungsrabatt
e) Personalrabatt

138. Von einer Rechnung hat der Lieferant des Einzelhändlers 20 % abgezogen. Wie heißt dieser Abzug?

a) Bonus
b) Wiederverkäuferrabatt
c) Personalrabatt
d) Barzahlungsrabatt
e) Naturalrabatt

139. Ein Einzelhändler bezieht Ware von seinem Lieferer. Diese wird unterwegs beschädigt. Wer trägt die Kosten des Schadens, wenn im Kaufvertrag nichts vereinbart wurde?

a) Der Lieferer allein
b) Käufer und Verkäufer je zur Hälfte
c) Der Einzelhändler allein
d) In jedem Fall die Bahn
e) Die Versicherung des Lieferers

140. In einem Angebot steht die Bestimmung „Lieferung frei Haus". Welche Bedeutung hat diese Bestimmung?

a) Der Käufer hat alle Versandkosten zu bezahlen.
b) Der Käufer hat Fracht und Rollgeld am Bestimmungsort zu bezahlen.
c) Der Käufer bezahlt nur die Fracht.
d) Der Verkäufer bezahlt nur die Frachtkosten.
e) Der Verkäufer übernimmt alle Versandkosten.

141. Welche Bedeutung hat die Bestimmung „Lieferung ab Lager" in einem Kaufvertrag?

a) Der Käufer trägt alle Transportkosten.
b) Der Verkäufer trägt alle Transportkosten.
c) Der Käufer bezahlt die Frachtkosten und das Rollgeld vom Bestimmungsbahnhof zu seinem Geschäft.
d) Der Käufer bezahlt nur das Rollgeld vom Bestimmungsbahnhof zu seinem Geschäft.
e) Der Verkäufer bezahlt nur das Rollgeld von seinem Geschäft zum Versandbahnhof.

142. Es gibt verschiedene Vereinbarungen darüber, wer die Beförderungskosten zu tragen hat. Tragen Sie den entsprechenden Buchstaben jeweils neben untenstehende Freivermerke ein!

Vereinbarungen	**Freivermerke**
a) Der Verkäufer zahlt nichts.	
b) Der Verkäufer zahlt das Rollgeld bis zur Versandstation.	[ ] unfrei
c) Der Verkäufer zahlt die Beförderungskosten bis zur Empfangsstation.	[ ] frachtfrei
d) Der Verkäufer zahlt die gesamten Beförderungskosten.	
e) Der Verkäufer zahlt die Hälfte der Beförderungskosten.	
f) Der Verkäufer trägt die Kosten von der Versandstation bis zur Empfangsstation.	

143. Welche Bedeutung hat die Bestimmung „Lieferung ab Versandstation" in einem Kaufvertrag?

a) Der Käufer trägt alle Kosten.
b) Der Käufer bezahlt die Frachtkosten sowie das Rollgeld vom Bestimmungsbahnhof zu seinem Geschäft.
c) Der Käufer bezahlt nur das Rollgeld vom Bestimmungsbahnhof zu seinem Geschäft.
d) Der Verkäufer trägt alle Kosten.
e) Der Verkäufer bezahlt die Frachtkosten und das Rollgeld zum Versandbahnhof.

144. Wie lautet die Vereinbarung im Kaufvertrag, wenn der Verkäufer das Rollgeld von seinem Lager zum Bahnhof und die Frachtkosten bezahlt?

a) Frei dort
b) Ab hier
c) Ab Werk
d) Frei Lager
e) Unfrei

145. Wie lautet die Vereinbarung im Kaufvertrag, wenn der Käufer die Versandkosten ab Bahnhof des Lieferers tragen soll?

a) Frei Haus
b) Frei Bahnhof dort
c) Ab Werk
d) Unfrei
e) Frachtfrei

146. Sie erhalten Ware geliefert. Im Kaufvertrag wurde „frachtfrei" vereinbart. Wie viel € Bezugskosten müssen Sie bezahlen, wenn die Fracht 25 € und das Rollgeld für An- und Abfuhr je 8 € beträgt?

a) 8 €
b) 16 €
c) 25 €
d) 23 €
e) 41 €

147. Was bedeutet in einem Angebot die Lieferbedingung „brutto für netto"?

a) Die Verpackung wird nicht in Rechnung gestellt.
b) Die Verpackung wird nicht in Rechnung gestellt, aber sie muss zurückgeschickt werden.
c) Die Verpackung wird vom Lieferanten zum Selbstkostenpreis berechnet.
d) Die Verpackung wird gesondert in Rechnung gestellt und wird Eigentum des Käufers.
e) Die Verpackung wird gewichtsmäßig wie die Ware berechnet.

148. In einem Kaufvertrag steht: „Die Lieferung erfolgt frachtfrei". Was versteht man darunter?

a) Der Lieferer trägt sämtliche Beförderungskosten.
b) Der Käufer trägt die Frachtkosten.
c) Der Lieferer trägt nur das Rollgeld bis zum Versandbahnhof.
d) Der Käufer trägt das Rollgeld ab Empfangsbahnhof.
e) Der Käufer hat keinerlei Kosten zu tragen.

149. Auf einer Rechnung stehen die Worte „netto Kasse". Was versteht man darunter?

a) Die Umsatzsteuer wurde nicht berechnet.
b) Die Zahlung hat ohne Abzug zu erfolgen.
c) Der Käufer kann noch Skonto und Rabatt abziehen.
d) Der Betrag muss bar an der Kasse gezahlt und darf nicht überwiesen werden.
e) Es darf nur noch Skonto abgezogen werden.
f) Der Rechnungsbetrag wurde im Voraus beglichen.

150. Ordnen Sie zu.

Aussagen über die Bezahlung von Beförderungskosten

a) Der Lieferer bezahlt die Hausfracht bis zur Versandstation.
b) Der Lieferer bezahlt die Hälfte der Beförderungskosten.
c) Der Lieferer bezahlt die gesamten Beförderungskosten
d) Der Lieferer trägt die Kosten von der Versandstation bis zur Empfangsstation.
e) Die Hausfracht für An- und Abfuhr bezahlt der Käufer.
f) Der Lieferer bezahlt die Beförderungskosten bis zur Empfangsstation.

Lieferbedingungen

[ ] Unfrei
[ ] Frachtfrei
[ ] Frei Haus

151. Welche Kosten hat der Käufer bei der Lieferbedingung „ab hier" zu tragen?

a) Alle Versandkosten
b) Alle Versandkosten mit Ausnahme der Hausfracht bis zum Versandbahnhof
c) Nur die Hausfracht bis zum Versandbahnhof
d) Die Hausfracht bis zum Versand- und die Frachtkosten bis zum Bestimmungsbahnhof
e) Nur die Frachtkosten zwischen Versand- und Bestimmungsbahnhof

152. Ein Einzelhändler wird vom Lieferer zur Zahlung einer nachweislich zum Versand gebrachten Ware aufgefordert. Die Sendung ist beim Einzelhändler nicht eingetroffen. Wie ist die Rechtslage, wenn im Kaufvertrag nichts vereinbart wurde?

a) Der Einzelhändler kann Lieferung vor Zahlung verlangen.
b) Der Einzelhändler muss nur die Transportkosten bezahlen.
c) Der Lieferer kann keine Zahlung verlangen, weil er bis zum Empfang der Ware durch den Einzelhändler haftet.
d) Der Einzelhändler und der Lieferer teilen sich den Verlust.
e) Der Einzelhändler muss zahlen, denn die Gefahr ist auf ihn übergegangen.

153. Wann tritt der Gefahrenübergang bei einem Versendungskauf ein, wenn im Kaufvertrag nichts vereinbart wurde?

a) Mit der Übergabe der Ware vom Frachtführer an den Käufer
b) Mit dem Eintreffen der Ware am Wohnort des Käufers
c) Mit der Übergabe der Ware an die Spedition Schenker Deutschland AG
d) Mit der Anzahlung des Kaufpreises
e) Mit der Erfüllung des Kaufvertrages

154. In einem Kaufvertrag ist über die Lieferzeit keine Vereinbarung getroffen worden. Welche Aussage ist richtig?

a) Der Lieferer muss innerhalb von vier Wochen liefern.
b) Der Lieferer kommt in Annahmeverzug, wenn er die sofortige, ordnungsgemäße Lieferung nicht annimmt.
c) Der Lieferer kommt in Lieferungsverzug, wenn er trotz Mahnung und erfolgloser Nachfristsetzung nicht ordnungsgemäß liefert.
d) Der Käufer kann bei Platzmangel eine sofortige Lieferung zurückweisen, ohne dass er in Annahmeverzug kommt.
e) Der Käufer kann den Liefertermin frei bestimmen.

155. Bei der Lieferung einer Warensendung entstehen folgende Beförderungskosten: Hausfracht am Versendungsort 188 €, Frachtkosten durch die Bahn 1 240 €, Hausfracht am Empfangsort 130 €. Wie lautet die Lieferbedingung, wenn der Käufer für die Lieferung der Sendung 130 € zu zahlen hat?

a) Frei Lager
b) Ab hier
c) Frachtfrei
d) Unfrei
e) Frei Haus

156. Für eine Warenlieferung ergeben sich folgende Beträge: Warenwert 372 €, Rollgeld für Abfuhr 7 €, Frachtkosten 31 €. Für den Kunden ergibt sich ein Einstandspreis von 410 €. Welche Lieferbedingung lag dem Kaufvertrag zugrunde?

a) Frachtfrei
b) Frei dort
c) Unfrei
d) Frei Bestimmungsbahnhof
e) Frei Haus

157. Ein Kaufmann bezieht Ware aus Hamburg, die infolge schlechter Verpackung zerbrochen bei ihm eintrifft. Wer muss den Schaden tragen?

a) Der Lieferer
b) Der Käufer
c) Die Deutsche Bahn (DB Schenker), die die Ware befördert hat
d) Käufer und Lieferer je zur Hälfte
e) Die Deutsche Bahn (DB Schenker) bis zu 500 €

158. Durch welche Lieferbedingung wird der Käufer bei Bahnversand schlechter gestellt als die gesetzliche Regelung es vorsieht?

a) Frei Haus
b) Unfrei
c) Frei dort
d) Frachtfrei
e) Ab Werk

159. Ein Einzelhändler bezahlt eine Warenrechnung unter Abzug von Skonto. Welche Aussage ist richtig?

a) Der Netto-Rechnungsbetrag verringert sich, die Umsatzsteuer nicht.
b) Die Umsatzsteuer verringert sich, der Netto-Rechnungsbetrag nicht.
c) Der Netto-Rechnungsbetrag bleibt unverändert.
d) Der Rechnungsbetrag einschließlich Umsatzsteuer verringert sich.
e) Der Brutto-Rechnungsbetrag bleibt unverändert.

160. Ab wann rechnet die Skontofrist?

a) Ab dem Tag der Lieferung laut Lieferschein
b) Ab Tag des Wareneingangs
c) Ab dem Tag des Rechnungseingangs
d) Ab dem Tag der Buchung der Eingangsrechnung
e) Ab Rechnungsdatum

161. Ordnen Sie zu.

Vereinbarungen im Kaufvertrag	**Zugehörigkeit**
a) Solange Vorrat reicht	
b) Brutto für netto	[ ] Verpackungskosten
c) Freibleibend	
d) Unfrei	[ ] Beförderungskosten
e) Netto Kasse	[ ] Zahlungsbedingungen
f) Ohne Obligo	

162. Ein Einzelhändler erhält von seinem Lieferer im Januar eine Gutschrift, weil der Warenbezug im vergangenen Jahr eine bestimmte Umsatzhöhe erreichte. Wie nennt man diese Gutschrift?

a) Skonto
b) Mengenrabatt
c) Treuerabatt
d) Bonus
e) Barzahlungsnachlass

163. Ein Einzelhändler kauft 300 kg Ware (netto) einer Ware zu 4 € je kg. Die Tara beträgt 18 kg. Die Rechnung lautet auf 1.272 €. Welche Vereinbarung über die Verpackungskosten wurde beim Abschluss des Kaufvertrages getroffen?

a) Der Preis bezieht sich auf das Bruttogewicht einschließlich Verpackung.
b) Der Preis bezieht sich auf das Bruttogewicht ausschließlich Verpackung.
c) Der Preis für das Nettogewicht ausschließlich Verpackung wurde berechnet.
d) Der Preis für das Nettogewicht einschließlich Verpackung wurde berechnet.
e) Die Verpackungskosten sind prozentual im Rechnungsbetrag enthalten.

164. Welche Klausel eines Angebotes gehört zu den Zahlungsbedingungen?
a) Gerichtsstand für beide Teile ist Würzburg.
b) Lieferung erfolgt gegen Nachnahme.
c) Die Lieferung erfolgt frei Haus.
d) Die Ware bleibt bis zur vollständigen Bezahlung unser Eigentum.
e) Der Preis bezieht sich auf das Rohgewicht einschließlich Verpackung.

165. In einem Kaufvertrag wurde nichts über die Zahlungsbedingungen vereinbart. Wann muss der Käufer spätestens zahlen, damit ihm keine Verzugszinsen berechnet werden können?
a) 30 Tage nach Rechnungserhalt
b) Spätestens nach Eintreffen einer Rechnungskopie
c) Nach der dritten Mahnung
d) Sofort nach Erhalt der Ware
e) Sofort nach Erhalt der Rechnung

166. Der Schutz einer Transportversicherung schließt üblicherweise Schäden durch „höhere Gewalt" aus. Welches Ereignis fällt unter diesen Begriff?
a) Eine Unachtsamkeit des Transportführers
b) Ein grob fahrlässiges Verhalten des Absenders
c) Ein Brand im Lagerhaus des Spediteurs
d) Eine Naturkatastrophe, zum Beispiel ein Erdbeben
e) Eine Zugentgleisung wegen falscher Weichenstellung

167. Sie erhalten 2.000 Stück einer Ware geliefert. Ihr Lieferer berechnet jedoch nur 1.900 Stück. Um welche Form des Preisnachlasses handelt es sich?
a) Personalrabatt
b) Treuerabatt
c) Wiederverkäuferrabatt
d) Naturalrabatt
e) Sonderrabatt

168. Ordnen Sie zu.

Klauseln
a) Brutto für netto
b) Abzüglich 2 % Skonto
c) Solange Vorrat reicht
d) Preis einschließlich Verpackung
e) Frei dort
f) Eigentum vorbehalten

Angebotsbestandteile
[ ] Lieferungsbedingung
[ ] Zahlungsbedingung
[ ] Freizeichnungsklausel

169. Bei welchem Vertrag ist ein Rücktrittsrecht innerhalb von zwei Wochen nach Vertragsabschluss gesetzlich festgelegt?
a) Mietvertrag
b) Vertrag über Abzahlungsgeschäfte
c) Darlehensvertrag
d) Pachtvertrag
e) Leihvertrag

170. Welches Rechtsgeschäft muss notariell beurkundet werden?
a) Ein Mietvertrag über 1 Jahr
b) Eine Bürgschaftserklärung
c) Ein Schuldanerkenntnis
d) Ein Kaufvertrag für ein Grundstück
e) Ein Darlehensvertrag

171. Ein Einzelhändler erhält von seinem Lieferer, mit dem er seit Jahren in Geschäftsverbindung steht, einen Posten preisgünstiger Ware unaufgefordert mit Rechnung zugesandt. Welche Aussage ist richtig?

a) Es handelt sich um einen Verstoß gegen den unlauteren Wettbewerb.
b) Der Einzelhändler muss die Ware behalten.
c) Solche Sendungen müssen unverzüglich zurückgeschickt werden.
d) Wenn der Einzelhändler die Ware kaufen will, bezahlt er die Rechnung, andernfalls benachrichtigt er den Lieferer.
e) Weil keine Bestellung vorlag, ist weder Bezahlung noch Rücksendung der Ware erforderlich.

172. Durch den Kaufvertrag haben Käufer und Verkäufer verschiedene Pflichten. Welche Verpflichtung übernimmt der Käufer?

a) Einen Kaufantrag abzugeben
b) Die Ware zu bezahlen
c) Einen Kaufvertrag abzuschließen
d) Dem Verkäufer die Ankunft der Ware mitzuteilen
e) Die Auftragsbestätigung abzuschicken

173. Bei der Erfüllung des Kaufvertrages entstehen den Vertragspartnern verschiedene Pflichten. Welche Pflicht hat der Verkäufer?

a) Er muss zwei übereinstimmende Willenserklärungen abgeben.
b) Er muss die Ware bezahlen.
c) Er muss die Ware sofort prüfen.
d) Er muss die Ware annehmen.
e) Er muss das Eigentum an der Ware übertragen.

174. Bei der Erfüllung des Kaufvertrages haben Verkäufer und Käufer verschiedene Pflichten. Welche Pflicht hat dabei der Verkäufer zu erfüllen?

a) Die Ware prüfen
b) Dem Käufer die Ware frei von Mängeln zu übergeben
c) Die Ware bezahlen
d) Die Ware sorgsam behandeln
e) Die Ware annehmen

175. Welche Verpflichtung übernimmt der Käufer im Kaufvertrag?

a) Einen Kaufantrag abzugeben
b) Einen Kaufvertrag abzuschließen
c) Die Ware weiterzuverkaufen
d) Die Ware sorgfältig aufzubewahren
e) Die Ware anzunehmen

176. Wann muss der Käufer den vereinbarten Kaufpreis zahlen, wenn im Kaufvertrag nichts vereinbart wurde?

a) Sofort nach dem Empfang der Ware
b) Er hat immer 30 Tage Zeit.
c) Er setzt den Zahlungstermin selbst fest.
d) Spätestens nach 3 Monaten
e) Wenn im Kaufvertrag keine Zahlungsvereinbarung getroffen wurde, wird die Ware immer per Nachnahme verschickt.

177. Infolge höherer Gewalt trifft die Ware verspätet ein. Welches Recht hat der Einzelhändler?

a) Er tritt vom Vertrag zurück.
b) Er erhebt Klage beim Gericht.
c) Er hat keinen Anspruch an den Lieferer.
d) Er verlangt Schadenersatz.
e) Er verlangt Ersatz für den entgangenen Gewinn.

178. Am Fälligkeitstag soll ein Bote eine Rechnung in Höhe von 1.000 € beim Lieferer bezahlen. Auf dem direkten Wege dorthin wird der Bote überfallen und beraubt. Wer haftet für den Schaden?

a) Der Bote, weil er für diesen Betrag verantwortlich war
b) Der Lieferer und der Käufer zu gleichen Teilen
c) Der Käufer, weil er für die Übermittlung des Rechnungsbetrages verantwortlich ist
d) Der Lieferer, weil er den Rechnungsbetrag in bar haben wollte
e) Der Staat, weil er für die Sicherheit der Bürger verantwortlich ist

179. In einen Kaufvertrag ist der Zeitpunkt der Lieferung nicht bestimmt. Wann kann der Käufer die Lieferung verlangen?

a) Sofort
b) 14 Tage nach der Bestellung
c) 4 Wochen nach der Bestellung
d) Innerhalb einer vom Lieferer nachträglich gesetzten Frist
e) Der Lieferer kann liefern, wann er will.

180. Einem Einkäufer war es laut Dienstvertrag nicht gestattet, Waren im Wert über 10.000 € zu bestellen. Verlockt durch ein Sonderangebot bestellt der Einkäufer 1 000 Suppenschüsseln mit eingravierter Firmenaufschrift für die Werkskantine im Wert von 14.000 €. Da die Geschäftsleitung die Schließung der Kantine plant, werden die Schüsseln keinesfalls benötigt. Wie ist die Rechtslage?

a) Das Geschäft braucht die Schüsseln nicht abzunehmen, da der Einkäufer nicht zu dieser Bestellung berechtigt war.
b) Das Geschäft muss die Schüsseln zwar abnehmen, der Einkäufer kann aber schadenersatzpflichtig gemacht werden.
c) Das Geschäft muss die Schüsseln abnehmen, der Einkäufer kann nicht schadenersatzpflichtig gemacht werden, da die Beschränkung aus dem Dienstvertrag nicht wirksam war.
d) Der Fall kann noch nicht entschieden werden; es kommt darauf an, ob der Einkäufer von der geplanten Kantinenschließung wusste bzw. ob die Kantine wirklich geschlossen wird.
e) Das Geschäft muss die Schüsseln abnehmen und kann den Einkäufer fristlos entlassen.

181. Ein Einkäufer wollte 1 000 Schrauben bestellen. Durch einen Schreibfehler werden 10 000 Stück bestellt. Welche Aussage ist richtig?

a) Der Kaufvertrag ist nichtig.
b) Es ist kein Kaufvertrag zustande gekommen.
c) Der Kaufvertrag gilt für 1 000 Schrauben, 9 000 Schrauben brauchen nicht angenommen zu werden.
d) Der Kaufvertrag ist gültig, kann aber angefochten werden.
e) Der Einkäufer ist nicht an seine Bestellung gebunden.

182. Welche gesetzliche Pflicht hat der Lieferer bei der Erfüllung des Kaufvertrags?

a) Er muss eine Willenserklärung abgeben.
b) Er muss die Ware bezahlen.
c) Er muss dem Käufer das Eigentum an der Ware verschaffen.
d) Er muss dem Käufer die Ware kostenlos zustellen.
e) Er muss das Angebot des Käufers annehmen.

183. Wann muss nach der gesetzlichen Regelung gezahlt werden, wenn über den Zeitpunkt der Zahlung nichts vereinbart wurde?

a) Es muss bei Vertragsabschluss gezahlt werden.
b) Es muss nach 14 Tagen gezahlt werden.
c) Es muss nach 30 Tagen gezahlt werden.
d) Es muss sofort gezahlt werden.
e) Es muss auf Anmahnung gezahlt werden.

184. Ein 16-jähriger Auszubildender schließt mündlich einen Kaufvertrag über ein Moped im Wert von 1.500 € ab. Welche Aussage ist richtig?

a) Der Vertrag wurde rechtswirksam geschlossen und muss nicht vom gesetzlichen Vertreter genehmigt werden.
b) Der Vertrag ist anfechtbar, da er mündlich geschlossen wurde.
c) Der Vertrag ist nichtig, da er mündlich geschlossen wurde.
d) Der Vertrag verstößt gegen gültige Rechtsnormen und ist somit nichtig.
e) Der Vertrag wird wirksam, wenn er vom gesetzlichen Vertreter genehmigt wird.

185. Wann ist der Kaufvertrag erfüllt?

a) Wenn der Kunde die Ware annimmt
b) Wenn der Kunde die frei von Sachmängeln gelieferte Ware annimmt und bezahlt
c) Wenn der Kunde ein Angebot annimmt und bestellt
d) Wenn zwei übereinstimmende Willenserklärungen vorliegen
e) Wenn der Kunde rechtzeitig bestellt und gleichzeitig bezahlt

186. In welchem Fall ist ein Kaufvertrag zustande gekommen?

a) Ein Käufer bestellt auf ein verbindliches Angebot, ändert die Bedingung „unfrei" in „frei Haus" um.
b) Der Verkäufer schickt unbestellte Ware per Postnachnahme, die der Käufer einlöst.
c) Der Verkäufer schickt unbestellte Ware, die der Einzelhändler, mit dem bisher keine Geschäftsbeziehung bestand, aufbewahrt.
d) Ein Käufer bestellt, ohne dass er ein Angebot erhalten hat.
e) Ein Käufer bestellt auf ein freibleibendes Angebot.

187. Ein 16-jähriger Auszubildender kauft ohne Wissen seiner Eltern eine Stereo-Anlage im Wert von 1.000 €. Aus eigenen Mitteln zahlt er 10 % des Kaufpreises an. Über den Restbetrag schließt er mit dem Händler einen Ratenvertrag ab. Ist der Kaufvertrag mit rechtlicher Wirkung zustande gekommen?

a) Ja, weil Ratenkäufe nicht der Zustimmung des Erziehungsberechtigten bedürfen
b) Ja, weil der 16-Jährige die vereinbarten Raten von seinem Taschengeld bezahlen will
c) Ja, wenn der Händler die Anzahlung angenommen hat
d) Ja, wenn die Eltern nachträglich die Zustimmung erteilen
e) Ja, wenn der Verkäufer nicht das Alter des Käufers wusste

188. Walter Huber ist 18 Jahre alt geworden und bestellt ein Tonbandgerät auf Teilzahlung. Am nächsten Tag bereut er den Kauf und teilt dem Händler sofort mit, dass er vom Kaufvertrag zurücktritt. Wie ist die Rechtslage?

a) Er kann innerhalb von zwei Wochen ohne Begründung von diesem Vertrag zurücktreten.
b) Da er als 18-Jähriger keinen Teilzahlungsvertrag abschließen darf, ist der Rücktritt berechtigt.
c) Ohne Zustimmung der Erziehungsberechtigten ist der Vertrag nichtig gewesen.
d) Verträge sind grundsätzlich einzuhalten, ein Rücktritt ist nicht möglich.
e) Er hat bei jedem Vertrag 8 Tage Bedenkzeit.

189. Der 17-jährige Peter, Schüler, kauft sich für 2.000,00 € ein Rennrad. Der Vater ist mit diesem Kauf nicht einverstanden und verlangt, dass Peter das Rad wieder zurückgibt. Der Verkäufer weigert sich, das Rad wieder zurückzunehmen. Wie ist die Rechtslage?

a) Da es sich um kein Ratenzahlungsgeschäft handelt, darf Peter das Rad behalten.
b) Der Verkäufer muss das Rad wieder zurücknehmen, weil der Kaufpreis des Rades die Höhe des Taschengeldes eines 17-jährigen Schülers übersteigt.
c) Der Verkäufer muss das Rad nicht zurücknehmen, da Peter es schon benutzt hat.
d) Die Zustimmung des Vaters ist bei 17-Jährigen nicht mehr erforderlich.
e) Peter wartet noch 3 Monate, weil er dann ohnehin 18 Jahre alt wird und das Rad behalten darf.

190. Welches Rechtsgeschäft ist nichtig?

a) Der 16-jährige Klaus kauft eine DVD für 15,99 € von seinem Taschengeld.
b) Der 10-jährige Peter kauft von seinem 6-jährigen Nachbarn ein Spielzeugauto. Den Kaufpreis von 5,00 € entrichtet er von seinem Taschengeld.
c) Die 18-jährige Patricia kündigt ihren Berufsausbildungsvertrag schriftlich noch während der Probezeit.
d) Die 10-jährige Carolina bekommt von ihrer Tante Sylvia 100,00 € zum Geburtstag geschenkt.
e) Die 19-jahrige Renate kauft ohne Einwilligung ihrer Eltern ein sehr teures Kleid in zwei Monatsraten.

<u>Situation zu den nächsten fünf Aufgaben</u>

Sie arbeiten zur Zeit in der Sportabteilung. Das Warenhaus Peter Kolb OHG hat mit der Bavaria Fahrradwerke GmbH, München, und mit der Fahrrad-Zubehör-Allerlei, Freising, feste Geschäftsbeziehungen.

191. Wann handelt es sich um eine vom Gesetzgeber vorgeschriebene Leistung des Warenhauses Peter Kolb OHG?

a) Sie bieten Ihren Kunden beim Kauf eines Fahrrades einen kostenlosen Check-up nach 3 Monaten an.
b) Sie kopieren die Ergebnisse der Stiftung Warentest und bringen diese an den von Ihnen geführten Fahrrädern an.
c) Sie versehen grundsätzlich alle Fahrräder mit dem Bruttoverkaufspreis.
d) Sie bieten Ihren Kunden beim Kauf eines Fahrrades transportsichere Verpackung an.
e) Sie weisen die Kunden auf mögliche Gefahren hin, die beim Fahrradfahren im Stadtverkehr lauern.

192. In welchem Fall wird eine Auftragsbestätigung von der Bavaria Fahrradwerke GmbH benötigt, damit ein Kaufvertrag zustande kommt?

a) Wenn Sie auf ein freibleibendes Angebot der Bavaria Fahrradwerke GmbH hin bestellen.
b) Wenn die Bavaria Fahrradwerke GmbH telefonisch Ware anbietet und Sie sofort bestellen.
c) Wenn Sie auf das Angebot der Bavaria Fahrradwerke GmbH fristgerecht bestellen.
d) Wenn Sie auf ein befristetes Angebot der Bavaria Fahrradwerke GmbH termingerecht per Fax bestellen.
e) Wenn Sie auf ein schriftliches Angebot der Bavaria Fahrradwerke GmbH fristgerecht per E-Mail bestellen.

193. Die Bavaria Fahrradwerke GmbH liefert unter Eigentumsvorbehalt. In welchem Fall ist der Eigentumsvorbehalt rechtskräftig?

a) Wenn der Eigentumsvorbehalt auf der Rechnung, aber nicht im Kaufvertrag vermerkt ist
b) Wenn beim Abschluss des Kaufvertrages darüber nicht verhandelt wird
c) Wenn der Kunde seinen Zahlungsverpflichtungen nicht nachkommt
d) Wenn der Eigentumsvorbehalt im Kaufvertrag vermerkt ist
e) Wenn der Kunde einen Mahnbescheid erhält

194. Das Warenhaus Peter Kolb OHG beabsichtigt, die Sportabteilung um Fahrradbekleidung zu erweitern. Bei welchem Planungsvorhaben liegt das Minimalprinzip vor?

a) Bei Fahrradbekleidung soll ein maximaler Umsatzanteil erreicht werden, während der Werbeetat um 3 % minimiert wird.
b) Bei Fahrradbekleidung soll ein Umsatzanteil von 3 % mit möglichst geringem Werbeaufwand erreicht werden.
c) Durch besonders geschultes Personal soll mehr Fahrradbekleidung verkauft werden.
d) Zur Einführung der neuen Produkte soll für kurze Zeit der Werbeetat erhöht werden.
e) Durch Festlegung einer neuen Einkaufsmenge pro Monat soll der Umsatz optimiert werden.

195. Die Fahrrad-Zubehör-Allerlei KG bietet dem Warenhaus Peter Kolb OHG Schutzanzüge in Kommission an. Was bedeutet dies für das Warenhaus Peter Kolb OHG?

a) Das Warenhaus Peter Kolb OHG kauft einen Warenposten fix, Farbe und Ausführung der Artikel werden erst bei der Lieferung festgelegt.
b) Das Warenhaus Peter Kolb OHG kann die Ware erst testen und sie innerhalb von 8 Tagen bei Nichtgefallen zurückgeben.
c) Das Warenhaus Peter Kolb OHG wird nur Besitzer der Ware, während die Fahrrad-Zubehör-Allerlei KG Eigentümer bleibt.
d) Das Warenhaus Peter Kolb OHG verpflichtet sich, über einen vertraglich bestimmten Zeitraum eine bestimmte Menge von der Fahrrad-Zubehör-Allerlei KG abzunehmen.
e) Eine Kommission überwacht den Verkauf dieser Ware aus sicherheitstechnischen Gründen.

196. Welche Bedingung ist bei Teilzahlungsverträgen mit Privatpersonen zwingend vorgeschrieben?

a) Teilzahlungsverträge sind nur bei einer Anzahlung möglich.
b) Teilzahlungsverträge dürfen nicht mehr als 12 Ratenzahlungen aufweisen.
c) Teilzahlungsverträge dürfen nur von Vollkaufleuten ausgestellt werden.
d) Teilzahlungsverträge müssen der Vereinigung der Deutschen Schutzgemeinschaft für allgemeine Kreditsicherung e.V. (SCHUFA) gemeldet werden.
e) Teilzahlungsverträge müssen eine vom Käufer unterschriebene Belehrung über das Widerrufsrecht enthalten.

197. Besitz und Eigentum sind durch gesetzliche Bestimmungen geregelt, auch beim Zustandekommen eines Kaufvertrages. Welche Aussage ist zutreffend?

a) Ein Kaufvertrag ist erst dann erfüllt, wenn das Eigentum der Ware auf den Käufer übergegangen ist.
b) Bei der Eigentumsübertragung von Grundstücken sind keine Formvorschriften zu beachten.
c) Der gutgläubige Käufer erwirbt in der Regel das Eigentumsrecht an gestohlenen Waren.
d) Der Eigentumsvorbehalt ist eine Vereinbarung, durch die der Erwerber zunächst nur die rechtliche Gewalt über eine Sache erhält.
e) Eigentum ist die tatsächliche Gewalt über eine Sache, Besitz die rechtliche Gewalt über eine Sache.

198. Ein Lieferer bietet der Warenhaus Peter Kolb OHG bei Abnahme größerer Mengen einen Spezifikationskauf an. Was ist darunter zu verstehen?

a) Eine größere Menge wird gekauft und ein Pauschalpreis wird vereinbart.
b) Der Lieferer muss die bestellte Menge unmittelbar nach Vertragsabschluss liefern.
c) Der Lieferer beginnt erst dann mit der Auslieferung der bestellen Ware, wenn das Warenhaus Peter Kolb OHG Teilmengen abruft.
d) Das Warenhaus Peter Kolb OHG hat das Recht, die Qualität der Ware innerhalb einer vereinbarten Frist zu prüfen.
e) Bei Vertragsabschluss werden die Warenart, z. B. Herrenhemden, die Menge und auch der Preis festgelegt. Die genaue Bestimmung der Farben und Größen erfolgt innerhalb einer vereinbarten Frist.

199. In einer Verbraucherzeitschrift sind Testergebnisse nachzulesen. Welchen Nutzen hat der Verbraucher von solchen Veröffentlichungen?

a) Der Verbraucher kann die angegebenen Preise beim Einzelhandel durchsetzen.
b) Dadurch werden dem Verbraucher mangelfreie Waren garantiert.
c) Der Markt wird durch solche Veröffentlichungen überschaubarer.
d) Die abgebildeten Produkte müssen in jedem Fachhandel erhältlich sein.
e) Die Hersteller sollen zur einheitlichen Preisgestaltung angehalten werden.

200. Bei welchen Äußerungen in einem Verkaufsgespräch handelt es sich in rechtlichem Sinne um einen Antrag bzw. um die Annahme eines Antrags. Ordnen Sie zu.

Äußerungen

a) Kunde: „Ich suche einen Pullover aus der neuen Herbstkollektion."
b) Verkäufer: „Diesen modischen Pulli kann ich Ihnen für 69,90 € anbieten."
c) Kunde: „Der gefällt mir. Kann ich ihn mal anprobieren?"
d) Verkäufer: „Selbstverständlich. Dort drüben ist die Kabine."
e) Kunde: „Der passt aber gut."
f) Kunde: „Packen Sie den Pulli ein. Ich hole ihn in einer Stunde ab."

Vertragsbegriffe

[ ] Antrag

[ ] Annahme

201. Wo liegt ein einseitiges Rechtsgeschäft vor?

a) Ein Einzelhändler erhält die Kündigung für seine Geschäftsräume.
b) Eine Verkäuferin leiht sich von einem Freund dessen Auto.
c) Ein Einzelhändler schenkt seiner Frau einen Wintermantel.
d) Ein Hobbygärtner verkauft seinem Nachbarn Äpfel aus seinem Garten.
e) Ein Unternehmer stellt zwei Aushilfskräfte ein.

202. Welche Aussage über Teilzahlungsverträge ist richtig?

a) Teilzahlungsverträge können frühestens nach einer Frist von 14 Tagen rechtswirksam widerrufen werden.
b) Teilzahlungsverträge müssen über eine Anzahlung und mindestens 4 Raten laufen.
c) Teilzahlungsverträge müssen u. a. die Zahl, Höhe und Fälligkeit der einzelnen Raten enthalten.
d) Teilzahlungsverträge müssen eine Anzahlung von 25 % des Kaufpreises enthalten.
e) Teilzahlungsverträge müssen den effektiven Jahreszinssatz nicht enthalten.

203. Worauf ist beim Abschluss eines Teilzahlungskaufvertrags zwingend zu achten?

a) Teilzahlungsverträge dürfen nur gemeinsam mit einem Bürgen abgeschlossen werden.
b) Teilzahlungsverträge dürfen nicht mehr als 12 Ratenzahlungen aufweisen.
c) Teilzahlungsverträge müssen den effektiven Jahreszinssatz enthalten.
d) Teilzahlungsverträge dürfen nur mit Endverbrauchern (Privatleuten) abgeschlossen werden.
e) Teilzahlungsverträge sind nur bei einer Anzahlung des halben Kaufpreises möglich.

204. Eine Ware wird unter Eigentumsvorbehalt geliefert. Wann ist der Eigentumsvorbehalt rechtsgültig?

a) Wenn der Eigentumsvorbehalt auf der Rechnung, aber nicht im Kaufvertrag vermerkt ist
b) Wenn der Kunde seinen Zahlungsverpflichtungen nachkommt
c) Wenn beim Abschluss des Kaufvertrages darüber nicht verhandelt wird
d) Wenn der Kunde einen Mahnbescheid erhält
e) Wenn der Eigentumsvorbehalt Gegenstand des Kaufvertrags ist

205. In welchem Fall erlischt der Eigentumsvorbehalt an der gelieferten Ware?

a) Wenn die Ware dem Käufer übergeben wird
b) Wenn die Ware vor der Bezahlung verarbeitet wird
c) Wenn die Ware nicht innerhalb von 6 Monaten bezahlt wird
d) Wenn die Ware mit mehr als der Hälfte des Preises bezahlt wird
e) Wenn die Ware gestohlen wird

206. In Angeboten findet man häufig den Vermerk: „Die Ware bleibt bis zur vollständigen Bezahlung unser Eigentum." Warum ist dieser Vermerk enthalten?

a) Weil dieser Vermerk dem Einzelhändler die Möglichkeit gibt, bei unvollständiger Bezahlung nach erfolgloser Nachfristsetzung vom Vertrag zurückzutreten und die Ware zurückzufordern
b) Weil ohne diesen Vermerk Teilzahlungsverträge ungültig sind
c) Weil dieser Vermerk dem Kunden garantiert, dass der Einzelhändler bis zur vollständigen Bezahlung für die Erfüllung des Vertrages haftet
d) Weil das Gesetz diesen Vermerk vorschreibt
e) Weil ohne diesen Vermerk bei Verkäufen mit vereinbarter Anzahlung der Kunde zur Zahlung des Restbetrages nicht verpflichtet ist

207. Ein Lieferer des Warenhauses Peter Kolb OHG legt seinen Angeboten die AGB bei (siehe Punkt 3 als Auszug). Welche Absicht steckt dahinter?

a) Das Warenhaus Peter Kolb OHG wird nach einer Anzahlung Eigentümer der gelieferten Ware.
b) Der Lieferer will damit die Kaufpreisforderung absichern.
c) Der Lieferer sichert sich damit das Recht, jederzeit vom Kaufvertrag zurücktreten zu können.
d) Das Warenhaus Peter Kolb OHG erhält damit das Recht, jederzeit vom Kaufvertrag zurücktreten zu können.
e) Der Lieferer bleibt auch nach Lieferung der Ware deren Besitzer.

3. Eigentumsvorbehalt

3.1. Bis zur vollständigen Bezahlung des Kaufpreises, sowie zur Zahlung aller früheren und zukünftigen Warenlieferungen aus Geschäftsverbindungen, einschließlich aller Nebenforderungen, bleiben die gelieferten Waren unser Eigentum (Vorbehaltsware, auch im Fall einer Be- oder Weiterverarbeitung).

3.2. Der Eigentumsvorbehalt gilt auch dann, wenn der Kaufpreis für bestimmte, vom Käufer bezeichnete Warenlieferungen, bezahlt ist.

<u>**Die nächsten zwei Aufgaben gehören zusammen.**</u>

208. Das Warenhaus Peter Kolb OHG erhält von einem Lieferer folgendes Schreiben (verkürzt abgebildet). Um welches Schreiben handelt es sich?

a) Um eine Anfrage des Lieferers
b) Um eine Rechnung des Lieferers
c) Um ein Angebot des Lieferers
d) Um ein Angebot des Warenhauses Peter Kolb OHG
e) Um einen abgeschlossenen Kaufvertrag

.
.
.

Unser Angebot/Ihre Anfrage vom 3. Mai 20...

Sehr geehrter Herr Kolb,

wir bieten Ihnen die nachstehenden Artikel wie folgt an:

2 Büroschränke, DIXI,	je 650,00 €	1.300,00 €
1 Schreibtisch, Nussbaum		900,00 €

.
.
.

209. Die Ware wurde vom Warenhaus Peter Kolb OHG bestellt und inzwischen auch geliefert. Der gelieferte Schreibtisch wurde allerdings nicht in Nussbaum, sondern in Kirsch geliefert. Welche Art von Mangel liegt vor?

a) Mangel in der Menge
b) Mangel in der Beschaffenheit
c) Versteckter Mangel
d) Mangel in der Güte
e) Mangel in der Art

210. Wann erlischt der Eigentumsvorbehalt?

a) Wenn der Verkäufer die Ware geliefert hat
b) Wenn der Käufer die Ware angenommen hat
c) Wenn der Käufer die Ware teilweise bezahlt hat
d) Wenn der Käufer die Ware voll bezahlt hat
e) Wenn der Verkäufer die Rechnung geschickt hat

211. Aus welchem Grund behält sich der Kaufmann beim Warenverkauf gegen Teilzahlung das Eigentum an der Ware bis zur vollständigen Bezahlung vor?

a) Weil der Käufer dann nicht in Zahlungsverzug geraten kann
b) Weil die Anzahlung eine erhebliche Sicherheit bietet
c) Weil die Ware erst nach Zahlung an den Käufer übergeben werden muss
d) Weil das Risiko des Forderungsverlustes beim Warenverkauf auf Raten vermindert wird
e) Weil der Kaufvertrag erst nach Bezahlung aller Raten zustande kommt

212. Ein Einzelhändler muss einen Deckungskauf vornehmen. Welche Störung des Kaufvertrages liegt vor?

a) Annahmeverzug
b) Höhere Gewalt
c) Zahlungsverzug
d) Lieferungsverzug
e) Mängelrüge

213. Zwischen einem Einzelhändler und einem Ladenbauunternehmen wurde ein Vertrag geschlossen, in dem sich die Ladenbauunternehmung verpflichtet, bei Nichteinhaltung des Vertrages eine Konventionalstrafe von 10.000 € zu zahlen. Der Vertrag wird durch Verschulden der Ladenbauunternehmung nicht eingehalten. Dadurch entstehen dem Einzelhändler Mehrkosten für Überstunden in Höhe von 6.000 €. Welchen Rechtsanspruch hat der Einzelhändler?

a) Er hat Anspruch auf die vereinbarte Summe von 10.000 €, wenn die zu setzende Nachfrist verstrichen ist.
b) Er hat Anspruch auf die vereinbarte Summe von 10.000 € sowie auf Ersatz der Schadenssumme von 6.000 €.
c) Er muss die Höhe seiner Forderung durch ein Gericht feststellen lassen.
d) Er hat Anspruch auf 6.000 €.
e) Er hat Anspruch auf die vereinbarte Summe von 10.000 €.

214. Welche Aussage zu den Kaufvertragsstörungen ist richtig?

a) Bei versteckten Mängeln braucht der Käufer keine Frist für die Mängelrüge einzuhalten.
b) Aufgrund einer berechtigten Mängelrüge hat der Käufer nur das Recht auf eine Ersatzlieferung.
c) Beim einem kalendermäßig fix vereinbarten Kauf kann der Käufer im Falle eines Lieferungsverzuges des Verkäufers auch ohne Nachfrist vom Vertrag zurücktreten.
d) Beim Lieferungsverzug muss die Nachfrist mindestens 3 Wochen betragen.
e) Der Annahmeverzug des Käufers führt automatisch zur Versteigerung der Ware durch den Verkäufer.

215. In welchem Fall liegt Annahmeverzug vor?

a) Ein Käufer hatte die Bestellung einer Ware rechtswirksam widerrufen und nimmt die trotzdem gelieferte Ware nicht an.
b) Ein Käufer nimmt am 20.04. eine Ware, die für den 12.04. bestellt war, nicht ab.
c) Ein Käufer nimmt die falsch gelieferte Ware nicht ab.
d) Ein Käufer nimmt die bestellte Ware nicht ab, weil sie außerhalb der Geschäftsstunden (nach Ladenschluss) angeliefert wurde.
e) Ein Käufer nimmt die Ware nicht ab, weil er inzwischen bei einem anderen Lieferer die Ware günstiger einkaufen konnte.

216. Eine Ware, die Anfang des Jahres geliefert werden sollte, ist am 25. Januar immer noch nicht eingetroffen. Was muss der Käufer zunächst unternehmen, um seine Rechte geltend machen zu können?

a) Er fordert einen Preisnachlass.
b) Er verzichtet auf Lieferung.
c) Er verlangt Schadenersatz wegen Nichterfüllung.
d) Er tritt vom Kaufvertrag zurück.
e) Er mahnt und setzt eine angemessene Nachfrist.

217. Ein Kunde hat am 10.05. eine Ware aufgrund eines verbindlichen Angebotes „zur sofortigen Lieferung" bestellt. Nachdem die Ware am 17.05. noch nicht eingetroffen ist, mahnt der Kunde beim Lieferer die Ware an und setzt bis zum 25.05. eine Nachfrist. Wie ist die Rechtslage?

a) Der Lieferer ist am 18.05. im Verzug, weil er die Bestellung „zur sofortigen Lieferung" nicht ausgeführt hat.
b) Der Lieferer ist seit dem 10.05. im Verzug.
c) Der Lieferer wird durch das Schreiben des Kunden in Verzug gesetzt.
d) Der Lieferer kommt erst dann in Verzug, wenn er bis zum 25.05. nicht geliefert hat.
e) Der Lieferer gerät erst dann in Verzug, wenn er auch einen dritten Mahnbrief unbeachtet lässt.

218. Ein Kaufmann erwirbt aus einem Selbsthilfeverkauf Waren, bei denen sich nachträglich Mängel herausstellen. Welche Aussage ist richtig?

a) Er kann vom Vertrag zurücktreten.
b) Er kann Umtausch beanspruchen.
c) Er kann Schadenersatz verlangen.
d) Er kann keine Gewährleistungsansprüche stellen.
e) Er kann Preisminderung geltend machen.

219. Ein Einzelhändler hat 100 000 Holzschrauben bestellt. Vereinbart ist „Lieferung ab Werk". In welchem Fall kann die Abteilung Warenannahme ohne nachteilige Rechtswirkungen die Annahme verweigern?

a) Wenn 4 Tage nach dem Bestelldatum geliefert wird
b) Wenn 100 000 Stahlstifte geliefert werden
c) Wenn die Außenverpackung beschädigt ist
d) Wenn die Sendung nur aus 90 000 Holzschrauben besteht
e) Wenn die Holzschrauben nicht mehr gebraucht werden

220. Der Lieferer hat trotz Mahnung und Nachfristsetzung die bestellte Ware nicht rechtzeitig geliefert. Der Einzelhändler besteht trotzdem weiter auf Lieferung und nimmt die verspätete Lieferung an. Ist er berechtigt, Schadenersatz zu verlangen?

a) Ja, weil er keinen Deckungskauf vorgenommen hat
b) Ja, soweit ihm ein nachweisbarer Schaden entstanden ist
c) Nein, weil er die verspätete Lieferung angenommen hat
d) Nein, weil er nicht nach Eintritt des Lieferungsverzuges vom Vertrag zurückgetreten ist
e) Nein, weil er auf Lieferung bestanden hat

221. In welchem Fall kann der Lieferer den Selbsthilfeverkauf ohne vorherige Androhung vornehmen?

a) Wenn sich der Verkäufer nachweisbar in finanzieller Not befindet
b) Wenn die Klage auf Abnahme der Ware nicht zu dem gewünschten Erfolg geführt hat
c) Wenn es sich um modische Ware handelt
d) Wenn es sich um leicht verderbliche Ware handelt
e) Wenn es sich um Schmuck handelt

222. In welchem Fall liegt ein Deckungskauf vor?

a) Der Einzelhändler deckt sich bei Produzenten mit Ware für eine demnächst stattfindende Verkaufsaktion ein.
b) Der Käufer kauft die Ware bei einer anderen Firma, weil der Lieferer trotz Mahnung und Nachfristsetzung nicht rechtzeitig geliefert hat.
c) Der Käufer kauft von einem Sonderangebot mehrere Stücke auf einmal.
d) Es wird Ware versteigert, die der Käufer nicht angenommen hat.
e) Ein Kunde kauft die Ware und bezahlt mit einem gedeckten Scheck.

223. Wie bezeichnet man die öffentliche Versteigerung von leicht verderblichen Waren, die der Käufer nicht abgenommen hat?

a) Deckungskauf
b) Selbsthilfeverkauf
c) Fixkauf
d) Notverkauf
e) Ausverkauf

224. In welchem Fall ist keine Mahnung erforderlich, um den Lieferer in Lieferungsverzug zu setzen?

a) Wenn der Lieferer schon zum wiederholten Male nicht rechtzeitig geliefert hat
b) Wenn bei einem Fixkauf der Liefertermin nicht eingehalten wird
c) Wenn höhere Gewalt es dem Lieferer unmöglich macht, seinen Verpflichtungen nachzukommen
d) Wenn die Lieferung fällig ist
e) Wenn der Käufer lediglich vom Vertrag zurückgetreten ist, nicht aber Schadenersatz verlangen will

225. Was ist ein Selbsthilfeverkauf?

a) Die öffentliche Versteigerung gepfändeter Ware
b) Die öffentliche Versteigerung von Waren, die der Käufer nicht abgenommen hat
c) Die öffentliche Versteigerung von mangelhaften Waren
d) Der Verkauf von beschädigter Ware zu einem niedrigeren Preis
e) Der Verkauf von Waren zum Selbstkostenpreis

226. In welchem Fall tritt Annahmeverzug ein?

a) Wenn der Käufer eine unverlangte Warensendung nicht abnimmt
b) Wenn der Käufer eine irrtümlich ein zweites Mal zugestellte Ware nicht abnimmt
c) Wenn der Käufer die ordnungsgemäß gelieferte Ware nicht abnimmt
d) Wenn der Käufer das Angebot des Lieferers nicht fristgemäß annimmt
e) Wenn der Käufer vom Lieferer auf Abnahme der Ware verklagt wird

227. Der Blumengroßhändler Schuster & Co. KG, Frankfurt, lieferte aufgrund eines rechtsgültig abgeschlossenen Kaufvertrages an das Blumengeschäft Sonja Rose in Nürnberg eine Sendung Flieder. Die Inhaberin nahm die Sendung mit der Begründung, sie habe noch Flieder, nicht an. Welche Aussage ist richtig?

a) Die Inhaberin Sonja Rose ist nicht in Annahmeverzug, weil keine Mahnung erfolgte.
b) Der Großhändler Schuster & Co. KG, kann ohne vorherige Androhung die Ware im Notverkauf veräußern.
c) Die Inhaberin Sonja Rose kann die Annahme verweigern, weil sie noch keinen Bedarf an Flieder hat.
d) Der Großhändler Schuster & Co. KG, kann nur mit vorheriger Androhung die Ware im Notverkauf veräußern.
e) Die Inhaberin Sonja Rose muss auf Abnahme des Flieders verklagt werden.

228. Ein Einzelhändler liefert einem Kunden vertragsgemäß bestellte Ware ins Haus. Beim Ausladen wird die Ware beschädigt und unbrauchbar. Wie ist die Rechtslage?

a) Der Verkäufer kann auf Zahlung des Kaufpreises bestehen.
b) Der Verkäufer kann sofort vom Vertrag zurücktreten.
c) Käufer und Verkäufer müssen sich den Schaden teilen.
d) Der Käufer kann auf Lieferung einwandfreier Ware bestehen.
e) Der Käufer kann sofort vom Vertrag zurücktreten.

229. Ein Einzelhändler hat am 31. Januar einen Kaufvertrag über Büromöbel abgeschlossen, die in 4 Wochen geliefert werden sollen. Am 1. März erhält er vom Lieferer die telefonische Mitteilung, dass sich der Termin leider nicht einhalten lasse, weil sich die Produktion durch einen Maschinenschaden verzögert habe. Welche Aussage ist richtig?

a) Der Lieferer ist in Verzug, weil er erst am 1. März die Lieferungsverzögerung mitgeteilt hat.
b) Der Lieferer muss gemahnt werden; erst dadurch wird er in Verzug gesetzt.
c) Der Lieferer kommt in Verzug, weil er am 1. März nicht geliefert hat.
d) Der Lieferer kommt nicht in Verzug, weil höhere Gewalt vorliegt.
e) Der Lieferer befindet sich auch ohne Mahnung in Lieferungsverzug.

230. In welchem Fall liegt eine Störung des Kaufvertrages vor, die der Verkäufer verschuldet hat?

a) Selbsthilfeverkauf
b) Notverkauf
c) Annahmeverzug
d) Zahlungsverzug
e) Lieferungsverzug

231. Ordnen Sie zu.

Rechte

a) Schadenersatz bei Lieferung einer nicht bestellten Ware
b) Schadenersatz wegen nicht rechtzeitiger Zahlung
c) Schadenersatz bei Deckungskauf
d) Öffentliche Versteigerung der Ware
e) Notverkauf, wenn die Preise für die Ware zu sinken drohen
f) Ersatzlieferung, wenn eine beschädigte Ware geliefert wurde

Kaufvertragsstörungen

[ ] Lieferungsverzug
[ ] Lieferung mit Sachmängeln
[ ] Annahmeverzug

232. Ein Einzelhändler hat am 28. April Ware für die kommende Wintersaison bestellt. Unter welcher Voraussetzung gerät der Lieferer in Verzug?

a) Wenn die Ware nicht mindestens 8 Wochen nach Bestellung geliefert wird
b) Wenn auf Grund von Streiks in seinem Betrieb nicht geliefert werden kann
c) Wenn die in der Mahnung gesetzte Nachfrist verstrichen ist
d) Wenn die Ware bis 22. Dezember (Winteranfang) nicht geliefert wird
e) Wenn die Ware bis 20. März (Frühlingsanfang) nicht geliefert wird

233. Ein Einzelhändler erwirbt aus einer Versteigerung Waren, bei denen sich nachträglich Mängel herausstellen. Wie ist die Rechtslage?

a) Er kann vom Vertrag zurücktreten.
b) Er kann Umtausch beanspruchen.
c) Er kann Schadenersatz verlangen.
d) Er kann keine Gewährleistungsansprüche geltend machen.
e) Er kann Preisminderung verlangen.

234. Eine Ware, die am 15.09. bestellt wurde und schnellstens geliefert werden sollte, ist am 20. Oktober immer noch nicht eingetroffen. Welches Recht kann der Einzelhändler geltend machen?

a) Rücktritt vom Vertrag
b) Keines, da der Lieferer erst in Verzug gesetzt werden muss
c) Bestehen auf Lieferung und Schadenersatz
d) Verzicht auf Lieferung und Schadenersatz für entgangenen Gewinn
e) Verzicht auf Lieferung und Schadenersatz für die Mehrkosten bei einem Deckungskauf

235. Der Unternehmer A (= Lieferer) schuldet dem Unternehmer B (= Kunde) eine Warenlieferung laut Kaufvertrag. Unternehmer A hat aber inzwischen einem anderen Kunden (C) die Ware geliefert, da dieser sofort bar zahlte. Folglich kann Unternehmer A nicht mehr rechtzeitig an Unternehmer B liefern. Welche Aussage ist zutreffend?

a) A wird von seiner Leistungspflicht befreit, da er nicht mehr liefern kann.
b) A wird von seiner Leistungspflicht befreit, da das Eigentum der Ware bereits an den Kunden C übertragen hat.
c) A wird von seiner Leistungspflicht befreit, da es für ihn mit sehr hohen Kosten verbunden ist, die Ware noch mal am Markt zu beschaffen, um sie dem Kunden B zu liefern.
d) A wird von seiner Leistungspflicht nicht befreit, weil Nichterfüllung seiner Leistungspflicht auf sein eigenes Verschulden zurückzuführen ist, da er der Erfüllung eines anderen Vertrages (mit Kunden C) den Vorrang gab.
e) A ist allein aus dem Grund von seiner Leistungspflicht befreit, da die Regelungen der Vertragsfreiheit ihm die Entscheidung überlassen, wem er seine Ware verkaufen will.

236. Bringen Sie die folgenden Arbeiten beim Durchsetzen eines Schadenersatzanspruchs in die richtige Reihenfolge.

[ ] Schadenshöhe ermitteln und Schadensersatz statt der Leistung geltend machen
[ ] Liefertermin gemäß Bestellung überwachen, Lieferung muss fällig sein
[ ] Nach Ablauf der Nachfrist Deckungskauf vornehmen
[ ] Wegen Schadenersatzanspruch Klage erheben
[ ] Lieferer eine Nachfrist zur Nacherfüllung setzen
[ ] Nachfrist erfolglos abgelaufen

237. Ordnen Sie zu.

Begriffserläuterungen	**Rechte des Käufers bei Lieferung mangelhafter Ware**
a) Der Käufer verlangt Herabsetzung des Kaufpreises.	[ ] Rücktritt
b) Der Käufer verlangt Ersatzlieferung mangelfreier Ware.	
c) Der Käufer verlangt Rückgängigmachung des Vertrages.	[ ] Minderung
d) Der Käufer verweigert Zahlung des vereinbarten Kaufpreises.	[ ] Schadensersatz statt der Leistung
e) Der Käufer verlangt Ausbesserung der mangelhaften Ware.	
f) Der Käufer verlangt Geldentschädigung, da trotz Nachfristsetzung keine Ersatzlieferung und keine Nachbesserung erfolgte.	

238. Bringen Sie die Anspruchsvoraussetzungen für „Schadenersatz statt der Leistung" in eine logisch richtige Reihenfolge.

[ ] Fristsetzung zur Leistung der Nacherfüllung
[ ] Pflichtverletzung (in Form von Verzug oder Schlechterfüllung)
[ ] Wirksamer Vertrag
[ ] Erfolgloser Fristablauf (Nichterbringung der gesamten Leistung oder Schlechterfüllung)
[ ] Vertretenmüssen des Schuldners
[ ] Schadensanspruch
[ ] Leistungspflicht des Schuldners aus wirksamem Vertragsschluss

239. Der Unternehmer A ist wegen höherer Gewalt (Blitzschlag in sein Lager) nicht in der Lage, die Verpflichtung aus dem Kaufvertrag mit Unternehmer B zu erfüllen. Welche Aussage ist zutreffend?

a) Der Unternehmer A hat die nötige Sorgfalt nicht walten lassen, denn dann hätte das Einschlagen des Blitzes vermieden werden können.
b) Der Unternehmer A hat es nicht zu vertreten, dass er nicht liefern kann. Somit ist er von seiner Leistungspflicht entbunden.
c) Vertragliche Abmachungen müssen immer eingehalten werden, auch wenn der Unternehmer A seine Lieferunfähigkeit nicht zu vertreten hat.
d) Der Unternehmer A ist zwar von seiner Leistungspflicht entbunden, muss aber den Schaden, den sein Kunde aufgrund der ausgebliebenen Warensendung erlitten hat, bezahlen.
e) Der Unternehmer A ist gezwungen, sich auf dem Markt anderweitig, wenn auch zu höheren Kosten, die Waren zu beschaffen, um seine Pflichten aus dem Kaufvertrag erfüllen zu können.

240. Unternehmer A ist aufgrund eines Kaufvertrages zur Lieferung einer Warensendung verpflichtet. Er gerät jedoch in Lieferschwierigkeiten, die er auch zu vertreten hat. Er teilt dies seinem Kunden, dem Unternehmer B, mit und bittet diesen, den Liefertermin ca. 6 bis 8 Wochen zu verschieben, damit er die Waren nochmals anderweitig beschaffen kann. Welche Aussage ist richtig?

a) Der Kunde B hat keine andere Möglichkeit, als der Bitte des Unternehmers A zu entsprechen.
b) Der Kunde B kann auf jeden Fall auf der Lieferung zum rechtzeitigen Termin bestehen.
c) Der Kunde B muss dem Unternehmer A eine angemessene Frist zur Nachlieferung setzen, die diesen 6 bis 8 Wochen entspricht.
d) Er Kunde B kann nur vom Vertrag zurücktreten, er hat aber nicht das Recht, den ihm aufgrund der ausgebliebenen Warenlieferung entstandenen Schaden einzufordern.
e) Der Kunde B kann sowohl vom Vertrag zurücktreten als auch Schadensersatz wegen nicht vertragsgemäß erbrachter Leistung verlangen.

241. In einem Kaufvertrag wurde vereinbart: „Lieferung ab Mitte Januar" Am 24.01. ging beim Verkäufer ein Schreiben ein, in dem die Lieferung angemahnt und bis zum 01.02. erbeten wurde. Am 10.02. war die Lieferung noch nicht erfolgt, weil beim Lieferer eine Spezialmaschine wegen Wartungsmängeln ausgefallen war. Welche Aussage ist richtig?

a) Für den Eintritt des Lieferungsverzuges war eine Nachfristsetzung mit der Mahnung nicht erforderlich, weil der Liefertermin kalendermäßig genau (fix) festgelegt war.
b) Dem Verkäufer wurde eine angemessene Nachfrist bis zum 01.02. gesetzt. Danach kann der Käufer nur Schadenersatz statt der Leistung verlangen, aber nicht vom Vertrag zurücktreten.
c) Es liegt kein Lieferungsverzug vor, weil der Verkäufer den Lieferungsverzug nicht verschuldet hat.
d) Der Verkäufer befindet sich ab dem 02.02. in Lieferungsverzug; danach kann der Käufer vom Vertrag zurücktreten und Schadensersatz verlangen.
e) Der Verkäufer befindet sich ab dem 02.02. in Lieferungsverzug; danach kann der Käufer bei einer weiteren erfolglosen Nachfristsetzung Schadenersatz statt der Leistung verlangen.

242. Die Elektro-Großhandlung-GmbH gerät gegenüber ihrem Kunden, Hans Maier e. K., Elektrogeräte, mit der Lieferung von 20 Kühlschränken in Lieferungsverzug, den er auch zu vertreten hat. Der Kunde, der die Kühlschränke dringend benötigt, hat sich diese daraufhin nach einer Mahnung, mit der er der Großhandlung eine angemessenen Nachfrist zur Nachlieferung gesetzt hatte und diese erfolglos verstrichen war, bei einem anderen Lieferer besorgt. Er verlangt daraufhin von der Elektro-Großhandlung-GmbH die Preisdifferenz. Welches Recht aus dem Lieferungsverzug macht der Kunde geltend?

a) Rücktritt vom Vertrag und Schadenersatz statt der Leistung
b) Schadenersatz wegen verspäteter Lieferung
c) Rücktritt vom Vertrag
d) Erfüllung des Vertrages und Schadenersatz
e) Erfüllung des Vertrages

243. Ein Großhändler erfüllt seine Verpflichtungen aus dem Kaufvertrag mit einem Einzelhändler nicht wie vereinbart. Welche Voraussetzungen müssen gegeben sein, bevor der Einzelhändler Schadensersatz statt der Leistung verlangen kann?

a) Die nicht rechtzeitig erfolgte Lieferung berechtigt den Einzelhändler dazu, Schadenersatz zu verlangen.
b) Wenn der Einzelhändler erfolglos eine Frist zur Nacherfüllung gesetzt hat, ist er berechtigt, Schadenersatz zu verlangen.
c) Wenn der Großhändler die Nichtleistung zu vertreten hat und der Einzelhändler erfolglos eine Nachfrist gesetzt hat, dann ist die Schadenersatzforderung berechtigt.
d) Wenn der Großhändler fahrlässig seine Pflichten nicht erfüllt hat, ist der Einzelhändler in jedem Fall berechtigt, Schadenersatz zu verlangen, auch ohne Setzen einer Nachfrist.
e) Auch bei einem Geschäft, das kalendermäßig bestimmt war (Termin der Lieferung war fest vereinbart), kann der Einzelhändler nur bei erfolgloser Nachfristsetzung Schadenersatz verlangen.

244. In welchem Fall ist eine Nachfrist beim Lieferungsverzug angemessen?

a) Wenn sie der Lieferer für angemessen hält
b) Wenn dem Lieferer Zeit bleibt, sich die Ware zu beschaffen
c) Wenn dem Lieferer Zeit bleibt, die Ware noch anzufertigen
d) Wenn dem Lieferer noch Zeit bleibt, die Ware zu liefern
e) Wenn sie mindestens 4 Wochen beträgt

245. Welche Aussage zum Lieferungsverzug ist zutreffend?

a) Bei Nichterfüllung seiner vertraglichen Leistungen (Pflichtverletzung) hat der Lieferer Schadenersatz zu leisten, auch wenn er die Pflichtverletzung nicht zu vertreten hat.
b) Bei einer Pflichtverletzung seitens des Lieferers muss ihm nachgewiesen werden, dass er dies zu vertreten hat (= Beweislastumkehr zu Lasten des Lieferers).
c) Der Lieferer selbst muss den Beweis erbringen, dass er die Pflichtverletzung nicht zu vertreten hat.
d) Nur ein Gericht kann darüber entscheiden, ob der Lieferer die Pflichtverletzung zu verantworten hat.
e) Ist die Pflichtverletzung auf fahrlässiges Handeln eines Angestellten des Lieferers zurückzuführen, so ist der Lieferer dafür nicht verantwortlich zu machen.

246. In einem zweiseitigen Handelskauf (beide Geschäftspartner sind Kaufleute) ist der säumige Lieferer durch den Gläubiger erfolgreich in Lieferungsverzug gesetzt worden. Welche Aussage zu den Folgen ist zutreffend?

a) Der Lieferer muss in keinem Fall mit einer Schadenersatzforderung durch den Gläubiger rechnen.
b) Der Lieferer kann bei nachträglicher Erfüllung seiner Pflichten die Forderung nach Schadenersatz erfolgreich abwehren.
c) Der Lieferer muss damit rechnen, dass er neben der Erfüllung seiner Leistung auch noch Schadenersatz und Verzugszinsen in Höhe von 5 % über dem Basissatz zu bezahlen hat.
d) Der Lieferer muss damit rechnen, dass er neben der Erfüllung seiner Leistung auch noch Schadenersatz und Verzugszinsen in Höhe von 9 % über dem Basissatz zu bezahlen hat.
e) Verzugszinsen braucht der Lieferer nur dann zu bezahlen, wenn er in der Forderungsaufstellung auf die Folgen des Verzuges hingewiesen wurde und bereits 30 Tage nach Erhalt der Forderungsaufstellung vergangen sind.

247. Ein Fahrradhändler lehnt die Annahme von 100 bestellten, rechtzeitig gelieferten Fahrrädern ab. Wie verhält sich der Lieferer richtig?

a) Er lässt die Ware auf dem Hof des Käufers trotz dessen Protest abladen.
b) Er führt den Selbsthilfeverkauf durch, indem er am gleichen Tag die Räder an einen anderen Händler mit 20 % Nachlass verkauft.
c) Er nimmt die Fahrräder zurück und beantragt den Erlass des Mahnbescheids.
d) Er lagert die Ware in einem öffentlichen Lagerhaus ein und droht dem Käufer den Selbsthilfeverkauf an.
e) Er lagert die Ware in einem öffentlichen Lagerhaus ein und beauftragt den zuständigen Gerichtsvollzieher, die Versteigerung am folgenden Tag vorzunehmen.

248. Im Kaufvertrag zwischen einem Großhändler und einem Einzelhändler ist nichts über den Liefertermin enthalten. Die Lieferung ist nach 4 Wochen immer noch nicht beim Einzelhändler eingetroffen. Welche Aussage ist zutreffend?

a) Der Großhändler kann vom Einzelhändler in Verzug der Lieferung gesetzt werden, indem er ihm mit einer Mahnung eine angemessene Nachfrist setzt, auch dann, wenn der Großhändler die Lieferverzögerung nicht zu vertreten hat.
b) Der Einzelhändler kann nach erfolglosem Ablauf einer angemessenen Frist, die er dem Großhändler mit einer Mahnung gesetzt hat, vom Vertrag zurücktreten und Schadenersatz verlangen, auch wenn der Großhändler die Lieferverzögerung nicht zu vertreten hat.
c) Der Einzelhändler kann nach erfolglosem Ablauf einer angemessenen Frist, die er dem Großhändler mit einer Mahnung gesetzt hat, vom Vertrag zurücktreten und nur dann Schadenersatz verlangen, wenn der Großhändler die Lieferverzögerung zu vertreten hat.
d) Der Großhändler kann auch ohne Anmahnung der Lieferung in Verzug gesetzt werden.
e) Wenn die entsprechenden gesetzlichen Voraussetzungen (Pflichtverletzung durch Großhändler, Nachfristsetzung durch Mahnung und Verschulden des Großhändlers) gegeben sind, kann der Einzelhändler entweder nur vom Vertrag zurücktreten oder nur Schadenersatz verlangen. Beide Rechte schließen sich gegenseitig aus.

249. Ordnen Sie zu.

Beispiele

a) Ein Großhändler hat die von uns vor 10 Tagen zur sofortigen Lieferung bestellte Ware noch nicht geliefert.
b) Ein Großhändler hat eine für den 04. Mai fest zugesagte Ware nicht geliefert.
c) Der Großhändler hat die Ware ordnungsgemäß geliefert, der Einzelhändler hat sie noch nicht bezahlt.
d) Der Großhändler hat die Ware ordnungsgemäß geliefert, der Einzelhändler hat sie 30 Tage nach Rechnungsstellung noch nicht bezahlt.
e) Der Käufer hat eine für den 15. Mai fix bestellte Ware am 05. Mai nicht angenommen.
f) Der Käufer hat eine ordnungsgemäß gelieferte Ware nicht angenommen.

Störungen des Kaufvertrages

[ ] Annahmeverzug
[ ] Lieferungsverzug
[ ] Zahlungsverzug

250. Wer hat bei einem Selbsthilfeverkauf Anspruch auf einen Mehrerlös?

a) Der Lieferer
b) Der in Verzug geratene Käufer
c) Der Gerichtsvollzieher, der die Versteigerung durchgeführt hat
d) Der Lagerhalter, bei dem die Ware hinterlegt wurde
e) Der Käufer und der Lieferer zu gleichen Teilen

251. Was ist eine Konventionalstrafe?

a) Eine Strafe beim Verstoß gegen das Rabattgesetzt
b) Eine Haftstrafe bei Verstoß gegen handelsübliche Konventionen
c) Eine Vertragsstrafe, wenn der Lieferer seine Verpflichtungen nicht oder nur mangelhaft erfüllt
d) Eine symbolische Strafe, wenn leichtere Verstöße geahndet werden sollen (UWG)
e) Eine Geldstrafe beim Verstoß gegen die Ladenschlusszeiten
f) Eine Geldstrafe beim Verstoß gegen die Preisauszeichnungsbestimmungen

252. Ein Käufer nimmt die ordnungsgemäß gelieferte Ware nicht an. Bringen Sie die folgenden Schritte in die richtige Reihenfolge.

[ ] Belasten des Kunden mit den Kosten
[ ] Androhung des Selbsthilfeverkaufs
[ ] Einlagerung der Ware im Lagerhaus
[ ] Öffentliche Versteigerung
[ ] Nichtannahme der Ware
[ ] Berechnung der Kosten
[ ] Mitteilung über Ort und Zeit der Versteigerung

253. Wann gerät der Empfänger einer Warensendung (kein Verbrauchsgüterkauf) nach den gesetzlichen Vorschriften bei der Erfüllung seiner Pflicht, die Ware ordnungsgemäß zu bezahlen, in Verzug?

a) Sofort nach Erhalt der Ware
b) Nach Eingang einer Zahlungserinnerung
c) Wenn eine Mahnung mit festgesetztem Termin unbeachtet bleibt
d) Nach 6 Wochen
e) 30 Tage nach Fälligkeit und Zugang einer Rechnung

<u>Siehe zu den nächsten fünf Aufgaben die §§ 247, 286 (3) und § 288 BGB.</u>

§ 247 Basiszinssatz

(1) Der Basiszinssatz beträgt -0,88 Prozent (Stand 1. Juli 2019). Er verändert sich zum 1. Januar und 1. Juli eines Jahres um die Prozentpunkte, um welche die Bezugsgröße seit der letzten Veränderung des Basiszinssatzes gestiegen oder gefallen ist. Bezugsgröße ist der Zinssatz für die jüngste Hauptrefinanzierungsoperation der Europäischen Zentralbank vor dem ersten Kalendertag des betreffenden Halbjahres.

(2) Die Deutsche Bundesbank gibt den geltenden Basiszinssatz unverzüglich nach den in Absatz 1 Satz 2 genannten Zeitpunkten im Bundesanzeiger bekannt.

§286 Verzug des Schuldners

(1)...

(2)...

(3) Der Schuldner einer Entgeltforderung kommt spätestens in Verzug, wenn er nicht innerhalb von 30 Tagen nach Fälligkeit und Zugang einer Rechnung oder gleichwertigen Zahlungsaufstellung leistet; dies gilt gegenüber einem Schuldner, der Verbraucher ist, nur, wenn auf diese Folgen in der Rechnung oder Zahlungsaufstellung besonders hingewiesen worden ist. Wenn der Zeitpunkt des Zugangs der Rechnung oder Zahlungsaufstellung unsicher ist, kommt der Schuldner, der nicht Verbraucher ist, spätestens 30 Tage nach Fälligkeit und Empfang der Gegenleistung in Verzug.

(4).....

§ 288 Verzugszinsen

(1) Eine Geldschuld ist während des Verzugs zu verzinsen. Der Verzugszinssatz beträgt für das Jahr fünf Prozentpunkte über dem Basiszinssatz.

(2) Bei Rechtsgeschäften, an denen ein Verbraucher nicht beteiligt ist, beträgt der Zinssatz für Entgeltforderungen neun Prozentpunkte über dem Basiszinssatz.

(3) Der Gläubiger kann aus einem anderen Rechtsgrund höhere Zinsen verlangen.

(4) Die Geltendmachung eines weiteren Schadens ist nicht ausgeschlossen.

(5) Der Gläubiger einer Entgeltforderung hat bei Verzug des Schuldners, wenn dieser kein Verbraucher ist, außerdem einen Anspruch auf Zahlung einer Pauschale in Höhe von 40 Euro. Dies gilt auch, wenn es sich bei der Entgeltforderung um eine Abschlagszahlung oder sonstige Ratenzahlung handelt. Die Pauschale nach Satz 1 ist auf einen geschuldeten Schadensersatz anzurechnen, soweit der Schaden in Kosten der Rechtsverfolgung begründet ist.

254. Ein Einzelhändler verlangt von seinem Kunden, der 30 Tage nach Rechnungserhalt noch nicht bezahlt hat und der in der Rechnung auf den Zahlungsverzug hingewiesen wurde, Verzugszinsen. Welche Aussage ist richtig?

a) Er kann Verzugszinsen verlangen und zwar 5 % über dem aktuellen Basiszinssatz.
b) Er kann Verzugszinsen verlangen und zwar 9 % über dem aktuellen Basiszinssatz.
c) Zinsen können grundsätzlich nur verlangt werden, wenn sie vorher vertraglich vereinbart worden sind.
d) Da keine vertraglichen Vereinbarungen über Verzugszinsen getroffen worden sind, darf der Kaufmann Verzugszinsen in beliebiger Höhe verlangen.
e) Der Kaufmann muss den säumigen Käufer erst durch eine Mahnung in Verzug setzen; dann kann er nach 30 Tagen Verzugszinsen verlangen.

255. Ein Kaufmann ist in Zahlungsverzug geraten. Sein Lieferant berechnet ihm Verzugszinsen. Welchen Zinssatz darf er verlangen, wenn im Kaufvertrag nichts darüber vereinbart worden ist und die Vorschriften des BGB zugrunde gelegt werden?

a) 5 %
b) den Basiszinssatz
c) 9 %
d) 5 % über dem Basiszinssatz
e) 9 % über dem Basiszinssatz

256. Eine Großhandels GmbH verlangt von ihrem Kunden, der Firma Müller e. K., der 30 Tage nach Rechnungserhalt noch nicht bezahlt hat, Verzugszinsen. Welche Aussage ist richtig?

a) Sie kann Verzugszinsen verlangen und zwar 8,12 %, wenn der aktuelle Basiszinssatz -0,88 % - beträgt. Außerdem hat er Anspruch auf eine Pauschale in Höhe von 40,00 €.
b) Zinsen können grundsätzlich nur verlangt werden, wenn sie vorher vereinbart wurden.
c) Da keine Vereinbarung über Verzugszinsen getroffen wurde, darf die Großhandels GmbH Verzugszinsen in beliebiger Höhe verlangen.
d) Die Großhandels GmbH muss den säumigen Kunden erst in Verzug setzen. Dann kann sie nach 30 Tagen Verzugszinsen verlangen.
e) Die Großhandels GmbH kann höchstens den von der EZB vorgegebenen Basissatz verlangen.

257. Die Müller-GmbH verkaufte Anfang Januar verschiedene Waren an die Tischlerei Göbel GmbH in Dresden. Es wurde vereinbart, dass die Zahlung des Kaufpreises bei Lieferung fällig wird. Am 10. Januar um 9:00 Uhr erhielt die Tischlerei die Waren und die Rechnung. Da sie am 20. Februar noch nicht gezahlt hat, will die Müller-GmbH Zinsen fordern. Prüfen Sie, ob und in welcher Höhe nach der gesetzlichen Regelung Zinsen verlangt werden können?

a) Zinsen können grundsätzlich nur verlangt werden, wenn sie vereinbart wurden.
b) Da keine Vereinbarung über Verzugszinsen getroffen wurde, kann die Müller-GmbH ab dem 11. Januar Verzugszinsen in beliebiger Höhe verlangen.
c) Da am 10. Januar die Zahlung aufgrund der Lieferung fällig war und an diesem Tag auch die Rechnung zuging, kann die Müller-GmbH ab dem 11. Februar Verzugszinsen von 9 % + aktueller Basiszinssatz sowie eine Pauschale von 40,00 € verlangen.
d) Zinsen können nicht verlangt werden, da die Voraussetzungen für den Zahlungsverzug nicht erfüllt sind. Grundsätzlich muss die Tischlerei erst gemahnt und eine 30-tägige Nachfrist gesetzt werden.
e) Die Müller-GmbH kann frühestens ab dem 11. März Verzugszinsen von insgesamt 9 % + aktueller Basiszinssatz verlangen.

258. Ein Privatkunde hat von einem Großhändler Waren im Wert von 260,00 € erhalten. Welche Voraussetzung muss gegeben sein, dass der Privatkunde in Zahlungsverzug gerät?

a) Er gerät 30 Tage nach Rechnungserhalt in Zahlungsverzug, auch wenn die Rechnung keinen Hinweis auf die rechtliche Regelung des Zahlungsverzuges enthält.
b) Er gerät nur in Zahlungsverzug, wenn dies vertraglich festgelegt wurde.
c) Er gerät 30 Tage nach Fälligkeit und Zugang der Rechnung in Verzug, wenn in der Rechnung auf den Zahlungsverzug hingewiesen wurde.
d) Er gerät 30 Tage nach Zugang einer Mahnung in Verzug.
e) Für Privatkunden gelten keine gesetzlichen Regelungen.

259. Bei welchem Gericht muss die Klage auf Zahlung einer Schuld von 14.200 € eingereicht werden?

a) Beim Handelsgericht
b) Beim Landgericht
c) Beim Amtsgericht
d) Beim Registergericht
e) Beim Oberlandgericht

260. Bei welchem Gericht muss ein Mahnbescheid unter 10.000 € beantragt werden?

a) Beim zuständigen Amtsgericht (bzw. beim Zentralen Mahngericht)
b) Beim zuständigen Landgericht
c) Beim zuständigen Verwaltungsgericht
d) Beim zuständigen Arbeitsgericht
e) Beim zuständigen Handelsgericht

261. Der Inhaber einer Einzelunternehmung ist hoch verschuldet. Ein Gläubiger hat einen Vollstreckungsbescheid erwirkt und betreibt die Zwangsvollstreckung. Was darf dabei nicht gepfändet werden?

a) Seine Ferien am Meer
b) Sein Zweitwagen
c) Seine Computerkasse
d) Seine Jagdausrüstung
e) Sein Sparguthaben in Höhe von 20.000 €

262. Welcher Verlauf des gerichtlichen Mahnverfahrens ist richtig?

a) Mahnbescheid, Vollstreckungsbescheid, erfolgreiche Pfändung, eidesstattliche Versicherung
b) Mahnbescheid, eidesstattliche Versicherung, Vollstreckungsbescheid, fruchtlose Pfändung
c) Mahnbescheid, Vollstreckungsbescheid, fruchtlose Pfändung, eidesstattliche Versicherung
d) Fruchtlose Pfändung, Mahnbescheid, eidesstattliche Versicherung, Vollstreckungsbescheid
e) Mahnbescheid, fruchtlose Pfändung, Vollstreckungsbescheid, eidesstattliche Versicherung

263. Wo muss der Gläubiger bei einer Schuldsumme von über 10.000 € den Mahnbescheid beantragen?

a) Beim Rechtsanwalt des Schuldners
b) Beim zuständigen Landgericht des Schuldners
c) Beim zuständigen Amtsgericht des Schuldners
d) Beim zuständigen Amtsgericht des Gläubigers (bzw. beim Zentralen Mahngericht)
e) Beim zuständigen Landgericht des Gläubigers

264. Warum beantragt ein Gläubiger eine „eidesstattliche Versicherung"?

a) Es soll festgestellt werden, ob der Schuldner der Zwangsvollstreckung Vermögenswerte entzogen hat.
b) Die Verjährung der Forderung soll von Neuem beginnen.
c) Die Verjährung der Forderung soll gehemmt werden.
d) Der Schuldner soll hierdurch die Berechtigung der Forderung ausdrücklich anerkennen.
e) Der Schuldner soll sich verpflichten, die Schuld zu begleichen, sobald er wieder zu Geld kommt.

265. Ein Schuldner lässt einen Mahnbescheid unbeachtet. Was muss der Gläubiger veranlassen, um zu seinem Geld zu kommen?

a) Der Gläubiger verlangt vom Schuldner eine „eidesstattliche Versicherung".
b) Der Gläubiger beantragt den Erlass eines Vollstreckungsbescheides.
c) Der Gläubiger beantragt beim zuständigen Amtsgericht einen Verhandlungstermin.
d) Der Gläubiger lässt beim Schuldner pfänden.
e) Der Gläubiger lässt dem Schuldner erneut einen Mahnbescheid zukommen.

266. Es gibt Schuldner, die bei Eingang eines Mahnbescheides überhaupt nichts unternehmen. Was wird der Gläubiger in solchen Fällen tun?

a) Beim Kunden Gegenstände im Wert der Forderungen abholen
b) Das Verfahren als beendigt und erledigt betrachten
c) Antrag auf Erlass eines neuen Mahnbescheids beim zuständigen Amtsgericht stellen
d) Auf das Tätig werden des Gerichtsvollziehers warten
e) Die Vollstreckung des Mahnbescheides beantragen

267. Was wird mit der „eidesstattlichen Versicherung" nach erfolgloser Pfändung beeidet?

a) Der Schuldner hat keine weiteren Schulden mehr.
b) Der Schuldner erkennt die Forderung des Gläubigers an.
c) Der Schuldner verpflichtet sich zum baldigen Ausgleich der Restschuld.
d) Der Schuldner erklärt unter Eid, dass er seinen sämtlichen finanziellen Verpflichtungen nachkommen wird.
e) Der Schuldner bestätigt die Vollständigkeit des von ihm aufgestellten Vermögensverzeichnisses.

268. Die Otto Müller KG in Nürnberg hat gegen ihren Privatkunden Lange in Frankfurt wegen 12.000 € beim Amtsgericht Nürnberg einen Mahnbescheid beantragt. Lange erhebt Widerspruch und es kommt zu einer Gerichtsverhandlung. Vor welchem Gericht findet diese statt?

a) Amtsgericht Nürnberg
b) Landgericht Nürnberg
c) Landgericht Frankfurt
d) Amtsgericht Frankfurt
e) Handelsgericht Nürnberg

269. Bringen Sie in die richtige Reihenfolge.

[ ] Erlass eine Mahnbescheides
[ ] Antrag auf Erlass eines Vollstreckungsbescheides
[ ] Antrag auf Erlass einen Mahnbescheides
[ ] Nichtbeachtung des Mahnbescheides durch den Schuldner
[ ] Erlass eines Vollstreckungsbescheides
[ ] Zwangsvollstreckung

270. In das Vermögen eines Schuldners wird vom Gerichtsvollzieher zwangsvollstreckt. Was bedeutet das?

a) Das gesamte Vermögen wird vom Gerichtsvollzieher verwaltet.
b) Unbewegliche Gegenstände, z. B. Grundstücke, werden freihändig verkauft.
c) Bewegliche Gegenstände werden durch Aufkleben von Pfand-Siegelmarken gepfändet.
d) Der Gläubiger kann über das Vermögen des Schuldners verfügen.
e) Der Gläubiger sucht sich beim Schuldner einen Wertgegenstand aus.

271. Gegen einen Lebensmitteleinzelhändler erging ein Vollstreckungsbescheid. Welche Vermögenswerte sind unpfändbar?

a) Seine Sparbücher
b) Seine Forderungen
c) Seine Fotoausrüstung
d) Seine Fachbücher
e) Seine Münzsammlung

272. Bei einem Schuldverhältnis zwischen zwei Kaufleuten nach HGB überweist der Schuldner aufgrund der Androhung eines Mahnbescheides einen Teilbetrag der Gesamtschuld. Welchen Einfluss hat dies auf die Verjährung der Restschuld?

a) Die Verjährung wird gehemmt.
b) Der Tatbestand hat keinen Einfluss auf die Verjährung.
c) Die Restschuld verjährt erst nach 30 Jahren.
d) Die Verjährung beginnt ab sofort von Neuem zu laufen.
e) Die Verjährung beginnt vom Beginn des nächsten Jahres an von Neuem zu laufen.

273. Wodurch wird das gerichtliche Mahnverfahren eingeleitet?

a) Mit der Zusendung einer letzten Mahnung
b) Mit der Androhung des Einzuges der Rechnungssumme durch Postnachnahme
c) Mit dem Einzug des fälligen Rechnungsbetrages durch Postnachnahme
d) Mit der Beantragung eines Mahnbescheides
e) Mit der Zustellung eines Mahnbescheides
f) Mit der Beantragung einer gerichtlichen Klage

274. Welches Gericht erlässt auf Antrag einen Vollstreckungsbescheid bei 5.000 € Streitwert?

a) Das Amtsgericht, in dessen Bezirk der Gläubiger seinen Wohnsitz hat
b) Das Amtsgericht, in dessen Bezirk der Schuldner seinen Wohnsitz hat
c) Das Landgericht, in dessen Bezirk der Gläubiger seinen Wohnsitz hat
d) Das Landgericht, in dessen Bezirk der Schuldner seinen Wohnsitz hat
e) Das Oberlandgericht, in dessen Land der Gläubiger seinen Wohnsitz hat
f) Das Oberlandgericht, in dessen Land der Schuldner seinen Wohnsitz hat

275. Auf mehrere Mahnungen hat ein Kunde nicht geantwortet. Da sichergestellt werden soll, dass der Kunde die letzte Mahnung nachweislich erhalten hat, soll eine entsprechende Beförderungs- bzw. Zustellungsart gewählt werden. Welche Zustellungsart beweist, wann und an wen der Brief ausgehändigt worden ist?

a) Einwurf-Einschreiben
b) Postzustellungsauftrag
c) Einschreiben gegen Rückschein
d) Einschreiben mit dem Vermerk „Eigenhändig“
e) Post-Express

276. Welches Gesetz regelt die Verjährung von Forderungen der Kaufleute an Privatleute?

a) Das Handelsgesetzbuch
b) Die Gewerbeordnung
c) Die Zivilprozessordnung
d) Das Bürgerliche Gesetzbuch
e) Das Grundgesetz

277. Sie haben beim zuständigen Gericht einen Mahnbescheid beantragt. Wie wird diese Angelegenheit weiter verfolgt, wenn der Schuldner nichts unternimmt?

a) Das Gericht erlässt von sich aus einen Vollstreckungsbescheid.
b) Sie müssen beim Gerichtsvollzieher einen Vollstreckungsbescheid beantragen.
c) Sie müssen beim Gericht einen Vollstreckungsbescheid beantragen.
d) Ein Mahnbescheid ist bei Nichtbeachtung durch den Schuldner gleichzeitig Vollstreckungsbescheid.
e) Sie erwirken eine eidesstattliche Versicherung über die Vermögensverhältnisse des Schuldners.

BEI DEN NACHSTEHENDEN AUFGABEN SIND DIE RICHTIGEN ERGEBNISSE ANZUKREUZEN BZW. ZUZUORDNEN.

1. Sie haben die Aufgabe, ein Organigramm zu erstellen. Bevor Sie die Stellen und Abteilungen in das Schema eintragen können, ordnen Sie die Stellen den entsprechenden Abteilungen zu. Wie sieht Ihre Zuordnung aus?

Stellen

a) Angebotsprüfung
b) Auftragsbearbeitung
c) Poststelle/Registratur
d) Rechnungsprüfung
e) Lohn/Gehaltsbuchhaltung

Abteilungen

[ ] Verwaltung
[ ] Rechnungswesen
[ ] Verkauf
[ ] Einkauf
[ ] Personalwesen

2. Bringen Sie die folgenden in einem Einzelhandelsunternehmen tätigen Personen in eine hierarchische Ordnung, indem Sie die Ziffern 1 bis 6 in die Kästchen eintragen. Beginnen Sie dabei mit dem Eigentümer.

[ ] Erstverkäufer
[ ] Geschäftsführer
[ ] Substitut
[ ] Verkäufer
[ ] Abteilungsleiter
[ ] Eigentümer

3. Sie wollen sich über die Zuständigkeitsbereiche in Ihrem Ausbildungsbetrieb informieren. Welcher Unterlage entnehmen Sie diese Information?

a) Dem Organisationsplan
b) Der Stellenbeschreibung
c) Der Arbeitsanordnung
d) Der Betriebsvereinbarung
e) Der Arbeitsanweisung

4. Wie verhält sich ein Vorgesetzter gegenüber seinen Mitarbeitern, wenn er einen „autoritären Führungsstil" ausübt?

a) Die Mitarbeiter dürfen Entscheidungen treffen, wenn der zuständige Vorgesetzte die Dienstaufsicht führt.
b) Die Mitarbeiter haben bei ihrer Aufgabenerfüllung strikte Anweisungen und keinerlei Entscheidungskompetenz.
c) Den Mitarbeiter werden vom Vorgesetzten Ziele zur selbständigen Erledigung übertragen einschließlich der Entscheidungskompetenz.
d) Die Mitarbeiter dürfen Entscheidungen treffen, wenn die Mehrheit des Arbeitsteams und der Vorgesetzte dafür sind.
e) Die Mitarbeiter erhalten Aufgaben zur eigenverantwortlichen Erledigung.

5. Welche Aussage zur Betriebshierarchie ist richtig?

a) Sie zeigt die Arbeitsteilung nach der Verantwortungsebene sowie die Über- bzw. Unterordnungsregelung der Mitarbeiter eines Unternehmens.
b) Sie zeigt die Arbeitsteilung nach den Funktionen wie Einkauf, Lager, Vertrieb.
c) Sie verdeutlicht die betrieblichen Arbeitsabläufe.
d) Sie verdeutlicht die Sortimentstiefe und -breite eines Einzelhandelsbetriebes.
e) Sie weist auf die Verkaufsform des Einzelhandelsbetriebes hin.

6. Gute zwischenmenschliche Beziehungen am Arbeitsplatz ermöglichen positive Arbeitsleistungen. Welches Verhalten des Vorgesetzten wirkt sich negativ auf das Betriebsklima aus?

a) Er korrigiert das Fehlverhalten eines Mitarbeiters sachlich in einem separaten Gespräch.
b) Er gibt regelmäßig die Umsatzziele bekannt, um seine Mitarbeiter anzuspornen.
c) Er tadelt lautstark in aller Öffentlichkeit einen Mitarbeiter, da dieser wiederholt den gleichen Fehler macht.
d) Er gibt weiterbildende Informationen in Waren- und Sortimentskunde.
e) Er akzeptiert Vorschläge erfahrener Mitarbeiter zur Warenpräsentation.

7. Was ist geeignet, im Warenhaus Peter Kolb OHG das Betriebsklima und damit auch die Arbeitsleistungen der Mitarbeiter zu verbessern?

a) Einführung einer ausschließlich am Umsatz orientierten Entlohnung der Mitarbeiter
b) Einführung von flexiblen Arbeitszeiten, sodass bestimmte Mitarbeiter auf Abruf bereitstehen
c) Einführung wöchentlicher Abteilungskonferenzen, in denen die Abteilungsleiter den Mitarbeitern Umsatzziele vorgeben und deren Einhaltung kontrollieren
d) Einführung einer monatlichen Leistungsbeurteilung der Mitarbeiter und Aushang dieser Beurteilungen am Schwarzen Brett
e) Einführung wöchentlicher Abteilungskonferenzen, in denen die Mitarbeiter Ideen zu Verkaufsaktionen vorbringen können

8. Nach einem Wechsel von der Verkaufsabteilung in die Einkaufsabteilung erwarten Sie andere Tätigkeiten. Welche Aufgaben müssen Sie u. a. in der Einkaufsabteilung erledigen?

a) Vergleich der betrieblichen Kennziffern des Lieferers
b) Kontrolle der Preisschilder im Schaufenster
c) Kontrolle der rechtzeitigen Bezahlung der Liefererrechnungen
d) Vergleich der Angebote verschiedener Lieferer
e) Vergleich der Kosten für den Warenversand

9. Welcher Begriff gehört in die abgebildete Abteilungsgliederung eines Einzelhandels?

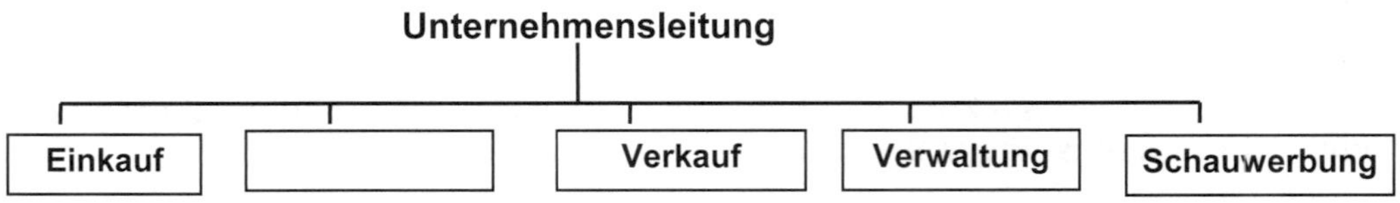

a) Kalkulationserstellung
b) Umsatzplanung
c) Personalbeschaffung
d) Lagerung
e) Warenpräsentation

10. In einem Bekleidungsfachgeschäft sind Sie mit der Warenpflege betraut worden. Welche Tätigkeiten gehören zur Warenpflege?

a) Die Überprüfung der gelieferten Menge
b) Das Aufbügeln und Umbügeln von Kleidungsstücken
c) Das Anbringen von Sicherungsetiketten
d) Das Festhalten des Wareneingangs in der Lagerdatei
e) Die Preisreduzierung bei beschädigter Ware

11. Bei einem großen Einzelhandelsunternehmen sollen die Aufgaben neu aufgeteilt werden. Welche Aufgaben fallen unbedingt der Verkaufsabteilung zu?

a) Die Verkaufsabteilung muss einen Werbeplan aufstellen, um die Kosten in der Relation zum Umsatz festzulegen.
b) Die Verkaufsabteilung bestimmt den Standort für Kasse und Packtisch, damit die Kassiererin einen angenehmen Arbeitsplatz bekommt.
c) Die Verkaufsabteilung überprüft die Liefererangebote nach Preisen, Konditionen und Lieferzeiten.
d) Die Verkaufsabteilung übernimmt die sorgfältige und richtige Platzierung des Sortiments und ist für die Kundenberatung zuständig.
e) Die Verkaufsabteilung bestimmt die Einteilung des Reservelagers, weil die Verkäufer dort die meiste Zeit zu tun haben.

12. Welche Tätigkeiten sind der Einkaufsabteilung zuzuordnen?

a) Bestellung – Lieferungsüberwachung – Warenannahme – Warenverkauf
b) Bedarfserfassung – Bezugsquellenermittlung – Bestellung – Lieferungsüberwachung
c) Bedarfserfassung – Bezugsquellenermittlung – Bestellung – Rechnungswesen
d) Marketing – Bestellung – Lieferungsüberwachung – Versand
e) Marketing – Bezugsquellenermittlung – Bestellung – Lieferungsüberwachung

13. Bringen Sie die folgenden in der Einkaufsabteilung anfallenden Tätigkeiten in die richtige Reihenfolge.

[ ] Vergleich von Lieferschein und Rechnung
[ ] Ermittlung des Bedarfs
[ ] Schreiben von Anfragen
[ ] Bestellen nach dem günstigsten Angebot
[ ] Suche nach Bezugsquellen
[ ] Vergleichen von Angeboten

14. Welche Aufgabe fällt u. a. in der Einkaufsabteilung an?

a) Ausgangsrechnungen erstellen
b) Inventur durchführen
c) Lagerbestände ermitteln
d) Angebote erstellen
e) Angebote prüfen

15. Der Betriebsaufbau des Einzelhandelsbetriebes weist drei Hauptbereiche auf: Einkauf, Verkauf und Verwaltung. Welcher Punkt der folgenden Aufzählung gehört zum „Einkauf"?

a) Lohnbüro
b) Warenannahme
c) Werbung
d) Kundenkartei
e) Warenausgang

16. Der Einzelhandelsbetrieb ist in folgende Arbeitsgebiete eingeteilt: Einkauf, Lager, Werbung, Verkauf, Verwaltung. Welcher Aufgabenbereich gehört zum Einkauf?

a) Warenkontrolle
b) Kasse
c) Dekoration
d) Registratur
e) Kundendienst

17. Welche Aufgabe übernimmt die Gewerbeaufsichtsbehörde bei der Lagerung der Waren?

a) Die Schulung des verantwortlichen Lagerpersonals
b) Die Kontrolle der Lagerumschlagshäufigkeit
c) Die Stichproben bei größeren Lagerbeständen
d) Die Überwachung der Einhaltung von gesetzlichen Vorschriften
e) Die tägliche Kontrolle der Qualität

18. In einem Einzelhandelsbetrieb sind Meinungsverschiedenheiten zwischen einem Auszubildenden und dem Ausbilder über den zeitlichen Ablauf der Ausbildung entstanden. Welche Stelle ist für diesen Fall zuständig?

a) Die Gewerbeaufsichtsbehörde
b) Das Arbeitsamt
c) Die Berufsschule
d) Die Berufsgenossenschaft
e) Die Industrie- und Handelskammer

19. Ein Auszubildender eines Sportfachgeschäftes erhält vom Inhaber die Anweisung, an Sonntagen zu Sportvereinen zu gehen, um für das Fachgeschäft zu werben. Der Auszubildende hat Bedenken, ob diese Anweisung rechtlich zulässig ist. An welche Stelle kann er sich wenden?

a) An die Gewerbeaufsichtsbehörde
b) An die Berufsgenossenschaft
c) An den Einzelhandelsverband
d) An die Gewerkschaft
e) An die Industrie- und Handelskammer

20. Welche Funktion hat die Berufsgenossenschaft des Einzelhandels?

a) Sie ist der Einkaufsverband für den Einzelhandel.
b) Sie ist der Träger der gesetzlichen Unfallversicherung des Einzelhandels.
c) Sie ist der Zusammenschluss zur Verbesserung der Arbeitsbedingungen.
d) Sie ist die mit der Berufsberatung beauftragte Behörde.
e) Sie ist die Gewerkschaft des Einzelhandels.

21. Wer ist der Träger von Umschulungsmaßnahmen, die zur Wiedererlangung eines Arbeitsplatzes notwendig sind?

a) Die Berufsfachschule
b) Die Volkshochschule
c) Das Bundesministerium für Arbeit und Soziales
d) Die Bundesagentur für Arbeit
e) Der Einzelhandelsverband

22. In welchem Fall ist das Sozialgericht zuständig?

a) Bei Streitigkeiten zwischen Arbeitgebern
b) Bei Streitigkeiten zwischen Arbeitnehmern verschiedener Betriebe
c) Bei Streitigkeiten zwischen Arbeitnehmern und Arbeitgeber
d) Bei Streitigkeiten des Arbeitgebers mit der IHK
e) Bei Streitigkeiten des Arbeitnehmers mit der Sozialversicherung

23. In welchem Fall ist das Arbeitsgericht zuständig?

a) Ein Angestellter ist der Auffassung, dass seine Kündigung sozial ungerechtfertigt ist.
b) Ein Angestellter möchte erreichen, dass die Kosten für einen Weiterbildungskurs vom Arbeitsamt bezahlt werden.
c) Ein Angestellter ist nicht damit einverstanden, dass die Krankenkasse eine Zahnarztrechnung nicht in voller Höhe bezahlt.
d) Ein kaufmännischer Angestellter ist nach einem Arbeitsunfall mit der Höhe seiner Unfallrente nicht einverstanden.
e) Ein Auszubildender ist der Ansicht, dass bei der Abnahme der Abschlussprüfung Verfahrensfehler begangen wurden, deshalb möchte er Widerspruch einlegen.

24. Welches Gericht ist bei Gehaltsstreitigkeiten zwischen Arbeitgebern und Arbeitnehmern zuständig?

a) Das Amtsgericht
b) Das Arbeitsgericht
c) Das Sozialgericht
d) Das Landgericht
e) Das Verwaltungsgericht

25. Ein kaufmännischer Angestellter glaubt Anspruch auf einen Kuraufenthalt aus Mitteln der gesetzlichen Krankenversicherung zu haben. Mit Hilfe welchen Gerichts versucht er, seinen Anspruch durchzusetzen?

a) Arbeitsgericht
b) Amtsgericht
c) Verwaltungsgericht
d) Sozialgericht
e) Landgericht

26. Ein Ausbildungsbetrieb verweigert häufig einem Auszubildenden die Teilnahme am Berufsschulunterricht. Bei welchem Gericht kann der Auszubildende Klage erheben?

a) Beim Arbeitsgericht
b) Beim Sozialgericht
c) Beim Amtsgericht
d) Beim Landgericht
e) Beim Verwaltungsgericht

27. Wo können Sie als Auszubildender nachlesen, ob Ihre Ausbildungsvergütung dem geltenden Mindestsatz entspricht?

a) In der Ausbildungsordnung
b) Im Berufsbildungsgesetz
c) Im Lohn- und Gehaltstarif
d) Im Jugendarbeitsschutzgesetz
e) Im Manteltarifvertrag

28. An welche zuständige Stelle kann sich jeweils der Arbeitnehmer wenden? Ordnen Sie zu.

Problemfälle	**Zuständige Stelle**
a) Die Abteilungsleiterin eines Kaufhauses benötigt die aktuellen Unfallverhütungsvorschriften, um sie auszuhändigen.	[ ] Arbeitsamt
b) Ein 63-jähriger Angestellter will sich über die Höhe der ihm zustehenden Altersrente informieren.	[ ] Berufsgenossenschaft
c) Ein Auszubildender will sich darüber beschweren, dass er ausbildungsfremde Tätigkeiten ausführen muss.	[ ] Krankenkasse
d) Eine Verkäuferin möchte sich über Möglichkeiten zur Umschulung zur Industriekauffrau informieren.	

e) Ein Verkäufer mit Wirbelsäulenbeschwerden möchte sich über geeignete Kurorte informieren.
f) Ein Auszubildender will die Verkürzung seiner Ausbildungszeit beantragen.

29. Welchen Instanzenweg kann ein Arbeitsgerichtsprozess nehmen?

a) Amtsgericht, Landesarbeitsgericht, Verwaltungsgerichtshof
b) Arbeitsgericht, Sozialgericht, Verwaltungsgericht
c) Arbeitsgericht, Landesarbeitsgericht, Bundesarbeitsgericht
d) Amtsgericht, Landgericht, Arbeitsgericht
e) Landesarbeitsgericht, Bundesarbeitsgericht, Bundesgerichtshof

30. Ein Mitarbeiter will seinen Urlaubsanspruch vor Gericht klären lassen. Welches Gericht ist dafür zuständig?

a) Amtsgericht
b) Verwaltungsgericht
c) Sozialgericht
d) Landgericht
e) Arbeitsgericht

31. In welchem Fall ist bei einem Rechtsstreit das Arbeitsgericht zuständig?

a) Der Gewerkschaftsbeitrag wird vom Finanzamt nicht als einkommensteuermindernde Werbungskosten anerkannt.
b) Arbeitgeber und Gewerkschaften können sich über Überstunden nicht einigen.
c) Ein Arbeitnehmer ist nach einem Unfall mit bleibendem Körperschaden nicht mit dem festgestellten Grad der Behinderung von 40 % einverstanden.
d) Ein Angestellter ist mit dem gewährten Kurkostenzuschuss nicht zufrieden.
e) Ein Arbeitnehmer ist mit der tariflichen Eingruppierung nicht einverstanden und möchte nach einer höheren Gehaltsgruppe bezahlt werden.

32. Wer berät den Auszubildenden bei der IHK bei Ausbildungsproblemen?

a) Der Ausbildungsleiter
b) Der Berufsberater
c) Der Ausbilder
d) Der Berufspsychologe
e) Der Ausbildungsberater

33. Im Berufsausbildungsvertrag wurde vereinbart: Der Auszubildende muss eine Vertragsstrafe bezahlen, wenn er innerhalb von 3 Jahren nach Ausbildungsende den Betrieb verlässt. Wie ist die Rechtslage?

a) Die Vereinbarung ist nichtig.
b) Die Vereinbarung ist mit Zustimmung des Auszubildenden gültig.
c) Die Vereinbarung ist anfechtbar.
d) Die Vereinbarung ist mit Zustimmung der gesetzlichen Vertreter gültig.
e) Die Vereinbarung ist nur mit Zustimmung des Betriebsrates verbindlich.

34. Welcher Vertrag regelt das Verhältnis zwischen Ausbilder und Auszubildendem?

a) Tarifvertrag
b) Dienstvertrag
c) Werkvertrag
d) Berufsausbildungsvertrag
e) Arbeitsvertrag

35. Was ist gemäß den Vorschriften des Berufsbildungsgesetzes Teil des Ausbildungsvertrages?

a) Der fachlich gegliederte Stoffplan der Berufsschule
b) Der gemeinsame Ausbildungsplan der Berufsschule und des Betriebes
c) Der Ausbildungsplan des Ausbildungsbetriebes
d) Der Rahmenlehrplan der Berufsschule
e) Die Dauer der täglichen Ruhepausen

36. Beim Abschluss des Berufsausbildungsvertrages ist u. a. die Dauer der Probezeit festzulegen. Wie viel Monate darf sie höchstens betragen?

a) Höchstens 6 Wochen
b) Höchstens 5 Monate
c) Höchstens 6 Monate
d) Höchstens 4 Monate, mindestens 1 Monat
e) Mindestens 3 Monate, die nach Vereinbarung um einen weiteren Monat verlängert werden kann

37. Wer handelt die Höhe der Ausbildungsvergütung im Einzelhandel aus?

a) Die Jugend- und Auszubildendenvertretung mit dem Arbeitgeber
b) Die Industrie- und Handelskammer mit der Gewerkschaft
c) Der Einzelhandelsverband mit dem Arbeitgeber
d) Der Betriebsrat des Unternehmens mit dem Arbeitgeberverband
e) Die Tarifkommission des Einzelhandelsverbandes mit der Gewerkschaft

38. Welche Bestimmung enthält das Berufsbildungsgesetz zur Ausbildungsvergütung?

a) Die Ausbildungsvergütung erhöht sich nur in der Phase des wirtschaftlichen Aufschwungs.
b) Die Ausbildungsvergütung wird jährlich vom Bundesminister für Arbeit und Soziales neu festgelegt.
c) Die Ausbildungsvergütung ist dem Auszubildenden vom Ausbildenden in angemessener, mindestens jährlich steigender Höhe zu zahlen.
d) Die Ausbildungsvergütung errechnet sich aus der Ertragslage des ausbildenden Unternehmens.
e) Die Ausbildungsvergütung ist ein festgelegter Prozentsatz des Tarifgehaltsanspruches eines ausgelernten Arbeitnehmers.

39. Die Ausbildung zum Kaufmann/zur Kauffrau im Einzelhandel findet sowohl in der Berufsschule als auch im Einzelhandelsgeschäft statt. Wie bezeichnet man diese Art der Berufsausbildung?

a) Doppelausbildung
b) Zweiseitige Ausbildung
c) Zweifaches Ausbildungsschema
d) Duales Ausbildungssystem
e) Zweifache Ausbildung zum Kaufmann/zur Kauffrau im Einzelhandel

40. Ordnen Sie zu.

Leistungen

a) Zuschüsse für den Lebensunterhalt Studierender
b) Untersuchungen zur Früherkennung von Krankheiten
c) Kindergeld
d) Altenhilfe
e) Berufsberatung und Arbeitsvermittlung
f) Wohngeld

Rechtliche Grundlagen

[ ] Bundesausbildungsförderungsgesetz

[ ] Arbeitsförderungsgesetz

[ ] Mitgliedschaft in einer gesetzlichen Krankenversicherung

41. Das Ausbildungsverhältnis endet an dem Tag, an dem der Auszubildende seinen letzten Prüfungsteil erfolgreich abgelegt hat. Wie ist die Rechtslage bei einer Weiterbeschäftigung nach bestandener Prüfung?

a) Bei Nichtübernahme in das Arbeitsverhältnis muss die vierwöchige Kündigungsfrist eingehalten werden.
b) Nach erfolgreicher Prüfung muss der Ausbildungsbetrieb ihn als neuen Mitarbeiter beschäftigen.
c) Nach erfolgreicher Prüfung muss der Ausbildungsbetrieb ihn als neuen Mitarbeiter beschäftigen, wenn er noch Jugendlicher ist.
d) Bei Weiterbeschäftigung nach bestandener Prüfung entsteht ein Arbeitsverhältnis auf unbestimmte Dauer.
e) Bei erfolgreicher Prüfung muss der Auszubildende bis zum Vertragsende laut Ausbildungsvertrag weiter beschäftigt werden.

42. Ein Auszubildender wurde am 06.03. von seinem Ausbildungsbetrieb bei der Industrie- und Handelskammer zur Abschlussprüfung angemeldet. Am 20.03. wird dieser des Gelddiebstahls überführt und mit Zustimmung des Betriebsrates fristlos entlassen. Welche Aussage ist richtig?

a) Einer solchen Entlassung kann zwar der Arbeitgeber zustimmen, nicht aber der Betriebsrat.
b) Die Entlassung ist wirksam, der Auszubildende kann an der Abschlussprüfung teilnehmen.
c) Die Entlassung ist wirksam, der Auszubildende kann an der Abschlussprüfung nicht teilnehmen, weil das Ausbildungsverhältnis gelöst wurde.
d) Die Entlassung ist unwirksam, der Auszubildende hätte erst verwarnt werden müssen und kann nur im Wiederholungsfall entlassen werden.
e) Nach einer rechtswirksamen Anmeldung zur Abschlussprüfung kann ein Auszubildender bis zum Prüfungsabschluss nicht entlassen werden.

43. Das Berufsbildungsgesetz bestimmt unter anderem auch eine Überwachung der Berufsausbildung. Wer ist für diese Überwachung im Einzelhandel zuständig?

a) Die berufsbildenden Schulen überwachen die ordnungsgemäße Ausbildung.
b) Die zuständigen Gewerkschaften sind vom Gesetzgeber für diese Überwachung bestimmt.
c) Den Ausbildungsberatern der IHK unterliegt auch die Überwachung der Berufsausbildung.
d) Die Gewerbeaufsichtsbehörde überwacht die gesamte Berufsausbildung.
e) Der Einzelhandelsverband überwacht die gesamte Berufsausbildung im Einzelhandel.

44. Welches Gesetz ist Grundlage der Ausbildungsverträge?

a) Jugendarbeitsschutzgesetz
b) Grundgesetz
c) Berufsbildungsgesetz
d) Berufsausbildungsvertrag
e) Betriebsverfassungsgesetz

45. Ein Auszubildender schwänzt trotz wiederholter Abmahnung nach wie vor die Berufsschule. Kann das Ausbildungsverhältnis aus diesem Grund aufgelöst werden?

a) Nein, Ausbildungsverhältnisse können nur bei Diebstahl aufgelöst werden.
b) Nein, der Ausbildungsvertrag ist in jedem Fall einzuhalten, der Betrieb muss den Auszubildenden nach der Ausbildung aber nicht übernehmen.
c) Nein, der Berufsschulbesuch hat nichts mit der betrieblichen Ausbildung zu tun.
d) Ja, Ausbildungsverträge können bei schweren Meinungsverschiedenheiten grundsätzlich aufgelöst werden.
e) Ja, hier liegt ein wichtiger Grund vor, nämlich der Verstoß gegen die Pflichten aus dem Ausbildungsvertrag.

46. Welche Institutionen sind nach dem Berufsbildungsgesetz für die Berufsausbildung die rechtlich zuständigen Stellen?

a) Die Handwerkskammer und die Industrie- und Handelskammern
b) Die Berufsschulen und die Gewerbeaufsichtsämter
c) Die Berufsschulen und Berufsfachschulen
d) Die Berufsverbände und Industrie- und Handelskammern
e) Die Arbeitgeber- und Arbeitnehmerverbände

47. In welchem Gesetz heißt es: „Der Auszubildende hat sich zu bemühen, die Fertigkeiten und Kenntnisse zu erwerben, die erforderlich sind, um das Ausbildungsziel zu erreichen."?

a) Jugendarbeitsschutzgesetz
b) Berufsbildungsgesetz
c) Arbeitsförderungsgesetz
d) Bundesausbildungsförderungsgesetz
e) Betriebsverfassungsgesetz

48. Wann muss ein Ausbildungsvertrag spätestens schriftlich abgeschlossen sein? Siehe dazu noch den abgebildeten Gesetzestext.

a) Spätestens nach Vorlage der ärztlichen Erstuntersuchung
b) Spätestens vor Beginn der Berufsausbildung
c) Spätestens nach Zustimmung des Betriebsrates
d) Spätestens sechs Wochen nach Beginn der Ausbildung
e) Spätestens nach Ablauf der Probezeit

<u>Berufsbildungsgesetz</u>

§ 3 Vertrag
(1) Wer einen anderen zur Berufsausbildung einstellt (Ausbilder), hat mit dem Auszubildenden einen Berufsausbildungsvertrag zu schließen.

§ 4 Vertragsniederschrift
(1) Der Ausbildende hat unverzüglich nach Abschluss des Berufsausbildungsvertrages, spätestens vor Beginn der Berufsausbildung, den wesentlichen Inhalt des Vertrages schriftlich niederzulegen.

49. Wann ist das Berufsausbildungsverhältnis wirksam?

a) Wenn der Ausbilder den Ausbildungsvertrag unterzeichnet hat
b) Wenn der Auszubildende den Ausbildungsvertrag unterzeichnet hat
c) Wenn der Erziehungsberechtigte des Auszubildenden den Ausbildungsvertrag unterzeichnet hat
d) Wenn das Ausbildungsverhältnis in das „Verzeichnis der Berufsausbildungsverhältnisse" eingetragen worden ist
e) Wenn sowohl Ausbilder als auch Auszubildender den Berufsausbildungsvertrag unterzeichnet haben

50. Wo liegt ein Verstoß gegen das Berufsbildungsgesetz vor?

a) Der Ausbilder verweigert der Auszubildenden den Ersatz des Kopiergeldes für Berufsschulunterlagen.
b) Der Ausbilder verweigert der Auszubildenden häufig die Teilnahme am Berufsschulunterricht.
c) Der Ausbilder beschäftigt die Auszubildende an 5 Werktagen für jeweils 8 Stunden.
d) Der Ausbilder verweigert der Auszubildenden den zusammenhängenden Jahresurlaub von 27 Tagen.
e) Die Auszubildende erhält keine Kostenerstattung für die Reinigung ihrer Berufsbekleidung.

51. Was schreibt das Berufsbildungsgesetz <u>nicht</u> vor?

a) Die Regelungen im Berufsausbildungsvertrag
b) Die Pflichten des Auszubildenden und des Ausbilders
c) Die Anerkennung des Ausbildungsberufsbildes und des Ausbildungsbetriebes
d) Den Ausbildungsrahmenplan
e) Die Regelung des Prüfungswesens

52. Wer ist für die Durchführung der Abschlussprüfung im Einzelhandel verantwortlich?

a) Der Deutsche Industrie- und Handelstag (DIHT)
b) Die zuständige Industrie- und Handelskammer
c) Die Berufsschule
d) Die Ausbildungsbetriebe mit den Berufsschulen
e) Der Einzelhandelsverband

53. Wann endet nach den Bestimmungen des Berufsbildungsgesetzes das Berufsausbildungsverhältnis?

a) Das Berufsausbildungsverhältnis endet immer mit dem Ablauf der vertraglich vereinbarten Ausbildungszeit.
b) Besteht der Auszubildende die Abschlussprüfung nicht, so verlängert sich die Ausbildungszeit stets so lange, bis die Prüfung bestanden ist.
c) Über die Dauer der Verlängerung der Ausbildungszeit bei Nichtbestehen der Abschlussprüfung entscheidet allein der Auszubildende.
d) Besteht der Auszubildende die Abschlussprüfung vor Ablauf der Ausbildungszeit, so endet das Berufsausbildungsverhältnis mit Bestehen der Abschlussprüfung.
e) Besteht der Auszubildende die Abschlussprüfung vor Ablauf der Ausbildungszeit, so endet das Berufsausbildungsverhältnis zu dem im Ausbildungsvertrag angegebenen Zeitpunkt.

54. Welche Verpflichtung widerspricht den Bestimmungen des Berufsbildungsgesetzes?

a) Der Auszubildende ist verpflichtet, über Betriebsgeheimnisse Stillschweigen zu bewahren.
b) Der Auszubildende ist verpflichtet, die ihm gebotenen Möglichkeiten zum Lernen wahrzunehmen.
c) Der Auszubildende ist verpflichtet, Maschinen und sonstige Einrichtungen des Betriebes pfleglich zu behandeln.
d) Der Auszubildende ist verpflichtet, die Berufsschule zu besuchen.
e) Der Auszubildende ist verpflichtet, das Berichtsheft in den Ferien zu führen.

55. Die Auszubildende Berta Beck möchte sich darüber informieren, wie lange ihre Probezeit dauert. In welchem Gesetz muss sie dazu nachschlagen?

a) Im Kündigungsschutzgesetz
b) Im Schwerbehindertengesetz
c) Im Jugendarbeitsschutzgesetz
d) Im Mutterschutzgesetz
e) Im Berufsbildungsgesetz
f) Im Arbeitszeitrechtsgesetz

56. Was ist in der Ausbildungsordnung u. a. festgelegt?

a) Die zu vermittelnden Kenntnisse und Fertigkeiten
b) Die Pflichten, die Auszubildender und Ausbilder auf Grund des Ausbildungsvertrags haben
c) Der Inhalt des Ausbildungsvertrages
d) Die Anforderungen an Ausbilder bzw. Auszubildenden
e) Der betriebliche und allgemein verbindliche Ausbildungsplan

57. Wo sind die Prüfungsanforderungen für die Abschlussprüfung des Kaufmanns/der Kauffrau im Einzelhandel geregelt?

a) Im Jugendarbeitsschutzgesetz
b) Im Berufsbildungsgesetz
c) In der Ausbildungsordnung
d) Im Berufsausbildungsvertrag
e) Im Tarifvertrag

58. In welchem Fall liegt ein Verstoß gegen die Vorschriften des Berufsbildungsgesetztes vor? Siehe dazu noch den Auszug aus dem Gesetz.

a) Einem Auszubildenden wird wegen hervorragender Leistungen nach 14 Tagen Ausbildungszeit die restliche Probezeit erlassen.
b) Ein Auszubildender bricht seine Ausbildung nach drei Wochen in der Probezeit ab.
c) Einem Auszubildenden wird unmittelbar nach der Probezeit wegen Diebstahls fristlos gekündigt.
d) Die Probezeit eines Auszubildenden wird auf sechs Wochen begrenzt.
e) Einem Auszubildenden wird nach drei Wochen ohne Angabe von Gründen gekündigt.

§ 20 Probezeit
Das Berufsausbildungsverhältnis beginnt mit der Probezeit. Sie muss mindestens einen Monat und darf höchstens vier Monate betragen.

59. Welche Pflicht hat der Ausbildende aus dem Berufsausbildungsvertrag?

a) Lernpflicht
b) Schweigepflicht
c) Berufsschulpflicht
d) Ausbildungspflicht
e) Sorgfaltspflicht

60. Die gesetzliche Grundlage für die Berufsausbildung im Einzelhandel ist das Berufsbildungsgesetz. Welche Bestimmung ist <u>nicht</u> im Berufsbildungsgesetz enthalten?

a) In jedem Betrieb ist eine Jugend- und Auszubildendenvertretung zu wählen.
b) Der Ausbildende hat den Auszubildenden zur Führung eines Ausbildungsnachweises anzuhalten.
c) Auszubildende dürfen nur eingestellt werden, wenn die Ausbildungsstätte nach Art und Einrichtung für die Berufsausbildung geeignet ist.
d) Für die Abnahme der Abschlussprüfung errichtet die Industrie- und Handelskammer Prüfungsausschüsse.
e) Ausbildender und Auszubildender müssen einen schriftlichen Vertrag über die Berufsausbildung abschließen.

61. Was ist in der Ausbildungsordnung für den Verkäufer/die Verkäuferin <u>nicht</u> geregelt?

a) Beginn und Dauer der Berufsausbildung
b) Die Anweisung zum Führen des Berichtsheftes
c) Die Bestimmungen über die Zwischen- und Abschlussprüfungen
d) Das Ausbildungsberufsbild
e) Der Ausbildungsrahmenplan

62. Der Mindesturlaub eines Verkäufers/einer Verkäuferin ist im Bundesurlaubsgesetz geregelt. Welche Aussage <u>widerspricht</u> den gesetzlichen Bestimmungen?

a) Der Arbeitgeber ist verpflichtet, bei Beendigung des Arbeitsverhältnisses dem Arbeitnehmer eine Bescheinigung über den im laufenden Jahr gewährten Urlaub auszustellen.
b) Der Urlaub beträgt jährlich mindestens 18 Werktage.
c) Der volle Urlaubsanspruch wird erstmals nach sechsmonatigem Bestehen des Arbeitsverhältnisses erworben.
d) Kann der Urlaub wegen Beendigung des Arbeitsverhältnisses ganz oder teilweise nicht mehr gewährt werden, so verfällt er. Eine Entschädigung dafür gibt es nicht.
e) Jeder Arbeitnehmer hat in jedem Kalenderjahr Anspruch auf bezahlten Urlaub.

63. Zu Beginn des Ausbildungsverhältnisses steht die Probezeit. Welche Aussage dazu ist <u>nicht</u> zutreffend?

a) Die Probezeit kann bei beiderseitigem Einverständnis auf 2 Monate festgelegt werden.
b) Erst nach Ablauf der Probezeit beginnt das Ausbildungsverhältnis.
c) Die Probezeit muss mindestens einen Monat und darf höchstens vier Monate dauern.
d) Während der Probezeit kann jeder der Beteiligten ohne Einhaltung einer Kündigungsfrist kündigen.
e) Mit der Probezeit beginnt das Ausbildungsverhältnis.

64. Was gilt für das Ausbildungsverhältnis, wenn die Abschlussprüfung nicht bestanden wird?

a) Es verlängert sich automatisch.
b) Es wird unter keinen Umständen verlängert.
c) Es wird nur auf Verlangen des Auszubildenden hin verlängert, und zwar bis zur nächsten Wiederholungsprüfung, höchstens jedoch um 1 Jahr.
d) Es wird nur dann verlängert, wenn der Auszubildende Kaufmann/Kauffrau im Einzelhandel ist.
e) Nur auf Antrag des Auszubildenden bei der IHK wird das Ausbildungsverhältnis verlängert.

65. Welche Kündigungsfrist muss ein Auszubildender einhalten, der an dem Tag aus seinem Ausbildungsbetrieb ausscheiden will, an dem er die Bestätigung über die bestandene Abschlussprüfung erhält?

a) Die Kündigungsfrist beträgt 6 Wochen.
b) Die Kündigungsfrist beträgt 8 Wochen zum Ende des Ausbildungsverhältnisses.
c) Es muss keine Kündigungsfrist eingehalten werden.
d) Wenn der Ausbildungsvertrag noch nicht abgelaufen ist, gilt die gesetzliche Kündigungsfrist.
e) Wenn der Ausbildungsvertrag noch nicht abgelaufen ist, kann auch keine Kündigung erfolgen.

66. Wo ist es geregelt, dass dem Auszubildenden eine angemessene Vergütung gezahlt werden muss?

a) Im Bundesausbildungsförderungsgesetz
b) Im Manteltarifvertrag
c) Im Jugendarbeitsschutzgesetz
d) Im Berufsbildungsgesetz
e) Im Betriebsverfassungsgesetz

67. Welche der folgenden Pflichten gehört zur Pflicht des Auszubildenden?

a) Vergütungspflicht
b) Gehorsamspflicht
c) Fürsorgepflicht
d) Zeugnispflicht
e) Ausbildungspflicht

68. Die Pflichten des Auszubildenden während der Ausbildungszeit sind im Berufsbildungsgesetz geregelt. Wozu ist der Auszubildende <u>nicht</u> laut Berufsbildungsgesetz verpflichtet?

a) Der Auszubildende ist verpflichtet, die im Rahmen seiner Berufsausbildung aufgetragenen Verrichtungen sorgfältig auszuführen.
b) Der Auszubildende ist verpflichtet, über Betriebs- und Geschäftsgeheimnisse Stillschweigen zu wahren.
c) Der Auszubildende ist verpflichtet, Werkzeuge, Maschinen und sonstige Einrichtungen pfleglich zu behandeln.
d) Der Auszubildende ist verpflichtet, den Weisungen aller Mitarbeiter zu folgen.
e) Der Auszubildende ist verpflichtet, Weisungen, die ihm im Rahmen der Ausbildung vom Ausbilder erteilt werden, zu folgen.

69. Eine Auszubildende im zweiten Ausbildungsjahr soll nach gründlicher Einweisung in die Kassierregeln ab sofort selbstständig die Kassiertätigkeit ausüben. Ist sie dazu verpflichtet?

a) Ja, denn Kassieren ist ausdrücklich unter den Pflichten für den Auszubildenden im Berufsausbildungsvertrag aufgeführt.
b) Ja, diese Tätigkeit gehört zu den zu vermittelnden Kenntnissen und Fertigkeiten aus der Ausbildungsordnung.
c) Nein, denn die Kassiertätigkeit beinhaltet auch die abendliche Kassenabrechnung nach Ladenschluss, und minderjährige Arbeitnehmer dürfen keine Überstunden machen.
d) Nein, denn noch nicht vollgeschäftsfähige Mitarbeiter dürfen die verantwortliche Tätigkeit des Kassierens nicht ausüben.
e) Nur wenn der Betrieb von der IHK die Genehmigung hat, dass Auszubildende während der Ausbildungszeit Kassiertätigkeiten ausüben dürfen.

70. Wer schließt den Berufsausbildungsvertrag bei Minderjährigen ab?

a) Ausbildungsbetrieb und Industrie- und Handelskammer
b) Ausbildungsbetrieb und Auszubildender
c) IHK und gesetzlicher Vertreter
d) Ausbildungsbetrieb und Auszubildender mit Zustimmung des gesetzlichen Vertreters
e) Auszubildender und Betriebsrat

71. Welche Pflicht besteht für einen Auszubildenden?

a) Er haftet für den Schaden, den er seinem Betrieb verursacht hat, auch wenn er schuldlos war.
b) Er hat die ihm zugeteilten Aufgaben sorgfältig auszuführen.
c) Er muss jede von seinem Chef gewährte Ausbildungsvergütung anerkennen.
d) Er muss seinen Ausbildungsvertrag vor Beendigung der Ausbildung kündigen, wenn er keine Weiterbeschäftigung in der Ausbildungsfirma anstrebt.
e) Er hat an angeordneten Schulungsveranstaltungen teilzunehmen, auch wenn sie zusätzlich zur regulären Arbeitszeit stattfinden.

72. In welchem Fall kann ein Berufsausbildungsverhältnis vorzeitig gelöst werden?

a) Im gegenseitigen Einvernehmen der Vertragspartner, aber nur innerhalb des 1. Ausbildungsjahres
b) Nur während der Probezeit
c) Im gegenseitigen Einvernehmen der Vertragspartner während der gesamten Ausbildungszeit
d) Innerhalb des 1. Ausbildungsjahres ohne Angabe von Gründen
e) Jederzeit fristlos ohne Angabe von Gründen

73. In welchem Fall ist die vorzeitige Beendigung des Ausbildungsverhältnisses durch den Auszubildenden nach Ablauf der Probezeit möglich?

a) Bei Kündigung 14 Tage zum Monatsende
b) Bei schlechten Noten in der Berufsschule
c) Bei Wechsel in einen anderen Beruf
d) Bei längerer Krankheit
e) Bei Verheiratung

74. Eine Auszubildende im zweiten Ausbildungsjahr kündigt am 28. November ihr Ausbildungsverhältnis, um ab dem 1. Dezember als Ungelernte eine Stelle mit besseren Verdienstmöglichkeiten anzutreten. Muss das Ausbildungsunternehmen diese Kündigung akzeptieren?

a) Ja, weil ein wichtiger Grund vorliegt.
b) Ja, wenn die Auszubildende volljährig ist.
c) Nein, weil die Auszubildende auch im Ausbildungsunternehmen als Ungelernte arbeiten könnte.
d) Nein, weil die Auszubildende keinen anderen Beruf erlernen möchte.
e) Nein, weil die Auszubildende eine Kündigungsfrist von 4 Wochen einhalten muss.

75. Welche <u>zwei</u> Vereinbarungen in einem Berufsausbildungsvertrag sind nichtig?

a) Die Probezeit beträgt 30 Tage.
b) Die tägliche Arbeitszeit beträgt in der Regel acht Stunden. Der Berufsschulbesuch wird entsprechend angerechnet.
c) Der Auszubildende verpflichtet sich, nach Beendigung der Ausbildung weitere zwei Jahre im Betrieb zu arbeiten.
d) Die Vergütung richtet sich nach den besonderen Bestimmungen des geltenden Tarifvertrages.
e) Es werden 27 Tage Jahresurlaub gewährt.
f) Die Vergütung steigt nur bei angemessener Leistung des Auszubildenden.

76. Ein Auszubildender möchte nach Beendigung seiner Berufsausbildung den Betrieb wechseln. Hat der Auszubildende nach Beendigung der Ausbildung ein Recht auf Ausstellung eines qualifizierten Ausbildungszeugnisses?

a) Ja, weil die Sozialpartner dies im Manteltarifvertrag vereinbart haben
b) Ja, weil dies bereits im Berufsausbildungsvertrag festgeschrieben ist
c) Ja, wenn der Auszubildende es verlangt
d) Nein, weil der Prüfungsausschuss seine Kenntnisse bescheinigt
e) Nein, denn über die Ausbildungszeit dürfen keine Zeugnisse geschrieben werden, da die Fertigkeiten und Kenntnisse erst erworben werden.

77. Was zählt unter anderem zur Sorgfaltspflicht des Arbeitnehmers gegenüber dem Arbeitgeber?

a) Der Arbeitnehmer hat das Geschäftseigentum pfleglich zu behandeln.
b) Der Arbeitnehmer soll die Interessen der Belegschaft wahren.
c) Der Arbeitnehmer soll nicht seine Arbeitsbedingungen mit denen anderer Betriebe vergleichen.
d) Der Arbeitnehmer darf zum Durchsetzen seiner Rechte nicht das Gericht bemühen.
e) Der Arbeitnehmer muss bei betrieblicher Notwendigkeit immer Mehrarbeit leisten.

78. Der „Handlungsgehilfe“ unterliegt dem „gesetzlichen Wettbewerbsverbot“. Welche Auswirkungen ergeben sich daraus?

a) Er darf nicht an einem firmeneigenen Preisausschreiben teilnehmen.
b) Er darf sich nach Beendigung des Arbeitsverhältnisses in der gleichen Branche nicht selbstständig machen.
c) Er muss die Geschäftsgeheimnisse wahren.
d) Er darf in der gleichen Branche keine Geschäfte auf eigene Rechnung betreiben.
e) Er hat die Kontaktpflege zu Mitbewerbern zu unterlassen.

79. Ein Verkäufer, der in der Teppichabteilung eines Warenhauses beschäftigt ist, arbeitet an seinem freien Tag in einem anderen Teppichgeschäft. Gegen welche Pflicht eines Handlungsgehilfen wird hier verstoßen?

a) Gegen die Fortbildungspflicht
b) Gegen die Pflicht zur Befolgung von Weisungen
c) Gegen die Verschwiegenheitspflicht
d) Gegen die Fürsorgepflicht
e) Gegen die Pflicht zur Beachtung des Wettbewerbsverbots

80. Was muss beim Abschluss eines Arbeitsvertrages mit einem 17-jährigen Mitarbeiter im Einzelhandel hinsichtlich des Urlaubsanspruchs beachtet werden?

a) Der Urlaubsanspruch muss dem allgemein verbindlichen Tarifvertrag entsprechen, sofern die Bedingungen besser als im Jugendarbeitsschutzgesetz geregelt sind.
b) Der Urlaubsanspruch muss immer den Bedingungen des Bundesurlaubsgesetzes entsprechen.
c) Der Urlaubsanspruch eines 17-jährigen Mitarbeiters im Einzelhandel muss dem HGB entsprechen.
d) Nach seiner Ausbildung gilt für den 17-jährigen Mitarbeiter automatisch der im Lohn- und Gehaltstarif des Einzelhandels festgelegte Urlaub.
e) Die jeweilige Arbeitsmarktsituation ist Grundlage für den Urlaubsanspruch, unabhängig von Gesetzen und Tarifverträgen.

81. Für den neuen Mitarbeiter gelten bestimmte arbeitsrechtliche Vorschriften. Welche Aussage ist richtig?

a) Er muss bei der Industrie- und Handelskammer eine Arbeitserlaubnis beantragen.
b) Er muss ein ärztliches Gesundheitszeugnis beim Personalbüro vorlegen.
c) Er muss sich beim Betriebsrat vorstellen.
d) Er muss die im Betrieb festgelegten Arbeitszeiten einhalten.
e) Er muss seinen bisherigen Versicherungsverlauf beim Personalbüro hinterlegen.

82. Ordnen Sie zu.

Erläuterungen zum Arbeitsrecht	**Vereinbarungen**
a) Kommt durch Vereinbarung zwischen Arbeitgeberverbänden und Gewerkschaften zustande.	[ ] Einzelarbeitsvertrag
b) Kommt durch Verordnung eines Ministers aufgrund eines bestehenden Gesetzes zustande.	[ ] Betriebsvereinbarung
c) Kommt durch Erklärung des Bundesministers für Arbeit auf Antrag einer Tarifpartei zustande.	[ ] Tarifvertrag
d) Gilt für Arbeitnehmer eines Betriebes und wird zwischen Betriebsrat und Arbeitgeber abgeschlossen.	
e) Kommt durch Antrag des Arbeitgebers und Annahme des Arbeitnehmers zustande.	
f) Kommt auf Antrag von Arbeitgeber und Betriebsrat zustande und ersetzt die Einigung zwischen Arbeitgeber und Betriebsrat durch einen Spruch.	
g) Wird im Streitfall von einer Einigungsstelle erlassen.	

83. Ordnen Sie zu.

Vorschriften aus dem Arbeitsrecht

a) Eine Kündigung ohne Anhörung des Betriebsrates ist unwirksam.
b) Die regelmäßige wöchentliche Arbeitszeit beträgt 37,5 Std.
c) Eine Kündigung ist rechtsunwirksam, wenn sie sozial ungerechtfertigt ist.
d) Das Arbeitsverhältnis eines Angestellten kann unter Einhaltung einer Kündigungsfrist von sechs Wochen zum Schluss eines Kalendervierteljahres gekündigt werden.
e) Ein Auszubildender kann nach der Probezeit aus wichtigem Grund kündigen.
f) Eine Mutter genießt Kündigungsschutz bis zum Ablauf von zwei Monaten nach Beendigung des Mutterschaftsurlaubs.
g) Die Regelarbeitszeit für Jugendliche beträgt 40 Stunden pro Woche.

Rechtsgrundlagen

[ ] Kündigungsschutzgesetz
[ ] Tarifvertrag
[ ] Betriebsverfassungsgesetz

84. Über wichtige Fragen des Betriebes, die für alle Belegschaftsmitglieder von Bedeutung sind, werden Abmachungen getroffen. Wie werden diese bezeichnet?

a) Arbeitsvertrag
b) Dienstvertrag
c) Betriebsvereinbarungen
d) Betriebliche Absprachen
e) Tarifvereinbarungen

85. Was versteht man unter einem Tarifvertrag?

a) Einen Vertrag zwischen Arbeitgeber und einem Arbeitnehmer
b) Eine Betriebsordnung
c) Eine Vereinbarung zwischen dem Arbeitgeber und seinen Arbeitnehmern
d) Einen Vertrag zwischen Arbeitgeberverband und Gewerkschaften
e) Die tarifvertraglichen Leistungen der Krankenkassen

86. Wer kann Tarifverträge abschließen?

a) Die Arbeitsämter
b) Die Industrie- und Handelskammer
c) Die Bundesagentur für Arbeit
d) Die Sozialpartner
e) Das Bundesministerium für Arbeit

87. Zwischen welchen Parteien kann ein Tarifvertrag abgeschlossen werden?

a) Zwischen dem Arbeitgeber und der Gesamtbelegschaft
b) Zwischen der IHK und den Gewerkschaften
c) Zwischen einem Großbetrieb und der Gewerkschaft
d) Zwischen den gewerkschaftlich organisierten Betriebsangehörigen und dem Arbeitgeber
e) Zwischen der Betriebsleitung und der Belegschaft

88. Welche Regelung ist im Tarifvertrag enthalten?

a) Die Mitbestimmung der Arbeitnehmer
b) Die Verkaufszeiten im Einzelhandel
c) Die allgemeine Arbeitszeit der Jugendlichen
d) Die Höhe der Mindestlöhne und -gehälter
e) Die Bestimmungen zu den Sonderverkäufen

89. Was versteht man unter dem Begriff Tarif- bzw. Sozialpartner?

a) Arbeitgeber und Arbeitnehmer
b) Die Gewerkschaften
c) Die Gewerkschaften und alle Unternehmerverbände
d) Die Gewerkschaften und die Arbeitgeberverbände
e) Die Arbeitgeberverbände

90. Ein Verkäufer/eine Verkäuferin ist mit der Dauer seines Jahresurlaubs nicht einverstanden. Wo findet er die Bestimmungen, nach denen sein Urlaub von seinem Arbeitgeber bemessen werden muss?

a) Im Gehaltstarifvertrag
b) Im Manteltarifvertrag
c) In der Betriebsordnung
d) Im Betriebsverfassungsgesetz
e) Im Handelsgesetzbuch

91. Ein Verkäufer/eine Verkäuferin geht ein neues Arbeitsverhältnis ein. Wo kann er sich darüber informieren, welches Gehalt ihm mindestens zusteht?

a) Im Betriebsverfassungsgesetz
b) Im Tarifvertrag
c) In der Betriebsordnung
d) Im Jugendarbeitsschutzgesetz
e) Im Arbeitsvertrag

92. Welches Gesetz ordnet die Beziehungen zwischen Arbeitgeber und Arbeitnehmer auf der Grundlage der Partnerschaft?

a) Das Jugendarbeitsschutzgesetz
b) Das Betriebsverfassungsgesetz
c) Das Berufsbildungsgesetz
d) Das Arbeitsplatzgesetz
e) Das Arbeitsförderungsgesetz

93. Welcher der genannten Bezüge im Einzelhandel zählt <u>nicht</u> zu den tariflichen Leistungen?

a) Das Urlaubsgeld
b) Das Weihnachtsgeld
c) Die Ausbildungsvergütung
d) Das Gehalt
e) Die Umsatzprämie

94. Wer schließt im Einzelhandel einen Tarifvertrag ab?

a) Industrie- und Handelskammer mit den Gewerkschaften
b) Landesregierung mit den Gewerkschaften
c) Arbeitgeber mit jedem seiner Arbeitnehmer
d) Arbeitgeberverbände mit den Gewerkschaften
e) Betriebsrat mit den Arbeitgeberverbänden

95. Was regelt der Lohn- und Gehaltstarifvertrag?

a) Kündigungsfristen für Arbeitnehmer
b) Ausbildungsvergütung
c) Urlaub
d) Arbeitszeit
e) Überstunden

96. Wer ist <u>nicht</u> berechtigt, Tarifverträge abzuschließen?

a) Deutsche Postgewerkschaft
b) Deutscher Beamtenbund
c) Gewerkschaft Druck und Papier
d) Einzelhandelsgewerkschaft
e) Verein der Bayerischen Metallindustrie (Arbeitgeberverband)

97. Welche Arten von Tarifverträgen unterscheidet man?

a) Rahmen- und Manteltarifvertrag
b) Gehalts- und Urlaubstarifvertrag
c) Mantel- und Entgeltstarifvertrag
d) Mantel- und Zahltarifvertrag
e) Kosten- und Lohntarifvertrag

98. Was regelt der Manteltarifvertrag (Rahmentarifvertrag) unter anderem?
a) Verhandlungsberechtigte Tarifvertragsparteien
b) Beginn der täglichen Arbeitszeit
c) Urlaub
d) Vergütung für Auszubildende
e) Gehälter für die einzelnen Gehaltsgruppen

99. Wann dürfen Jugendliche nicht beschäftigt werden?
a) Ab 17:00 Uhr
b) Vor einem vor 9:00 Uhr beginnenden Berufsschulunterricht
c) Im Einzelhandel an Samstagen
d) Vor 8:00 Uhr
e) Nach 4 Stunden Berufsschule

100. Wo finden Sie die Bestimmungen über die Arbeitszeitregelung von Jugendlichen?
a) Im Jugendschutzgesetz
b) Im Jugendarbeitsschutzgesetz
c) In der Arbeitszeitordnung
d) Im Betriebsverfassungsgesetz
e) Im Berufsbildungsgesetz

101. Welches Gesetz regelt grundsätzlich den Urlaubsanspruch für Jugendliche?
a) Das Jugendarbeitsschutzgesetz
b) Das Berufsbildungsgesetz
c) Das Betriebsverfassungsgesetz
d) Das Handelsgesetzbuch
e) Das Bürgerliche Gesetzbuch

102. Welche der nachstehenden Aussagen steht nicht im JArbSchG?
a) Ein Jugendlicher, der am 1. Januar eines Jahres noch keine 16 Jahre alt war, erhält 30 Werktage Urlaub.
b) An Berufsschultagen mit einer Unterrichtszeit einschließlich der Pausen von mehr als 5 Unterrichtsstunden darf der Arbeitgeber den Jugendlichen nicht mehr beschäftigen.
c) Vor einem vor 9 Uhr beginnenden Unterricht in der Berufsschule darf der Jugendliche nicht mehr beschäftigt werden.
d) Nach Beendigung der täglichen Arbeitszeit dürfen Jugendliche nicht vor Ablauf einer ununterbrochenen Freizeit von mindestens 12 Stunden beschäftigt werden.
e) Innerhalb der Probezeit muss jeder Auszubildende von einem Arzt untersucht werden.

Zu den nächsten drei Aufgaben siehe noch nachstehenden Auszug aus dem JArbSchG.

§ 19 Urlaub
(1) Der Arbeitgeber hat Jugendlichen für jedes Kalenderjahr einen bezahlten Erholungsurlaub zu gewähren.
(2) Der Urlaub beträgt jährlich
1. mindestens 30 Werktage, wenn der Jugendliche zu Beginn des Kalenderjahres noch nicht 16 Jahre alt ist.
2. mindestens 27 Werktage, wenn der Jugendliche zu Beginn des Kalenderjahres noch nicht 17 Jahre alt ist.
3. mindestens 25 Werktage, wenn der Jugendliche zu Beginn des Kalenderjahres noch nicht 18 Jahre alt ist.

Jugendliche, die im Bergbau unter Tage beschäftigt werden, erhalten in jeder Altersgruppe einen zusätzlichen Urlaub von drei Werktagen

103. Die Auszubildende Gisela Maier ist im 2. Ausbildungsjahr und wird am 12. Januar des laufenden Kalenderjahres 17 Jahre alt. Wie viel Urlaubstage hat sie zu beanspruchen?
a) 21 Werktage
b) 24 Werktage
c) 25 Werktage
d) 27 Werktage
e) 30 Werktage

104. Eine Auszubildende, die zu Beginn des laufenden Kalenderjahres 17 Jahre alt war, informiert sich über die Dauer ihres ihr zustehenden Urlaubes. Wie viel Urlaubstage stehen ihr im laufenden Kalenderjahr zu?

a) 25 Werktage
b) 27 Werktage
c) 30 Werktage
d) 33 Werktage
e) 36 Werktage

105. Wie viel Urlaubsanspruch in Werktagen hat eine Auszubildende, die am Jahresanfang 16 Jahre alt ist?

a) 30 Werktage
b) 28 Werktage
c) 27 Werktage
d) 26 Werktage
e) 25 Werktage

106. Ordnen Sie zu.

Rechtsquellen

a) Handelsgesetzbuch
b) Berufsbildungsgesetz
c) Bürgerliches Gesetzbuch
d) Entgelttarifvertrag
e) Jugendarbeitsschutzgesetz
f) Kündigungsschutzgesetz

Inhalte

[ ] Mindesthöhe der Ausbildungsvergütung in €
[ ] Probezeit für Auszubildende
[ ] Pausenzeitregelung für Jugendliche

107. Wie lange darf ein Jugendlicher nach dem Jugendarbeitsschutzgesetz ohne Pause beschäftigt werden?

a) 3 Stunden
b) 4 Stunden
c) 4 1/2 Stunden
d) 5 Stunden
e) 8 Stunden

108. Eine Auszubildende wird montags von 8:00 bis 17:00 Uhr beschäftigt. Wann muss sie spätestens eine Ruhepause erhalten? Siehe dazu noch den abgebildeten Gesetzestext.

a) Um 9:00 Uhr
b) Um 12:00 Uhr
c) Um 12:30 Uhr
d) Um 13:30 Uhr
e) Um 14:30 Uhr

Ruhepausen, Aufenthaltsräume

(1) Jugendlichen müssen im Voraus feststehende Ruhepausen von angemessener Dauer gewährt werden. Die Ruhepausen müssen mindestens betragen

1. 30 Minuten bei einer Arbeitszeit von mehr als viereinhalb bis zu sechs Stunden,
2. 60 Minuten bei einer Arbeitszeit von mehr als sechs Stunden.

Als Ruhepause gilt nur eine Arbeitsunterbrechung von mindestens 15 Minuten.

(2) Die Ruhepausen müssen in angemessener zeitlicher Lage gewährt werden, frühestens eine Stunde nach Beginn und spätestens eine Stunde vor Ende der Arbeitszeit. Länger als viereinhalb Stunden hintereinander dürfen Jugendliche nicht ohne Ruhepause beschäftigt werden.

109. Wann muss bei Erkrankung dem Arbeitgeber die ärztliche Bescheinigung über die Arbeitsunfähigkeit (Krankmeldung) spätestens zugestellt werden?

a) Am Ende des ersten Tages der Arbeitsunfähigkeit
b) Am Ende der ersten Woche nach Beginn der Arbeitsunfähigkeit
c) Sofort zu Beginn der Arbeitsunfähigkeit
d) Vor Ablauf des 3. Kalendertages nach Beginn der Arbeitsunfähigkeit
e) Sofort nach dem Arztbesuch

110. Wer überwacht die Durchführung der Vorschriften nach dem Jugendarbeitsschutzgesetz?

a) Das Gesundheitsamt
b) Das Gewerbeaufsichtsamt
c) Die Gemeindeverwaltung
d) Das Jugendamt
e) Das Sozialamt

111. Was regelt das Jugendarbeitsschutzgesetz?

a) Die Schlichtung von Streitigkeiten mit dem Arbeitgeber
b) Die Höhe der monatlichen Ausbildungsvergütung
c) Probleme, die durch die Lösung des Ausbildungsverhältnisses entstehen
d) Die Dauer der regelmäßigen Arbeitszeit pro Woche
e) Die Mindestdauer der Berufsausbildung

112. Laut Ausbildungsplan hat der Auszubildende praktische Kenntnisse bei der Inventur zu erwerben. Die Inventurabwicklung ist für die Zeit nach Geschäftsschluss festgelegt. Welche Aussage trifft für den Jugendlichen zu?

a) Freiwillig darf er auch nach 20 Uhr mitwirken, wenn alle Mitarbeiter anwesend sind.
b) Freiwillig darf er auch nach 20 Uhr mitwirken, bis die Arbeitszeit von 8 Stunden erreicht ist.
c) Wenn die Inventur nach Geschäftsschluss abgewickelt wird, darf er nach 20 Uhr beschäftigt werden, wenn die zuständige Stelle es auf Antrag erlaubt.
d) In der Inventur kann er uneingeschränkt mitwirken, wenn er am darauffolgenden Tag die mehr geleisteten Stunden vergütet bekommt.
e) Bis 20 Uhr darf er mitwirken, wenn die Arbeitszeit 8 Stunden nicht überschreitet.

113. Wie ist die Pausenregelung für Jugendliche im Jugendarbeitsschutzgesetz festgelegt?

a) Die Arbeitszeit muss nach 3 Stunden unterbrochen sein.
b) Die Arbeitszeit muss nach 4 Stunden unterbrochen sein.
c) Die Arbeitszeit muss bei mehr als 5 Stunden um 60 Minuten unterbrochen werden.
d) Die Arbeitszeit muss bei mehr als 6 Stunden um mindestens 60 Minuten unterbrochen werden.
e) Die Arbeitszeit und Pausenregelung muss mit den Arbeitsunterbrechungen der anderen Mitarbeiter übereinstimmen.

114. Das Jugendarbeitsschutzgesetz gilt für alle Arbeitnehmer/-innen, die das 18. Lebensjahr noch nicht vollendet haben. Welche Regelungen enthält u. a. das Jugendarbeitsschutzgesetz?

a) Die Schlichtung von Streitigkeiten mit dem Arbeitgeber
b) Die Höhe der monatlichen Ausbildungsvergütung
c) Die Mindestdauer der Berufsausbildung
d) Die Mindestdauer der täglichen Ruhepausen
e) Probleme, die durch die Lösung des Ausbildungsvertrages entstehen

115. Wer überwacht die Durchführung der Vorschriften des Jugendarbeitsschutzgesetzes im Einzelhandel?

a) Das Arbeitsamt
b) Die Gewerbeaufsichtsbehörde
c) Das Arbeitsgericht
d) Das Jugendamt
e) Das Gesundheitsamt

116. Welche regelmäßige Arbeitszeit sieht das Jugendarbeitsschutzgesetz vor?

a) 42,5-Stunden-Woche
b) 40-Stunden-Woche
c) 35-Stunden-Woche
d) 6-Tage-Woche
e) 40 Wochen Jahresarbeitszeit

117. In welchem Fall muss einem Auszubildenden die Zulassung zur Abschlussprüfung verweigert werden?

a) Die Zwischenprüfung wurde erst nach 24 Monaten Ausbildungszeit abgelegt.
b) Der Auszubildende war 4 Wochen vor der Abschlussprüfung arbeitsunfähig.
c) Der Auszubildende hat die Zwischenprüfung nicht abgelegt.
d) Die Leistungen im Betrieb sind mangelhaft.
e) Die Leistungen in der Berufsschule sind mangelhaft.

118. In welchem Fall liegt ein Verstoß gegen das Jugendarbeitsschutzgesetz vor?

a) Eine 16-jährige Auszubildende erhält 27 Werktage Urlaub.
b) Eine 16-jährige Auszubildende muss an zwei Samstagen im Monat arbeiten.
c) Die Arbeitszeit eines 18-jährigen Auszubildenden beginnt bereits um 6:00 Uhr.
d) Eine 16-jährige Auszubildende im Einzelhandel arbeitet einmal wöchentlich bis 22:00 Uhr.
e) Eine 17-jährige Auszubildende geht nach sechs Unterrichtsstunden in der Berufsschule nicht mehr in den Ausbildungsbetrieb (ein Schultag pro Woche).

119. In welchem Gesetz finden Sie den abgedruckten Paragrafen?

Beschäftigungsverbote und Beschäftigungsbeschränkungen (§ 22)

Jugendliche dürfen nicht mit Arbeiten beschäftigt werden,
- die ihre physische uns psychische Leistungsfähigkeit übersteigen,
- bei denen sie sittlichen Gefahren, schädlichen Einwirkungen von Lärm, Erschütterungen, Strahlen, Gefahrstoffen im Sinne des Chemikaliengesetzes oder biologischen Arbeitsstoffen ausgesetzt sind,
- die mit besonderen Unfallgefahren verbunden sind und
- bei denen ihre Gesundheit durch Hitze, Kälte oder starke Nässe gefährdet wird.

a) Im Gesetz zum Schutz Jugendlicher in der Öffentlichkeit
b) Im Berufsbildungsgesetz
c) Im Schwerbehindertengesetz
d) Im Bürgerlichen Gesetzbuch
e) Im Jugendarbeitsschutzgesetz
f) Im Grundgesetz

120. Welche <u>zwei</u> Leistungen erbringt u. a. die Rentenversicherung für die Versicherten?

a) Sie bezahlt Mutterschaftsgeld.
b) Sie bezahlt die Kosten für die Vorsorgeuntersuchung.
c) Sie bezahlt die Lohnausfallvergütung der Kurzarbeiter.
d) Sie bezahlt Maßnahmen zur Erhaltung der Arbeitsfähigkeit.
e) Sie bezahlt Familienhilfe für erkrankte Familienmitglieder.
f) Sie bezahlt Altersruhegeld.

121. Für wen zahlt der Arbeitgeber den Anteil zur gesetzlichen Sozialversicherung?

a) Für den Kommissionär
b) Für den Handelsvertreter
c) Für den freiberuflichen Verkaufsberater
d) Für den Handlungsreisenden
e) Für den Handelsmakler

122. Welche Versicherungsart ist eine Sozialversicherung?

a) Die Einbruch-Diebstahl-Versicherung
b) Die Krankenversicherung
c) Die Feuerversicherung
d) Die Lebensversicherung
e) Die Haftpflichtversicherung

123. Wer ist Träger der Rentenversicherung für Angestellte und Arbeiter?

a) Die Krankenkasse
b) Die Berufsgenossenschaft
c) Die Deutsche Rentenversicherung DRV
d) Die Angestelltengewerkschaft
e) Die Arbeitgeberverbände

124. Ordnen Sie zu.

Versicherungen bzw. Abgaben

a) Haftpflichtversicherung
b) Arbeitslosenversicherung
c) Lohnsteuer
d) Krankenversicherung
e) Gesetzliche Unfallversicherung
f) Gesetzliche Rentenversicherung
g) Gesetzliche Pflegeversicherung

Versicherungsträger

[ ] Deutsche Rentenversicherung Bund
[ ] Bundesagentur für Arbeit
[ ] Berufsgenossenschaft

125. Welche Leistung erbringt die gesetzliche Krankenversicherung?

a) Zahlung einer Entschädigung für Folgen eines Arbeitsunfalls
b) Zahlung einer Unfallrente nach einem Arbeitsunfall
c) Zahlung einer Hinterbliebenenrente
d) Zahlung von Übergangsgeld im Rahmen einer Umschulungsmaßnahme
e) Übernahme der Kosten aus Kranken-, Krankenhaus- und Hauspflege nach einem Skiunfall während des Urlaubs

126. Eine Verkäuferin ist infolge eines Arbeitsunfalls erwerbsunfähig geworden. Wer kommt in diesem Fall für den Unterhalt der Verletzten auf?

a) Die Arbeitnehmerin alleine
b) Der Arbeitgeber alleine
c) Die Berufsgenossenschaft
d) Die Krankenversicherung
e) Arbeitgeber und Arbeitnehmerin je zur Hälfte

127. Ein kaufmännischer Angestellter ist Pflichtmitglied einer Krankenkasse. Er ist seit längerer Zeit erkrankt und bezieht Krankengeld. Wie ist der Bezug von Krankengeld geregelt?

a) Die Höhe des monatlich gewährten Krankengeldes entspricht genau einem Zwölftel des Jahresbruttogehalts des Arbeitnehmers.
b) Krankengeld wird zeitlich unbegrenzt gewährt, wenn der Arbeitnehmer ordnungsgemäß Arbeitsunfähigkeitsbescheinigungen vorlegt.
c) Krankengeld wird gewährt, wenn die Lohnfortzahlungspflicht des Arbeitgebers erloschen ist und die Erkrankung des Arbeitnehmers fortbesteht.
d) Krankengeld wird nur dann gewährt, wenn der Pflichtversicherte bedürftig ist und keine Unterhaltsansprüche an Dritte hat.
e) Die Höhe des Krankengeldes ist unabhängig von der Höhe des Bruttogehaltes für jeden Pflichtversicherten gleich.

128. Welche Aussage über die gesetzliche Krankenversicherung ist richtig?

a) Jeder Angestellte muss sich unabhängig von der Höhe seines Bruttogehalts bei einer gesetzlichen Krankenversicherung versichern lassen.
b) Solange der Arbeitgeber im Krankheitsfall Lohnfortzahlung zu erbringen hat, ruht der Anspruch auf Krankengeld. Nach Ablauf der Entgeltfortzahlung setzt die Krankengeldzahlung durch die Krankenkasse ein.
c) Jeder Angestellte kann sich entweder bei einer gesetzlichen oder einer privaten Krankenversicherung versichern lassen.
d) Jeder Angestellte muss sich bei der zuständigen Krankenkasse anmelden und den Nachweis dem Arbeitgeber vorlegen.
e) Das Krankengeld ist für jeden Angestellten gleich hoch und unabhängig vom Gehalt.

129. Wer überwacht für die Berufsgenossenschaft die Unfallverhütungsvorschriften im Betrieb?
- a) Die IHK
- b) Das Gewerbeaufsichtsamt
- c) Die AOK
- d) Der Einzelhandelsverband
- e) Die Handwerkskammer

130. Wer ist Träger der Arbeitslosenversicherung?
- a) Die Deutsche Rentenversicherung Regional
- b) Die gesetzliche Krankenversicherung
- c) Die Arbeitgeber
- d) Die Gewerkschaft
- e) Die Bundesagentur für Arbeit

131. Eine kaufmännische Angestellte verunglückt auf dem direkten Weg von ihrer Wohnung zum Arbeitsplatz. Welcher Versicherungsträger übernimmt die Kosten?
- a) Die Berufsgenossenschaft
- b) Die Ortskrankenkasse
- c) Die Deutsche Rentenversicherung Regional
- d) Die Privatkrankenkasse
- e) Die Deutsche Rentenversicherung Bund

132. Die Personalabteilung verschickte einem Mitarbeiter zum Jahresanfang eine „Bescheinigung zur Sozialversicherung“ für das abgelaufene Jahr. Wofür benötigt der Mitarbeiter diese Bescheinigung?
- a) Zum Nachweis von Versicherungszeiten im Falle der Altersruhegeldbeantragung
- b) Zur Beantragung eines steuerlichen Freibetrages
- c) Zum Nachweis seines Jahreseinkommens
- d) Zur Beantragung einer Unterstützung von der Krankenkasse
- e) Zum Nachweis der entstandenen Werbekosten

133. Welche Aussage über die Beiträge zur Sozialversicherung ist richtig?
- a) In allen Zweigen der Sozialversicherung werden die Beiträge je zur Hälfte von Arbeitgeber und Arbeitnehmer getragen.
- b) Die Beiträge zur Sozialversicherung werden ausschließlich vom Arbeitgeber getragen.
- c) Die Beiträge zur Sozialversicherung werden ausschließlich vom Arbeitnehmer getragen.
- d) Die Beiträge zur Sozialversicherung sind unabhängig von der Höhe des Arbeitsentgelts.
- e) Die Arbeitnehmeranteile werden vom Arbeitgeber einbehalten und abgeführt.

134. Wer zahlt die Beiträge zur gesetzlichen Krankenversicherung?
- a) Der Arbeitgeber
- b) Der Arbeitnehmer
- c) 1/2 der Arbeitgeber, 1/2 der Arbeitnehmer plus 0,9 % von seinem Brutto
- d) Die Berufsgenossenschaft
- e) Die Krankenkasse

135. Für welche Versicherung ist die Deutsche Rentenversicherung zuständig?
- a) Unfallversicherung
- b) Arbeitslosenversicherung
- c) Rentenversicherung der Angestellten und Arbeiter
- d) Krankenversicherung
- e) Haftpflichtversicherung

136. Welche der aufgeführten Versicherungen gehört <u>nicht</u> zu den Sozialversicherungen?
- a) Knappschaftsversicherung
- b) Unfallversicherung
- c) Krankenversicherung
- d) Rentenversicherung
- e) Lebensversicherung

137. Welche Leistung erbringt die Bundesagentur für Arbeit?

a) Mutterschaftshilfe
b) Berufshilfe nach einem Arbeitsunfall
c) Kurzarbeitergeld
d) Rente wegen Erwerbsunfähigkeit
e) Rente wegen Berufsunfähigkeit

138. Bei wem ist eine kaufmännische Angestellte rentenversichert?

a) Bei der Bundesagentur für Arbeit
b) Bei der Deutschen Rentenversicherung
c) Bei der DRV Knappschaft-Bahn-See
d) Bei der Berufsgenossenschaft
e) Bei der Pflichtkrankenkasse

139. Eine Mitarbeiterin verunglückt auf dem Weg zum Lager. Wer trägt die Krankenhauskosten?

a) Die Angestelltenversicherung
b) Die Krankenkasse
c) Die Berufsgenossenschaft
d) Die Haftpflichtversicherung des Arbeitgebers
e) Die Haftpflichtversicherung der Arbeitnehmerin

140. Welche Beiträge zur Sozialversicherung hat der Arbeitgeber alleine zu tragen?

a) Die Beiträge zur Rentenversicherung
b) Die Beiträge zur gesetzlichen Unfallversicherung
c) Die Beiträge zur Krankenversicherung
d) Die Beiträge zur Arbeitslosenversicherung
e) Die Beiträge zur Pflegeversicherung

141. Ordnen Sie zu.

Versicherungsarten

a) Krankenversicherung
b) Lebensversicherung
c) Unfallversicherung
d) Arbeitslosenversicherung
e) Haftpflichtversicherung
f) Rentenversicherung
g) Diebstahlversicherung

Träger der Sozialversicherung

[ ] Deutsche Rentenversicherung
[ ] Ersatzkassen
[ ] Bundesagentur für Arbeit

142. Ordnen Sie zu.

Leistungen der Versicherungsträger

a) Kurzarbeitergeld
b) Kosten der Vorsorgeuntersuchung
c) Unfallrente
d) Altersruhegeld
e) Berufshilfe
f) Schmerzensgeld

Zuständige Versicherungen

[ ] Krankenversicherung
[ ] Rentenversicherung der Arbeiter und Angestellten
[ ] Arbeitslosenversicherung

143. Ordnen Sie zu.

Leistungen

a) Sozialhilfe
b) Arbeitslosengeld
c) Mutterschaftsgeld
d) Verletztenrente
e) Ausbildungsförderung
f) Rente wegen Erwerbsunfähigkeit

Sozialversicherungsarten

[ ] Gesetzliche Rentenversicherung
[ ] Gesetzliche Krankenversicherung
[ ] Arbeitslosenversicherung

144. Wer hat die Beiträge zur gesetzlichen Unfallversicherung zu bezahlen?

a) Der Arbeitgeber
b) Der Arbeitnehmer
c) Die Krankenkasse
d) Arbeitgeber und Gewerkschaft je zu Hälfte
e) Arbeitnehmer und Arbeitgeber je zur Hälfte

145. Ein Angestellter ist 6 Wochen krank. Wer sorgt in dieser Zeit für seinen Lebensunterhalt und den seiner Familie?

a) Der Angestellte erhält für diese Zeit Krankengeld von der Krankenkasse.
b) Der Angestellte bezieht für diese Zeit Arbeitslosengeld vom Arbeitsamt.
c) Der Angestellte erhält vom Arbeitgeber das Gehalt 6 Wochen weitergezahlt.
d) Der Angestellte erhält vom Arbeitgeber das Gehalt 3 Monate weitergezahlt.
e) Der Angestellte erhält in diesem Zeitraum sein Gehalt von der Pflegeversicherung.

146. Durch Unachtsamkeit eines Mitarbeiters erleidet ein Kunde im Geschäft einen Unfall. Der Einzelhändler meldet ordnungsgemäß den Schaden der zuständigen Versicherung. Welche Versicherung ist für diesen Schadensfall zuständig?

a) Die private Haftpflichtversicherung des Einzelhändlers
b) Die Unfallversicherung des Einzelhändlers
c) Die Unfallversicherung des Kunden
d) Die betriebliche Haftpflichtversicherung des Einzelhändlers
e) Die Berufsgenossenschaft

147. Welche Leistung wird von der gesetzlichen Unfallversicherung übernommen?

a) Bereitstellung von Arbeits- und Sicherheitskleidung
b) Zahlung von Schmerzensgeld an Kunden
c) Durchführung von Arbeitsbeschaffungsmaßnahmen
d) Heilbehandlung zur Wiederherstellung der Erwerbsfähigkeit
e) Zahlung von Familienhilfe

148. Welcher Personenkreis ist von der gesetzlichen Unfallversicherung im Einzelhandel ausgeschlossen?

a) Arbeiter
b) Angestellte
c) Teilzeitkräfte
d) Auszubildende
e) Kunden

149. Was gehört <u>nicht</u> zu den Unfallverhütungsvorschriften?

a) Hindernisse, die vorübergehend die Rettungswege versperren, sind unverzüglich zu entfernen.
b) Hocker, Stühle, Kisten oder Fässer dürfen an Stelle von Leitern oder Tritten benutzt werden.
c) Leitern und Tritte müssen gegen Abrutschen, starkes Schwanken oder Durchbiegen gesichert sein.
d) In Räumen mit leicht brennbaren oder leicht entzündlichen Stoffen ist Rauchen verboten.
e) Konservendosen oder ähnliche Gegenstände dürfen auf Fußböden nicht höher als 1,70 m gestapelt werden.

150. Welchen Zweck verfolgen Unfallverhütungsvorschriften in den Betrieben und wer erlässt sie?

a) Sie sollen dem ökonomischen Prinzip entsprechend zur Kostenminimierung beitragen und werden vom Arbeitgeberverband erlassen.
b) Sie tragen zur Rationalisierung bei und werden von der IHK erlassen.
c) Sie sollen die aus Unfällen resultierenden Schäden möglichst gering halten und werden von den Gewerkschaften erlassen.
d) Sie dienen der Vorbeugung und Verhütung von Arbeitsunfällen und Berufskrankheiten und werden von der IHK erlassen.
e) Sie sollen Schäden durch Berufsunfälle und -krankheiten bei den Arbeitnehmern verhindern und werden von den Berufsgenossenschaften erlassen.

151. Zur Sicherheit des Personals sind in den Einzelhandelsbetrieben Unfallverhütungsvorschriften zu beachten. Welche Aussage ist hierzu richtig?

a) Die Berufsgenossenschaft für den Einzelhandel erlässt die Vorschriften und überwacht teilweise deren Einhaltung.
b) Die Gewerbeaufsichtsbehörden erlassen die Vorschriften.
c) Die Industrie- und Handelskammern verhängen Ordnungsstrafen, wenn gegen die Vorschriften verstoßen wird.
d) Der Geschäftsinhaber allein entscheidet, ob die Vorschriften in seinem Betrieb eingehalten werden müssen. Eine amtliche Überprüfung erfolgt nicht.
e) Der Betriebsrat muss zustimmen, wenn einzelne Vorschriften geändert werden sollen.

152. Welche Aussage über die Arbeitsunfallmeldung ist richtig?

a) Arbeitsunfälle müssen nicht gemeldet werden; es genügt die Abgabe eines Krankenscheins.
b) Arbeitsunfälle müssen nur dem Gewerbeaufsichtsamt gemeldet werden.
c) Arbeitsunfälle müssen ausschließlich der Krankenkasse gemeldet werden.
d) Arbeitsunfälle werden ausschließlich der Polizei gemeldet.
e) Arbeitsunfälle müssen der Berufsgenossenschaft gemeldet werden.

153. Zu welchem Fall besteht bei einem Unfall <u>kein</u> Anspruch des Arbeitnehmers an die gesetzliche Unfallversicherung?

a) Auf dem Weg zur Arbeit
b) Auf dem Heimweg von einem Kinobesuch nach Betriebsschluss
c) Auf dem Weg vom Geschäft nach Hause
d) Auf dem Weg vom Betriebssport nach Hause
e) Auf dem Weg des Auszubildenden zur Berufsschule
f) Wenn der Arbeitnehmer durch einen Betriebsunfall arbeitsunfähig ist

154. Für Arbeitnehmer, die pflichtversichert sind, ist der Sozialversicherungsausweis Pflicht. Für welche Versicherung gilt dieser Ausweis?

a) Für die Krankenkasse
b) Für die Rentenversicherung
c) Für die Unfallversicherung
d) Für die Arbeitslosenversicherung
e) Für die Lebensversicherung

155. Welche Leistung kann ein Arbeitnehmer für seine Beiträge zur Rentenversicherung später erwarten?

a) Eine Hinterbliebenenrente
b) Eine Gehaltsfortzahlung im Krankheitsfalle
c) Eine Betriebsrente
d) Ein Altersruhegeld
e) Eine Sozialhilfe bei Arbeitslosigkeit

156. Welche Aussage zur gesetzlichen Rentenversicherung ist richtig?

a) Die Höhe der Leistungen wird durch den Versicherungsvertrag vereinbart.
b) Der freiwillige Beitritt ist nicht möglich.
c) Der Beitrag richtet sich nach dem Bruttoarbeitsverdienst.
d) Der Träger ist eine juristische Person des privaten Rechts.
e) Der Beitrag wird allein von dem Arbeitgeber getragen.

157. Ein 18-jähriger Auszubildender wird durch einen Freizeitunfall erwerbsunfähig. Welche Aussage ist richtig?

a) Er erhält eine Rente der gesetzlichen Rentenversicherung.
b) Er erhält Arbeitslosengeld.
c) Er erhält eine Leistung der gesetzlichen Unfallversicherung.
d) Er erhält Arbeitslosenhilfe.
e) Er erhält keine Leistung der gesetzlichen Rentenversicherung, weil er die Wartezeit nicht erfüllt hat.

158. Welche Leistung wird von der Deutschen Rentenversicherung erbracht?
a) Darlehensgewährung an Betriebe für die Schaffung von Dauerarbeitsplätzen
b) Zahlung von Kurzarbeitergeld
c) Zahlung von Arbeitslosenhilfe
d) Zahlung von Erwerbsunfähigkeitsrente
e) Zahlung von Verletztenrente

159. Von einem Verkäufer/einer Verkäuferin werden die verschiedensten Leistungen erwartet. Welche der nachstehenden Anforderungen wird insbesondere an die „gehobenen" Mitarbeiter gestellt?
a) Ausreichende Leistungsfähigkeit
b) Bereitschaft zu flexiblerem Arbeitseinsatz
c) Grundverständnis für wirtschaftliche Zusammenhänge
d) Angemessene Bildung
e) Pünktlichkeit

160. Welche der nachstehenden Anforderungen ist an alle Mitarbeiter gerichtet?
a) Verständnis für die Arbeitsweise des Warenwirtschaftssystems
b) Beherrschung moderner Verkaufstechniken
c) Warenkenntnisse
d) Mehr Ertragsdenken statt Umsatzdenken
e) Bereitschaft zu flexiblerem Arbeitseinsatz

161. Warum befürworten die Mitarbeiter u. a. die Wahl eines Betriebsrates?
a) Weil der Betriebsrat die Interessen der Mitarbeiter gegenüber der Geschäftsleitung vertritt
b) Weil der Betriebsrat bei der Ernennung eines Prokuristen zustimmen muss
c) Weil der Betriebsrat die Höhe des Urlaubsgeldes festlegt
d) Weil der Betriebsrat in anderen Betrieben der Stadt auch gewählt wird
e) Weil der Betriebsrat mit dem Arbeitgeberverband Betriebsvereinbarungen abschließen kann

162. Nach dem Betriebsverfassungsgesetz sind Betriebsversammlungen durchzuführen. Welche Aussage dazu ist zutreffend?
a) Der Betriebsratsvorsitzende leitet die Betriebsversammlung.
b) Der Arbeitgeber leitet die Betriebsversammlung.
c) Arbeitgeber und Betriebsrat leiten gemeinsam die Betriebsversammlung.
d) Die Betriebsversammlung ist öffentlich durchzuführen.
e) Die Betriebsversammlung darf nicht während der Arbeitszeit stattfinden.

163. Wer legt die Mindesthöhe der Ausbildungsvergütung fest?
a) Der Arbeitgeberverband
b) Die Arbeitnehmervertretung
c) Die Tarifvertragspartner
d) Das Bundesministerium für Bildung
e) Die Industrie- und Handelskammer

164. Welche Unterlage muss unbedingt in der Personalakte aufbewahrt werden?
a) Der Mitgliedsausweis von einer Gewerkschaft
b) Der Führerschein der Klasse III
c) Der Nachweis über einen Erste-Hilfe-Kurs
d) Die notariell beglaubigte Kopie des Personalausweises
e) Der Nachweis über die ärztliche Erstuntersuchung nach Jugendarbeitsschutzgesetz

165. Welche Aussage über den Betriebsrat ist richtig?
a) Der Betriebsrat hat bei Kündigungen nur ein Informationsrecht.
b) Der Betriebsrat schließt die Betriebsvereinbarung mit dem Arbeitgeberverband ab.
c) In allen Betrieben können Betriebsräte gewählt werden.
d) Die Zahl der Betriebsratsmitglieder richtet sich nach dem Umsatz des Betriebes.
e) Der Betriebsrat hat bei der Aufstellung eines Sozialplanes ein Mitwirkungsrecht.

166. Was ist u. a. im Betriebsverfassungsgesetz geregelt?

a) Die Wahl der betrieblichen Jugendvertretung
b) Die Eintragung der Ausbildungsverträge
c) Arbeitszeit der Jugendlichen
d) Der Kündigungsschutz während der Ausbildungszeit
e) Die Gestaltung der Betriebsordnung

167. Welches Gesetz räumt dem Betriebsrat Mitwirkungs- und -bestimmungsrechte ein?

a) Ladenschlussgesetz
b) Gesetz gegen den unlauteren Wettbewerb
c) Grundgesetz
d) Betriebsverfassungsgesetz
e) Handelsgesetzbuch

168. Ab wie viel Mitarbeitern muss ein Unternehmen einen gewählten Betriebsrat von seiner betrieblichen Arbeit freistellen?

a) Ab 50 Mitarbeitern
b) Ab 100 Mitarbeitern
c) Ab 150 Mitarbeitern
d) Ab 200 Mitarbeitern
e) Der Betriebsrat muss immer ganztägig für seine Arbeit als Arbeitnehmervertreter freigestellt werden.

169. In welchem Fall hat der Betriebsrat ein Mitbestimmungsrecht?

a) Festlegung von Beginn und Ende der täglichen Arbeitszeit
b) Aufnahme neuer Produkte in das Produktionsprogramm
c) Gehaltsfestsetzung für einen Prokuristen
d) Verwendung des Unternehmensgewinnes
e) Einführung neuer Rechnungsformulare im Unternehmen

170. Welche der nachstehenden Tätigkeiten ist <u>nicht</u> Sache des Betriebsrates?

a) Mitwirkung bei Entscheidungen über soziale Einrichtungen
b) Entgegennahme von Beschwerden der Arbeitnehmer im Betrieb
c) Festlegung des Warensortiments
d) Mitspracherecht bei Entlassungen und Einstellungen
e) Überwachung der Einhaltung des Tarifvertrages

171. Einem Arbeitnehmer wurde ohne Anhörung des Betriebsrates gekündigt. Wie ist nach dem Betriebsverfassungsgesetz die Rechtslage?

a) Die Kündigung ist unwirksam, die Anhörung des Betriebsrates ist zwingend vorgeschrieben.
b) Die Kündigung ist unwirksam, weil jede Kündigung der Zustimmung des Betriebsrates bedarf.
c) Die Kündigung wird durch nachträgliche Anhörung des Betriebsrates wirksam.
d) Die Kündigung ist wirksam, weil eine Anhörung des Betriebsrates nicht vorgeschrieben ist.
e) Die Kündigung ist wirksam, weil weder eine Anhörung noch eine Zustimmung des Betriebsrates vorgeschrieben ist.

172. Welche Regelung sieht das Betriebsverfassungsgesetz vor?

a) Die Auszubildenden dürfen nicht mit ausbildungsfremden Tätigkeiten beschäftigt werden.
b) Der Arbeitnehmer hat das Recht, in die über ihn geführte Personalakte Einsicht zu nehmen.
c) Die Beschäftigung Jugendlicher unter 15 Jahren ist verboten.
d) Das Berufsausbildungsverhältnis kann jederzeit ohne Einhaltung einer Kündigungsfrist gekündigt werden.
e) Die regelmäßige werktägliche Arbeitszeit darf die Dauer von acht Stunden nicht überschreiten.

173. Welche Aussage über den Betriebsrat ist richtig?

a) Der Betriebsrat hat bei Kündigungen keine Einflussmöglichkeit.
b) Die Zahl der Betriebsratsmitglieder richtet sich nach dem Umsatz des Betriebes.
c) In allen Betrieben können Betriebsräte gewählt werden.
d) Der Betriebsrat hat bei der Pausenregelung des Betriebes ein Mitbestimmungsrecht.
e) Der Betriebsrat schließt die Betriebsvereinbarung mit dem Arbeitgeberverband ab.

174. Welche Tätigkeit fällt nicht in den Zuständigkeitsbereich der Jugend- und Auszubildendenvertretung eines Betriebes?

a) Sie kann eigene Sitzungen und Jugendversammlungen abhalten.
b) Sie kann mit der Unternehmensleitung über höhere Ausbildungsvergütungen verhandeln.
c) Sie kann beim Betriebsrat Maßnahmen zur Verbesserung der Berufsausbildung beantragen.
d) Sie muss darüber wachen, dass die für Jugendliche geltenden Gesetze im Betrieb eingehalten werden.
e) Sie nimmt an den Betriebsratssitzungen teil und entscheidet mit, wenn es um die Belange der Jugendlichen im Betrieb geht.

175. Welche Aussage über die Betriebsversammlung ist richtig?

a) Es ist die Mitgliederbesprechung des Betriebsrates.
b) Zu dieser Versammlung haben nur Gewerkschaftsmitglieder Zutritt.
c) Sie wird vom Arbeitgeber einberufen, um die Arbeitnehmer zu informieren.
d) Diese Versammlung darf nur außerhalb der Arbeitszeit abgehalten werden.
e) Sie ist die Versammlung aller Arbeitnehmer eines Betriebes und wird durch den Betriebsrat einberufen.

176. Eine Mitarbeiterin der Personalabteilung muss, um ihre Aufgaben entsprechend erfüllen zu können, mit den verschiedensten Daten arbeiten. Welche Daten fallen unter das Bundesdatenschutzgesetz?

a) Werbeetat des Betriebes
b) Listenpreise und Warenkalkulationssätze
c) Personenbezogene Daten von Kunden und Lieferanten
d) Waren- und Gütezeichen
e) Warenbezeichnungen und Herkunftsländer

177. Der Bedarf an PC-Schulungen wurde statistisch erfasst und von einem Kollegen ausgewertet. Welche richtige Information konnte der Kollege der abgebildeten Grafik entnehmen?

PC-Schulungen

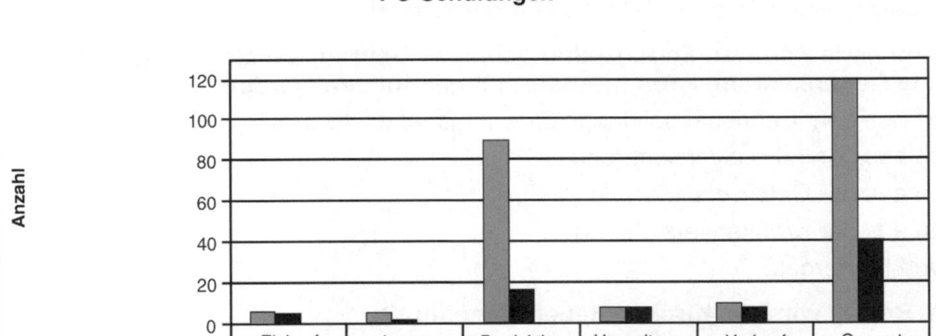

	Einkauf	Lager	Produktion	Verwaltung	Verkauf	Gesamt
Mitarbeiter gesamt	7	6	90	8	9	120
Interessenten absolut	6	2	17	8	7	40
Interessenten prozentual	85,7%	33,3%	18,9%	100,0%	77,8%	33,3%

Abteilungen

a) Die Lagermitarbeiter haben relativ das geringste Interesse an den PC-Schulungen.
b) In der Produktion haben weniger als 20 % Interesse an PC-Schulungen.
c) Die Verwaltung ist weniger stark als der Einkauf an PC-Schulungen interessiert.
d) Die Tabelle zeigt, dass 40 der 120 Mitarbeiter über einen PC am Arbeitsplatz verfügen.
e) Die Durchschnittszahl von 33,3 % ist eine sehr aussagekräftige statistische Größe.

178. Ordnen Sie zu.

Beispiele

a) Der Angestellte muss die vereinbarte Arbeit persönlich leisten.
b) Der Angestellte muss sich nach besten Kräften für die Interessen des Unternehmens einsetzen.
c) Der Angestellte darf Zahlen aus der Bilanz nicht weitergeben.
d) Der Angestellte hat Weisungen des Arbeitgebers zu beachten.
e) Der Angestellte darf ohne Einwilligung des Arbeitgebers nebenher kein selbstständiges Handelsgewerbe in dessen Geschäftszweig betreiben.
f) Der Angestellte ist verpflichtet, beim Arbeitgeber die Steuerkarte abzugeben.

Pflichten der Angestellten

[ ] Treuepflicht
[ ] Dienstleistungspflicht
[ ] Wettbewerbsverbot

179. In welchem Gesetz sind die Rechte und Pflichten der Jugendvertretung geregelt?

a) Im Jugendarbeitsschutzgesetz
b) Im Betriebsverfassungsgesetz
c) Im Berufsbildungsgesetz
d) Im Tarifvertragsgesetz
e) Im BGB

180. Welche Aussage zur Mitbestimmung des Betriebsrates ist zutreffend?

a) Bei der Festlegung der Pausenzeit hat der Betriebsrat nur ein Beratungsrecht.
b) Die Neubesetzung der Stelle eines Geschäftsführers einer GmbH kann nur mit Zustimmung des Betriebsrates erfolgen.
c) In bestimmten sozialen Angelegenheiten werden betriebliche Maßnahmen nur mit Zustimmung des Betriebsrates erfolgen.
d) Alle betrieblichen Entscheidungen, die der Arbeitnehmer trifft, bedürfen der Zustimmung des Betriebsrates.
e) Über die Dauer der täglichen Arbeitszeit muss der Arbeitgeber den Betriebsrat nur informieren.

181. Wozu ist die Jugend- und Auszubildendenvertretung (JAV) nach dem Betriebsverfassungsgesetz berechtigt?

a) Sie darf beim Betriebsrat beantragen, dass über Maßnahmen, die den jugendlichen Arbeitnehmern und Auszubildenden dienen, beraten wird.
b) Sie vertritt die jugendlichen Arbeitnehmer und Auszubildenden gegenüber der Gewerkschaft.
c) Sie verhandelt über Schulungsmaßnahmen für die Auszubildenden mit der Personalleitung.
d) Sie beantragt Maßnahmen zum Schutz jugendlicher Arbeitnehmer und Auszubildender direkt beim Arbeitgeber.
e) Sie nimmt geschlossen an allen Betriebsratssitzungen teil.

182. Jeder Kaufmann/jede Kauffrau im Einzelhandel muss Beiträge an die Sozialversicherung leisten. Welche Gegenleistung kann in Anspruch genommen werden?

a) Leistungen aus dem Bundesausbildungsförderungsgesetz (BaFöG)
b) Leistungen aus der Lebensversicherung
c) Leistungen aus der Unfallversicherung
d) Leistungen aus der Krankenversicherung
e) Zahlung von Kindergeld

183. Von welchem Betrag wird die Kirchensteuer berechnet?

a) Vom Lohnsteuerabzug
b) Vom Nettogehalt
c) Vom Bruttogehalt
d) Vom Tarifgehalt
e) Von der Summe der Pflichtabgaben

184. Wie erfolgt die Berechnung des Solidaritätszuschlages?
a) Er wird prozentual von der Lohnsteuer berechnet.
b) Er wird prozentual vom Nettoeinkommen berechnet.
c) Er wird prozentual vom Bruttoeinkommen berechnet.
d) Er wird prozentual von der Summe der Sozialabgaben berechnet.
e) Er wird prozentual vom Beitrag zur Rentenversicherung berechnet.

185. Welche Größe spielt bei der Berechnung der Lohnsteuer eine Rolle?
a) Berufszweig
b) Nettogehalt
c) Familienstand
d) Größe des Wohnortes
e) Religionsbekenntnis

186. Welche Ausgaben kann ein Arbeitnehmer beim Lohnsteuerjahresausgleich als Werbungskosten geltend machen?
a) Spenden an das Rote Kreuz
b) Unterstützungszahlung an sehr bedürftige Angehörige
c) Gezahlte Kirchensteuer
d) Ausgaben für ein Zeitungsinserat (Pkw-Verkauf)
e) Ausgaben für Fachliteratur

187. Die Steuerklasse I wurde in III geändert. Welche Auswirkung hat das?
a) Die Änderung der Steuerklasse wirkt sich auf die Kirchensteuer, nicht aber auf die Lohnsteuer aus.
b) Die Änderung der Steuerklasse wirkt sich nur aus, wenn eine Einkommensteuererklärung abgegeben wird.
c) Bei gleichbleibendem Bruttogehalt verringert sich die monatlich zu zahlende Lohnsteuer.
d) Bei gleichbleibendem Bruttogehalt erhöht sich die monatlich zu zahlende Lohnsteuer.
e) Die Änderung hat keine Auswirkung, sie dient nur statistischen Zwecken.

188. Wer darf die Steuerklasse ändern?
a) Das Finanzamt
b) Die Personalabteilung
c) Der Betriebsrat
d) Die Oberfinanzdirektion
e) Der Steuerpflichtige

189. Ein junges Ehepaar - beide Partner waren berufstätig - bekommt das erste Kind. Die Frau will vorübergehend aus dem Erwerbsleben ausscheiden. Der weiter arbeitende Mann will seine Steuerklasse ändern lassen. Wo muss er sich zu diesem Zweck hinwenden?
a) An die Personalabteilung seines Arbeitgebers
b) An die Finanzbehörde
c) An das Amtsgericht
d) An das Arbeitsamt
e) An das Landratsamt

190. Welche Aufwendungen haben auf das zu versteuernde Einkommen eines Arbeitnehmers niemals Einfluss?
a) Aufwendungen für Fahrten zwischen Wohnung und Arbeitsstätte
b) Aufwendungen für die Unterstützung bedürftiger Eltern
c) Aufwendungen für die Berufsausbildung, Fort- und Weiterbildung
d) Aufwendungen für Fahrten zwischen Wohnort und Urlaubsort
e) Aufwendungen für die Unterstützung einer Partei

191. Was wird dem Verkäufer/der Verkäuferin nicht von seinem Gehalt abgezogen?

a) Lohn- und Kirchensteuer
b) Rentenversicherung
c) Unfallversicherung
d) Arbeitslosenversicherung
e) Krankenversicherung

192. Im Lohnbüro müssen bestimmte Angaben in Arbeitspapiere eingetragen werden. Ordnen Sie zu.

Angaben

a) Urlaubsansprüche und genommene Urlaubstage
b) Gesetzlicher Mindesturlaub
c) Krankheitstage
d) Arbeitgeberanteil zur Arbeitslosenversicherung
e) Genommene Sonderurlaubstage für Hochzeit
f) Steuernummer des Arbeitnehmers beim Finanzamt
g) Beitragspflichtiges Bruttoarbeitsentgelt
h) Arbeitgeberanteil zur Vermögensbildung
i) Einbehaltene Kirchensteuer

Arbeitspapiere

[ ] Lohnsteuerbescheinigung
[ ] Meldung zur Sozialversicherung
[ ] Urlaubsbescheinigung

193. Was muss der Arbeitgeber u. a. auf der Lohnsteuerbescheinigung eintragen?

a) Den Betrag der vermögenswirksamen Leistungen
b) Die Steuerfreibeträge
c) Die Änderung des Familienstandes
d) Die Änderung des Wohnsitzes
e) Die Änderung der Steuerklasse

194. Was muss der Arbeitnehmer dem Arbeitgeber mitteilen, damit dieser am elektronischen Lohnsteuerverfahren „ElsterLohn II" teilnehmen kann?

a) Nur das Geburtsdatum
b) Die Änderung des Familienstandes
c) Die gewählte Steuerklasse
d) Die neue Steuer-Identifikationsnummer und das Geburtsdatum
e) Seinen ständigen Wohnsitz

195. Wozu ist der Arbeitgeber nach ElsterLohn II bezüglich der ELStAM (Elektronische Lohnsteuerabzugsmerkmale) nicht verpflichtet?

a) Für die Anmeldung und den Abruf der elektronischen Lohnsteuerabzugsmerkmale (ELStAM) hat sich der Arbeitgeber mit seiner Steuernummer zu authentifizieren.
b) Von der zuständigen Gemeinde die persönlichen Daten des Arbeitnehmers anzufordern.
c) Anmeldung der bei ihm beschäftigten Arbeitnehmer für den Abruf der ELStAM.
d) Er hat die ELStAM in der ersten Lohn- u. Gehaltsabrechnung deutlich auszuweisen und dem Arbeitnehmer auszuhändigen.
e) Er ist verpflichtet, die elektronisch bereitgestellten Änderungen zu ELStAM abzurufen.
f) Er hat dem Bundeszentralamt für Steuern den Tag der Beendigung des Dienstverhältnisses unverzüglich mitzuteilen.

196. Wer legt in einem Unternehmen die Betriebsordnung fest?

a) Der Arbeitgeber und der Betriebsrat handeln gemeinsam die Betriebsordnung aus und legen sie fest.
b) Die Jugendvertretung und der Betriebsrat legen gemeinsam die Regeln der Betriebsordnung fest.
c) Der Arbeitgeber legt im Rahmen der gesetzlichen Vorschriften die Betriebsordnung fest.
d) Der Betriebsrat legt die Regeln der Betriebsordnung fest.
e) Der Betriebsrat und die zuständige Gewerkschaft legen, unter Beachtung der Vorschriften aus dem HGB, die Betriebsordnung fest.

197. Ein Ausbildungsbetrieb beabsichtigt neue Arbeitszeitmodelle einzuführen, um dem Wunsch nach mehr Kundenorientierung zu entsprechen. Wie nennt man den schriftlichen Vertrag zwischen Arbeitgeber und Betriebsrat?

a) Betriebsverfassung
b) Tarifvertrag
c) Einzelarbeitsvertrag
d) Betriebsvereinbarung
e) Betriebsversammlung

198. Was ist unter anderem Inhalt der Betriebsordnung?

a) Die Lohnfortzahlung im Krankheitsfall
b) Die Gehälter gestaffelt nach Berufsjahren
c) Die Pünktlichkeit und das Verhalten im Betrieb
d) Die wöchentliche Arbeitszeit
e) Der Urlaubsanspruch gestaffelt nach Lebensalter

199. Was ist unter der Pro-Kopf-Leistung eines Mitarbeiters zu verstehen?

a) Der Verkaufserfolg eines Jahres
b) Der Umsatz pro Quadratmeter Verkaufsfläche pro Verkäufer
c) Der Verkaufserfolg pro Abteilung eines Warenhauses
d) Der Umsatz pro Verkaufskraft pro Jahr
e) Der Umsatz eines mehrköpfigen Verkaufsteams

200. Der Umsatz je Mitarbeiter im Laufe eines Jahres wird auch als sogenannte Pro-Kopf-Leistung bezeichnet. Welche Aussage ist richtig?

a) Je größer die Anzahl der Verkaufsmitarbeiter, desto höher ist die Pro-Kopf-Leistung bei gleichbleibendem Umsatz.
b) Die Pro-Kopf-Leistung dient zur Ermittlung der Umsätze je Quadratmeter Verkaufsfläche.
c) Die Pro-Kopf-Leistung dient u. a. der künftigen Personalbedarfsplanung.
d) Die Pro-Kopf-Leistung dient nur zur Abstimmung von Umsatz- und Absatzstatistik.
e) Je niedriger die Pro-Kopf-Leistung, desto niedriger sind die Personalkosten für den Verkauf.

201. Eine der Pflichten des Arbeitgebers gegenüber seinen Angestellten ist die Fürsorgepflicht. Was gehört zur Erfüllung dieser Pflicht?

a) Allen Arbeitnehmern eine gleich hohe Weihnachtsgratifikation zu gewähren
b) Den Geschäftsbetrieb so zu regeln, dass die Arbeitnehmer gegen eine Gefährdung ihrer Gesundheit so weit wie möglich geschützt sind
c) Allen Arbeitnehmern gleich viel Urlaub zu gewähren
d) Allen Arbeitnehmern betriebliche Verpflegung zu bieten
e) Allen Arbeitnehmern den gleichen Lohn zu bezahlen

202. Welche Aussage über die Arbeitsplatzbeschreibung ist <u>falsch</u>?

a) Sie legt nur den Ort im Verkaufsraum fest, an dem der Kassiervorgang stattzufinden hat.
b) Sie erlaubt dem Einzelhändler die Kontrolle über die Leistungen seiner Mitarbeiter.
c) Sie bildet eine Grundlage für die Gehaltsfindung.
d) Sie stellt dar, wie sich der jeweilige Arbeitsplatz in die Gesamtstruktur des Unternehmens einfügt.
e) Sie gibt dem einzelnen Mitarbeiter die Möglichkeit, die ihm übertragenen Tätigkeiten mit denen im Dienstvertrag vereinbarten zu vergleichen.

203. Wo sind die Prüfungsanforderungen für die Abschlussprüfung des Kaufmanns/der Kauffrau im Einzelhandel geregelt?

a) Im Jugendarbeitsschutzgesetz
b) Im Berufsbildungsgesetz
c) In der Ausbildungsordnung
d) Im Berufsausbildungsvertrag
e) Im Tarifvertrag

204. Zu Beginn des Ausbildungsverhältnisses steht die Probezeit. Welche Aussage dazu ist nicht zutreffend?

a) Die Probezeit kann bei beiderseitigem Einverständnis auf 2 Monate festgelegt werden.
b) Erst nach Ablauf der Probezeit beginnt das Ausbildungsverhältnis.
c) Die Probezeit muss mindestens einen Monat und darf höchstens vier Monate dauern.
d) Während der Probezeit kann jeder der Beteiligten ohne Einhaltung einer Kündigungsfrist kündigen.
e) Mit der Probezeit beginnt das Ausbildungsverhältnis.
f) Wird im Streitfall von einer Einigungsstelle erlassen.

205. In welchem Fall kann ein Mitarbeiter abgemahnt werden?

a) Der Mitarbeiter bewirbt sich bei einem Konkurrenzunternehmen.
b) Der Mitarbeiter stört dauernd den Betriebsfrieden.
c) Der Mitarbeiter nimmt an einer nicht genehmigen Demonstration teil.
d) Der Mitarbeiter gehört ohne Wissen der Geschäftsleitung einer Gewerkschaft an.
e) Der Mitarbeiter ist schon wochenlang arbeitsunfähig.

206. Welche Regelung wird in einem Einzelarbeitsvertrag festgelegt?

a) Regelungen des Arbeits- und Kündigungsschutzes schwangerer Arbeitnehmerinnen
b) Regelung des Kündigungsschutzes für ein Mitglied des Betriebsrates
c) Regelung der Wochenarbeitszeit und Urlaubsdauer für die Arbeitnehmer im Einzelhandel
d) Regelung der Arbeitszeit und der Entlohnung für einen als Aushilfskraft bei der Inventur beschäftigten Schüler
e) Regelung des Zeitpunktes und des Verfahrens der Wahl der Jugend- und Auszubildendenvertreter

207. Der Geschäftsinhaber vereinbart mit einer Verkäuferin einen Vertrag, der vom 1. Juli bis zum 30. Juni des nächsten Jahres läuft. Welche Art von Arbeitsvertrag wurde hier abgeschlossen?

a) Ein Probearbeitsvertrag
b) Ein Umschulungsvertrag
c) Ein unbefristeter Arbeitsvertrag
d) Ein Zeitarbeitsvertrag
e) Ein Berufsausbildungsvertrag

208. Der Arbeitgeber hat seine Beschäftigten auf besondere Gesundheitsgefahren hinzuweisen und geeignete Maßnahmen zur Vermeidung von Gesundheitsschäden zu treffen. In welchem Fall trifft dies insbesondere auf Gefahren für die Wirbelsäule zu?

a) Beim Benutzen von Treppen
b) Beim Benutzen von Leitern und Tritten
c) Bei mehrstündigen Autofahrten mit dem Lieferwagen
d) Beim Umgang mit Gefahrstoffen
e) Beim manuellen Anheben von Lasten

209. Frau Maier ist 35 Jahre alt. Sie ist seit einem Jahr in einem Warenhaus beschäftigt und hat einen befristeten Arbeitsvertrag. Welche Aussage entspricht den gesetzlichen Bestimmungen?

a) Sollte noch ein weiterer befristeter Arbeitsvertrag im Unternehmen abgeschlossen werden, muss erst geprüft werden, ob dies entsprechend der Mitarbeiterzahl zulässig ist.
b) Da mit Frau Maier ein befristeter Arbeitsvertrag abgeschlossen wurde, darf ihr nicht fristlos gekündigt werden.
c) Im befristeten Arbeitsvertrag mit Frau Maier wurde bereits beim Abschluss fest vereinbart, wann das Arbeitsverhältnis endet.
d) Der befristete Arbeitsvertrag mit Frau Maier ist unzulässig, weil dadurch Kündigungsfristen und Kündigungsschutzbestimmungen verletzt werden.
e) Der befristete Arbeitsvertrag wäre überflüssig gewesen, da es ohnehin für jeden Arbeitsvertrag Kündigungsfristen gibt.

210. Wo können Sie als Auszubildender nachlesen, ob Ihre Ausbildungsvergütung dem geltenden Mindestsatz entspricht?
a) In der Ausbildungsordnung
b) Im Berufsbildungsgesetz
c) Im Lohn- und Gehaltstarifvertrag
d) Im Jugendarbeitsschutzgesetz
e) Im Manteltarifvertrag

211. Welche Regelung wird in einem Einzelarbeitsvertrag (Individualarbeitsvertrag) festgelegt?
a) Regelung des Arbeits- und Kündigungsschutzes schwangerer Arbeitnehmerinnen
b) Regelung des Kündigungsschutzes für ein Mitglied des Betriebsrates
c) Regelung der Arbeitszeit und der Entlohnung für einen als Aushilfskraft bei der Inventur beschäftigten Schüler
d) Regelung zur Beachtung der Unfallverhütungsvorschriften
e) Regelung des Zeitpunktes und des Verfahrens der Wahl der Jugend- und Auszubildendenvertretung

212. Welche Aussage trifft auf die rechtliche Bestimmung des Begriffs „Arbeitszeit" zu?
a) Arbeitszeit ist die Zeit vom Beginn bis zum Ende der Arbeit, ohne die Ruhepausen.
b) Arbeitszeit ist die Zeit vom Beginn bis zum Ende der Arbeit, einschließlich aller im Gesetz vorgeschriebenen Mindestpausen.
c) Arbeitszeit ist die Zeit vom Beginn bis zum Ende der Arbeit, einschließlich aller in der Betriebsordnung festgelegten Ruhepausen.
d) Arbeitszeit ist die Zeit vom Beginn bis zum Ende der Arbeit, ohne die Ruhepausen, aber einschließlich der Wegezeiten zwischen Wohnung und Arbeitsstätte.
e) Arbeitszeit ist die Zeit vom Beginn bis zum Ende der Arbeit, ohne die Ruhezeiten und ohne Anrechnung der Zeit des Berufsschulbesuchs.

<u>**Zu den nächsten drei Aufgaben siehe nachstehenden Auszug aus dem Gesetz.**</u>

> **Erster Abschnitt. Zusammensetzung und Wahl des Betriebsrats**
>
> **§ 7. Wahlberechtigung.** Wahlberechtigt sind alle Arbeitnehmer des Betriebes, die das 18. Lebensjahr vollendet haben.
> **§ 8. Wählbarkeit.** (1) Wählbar sind alle Wahlberechtigten, die sechs Monate dem Betrieb angehören oder als in Heimarbeit Beschäftigte in der Hauptsache für den Betrieb gearbeitet haben.

213. Aus welchem Gesetz stammt dieser Auszug?
a) Handelsgesetzbuch
b) Bürgerliches Gesetzbuch
c) Betriebsverfassungsgesetz
d) Tarifvertragsgesetz
e) Berufsbildungsgesetz
f) Jugendarbeitsschutzgesetz

214. Die 45-jährige Mitarbeiterin Antonia Klein ist seit November dieses Jahres im Warenhaus Peter Kolb OHG beschäftigt. Im März nächsten Jahres wird ein neuer Betriebsrat gewählt. Ist die Mitarbeiterin wahlberechtigt?
a) Nein, weil sie die Altershöchstgrenze bereits überschritten hat
b) Ja, weil sie volljährig ist
c) Nein, weil sie noch kein halbes Jahr im Warenhaus beschäftigt ist
d) Ja, aber nur, weil sie Gewerkschaftsmitglied ist
e) Ja, aber nur, wenn die Geschäftsleitung damit einverstanden ist

215. Darf sich Antonia Klein im kommenden März in den Betriebsrat wählen lassen?
a) Ja, weil sie im Wahljahr seit Jahresanfang im Betrieb arbeitet
b) Ja, weil sie volljährig ist
c) Nein, weil sie noch nicht lange genug im Warenhaus beschäftigt ist
d) Ja, aber nur, weil sie Gewerkschaftsmitglied ist
e) Ja, weil sie mit ihrem Alter die nötige Erfahrung besitzt

216. Welche Organisation bzw. Institution unterstützt den Betriebsrat eines Einzelhandelsunternehmens bei der Durchführung der Betriebsratswahlen?

a) Das Unternehmensberatungsinstitut
b) Die Gewerkschaft
c) Die Industrie- und Handelskammer
d) Die Gewerbeaufsichtsbehörde
e) Die Berufsgenossenschaft

217. Was können Jugendliche und Auszubildende von der Einrichtung einer Jugend- und Auszubildendenvertretung erwarten?

a) Bessere Arbeitsbedingungen, da die Jugend- und Auszubildendenvertretung selbstständig mit der Geschäftsleitung verhandeln darf
b) Bessere Arbeitsbedingungen, da die Jugend- und Auszubildendenvertretung an den Sitzungen des Betriebsrats teilnehmen und in allen Angelegenheiten mitbestimmen können
c) Etwa gleichaltrige Ansprechpartner, die ihre Anliegen im Betriebsrat vorbringen können
d) Bessere Möglichkeiten, einen Jugendlichen in den Betriebsrat zu wählen
e) Bessere Einflussmöglichkeiten auf die Wahl ihres Ausbilders

218. Der Arbeitgeber hält es für erforderlich, im Weihnachtsgeschäft Mehrarbeit anzuordnen. Der Betriebsrat sieht dafür keine Notwendigkeit. Welche Möglichkeit hat der Arbeitgeber nach dem Betriebsverfassungsgesetz noch, die Mehrarbeit anordnen zu können. Siehe dazu noch den abgebildeten Gesetzesausschnitt.

> **§ 87 Mitbestimmungsrechte** (1) Der Betriebsrat hat, soweit eine gesetzliche oder tarifliche Regelung nicht besteht, in folgenden Angelegenheiten mitzubestimmen:
>
> 1. Fragen der Ordnung des Betriebs und des Verhaltens der Arbeitnehmer im Betrieb;
> 2. Beginn und Ende der täglichen Arbeitszeit einschließlich der Pausen sowie Verteilung der Arbeitszeit auf die einzelnen Wochentage;
> 3. vorübergehende Verkürzung oder Verlängerung der betriebsüblichen Arbeitszeit;
>
> *
> *
> *
>
> (2) Kommt eine Einigung über eine Angelegenheit nach Absatz 1 nicht zustande, so entscheidet die Einigungsstelle. Der Spruch der Einigungsstelle ersetzt die Einigung zwischen Arbeitgeber und Betriebsrat.

a) Der Arbeitgeber ruft die Einigungsstelle an, die dann entscheidet.
b) Der Arbeitgeber verhandelt direkt mit der Belegschaft über Mehrarbeit.
c) Der Arbeitgeber versucht, vom Arbeitsgericht die fehlende Zustimmung des Betriebsrates zu erhalten.
d) Der Arbeitgeber ist seiner Informationspflicht nachgekommen und ordnet Mehrarbeit an.
e) Der Arbeitgeber hat keine Möglichkeit mehr, Mehrarbeit durchzusetzen.

219. Die Wahl einer Jugend- und Auszubildendenvertretung wird vorbereitet. Wie viel Personen der nachfolgenden Aufstellung sind wahlberechtigt? Tragen Sie das Ergebnis in das Kästchen ein. Beachten Sie dazu noch den abgebildeten Gesetzestext.

Auszug aus Betriebsverfassungsgesetz (BetrVG) – Teil 3
Erster Abschnitt
Betriebliche Jugend- und Auszubildendenvertretung

§ 60 Errichtung und Aufgabe

(1) In Betrieben mit in der Regel mindestens fünf Arbeitnehmern, die das 18. Lebensjahr noch nicht vollendet haben (jugendliche Arbeitnehmer) oder die zu ihrer Berufsausbildung beschäftigt sind und das 25. Lebensjahr noch nicht vollendet haben, werden Jugend- und Auszubildendenvertretungen gewählt.
(2) Die Jugend- und Auszubildendenvertretung nimmt nach Maßgabe der folgenden Vorschriften die besonderen Belange der in Absatz 1 genannten Arbeitnehmer wahr.

§ 61 Wahlberechtigung und Wählbarkeit

(1) Wahlberechtigt sind alle in § 60 Abs. 1 genannten Arbeitnehmer des Betriebes.
(2) Wählbar sind alle Arbeitnehmer des Betriebes, die das 25. Lebensjahr noch nicht vollendet haben; [......] Mitglieder des Betriebsrats können nicht zu Jugend- und Auszubildendenvertretern gewählt werden.

Mitarbeiter ohne Auszubildende	Auszubildende	Alter/Jahre
4	1	16
8	-	17
7	1	18
1	2	19
5	-	20
2	1	21
1	1	22
4	-	23
1	1	24
2	-	25
7	1	26

220. Welche Aussage über das elektronische Lohnsteuerverfahren „ElsterLohn II" ist zutreffend?

a) Das elektronische Lohnsteuerverfahren „ElsterLohn II" ersetzt die Lohnsteuerkarte aus Papier.
b) Das elektronische Lohnsteuerverfahren „ElsterLohn II" ergänzt die Lohnsteuerkarte aus Papier.
c) Die neu eingeführte Steuer-Identifikationsnummer gilt nur für den aktuellen Wohnsitz, muss also nach einem Wohnungswechsel neu beantragt werden.
d) Die Arbeitnehmer müssen sich nach wie vor für den Erhalt und die Weiterleitung der Lohnsteuerkarte kümmern.
e) Jeder Lohnsteuerpflichtige muss jährlich seine Daten an das Bundeszentralamt für Steuern in Bonn übermitteln.

221. Wer vergibt die Steuer-Identifikationsnummer?

a) Das Arbeitsamt
b) Die Gemeinde
c) Der Arbeitgeber
d) Die Finanzbehörde
e) Das Landratsamt

222. Welche Eintragung hat der Arbeitgeber im Formular „Meldung zur Sozialversicherung" vorzunehmen?

a) Die Beiträge zur gesetzlichen Unfallversicherung
b) Das sozialversicherungspflichtige Bruttogehalt
c) Das sozialversicherungspflichtige Nettogehalt
d) Die einbehaltenen Lohn- und Kirchensteuern und die Abzüge zur Sozialversicherung
e) Die Beiträge zur Renten- und Krankenversicherung

223. Welche Unterlagen muss ein Angestellter, der eine neue Stelle antritt, bei Arbeitsbeginn im Personalbüro abgeben?

a) Mitgliedsbuch bei der Gewerkschaft
b) Personalausweis
c) Sozialversicherungsausweis
d) Impfschein
e) Die letzte Verdienstbescheinigung

224. Wozu dient die Arbeitsplatzbeschreibung in einem Einzelhandelsunternehmen?

a) Zur zeichnerischen Darstellung der Lage von Arbeitsplätzen
b) Zur optimalen Steuerung des Verkaufs
c) Zur Verdeutlichung der sachlichen Aufgabenbereiche
d) Zur Bestimmung des zeitlichen Aufwands pro Tätigkeit
e) Zur Beschaffung neuer Anlagen

225. Welche Unterlagen werden vom Personalbüro von einer neu einzustellenden Mitarbeiterin verlangt?

a) Die Steuer-Identifikationsnummer, der Sozialversicherungsausweis, die Urlaubsbescheinigung des bisherigen Arbeitgebers
b) Die Steuer-Identifikationsnummer, der Sozialversicherungsausweis, ein ärztliches Attest des Hausarztes
c) Die Steuer-Identifikationsnummer, der Sozialversicherungsausweis, die Mitgliedsbescheinigung der Krankenkasse
d) Die Steuer-Identifikationsnummer, der Sozialversicherungsausweis, die Mitgliedsbescheinigung der Gewerkschaft
e) Die Steuer-Identifikationsnummer, der Sozialversicherungsausweis, der PC-Anwenderpass

226. Eine Auszubildende hat ihre Ausbildung abgebrochen. Welche Arbeitspapiere müssen ihr ausgehändigt werden?

a) Bewerbungsbogen, Lichtbild
b) Versicherungsnachweis, Lichtbild
c) Urlaubsbescheinigung für das laufende Jahr, Bewerbungsbogen
d) Lohnsteuerbescheinigung, Urlaubsbescheinigung für das laufende Jahr, Versicherungsnachweis
e) Urlaubsbescheinigung für das laufende Jahr, Lichtbild

227. Das Bruttogehalt einer Verkäuferin beträgt 1.500 €, das Nettogehalt 1.000 €. Welche Abzüge sind in der Differenz u. a berücksichtigt?

a) Lohnsteuer, Krankenversicherung, Rentenversicherung, Unfallversicherung, Pflegeversicherung
b) Lohnsteuer, Rentenversicherung, Unfallversicherung, Krankenversicherung, Arbeitslosenversicherung, Pflegeversicherung
c) Lohnsteuer, Rentenversicherung, Krankenversicherung, Lebensversicherung
d) Lohnsteuer, Haftpflichtversicherung, Krankenversicherung, Rentenversicherung
e) Lohnsteuer, Krankenversicherung, Rentenversicherung, Arbeitslosenversicherung, Pflegeversicherung

228. Ordnen Sie zu.

Lohnsteuerklassen

a) Lohnsteuerklasse I
b) Lohnsteuerklasse II
c) Lohnsteuerklasse III
d) Lohnsteuerklasse IV
e) Lohnsteuerklasse V
f) Lohnsteuerklasse VI

Steuerpflichtige

[ ] Verheiratete, der Ehepartner ist in keinem Erwerbsverhältnis.

[ ] Verheiratete, beide Ehepartner haben die gleiche Steuerklasse.

[ ] Alleinstehende Person, 40 Jahre alt, 3 Kinder

229. Eine 28-jährige berufstätige Frau, ledig, ein Kind, nimmt eine zusätzliche Tätigkeit auf, und verdient dabei monatlich 300 €. In welche Steuerklasse wird sie eingestuft?

a) Sie erhält Steuerklasse I.
b) Sie erhält Steuerklasse II.
c) Sie kann zwischen Steuerklasse II und VI wählen.
d) Sie kann zwischen Steuerklasse II und VI wählen.
e) Sie erhält grundsätzlich in diesem Fall Steuerklasse VI.

230. Welche der nachfolgenden Anforderungen wird zusätzlich von einem Geschäftsführer erwartet?

a) Warenkenntnisse
b) Verkaufstechniken
c) Kaufmännische Kenntnisse
d) Führungsqualitäten
e) Menschenkenntnisse

231. Einkäufer des Einzelhändlers zu sein, bedeutet eine verantwortungsvolle Aufgabe übernommen zu haben. Was wird u. a. von dem Inhaber dieser Funktion erwartet?

a) Er muss über Sach- und Marktkenntnisse verfügen.
b) Er muss im Besitz des Kaufmannsgehilfenbriefes sein.
c) Er muss im Handelsregister eingetragen sein.
d) Er muss ein abgeschlossenes Studium nachweisen.
e) Er muss vor der IHK seine Befähigung nachweisen.

232. Die fachliche Kompetenz der Mitarbeiter eines Einzelhandelsunternehmens soll ständig gefördert werden. Welche Maßnahme hierzu ist sinnvoll?

a) Das Einzelhandelsunternehmen erhöht die Verkaufsprämien für schwerverkäufliche Artikel.
b) Das Einzelhandelsunternehmen stellt Aushilfskräfte ein, um an verkaufsstarken Tagen die übrigen Mitarbeiter zu entlasten.
c) Das Einzelhandelsunternehmen bietet den Mitarbeitern an, Fortbildungsseminare sowie Messen und Ausstellungen regelmäßig zu besuchen.
d) Das Einzelhandelsunternehmen veranstaltet einen gemeinsamen Betriebsausflug, um das Betriebsklima zu verbessern.
e) Das Einzelhandelsunternehmen beauftragt seine Mitarbeiter, bei Warenlieferungen verstärkt Qualitätskontrollen durchzuführen.

233. Der Arbeitgeber, das Warenhaus Peter Kolb OHG, ermittelt den Arbeitgeberanteil zur Pflegeversicherung für seine Verkäuferin. An welche Stelle muss dieser Betrag abgeführt werden?

a) An die Deutsche Rentenversicherung Regional
b) An die Krankenkasse
c) An die Berufsgenossenschaft
d) An die Deutsche Rentenversicherung Bund
e) An die Bundesanstalt für Arbeit

234. Welche Aussage über die Führung und Verwaltung von Personalakten ist richtig?

a) Jedes Betriebsratsmitglied kann jederzeit die Personalakten einsehen.
b) Bei Rechtsstreitigkeiten zwischen Arbeitgeber und Arbeitnehmer kann der Betriebsratsvorsitzende die Personalakten jederzeit einsehen.
c) Der Arbeitnehmer darf nur bei Vorliegen eines wichtigen Grundes seine Personalakte einsehen.
d) Der Arbeitnehmer darf ohne Nachweis eines besonderen Grundes seine Personalakte einsehen.
e) Nach Auflösung des Beschäftigungsverhältnisses muss die gesamte Personalakte dem Arbeitnehmer herausgegeben werden.

235. Welche der folgenden Angaben können als Werbungskosten in das Einkommensteuerformular eingetragen werden?

a) Die gezahlte Kirchensteuer
b) Die gezahlte Lohnsteuer
c) Spenden an das Rote Kreuz
d) Die Kosten für berufsbezogene Literatur
e) Die Beiträge für eine Lebensversicherung

236. Bringen Sie die folgenden Arbeitsschritte für die Gehaltsabrechnung in die richtige Reihenfolge.

[ ] Ermitteln des steuer- und sozialversicherungspflichtigen Bruttogehalts
[ ] Ermitteln der Steuerabzüge und der Sozialversicherungsbeiträge
[ ] Feststellen des tariflichen Bruttogehalts
[ ] Berechnen des zu überweisenden Betrages
[ ] Ausstellen des Überweisungsträgers
[ ] Ermitteln der Summe der gesetzlichen Abzüge
[ ] Überweisen des Nettogehalts

237. Welche Feststellung kennzeichnet die Tarifautonomie?

a) In den Mitgliedsstaaten der EU können die Löhne ohne Absprache mit den anderen Mitgliedsstaaten festgelegt werden.
b) Die Wirtschaftsminister der einzelnen Bundesländer setzen die Gehälter und Löhne der im öffentlichen Dienst Beschäftigten fest.
c) Die Arbeitgeber handeln mit den Bewerbern bei der Einstellung die jeweilige Lohngruppe aus, in der die Bewerber beschäftigt werden sollen.
d) Die Gewerkschaften setzen die Löhne und Gehälter fest.
e) Arbeitgeberverbände und Gewerkschaften handeln unabhängig von staatlichen Eingriffen die Löhne, Gehälter und sonstigen Arbeitsbedingungen aus.

238. Welche Aussage über Manteltarifverträge ist richtig?

a) Manteltarifverträge werden zwischen Betriebsräten und einzelnen Arbeitgebern abgeschlossen.
b) Die Gewerkschaften können einen Manteltarifvertrag für allgemeinverbindlich erklären.
c) Der Bundesminister des Innern kann einen Manteltarifvertrag für allgemeinverbindlich erklären.
d) Manteltarifverträge enthalten u. a. Rechtsnormen, die den Inhalt, den Abschluss und die Beendigung von Arbeitsverhältnissen regeln können.
e) Die Arbeitgeber sind verpflichtet, die für ihren Betrieb maßgebenden Manteltarifverträge jedem Arbeitnehmer auszuhändigen.
f) Manteltarifverträge bedürfen grundsätzlich der Zustimmung des Staates.

239. Was steht <u>nicht</u> in einem Tarifvertrag?

a) Anzahl der Urlaubstage
b) Höhe der Sozialabgaben
c) Länge der Arbeitszeit
d) Lohngruppen
e) Gehaltsgruppen

240. Welche Aussage zum Tarifvertrag ist richtig?

a) Tarifverträge können mündlich abgeschlossen werden.
b) Tarifverträge müssen schriftlich abgeschlossen werden.
c) Tarifverträge werden meist schriftlich abgeschlossen.
d) Tarifverträge werden per Gesetz verabschiedet.
e) Die Form des Abschlusses (mündlich oder schriftlich) bestimmen die Tarifpartner.

241. Welche Aufgabe haben die Gewerkschaften unter anderem?

a) Die Gewerkschaften treten bei Tarifverhandlungen dafür ein, dass die Arbeitnehmer mit ihrem Einkommen am Wirtschaftswachstum beteiligt werden.
b) Die Gewerkschaften beschließen mit den Arbeitgeberverbänden, um wie viel Prozent die Preise im kommenden Jahr höchstens steigen dürfen.
c) Die Gewerkschaften haben die Aufgabe, die Betriebsratswahlen ordnungsgemäß durchzuführen.
d) Bei Arbeitsstreitigkeiten zwischen Arbeitgebern und Arbeitnehmern dürfen die Gewerkschaften nur in bestimmten Ausnahmefällen Rechtsschutz und Rechtshilfe gewähren.
e) Die Gewerkschaften sollen Auseinandersetzungen zwischen Arbeitgebern und Arbeitnehmern verhindern.

242. Was ist Gegenstand des Tarifvertragsgesetzes?
a) Die Lohnforderungen der Gewerkschaften
b) Die vom Bundestag gesetzlich beschlossenen Tarifänderungen
c) Die Ergebnisse der Verhandlungen der Tarifpartner
d) Die Rechtsgrundlagen für den Abschluss von Tarifverträgen
e) Das Mitwirkungsrecht der Regierung bei Tarifverhandlungen

243. Welche Aussage über Manteltarifverträge ist richtig?
a) Sie enthalten die aus dem Rahmen fallenden, individuellen Gehälter der außertariflichen Mitarbeiter.
b) Sie enthalten allgemeine Arbeitsbedingungen, die über längere Zeit hinweg gleich bleiben.
c) Sie enthalten Regelungen über die betriebliche Altersversorgung.
d) Sie enthalten individuelle Arbeitsbedingungen für bestimmte Mitarbeiter eines Betriebes.
e) Sie enthalten die Lohnsätze der einzelnen Lohn- und Gehaltsgruppen eines Berufszweiges.

244. Welche der folgenden Maßnahmen würde gegen die Tarifautonomie verstoßen?
a) Der Bundesminister für Arbeit spricht sich öffentlich für maßvolle Lohnerhöhungen aus.
b) Der Bundestag beschließt, dass die Löhne und Gehälter in diesem Jahr um höchstens 2 % steigen dürfen.
c) Die IG Metall und der Arbeitgeberverband Metall lassen nach gescheiterten Tarifverhandlungen den Präsidenten der Bundesagentur für Arbeit einen Schlichtungsvorschlag ausarbeiten.
d) Gewerkschaft und Arbeitgeberverband erklären die Tarifverhandlungen für gescheitert.
e) Der Bundestag beschließt, dass Beamte 2 Jahre keine Gehaltserhöhung mehr bekommen.

245. Welche Aussage über Tarifverträge ist richtig?
a) Tarifverträge stellen eine Empfehlung an die Mitglieder der Tarifparteien dar, sie sind nicht rechtsverbindlich.
b) Tarifverträge werden erst dann rechtsverbindlich, wenn der Bundesarbeitsminister zugestimmt hat.
c) Während der Laufzeit von Tarifverträgen sind Streiks und Aussperrungen nur dann erlaubt, wenn sie 4 Wochen vorher angekündigt wurden.
d) Von den Bestimmungen des Tarifvertrages können Arbeitgeber nicht abweichen.
e) Wird ein Tarifvertrag für allgemeinverbindlich erklärt, gilt er für alle Arbeitsverhältnisse, die in seinen Geltungsbereich fallen.

246. Was bedeutet es, wenn ein Tarifvertrag für allgemein verbindlich erklärt wurde?
a) Die Laufzeit wurde auf 5 Jahre festgelegt.
b) Der Inhalt gilt für alle Arbeitnehmer und alle Arbeitgeber eines Tarifgebietes.
c) Dadurch werden beide Tarifparteien der Friedenspflicht enthoben.
d) Diese Maßnahme kann nur mit einem Rahmentarifvertrag getroffen werden.
e) Der Geltungsbereich gilt grundsätzlich für die gesamte Bundesrepublik Deutschland.

247. Eine der Auswirkungen eines Tarifvertrages ist die Friedenspflicht. Was ist darunter zu verstehen?
a) Alle Bestandteile des Tarifvertrages müssen allgemeinverbindlich erklärt werden.
b) Keiner der Tarifpartner darf den Tarifvertrag vor Ende der Laufzeit kündigen.
c) Streik und Aussperrung sind den Tarifpartnern als Kampfmaßnahmen vor Ablauf der vereinbarten Geltungsdauer des Tarifvertrages untersagt.
d) Die Tarifpartner sind verpflichtet, ihre Verhandlungen innerhalb einer festgelegten Zeitspanne zum Abschluss zu bringen.
e) In der Tarifrunde dürfen die Tarifpartner nur mit der jeweils gleichen Anzahl von Teilnehmern vertreten sein.

248. Welche Aussage über die Schlichtung in einem Tarifkonflikt ist richtig?

a) Der Vorschlag des Schlichters führt zum Ende der Tarifauseinandersetzungen, wenn er von beiden Tarifparteien angenommen wird.

b) Der Schlichter wird vom Arbeitsminister eingesetzt, wenn die Tarifparteien sich nicht einigen können.

c) Ein Schlichtungsverfahren kann nur dann eingesetzt werden, wenn 75 % der Gewerkschaftsmitglieder sich dafür ausgesprochen haben.

d) Ein Schlichtungsverfahren kann nur dann eingesetzt werden, wenn 25 % der Gewerkschaftsmitglieder sich dafür ausgesprochen haben.

e) Der Schlichter unterbreitet einen Kompromissvorschlag, den die Tarifpartner annehmen müssen.

249. Bringen Sie die folgenden Schritte bei einem Arbeitskampf in die richtige Reihenfolge.

[ ] Urabstimmung der Gewerkschaftsmitglieder über Kampfmaßnahmen
[ ] Verhandlungen der Tarifpartner
[ ] Streik und Aussperrung
[ ] Erneute Urabstimmung über Streikende und Annahme des Verhandlungsergebnisses
[ ] Keine Einigung, Scheitern der Verhandlungen und des Schlichtungsversuchs
[ ] Erneute Verhandlungen

250. Ein Arbeitnehmer wechselt zum 1. Oktober seine Arbeitsstelle. Den ihm zustehenden Jahresurlaub hat er bereits in Anspruch genommen. Muss der neue Arbeitgeber ihm in dem laufenden Kalenderjahr noch einen Urlaub gewähren?

a) Nein
b) Ja, pro verbleibenden Kalendermonat 1 Werktag
c) Ja, drei Zwölftel des Mindesturlaubs
d) Ja, aber nur unbezahlten Urlaub
e) Ja, 4 Werktage

251. Ordnen Sie zu.

Gesetze

a) Betriebsverfassungsgesetz
b) Tarifvertragsgesetz
c) Mitbestimmungsgesetz
d) Jugendarbeitsschutzgesetz
e) Mutterschutzgesetz
f) Kündigungsschutzgesetz
g) Berufsbildungsgesetz

Bestimmungen

[ ] Arbeitgeber und Betriebsrat arbeiten unter Beachtung der geltenden Tarifverträge vertrauensvoll zusammen.

[ ] Die Probezeit muss mindestens 1 Monat und darf höchstens 4 Monate betragen.

[ ] Jugendliche müssen im Voraus feststehende Ruhepausen von angemessener Dauer gewährt werden.

252. Für welche Personengruppe besteht ein besonderer gesetzlicher Kündigungsschutz?

a) Für alle Mitarbeiter, die unter das Jugendarbeitsschutzgesetz fallen
b) Für Mitarbeiter, die im Betrieb eine leitende Stellung haben
c) Für Teilzeitbeschäftigte
d) Für Auszubildende in der Probezeit
e) Für schwerbehinderte Mitarbeiter

253. Ordnen Sie zu.

Aussagen

a) Freistellung zum Besuch der Berufsschule
b) Pflicht zur Einhaltung des Erziehungsurlaubs von 18 Monaten
c) Verlängerte Kündigungsfristen für langjährige Beschäftigte
d) Verbot von schwerer körperlicher Arbeit für werdende Mütter
e) Besonderer Kündigungsschutz für Mitglieder der Geschäftsleitung
f) Keine Anrechnung der Berufsschulzeit auf die Arbeitszeit

Schutzvorschriften

[ ] Kündigungsschutzgesetz

[ ] Mutterschutzgesetz

[ ] Jugendarbeitsschutzgesetz

254. Ermitteln Sie aufgrund der nachstehenden Personalstatistik die Gesamtzahl der Personen, die bei einer Betriebsverschlankung nicht entlassen werden dürfen, da sie einen besonderen gesetzlichen Kündigungsschutz genießen. Tragen Sie das Ergebnis in das Kästchen ein.

PERSONALSTATISTIK (Auszug)			
		männlich	weiblich
Kfm. Verwaltung	Vollzeit Teilzeit	370 10	195 50
Produktion	Vollzeit Teilzeit	406 101	99 167
Außendienstmitarbeiter		42	6
Schwerbehinderte		40	31
Aushilfen/Praktikanten		2	4
Mitarbeiter der Hausverwaltung		13	25
Mitarbeiter der Kantinenverwaltung		2	5
Wehrdienst-/Ersatzdienstleistende		2	0
Arbeitnehmerinnen im Mutterschutz		0	15

255. Welche Personengruppe genießt einen gesetzlichen Kündigungsschutz?

a) Prokuristen
b) Auszubildende während der Probezeit
c) Mitglieder des Aufsichtsrates
d) Betriebsratsmitglieder
e) Leitende Angestellte

256. Um eine andere Verkäuferin einstellen zu können, hat ein Kaufmann einer schwangeren Frau mit einer Frist von 4 Wochen gekündigt. Mit welcher Begründung kann diese Frau die Kündigung für unwirksam erklären lassen?

a) Die Kündigungsfrist muss 6 Wochen betragen.
b) Schwangere Frauen dürfen überhaupt nicht beschäftigt werden.
c) Schwangere Frauen genießen einen besonderen Kündigungsschutz.
d) Die Kündigung hätte fristlos erfolgen müssen.
e) Ein Einspruch ist grundsätzlich nicht möglich.

257. Was trifft auf die vertragliche Kündigungsfrist zu?

a) Mindestens 1 Monat
b) Genau 4 Wochen
c) Höchstens 4 Wochen
d) Mindestens 6 Wochen
e) Genau 6 Wochen

258. Ein Angestellter mit einer vertraglichen Kündigungsfrist von 12 Wochen hat den Geschäftsinhaber tätlich angegriffen. Wann kann der Geschäftsinhaber den Angestellten frühestens entlassen?

a) Nach Ablauf der gesetzlichen Kündigungsfrist
b) Nach Ablauf der vertraglichen Kündigungsfrist
c) Ohne Einhaltung einer Frist
d) Eine Kündigung ist nicht möglich.
e) Nach Ablauf der Mindestfrist von 1 Monat

259. Eine kfm. Angestellte will am 1. Oktober die Stelle wechseln. Wann muss sie spätestens kündigen, wenn in ihrem Dienstvertrag über die Kündigung keine besondere Vereinbarung getroffen wurde?

a) Am 15. August
b) Am 02. September
c) Am 31. August
d) Am 19. August
e) Am 15. September

260. Ein Angestellter erhält am 15. Juli des Jahres von seinem Chef ein Kündigungsschreiben. Im Rahmen der gesetzlichen Kündigungsfrist soll er entlassen werden. An welchem Tag endet sein Arbeitsverhältnis? Siehe dazu Auszug aus dem Gesetz.

a) Am 31. Juli
b) Am 01. August
c) Am 15. August
d) Am 31. August
e) Am 01. Oktober

> **§ 622. [Kündigungsfrist bei Arbeitsverhältnissen]** (1) Das Arbeitsverhältnis eines Arbeiters oder eines Angestellten (Arbeitnehmers) kann mit einer Frist von vier Wochen zum Fünfzehnten oder zum Ersten eines Kalendermonats gekündigt werden.

261. Ein Angestellter hat sich um eine andere Stelle beworben. Er will am 1. August dort anfangen. Wann muss er unter Beachtung der gesetzlichen Kündigungsfrist spätestens kündigen?

a) Am 31. Mai
b) Am 03. Juli
c) Am 01. Juni
d) Am 15. Juni
e) Am 30. Juni

262. Wie hoch ist die gesetzliche Kündigungsfrist?

a) Mindestens 4 Wochen
b) Mindestens 14 Tage
c) Höchstens 4 Wochen
d) 4 Wochen nur für Angestellte, nicht für Arbeiter
e) Genau 4 Wochen
f) 4 Wochen nur für Arbeiter, nicht für Angestellte

263. Wie viel Tage vor Monatsende bzw. vor Monatsmitte muss man als kaufmännischer Angestellter kündigen, wenn die gesetzliche Kündigungsfrist eingehalten werden soll?

a) 14 Tage
b) 21 Tage
c) 30 Tage
d) 35 Tage
e) 28 Tage

264. Welche Beschäftigten genießen einen besonderen Kündigungsschutz?

a) Leitende Angestellte
b) Auszubildende
c) Betriebsärzte
d) Geschäftsinhaber
e) Angestellte, die dem Jugendarbeitsschutzgesetz unterliegen

265. Welches Gericht ist zuständig, wenn ein Angestellter gegen seine fristlose Kündigung vorgehen will?

a) Das Amtsgericht
b) Das Sozialgericht
c) Das Arbeitsgericht
d) Das Oberlandesgericht
e) Das Landgericht

266. Welcher Rechtsstreit wird vor dem Arbeitsgericht verhandelt?

a) Ein Streitfall zwischen Träger und Versicherungsnehmer der Arbeitslosenversicherung
b) Eine Klage eines Arbeitnehmers gegen einen Lohnsteuerbescheid
c) Eine Klage eines Ausbildungsbetriebes gegen die Einführung des Blockunterrichts in der Berufsschule
d) Ein Streitfall zwischen einem Angestellten und der Betriebskasse
e) Ein Streitfall aus einem Berufsausbildungsverhältnis

267. Für welche Personengruppe ist gesetzlich ein besonderer Kündigungsschutz vorgeschrieben?

a) Für kaufmännische Angestellte, die zum Wehrdienst einberufen sind
b) Für leitende Angestellte
c) Für Handlungsbevollmächtigte
d) Für Gewerkschaftsmitglieder
e) Für kaufmännische Angestellte während der Probezeit

268. Welche Aussage ist falsch?

a) Die fristlose Kündigung ist rechtswirksam, wenn sie 3 Tage nach bekannt werden des ihr zugrunde liegenden Grundes erfolgt.
b) Das Arbeitsverhältnis kann von jedem Vertragspartner aus wichtigem Grund ohne Kündigungsfrist gekündigt werden.
c) Die fristlose Kündigung bedarf der Zustimmung des Betriebsrates.
d) Die fristlose Kündigung darf erst nach Ablauf von 2 Wochen nach bekannt werden der ihr zugrunde liegenden Tatsache erfolgen.
e) Vor jeder Kündigung muss der Betriebsrat angehört werden.

269. Ein Angestellter kann durch Einzelvertrag eine kürzere als die gesetzliche Kündigungsfrist vereinbaren. Was ist die unterste Grenze?

a) Zwei Wochen zum Schluss des Kalenderjahres
b) Zwei Wochen zum Quartalsende
c) Ein Monat
d) Sechs Wochen
e) Ein Monat zum Ende eines Kalendervierteljahres

270. Die Dauer eines Arbeitsverhältnisses kann unter Einbehaltung gesetzlicher Kündigungsfristen gekündigt werden. Welche der folgenden Aussagen dazu ist falsch?

a) Das Recht auf Kündigung haben Arbeitgeber und Arbeitnehmer.
b) Die Kündigungsfristen sind beim Angestellten und Arbeiter gleich lang.
c) Aus wichtigem Grund kann von jedem Vertragspartner ohne Einhaltung einer Kündigungsfrist gekündigt werden.
d) Vertragliche Abmachungen zu Kündigungsfristen sind jederzeit möglich.
e) Die Kündigungsfristen sind von der Beschäftigungslage des jeweiligen Betriebes abhängig.

271. Einem jugendlichen Auszubildenden soll fristlos gekündigt werden. Wer muss vor dieser Kündigung durch den Personalchef gehört werden?

a) Die Industrie- und Handelskammer
b) Der Betriebsrat
c) Die zuständige Gewerkschaft
d) Die Jugend- und Auszubildendenvertretung
e) Die Erziehungsberechtigten bei Minderjährigen

272. Im Feinkostunternehmen Ludwig Schneider arbeiten neben Herrn Schneider noch Frau Beck, 17 Jahre alt, Azubi in der Probezeit, Herr Knutsen, 19 Jahre alt, Azubi in der Probezeit, Frau Lars, 26 Jahre, schwerbehindert, zuständig für Einkauf und Personalverwaltung, Frau Meier, 32 Jahre alt, Verkäuferin, Gewerkschaftsmitglied sowie noch 3 weitere weibliche Angestellte. Von welcher Person können Sie ohne weitere Informationen sagen, dass diese einem besonderen Kündigungsschutz untersteht?

a) Frau Lars
b) Frau Beck
c) Herr Knutsen
d) Frau Meier
e) Herr Ludwig Schneider

273. Ein 20-jähriger Kaufmann im Einzelhandel hat sich um eine andere Stelle beworben und will am 01.01. dort anfangen. Wann muss er unter Beachtung der gesetzlichen Kündigungsfrist spätestens kündigen?

a) 6 Wochen zum Quartalsende
b) 4 Wochen zur Monatsmitte
c) Vier Wochen zum Monatsende
d) Zwei Wochen zum Monatsende
e) Acht Wochen zum Monatsende

274. Für schwangere Mitarbeiterinnen gelten die Bestimmungen des Mutterschutzgesetzes. Wer überwacht die Einhaltung dieser Bestimmungen?

a) Die Ärztekammer
b) Die Gewerbeaufsichtsbehörde
c) Das Gesundheitsamt
d) Die Deutsche Rentenversicherung Bund
e) Die Bundesagentur für Arbeit

275. Welches der nachstehenden Gesetze betrifft <u>nicht</u> den Arbeitsschutz?

a) Das Schwerbehindertengesetz
b) Das Jugendarbeitsschutzgesetz
c) Das Jugendschutzgesetz
d) Das Kündigungsschutzgesetz
e) Das Mutterschutzgesetz

276. Ordnen Sie zu.

Gesetzliche Regelungen

a) Arbeitgeber und Betriebsrat arbeiten vertrauensvoll zum Wohle der Arbeitnehmer und des Betriebes zusammen.
b) Kindern und Jugendlichen unter 16 Jahren ist der Tabakgenuss in der Öffentlichkeit nicht gestattet.
c) In Gesellschaften, die mehr als 2 000 Arbeitnehmer beschäftigen, setzt sich der Aufsichtsrat je zur Hälfte aus Vertretern der Anteilseigner und der Arbeitnehmer zusammen.
d) Die Kündigung gegenüber einer Frau während der Schwangerschaft und bis zum Ablauf von 4 Monaten nach der Entbindung ist unzulässig.
e) Die Kündigung eines Arbeitnehmers ist unwirksam, wenn sie sozial ungerechtfertigt ist.
f) Die tägliche Arbeitszeit darf bei Jugendlichen im Normalfall 8 Stunden nicht überschreiten.

Gesetze

[ ] Kündigungsschutzgesetz
[ ] Betriebsverfassungsgesetz
[ ] Jugendarbeitsschutzgesetz

277. Ordnen Sie zu.

Gesetzliche Regelungen

a) Nach der Probezeit kann ein Berufsausbildungsverhältnis nur aus einem wichtigen Grund gekündigt werden.
b) Der Arbeitnehmer kann beim Betriebsrat Einspruch gegen die Kündigung einlegen, wenn sie sozial ungerechtfertigt ist.
c) Die Kündigung einer Frau während der Schwangerschaft und bis zum Ablauf von 8 Wochen nach der Entbindung ist unzulässig.
d) Jugendliche dürfen mit Arbeiten, in denen sie sittlichen Gefahren ausgesetzt sind, nicht beschäftigt werden.
e) Die Kündigung eines mehr als 5 Monate beschäftigten Arbeitnehmers ist unwirksam, wenn sie sozial ungerechtfertigt ist.
f) Werdende Mütter dürfen 6 Wochen vor der Entbindung nicht beschäftigt werden.

Gesetze

[ ] Kündigungsschutzgesetz
[ ] Mutterschutzgesetz
[ ] Jugendarbeitsschutzgesetz

278. Ordnen Sie zu.

Bestimmungen

a) Der Ausbildende hat dafür zu sorgen, dass der Auszubildende charakterlich gefördert sowie sittlich und körperlich nicht gefährdet wird.
b) Will ein Arbeitnehmer geltend machen, dass seine Kündigung sozial ungerechtfertigt ist, so muss er innerhalb von 3 Wochen nach Zugang der Kündigung Klage beim Arbeitsgericht erheben.
c) In Unternehmen, die in der Rechtsform der Aktiengesellschaft betrieben werden und in der Regel mehr als 2 000 Arbeitnehmer beschäftigen, haben die Arbeitnehmer ein Mitbestimmungsrecht nach Maßgabe dieses Gesetzes.
d) Jugendliche dürfen grundsätzlich nicht mehr als 40 Stunden wöchentlich beschäftigt werden.
e) Eine ohne Anhörung des Betriebsrates ausgesprochene Kündigung ist unwirksam.
f) Der Arbeitgeber darf das Arbeitsverhältnis der Mutter während des Mutterschaftsurlaubs und bis zum Ablauf von zwei Monaten nach Beendigung des Mutterschaftsurlaubs nicht kündigen.
g) Kinder und Jugendliche unter 16 Jahren dürfen in der Öffentlichkeit nicht rauchen.

Gesetze

[ ] Betriebsverfassungsgesetz
[ ] Jugendarbeitsschutzgesetz
[ ] Kündigungsschutzgesetz

279. Was versteht man in der gesetzlichen Rentenversicherung unter der Beitragsbemessungsgrundlage?

a) Den monatlichen Versicherungsbeitrag
b) Den Einkommensbetrag, mit dem die Versicherungspflicht endet
c) Den jeweils geltenden Prozentsatz für die Beitragsberechnung
d) Ein bestimmtes Alter, von dem ab keine Beiträge mehr zu entrichten sind
e) Den Einkommensbetrag, von dem höchstens der Versicherungsbeitrag berechnet wird

280. Ein zur Zeit arbeitsunfähiger Arbeitnehmer erhält sein Krankengeld nicht von der Krankenkasse, sondern von der Berufsgenossenschaft. Welche Aussage ist richtig?

a) Der Arbeitnehmer war arbeitslos, als er krank wurde.
b) Der Arbeitnehmer ist während seiner Krankheit 65 Jahre alt geworden.
c) Es handelt sich um einen Angestellten, der mit seinem Verdienst über der Versicherungspflichtgrenze liegt und daher nicht krankenversicherungspflichtig ist.
d) Der Arbeitnehmer wurde durch einen Freizeitunfall erwerbsunfähig.
e) Der Arbeitnehmer ist wegen einer Berufskrankheit oder eines Arbeitsunfalls vorübergehend arbeitsunfähig.

281. Welche Aussage über die Leistungen der Arbeitslosenversicherung ist richtig?

a) Die Höhe der Leistungen richtet sich nach dem jeweiligen Tarifvertrag; eine übertarifliche Bezahlung bleibt unberücksichtigt.
b) Arbeitslosengeld wird für eine begrenzte Zeit gewährt.
c) Wer dreimal eine zumutbare Arbeit ablehnt, erhält nur noch 50 % der Arbeitslosenhilfe.
d) Während des Leistungsbezuges besteht kein Kranken- und Unfallversicherungsschutz.
e) Das Arbeitsamt ist vor einer Zahlung verpflichtet, eine ärztliche Untersuchung des Antragstellers zur Prüfung der Anspruchsvoraussetzung durchzuführen.

282. Wie lange besteht bei Arbeitsunfähigkeit der gesetzliche Lohnfortzahlungsanspruch bei einem Angestellten?

a) 3 Tage
b) 14 Tage
c) 4 Wochen
d) 1 Monat
e) 6 Wochen
f) 8 Wochen

283. Welche Leistung erbringt die Rentenversicherung?

a) Krankengeld
b) Verletztenrente
c) Sterbegeld
d) Berufsunfähigkeitsrente
e) Mutterschaftsgeld
f) Kurzarbeitergeld

284. Ein Mitarbeiter dekoriert und fällt dabei von der Leiter. Er verletzt sich so sehr, dass er seinen Beruf nicht mehr ausüben kann. Um einen neuen Beruf zu erlernen, nimmt er berufsfördernde Leistungen in Anspruch. Wer trägt die dafür anfallenden Kosten?

a) Der Arbeitgeber
b) Die Berufsgenossenschaft
c) Die Bundesagentur für Arbeit
d) Die Haftpflichtversicherung des Arbeitgebers
e) Der Einzelhandelsverband

285. Eine Mitarbeiterin hat eine schwere Krankheit hinter sich. Wer ist verpflichtet, die Kosten für die Heilkur zu übernehmen?

a) Die Bundesagentur für Arbeit
b) Die kassenärztliche Vereinigung
c) Die Deutsche Rentenversicherung Bund
d) Das Sozialamt
e) Der Arbeitgeber

286. Wie nennt man die Möglichkeit, den Zeitpunkt des Altersruhegeldes selbst bestimmen zu können?

a) Die flexible Altersgrenze
b) Die Mindestrente
c) Die Beitragsbemessungsgrenze
d) Die Berufsunfähigkeitsrente
e) Die Pflichtversicherungsgrenze

287. Welche Maßnahme wird von der Bundesagentur für Arbeit gefördert?

a) Der Besuch des Abendgymnasiums, um das Abitur zu erwerben
b) Die Umschulung eines arbeitslosen Arbeitnehmers in einen aussichtsreicheren Beruf
c) Der Besuch von Kursen der Gewerkschaft für ihre Mitglieder
d) Der Besuch von Hobbykursen an der Volkshochschule
e) Die Teilnahme an innerbetrieblichen Fortbildungskursen zum Substituten

288. Ordnen Sie zu.

Leistungen

a) Berufsunfähigkeitsrente
b) Familienhilfe
c) Kurzarbeitergeld
d) Mutterschaftshilfe
e) Vorsorgeuntersuchungen
f) Rente nach Arbeitsunfall

Sozialversicherungen

[ ] Arbeitslosenversicherung

[ ] Gesetzliche Unfallversicherung

[ ] Gesetzliche Rentenversicherung

289. Wer ist berechtigt, an einer vom Betriebsrat einberufenen Betriebsversammlung teilzunehmen?

a) Nur die in der Gewerkschaft organisierten Mitarbeiter
b) Alle Arbeitnehmer des Unternehmens und die Geschäftsführung
c) Nur die Betriebsratsmitglieder und die Gewerkschaftsvertreter
d) Nur die Vollzeitmitarbeiter und die Führungskräfte
e) Nur die Vollzeitmitarbeiter und die Auszubildenden

290. Welche soziale Einrichtung ist bei Großbetrieben vorgeschrieben?

a) Küche
b) Betriebskantine
c) Betriebswohnung
d) Aufenthaltsraum
e) Personalrabatt

291. Welche Aussage zur vorgeschriebenen regelmäßigen Betriebsversammlung ist richtig?

a) Die Betriebsversammlung ist öffentlich.
b) Die Betriebsversammlung besteht aus den Arbeitnehmern des Betriebes und den zur gesetzlichen Vertretung des Betriebes berufenen Personen.
c) Der Arbeitgeber ist zu den Betriebsversammlungen einzuladen und ist berechtigt, in den Versammlungen zu sprechen.
d) Die Zeit der Teilnahme an Betriebsversammlungen einschließlich der zusätzlichen Wegezeiten ist den Arbeitnehmern zu vergüten.
e) An den Betriebsversammlungen können Beauftragte der im Betrieb vertretenen Gewerkschaften nicht teilnehmen.

292. Zwischen welchen Vertragspartnern werden Betriebsvereinbarungen abgeschlossen?

a) Zwischen Arbeitgeber und Gewerkschaften
b) Zwischen Arbeitgeber und einzelnem Arbeitnehmer
c) Zwischen Arbeitgeberverband und Gewerkschaften
d) Zwischen Arbeitgeber und Betriebsrat
e) Zwischen Arbeitgeberverband und Betriebsrat

293. Welche Aussage zu Betriebsvereinbarungen ist richtig?

a) Sie dürfen den Bestimmungen des Tarifvertrags entgegenstehen.
b) Sie werden zwischen dem Betriebsrat und dem einzelnen Arbeitgeber getroffen.
c) Sie gelten zwischen dem einzelnen Arbeitgeber und dem einzelnen Arbeitgeberverband.
d) Sie werden zwischen dem einzelnen Arbeitgeber und der Gewerkschaft geschlossen.
e) Sie werden zwischen dem Arbeitgeberverband und der Gewerkschaft geschlossen.

294. Wer schließt welche Verträge bzw. trifft welche Vereinbarungen? Ordnen Sie zu.

Institution/Personen

a) Arbeitsamt – Arbeitnehmer
b) Arbeitgeber – Betriebsrat
c) Arbeitnehmer – Gewerkschaft
d) Arbeitgeberverband – Gewerkschaft
e) Arbeitgeber – Arbeitnehmer
f) Arbeitgeber – Gewerbeaufsichtsbehörde

Verträge/Vereinbarungen

[ ] Einzelarbeitsverträge
[ ] Betriebsvereinbarungen
[ ] Tarifverträge

295. Welcher Aushang am „Schwarzen Brett" ist eine Betriebsvereinbarung und <u>keine</u> gesetzliche Bestimmung?

a) „Auszubildende bis 25 Jahre dürfen an der Wahl des Jugend- und Auszubildendenvertreters teilnehmen."
b) „Jugendliche dürfen nur in der Zeit von 6:00 Uhr bis 20:00 Uhr beschäftigt werden."
c) „Der Urlaub soll Berufsschülern in der Zeit der Berufsschulferien gewährt werden."
d) „Den Auszubildenden ist die Zeit zur Führung der Ausbildungsnachweise während der Ausbildungszeit einzuräumen."
e) „Alle Auszubildenden müssen während ihrer Ausbildungszeit zur Vertiefung der Waren- und Sortimentskenntnisse einen Besuch auf einer Fachmesse absolvieren."

296. Was ist eine Betriebsvereinbarung?

a) Sie ist eine Vereinbarung zwischen Betrieben des gleichen Geschäftszweiges, nur zu einheitlichen Bedingungen zu verkaufen.

b) Sie ist ein Vertrag über die Ausführung von öffentlichen Arbeiten zwischen einem Unternehmen und einer Gemeindeverwaltung.

c) Sie ist ein Vertrag zwischen Verkehrsbetrieben benachbarter Städte über die Vereinheitlichung der Tarife für den Personentransport.

d) Sie ist eine von der Betriebsversammlung beschlossene Vereinbarung zwischen Belegschaft und Betriebsrat.

e) Sie ist ein schriftlicher Vertrag zwischen einem Arbeitgeber und dem Betriebsrat zur Regelung betriebsinterner Fragen.

BEI DEN NACHSTEHENDEN AUFGABEN SIND DIE RICHTIGEN ERGEBNISSE ANZUKREUZEN BZW. ZUZUORDNEN.

1. Einem Unternehmen wurde aufgrund einer Verordnung die Verarbeitung eines gesundheitsgefährdenden Materials untersagt. Wer kontrolliert die Einhaltung dieser Verordnung?

a) Das Gewerbeaufsichtsamt
b) Die zuständige Berufsgenossenschaft
c) Das zuständige Wirtschaftsministerium
d) Der Bürgermeister der Ortspolizeibehörde
e) Die Industrie- und Handelskammer

2. Jeder Betrieb hat zur Verhütung von Arbeitsunfällen Einrichtungen, Anordnungen und Maßnahmen zu treffen, die den Bestimmungen der Unfallverhütungsvorschriften entsprechen. Welche Aussage über Inhalte der Unfallverhütungsvorschriften ist nicht richtig?

a) Erforderliche Geldmittel für Arbeitsschutzeinrichtungen sind vom Arbeitgeber bereitzustellen.
b) Regelungen und Anweisungen zur Durchführung von Arbeitsschutzmaßnahmen sind zu treffen.
c) Eventuell notwendige Betriebsvereinbarungen mit dem Betriebsrat über Regelungen im Arbeitsschutzbereich sind abzuschließen.
d) Gegebene Anweisungen zum Arbeitsschutz sind zu überwachen oder überwachen zu lassen.
e) Außer der Unfallversicherung sind zusätzliche Versicherungen zur Abgeltung von Gesundheitsschäden bei Mitarbeitern durch Betriebsunfälle abzuschließen.

3. Was bedeutet dieses Zeichen im Rahmen des Arbeitsschutzes und der Unfallverhütung?

a) Richtungsangabe für Rettungswege
b) Vorsicht Stolperstelle
c) Vorsicht Hochspannung
d) Hinweis auf „Erste Hilfe“
e) Hinweis auf glatte Böden
f) Hinweis auf Brandschutz

4. Durch welche Institution wird die Ausführung der von Bund und Ländern erlassenen Arbeitsschutzvorschriften überwacht?

a) Gewerbeaufsichtsamt
b) Industrie- und Handelskammer bzw. Handwerkskammer
c) Krankenkassen
d) Arbeitsämter
e) Gesundheitsämter

5. Wie ist die Bedeutung des abgebildeten Symbols zutreffend beschrieben?

a) Rauchen verboten
b) Warnung vor feuergefährlichen Stoffen
c) Warnung vor Explosivstoffen
d) Vorsicht, Gefahrenzone
e) Feuer, offenes Licht und Rauchen verboten

6. Welche Bedeutung hat das abgebildete Symbol (schwarz auf gelbem Untergrund)?

a) Rauchen verboten
b) Nicht erhitzen
c) Vorsicht, Gefahrenzone
d) Warnung vor feuergefährlichen Stoffen
e) Warnung vor Explosivstoffen

7. Ordnen Sie zu.
Bildzeichen (Gefahrensymbole)

a)

d)

b)

e)

c)

f)

Bedeutung

[ ] Komprimierte Gase

[ ] Sehr giftig, Giftig

[ ] Oxidierend

8. Ordnen Sie zu.

Verhaltensweisen/Warnungen
a) Kein Trinkwasser
b) Gehörschutz tragen
c) Warnung vor Gewittern
d) Zutritt für Unbefugte verboten
e) Augenschutz tragen
f) Warnung vor gefährlicher elektrischer Spannung
g) Warnung vor giftigen Stoffen
h) Warnung vor schwebender Last
i) Warnung vor explosivgefährlichen Stoffen

Abbildungen

[ ]

[ ]

[ ]

9. Wie ist die Zuständigkeit für den Gesundheits- und Unfallschutz in Unternehmen geregelt?
a) Die Unternehmen sind für den Gesundheits- und Unfallschutz verantwortlich, sie werden durch die Gewerbeaufsichtsbehörden und die Berufsgenossenschaften kontrolliert.
b) Die Unternehmen sind für den Gesundheits- und Unfallschutz verantwortlich, sie werden durch die Industrie- und Handelskammern kontrolliert.
c) Die Unternehmen sind für den Gesundheits- und Unfallschutz verantwortlich, sie werden durch die Gewerkschaften kontrolliert.
d) Die Unternehmen sind für den Gesundheits- und Unfallschutz verantwortlich, sie werden durch die Arbeitgeberverbände kontrolliert.
e) Die Unternehmen sind für den Gesundheits- und Unfallschutz verantwortlich, sie werden durch die Sozialpartner kontrolliert.

10. Auf dem Grundstücksgelände eines Unternehmens ist das abgebildete Schild zu sehen. Welche Bedeutung hat dieses Zeichen?
a) Mittelpunkt des Grundstücksgeländes
b) Standplatz für den Einsatzleiter der Feuerwehr
c) Sammelplatz für die Mitarbeiter im Falle eines Notfalls
d) Symbol für ein Geländespiel beim Betriebssport
e) Hier befindet sich der Hauptwasserhydrant.

11. Welche Aussage über Unfallverhütungsvorschriften ist richtig?
a) Sie werden von den Berufsgenossenschaften erlassen und sind Bestandteil der Arbeitsverträge.
b) Sie sind jedem neuen Mitarbeiter bei Arbeitsantritt vom Arbeitgeber auszuhändigen.
c) Sie werden von den Gewerbeaufsichtsämtern in Zusammenarbeit mit den Sicherheitsbeauftragten der betreffenden Unternehmen erstellt.
d) Sie sind vom Arbeitgeber an geeigneter Stelle im Betrieb auszulegen oder auszuhändigen.
e) Sie werden allen Mitarbeitern einmal im Jahr vom Arbeitgeber ausgehändigt.

12. Welche Institution ist gesetzlich beauftragt, Unfallverhütungsvorschriften zu erstellen?
a) Das Gewerbeaufsichtsamt
b) Der Betriebsarzt
c) Die Berufsgenossenschaft
d) Der Betriebsrat
e) Der Technische Überwachungsverein (TÜV)

13. Worauf ist bei den Notausgängen im Betriebsgebäude zu achten?
a) Notausgänge müssen mit gelben Leuchtsymbolen gekennzeichnet sein.
b) Notausgänge dürfen von innen abgeschlossen sein, wenn die Schlüssel griffbereit aufbewahrt werden.
c) Notausgänge dürfen von außen abgeschlossen sein, wenn sie von innen mit einer Klinke leicht zu öffnen sind.
d) Notausgänge müssen nur in solchen Räumen vorhanden sein, in denen leicht brennbare Gegenstände gelagert oder verarbeitet werden.
e) Notausgänge in Räumen mit Publikumsverkehr müssen mit roten Hinweisschildern gekennzeichnet sein.

14. Ein Mitarbeiter stürzt auf dem Weg zum Lager. Wie verhält man sich richtig?
a) Man schaut sich nach einem Mitarbeiter mit Erste-Hilfe-Lehrgang um.
b) Den Gestürzten nicht beachten, da dies für ihn unangenehm ist.
c) Laut „Unfall" rufen und die anwesenden Kollegen um Hilfe bitten.
d) Den Sicherheitsbeauftragten sofort rufen.
e) Ruhe bewahren und zu helfen versuchen.

15. Welche Bedeutung hat das abgebildete Zeichen?
a) Wegweiser zu den Toiletten
b) Wegweiser zu den Feuerlöschern
c) Wegweiser zu den Personalräumen
d) Wegweiser zu den Treppenhäusern
e) Wegweiser für die Rettungswege

16. Auf welche Weise muss der Arbeitgeber über die Unfallverhütungsvorschriften im Betrieb informieren?
a) Durch Aushang an geeigneter Stelle, z. B. am „Schwarzen Brett"
b) Überhaupt nicht, der Arbeitnehmer muss sich selbst darum kümmern
c) Durch mündliche Information im Vorstellungsgespräch
d) Durch schriftlichen Umlauf im Betrieb
e) Durch Anhang im Arbeitsvertrag

17. Welche rechtliche Vorschrift verbietet es, zurückgenommenes Altöl aus Umweltschutzgründen zu verbrennen?

a) Gefahrstoffverordnung
b) Bundesnaturschutzgesetz
c) Umwelthaftungsgesetz
d) Produkthaftungsgesetz
e) Bürgerliches Gesetzbuch

18. In der Verwaltung einer Unternehmens sind an unterschiedlichen Stellen Abfallsammelstellen zur Abfalltrennung wie folgt eingerichtet:
Einzelner Arbeitsplatz: Papier
Teeküche - Nassmüll: Kaffeefilter
Sammelstelle 1 - Restmüll: beschichtetes Papier
Sammelstelle 2 - recycelbare Farbbandkassetten
Sammelstelle 3 - Lösungsmittel - Abfall: Klebstoff
Welcher Abfall kann wiederverwertet werden?

a) Klebstoff
b) Schrumpffolie
c) Kaffeefilter
d) Beschichtetes Papier
e) Papier

19. Eine Unternehmung legt großen Wert auf Umweltschutz. Auch bei der Beschaffung von Briefumschlägen soll darauf geachtet werden. Welche Briefumschläge sind demnach zu beschaffen?

a) Briefumschläge aus Recyclingpapier
b) Gefütterte Briefumschläge
c) Briefumschläge, die mit einem Wasserzeichen versehen sind
d) Briefumschläge aus buntem Hochglanzpapier
e) In Folie verpackte Briefumschläge

20. Welches Kriterium ist bei der Umweltverträglichkeitsprüfung von Produkten zu beachten?

a) Erhöhung des Marktanteils
b) Gewinnmaximierung
c) Personaleinsparung
d) Energieverbrauch
e) Absatzsteigerung

21. In welchem Fall wird der Umweltgedanke beachtet?

a) Die zu verschickende Ware wird in Folie eingepackt.
b) Die Ware wird grundsätzlich mit dem Lkw versandt.
c) Die zu verschickende Ware wird mit wiederverwertbarem Packmaterial verpackt.
d) Jeder Lkw wird auf dem Betriebsparkplatz gewaschen.
e) Wenn möglich, wird immer Einwegverpackung bevorzugt.

22. „Abfälle sollen vermieden und sämtliche Stoffe und Materialien umweltschonend entsorgt werden", so lautet das Umweltkonzept einer Unternehmung. Welche der nachstehenden Maßnahmen widerspricht diesem Konzept?

a) Gelieferte Ölkanister werden beim Kunden wieder abgeholt und auf Kosten des Kunden bei einem anerkannten Entsorgungsunternehmen fachgerecht entsorgt.
b) Ware wird in Mehrwegcontainern an den Kunden geliefert. Die Container werden nach 10 Tagen wieder zurückgenommen.
c) Umverpackungen werden künftig verringert.
d) Verpackungsmaterialien sind getrennt zu sammeln und Entsorgungsunternehmen zugeführt.
e) Pappverpackungen sollen Styroporverpackungen weitestgehend ersetzen.
f) Durch Einwegverpackungen soll die Lagerkapazität besser ausgenutzt werden.

23. Im Dekorationsbereich wird bekanntlich mit vielen leicht brennbaren Materialien gearbeitet. Welche Maßnahme ist unerlässlich?

a) Die Beseitigung von Papierabfällen ist täglich vorzunehmen.

b) Die Unfallverhütungsvorschriften müssen am Schwarzen Brett in der Personalkantine angebracht werden.

c) Die Feuerwehr muss davon unterrichtet werden, dass in dieser Abteilung leicht brennbare Materialien lagern.

d) Es müssen selbstabschaltbare Energiesparlampen im Schaufenster eingesetzt werden.

e) In unmittelbarer Nähe müssen Feuerlöscher angebracht und das Personal entsprechend geschult werden.

24. Der nachstehende Vordruck ist nach einem Arbeitsunfall auszufüllen und zu verschicken. An welchen Empfänger ist er zu versenden?

a) An die Bundesanstalt für Arbeit

b) An die im Betrieb vertretene Gewerkschaft

c) An den Arbeitgeberverband, dem der Betrieb angehört

d) An die Berufsgenossenschaft

e) An die Krankenkasse des verletzten Mitarbeiters

UNFALLANZEIGE

1 Name und Anschrift des Unternehmers

2 Unternehmensnummer des Unfallversicherungsträgers

3 Empfänger

4 Name, Vorname des Versicherten | 5 Geburtsdatum: Tag | Monat | Jahr

6 Straße, Hausnummer | Postleitzahl | Ort

7 Geschlecht: ☐ männlich ☐ weiblich | 8 Staatsangehörigkeit | 9 Leiharbeitnehmer: ☐ ja ☐ nein

10 Auszubildender: ☐ ja ☐ nein | 11 Ist der Versicherte: ☐ Unternehmer ☐ mit dem Unternehmer verwandt ☐ Ehegatte des Unternehmers ☐ Gesellschafter/ Geschäftsführer

12 Anspruch auf Entgeltfortzahlung besteht für ___ Wochen | 13 Krankenkasse des Versicherten (Name, PLZ, Ort)

14 Tödlicher Unfall: ☐ ja ☐ nein | 15 Unfallzeitpunkt: Tag | Monat | Jahr | Stunde | Minute | 16 Unfallort (genaue Orts- und Straßenangabe mit PLZ)

17 Ausführliche Schilderung des Unfallhergangs (Verlauf, Bezeichnung des Betriebsteils, ggf. Beteiligung von Maschinen, Anlagen, Gefahrstoffen)

Die Angaben beruhen auf der Schilderung ☐ des Versicherten ☐ anderer Personen

18 Verletzte Körperteile | 19 Art der Verletzung

20 Wer hat von dem Unfall zuerst Kenntnis genommen? (Name, Anschrift des Zeugen) | War diese Person Augenzeuge: ☐ ja ☐ nein

21 Name und Anschrift des erstbehandelnden Arztes/Krankenhauses | 22 Beginn und Ende der Arbeitszeit des Versicherten: Beginn Stunde | Minute; Ende Stunde | Minute

23 Zum Unfallzeitpunkt beschäftigt/tätig als | 24 Seit wann bei dieser Tätigkeit: Monat | Jahr

25 In welchem Teil des Unternehmens ist der Versicherte ständig tätig?

26 Hat der Versicherte die Arbeit eingestellt? ☐ nein ☐ sofort ☐ später am: Tag | Monat | Stunde

27 Hat der Versicherte die Arbeit wieder aufgenommen? ☐ nein ☐ ja, am: Tag | Monat | Jahr

28 Datum | Unternehmer / Bevollmächtigter | Betriebsrat (Personalrat) | Telefon-Nr. für Rückfragen (Ansprechpartner)

25. Wie verhalten Sie sich richtig, wenn Sie in Ihrem Ausbildungsbetrieb Unfallquellen erkennen?

a) Sie informieren sofort den Einzelhandelsverband.

b) Sie informieren sofort die Gewerbeaufsichtsbehörde.

c) Sie melden die Unfallquelle sofort Ihrem Vorgesetzten.

d) Sie melden die Unfallquelle sofort der Berufsgenossenschaft.

e) Sie melden die Unfallquelle sofort dem Ordnungsamt.

26. In welchem Fall müssen Sie in der Personalabteilung nachstehendes Formular ausfüllen?

a) Ein Mitarbeiter benötigt einen Nachweis für eine vorgeschriebene ärztliche Vorsorgeuntersuchung.

b) Ein Mitarbeiter hat sich während der Arbeitszeit in der Werkstatt verletzt.

c) Einem Mitarbeiter soll nach einem Krankenhausaufenthalt eine Kur bewilligt werden.

d) Ein Mitarbeiter will aus Altersgründen den Übergang zur Teilzeitarbeit beantragen.

e) Ein Mitarbeiter will Kurzarbeitergeld beantragen.

UNFALLANZEIGE

1 Name und Anschrift des Unternehmers

2 Unternehmensnummer des Unfallversicherungsträgers

3 Empfänger

4 Name, Vorname des Versicherten | 5 Geburtsdatum Tag Monat Jahr

6 Straße, Hausnummer | Postleitzahl | Ort

7 Geschlecht ☐ männlich ☐ weiblich | 8 Staatsangehörigkeit | 9 Leiharbeitnehmer ☐ ja ☐ nein

10 Auszubildender ☐ ja ☐ nein | 11 Ist der Versicherte ☐ Unternehmer ☐ mit dem Unternehmer verwandt ☐ Ehegatte des Unternehmers ☐ Gesellschafter/ Geschäftsführer

12 Anspruch auf Entgeltfortzahlung besteht für ... Wochen | 13 Krankenkasse des Versicherten (Name, PLZ, Ort)

14 Tödlicher Unfall ☐ ja ☐ nein | 15 Unfallzeitpunkt Tag Monat Jahr Stunde Minute | 16 Unfallort (genaue Orts- und Straßenangabe mit PLZ)

17 Ausführliche Schilderung des Unfallhergangs (Verlauf, Bezeichnung des Betriebsteils, ggf. Beteiligung von Maschinen, Anlagen, Gefahrstoffen)

Die Angaben beruhen auf der Schilderung ☐ des Versicherten ☐ anderer Personen

18 Verletzte Körperteile | 19 Art der Verletzung

20 Wer hat von dem Unfall zuerst Kenntnis genommen? (Name, Anschrift des Zeugen) | War diese Person Augenzeuge ☐ ja ☐ nein

21 Name und Anschrift des erstbehandelnden Arztes/Krankenhauses | 22 Beginn und Ende der Arbeitszeit des Versicherten: Beginn Stunde Minute, Ende Stunde Minute

23 Zum Unfallzeitpunkt beschäftigt/tätig als | 24 Seit wann bei dieser Tätigkeit Monat Jahr

25 In welchem Teil des Unternehmens ist der Versicherte ständig tätig?

26 Hat der Versicherte die Arbeit eingestellt? ☐ nein ☐ sofort ☐ später am Tag Monat Stunde

27 Hat der Versicherte die Arbeit wieder aufgenommen? ☐ nein ☐ ja, am Tag Monat Jahr

28 Datum | Unternehmer / Bevollmächtigter | Betriebsrat (Personalrat) | Telefon-Nr. für Rückfragen (Ansprechpartner)

27. Ordnen Sie das zutreffende Sicherheitskennzeichen den Bedeutungen zu, indem Sie die Kennziffern von 4 der insgesamt 9 abgebildeten Sicherheitskennzeichen vor die Bedeutungsinhalte eintragen.

[ ] Warnung vor feuergefährlichen Stoffen

[ ] Gehäuse unter Spannung, nicht berühren

[ ] Feuerlöschgerät

[ ] Sammelstelle

28. Hinter welchem abgebildeten Sicherheitszeichen „verbirgt" sich Erste-Hilfe-Material (z. B. Verbandmaterial)? Tragen Sie die zutreffende Ziffer in das Kästchen ein.

1 2 3 4 5 6

29. Ordnen Sie zu.

Bedeutungen

a) Notruftelefon
b) Sanitätsraum
c) Fluchtweg
d) Erste Hilfe
e) Krankentrage
f) Sammelstelle
g) Feuermelder
h) Betriebsarzt

Sicherheitszeichen

[ ] [ ] [ ] [ ]

30. Welches Sicherheitszeichen muss an den Notausgängen des Verwaltungsgebäudes Ihres Unternehmens angebracht werden? Tragen Sie das Ergebnis in das Kästchen ein.

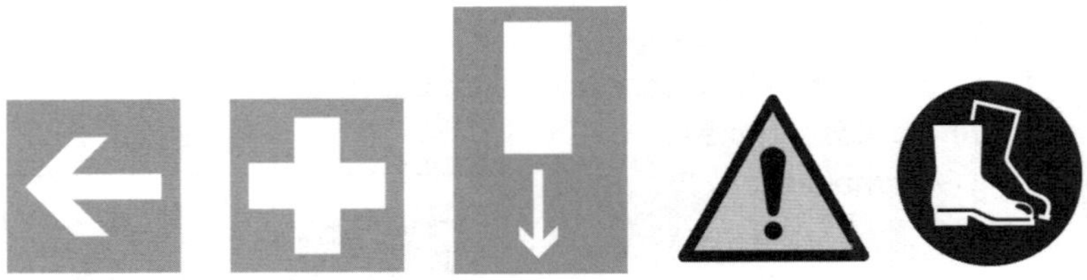

[1] [2] [3] [4] [5]

31. Welche Aufgaben haben Fachkräfte für Arbeitssicherheit im Betrieb?

a) Unterstützung des Arbeitgebers beim Arbeitsschutz und bei der Unfallverhütung sowie in allen Fragen der Arbeitssicherheit
b) Genehmigung für das Betreiben von technischen Anlagen im Betrieb erteilen
c) Unfallverhütungsvorschriften erlassen
d) Unterstützung des Arbeitgebers in allen Fragen des Gesundheitsschutzes
e) Bereitstellung und Unterhaltung von Einrichtungen für „Erste Hilfe“

32. Wann sind Arbeitnehmer über die Unfall- und Gesundheitsgefahren im Unternehmen zu belehren?

a) Nur bei Aufnahme der Beschäftigung
b) Bei Aufnahme der Beschäftigung, anschließend in regelmäßigen Abständen
c) Nach Ablauf der Probezeit, anschließend nach Bedarf
d) Nur vor Aufnahme der Beschäftigung
e) Es besteht keine Pflicht, der Arbeitnehmer hat sich selbst zu informieren.

33. Welche Aufgabe obliegt dem Gewerbeaufsichtsamt (staatliches Amt für Arbeitsschutz)?

a) Es hat die Gewerbefreiheit zu gewährleisten.
b) Es zieht im Auftrag des Finanzamtes die Gewerbesteuer ein.
c) Es kontrolliert die Einhaltung des Ausbildungsrahmenlehrplanes.
d) Es überwacht die Einhaltung der Bestimmungen über Arbeitszeit und Betriebssicherheit.
e) Es überwacht die Ausbildung der gewerblichen Auszubildenden nach dem Berufsbildungsgesetz.

34. Welche Aufgabe hat ein Betriebsarzt unter anderem?

a) Die Benutzung der persönlichen Schutzausrüstung anzuordnen
b) Die Maßnahmen zur Schaffung von mehr Arbeitssicherheit anzuordnen
c) Die Verstöße gegen den Unfallschutz der Berufsgenossenschaft zu melden
d) Den Arbeitgeber bei der Einführung neuer Arbeitsverfahren arbeitsmedizinisch zu beraten
e) Den Betriebsrat bei Nichteinhaltung von Unfallverhütungsvorschriften zu informieren

35. Der Sicherheitsbeauftragte Ihres Ausbildungsunternehmens stellt bei einer routinemäßigen Überprüfung der Notausgangstür fest, dass diese abgeschlossen ist. Welche der folgenden Aussagen ist in diesem Zusammenhang richtig?

a) Es darf sein, denn die Geschäftsleitung darf diese Maßnahme in eigener Verantwortung beschließen.
b) Es darf nicht sein, denn gemäß Arbeitssicherheitsgesetz müssen Notausgänge in jedem Fall geöffnet bleiben.
c) Es darf sein, denn das Schutzinteresse der Unternehmung (Gefahr von Überfällen) geht vor dem Sicherheitsinteresse von Kunden und Mitarbeitern in Notfällen.
d) Es darf nicht sein, denn die Richtlinien und Sicherheitsregeln der Berufsgenossenschaft sehen zwingend vor, dass Notausgangstüren nicht abgeschlossen sein dürfen.
e) Es darf sein, wenn ein Panikverschluss vorhanden ist, durch den im Gefahrfall auch die abgeschlossene Tür entriegelt werden kann.

36. Vom Sicherheitsbeauftragten werden die abgebildeten Sicherheitszeichen vorgestellt und erläutert. Welche Erklärung zu den abgebildeten Sicherheitszeichen ist zutreffend?

a) Die zweite Reihe zeigt Verbotszeichen. Diese werden immer in Dreiecksform dargestellt.
b) Sicherheitszeichen sind Empfehlungen. Sie müssen nicht in jedem Fall beachtet werden.
c) Die Darstellung der Zeichen (Form und Farbe) kann beliebig erfolgen. Wichtig ist nur, dass der Inhalt bzw. Aussagewert des Zeichens immer gleich ist.
d) Die erste Reihe zeigt Verbotszeichen. Sie werden immer in der angegebenen Form dargestellt.
e) Minderjährige Auszubildende sind verpflichtet, sich an die Sicherheitszeichen zu halten. Die älteren Arbeitnehmer können von Fall zu Fall selbst entscheiden, wie wichtig die Einhaltung ist.

1. Reihe

2. Reihe

3. Reihe

37. Sie werden von Ihrem Vorgesetzten beauftragt die Notausgänge auf Sicherheitsvorschriften zu überprüfen.
Bei der Kontrolle stellen Sie folgende Tatbestände fest:

Erdgeschoss: **Die zu den Notausgängen führenden Rettungswege sind mit sehr schweren Kartons verstellt.**
1. Stock: **Die Notausgänge sind nicht als solche gekennzeichnet, die Mitarbeiter wurden jedoch darüber informiert.**
2. Stock: **Die Notausgänge sind zwar von innen mit einer Klinke leicht zu öffnen, von außen lassen sie sich jedoch nicht öffnen.**

Überprüfen Sie, ob die erforderlichen Sicherheitsvorschriften in den drei Stockwerken eingehalten wurden.

a) Ja, sie wurden in allen drei Stockwerken eingehalten.
b) Nein, die Notausgänge im Erdgeschoss und im 1. Stock sind zu beanstanden.
c) Nein, die Notausgänge im Erdgeschoss und im 2. Stock sind zu beanstanden.
d) Nein, die Notausgänge im 1. und 2. Stock sind zu beanstanden.
e) Nein, sämtliche Notausgänge sind zu beanstanden.

38. Das Warenhaus Peter Kolb OHG ist laut Gesetz verpflichtet, geeignete Arbeitsschutzmaßnahmen für seine Arbeitnehmer zu ergreifen. Wer ist für die Überprüfung der Einhaltung solcher Arbeitsschutzmaßnahmen zuständig?

a) Die gesetzlichen Krankenkassen und die Berufsgenossenschaft
b) Ausschließlich die Berufsgenossenschaft
c) Die Gewerbeaufsichtsämter und die gesetzlichen Krankenkassen
d) Der Betriebsarzt und die Berufsgenossenschaft
e) Die Berufsgenossenschaft und die Gewerbeaufsichtsämter bzw. die zuständigen Landesbehörden

39. Wer ist der zuständigen Behörde gegenüber für die Einhaltung der Aufgaben aus dem Arbeitssicherheitsgesetz verantwortlich?

a) Der Betriebsrat
b) Der Arbeitgeber
c) Der Sicherheitsingenieur
d) Der Sicherheitsbeauftragte
e) Der Arbeitsschutzausschuss

40. Welche Behörde bzw. Institution ist für die drei genannten Vorgänge zuständig? Ordnen Sie zu.

Behörden bzw. Institutionen

a) Gemeinde
b) Berufsgenossenschaft
c) Krankenkasse
d) Arbeitsagentur (Job-Center)
e) Finanzamt
f) Staatliches Amt für Arbeitsschutz und Sicherheitstechnik (Gewerbeaufsichtsamt)
g) Deutsche Rentenversicherung DRV
h) Industrie- und Handelskammer
i) Arbeitsgericht

Vorgänge

[ ] Anzeige eines Arbeitsunfalls mit Personenschaden

[ ] Eintragung eines Freibetrages in die Lohnsteuerkarte

[ ] Wegen Auftragsmangel muss Kurzarbeit beantragt werden.

41. In Ihrem Betrieb fallen täglich große Mengen Verpackungsmaterial an. Welche Maßnahme führt zu einer umweltgerechten Verminderung?

a) Die Vernichtung des Verpackungsmaterials in einer öffentlichen Verbrennungsanlage
b) Der Verzicht auf Umverpackungen
c) Das Recycling des Verpackungsmaterials im Inland
d) Die Ausfuhr von Verpackungsmaterial in wirtschaftsschwache Länder zur Wiederaufbereitung
e) Die Beschriftung der Verpackung mit dem „Grünen Punkt“

42. Bei welcher Recycling-Maßnahme handelt es sich um Rückführung des eingesetzten Materials in den Rohstoffkreislauf?

a) Die leere Batterie wird dem Radiohändler zurückgegeben und danach als Sondermüll gelagert.
b) Das in Containern gesammelte Altglas wird bei der Herstellung von neuen Flaschen verwendet.
c) Einwegflaschen werden durch Mehrwegflaschen ersetzt.
d) Leere Akkus für Mobiltelefone werden wieder aufgeladen.
e) Das im Einzelhandel anfallende Altpapier wird zur Stromerzeugung in einer Müllverbrennungsanlage verbrannt.

43. Welche Aussage über Verpackungsmaterialen ist aus der Sicht des Einzelhändlers zutreffend?

a) Die Kosten für Verpackungsmaterial beeinflussen die Verkaufskalkulation des Einzelhändlers.
b) Das Anbieten von Verpackungsmaterialien bringt den Kunden keinerlei Vorteile beim Transport der Waren.
c) Die Verpackungsmaterialien sind nur zur einmaligen Verwendung gedacht.
d) Die zurückgegebenen Verpackungsmaterialien können vom Einzelhändler kostenlos entsorgt werden.
e) Die Verpackungsmaterialien eignen sich nicht für Werbezwecke.

44. Was sagt Ihnen der Begriff „Recycling“?

a) Recycling ist die Bezeichnung für unsere Wegwerfgesellschaft.
b) Mit Recycling bezeichnet man die Knappheit aller Rohstoffe.
c) Recycling ist das Zurückgewinnen von Rohstoffen aus der Natur.
d) Unter Recycling ist der Kreislauf der Wirtschaft zu verstehen.
e) Mit Recycling bezeichnet man die Kreislaufnutzung von Waren und Verpackungsmaterial.

45. Welche Aussage trifft auf den Begriff „Recycling“ zu?
a) Gesundhaltung von Gewässern und Kläranlagen
b) Verbrennung von Müll in besonders dafür gebauten Anlagen
c) Wiederverwendung von schon einmal gebrauchten Materialien
d) Sachgemäße Abfallbeseitigung auf geordneten Mülldeponien
e) Wiedereingliederung verletzter Personen in die Arbeitswelt

46. Eine besondere Form des Recyclings ist die Gewinnung von Glas aus Glasscherben. Worum handelt es sich?
a) Wiederverwendung
b) Wiederverwertung
c) Weiterverwendung
d) Weiterverwertung
e) Energienutzung

47. Um welche Art des Recyclings handelt es sich bei der Kompostierung biologischer Abfälle?
a) Wiederverwendung
b) Energienutzung
c) Wiederverwertung
d) Weiterverwertung
e) Weiterverwendung

48. Ordnen Sie zu.

Umweltschutzmaßnahmen
a) Anfallende Verpackungen werden einem Entsorgungssystem zugeführt und wiederverwertet.
b) Es wird eine spezielle Abteilung mit Umweltprodukten eingerichtet.
c) An der Kasse werden Papiertüten aufgelegt, damit sich die Kunden beliebig bedienen können.
d) Die Ware wird in Leihverpackungen geliefert, die an den Hersteller zurückgehen.
e) Durch den Einbau von Öko-Spülungen wird wertvolles Trinkwasser gespart.
f) Die Kunden erhalten nur auf Wunsch eine Tragetüte für die gekaufte Ware.

Müllstrategien
[ ] Müllvermeidung
[ ] Wertstoffrecycling
[ ] Wiederverwendung

49. Bei welcher Recycling-Maßnahme handelt es sich um Wiederverwertung?
a) Das in Containern gesammelte Altglas wird bei der Herstellung von neuen Flaschen verwendet.
b) Die leere Batterie wird dem Radiohändler zurückgegeben und danach als Sondermüll gelagert.
c) Das Blechgewicht der Getränkedose wird von 85 g auf 43 g gesenkt.
d) Die leeren Milchflaschen werden von der Molkerei zurückgenommen und nach der Reinigung wieder mit Milch gefüllt.
e) Das im Einzelhandel anfallende Altpapier wird zur Stromerzeugung in einer Müllverbrennungsanlage verbrannt.

50. Wodurch nimmt die betriebliche Umweltbelastung zu?
a) Durch die sparsame Nutzung der Energie- und Rohstoffvorräte
b) Durch die Nutzung dezentraler Deponien
c) Durch die Emission giftiger und gesundheitsschädlicher Arbeitsstoffe in der Luft
d) Durch den Einsatz nachwachsender Rohstoffe
e) Durch die Anwendung „sanfter Technologien“ (z. B. Sonnenenergie)

51. Bei welchem Gesetz bzw. welcher Verordnung handelt es sich um eine Umweltschutzvorschrift?
a) Beim Bürgerlichen Gesetzbuch
b) Bei der Verpackungsverordnung
c) Bei der Gewerbeordnung
d) Bei der Abgabenordnung
e) Beim Betriebsverfassungsgesetzt

52. Welche Institution ist für die Einhaltung und Überwachung der maßgeblichen Gesetze zum Schutz der Umwelt im Betrieb zuständig?
a) Das Bundesumweltministerium
b) Das Bundesministerium des Inneren
c) Die Industrie- und Handelskammern
d) Die Polizei
e) Die Gewerbeaufsichtsbehörde

53. Welche Umweltschutzwirkung kann bei folgenden Verwendungs- bzw. Verhaltensmaßnahmen erreicht werden. Ordnen Sie zu.

Wirkung
a) Abfallverminderung
b) Abfallvermeidung
c) Abfallverwertung
d) Schadstoffvermeidung

Maßnahmen
[ ] Altglas sortieren und sammeln
[ ] Getränke in Mehrwegflaschen
[ ] Pflanzliche Abfälle kompostieren
[ ] Verwendung von Produkten mit Nachfüllpackung
[ ] Auf Kfz, wenn möglich, verzichten
[ ] Kein Einweggeschirr
[ ] Altpapier sammeln

54. Wie kann der Staat das Energiesparen fördern?
a) Er erhöht die Arbeitnehmersparzulage.
b) Er erhöht die Steuern auf Benzin und andere Brennstoffe.
c) Er vermindert die Subventionen für energiesparende Bauweisen.
d) Er erhöht die Wohnungsbauprämie.
e) Er verschärft die EU-Bildschirmrichtlinien.

55. Was hat eine umweltentlastende Wirkung?
a) Der Ausbau der Autobahnen und Bundesstraßen
b) Die Beförderung von Industrieabfällen zur Ablagerung in das Ausland
c) Die finanzielle Entlastung im Lkw-Verkehr durch steuerliche Vergünstigungen
d) Die Kanalisierung und Begradigung von Flüssen und Bächen
e) Der Ausbau und die Modernisierung der schienengebundenen Verkehrswege.

56. Was gehört bei der Müllsortierung zur Abfallverwertung?
a) Die Bildschirmausgabe der Monatsstatistiken statt Ausdruck auf Papier
b) Das Wiederverwenden von Ordnern
c) Die Verwendung von Nachfüllstiften
d) Der Einsatz von Pfandflaschen in den Getränkeautomaten
e) Das Recycling der Toner-Kassetten für Kopiergeräte

57. Durch welche Maßnahme des Staates kann die Umweltbelastung verringert werden?
a) Besteuerung von Kraftfahrzeugen nach Hubraum
b) Gewährung von Zuschüssen für den Umstieg bei der Stromgewinnung von Kohle auf Sonnen- bzw. Windenergie
c) Für jeden beim Straßenbau gefällten Baum wird ein neuer gepflanzt.
d) Erstellen von Waldschadensberichten
e) Förderung des Individualverkehrs

58. Welche Maßnahme eines Warenhauses ist geeignet, die Kunden zu einem umweltfreundlichen Verhalten anzuregen?
a) In der Lebensmittelabteilung werden Getränke auch in Einwegflaschen verkauft.
b) Die Abteilung Fachparfümerie bietet als Service aufwendige Geschenkverpackungen an.
c) An allen Kassenplätzen werden den Kunden Baumwoll-Tragetaschen angeboten.
d) Die Elektro-Abteilung bietet besonders preisgünstig nicht aufladbare Batterien an.
e) Die Kunden erhalten auf Wunsch ihre Waren in Plastiktaschen ohne Werbeaufdruck verpackt.

59. Welcher ökologische Gesichtspunkt ist bei der Beschaffung von Tragetüten zu berücksichtigen?

a) Kosteneinsparung
b) Zweckmäßigkeit
c) Umweltverträglichkeit
d) Reißfestigkeit
e) Werbewirksamkeit

60. Dem Grundsatz „Vermeidung vor Verwertung vor Entsorgung" entspricht u. a. die Möglichkeit, Transportverpackungen an den Hersteller zurückzuschicken. Welche rechtliche Vorschrift wird hier beachtet?

a) Arbeitsstättenverordnung
b) Verpackungsverordnung
c) Produkthaftungsgesetz
d) Strafgesetzbuch
e) Arbeitssicherheitsgesetz
f) BGB

61. Es ist zwischen Einweg-, Mehrweg- und Leihverpackungen zu unterscheiden. Bei welcher Verpackungsart handelt es sich um eine Einwegverpackung, die nach der Verpackungsverordnung recycelt werden muss?

a) Holzfass
b) Collico
c) Schrumpffolie
d) Holzpalette
e) Pfandflasche

62. Das Deutsche Institut für Gütesicherung und Kennzeichnung vergibt das Umweltzeichen „Blauer Umweltengel". Was gilt für Produkte, die mit diesem Zeichen gekennzeichnet sind?

a) Der Verbrauch ist ohne Belastung für die Umwelt.
b) Der Verbrauch ist relativ umweltfreundlich.
c) Diese Artikel können recycelt werden.
d) Der „Blaue Umweltengel" entspricht dem „Grünen Punkt" im Sinne des Umweltschutzes.
e) Der Verbrauch fördert die Vermeidung von Abfällen.
f) Es handelt sich um Nachfüllpackungen.

63. Im Büro des Warenhauses Peter Kolb OHG beginnt plötzlich ein Rechner zu qualmen. Eine Reparatur ist nicht mehr rentabel. Wie ist mit dem zerstörten Rechner zu verfahren?

a) Bei einer Neuanschaffung in Zahlung geben
b) Mit dem Plastikmüll entsorgen
c) Für spätere Reparatur aufheben
d) Einem Schrotthändler anbieten
e) Über ein Abfallentsorgungsunternehmen entsorgen

64. Eine Großhandels GmbH informiert den Fachhandel in einer Fachzeitschrift mit dem abgebildeten Auszug. Welche Zielsetzung wird mit der Entsorgung nach dem Abfallgesetz angestrebt?

a) Schutz der Umwelt
b) Schutz der Verbraucher
c) Schutz der Maschinen
d) Es wird die Schaffung von Sammelstellen für Altöl angestrebt.
e) Altöl kann kostengünstig recycelt werden und dadurch werden beim Weiterverkauf höhere Gewinne erzielt.

Wohin mit dem Altöl?

Entsorgung im Fachhandel kein Problem

„Auf Altöle finden die Vorschriften des Abfallgesetzes auch Anwendung, wenn sie keine Abfälle im Sinne des § 1 AbfG sind."

„Altöle sind gebrauchte halbflüssige oder flüssige Stoffe, die ganz oder teilweise aus Mineralöl oder synthetischem Öl bestehen, einschließlich ölhaltiger Rückstände aus Behältern, Emulsionen und Wasser-Öl-Gemischen. Dies gilt auch, wenn es zur Wiederaufarbeitung bestimmt ist.

Die Gewerbetreibenden müssen die gleiche Menge Altöl kostenlos zurücknehmen, die sie an Neuölen abgegeben haben. Sie haben hierzu am Verkaufsort oder in dessen Nähe eine Annahmestelle für Altöle einzurichten und nachzuweisen..."

65. Welche Nachweise müssen laut Gefahrstoffverordnung von einem Unternehmen erbracht werden, wenn in besonders gesicherten Behältern leicht entzündliche Flüssigkeit gelagert wird?

a) Sicherheitsdatenblätter
b) Bedienungsanleitung
c) Betriebsanweisung
d) Inventarverzeichnis
e) Erste-Hilfe-Nachweisbuch

66. Im Warenhaus Peter Kolb OHG sind Entsorgungsbehälter für Bioabfälle, Kunststoff, Metall und Verbundstoffe, Papier und Pappe sowie für Restmüll aufgestellt. Was dürfen Sie in keinen dieser Behälter entsorgen?

a) Herausgetrenntes Kohlepapier aus den Lieferscheinsätzen
b) Ein Plastikbehälter gefüllt mit verbrauchter Entwicklungsflüssigkeit aus dem Mikroverfilmungsgerät
c) Mehrschichtverpackung als Milchtüte (Tetrapack)
d) Beschädigte Plastikordner
e) Teebeutel aus der Kantine
f) Styroporverpackung

67. Die Mitarbeiter des Warenhauses Peter Kolb OHG sollen Abfälle getrennt nach Papier, Glas, Wertstoffe (Grüner Punkt) und Restmüll in unterschiedlichen Behältern entsorgen. Welcher Abfall gehört nicht in die Wertstoffbehälter?

a) Mehrschichtverpackung für Getränke (z. B. Tetrapack)
b) Plastikbeutel von Süßigkeiten
c) Obst- und sonstige Essensabfälle
d) Entleerte Metall-Getränkedosen
e) Entleerte Plastik-Joghurtbecher

68. Im Personalbüro wird nach Möglichkeit nur Recyclingpapier verwendet. Welche Aussage dazu ist zutreffend?

a) Die umweltfreundliche Papierherstellung wird gefördert.
b) Das Papier zeigt nach wenigen Jahren starke Zerstörungserscheinungen und ist kostengünstiger zu vernichten.
c) Recyclingpapier ist reißfester.
d) Bei der Beschriftung mit dem Drucker ist Recyclingpapier leichter zu korrigieren.
e) Kleine Flecken auf dem Papier stören nicht so wie auf gebleichtem Papier.

69. Welche Verpflichtung des Einzelhändlers wird in den abgebildeten Informationen zur Verkaufsverpackung angesprochen?

a) Der Einzelhändler ist verpflichtet, jede Verkaufsverpackung zurückzunehmen.
b) Der Einzelhändler ist verpflichtet, Informationsschilder über die Rücknahme von Verpackungsmaterial mit dem „Grünen Punkt“ in den Geschäftsräumen aufzustellen.
c) Der Einzelhändler ist nicht verpflichtet, Verkaufsverpackungen mit dem „Grünen Punkt“ zurückzunehmen.
d) Der Einzelhändler ist nicht verpflichtet, so genannte Servicepackungen zurückzunehmen, wenn der „Grüne Punkt“ fehlt.
e) Der Einzelhändler ist verpflichtet, Tragetaschen mit dem „Grünen Punkt“ zurückzunehmen.

Verkaufsverpackungen sind Verpackungen, die »als eine Verkaufseinheit angeboten werden und beim Endverbraucher anfallen« (§ 3 Abs. 1 Nr. 2 VerpackV). Hersteller oder Vertreiber der Produkte sind verpflichtet,

- **entweder** die Verpackungsabfälle im Geschäft oder in der unmittelbaren Nähe zurückzunehmen (sog. Selbstentsorger nach § 6 Abs 1 und 2 VerpackV)
- **oder** sich an einem flächendeckenden System zu beteiligen, das die Verpackungsabfälle beim privaten Endverbraucher oder in dessen Nähe abholt (sog. duales System nach § 6 Abs. 3 VerpackV).

70. Das Selbstbedienungssystem erfordert teilweise Verkaufsverpackungen, auf die man bei Bedienung verzichten könnte. Welche Umweltschutzmaßnahmen sind in diesem Zusammenhang für den Einzelhändler verpflichtend?
a) Nur Waren in Verkaufsverpackungen mit dem „Grünen Punkt“ einzukaufen
b) Nur Waren in Verkaufsverpackungen mit dem „Umweltengel“ einzukaufen
c) Unentgeltliche Rücknahme von Verpackungsmaterial zur Vermeidung von Hausmüll
d) Entgeltliche Rücknahme von Verpackungsmaterial zur Vermeidung von Hausmüll
e) Schaffung eines Stellplatzes für Sammelbehälter einer Recyclingfirma

71. Welcher Artikel passt nicht in ein ökologisch ausgerichtetes Büroartikelsortiment?
a) Kopierpapier/Officepapier mit Spitzenweiße
b) Kopierpapier/Officepapier aus Recyclingprodukten
c) Nachfüllbehälter für Klebeflaschen
d) Ordner aus Pappe
e) Farbbänder aus Baumwolle für Schreibmaschinen

72. Welche der folgenden Maßnahmen trägt nicht unmittelbar zum Umweltschutz bei?
a) Verwendung von unlackierten Holzbleistiften
b) Verwendung von Recyclingpapier
c) Einbau von Steckdosen mit Überspannungsschutz
d) Ersetzen der Glühlampen durch langlebige Energiesparlampen
e) Verwendung von biologisch abbaubaren Reinigungsmitteln
f) Mülltrennung in unterschiedliche Behälter

73. Im Warenhaus Peter Kolb OHG sollen ökonomische und ökologische Ziele in Einklang gebracht werden. Wo wird dies erreicht?
a) Für nicht mehr verwendbare Mikrofilme und Tonerpatronen wird kein Entsorgungsunternehmen beauftragt. Sie können kostengünstiger als Wertstoffe entsorgt werden.
b) Kartonagen werden geschreddert und als Verpackungsmaterial verwendet.
c) Um Energie zu sparen, wird die Raumtemperatur im Winter auf 16° C gesenkt.
d) In der Betriebskantine wird Plastik-Einweggeschirr eingeführt.
e) Um Wasser zu sparen, verwendet das Reinigungspersonal nur noch hoch wirksame chemische Mittel.

74. Bei der Beschaffung von Büromaterial ist verstärkt darauf zu achten, dass Nachfüllprodukte gekauft werden, da somit ein Beitrag zum Umweltschutz geleistet werden kann. In welchem Fall kann auf Nachfüllprodukte zurückgegriffen werden?
a) Carbonkunststoffbänder für die Schreibmaschine
b) Kugelschreiberminen
c) Tintenpatronen für einen Tintenstrahldrucker
d) Klebstofftuben
e) Knopfzellen (Batterien)

75. Welche Aussage zum „Grünen Punkt“ auf Verpackungen ist zutreffend?
a) Verpackungen mit diesem Siegel sind immer dem Händler, bei dem die Ware gekauft wurde, zurückzugeben.
b) Der Hersteller ist für die Entsorgung der so gekennzeichneten Verpackung zuständig.
c) Die Kosten der Entsorgung dieser Verpackung trägt der Staat.
d) Verpackungen mit diesem Siegel werden stets zu 100 % recycelt.
e) Der „Grüne Punkt“ kennzeichnet Verpackungen, die im „dualen System“ erfasst werden.

76. Für welche Verpackung muss der Einzelhändler gemäß der VerpackVO Sammelbehälter bereitstellen?
a) Für Papier und Mehrwegflaschen
b) Nur für Mehrwegverpackung
c) Für Pappe, Papier und Kunststoffe
d) Für Glas, Papier und kompostierbare Abfälle
e) Für Metalle, Altpapier und Holz

Wirtschafts- und Sozialkunde

77. Um Waren vor Beschädigungen während des Transports zu schützen, werden Transportverpackungen verwendet. Welche Vorschriften gelten für diese Verpackungsart?

a) Die Transportverpackungen dürfen nur aus wiederverwertbaren Materialien hergestellt sein.
b) Für Transportverpackungen besteht eine Rücknahmepflicht für Hersteller und Händler.
c) Die Transportverpackungen dürfen nicht beschriftet werden, da sie sonst nicht wiederverwendet werden können.
d) Als Transportverpackungen sollten nur durchsichtige Folien verwendet werden.
e) Für Transportverpackungen besteht keine Rücknahmepflicht für Hersteller und Händler.

78. Durch welche absatzpolitischen Maßnahmen kann ein Einzelhändler seine Kunden zu einem umweltbewussten Verhalten anregen?

a) Er bietet Getränke in Einwegflaschen besonders günstig an.
b) Er verkauft Bestände von Spraydosen mit dem Treibstoff FCKW zu besonders günstigen Preisen.
c) Er informiert seine Kunden über die Wiederverwendbarkeit und -verwertbarkeit von Verpackungsmaterial.
d) Er platziert Artikel, die mit dem blauen Umweltzeichen ausgezeichnet sind, in der Bückzone der Mittelgänge.
e) Er bietet Joghurt anstelle in Gläsern nur noch in Kunststoffbechern an, die nicht verrotten.

79. Ein Einzelhandelsgeschäft weist in der Werbung auf sein Umweltbewusstsein hin. Welche Maßnahme zur Warenverpackung ist hier angemessen und richtig?

a) Die Kunden müssen pro Tragetasche eine „Umweltabgabe" von 1 € bezahlen.
b) Die Verkaufsmitarbeiter werden geschult, den Kunden freundlich zu fragen, ob er die Ware ohne Verpackung mitnehmen möchte; ansonsten erhält er eine Tragetasche.
c) Die Kunden werden durch einen Videofilm auf die Umweltverschmutzung aufmerksam gemacht und zum Verzicht auf Verpackung aufgerufen.
d) Den Kunden werden ausreichend Tragetaschen zur freien Bedienung hingelegt; ein Schild weist auf sparsamen Umgang hin.
e) Die Verkaufsmitarbeiter werden geschult, die gekaufte Ware nur in selbst mitgebrachte Tragetaschen einzupacken.

80. Welche Aussage über die Verpackung berücksichtigt den Umweltschutz?

a) Jede Verpackung muss nach dem Verbrauch des Inhalts der Müllabfuhr zugeführt werden.
b) Die Verpackung sollte als obersten Grundsatz die kostengünstigste Herstellung haben.
c) Die Vermeidung der Verpackung ist besser als Entsorgung.
d) Die Verpackung soll die Ware vor Verderb und Beschädigung schützen.
e) Die Verpackung muss so gewählt werden, dass alle erforderlichen Werbeaufdrucke für die Artikel enthalten sind.

81. Welche Warenverpackung ist <u>nicht</u> zweckmäßig?

a) Poster in Papprolle
b) Wäschekorb unverpackt, versehen mit Verkaufsstreifen
c) Herrenhemd, Krawatte, Socken in einer Baumwolltragetasche
d) Schuhschrank in Packpapier
e) Brot in einem gesundheitlich unbedenklichen Kunststoffbeutel

82. Bei welcher Verpackungsart handelt es sich nach der Verpackungsordnung um eine Transportverpackung?

a) Dose (Inhalt 0,5 l Cola)
b) Folie für einen Geburtstags-Blumenstrauß
c) Weinfass (Inhalt 500 l)
d) Honigglas
e) Schuhkarton

83. In der Verpackungsverordnung taucht der Begriff „Umverpackung" auf. Welche Verpackung stellt eine Umverpackung dar?

a) Die Zahnpastatube
b) Der Karton einer Zahnpastatube
c) Der Joghurtbecher
d) Die Shampooflasche
e) Die Butterfolie

84. Ein Kunde verlangt, dass ihm eine gekaufte Ware sehr aufwendig als Paket verpackt wird, weil er das Paket anschließend bei der Deutschen Post AG zum Versand bringen möchte. Dürfen die zusätzlich entstandenen Kosten für Verpackungsmaterial und Arbeitszeit in Rechnung gestellt werden?

a) Ja, denn solche Kosten sind nicht im Warenpreis einkalkuliert.
b) Nein, denn hier handelt es sich um Werbekosten, die der Kaufmann aus eigener Tasche bezahlt
c) Ja, aber nur die Kosten für die zusätzliche Arbeitszeit
d) Nein, denn solche Kosten sind im Warenpreis einkalkuliert
e) Nein, da die gesetzlichen Bestimmungen dies verbieten

85. Wie kann aus Umweltgesichtspunkten die Verpackungsflut sinnvoll reduziert werden?

a) Es sollten möglichst Mehrwegverpackungen verwendet werden.
b) Es sollten nur noch durchsichtige Folienverpackungen erlaubt sein.
c) Es sollten alle Transportverpackungen verboten werden.
d) Es sollten Getränke nur noch in Dosen angeboten werden.
e) Es sollten bei zu erwartenden Preiserhöhungen vorher noch größere Mengen eingekauft werden.

86. Was bedeutet der Vermerk „brutto" bei einer Gewichtsangabe?

a) Das Gewicht der Verpackung
b) Das Gewicht der Ware mit Verpackung
c) Das Gewicht der Ware ohne Verpackung
d) Das Gewicht der Warensendung beim Versand
e) Das Gewicht der Warensendung beim Eintreffen

87. Ein Einzelhändler entscheidet sich bereits beim Einkauf, durch vermeidbare Verpackung auf die Entlastung der Umwelt zu achten. Welche Entscheidung entlastet die Umwelt sinnvoll?

a) Verzicht auf den Einkauf von Artikeln in Mehrwegverpackungen
b) Verzicht auf den Einkauf von Artikeln in Gläsern und Flaschen
c) Verzicht auf den Einkauf von Artikeln ohne TÜV-Prüfzeichen
d) Verzicht auf den Einkauf von Artikeln, deren Verpackung eine Warenbeschreibung enthält
e) Verzicht auf den Einkauf von Artikeln, die zusätzlich zur Schutzverpackung umverpackt sind.

88. Sie erhalten die Anweisung, nur wiederverwendbare und wiederverwertbare Packmittel und Packhilfsmittel zu verwenden. Auf welche zwei Füllstoffe sollten Sie deshalb weitgehend verzichten?

a) Auf PVC-Folien
b) Auf Holzwolle
c) Auf Wellpappe
d) Auf Ausschäumungen
e) Auf Seidenpapier
f) Auf Papierwolle

89. Ware wird in Plastik-Boxen mit mehrfarbigem Aufdruck verpackt. Welche besondere Aufgabe soll diese aufwendige Verpackung erfüllen?

a) Ein Verrutschen der Ware im Regal wird verhindert.
b) Das Zerkratzen der Ware wird dadurch vermieden.
c) Der Hersteller soll kenntlich gemacht werden.
d) Die Ware soll vor Diebstahl geschützt werden.
e) Der Kunde soll zum Kauf angeregt werden.

90. Viele Waren sind sehr auffällig und in attraktiven Schachteln verpackt. Wie nennt man diese Art der Verpackung?

a) Mogelpackung
b) Schaupackung
c) Einwegpackung
d) Versandverpackung
e) Mehrwegverpackung

91. Ein Lebensmittelmarkt wird renoviert und neu ausgerüstet. Welche Maßnahme dient auch dem Umweltschutz?

a) Die Obst- und Gemüseabteilung erhält großflächige Spiegel.
b) Die Non-food-Abteilung wird vergrößert.
c) Der Markt erhält moderne Scannerkassen.
d) Der Markt wird mit PVC-Belägen ausgelegt.
e) Eine neue Heizungsanlage wird installiert, um Energie zu sparen.

92. Was ist zuerst zu tun, wenn ein Arbeitskollege aufgrund einer Berührung mit einem defekten stromführenden Verlängerungskabel bewusstlos zusammenbricht?

a) Den Verunglückten in Seitenlage bringen
b) Den Vorgesetzten informieren
c) Die Schockbehandlung einleiten
d) Den Notarzt verständigen
e) Den Strom unterbrechen

93. Welcher der nachstehenden Vorschläge ist am besten dazu geeignet, Energie einzusparen, ohne einen Umsatzverlust hinnehmen zu müssen?

a) Die Temperatur in den Verkaufsräumen sollte während der Ladenöffnungszeiten auf 16° gesenkt werden.
b) Tiefkühlware sollte aus dem Lebensmittelsortiment herausgenommen werden, damit man die Kühltruhe entfernen kann.
c) Die firmeneigenen Lieferfahrzeuge sollten abgeschafft und dafür Waren zur Selbstabholung angeboten werden.
d) Während der verkaufsschwachen Zeiten können die Rolltreppen abgestellt und die Kunden auf die Treppen hingewiesen werden.
e) Die Schaufensterbeleuchtung kann zwischen 0:00 Uhr und 7:00 Uhr ausgeschaltet werden.

94. Was ist im Sinne des Umweltschutzes gesetzlich vorgeschrieben?

a) Wer Lebensmittel verkauft, muss organische Abfälle zurücknehmen und getrennt sammeln.
b) Wer Lacke und Farben verkauft, muss Restbestände zurücknehmen.
c) Wer Motorenöl verkauft, muss eine Rückgabemöglichkeit für Altöl schaffen.
d) Wer nicht biologisch abbaubare Reinigungsmittel verkauft, ist zur Rücknahme der Reste verpflichtet.
e) Wer Auto-Batterien verkauft, ist zur Lagerhaltung von destilliertem Wasser zum Nachfüllen verpflichtet.

95. Welche Maßnahme zur Verkaufsförderung eines Einzelhandelsbetriebs ist hinsichtlich der Verpflichtung, Umweltbelastungen zu vermeiden, unbedenklich?

a) Zu Weihnachten werden verkaufte Artikel kostenlos als Geschenk in bunte Aluminiumfolien verpackt.
b) Im Winterschlussverkauf erhalten die Kunden kostenlos stabile Kunststofftragetaschen für ihre Einkäufe.
c) Marmelade, Senf und Bonbons werden in Gläsern verpackt, die die Kunden als Saftgläser verwenden können.
d) An den langen Samstagen vor Weihnachten erhält jede Kundin zur Begrüßung eine rote Rose aus buntem Seidenpapier.
e) In der Vorweihnachtszeit wird an die Kunden kostenlos Glühwein in Einwegbechern aus Styropor ausgeschenkt.

96. Ein Mitarbeiter entnimmt, wie abgebildet, der Gitterbox Ware. Was hätte aus Sicherheitsgründen berücksichtigt werden müssen?

a) Gitterboxpaletten dürfen nicht gestapelt werden.

b) Gitterboxpaletten dürfen auf Grund der Unfallgefahr seitlich nicht öffnungsfähig sein.

c) Eine Stehleiter darf nicht als Anlegeleiter benutzt werden.

d) Ohne Schutzhelm darf der Mitarbeiter die Leiter nicht besteigen.

e) Ein Warnschild als Hinweis auf gestapelte Gitterboxen ist gesetzlich vorgeschrieben.

f) Die Gitterboxen müssen zur Sicherheit mit der Decke fest verbunden sein.

97. Für welche Tätigkeiten hat der Arbeitgeber seine Beschäftigten auf die besonderen Gesundheitsgefahren für die Wirbelsäule hinzuweisen und Anweisungen zu erteilen, wie diese vermieden werden können?

a) Bei Beratungstätigkeiten

b) Beim Benutzen von Leitern und Trittleitern

c) Bei mehrstündigen Autofahrten mit dem Lastkraftwagen

d) Beim manuellen Anheben von Lasten

e) Beim Umgang mit Gefahrstoffen

98. Im Lagerraum des Warenhauses Peter Kolb OHG bricht ein Feuer aus (Kabelbrand). Was dürfen Sie nicht tun?

a) Sie holen schnell einen Eimer Wasser und löschen das Feuer.

b) Sie bewahren Ruhe und melden das Feuer an die Telefonzentrale.

c) Sie nehmen einen Feuerlöscher mit Löschpulver und löschen das Feuer.

d) Sie betätigen einen Feuermelder und lösen somit Feueralarm aus.

e) Sie alarmieren über das Telefon die hauseigene Feuerwehr.

99. Der Sicherheitsbeauftragte kontrolliert die Notausgänge. Worauf muss er achten?

a) Notausgänge sind mit gelben Leuchtsymbolen zu kennzeichnen.

b) Notausgänge dürfen von innen abgeschlossen sein, wenn die Schlüssel griffbereit aufbewahrt werden.

c) Notausgänge dürfen von außen abgeschlossen sein, wenn sie von innen mit einer Klinke trotzdem leicht zu öffnen sind.

d) Notausgänge müssen nur in solchen Räumen vorhanden sein, in denen leicht brennbare Gegenstände gelagert oder verarbeitet werden.

e) Notausgänge brauchen dann nicht als solche gekennzeichnet werden, wenn das Personal entsprechend unterrichtet worden ist.

100. Es werden Herrenanzüge in Kartons verpackt und versandt. Welches der nachstehenden Hinweis-/Sicherheitszeichen ist aufzukleben?

a) Symbol 1

b) Symbol 2

c) Symbol 3

d) Symbol 4

e) Symbol 5

f) Symbol 6

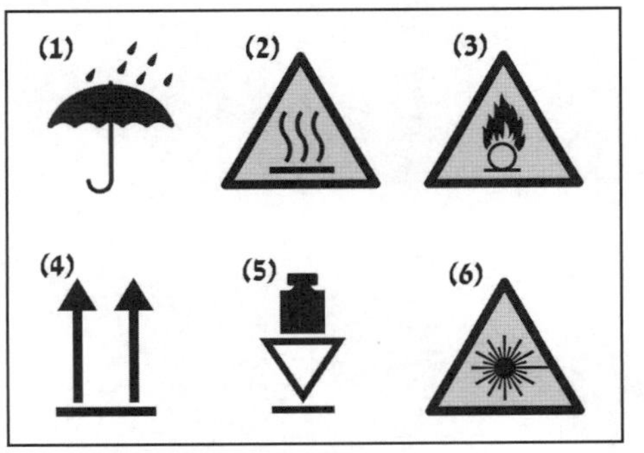

Wirtschafts- und Sozialkunde

101. Im Lager befindet sich nachstehender Kanister. Die Kennzeichnung gibt Auskunft über den Inhalt der Verpackung, wie es rechtlich vorgeschrieben ist. Welche Vorschrift fordert die Kennzeichnung des Inhalts auf dem Kanister?

a) Arbeitsstättenverordnung
b) Arbeitssicherheitsgesetz
c) Produkthaftungsgesetz
d) Strafgesetzbuch
e) Gefahrstoffverordnung
f) AGB-Gesetz

102. Es werden leicht entzündliche Flüssigkeiten in besonders gesicherten Behältern gelagert. Welche Nachweise sind hierfür laut Gefahrstoffverordnung zu führen?

a) Sicherheitsdatenblätter
b) Bedienungsanleitung
c) Betriebsanweisung
d) Inventarverzeichnis
e) Erste Hilfe-Nachweisbuch

103. Sicherheit und Gesundheit wird in Ihrem Ausbildungsbetrieb groß geschrieben. Bei welcher der folgenden Maßnahmen steht die Sicherheit der Beschäftigten im Vordergrund?

a) Die Beschäftigten nehmen an einer Informationsveranstaltung zum Verhalten bei Banküberfällen teil.
b) PC-Monitore werden gegen strahlungsarme Monitore ausgetauscht.
c) Es werden kostenlose Kurse „Rückengymnastik und –muskulaturtraining" angeboten.
d) Trockenkopierer, Laserdrucker und Fax-Geräte werden mit Ozonfiltern nachgerüstet.
e) Klebstoffe auf Wasserbasis werden statt schnelltrocknender Kleber verwendet.
f) Es werden nur Nadeldrucker verwendet, die einen Schalldruck unter 55 Dezibel erzeugen.

104. Die Geschäftsleitung Ihres Ausbildungsbetriebes hat verschiedene vorbeugende Maßnahmen getroffen, um auf das Verhalten der Mitarbeiter und Kunden im Falle eines Brandes Einfluss zu nehmen. Welche Maßnahme stimmt mit diesem Ziel nicht überein?

a) Überprüfung der Feuerschutztüren
b) Kennzeichnung von Fluchtwegen durch gut sichtbare Hinweisschilder
c) Schulung von Verhaltensregeln für den Brandfall
d) Durchführung von Feuer-Alarm-Übungen, bei denen eine Gebäuderäumung erfolgt
e) Anbringen von Gefahr-Hinweisschildern an und in Fahrstühlen

105. Wie können Sie als Mitarbeiter des Warenhauses Peter Kolb OHG einen Beitrag zum umweltbewussten Verhalten Ihrer Kunden leisten?

a) Sie platzieren Artikel mit dem blauen Engel außerhalb der Griffzonen.
b) Sie bieten Textilien in Plastikfolien an, um sie vor Verschmutzung zu schützen.
c) Sie bitten die Kunden bereits beim Kauf, entladene Batterien in Ihrem Warenhaus abzugeben.
d) Sie bieten einen zusätzlichen Verpackungsservice für unverpackte Geschenkartikel an.
e) Sie bieten Getränke nur in Einwegflaschen an.

106. Was können Sie der nachstehenden Pressemitteilung entnehmen?

a) Der Einzelhändler ist verpflichtet, jede Verkaufsverpackung zurückzunehmen.

b) Der Einzelhändler ist verpflichtet, Informationsschilder über die Rücknahme von Verpackungsmaterial mit dem „Grünen Punkt" in den Geschäftsräumen aufzustellen.

c) Der Einzelhändler ist nicht verpflichtet, Verkaufsverpackungen mit dem „Grünen Punkt" zurückzunehmen.

d) Der Einzelhändler ist nicht verpflichtet, sogenannte Serviceverpackungen zurückzunehmen, wenn der „Grüne Punkt" fehlt.

e) Der Einzelhändler ist verpflichtet, Tragetaschen mit dem „Grünen Punkt" zurückzunehmen.

Pressemitteilung

Verpackung und Tüten zurücknehmen?

Die allgemeinen Verkaufsverpackungen und auch viele Tragetaschen im Handel tragen einen „Grünen Punkt". Das bedeutet, dass der Verbraucher diese Verpackungen unproblematisch mit seinem Haushaltsmüll (Gelber Sack) entsorgen kann. Der Händler ist nicht verpflichtet, sie zurückzunehmen.

Anders sieht es aus, wenn der „Grüne Punkt" auf der Verpackung fehlt. Dann ist der Händler laut Verpackungsverordnung verpflichtet, die Verpackung, z. B. Tragetaschen oder Blister, zurückzunehmen. Außerdem muss er den Kunden ausdrücklich durch entsprechende Hinweisschilder im Verkaufsraum darauf aufmerksam machen.

107. Das abgebildete Symbol ist häufig auf Verpackungsfolien zu finden. Dabei können Zahlen und Buchstaben abweichen. Welche Bedeutung hat dieses Zeichen?

a) Es ist ein Hinweis darauf, dass die Folie dem Restmüll zugeführt werden muss.

b) Es handelt sich bei der Folie um Material, das nicht recyclebar ist.

c) Es bedeutet, dass die Folie an den Lieferer zurückgeschickt werden kann.

d) Es ist eine Kennzeichnung, um ein sortenreines Recycling durchzuführen.

e) Es gibt an, dass diese Folie bei der Müllverbrennung giftige Dämpfe entwickelt.

108. Wie können Sie als Mitarbeiter des Warenhauses Peter Kolb OHG etwas dazu beitragen, dass Abfall vermieden und gleichzeitig die Umwelt geschont wird. Nennen Sie zwei Möglichkeiten.

a) Indem Sie möglichst viele Produkte anbieten, die nach Gebrauch nachgefüllt werden können

b) Indem Sie möglichst viele Produkte anbieten, deren Verpackungen vom Kunden entsorgt werden müssen

c) Indem Sie möglichst viele Produkte in Einwegverpackungen mit Zwangspfand anbieten

d) Indem Sie möglichst viele Produkte in Mehrwegpackungen aus Glas oder Kunststoff anbieten

e) Indem Sie möglichst viele Produkte anbieten, die aufgrund ihrer Kennzeichnung recycelbar sind

f) Indem Sie möglichst viele Produkte anbieten, bei denen beim Verkauf die Umverpackungen von Ihnen entfernt werden müssen

109. Sie finden ein Gefäß, das eine farb- und geruchlose Flüssigkeit enthält. Da das Etikett beschädigt ist, kann die Flüssigkeit nicht mehr genau bestimmt werden. Was tun Sie mit dieser Flüssigkeit?

a) Sie dürfen die Flüssigkeit, mit Wasser verdünnt, in den Ausguss des Waschbeckens schütten.

b) Sie können die Flüssigkeit unverdünnt in die Kanalisation geben.

c) Sie müssen die Flüssigkeit gegen Gutschrift beim Hersteller zurückgeben.

d) Sie müssen die Flüssigkeit bei der Annahmestelle für Sondermüll abgeben.

e) Sie können die Flüssigkeit in der gut verschlossenen Flasche dem Hausmüll beigeben.

110. **Welches der folgenden Symbole steht für das Abfallrecycling des Dualen Systems Deutschland?**

[1]

[2]

[3]

[4]

[5]

PRÜFUNGSVORBEREITUNG AKTUELL

FÜR

Kauffrau/Kaufmann im Einzelhandel

GESTRECKTES PRÜFUNGSVERFAHREN

TEIL II

GESTRECKTES PRÜFUNGSVERFAHREN

TEIL II

PRÜFUNGSFACH

Geschäftsprozesse im Einzelhandel

46 Situationen mit ca. 500 offenen Aufgaben zur Vorbereitung auf den offenen Teil der Abschlussprüfung.

PRÜFUNGSVORBEREITUNG AKTUELL

FÜR

Kauffrau/Kaufmann im Einzelhandel

Prüfungsfach

GESCHÄFTSPROZESSE IM EINZELHANDEL

GESCHÄFTSPROZESSE IM EINZELHANDEL

SITUATIONSAUFGABEN

ANHANG

Sie arbeiten im Warenhaus Peter Kolb OHG.

Unternehmensbeschreibung

Name:	Peter Kolb OHG
Geschäftssitz:	Luitpoldstr. 56, 84034 Landshut
Betriebsform:	Kauf- und Warenhaus
Handelsregister:	Landshut, HRA 9991
Umsatzsteueridentnummer:	DE 998877665
Mitarbeiter:	150, davon 22 Auszubildende
Geschäftsführer lt. Gesellschaftervertrag:	Peter Kolb sen.
Bankverbindung:	Sparkasse Landshut IBAN: DE26 7435 0000 0001 2345 BIC: BYLADEM1LAH

I. ORGANISATION, LEISTUNGEN UND AUFGABEN; OPTIMIERUNGSMÖGLICHKEITEN AN DEN SCHNITTSTELLEN

SITUATION 1

Sie arbeiten als Auszubildende im Warenhaus Peter Kolb OHG. In den ersten Wochen Ihrer Ausbildung lernten Sie den Aufbau, die Organisation und die Leistungen Ihres Ausbildungsbetriebes kennen.

1. Aufgabe

Beschreiben Sie in drei Schritten die Hauptaufgaben eines Einzelhandelsbetriebes.

2. Aufgabe

Die Hauptaufgaben des Einzelhandels werden in der Aufgabenanalyse unterteilt in Teilaufgaben. Welche Teilaufgaben ergeben sich aus der Hauptaufgabe „Lagern der Ware"?

3. Aufgabe

Bringen Sie die folgenden Aufgabenbereiche des Einzelhandels in einen logischen Zusammenhang. Erstellen Sie dazu eine Übersicht.
Werbung, Kundendienst, Bestellung, Kundenberatung, Sortimentszusammenstellung, Lagerung, Verkauf, Warenannahme, Einkauf.

4. Aufgabe

Eine Teilaufgabe des Einkaufs ist die Warenannahme. Hier gilt es, die gelieferten Waren unverzüglich zu prüfen. Danach ist die Ware auszuzeichnen und einzuräumen. Nach einigen Wochen stellt ein Kunde fest, dass die Nähte einer Ledertasche aufplatzen. Dies war bei der ersten Prüfung nicht erkennbar. Wie nennt man solche Mängel und wann muss das Warenhaus Peter Kolb OHG diese mangelhafte Ware bei dem entsprechenden Lieferer anrügen?

5. Aufgabe

Wichtige Leistungen im Einzelhandel sind Sortimentsbildung, Lagerhaltung, Beratung, Kundendienst (Serviceleistungen), Warenverteilung (Mengenausgleich) und Markterschließung. Um welche dieser Leistungenen handelt es sich in den folgenden Leistungsbeschreibungen:

5.1 Der Einzelhändler kauft in größeren Mengen ein. Diese gekaufte Menge wird dann für den Verkauf bedarfsgerecht verkauft.

5.2 Der Einzelhändler unterstützt den Kunden bei seinem Einkauf. Es werden Ratschläge erteilt und Entscheidungshilfen angeboten.

5.3 Der Einzelhändler bietet zusätzliche Leistungen rund um die Ware an, aber auch Leistungen, die sich nicht unmittelbar auf die verkaufte Ware beziehen.

5.4 Der Einzelhändler wählt aus der Vielzahl von Waren und Dienstleitungen einen bestimmten Bereich aus und bietet diesen zum Verkauf an.

5.5 Der Einzelhändler kennen die Wünsche und Bedürfnisse der Kunden. Er informiert Großhändler und Hersteller rechtzeitig über Nachfrage- bzw. Bedarfsänderungen.

5.6 Der Einzelhändler bewahrt die Ware so auf, dass sie für den Kunden zum richtigen Zeitpunkt und in der richtigen Menge zur Verfügung steht.

6. Aufgabe

Von der Beschaffung der Ware bis zu ihrem Verkauf erfüllt der Einzelhändler eine ganze Reihe von Aufgaben. Man bezeichnet diese auch als Handelsfunktionen. Beschreiben Sie jeweils kurz, welche Tätigkeit mit den angegebenen Handelsfunktionen verbunden ist und geben Sie je ein Beispiel an.

Handelsfunktion	Beschreibung (Erklärung)	Beispiel
Raumüberbrückung		
Zeitüberbrückung		
Beratungsfunktion		
Sortimentsfunktion		
Kreditfunktion		

7. Aufgabe

Eine Erfolgsformel im Einzelhandel lautet: „Zufriedene Kunden = mehr Umsatz." Mit anderen Worten: Die „Kundenorientierung" sollte im Vordergrund aller Leistungen stehen.

7.1. Erläutern Sie kurz, was darunter zu verstehen ist.

7.2. Machen Sie drei Vorschläge, wie Kundenorientierung zu erreichen bzw. zu verbessern ist.

8. Aufgabe

Worauf sollte der Einzelhändler bei seinen Leistungen achten, damit sie den Erwartungen der Kunden gerecht werden? Formulieren Sie fünf Beispiele.

9. Aufgabe

Der Einzelhändler stellt Veränderungen im Käuferverhalten fest. Wie könnte er auf dieses veränderte Verhalten reagieren. Machen Sie fünf Vorschläge.

10. Aufgabe

Eine angenehme Kaufatmosphäre ruft positve Gefühle und Empfindungen hervor. Somit wird das Einkaufen zu einem Erlebnis. Dazu kann eine attraktive, erlebnisorientierte Warenpräsentation wesentlich beitragen. Worauf sollte bei einer wirkungsvollen Präsentation und Platzierung der Ware geachtet werden? Machen Sie drei Vorschläge.

SITUATION 2

Da Herr Peter Kolb nicht sämtliche Aufgaben des Unternehmens alleine ausführen kann und will, hat er seine Mitarbeiter mit Vollmachten ausgestattet.

1. Aufgabe

Mitarbeiter müssen zu rechtsgültigen Handlungen, die sie stellvertretend für die Geschäftsleitung vornehmen, befugt werden. Wann liegt eine Entscheidungs-, eine Weisungs- bzw. eine Vertretungsbefugnis vor?

1.1 Ein Mitarbeiter ist berechtigt, über die Annahme einer Bestellung zu entscheiden.
1.2 Eine Mitarbeiterin leitet die Filiale einer Supermarktkette selbstständig.
1.3 Ein Mitarbeiter entscheidet, ob dem Kunden der gewünschte Preisnachlass von 15 % eingeräumt wird.
1.4 Ein Mitarbeiter möchte, dass die Kollegin Müller das Angebot an den Kunden Meyer zur Post bringt.

1.1		1.3	
1.2		1.4	

2. Aufgabe

Welche Vollmacht liegt vor?

2.1 Eine Mitarbeiterin wird beauftragt, fällige Rechnungen per Banküberweisung zu begleichen.
2.2 Ein Mitarbeiter ist für den Einkauf der Fertigteile zuständig.
2.3 Der Mitarbeiter Huber soll ab 1. Januar eine Verkaufsfiliale für Fahrräder selbstständig leiten.

2.1	
2.2	
2.3	

3. Aufgabe

Unterscheiden Sie Artvollmacht, Spezialvollmacht und allgemeine Handlungsvollmacht (Generalhandlungsvollmacht).

4. Aufgabe

Wer kann die nachstehend genannten Vollmachten erteilen?

4.1 Allgemeine Handlungsvollmacht
4.2 Artvollmacht
4.3 Einzel- oder Sondervollmacht?

4.1	
4.2	
4.3	

5. Aufgabe

Prokura ist die weitreichendste gesetzlich geregelte Vollmacht, die ein Kaufmann erteilen kann. Worauf erstreckt sich diese Vollmacht?

6. Aufgabe

Nennen Sie beispielhaft Handlungen bzw. Rechtsgeschäfte, die ein Prokurist
6.1 vornehmen darf,
6.2 laut HGB nicht vornehmen darf.

6.1 Prokurist darf	6.2 Prokurist darf nicht

7. Aufgabe

In Warenhaus Peter Kolb OHG soll Prokura erteilt werden. Es wird noch überlegt, ob Einzel- oder Gesamtprokura erteilt werden soll. Worin besteht der Unterschied?

8. Aufgabe

Im Arbeitsvertrag eines Prokuristen ist festgehalten, dass seine Vollmacht in finanzieller Hinsicht lediglich bis zu einem Betrag von 100.000,00 € reicht. Der Prokurist nimmt dennoch ein günstiges Angebot über eine Maschine im Wert von 130.000,00 € an. Ist die Annahme dieses Angebotes für das Unternehmen, das die Prokura erteilt hat, rechtsgültig?

9. Aufgabe

Herr Huber hat Einzelprokura. Sind die folgenden Aussagen zutreffend oder nicht zutreffend?

Aussagen	Zutreffend	Nicht zutreffend
Herr Huber darf ein Betriebsgrundstück mit einer Größe von 1 200 qm kaufen, da er beabsichtigt, eine weitere Halle zu bauen.		
Herr Huber hat sich entschlossen, den Fuhrpark zu modernisieren und kauft drei neue Lkw für den werkseigenen Vertrieb.		
Herr Huber muss alle seine Anweisung mit i.V. Huber unterschreiben.		
Herr Huber benötigt zur Belastung eines Grundstücks eine zusätzliche Vollmacht vom Geschäftsinhaber.		
Die Prokura erlischt automatisch mit dem Tod des Geschäftsinhabers.		
Herr Huber darf einem weiteren Mitarbeiter Prokura erteilen, da er sich für die Gesamtprokura entschieden hat.		
Die Prokura für Herrn Huber wurde vom Geschäftsinhaber widerrufen. Der Widerruf wurde aber noch nicht im Handelsregister eingetragen. Herr Huber hat nach dem Widerruf einen Posten Fertigerzeugnisse geordert. Der Geschäftsinhaber kann ohne Probleme dieses Geschäft rückgängig machen.		

SITUATION 3

Das Warenhaus Peter Kolb OHG hat zur Durchführung von Aktionstagen ein eigenes Gebäude in unmittelbarer Nähe des Stammhauses gekauft. Sie arbeiten in der Personalabteilung und haben die Aufgabe, für dieses Nebenhaus die Stellenbeschreibungen für das benötigte Personal vorzubereiten und die erforderlichen Vollmachten festzulegen.

1. Aufgabe

Die Geschäftsleitung beabsichtigt, für das Nebenhaus folgende Vollmachten zu erteilen:

- Der Leiter des Nebenhauses soll für alle gewöhnlichen und außergewöhnlichen Geschäfte und Rechtshandlungen die Vollmacht erhalten; er soll u. a. auch das Warenhaus Peter Kolb OHG vor Gericht vertreten können.
- Der stellvertretende Leiter soll zu Geschäften und Handlungen im Rahmen eines bestimmten Handelsgewerbes, in diesem Fall für alle gewöhnlichen Handlungen des Nebenhauses, bevollmächtigt werden.
- Der 1. Verkäufer soll für alle gewöhnlichen Handlungen seines Tätigkeitsbereiches bevollmächtigt werden.
- Der für das Nebenhaus verantwortliche Einkäufer soll für alle Einkäufe bis zu einem Auftragsvolumen von 8.000,00 € bevollmächtigt werden. Übersteigen Einkäufe diese Grenze, liegt die Entscheidungsbefugnis beim Abteilungsleiter.

Welche Vollmachten sind jeweils zu erteilen?

2. Aufgabe

Im Warenhauses PeterKolb OHG gilt als Führungssystem das Einliniensystem. Erläutern Sie dieses System und nennen Sie jeweils 4 Vor- und Nachteile.

3. Aufgabe

Eine Stellenbeschreibung hat neben den Vollmachtsregelungen weitere Inhalte. Nennen Sie sechs weitere wichtige Punkte, die in eine Stellenbeschreibung aufzunehmen sind.

4. Aufgabe

Frau Alisa Munz wurde bereits für die neue Abteilung eingestellt. Frau Alisa Munz ist am 20. April 2000 geboren. Sie erhielt zum 1.3.2018 einen bis zum 28.02.2019 befristeten Arbeitsvertrag. Ihre Probezeit wurde auf 6 Monate festgelegt.
Welche Bedeutung hat die Probezeit für beide Vertragspartner?

5. Aufgabe

Welche Einstellungsunterlagen benötigen Sie von Frau Alisa Munz? Erläutern Sie, warum diese Unterlagen zur Einstellung benötigt werden.

Unterlagen	Benötigungsgrund

6. Aufgabe

Während der Probezeit kann das Arbeitsverhältnis von beiden Partnern gekündigt werden. Erläutern Sie, wann und wie ein Partner das Arbeitsverhältnis während der Probezeit kündigen kann.

7. Aufgabe

Auch nach Ablauf der Probezeit kann das Warenhaus Peter Kolb OHG das befristete Arbeitsverhältnis mit Alisa Munz kündigen. Nennen Sie drei Kündigungsgründe hierzu.

8. Aufgabe

Das Arbeitsverhältnis kann auch außerordentlich gekündigt werden. Unter welchen Voraussetzungen wird eine solche außerordentliche Kündigung laut BGB wirksam?

9. Aufgabe

Angenommen, es käme zu einer Kündigung nach der Probezeit. Wo und innerhalb welcher Frist könnte sich Frau Alisa Munz gegen eine vermeintlich ungerechtfertigte Kündigung wehren?

SITUATION 4

Die Handballmannschaft der Region steht überraschend im Halbfinale der Deutschen Meisterschaften. Anlässlich dieses sportlichen Ereignisses möchte das Warenhaus Peter Kolb OHG einen Sonderverkauf von Handbällen vornehmen. Da bisher keine Handbälle im Sortiment der Sportabteilung vorhanden sind, müssen erst einmal geeignete Lieferer ausfindig gemacht werden.

1. Aufgabe

Wo können Sie sich nach neuen Lieferern erkundigen? Nennen Sie mindestens fünf Informationsquellen.

2. Aufgabe

Nachdem Sie geeignete Adressen ausfindig machen konnten, wollen Sie sich nach den verschiedenen auf dem Markt vorhandenen Handbällen erkundigen. Gleichzeitig erbitten Sie Angaben über Preise und Konditionen. Sie erhalten die nachstehend (verkürzt) dargestellten Antwortschreiben. Sie wollen 150 Stück bestellen. Grundsätzlich wird vom Warenhaus Peter Kolb OHG Skonto ausgenutzt. Die Kosten der Anfuhr (Hausfracht vom Bahnhof zum Warenhaus) betragen pro km 5,50 €. Vom Bahnhof zum Warenhaus sind es 8 km. Berechnen Sie die Bezugspreise für die vorliegenden Angebote mit Hilfe eines übersichtlichen Kalkulationsschemas.

Fritz Müller KG – Sportartikelgroßhandel

...bieten wir Ihnen Handbälle, Umfang 58-60 cm, 425-475 g, handvernäht zum Preis von 14,90 € an. Alle Handbälle sind mit einer doppelt laminierten Butyl-Gummiblase und Nadelventil ausgestattet. Diese Blase zeichnet sich durch eine hohe Lebensdauer aus. Bei einer Abnahme von mehr als 100 Stück gewähren wir einen Rabatt von 5 %, bei einer Abnahme von 150 Stück 8 %.
Lieferbedingungen:
bis zu Ihrer Bahnstation 0,60 € pro Ball
Lieferzeit: ca. 8 Tage
Zahlungsbedingungen:
Innerhalb 10 Tagen abzüglich 2 % Skonto oder nach 30 Tagen netto Kasse.

Wir würden uns freuen ....

Hölkinger OHG – Großhandel für Sportartikel

.....
Freibleibend bieten wir Ihnen Handbälle für den Herren- und Jugendbereich in den entsprechenden Größen zu einem Preis von 12,90 € pro Stück ab einer Bestellmenge von 200 Stück an. Die Handbälle sind von bester Qualität, da sie mit doppelt laminierter Gummiblase und Nadelventil ausgestattet sind. Bei geringerer Bestellmenge berechen wir einen Preisaufschlag pro Ball von 1,20 €/Stück. Die Lieferung erfolgt frei Haus und könnte sofort erfolgen. Unsere Zahlungsbedingungen lauten: Zahlbar innerhalb von 14 Tagen abzüglich 3 % Skonto oder 30 Tage ohne Abzug.

Wir erwarten Ihre Bestellung und ......

Fritz Müller KG

Hölkinger OHG

3. Aufgabe

Sie entscheiden sich für das günstigere Angebot und bestellen am 15. Juni bei der Hölkinger OHG 150 Handbälle zu den Ihnen vorliegenden Angebotsbedingungen. Kurz darauf teilt Ihnen die Hölkinger OHG mit, dass durch eine unvorherzusehende große Nachfrage eine Lieferung erst in 30 Tagen möglich ist. Beurteilen Sie die Rechtslage.

4. Aufgabe

Da Sie die Aktion baldigst starten wollen, bestellen Sie die 150 Handbälle bei der Fritz Müller KG zu dem angebotenen Preis. In der Sportabteilung der Peter Kolb OHG wird mit einem Kalkulationszuschlag von 65 % kalkuliert. Mit welchem Preis müssen Sie einen Handball auszeichnen?

5. Aufgabe

Eine Kunde kauft 8 Handbälle. Er will eine Rechnung haben, auf der die gesetzliche Mehrwertsteuer ausgewiesen ist. Wie lautet die Rechnung, die Sie auszustellen haben?

Warenhaus Peter Kolb OHG

6. Aufgabe

Angenommen, der Kunde hätte nur 4 Handbälle benötigt. Warum könnte die Rechnung dann wie folgt aussehen?

Warenhaus Peter Kolb OHG

Datum: 20..-10-16

4 Handbälle à 23,64	94,56
*	

Im Rechnungsbetrag sind 19 % Mwst. enthalten.

Geschäftsprozesse im Einzelhandel

7. Aufgabe
Der Kunde aus Aufgabe 5 bezahlt mit seiner Kreditkarte. Erläutern Sie für diesen Fall die Zahlungsabwicklung.

8. Aufgabe
4 Wochen nach dem Kauf reklamiert der Kunde, dass bei einem Ball die Luft entweicht. Anscheinend ist das Ventil defekt. Welche Rechte kann der Kunde vorrangig geltend machen?
Erläutern Sie zunächst noch, was in diesem Zusammenhang „vorrangig“ bedeutet.

9. Aufgabe
Bei dem vorliegenden Mangel handelt es sich zweifelsfrei um einen Sachmangel. Erläutern Sie, wann ein Sachmangel vorliegt.

10. Aufgabe

Der Verkauf der Bälle läuft hervorragend, sodass das Warenhaus Peter Kolb OHG nach vier Wochen nachbestellen muss. Da die Hölkinger KG nun wieder lieferbereit ist, bestellen Sie dort weitere 100 Bälle zu den angebotenen Konditionen, die Ihnen von der Hölkinger OHG bestätigt wurden. Wie viel Prozent günstiger (1 Stelle hinter dem Komma) können Sie einen Ball von der Hölkinger OHG beziehen (im Vergleich zur Fritz Müller KG)?

Fritz Müller KG	
Hölkinger OHG	

11. Aufgabe

Da sich die Bälle nach wie vor sehr gut verkaufen, fragen Sie, warum die Einkaufsabteilung nicht gleich wesentlich mehr Bälle orderte. In diesem Zusammenhang weist Ihr Ausbilder Sie auf des Einkaufslimit hin. Erläutern Sie kurz den Begriff Einkaufslimit.

SITUATION 5

Das Warenhaus Peter Kolb OHG beabsichtigt, ein Produkt, das in letzter Zeit sehr häufig nachgefragt wird, neu ins Sortiment aufzunehmen. Die Marktanalyse ergab, dass mit einem Jahresabsatz von 2 400 Stück zu rechnen ist.

1. Aufgabe

Ermitteln Sie die optimale Bestellmenge für diesen neu ins Sortiment aufzunehmenden Artikel auf Grund der von der Geschäftsleitung gelieferten Daten:
- durchschnittliche Lagerkosten je Bestelleinheit 1,20 €
- fixe Bestellkosten je Bestellung 100,00 €
- Jahresbedarf 2 400 Einheiten
Ergänzen Sie die folgende Tabelle und tragen Sie die optimale Bestellmenge in das leere Feld ein.

Anzahl der Bestellungen	Bestellmenge je Bestellung	Lagerkosten	Bestellkosten	Gesamtkosten
1	2 400	2.880	100	2.980
2	1 200	1.440	200	1.640
3				
4				
5				
6				

2. Aufgabe

Mehrere Anfragen an verschiedene Hersteller dieses neu aufzunehmenden Produktes ergaben, dass ein Ihnen bisher unbekannter Hersteller am günstigsten war. An diesen Hersteller erging auch Ihre Bestellung. Am vereinbarten Liefertermin mussten Sie feststellen, dass die Ware noch nicht bei Ihnen eingetroffen war. Ihre Recherchen ergaben, dass durch Verschulden des Lieferers die Ware nicht rechtzeitig geliefert wurde. Danach setzen Sie den Lieferer durch Mahnung in Verzug.

2.1 Welches Recht können Sie geltend machen, wenn der Lieferer trotz Fälligkeit und Mahnung nicht liefert?

2.2 Welche Rechte können Sie geltend machen, wenn Sie mit der Mahnung dem Lieferer eine angemessene Nachfrist gesetzt haben und diese erfolglos verstrichen ist?

Sehen Sie dazu noch die abgebildeten Gesetztstexte (Ausschnitte).

2.1	
2.2	

§ 280 Schadensersatz wegen Pflichtverletzung

(1) Verletzt der Schuldner eine Pflicht aus dem Schuldverhältnis, so kann der Gläubiger Ersatz des hierdurch entstehenden Schadens verlangen. Dies gilt nicht, wenn der Schuldner die Pflichtverletzung nicht zu vertreten hat.

(2) Schadensersatz wegen Verzögerung der Leistung kann der Gläubiger nur unter der zusätzlichen Voraussetzung des § 286 verlangen.

(3) Schadensersatz statt der Leistung kann der Gläubiger nur unter den zusätzlichen Voraussetzungen des § 281, des § 282 oder den § 283 verlangen.

§ 281 Schadensersatz statt der Leistung wegen nicht oder nicht wie geschuldet erbrachter Leistung

(1) Soweit der Schuldner die fällige Leistung nicht oder nicht wie geschuldet erbringt, kann der Gläubiger unter den Voraussetzungen des § 280 Abs. 1 Schadensersatz statt der Leistung verlangen, wenn er dem Schuldner erfolglos eine angemessene Frist zur Leistung oder Nacherfüllung bestimmt hat. Hat der Schuldner eine Teilleistung bewirkt, so kann der Gläubiger Schadensersatz statt der ganzen Leistung nur verlangen, wenn er an der Teilleistung kein Interesse hat. Hat der Schuldner die Leistung nicht wie geschuldet bewirkt, so kann der Gläubiger Schadensersatz statt der ganzen Leistung nicht verlangen, wenn die Pflichtverletzung unerheblich ist.

(2) Die Fristsetzung ist entbehrlich, wenn der Schuldner die Leistung ernsthaft und endgültig verweigert oder wenn besondere Umstände vorliegen, die unter Abwägung der beiderseitigen Interessen die sofortige Geltendmachung des Schadensersatzanspruchs rechtfertigen.

(3) Kommt nach der Art der Pflichtverletzung eine Fristsetzung nicht in Betracht, so tritt an deren Stelle eine Abmahnung.

(4) Der Anspruch auf die Leistung ist ausgeschlossen, sobald der Gläubiger statt der Leistung Schadensersatz verlangt hat.

(5) Verlangt der Gläubiger Schadensersatz statt der ganzen Leistung, so ist der Schuldner zur Rückforderung des Geleisteten nach den §§ 346 bis 348 berechtigt.

§ 282 Schadensersatz statt der Leistung wegen Verletzung einer Pflicht nach § 241 Abs. 2

Verletzt der Schuldner eine Pflicht nach § 241 Abs. 2, kann der Gläubiger unter den Voraussetzungen des § 280 Abs. 1 Schadensersatz statt der Leistung verlangen, wenn ihm die Leistung durch den Schuldner nicht mehr zuzumuten ist.

3. Aufgabe

Sie waren beauftragt, die oben erwähnten Anfragen an ausgewählte Lieferanten zu schreiben. Geben Sie kurz die wichtigsten Inhaltspunkte einer Anfrage an.

4. Aufgabe

Der erste Kunde, der eine größere Menge Ihres neu ins Sortiment aufgenommenen Produktes bestellen möchte, wünscht vorher ein persönliches Kundengespräch mit Ihnen. Sie sind dabei, dieses Kundengespräch vorzubereiten. Nennen Sie fünf Punkte, die Sie dabei zu beachten haben.

5. Aufgabe

Welche Verkaufsargumente halten Sie für geeignet, um den Kunden zu der Bestellung zu bewegen?

6. Aufgabe

Ihr Verkaufsgespräch hat den Kunden überzeugt. Es kommt zum Kaufvertrag. Da es sich um einen größeren Auftrag handelt, beabsichtigen Sie, die Bonität des Kunden zu prüfen.
6.1 Was ist unter dem Begriff „Bonität“ zu verstehen?
6.2 Wie können Sie die Bonität des Kunden überprüfen? Nennen Sie 3 Möglichkeiten.

6.1	
6.2	

7. Aufgabe

Das Warenhaus Peter Kolb OHG beabsichtigt, den Absatz des neu ins Sortiment genommenen Artikels voranzutreiben. Sie sollen Vorschläge bezüglich erfolgsversprechender Werbemöglichkeiten unterbreiten. Tragen Sie drei sinnvolle Werbeaktionen und die passenden Kombinationen aus Werbemittel und Werbeträger in die Tabelle ein.

Werbeaktion	Werbemittel	Werbeträger

Sie werden mit der Kalkulation des neuen Artikels beauftragt.

8. Aufgabe

Der neue Artikel soll nun mit einem Werbeprospekt beworben werden. Auf der Titelseite des Prospektes erscheint ein Foto des Artikels. Darunter ist der Preis von 17,90 € zu lesen. Sie erfahren von Ihrem Abteilungsleiter, dass die Handelsspanne für den neuen Artikel 30 % beträgt. Sie sollen nun ermitteln, wie viel € der Bezugspreis des Artikels höchstens sein darf.

9. Aufgabe

Der Artikel kann zu einem Bezugspreis von 10,40 € beschafft werden. Ihr Handlungskosten-zuschlagssatz beträgt 25 %. Wie hoch ist der Selbstkostenpreis des Artikels?

10. Aufgabe

Für den Anfang bestellen Sie 240 Stück des Artikels. Bereits nach 4 Wochen konnten 200 Stück davon verkauft werden. Wie hoch ist der in diesen 4 Wochen erzielte Gewinn?

11. Aufgabe

Es werden nun größere Mengen bestellt. Um auf den geplanten Absatz zu kommen, wird der Preis auf 16,99 € gesenkt. Wie viel Gewinn verbleibt noch pro Stück?

SITUATION 6

Da die Lebensmittelabteilung des Warenhauses Peter Kolb OHG nicht sonderlich gut sortiert ist und die Nachfrage nach Feinkostartikeln und Spezialitäten stetig steigt, beschließt Herr Willi Jugl, langjähriger Leiter der Abteilung, sich selbstständig zu machen und einen Feinkostladen zu eröffnen.

1. Aufgabe

Auf der Suche nach einem geeigneten Ladenlokal werden Herrn Jugl zwei passende Räumlichkeiten angeboten: am Stadtrand, in der Nähe der Autobahn und der B 299, und in der Innenstadt, nicht weit entfernt vom Warenhaus. Jugl entscheidet sich für den Laden in der Innenstadt. Welches Kriterium war ausschlaggebend für diese Standortwahl?

2. Aufgabe

Welche weiteren Kriterien zur Standortwahl sind Ihnen bekannt?

3. Aufgabe

Neben den sogenannten „harten“ Standortfaktoren gibt es noch die „weichen“. Wodurch unterscheiden sich beide? Geben Sie 5 Beispiele für „weiche“ Standortfaktoren.

4. Aufgabe

Herr Jugl überlegt nun, welche Rechtsform er für sein Unternehmen wählen soll. Da er noch Kapital benötigt, beabsichtigt er, einen Partner zu gewinnen. Welche Rechtsformen sind denkbar?

5. Aufgabe

OHG und KG sind Personengesellschaften. Wodurch unterscheiden sich beide? Nennen Sie drei Kriterien.

6. Aufgabe
Nachdem Herr Schuricht als Teilhaber gefunden wurde, wählte Herr Jugl die Rechtsform der KG. Welcher Grund wird wohl ausschlaggebend für diese Wahl gewesen sein?

7. Aufgabe
Herr Jugl will nun das Unternehmen ins Handelsregister eintragen lassen. Dabei stellt er sich als Firmennamen die Bezeichnung „Feinkostjugl“ vor. Ist dieser Name laut HGB zulässig?

8. Aufgabe
Ersten Plandaten zufolge soll die „Feinkostjugl KG“ im ersten Geschäftsjahr Umsatzerlöse von 250.000,00 € bei einem Aufwand für Waren in Höhe von 120.000,00 € erzielen. Die anfallenden Handlungskosten werden auf 70.000,00 € geschätzt. Mit welchem Gewinn rechnet Herr Jugl für das erste Geschäftsjahr?

9. Aufgabe
Der erwirtschaftete Gewinn soll gemäß den gesetzlichen Vorschriften verteilt werden. Wie lauten diese für eine KG?

10. Aufgabe
Das Eigenkapital der „Feinkostjugl“ KG setzt sich zusammen aus den Kapitaleinlagen der beiden Gesellschafter: Komplementär Jugl 150.000,00 €; Kommanditist Schuricht 50.000,00 €.
Für die Geschäftsleitung soll Herr Jugl vorab ein Monatsgehalt von 3.000,00 € erhalten. Jeder Gesellschafter erhält seine Kapitaleinlage mit 4 % verzinst. Der Restgewinn wird im Verhältnis der Kapitaleinlage verteilt. Wie viel Gewinn erhält jeder, wenn der geplante Gewinn erwirtschaftet werden konnte?

	Kapitaleinalge	Vorwegnahme	4 % Verzinsung	Restgewinn	Gesamtgewinn
Jugl					
Schuricht					
Insgesamt					

11. Aufgabe
Die „Feinkostjugl“ KG bietet ihren Kunden einen besonderen Service. Telefonisch bestellte Ware soll kostenfrei zugestellt werden. Dazu will die „Feinkostjugl KG“ einen gebrauchten Kleintransporter leasen. Erläutern Sie kurz das Leasingsystem und nennen Sie jeweils zwei Vor- und Nachteile im Vergleich zum Kauf aus eigenen Mitteln.

12. Aufgabe

Das nachstehende Angebot laut Leasingrechner liegt vor. Ermitteln Sie die Gesamtkosten für die 4 Jahre.

Anfangswert:	20.000,00	Euro
? Anzahlung:	2.000,00	Euro
? effektiver Zinssatz:	6,00	% p.a.
? Leasingrate:	345,56	Euro
? Ratenintervall:	monatlich	
? Laufzeit:	48	Monate
? Restwert:	4.000,00	Euro

SITUATION 7

„Immer mehr wird im Internet gekauft, weil es doch ein gutes Stück billiger ist, als im Einzelhandelsgeschäft vor Ort." Diesem Trend will das Warenhauses Peter Kolb OHG entgegenwirken durch Eröffnung eines eigenständigen Unternehmes am Stadtrand mit dem Ziel, Waren auf „Internetpreisniveau" anzubieten.

1. Aufgabe

Zur Gründung der Tochterunternehmung steht ein Stammkapital von 50.000,00 € zur Verfügung. Es konnte ein Gebäude am Stadtrand angemietet werden. Bei einfacher Ladenausstattung auf einer Verkaufsfläche von 600 m^2 in Stadtrandnähe sollen möglichst günstige Artikel in Selbstbedienung angeboten werden. Sie sollen unter Berücksichtigung der Vorschriften des HGB Vorschläge für die Firmenbezeichnung des neuen Unternehmens machen. Nennen Sie 3 mögliche Firmenbezeichnungen.

2. Aufgabe

Im Nachbarort von Landshut existiert bereits ein Schnäppchenmarkt. Welcher Grundsatz muss bei der Namensgebung deshalb besonders beachtet werden. Nennen und erläutern Sie diesen Grundsatz.

3. Aufgabe

Wie ist der Begriff „Firma" im § 17 HGB definiert?

4. Aufgabe

Nennen und erläutern Sie weitere Firmengrundsätze.

5. Aufgabe
Die neu gegründete Firma ist nun ins Handelsregister einzutragen. Was ist unter „Handelsregister" zu verstehen und welche Funktionen erfüllt es?

6. Aufgabe
In welche Abteilung ist die neu gegründete Firma einzutragen und warum?

7. Aufgabe
Welche Daten werden in das Handelsregister eingetragen? Nennen Sie fünf.

8. Aufgabe
Das Tochterunternehmen soll von Herrn Peter Müller als Geschäftsführer geleitet werden. Ihm wird dazu vom Firmeninhaber die weitreichendste Vollmacht erteilt. Um welche Bevollmächtigung handelt es sich dabei und mit welchem Zusatz vor der Unterschrift muss Herr Peter Müller geschäftliche Angelegenheiten unterschreiben?

9. Aufgabe
Herr Peter Müller ist nun mit einer hohen Vollmacht ausgestattet. Dennoch sind ihm einige Handlungen ausdrücklich verboten. Nennen Sie fünf Handlungen, die nur dem Geschäftsinhaber vorbehalten sind.

SITUATION 8

Der Umsatz über das Internet nimmt stetig zu. Diesem Trend kann sich das Warenhaus Peter Kolb OHG nicht länger verschließen. Deshalb sollen Sie mithelfen, einen Webshop (Online-Shop) einzurichten.

1. Aufgabe

Was ist unter einem Online-Shop zu verstehen? Erläutern Sie kurz diese moderne Verkaufsform.

2. Aufgabe

Welche Überlegungen sollte das Warenhaus Peter Kolb OHG zunächst anstellen, bevor es einen Online-Shop einrichtet? Formulieren Sie hierzu vier Fragen.

3. Aufgabe

Welche Vorteile sind mit dem Betreiben eines Online-Shops für das Warenhaus Peter Kolb OHG verbunden?

4. Aufgabe

Welche Vorteile bietet der Online-Shop dem Verbraucher?

5. Aufgabe

Welche Nachteile/Risiken hat der Kunde evtl. durch den Online Einkauf im Vergleich zum stationären Handel?

6. Aufgabe
Nennen Sie vier Voraussetzungen für einen erfolgreichen Online-Shop.

7. Aufgabe
Erklären Sie die Begriffe B2B, B2C, C2C im Online Handel. Welcher dieser Bereiche ist im Online-Handel von besonderer Bedeutung?

8. Aufgabe
Der Datenaustausch im Internet ist nicht immer sicher. So wird oft vor Computerviren und sogenannten Trojanischen Pferden gewarnt. Beschreiben Sie den Schaden, der durch die Nutzung des Internets entstehen kann.

9. Aufgabe
Wie kann sich das Warenhaus Peter Kolb OHG gegen solche Gefahren schützen? Nennen Sie drei Möglichkeiten.

10. Aufgabe
In diesem Zusammenhang haben Sie sich auch mit dem „Fernabsatzgesetz" beschäftigt. In welchem Gesetz sind die entsprechenden Paragrafen enthalten und was wird dadurch gesetzlich geregelt?

11. Aufgabe

Nennen Sie die wichtigsten Regelungen des Fernabsatzgesetztes.

II. KERNPROZESSE DES EINZELHANDELS; UNTERSTÜTZENDE PROZESSE

SITUATION 9

Eine Kundenstudie ergab, dass die individuellen Sonderwünsche der Kunden in letzter Zeit zugenommen haben. Das Warenhaus Peter Kolb OHG will mit seiner Sortimentspolitik auf die veränderte Situation reagieren, damit die künftigen Absatzchancen gesteigert werden können.

1. Aufgabe
Definieren Sie den Begriff Sortimentspolitik?

2. Aufgabe
Nennen Sie Ziele der Sortimentspolitik und erläutern Sie diese.

3. Aufgabe
Erläutern Sie die Begriffe Sortimentsbreite, Sortimentstiefe, Kernsortiment und Randsortiment.

4. Aufgabe

Im Zusammenhang mit der Sortimentspolitik trifft man auch auf den Begriff Komplementärgüter. Erläutern Sie diesen und geben Sie zwei Beispiele.

5. Aufgabe

Das Anspruchsniveau des Sortiments ist irgendwo zwischen den beiden Extremen „Diskountstrategie" und „Hochpreisstrategie" festzulegen. Zum besseren Erreichen der Unternehmensziele können Veränderungen im Anspruchsniveau durch Trading-Up bzw. Trading-Down notwendig werden. Erläutern Sie diese beiden Begriffe und nennen Sie mögliche Auswirkungen dieser Maßnahmen auf das Sortiment.

Trading-Up	
Auswirkungen	
Trading-Down	
Auswirkungen	

6. Aufgabe

Bei der Zusammenstellung eines kundengerechten und bedarfsorientierten Sortiments sind verschiedene Einflussgrößen zu beachten. Nennen Sie solche Einflussgrößen.

7. Aufgabe

Als eine Reaktion auf das veränderte Kundenverhalten sollen verstärkt No-Name-Produkte durch Markenartikel ersetzt werden. Unterscheiden Sie No-Name-Produkte von Markenartikeln.

No-Name-Produkte	Markenartikel

8. Aufgabe

In der Sortimentspolitik ist aktuell auch von sogenannten „Mee-Too-Produkten" die Rede. Erläutern Sie diesen Begriff.

SITUATION 10

Das Warenhaus Peter Kolb OHG beabsichtigt, ein neues Produkt ins Sortiment einzuführen. Sie werden beauftragt, die erforderlichen Arbeiten durchzuführen.

1. Aufgabe

Sie überlegen sich die einzelnen Handlungsschritte, die erforderlich sind, um das entsprechende Produkte zu beschaffen. Formulieren Sie Fragen, die sich Ihnen bei der Beschaffungsplanung stellen.

2. Aufgabe

Ein Lieferer ist Ihnen noch nicht bekannt. Welche Arbeitsschritte sind konkret vorzunehmen, um das neue Produkt zu beschaffen? Beachten Sie bei Ihren Lösungsvorschlägen die richtige zeitliche Reihenfolge.

3. Aufgabe

Da Sie noch keinen Lieferer für das neu zu beschaffende Produkt in Ihrer Liefererdatei gespeichert haben, müssen Sie sich um neue Bezugsquellen kümmern.
Nennen Sie 5 Möglichkeiten, neue Liefereradressen ausfindig machen zu können (externe Bezugsquellen).

4. Aufgabe

Nachdem Sie die erforderlichen Lieferer ausfindig machen konnten, holen Sie Angebote ein.

4.1 Wie werden Ihre Schreiben an die potentiellen Lieferanten bezeichnet, wenn Sie Ihr gewünschtes Produkt sehr detailliert kennzeichnen?

4.2 Welche rechtlichen Verpflichtungen gehen Sie mit Ihren Schreiben ein?

4.1	
4.2	

5. Aufgabe
Ihnen gehen verschiedene Angebote ein. Neben dem Preis sind noch weitere Daten der Anbieter zu beachten. Erstellen Sie ein Schema, das Ihnen die Entscheidung, bei welchem Lieferer Sie bestellen wollen, erleichtern soll.

Lieferer	Listenpreis	?	?	?	?	?

6. Aufgabe
Sollten zwei Lieferer die gleichen Bedingungen wie in Aufgabe 5 aufweisen, muss nach anderen Kriterien ausgewählt werden. Nennen Sie weitere Auswahlkriterien.

7. Aufgabe
Ihnen liegen zu Anfang der 20. Kalenderwoche 5 Angebote vor. Bei welchem Lieferer bestellen Sie, wenn Sie spätestens in der 25. Kalenderwoche 250 Stück der neuen Ware benötigen?

Lieferer	Preis, €	Lieferbedingungen	Zahlungsbedingungen	Lieferzeit
1	10,20	Mindestabnahme 200 Stück	netto Kasse	26. Woche ab Werk
2	11,50	--	netto Kasse	sofort
3	10,45	--	netto Kasse	3 Wochen ab Eingang Bestellung
4	10,00	--	8 Tage, 3 % Skonto	6 Wochen ab Eingang Bestellung
5	09,80	Mindestabnahme 500 Stück	14 Tage, 2% Skonto	sofort

8. Aufgabe

Ein weiteres Angebot enthält die Zahlungsbedingung: Zahlungsziel 60 Tage, bei Zahlung innerhalb 10 Tagen 3 % Skonto.

8.1 Was ist unter Skonto zu verstehen?
8.2 Warum bietet der Lieferer den Abzug von Skonto an?
8.3 Wie wirkt sich ein Skontoabzug bei dem Warenhaus Peter Kolb OHG aus?
8.4 Welchem Jahrszinssatz entspricht diese Zahlungsbedingung?

8.1	
8.2	
8.3	
8.4	

9. Aufgabe

Die hohe Kundennachfrage machte eine weitere Order des Produkts erforderlich. Sie entscheiden sich, noch mal 100 Stück nachzubestellen. Dazu nehmen Sie das Angebot des Lieferers 4 aus der Tabelle von Aufgabe 7 wahr. Wie hoch ist Ihr Bruttoverkaufspreis pro Stück, wenn 0,20 € Bezugskosten pro Stück, 20 % Handlungskostenzuschlag, 5 % Gewinnzuschlag und die gesetzliche Mehrwertsteuer von 19 % zu berücksichtigen sind?

10. Aufgabe

Bei der Preisgestaltung wird im Einzelhandel auch von dem „psychologischen“ Preis gesprochen. Erklären Sie diesen Begriff und machen Sie einen praktischen Vorschlag bezüglich Aufgabe 9.

11. Aufgabe

Sie nehmen das neue Produkte in Ihr Kernsortiment auf. Welche warenwirtschaftlichen Arbeiten bringt dies mit sich?

12. Aufgabe

Angenommen, das neu ins Sortiment aufzunehmende Produkte sei sehr teuer und der Absatz noch recht ungewiss. Welche Möglichkeit würden Sie vorschlagen, um Risiken weitgehend auszuschalten?

13. Aufgabe

In unmittelbarer Nähe des Warenhauses Peter Kolb OHG hat sich ein Mitbewerber niedergelassen. Sie werden beauftragt, eine Konkurrenzbeobachtung durchzuführen. Warum lässt die Peter Kolb OHG eine Konkurrenzbeobachtung durchführen?

14. Aufgabe

Die Niederlassung des Mitbewerbers in unmittelbarer Nähe Ihres Unternehmens kann Vorteile und Nachteile für Ihr Unternehmen haben. Nennen Sie mögliche Vor- und Nachteile für das Warenhaus Peter Kolb OHG.

15. Aufgabe

Sie stellen fest, dass der Mitbewerber viele Artikel Ihres Sortiments führt und diese zum Teil günstiger anbietet. Mit welchen Maßnahmen können Sie auf die Preispolitik des Mitbewerbers reagieren?

16. Aufgabe

Der Mitbewerber führt auch das von Ihnen erst kürzlich ins Sortiment eingeführte Produkt. Da er speziell für dieses Produkt eine Rabattaktion durchführt, ist das Warenhaus Peter Kolb OHG gezwungen, die Preise aus Aufgabe 9 um 10 % zu senken. Durch diese Preissenkung wird eine Absatzsteigerung von 50 % erwartet. Die variablen Handlungskosten betragen 65 Ct pro Produkt. Sie haben die Aufgabe, für diese veränderte Marktsituation die Deckungsbeitragsrechnung durchzuführen.

16.1 Erläutern Sie den Begriff „Deckungsbeitrag"?
16.2 Um wie viel € hat sich der Deckungsbeitrag im Vergleich zur Aufgabe 9 verändert?
16.3 Warum wäre es notwendig, als absolute Preisuntergrenze 10,55 € pro Produkt festzulegen?
16.4 Was könnte das Warenhaus Peter Kolb OHG veranlassen, das Produkt zumindest vorübergehend im Sortiment zu belassen?
16.5 Welche Schwierigkeiten sind damit verbunden, wenn das Produkt längerfristig zu 10,55 € im Sortiment verbleiben würde?

16.1		
16.2	**Deckungsbeitrag zur neuen Marktsituation**	**Deckungsbeitrag zu Aufgabe 9**
16.3		
16.4		
16.5		

17. Aufgabe

Ist es immer sinnvoll, auf Angebote von Mitbewerbern mit Preisreduzierungen (so wie in Aufgabe16) zu reagieren? Nennen Sie Gründe, die dafür sprechen und Gründe, die dagegen sprechen.

Gründe dafür	Gründe dagegen

18. Aufgabe
Wie hätte das Warenhaus Peter Kolb OHG auf die Rabattaktion des Mitbewerbers noch reagieren können?

19. Aufgabe
Eine Auszubildende fragt Sie, ob es nicht besser wäre, bei einem neu einzuführenden Produkt erst mal eine kleine Menge zu bestellen. Welche Auswirkungen kann eine zu kleine Bestellmenge haben? Nennen Sie Vor- und Nachteile.

20. Aufgabe
Sie erteilen der Auszubildenen den Auftrag, ein Bestellschreiben vorzubereiten. Sie reichen ihr einen Stichpunktzettel, auf dem die wichtigsten Inhaltspunkte einer Bestellung notiert sind. Welche sind dies?

SITUATION 11

Das Warenhaus Peter Kolb OHG hat für die Abteilung Wareneingang einen neuen Mitarbeiter eingestellt. Dieser erfährt bei seiner Einweisung, dass er künftig zuständig ist für
- **die Warenannahme und Warenkontrolle**
- **die Bearbeitung von Reklamationen**
- **die Abwicklung der dadurch anfallenden Arbeiten.**

1. Aufgabe
Welche Arbeiten fallen im Bereich der Warenannahme in Anwesenheit des Anlieferers an?

2. Aufgabe
Was ist zu tun, wenn ein Packstück fehlt oder die äußere Verpackung beschädigt ist?

3. Aufgabe
Die ordnungsgemäß gelieferte Ware wird angenommen. Welche rechtliche Wirkung ist mit dieser Warenannahme verbunden?

4. Aufgabe
Laut Kaufvertrag hat das Warenhaus Peter Kolb OHG die Pflichten, die Ware anzunehmen, unverzüglich zu prüfen und zu bezahlen. Erläutern Sie in diesem Zusammenhang den Begriff „unverzüglich“.

5. Aufgabe
Welche Arbeiten fallen bei der Prüfung der gelieferten Ware an und welche Hilfsmittel sind heranzuziehen?

6. Aufgabe
Beschreiben Sie kurz die noch in den Bereich der Warenannahme anfallenden weiteren Arbeiten.

7. Aufgabe

Leider muss der neue Angestelle bei seiner Arbeit feststellen, dass die gelieferte Ware nicht den Anforderungen entspricht. Welche Mängel können beim Auspacken der Ware auftreten?

Sachmängel	

8. Aufgabe

Die Abteilung für Heimtextilien hatte Dekostoffe bestellt. Es wurden statt 20 Stück der bestellten Ballen nur 10 geliefert. Außerdem stellt sich nach 6 Wochen heraus, dass einige der Stoffe nicht farbecht sind, obwohl dies vom Lieferer zugesagt war. Um welche Mängel handelt es sich jeweils und was muss der Angestellte dabei beachten?

9. Aufgabe

Auf einer betrieblichen Unterweisung wurden dem Angestellten die rechtlichen Möglichkeiten aufgezeigt, die dem Warenhaus Peter Kolb OHG im Falle einer mangelhaften Lieferung (Schlechtleistung) zustehen. Erläutern Sie die Rechte des Käufers im Falle einer mangelhaften Lieferung.

10. Aufgabe

Die Warenannahme musste in den letzten Tagen mehrere Mängel bei der Warenlieferung feststellen. Welche Sachmängel liegen jeweils vor? Tragen Sie die Lösungsbegriffe in die vorgesehenen Kästchen ein.

Mängel	Mangelart
Statt der bestellten Stockschirme wurden Knirpse geliefert.	
Zwei Rotweingläser waren in einem beschädigten Karton.	
Statt der 30 Hemden wurden nur 20 geliefert.	
Zwei der zwanzig gelieferten PC-Drucker waren am Gehäuse leicht beschädigt.	

11. Aufgabe

Ihnen stehen aufgrund der festgestellten Mängel Rechte gegenüber den Lieferern zu. Welche Rechte machen Sie in den einzelnen Fällen am sinnvollsten geltend? Tragen Sie auch hier die Lösungsbegriffe in die Kästchen ein.

Mängel	Rechte
Statt der bestellten Stockschirme wurden Knirpse geliefert.	
Zwei Rotweingläser waren in einem beschädigten Karton.	
Statt der 30 Hemden wurden nur 20 geliefert.	
Zwei der zwanzig gelieferten PC-Drucker waren am Gehäuse leicht beschädigt.	

SITUATION 12

Das Warenwirtschaftssystem Ihres Unternehmens ist in der Lage, Ihnen jederzeit artikelgenau Auskunft über die Bestände des Warensortiments zu liefern. So können Sie beispielsweise jederzeit am PC die Stückzahlen
- **des Vorjahresabsatzes**
- **des laufenden Jahresabsatzes**
- **des Bestandes, der für Vorbestellungen reserviert ist**
- **des verfügbaren Bestandes**
- **des Meldebestandes**
- **des Mindestbestandes**

abfragen.

1. Aufgabe
Was ist unter Warenwirtschaft zu verstehen und wann spricht man von einem Warenwirtschaftssystem?

2. Aufgabe
Was ist das Ziel der Warenwirtschaft und wie kann das Warenwirtschaftssystem zur Erreichung dieser Ziele beitragen?

3. Aufgabe
Mit Hilfe des Warenwirtschaftssystems wird jeder einzelne Artikel vom Wareneingang bis zum Warenausgang überwacht und gesteuert. Welche Voraussetzungen müssen dazu gegeben sein?

4. Aufgabe
Wie geht die Erfassung der Ausgangsdaten an der Kasse vor sich?

5. Aufgabe

Ein Kunde erkundigt sich telefonisch bei Ihnen nach der Lieferfähigkeit. Welche der in der Ausgangssituation genannten Daten gibt Ihnen die Möglichkeit, dem Kunden noch am Telefon eine präzise Antwort zu geben?

6. Aufgabe

Der Kunde lässt sich für den kommenden Monat eine Sendung des Produktes X reservieren. Sie geben die entsprechenden Daten am PC ein. Welche Bestände (s. o.) werden dadurch tangiert?

7. Aufgabe

Ihre Einkaufsabteilung richtet sich beim Einkauf ebenfalls nach den Daten des Warenwirtschafts-systems. Wann liefert das WaWi-Programm einen Bestellvorschlag?

8. Aufgabe

Es kommt auch vor, dass Ihre Einkaufsabteilung sich beim Bestellverhalten anders entscheidet, als dies vom WaWi-Programm vorgeschlagen wurde. Wann erachten Sie es für angebracht,
8.1 mehr zu bestellen als dies der Bestellvorschlag des WaWi vorsieht?
8.2 weniger zu bestellen als dies der Bestellvorschlag des WaWi vorsieht?

8.1		8.2	

9. Aufgabe

Sie haben mitbekommen, dass es aufgrund gestiegenen Nachfrageverhaltens seitens Ihrer Kunden in letzter Zeit zu Verkaufsstockungen wegen zu geringer Lagerbestände gekommen ist. Welchen Vorschlag können Sie unterbreiten, um dieses Problem zu lösen und wie können Sie Ihren Vorschlag mit den Zahlen des WaWi-Programmes untermauern?

SITUATION 13

Das Warenhaus Peter Kolb OHG hat für die Textilabteilung - Bereich Bettwäsche - Angebote für Bettbezüge eingeholt. Drei der eingegangenen Angebote sind nachstehend abgebildet. Die angebotenen Bettbezüge haben die gleiche Qualität. Die Angebote wurden per Briefpost zugestellt.

Textilwerke Huber KG München	Textilfabrik Schmitt OHG Nürnberg	Textilgroßhandel Wolf KG Regensburg
22,50 €/Stück	30,00 €/ Stück	30,00 €/Stück
ab Werk	***frachtfrei***	frei Haus
Rabatt: 5 %	Wiederverkäuferrabatt: 30 %	--
Zahlungsziel: Zahlbar innerhalb 10 Tagen mit 2 % Skonto; 30 Tage	***Netto Kasse***	Zahlung innerhalb 14 Tagen mit 3 % Skonto; Ziel 90 Tage
Fracht: 40,00 €	Zustellung 10,00 €	--
Lieferzeit: sofort	Lieferzeit: 30 Tage	--
Erfüllungsort für beide Teile: München	--	Erfüllungsort für beide Teile: Regensburg
Angebot: freibleibend	***Eigentumsvorbehalt***	Mindestabnahmemenge: 100 Stück

1. Aufgabe

Für die Bettenabteilung werden 50 Bettbezüge benötigt. Welcher Lieferer ist am preisgünstigsten?

	Textilwerke Huber KG München	Textilfabrik Schmitt OHG Nürnberg	Textilgroßhandel Wolf Regensburg
.			

2. Aufgabe

In der oben abgebildeten Tabelle sind einige Begriffe kursiv geschrieben. Erläutern Sie diese Begriffe.

Rabatt	
Zahlungsziel	
Frachtfrei	
Netto Kasse	
Eigentums-vorbehalt	

3. Aufgabe

Warum könnte das Warenhaus Peter Kolb OHG dennoch auf das Angebot der Textilwerke Huber KG zurückgreifen?

4. Aufgabe

Was bedeutet der Zusatz „freibleibend" im Angebot der Textilwerke Huber OHG?

5. Aufgabe

Wie lange ist die Textilfabrik Schmitt OHG an ihr Angebot gebunden?

6. Aufgabe

Was bedeutet der Begriff Erfüllungsort und wo ist der Erfüllungsort für die Warenlieferung für den Fall, dass zwischen dem Warenhaus Peter Kolb OHG und der Textilfabrik Schmitt OHG ein Kaufvertrag zustande kommt?

7. Aufgabe
Was besagt der Grundsatz „Warenschulden sind Holschulden"?

8. Aufgabe
Im Angebot der Textilgroßhandlung Wolf KG ist nichts über die Lieferzeit ausgesagt. Wann müsste Wolf liefern, wenn es zu einem Kaufvertrag mit dem Warenhaus Peter Kolb OHG käme?

9. Aufgabe
Auf der Rückseite des Angebots der Textilgroßhandlung Wolf KG sind Allgemeine Geschäftsbedingungen abgedruckt, auf die im Angebot ausdrücklich hingewiesen wird. Warum werden AGBs formuliert?

10. Aufgabe
Unter welchen Voraussetzungen gelten die Allgemeinen Geschäftsbedingungen als Vertragsbestandteil?

11. Aufgabe
Der Gesetzgeber schützt den Vertragspartner vor ungerechtfertigter Benachteiligung. Wann sind AGBs ungültig bzw. unwirksam?

SITUATION 14

Das Warenhaus Peter Kolb OHG hatte am 26. Februar bei der ATU Autoteile Unger, Landshut, für die Kfz-Abteilung 200 Schonbezüge bestellt. Die Lieferung erfolgt am 1. März. Die Rechnung (siehe Abb.) ging am 06. März beim Warenhaus Peter Kolb OHG ein.

ATU Autoteile Unger - Landshut

ATU Autoteile Unger - Postfach 7890 - 84028 Landshut

Kauf- und Warenhaus
Peter Kolb OHG
Luitpoldstr. 56
84034 Landshut

20..-03-02
Parkstraße 27
84032 Landshut
Tel. 0871/980876
Fax: 0871/980877

Eingegangen:
06. März
Warenhaus P. Kolb OHG

Rechnung Nr. 3347-18

Lieferschein-Nr. 12365
Kunden-Nr. 67654
Auftrags-Nr 5609
Lieferdatum: 28. Februar 20..

Art.-Nr.	Artikelbezeichnung	Menge	Einheit	UST.	LEP €	GP €
256	Schonbezüge Abzüglich 10 % Rabatt	200	Stück	19 %	24,90	4.980,00 498,00
	Warenwert **Rechnungsbetrag**			851,58		4.482,00 **5.333,58**

Zahlbar sofort bei 3 % Skonto

Ansonsten gelten unsere allgemeinen Verkaufs-, Lieferungs- und Zahlungsbedingungen.
Bankverbindung: Sparkasse Landshut,
IBAN: DE26 7435 0000 0000 7878 76
BIC: BYLADEM1LAH
Ust.-Id.-Nr. DE 446 778 448

Lieferantenstammblatt

Lieferernummer	110	Fremd-Kundennummer 67654	
Bezeichnung	ATU Autoteile	Buchungskennzeichen	
Kurzbezeichnung	ATU	Steuerpflichtig:	ja, mit Vst.
Ust.-IdNr.	De 78768908	Rabatt vom Listenpreis:	20 %
Firma:	ATU Autoteile Unger Parkstraße 27 84032 Landshut Tel. 0871/980876 Fax: 0871/980877	Zahlungsbedingung: Lieferbedingung:	3 % Skonto bei sofortiger Zahlung frei Haus

1. Aufgabe

1.1 Wodurch kam der Vertrag zwischen dem Warenhaus Peter Kolb OHG und der Firma ATU zustande?

1.2 Bei Stoffbezügen handelt es sich um einen Gattungskauf. Erläutern Sie in diesem Zusammenhang den Unterschied zwischen Stückkauf und Gattungskauf.

1.1	
1.2	

2. Aufgabe

Vergleichen Sie Rechnung und Lieferantenstammblatt. Was fällt Ihnen auf?

3. Aufgabe

Kalkulieren Sie den Verkaufspreis des Warenhauses Peter Kolb OHG für einen Stoffbezug. Legen Sie dabei die Daten aus dem Lieferantenstammblatt zugrunde. Gehen Sie vom Listeneinkaufspreis aus. Berücksichtigen Sie, dass der Kalkulationszuschlag des Warenhauses Peter Kolb OHG bei 66 2/3 % liegt.

4. Aufgabe

Wie hoch ist die Handelsspanne für diese Schonbezüge?

5. Aufgabe

Das Warenhaus Peter Kolb OHG hat durch ein Versehen der Buchhaltung die Rechnung nicht bezahlt. Ab welchem Tag ist es auch ohne Mahnung des Lieferers in Zahlungsverzug geraten?

Siehe dazu noch den umseitig abgebildeten Gesetzestext sowie den abgebildeten Kalender.

§ 286 Verzug des Schuldners

(1) Leistet der Schuldner auf eine Mahnung des Gläubigers nicht, die nach dem Eintritt der Fälligkeit erfolgt, so kommt er durch die Mahnung in Verzug. Der Mahnung stehen die Erhebung auf die Leistung sowie die Zustellung eines Mahnbescheids im Mahnverfahren gleich.

(2) Der Mahnung bedarf es nicht, wenn
1. für die Leistung eine Zeit nach dem Kalender bestimmt ist,
2. der Leistung ein Ereignis vorauszugehen hat und eine angemessene Zeit für die Leistung in der Weise bestimmt ist, dass sie sich von dem Ereignis an nach dem Kalender berechnen lässt,
3. der Schuldner die Leistung ernsthaft und endgültig verweigert,
4. aus besonderen Gründen unter Abwägung der beiderseitigen Interessen der sofortige Eintritt des Verzugs gerechtfertigt ist.

(3) Der Schuldner einer Entgeltforderung kommt spätestens in Verzug, wenn er nicht innerhalb von 30 Tagen nach Fälligkeit und Zugang einer Rechnung oder gleichwertigen Zahlungsaufstellung leistet; dies gilt gegenüber einem Schuldner, der Verbraucher ist nur, wenn auf diese Folgen in der Rechnung oder Zahlungsaufstellung besonders hingewiesen worden ist. Wenn der Zeitpunkt des Zugangs der Rechnung oder Zahlungsaufstellung unsicher ist, kommt der Schuldner, der nicht Verbraucher ist, spätestens 30 Tage nach Fälligkeit und Empfang der Gegenleistung in Verzug.

(4) Der Schuldner kommt nicht in Verzug, solange die Leistung infolge eines Umtausch unterbleibt, den er nicht zu vertreten hat.

Januar					
Mo		5	12	19	26
Di		6	13	20	27
Mi		7	14	21	28
Do	**1**	8	15	22	29
Fr	2	9	16	23	30
Sa	3	10	17	24	31
So	**4**	**11**	**18**	**25**	
Wo	1	2	3	4	5

Februar					
Mo		2	9	16	23
Di		3	10	17	24
Mi		4	11	18	25
Do		5	12	19	26
Fr		6	13	20	27
Sa		7	14	21	28
So	**1**	**8**	**15**	**22**	**29**
Wo	5	6	7	8	9

März					
Mo	1	8	15	22	29
Di	2	9	16	23	30
Mi	3	10	17	24	31
Do	4	11	18	25	
Fr	5	12	19	26	
Sa	6	13	20	27	
So	**7**	**14**	**21**	**28**	
Wo	10	11	12	13	14

April					
Mo		5	**12**	19	26
Di		6	13	20	27
Mi		7	14	21	28
Do	1	8	15	22	29
Fr	2	**9**	16	23	30
Sa	3	10	17	24	
So	**4**	**11**	**18**	**25**	
Wo	14	15	16	17	18

Mai						
Mo		3	10	17	24	**31**
Di		4	11	18	25	
Mi		5	12	19	26	
Do		6	13	**20**	27	
Fr		7	14	21	28	
Sa	**1**	8	15	22	29	
So	**2**	**9**	**16**	**23**	**30**	
Wo	18	19	20	21	22	23

Juni					
Mo		7	14	21	28
Di	1	8	15	22	29
Mi	2	9	16	23	30
Do	3	10	17	24	
Fr	4	11	18	25	
Sa	5	12	19	26	
So	**6**	**13**	**20**	**27**	
Wo	23	24	25	26	27

Juli					
Mo		5	12	19	26
Di		6	13	20	27
Mi		7	14	21	28
Do	1	8	15	22	29
Fr	2	9	16	23	30
Sa	3	10	17	24	31
So	**4**	**11**	**18**	**25**	
Wo	27	28	29	30	31

August						
Mo		2	9	16	23	30
Di		3	10	17	24	31
Mi		4	11	18	25	
Do		5	12	19	26	
Fr		6	13	20	27	
Sa		7	14	21	28	
So	**1**	**8**	**15**	**22**	**29**	
Wo	31	32	33	34	35	36

September					
Mo		6	13	20	27
Di		7	14	21	28
Mi	1	8	15	22	29
Do	2	9	16	23	30
Fr	3	10	17	24	
Sa	4	11	18	25	
So	**5**	**12**	**19**	**26**	
Wo	36	37	38	39	40

Oktober					
Mo		4	11	18	25
Di		5	12	19	26
Mi		6	13	20	27
Do		7	14	21	28
Fr	1	8	15	22	29
Sa	2	9	16	23	30
So	**3**	**10**	**17**	**24**	**31**
Wo	40	41	42	43	44

November					
Mo	1	8	15	22	29
Di	2	9	16	23	30
Mi	3	10	17	24	
Do	4	11	18	25	
Fr	5	12	19	26	
Sa	6	13	20	27	
So	**7**	**14**	**21**	**28**	
Wo	45	46	47	48	49

Dezember					
Mo		6	13	20	27
Di		7	14	21	28
Mi	1	8	15	22	29
Do	2	9	16	23	30
Fr	3	10	17	24	31
Sa	4	11	18	**25**	
So	**5**	**12**	**19**	**26**	
Wo	49	50	51	52	53

SITUATION 15

Das Warenhaus Peter Kolb OHG hat aufgrund von Konkurrenzbeobachtungen erfahren müssen, dass einige Artikel des eigenen Sortiments von Mitbewerbern wesentlich günstiger angeboten werden. Daraufhin werden Überlegungen angestellt, ob und wie man reagieren soll.

1. Aufgabe

Zunächst wird überprüft, wie die eigenen Preise zustande kommen. Nennen Sie Faktoren, die den Preis der Ware beeinflussen.

2. Aufgabe

Neben den eigentlichen Produktkosten (Bezugspreis der Ware) fallen im Unternehmen weitere Kosten an, die so genannten Handlungskosten. Was ist darunter zu verstehen?

3. Aufgabe

Im Preis der Ware ist noch ein Gewinnzuschlag eingerechnet. Welche Größen sind bei der Ermittlung des Gewinnzuschlagssatzes zu berücksichtigen?

4. Aufgabe

Unterscheiden Sie
4.1 kostenorientierte Preisgestaltung,
4.2 nachfrageorientierte Preisgestaltung,
4.3 konkurrenzorientierte Preisgestaltung.

Kostenorientierte Preisgestaltung	
Nachfrageorientierte Preisgestaltung	
Konkurrenzorientierte Preisgestaltung	

5. Aufgabe

Eine Waschmaschine der Marke Miele XTP 567 wird vom Hersteller zu 1.043,89 € angeboten. Der Lieferer bietet 35 % Wiederverkäuferrabatt und 3 % Skonto an. Wie hoch ist der Verkaufspreis dieser Waschmaschine, wenn 25,00 € Bezugskosten, ein Handlungskostenzuschlag von 24 %, ein Gewinnzuschlag von 20 % sowie 19 % Mehrwertsteuer zu berücksichtigen sind?

6. Aufgabe

Siehe Aufgabe 5. Ermitteln Sie den Kalkulationszuschlag, den Kalkulationsfaktor, die Handelsspanne und den Kalkulationsabschlag! Geben Sie jeweils den Rechenweg an.

7. Aufgabe

Der Mitbewerber am Ort bietet die gleiche Waschmaschine für 1.149,00 € an. Das Warenhaus Peter Kolb OHG entschließt sich für die konkurrenzorientierte Preisgestaltung. Welche Möglichkeiten hat das Warenhaus, die Waschmaschine ebenfalls zu dem Preis anzubieten?

8. Aufgabe
Zu welchem Preis müsste das Warenhaus Peter Kolb OHG die Ware einkaufen (Bezugspreis), wenn die Waschmaschine ebenfalls zu 1.149,00 € angeboten werden soll, aber alle anderen Bedingungen gleich bleiben sollen?

9. Aufgabe
Es ist kein Lieferant bereit, die Waschmaschine günstiger anzubieten. Das Warenhaus Peter Kolb OHG muss also auf Gewinn verzichten. Wie viel Gewinn in € und Prozent verbleiben noch, wenn alle anderen Bedingungen gleich bleiben?

10. Aufgabe
Peter Kolb hat noch eine weitere Filiale in einem anderen Bundesland. Da hier kein Mitbewerber für Waschmaschinen am Ort ist, kann die Waschmaschine zu dem kalkulierten Preis angeboten werden. Welche Art der Preisdifferenzierung liegt vor?

11. Aufgabe
Welche anderen Möglichkeiten der Preisdifferenzierung sind Ihnen noch bekannt? Nennen Sie diese und erläutern Sie sie kurz.

12. Aufgabe
Das Warenhaus Peter Kolb OHG setzt bei seiner Preispolitik auch das Mittel der psychologischen Preisgestaltung ein. Was ist darunter zu verstehen?

SITUATION 16

Im Januar wurden vom Warenhaus Peter Kolb OHG die in der Tabelle dargestellten Anschaffungen getätigt.

Anlagegut	Kaufpreis netto	Überführungs- bzw. Zulassungskosten	Mehrwertsteuer 19 %	Anschaffungskosten brutto
Lieferwagen (Kombifahrzeug)	29.500,00 €	195,00 €	5.642,05 €	35.337,05 €
Notebook Toshiba	1.499,00 €		284,81 €	1.783,81 €

1. Aufgabe
Erläutern Sie den Begriff Abschreibungen.

2. Aufgabe
Warum sind Abschreibungen notwendig?

3. Aufgabe
Sie sollen den Abschreibungsprozentsatz für den Lieferwagen ermitteln. Welche Angabe benötigen Sie dazu?

4. Aufgabe
Unterscheiden Sie lineare und leistungsabhängige Abschreibung.

linear:	
leistungs-abhängig:	

5. Aufgabe
Mit welchem Abschreibungsprozentsatz darf eine Frankiermaschine abgeschrieben werden? Siehe dazu noch die abgebildete Afa-Tabelle.

6. Aufgabe

Berechnen Sie für beide Anlagegüter
6.1 den Abschreibungsbetrag im zweiten Nutzungsjahr.
6.2 den Buchwert zum Ende des zweiten Jahres.
Siehe dazu noch die abgebildete Afa-Tabelle.

Ermittlung der Abschreibungsbeträge			
		Notebook	Kombifahrzeug

7. Aufgabe

Wie wirken sich Abschreibungen auf die Kalkulation und auf den Gewinn aus?

8. Aufgabe

Mit welchem Wert sind die Anlagegüter zu Beginn des zweiten Jahres ihrer Nutzung in der Bilanz zu führen?

Siehe den umseitig abgebildeten Auszug aus der Afa-Tabelle für Anlagegüter

Fahrzeuge	**Jahre**
Schienenfahrzeuge	25
Straßenfahrzeuge	
Personenkraftwagen und Kombiwagen	6
Motorräder, Motorroller, Fahrräder u. ä.	7
Lastkraftwagen, Sattelschlepper, Kipper	9
Traktoren und Schlepper	12
Kleintraktoren	8
Anhänger, Auflieger, Wechselaufbauten	11
Omnibusse	9
Sonderfahrzeuge	
Feuerwehrfahrzeuge	10
Rettungsfahrzeuge und Krankentransportfahrzeuge	6
Wohnmobile, Wohnwagen	8
Bauwagen	12
Telekommunikationsanlagen	
Fernsprechnebenstellenanlagen	10
Kommunikationsendgeräte	
Allgemein	8
Mobilfunkendgeräte	5
Textendeinrichtungen (Faxgeräte u. ä.)	6
Betriebsfunkanlagen	11
Antennenmasten	10
Büromaschinen und Organisationsmittel	
Adressiermaschinen, Kuvertiermaschinen, Frankiermaschinen	8
Paginiermaschinen	8
Datenverarbeitungsanlagen	
Großrechner	7
Workstations, Personalcomputer, Notebooks und deren Peripheriegeräte (Drucker, Scanner, Bildschirme u. ä.)	3
Foto-, Film-, Video- und Audiogeräte (Fernseher, CD-Player, Recorder, Lautsprecher, Radios, Verstärker, Kameras, Monitore u. ä.)	7

SITUATION 17

Das Warenhaus Peter Kolb OHG ist aufgrund steigender Umsatzzahlen gezwungen, ihr Personal aufzustocken. Für den Verkauf und die Verwaltung werden jeweils zwei neue Fachkräfte eingestellt. Die Personalbedarfsplanung hat die Aufgabe, den Einstellungsprozess vorzubereiten.

1. Aufgabe

Erläutern Sie den Begriff Personalplanung.

2. Aufgabe

Beschreiben Sie die Aufgaben der Personalplanung.

3. Aufgabe

Je nach betrieblicher Situation ergeben sich für die Personalbedarfsplanung unterschiedliche Zielsetzungen. Der oben beschriebenen Situation obliegt das Ziel der Planung eines Neubedarfs (Erweiterungsbedarfs). Nennen Sie weitere Zielsetzungen, die sich für die Personalbedarfsplanung ergeben können und erläutern Sie diese kurz.

4. Aufgabe

Zur Deckung des Neubedarfs kann die Personalabteilung grundsätzlich zwischen zwei Vorgehensweisen wählen. Nennen und erläutern Sie diese.

5. Aufgabe

Stellen Sie die Vorteile von externer und interner Personalbeschaffung gegenüber.

6. Aufgabe
Welche Möglichkeiten einer externen Personalbeschaffung hat das Warenhaus Peter Kolb OHG?

7. Aufgabe
Die externe Personalbeschaffung ist kostenaufwendiger als die interne Personalbeschaffung. Nennen Sie drei Möglichkeiten der externen Personalbeschaffung, die kostengünstig sind. Begründen Sie Ihre Antworten.

SITUATION 18

Sie sind vorübergehend in der Personalabteilung des Warenhauses Peter Kolb OHG beschäftigt. Ihnen wurde die Personalplanung für das kommende Jahr im Bereich Elektronik-Computer-Unterhaltungsmedien übertragen.

1. Aufgabe

Ihnen liegt am 20.12. des alten Jahres folgender Stellenplan für die Abteilung vor. Ermitteln Sie den Fehlbestand an Mitarbeitern für den Monat Januar.

Stellenplan vom 20.12.20..	
Anzahl der Stellen	30
Besetzte Stellen	26
Für das Folgejahr neu genehmigte Stellen	2
Kündigungen	2
Mutterschaft	2
Ruhestand	1
Übernahme Azubis	2
Elternzeit Ende	2

2. Aufgabe

Bei der Personalbedarfsplanung sind planbare (vorhersehbare) und nicht planbare (nicht vorhersehbare) Personalabgänge und Personalzugänge zu berücksichtigen. Nennen Sie jeweils zwei Beispiele für planbare Personalveränderungen.

3. Aufgabe

Die nicht planbaren Personalabgänge erschweren die exakte Berechnung des Personalbedarfs. Nennen Sie drei Beispiele solcher nicht vorsehbaren Personalabgänge.

4. Aufgabe

Der Personalbedarf ist in quantitativer und auch in qualitativer Hinsicht zu planen. Was ist jeweils darunter zu verstehen?

5. Aufgabe

Mit jeder Neueinstellung geht das Warenhaus Peter Kolb OHG eine längerfristige Bindung mit einem Mitarbeiter ein, vor allem bei unbefristeten Arbeitsverträgen. Deshalb ist es wichtig, vorab grundsätzliche Überlegungen über die Neubesetzung offener Stellen anzustellen. Welche Fragen diesbezüglich sollten im Vorhinein geklärt werden?

6. Aufgabe

Sie werden beauftragt, eine Stellenanzeige zu formulieren, mit deren Hilfe neues Personal rekrutiert werden soll. Welche Bedeutung kommt einer gut gemachten Stellenanzeige zu?

7. Aufgabe

Nennen Sie die wichtigsten Elemente einer Stellenanzeige (mindestens fünf).

8. Aufgabe

Im Anforderungsprofil für neu einzustellende Mitarbeiter ist von fachlicher, methodischer und sozialer Kompetenz die Rede. Was verstehen Sie darunter?

9. Aufgabe

Das Warenhaus Peter Kolb OHG hat die Erfahrung gemacht, dass gutes Personal eine wichtige Grundlage zum wirtschaftlichen Erfolg ist. Deshalb wird sehr viel Wert auf die weitere Entwicklung des vorhandenen Personals gelegt. Erläutern Sie, was unter Personalentwicklung zu verstehen ist und nennen Sie diesbezügliche Maßnahmen.

10. Aufgabe

Welche Vorteile bringt eine konsequente Personalentwicklung dem Warenhaus Peter Kolb OHG und den Mitarbeitern? Nennen Sie jeweils zwei.

SITUATION 19

Sie sind vorübergehend in der Personalabteilung des Warenhauses Peter Kolb OHG beschäftigt.

1. Aufgabe

Sie erfahren, dass zwei Mitarbeiter in der Sportabteilung zwar das gleiche Bruttogehalt beziehen, dass aber die Nettogehälter der beiden völlig unterschiedlich sind. Nennen Sie Gründe, die dazu führen können, dass bei gleichem Bruttogehalt unterschiedliche Nettogehälter ausbezahlt werden.

2. Aufgabe

Sie wollen der Sache auf den Grund gehen und besorgen sich die entsprechenden Unterlagen der beiden Mitarbeiter. Berechnen Sie das jeweilige Nettogehalt unter Berücksichtigung folgender Daten:

	Mitarbeiter A	**Mitarbeiter B**
	25 Jahre alt	27 Jahre alt
Bruttogehalt	2.086,00 €	2.086,00 €
Steuerklasse	I	III
Kinderfreibeträge	keine	2 Kinderfreibeträge
Kirchenzugehörigkeit	katholisch	---

Im Übrigen gelten folgende Daten:

Kirchensteuersatz	8 %
Solidaritätszuschlag	5,5 %
Krankenversicherung	14,6 %
Zusatzbeitrag	0,9 %
Rentenversicherung	18,6 %
Arbeitslosenversicherung	2,5 %
flegeversicherung	3,05 %
Zusätzlicher Arbeitnehmeranteil zur Pflegeversicherung für Kinderlose	0,25 %

Benutzen Sie zur Ermittlung der Nettolöhne folgendes Schema! Zur Ermittlung der Steuerabzüge siehe die abgebildeten Steuertabellen!

Mitarbeiter	**A**	**B**
Bruttogehalt		
Lohnsteuer		
Solidaritätszuschlag		
Kirchensteuer		
Krankenversicherung		
Rentenversicherung		
Arbeitslosenversicherung		
Pflegeversicherung		
Zusätzl. Pflegevers. für Kinderlose		
Nettogehalt		

3. Aufgabe
Eine Auszubildende fragt Sie, wie in Deutschland nach Wegfall der Lohnsteuerkarte das Lohnsteuerabzugsverfahren funktionieren soll. Was antworten Sie ihr?

4. Aufgabe
Welche Daten gehören zu den elektronischen Lohnsteuerabzugsmerkmalen (ELStAM)?

5. Aufgabe
Welche Steuerklasse ist in den folgenden Fällen zuzuordnen?

5.1 Arbeitnehmer, die verheiratet sind und nicht dauernd getrennt leben und der Ehegatte des Arbeitnehmers keinen Arbeitslohn bezieht oder der Ehegatte auf Antrag beider Ehegatten in die Steuerklasse V eingereiht ist.

5.2 Arbeitnehmer, die den Familienstand ledig, verheiratet, verwitwet oder geschieden haben und bei denen die Voraussetzungen für die Steuerklasse III oder Steuerklasse IV nicht erfüllt sind.

5.3 Arbeitnehmer, die verheiratet sind, wenn beide Ehegatten unbeschränkt einkommensteuerpflichtig sind und nicht dauernd getrennt leben und der Ehegatte des Arbeitnehmers ebenfalls Arbeitslohn bezieht. Das gilt nicht, wenn ein Ehegatten die Steuerklasse V hat.

5.4 Diese Steuerklasse ist einzutragen, wenn ein Arbeitnehmer in einem zweiten oder weiteren Dienstverhältnis steht.

5.1	5.2	5.3	5.4

6. Aufgabe
Wie wirkt sich ein beim Finanzamt beantragter Freibetrag steuerlich aus?

7. Aufgabe
Welche Verpflichtungen ergeben sich nach Einführung des elektronischen Lohnsteuerverfahrens „ElsterLohn II“
7.1 für den Arbeitnehmer?
7.2 für den Arbeitgeber?

7.1	
7.2	

8. Aufgabe

Frau May, Angestellte, in der Buchhaltung des Warenhauses Peter Kolb OHG, erhält ihre Lohnsteuerbescheinigung laut Abbildung. Sie füllt ihre Einkommensteuererklärung aus und möchte folgende Ausgaben steuerlich absetzen:

Gewerkschaftsbeiträge	**140,00 €**
Fahrtkosten zur Arbeitsstätte	**340,00 €**
Jahresabonnement für Opernhaus	**150,00 €**
Bezugsgebühren Sportzeitschrift „Kicker„	**25,00 €**
Bezugsgebühren für eine berufsbezogene Fachzeitschrift	**30,00 €**

Ihr liegt der unten abgebildete Auszug aus dem Einkommensteuergesetz vor.

a) Wie viel € kann Frau May als Werbungskosten geltend machen?

b) In welcher Gesamthöhe sind für Frau May Sonderausgaben angefallen?

§ 9 **Werbungskosten**

(1) Werbungskosten sind Aufwendungen zur Erwerbung, Sicherung und Erhaltung der Einnahmen. Sie sind bei der Einkunftsart abzuziehen, bei der sie erwachsen sind. Werbungskosten sind auch

1. ....
2. Steuern vom Grundbesitz, sonstige öffentliche Abgaben und Versicherungsbeiträge, soweit solche Ausgaben sich auf Gebäude oder auf Gegenstände beziehen, die dem Steuerpflichtigen zur Einnahmeerzielung dienen.
3. Beiträge zu Berufsständen und sonstigen Berufsverbänden, deren Zweck nicht auf einen wirtschaftlichen Geschäftsbetrieb gerichtet ist.
4. Aufwendungen des Arbeitnehmers für Fahrten zwischen Wohnung und Arbeitsstätte.
5. Notwendige Mehraufwendungen, die einem Arbeitnehmer wegen einer aus beruflichem Anlass begründeten doppelten Haushaltsführung entstehen ...
6. Aufwendungen für Arbeitsmittel, zum Beispiel für ...

Sonderausgaben

§ 10

(1) Sonderausgaben sind die folgenden Aufwendungen, wenn sie weder Betriebsausgaben noch Werbungskosten sind:

1. Unterhaltsleistungen an den geschiedenen oder dauernd getrennt lebenden unbeschränkt einkommenssteuerpflichtigen Ehegatten ...
2. Beiträge zu Kranken-, Pflege-, Unfall- und Haftpflichtversicherungen, zu den gesetzlichen Rentenversicherungen und an die Bundesversicherungsanstalt für Arbeit.
3. Gezahlte Kirchensteuer
4. ....
5. ....

Einkommensteuergesetz (Gesetzestexte)

IV. Lohnsteuerbescheinigung für das Kalenderjahr 20.. und besondere Angaben			
1. Dauer des Dienstverhältnisses	vom – bis 01.01. 31.12. 20..	vom - bis	vom - bis
2. Zeitraum ohne Anspruch auf Arbeitslohn	Anzahl „U“	Anzahl „U“	Anzahl „U“
3. Bruttoarbeitslohn einschließlich Sachbezüge	€ 23.200	€	€
4. Einbehaltene Lohnsteuer von 3	1 550		
5. Einbehaltener Solidaritätszuschlag von 3	116		
6. Einbehaltene Kirchensteuer von 3	124		
7. Einbehaltene Kirchensteuer des Ehegatten von 3			
8. In 3 enthaltene steuerbegünstigte Versorgungsbezüge			
9. Steuerbegünstigte Versorgungsbezüge für mehrere Kalenderjahre			
• • •	• • •	• • •	• • •
17. Steuerfreier Arbeitslohn			
• • •	• • •	• • •	• • •
23. Arbeitnehmeranteil am Gesamtsozialversicherungsbeitrag	4.640		
Anschrift des Arbeitgebers (lohnsteuerliche Betriebsstätte) Firmenstempel, Unterschrift	Warenhaus Peter Kolb OHG Luitpoldstr. 56, 84034 Landshut		
Finanzamt, an das der Arbeitgeber die Lohnsteuer abgeführt hat	Landshut		

9. Aufgabe

Den nächsten drei Aufgaben liegen folgende Angaben zugrunde:
Der Kirchensteuersatz beträgt 8 %, der Solidaritätszuschlag 5,5%. Es ist mit folgenden Sozialversicherungssätzen zu rechnen:

Krankenversicherung	**14,6 %**
Zusatzbeitrag für Arbeitnehmer	**0,9 %**
Rentenversicherung	**18,6 %**
Arbeitslosenversicherung	**2,5 %**
Pflegeversicherung	**3,05 %**
Pflegeversicherung für Kinderlose (ab Vollendung des 23. Lebensjahres)	**0,25 %**

Beachten Sie außerdem die angefügte Steuertabelle.

9.1 Ein 22-jähriger Angestellter mit Lohnsteuerklasse I erhält monatlich 2.101,00 € brutto. Wie hoch ist sein Nettogehalt nach Abzug der Sozialversicherungsbeiträge und der Steuern?

9.2 Ein Arbeitnehmer, Steuerklasse IV/0, hat ein Bruttogehalt von 2.090,00 €. Nach der Geburt von Zwillingen scheidet seine Frau aus dem Berufsleben aus. Wie viel € beträgt die höchstmögliche monatliche Lohnsteuerersparnis des Arbeitnehmers gemäß beigefügter Tabelle?

9.3 Der Bruttolohn eines verheirateten, kirchensteuerpflichtigen Arbeitnehmers beträgt 2.154,00 €. Er hat die Steuerklasse III/2,0. Wie viel € beträgt das Nettogehalt unter Berücksichtigung eines monatlichen Steuerfreibetrages von 80,00 €?

Allgemeine Monats-Lohnsteuertabelle

von 2073 € bis 2087,99 €, Kirchensteuer 8 %

Kinderfreibetrag			0		0,5		1		1,5		2		2,5		3		3,5		4	
ab €	StK	Steuer	SolZ	KiStr	SolZ	KiStr	SolZ	KiStr	SolZ	KiStr	SolZ	KiStr	SolZ	KiStr	SolZ	KiStr	SolZ	KiStr	SolZ	KiStr
2.073,00																				
	I	234,66	12,90	18,77	8,67	12,62	0,88	6,83	-	2,00	-	-	-	-	-	-	-	-	-	-
	II	205,41	-	-	7,15	10,41	-	4,85	-	0,57	-	-	-	-	-	-	-	-	-	-
	III	47,66	-	3,81	-	0,13	-	-	-	-	-	-	-	-	-	-	-	-	-	-
	IV	234,66	12,90	18,77	10,75	15,64	8,67	12,62	6,65	9,68	0,88	6,83	-	4,23	-	2,00	-	0,14	-	-
	V	462,16	25,41	36,97	-	-	-	-	-	-	-	-	-	-	-	-	-	-	-	-
	VI	494,16	27,17	39,53	-	-	-	-	-	-	-	-	-	-	-	-	-	-	-	-
2.076,00																				
	I	235,33	12,94	18,82	8,71	12,67	1,00	6,88	-	2,04	-	-	-	-	-	-	-	-	-	-
	II	206,08	-	-	7,19	10,46	-	4,90	-	0,61	-	-	-	-	-	-	-	-	-	-
	III	48,00	-	3,84	-	0,16	-	-	-	-	-	-	-	-	-	-	-	-	-	-
	IV	235,33	12,94	18,82	10,79	15,70	8,71	12,67	6,69	9,73	1,00	6,88	-	4,27	-	2,04	-	0,17	-	-
	V	463,16	25,47	37,05	-	-	-	-	-	-	-	-	-	-	-	-	-	-	-	-
	VI	495,16	27,23	39,61	-	-	-	-	-	-	-	-	-	-	-	-	-	-	-	-
2.079,00																				
	I	236,08	12,98	18,88	8,74	12,72	1,13	6,93	-	2,07	-	-	-	-	-	-	-	-	-	-
	II	206,75	-	-	7,23	10,52	-	4,94	-	0,64	-	-	-	-	-	-	-	-	-	-
	III	48,50	-	3,88	-	0,18	-	-	-	-	-	-	-	-	-	-	-	-	-	-
	IV	236,08	12,98	18,88	10,83	15,76	8,74	12,72	6,72	9,77	1,13	6,93	-	4,32	-	2,07	-	0,20	-	-
	V	464,00	25,52	37,11	-	-	-	-	-	-	-	-	-	-	-	-	-	-	-	-
	VI	496,00	27,28	39,68	-	-	-	-	-	-	-	-	-	-	-	-	-	-	-	-
2.082,00																				
	I	236,75	13,02	18,94	8,78	12,77	1,26	6,98	-	2,11	-	-	-	-	-	-	-	-	-	-
	II	207,50	-	-	7,26	10,57	-	4,98	-	0,67	-	-	-	-	-	-	-	-	-	-
	III	49,00	-	3,92	-	0,22	-	-	-	-	-	-	-	-	-	-	-	-	-	-
	IV	236,75	13,02	18,94	10,87	15,81	8,78	12,77	6,76	9,83	1,26	6,98	-	4,36	-	2,11	-	0,23	-	-
	V	465,16	25,58	37,21	-	-	-	-	-	-	-	-	-	-	-	-	-	-	-	-
	VI	497,00	27,33	39,76	-	-	-	-	-	-	-	-	-	-	-	-	-	-	-	-
2.085,00																				
	I	237,50	13,06	19,00	8,81	12,82	1,38	7,03	-	2,14	-	-	-	-	-	-	-	-	-	-
	II	208,16	-	-	7,30	10,62	-	5,03	-	0,70	-	-	-	-	-	-	-	-	-	-
	III	49,50	-	3,96	-	0,25	-	-	-	-	-	-	-	-	-	-	-	-	-	-
	IV	237,50	13,06	19,00	10,90	15,86	8,81	12,82	6,79	9,88	1,38	7,03	-	4,40	-	2,14	-	0,26	-	-
	V	466,00	25,63	37,28	-	-	-	-	-	-	-	-	-	-	-	-	-	-	-	-
	VI	498,00	27,39	39,84	-	-	-	-	-	-	-	-	-	-	-	-	-	-	-	-

140 von 802

Allgemeine Monats-Lohnsteuertabelle

von 2088 € bis 2102,99 €, Kirchensteuer 8 %

Kinderfreibetrag			0		0,5		1		1,5		2		2,5		3		3,5		4	
ab €	StK	Steuer	SolZ	KiStr	SolZ	KiStr	SolZ	KiStr	SolZ	KiStr	SolZ	KiStr	SolZ	KiStr	SolZ	KiStr	SolZ	KiStr	SolZ	KiStr
2.088,00																				
	I	238,16	13,09	19,05	8,85	12,88	1,51	7,08	-	2,18	-	-	-	-	-	-	-	-	-	-
	II	208,83	-	-	7,33	10,67	-	5,08	-	0,74	-	-	-	-	-	-	-	-	-	-
	III	50,00	-	4,00	-	0,28	-	-	-	-	-	-	-	-	-	-	-	-	-	-
	IV	238,16	13,09	19,05	10,94	15,92	8,85	12,88	6,83	9,94	1,51	7,08	-	4,44	-	2,18	-	0,29	-	-
	V	467,00	25,68	37,36	-	-	-	-	-	-	-	-	-	-	-	-	-	-	-	-
	VI	498,83	27,43	39,90	-	-	-	-	-	-	-	-	-	-	-	-	-	-	-	-
2.091,00																				
	I	238,91	13,14	19,11	8,89	12,93	1,63	7,13	-	2,22	-	-	-	-	-	-	-	-	-	-
	II	209,50	-	-	7,37	10,72	-	5,12	-	0,77	-	-	-	-	-	-	-	-	-	-
	III	50,50	-	4,04	-	0,32	-	-	-	-	-	-	-	-	-	-	-	-	-	-
	IV	238,91	13,14	19,11	10,98	15,97	8,89	12,93	6,86	9,98	1,63	7,13	-	4,48	-	2,22	-	0,32	-	-
	V	467,83	25,73	37,42	-	-	-	-	-	-	-	-	-	-	-	-	-	-	-	-
	VI	500,00	27,50	40,00	-	-	-	-	-	-	-	-	-	-	-	-	-	-	-	-
2.094,00																				
	I	239,58	13,17	19,16	8,92	12,98	1,76	7,18	-	2,25	-	-	-	-	-	-	-	-	-	-
	II	210,25	-	-	7,41	10,78	-	5,16	-	0,80	-	-	-	-	-	-	-	-	-	-
	III	51,00	-	4,08	-	0,34	-	-	-	-	-	-	-	-	-	-	-	-	-	-
	IV	239,58	13,17	19,16	11,02	16,03	8,92	12,98	6,90	10,03	1,76	7,18	-	4,53	-	2,25	-	0,35	-	-
	V	468,83	25,78	37,50	-	-	-	-	-	-	-	-	-	-	-	-	-	-	-	-
	VI	501,00	27,55	40,08	-	-	-	-	-	-	-	-	-	-	-	-	-	-	-	-
2.097,00																				
	I	240,33	13,21	19,22	8,96	13,04	1,88	7,23	-	2,29	-	-	-	-	-	-	-	-	-	-
	II	210,91	-	-	7,44	10,82	-	5,21	-	0,83	-	-	-	-	-	-	-	-	-	-
	III	51,50	-	4,12	-	0,38	-	-	-	-	-	-	-	-	-	-	-	-	-	-
	IV	240,33	13,21	19,22	11,05	16,08	8,96	13,04	6,93	10,09	1,88	7,23	-	4,58	-	2,29	-	0,38	-	-
	V	469,83	25,84	37,58	-	-	-	-	-	-	-	-	-	-	-	-	-	-	-	-
	VI	502,00	27,61	40,15	-	-	-	-	-	-	-	-	-	-	-	-	-	-	-	-
2.100,00																				
	I	241,00	13,25	19,28	9,00	13,09	2,01	7,28	-	2,33	-	-	-	-	-	-	-	-	-	-
	II	211,58	-	-	7,48	10,88	-	5,26	-	0,86	-	-	-	-	-	-	-	-	-	-
	III	52,00	-	4,16	-	0,41	-	-	-	-	-	-	-	-	-	-	-	-	-	-
	IV	241,00	13,25	19,28	11,09	16,14	9,00	13,09	6,97	10,14	2,01	7,28	-	4,62	-	2,33	-	0,42	-	-
	V	470,66	25,88	37,65	-	-	-	-	-	-	-	-	-	-	-	-	-	-	-	-
	VI	502,83	27,65	40,22	-	-	-	-	-	-	-	-	-	-	-	-	-	-	-	-

141 von 802

SITUATION 20

Sie sind Mitarbeiter/-in in der Personalabteilung des Warenhauses Peter Kolb OHG. Zu Ihren Aufgaben gehört insbesondere die Personalplanung, die Lohnabrechnung, die damit anfallende Betreuung der Mitarbeiter in Fragen der Lohnsteuer und des Sozialversicherungsrechts, aber auch die Aufnahme und Bearbeitung von Ausfällen auf Grund von Krankheiten und Unfällen.

1. Aufgabe

Sie haben die Aufgabe, für das kommende Jahr den Personalbedarf planen. Welche Größe wird in diesem Zusammenhang mit dem folgenden Schema ermittelt?

Geplanter Personalbestand
- derzeitiger Personalbestand
- Personalzugang infolge abgeschlossener Einstellungsverfahren
+ Personalabgang infolge bevorstehenden Ausscheidens aus dem Unternehmen
= ?

2. Aufgabe

Das Warenhaus Peter Kolb OHG unterscheidet bei ihrer Personalplanung die abgebildeten Personalbedarfsarten. Welche Personalbedarfsart wird im Allgemeinen durch Auswerten von Fehlzeitenstatistiken ermittelt?

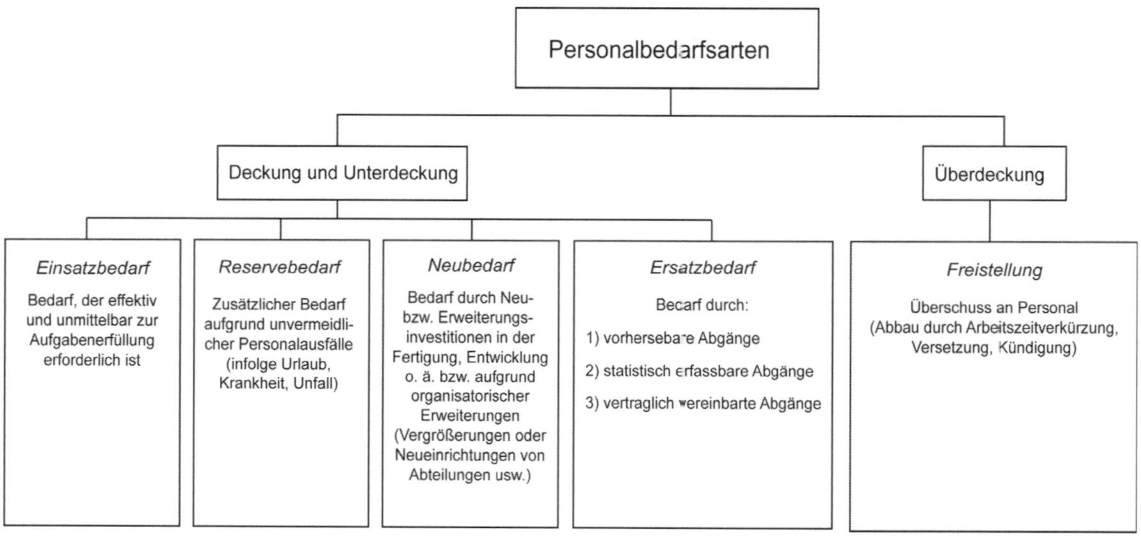

3. Aufgabe

Zu den Aufgaben des Personalwesens gehört es, den Nachwuchsbedarf für das Unternehmen zu ermitteln. Welche Kriterien bestimmen die quantitative Personalbedarfsplanung?

4. Aufgabe

Als eine bis ins Detail vorbereitete und aufwendig beworbene Aktion in der Sportabteilung anlaufen soll, ergibt sich für das Warenhaus Peter Kolb OHG ein unerwartetes Problem: Am Montagmorgen haben sich fünf von insgesamt 15 Mitarbeitern telefonisch krank gemeldet. Welche Maßnahme zur Lösung des Problems schlagen Sie vor?

5. Aufgabe

Eine Mitarbeiterin rutscht auf dem frisch gewischten Boden aus, verletzt sich und muss einen Arzt aufsuchen. Zudem ist ihre teure Brille dabei zu Bruch gegangen. Die Mitarbeiterin will nun von Ihnen wissen, wer für den entstandenen Schaden aufkommt?

6. Aufgabe

Zu Ihrem Aufgabengebiet gehört auch die Weiterführung der Unfallstatistik. Ihr Abteilungsleiter legt Ihnen eine Abbildung der bisher geführten Unfallstatistik des Warenhauses Peter Kolb OHG zur Auswertung vor. Danach waren folgende Unfallarten am häufigsten:

(1) Verbrennungen und Verätzungen

(2) Schnitt und Rissverletzungen

(3) Prellungen und Quetschungen.

Welche Aussage über die Auswirkungen der Aktion „Sicherer Arbeitsplatz" auf die Unfallart (3) „Prellungen und Quetschungen" können Sie ableiten?

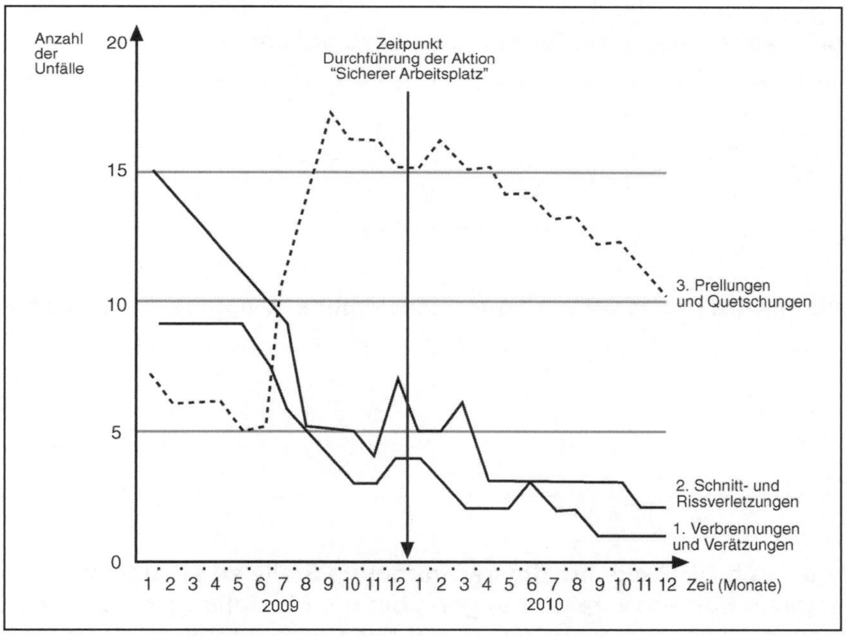

SITUATION 21

In der Personalabteilung des Warenhauses Peter Kolb OHG registrieren Sie seit längerer Zeit eine zunehmende Fluktuation. Nachdem die Kündigung von Frau Cornelia Hübner eingegangen ist, die seit 14 Jahren im Unternehmen beschäftigt ist, müssen Sie sich ausführlicher mit dem Problem beschäftigen.

Landshut, 2. Juli 20..

Kündigung

Eingegangen am
20..-07-02

Sehr geehrte Damen und Herren,

ich kündige zum nächstmöglichen Termin mein Arbeitsverhältnis und bitte um die Ausstellung eines qualifizierten Arbeitszeugnisses.
Da durch das autoritäre Verhalten meines Abteilungsleiters, Herrn Müller, eine Zusammenarbeit für mich nicht mehr möglich ist, habe ich mich, wie einige meiner Kolleginnen vor mir, zu diesem Schritt, entschieden.

Mit freundlichen Grüßen

Cornelia Hübner

1. Aufgabe
An welchem Tag endet unter Einhaltung der gesetzlichen Bedingungen das Arbeitsverhältnis? Begründen Sie Ihre Antwort.

2. Aufgabe
Was ist bei dem von Frau Hübner geforderten Zeugnis zu beachten?

3. Aufgabe
Welche Arbeitspapiere werden nach Beendigung des Arbeitsverhältnisses ausgehändigt?

4. Aufgabe
Das Warenhaus Peter Kolb OHG möchte die frei werdende Stelle so schnell wie möglich neu besetzen. Es liegen keine Betriebsvereinbarungen über die Einstellungen vor. Die Stelle soll sofort ausgeschrieben werden. Welches gesetzliche Recht des Betriebsrates müssen Sie bei der Neubesetzung der Stelle beachten?

5. Aufgabe

Sie hören von Frau Hübner, dass sie ihre neue Arbeitsstelle erst zwei Monate nach Beendigung ihres Arbeitsverhältnisses antreten wird. Hat Frau Hübner für diese beiden Monate Anspruch auf Arbeitslosengeld?

6. Aufgabe

Die Kündigung von Frau Hübner gab letztlich den Ausschlag für den Personalleiter, sich mit Herrn Müller über dessen Führungsstil zu unterhalten.
Unterscheiden Sie dirigistischen (autoritären) und kooperativen Führungsstil und nennen Sie jeweils zwei Vorteile bzw. Nachteile.

7. Aufgabe

Da Frau Hübner das Unternehmen verlässt, haben Sie die Meldung zur Sozialversicherung auszufüllen. Was müssen Sie in das Formular eintragen?

8. Aufgabe

Eine Woche nach Ihrer Kündigung verursacht Frau Hübner mit dem Firmenwagen einen Autounfall, bei dem sie leicht verletzt wird.
8.1 Welches Formular müssen Sie ausfüllen?
8.2 Wer bekommt das Original bzw. die Kopie des Formulars?

8.1	
8.2	

9. Aufgabe

Wer trägt <u>letztlich</u> die ärztlichen Behandlungskosten?

10. Aufgabe

Welche Aussage über die Fluktuation der letzten drei Monate lässt sich aus folgender Personalstatistik ableiten?

Monat	Sept.	Okt.	Nov.	Dez.	Jan.	Febr.	März.
Mitarbeiter	128	126	124	122	121	122	126
Abgänge	10	8	10	8	5	3	2
Zugänge	8	6	8	7	6	7	6

11. Aufgabe

Zur Durchführung des elektronischen Lohnsteuerverfahrens „ElsterLohn II“ wird die Steuer-Identifikationsnummer und das Geburtsdatum des Arbeitnehmers benötigt. Diese Daten sind einmalig an den Arbeitgeber zu übermitteln, damit dieser die für die Lohnsteuer erforderlichen Daten beim Bundeszentralamt für Steuern in Bonn elektronisch abrufen kann.

11.1 Welche Daten sind zur Identifikation des Beschäftigten erforderlich?

11.2 Welche Daten benötigt der Arbeitgeber zusätzlich zur Ermittlung der Lohnsteuer?

12. Aufgabe

Erläutern Sie das Anteilsverfahren bei der Ehegattenbesteuerung (statt Steuerklassen III/V)?

SITUATION 22

Sie sind als Mitarbeiter in der Personalabteilung des Warenhauses Peter Kolb OHG neben der Lohnabrechnung auch für die Personalbeschaffung mit zuständig.

1. Aufgabe
Sie müssen einen kurzfristig durch Krankheit ausgefallenen Mitarbeiter schnellstmöglich ersetzen. Folgende Alternativen stehen zur Verfügung:

Leasing eines Mitarbeiters bei einer Leiharbeitsfirma zum Preis von 19,00 € je Stunde.

Befristete Einstellung eines Mitarbeiters zu folgenden Bedingungen:

Bruttolohn	1.900,00 €/Monat
Urlaubsgeld	600,00 €/Jahr
Weihnachtsgeld	70 % des Bruttolohns
VL-Arbeitgeber	20,00 €
Sozialvers.-Beiträge	39,65 % (gesamt)
Lohnnebenkosten	28 %/Monat

Berechnen Sie, welche Alternative bei einem Monatstundenbedarf von 156 Arbeitsstunden die kostengünstigere ist!

2. Aufgabe
Ermitteln Sie den Bruttostundensatz bei Alternative 2, wenn pro Monat insgesamt 166 Arbeitsstunden anfallen!

3. Aufgabe
Nennen Sie zwei Gründe (außer den Kosten), die für das Personalleasingangebot sprechen.

4. Aufgabe
Erklären Sie an entsprechenden Beispielen die verschiedenen Formen der Lohnnebenkosten.

5. Aufgabe

Bis zu welchem Termin müssen die Sozialversicherungsbeiträge spätestens an die zuständigen Träger überwiesen werden?

6. Aufgabe

Die Personalbeschaffung kann intern und extern erfolgen. Nennen Sie jeweils zwei Gründe, die für eine interne bzw. externe Beschaffung sprechen.

SITUATION 23

Nach erfolgreicher Ausbildung zur/zum Kauffrau/-mann im Einzelhandel wurden Sie vom Warenhaus Peter Kolb OHG übernommen und der Personalabteilung zugeordnet.

1. Aufgabe
Nennen Sie vier Aufgaben der Personalwirtschaft.

2. Aufgabe
Ein Auftragsrückgang zwingt Ihren Betrieb, die Mitarbeiterzahl anzupassen. Beschreiben Sie zwei Möglichkeiten, diese Anpassung ohne Kündigungen durchzuführen.

3. Aufgabe
Nennen Sie drei praktische Beispiele, durch die Bedarf an zusätzlichen Mitarbeitern entsteht.

4. Aufgabe
Die Weiterentwicklung der Belegschaft wird beim Warenhaus Peter Kolb OHG groß geschrieben. Beschreiben Sie je zwei Fortbildungsmaßnahmen, die
4.1 direkt am Arbeitsplatz,
4.2 bei außerbetrieblichen Weiterbildungsveranstaltungen
stattfinden sollten.

4.1	
4.2	

5. Aufgabe
Die Sicherheit am Arbeitsplatz und der Arbeitsschutz sind oberstes Gebot. Deswegen werden so genannte Sicherheitsbeauftragte eingesetzt. Wer benennt diese?

6. Aufgabe

In der Geschäftsleitung werden verschiedene Arbeitszeitmodelle diskutiert. Dabei taucht immer wieder der Begriff „flexible Arbeitszeit“ auf.

6.1 Was versteht man darunter?

6.2 Welche Vorteile verspricht man sich von der neuen Arbeitszeitregelung?

6.1	
6.2	

7. Aufgabe

Die o. g. Maßnahme wird als motivationsfördernd angesehen. Inwiefern?

8. Aufgabe

Aufgrund einer Arbeitszeitverkürzung muss die Verteilung der Arbeitszeit neu geregelt werden. Welches Recht hat dabei der Betriebsrat nach dem Betriebsverfassungsgesetz?

SITUATION 24

Sie sind als Mitarbeiter des Warenhauses Peter Kolb OHG für die Personalbedarfsplanung und die Personalbeschaffung zuständig. Ihnen liegt folgende Personalplanung für das kommende Geschäftsjahr vor:

Bruttopersonalbedarf	Folgendes Geschäftsjahr	
Mitarbeiter	150	
	Voraussichtliche Personalabgänge	Voraussichtliche Personalzugänge
Einkauf	3	2
Verkauf	7	5
Rechnungswesen	2	1
Controlling	5	3
Außendienst	1	-

1. Aufgabe
Berechnen Sie den Nettopersonalbedarf für das kommende Geschäftsjahr.

2. Aufgabe
Führen Sie vier Grunde an, die zu den Personalabgängen geführt haben können.

3. Aufgabe
Auf eine externe Stellenauschreibung gingen 48 Bewerbungen ein. Führen Sie fünf schlüssige Arbeitsschritte an, die nach dem Eingang der Bewerbungen erforderlich sind, um den geeigneten Bewerber auszuwählen.

4. Aufgabe

Schließlich wurde Herr Theobald Schmitz zum 1. September 20.. als neue Verkaufskraft eingestellt. Nennen Sie vier Unterlagen bzw. Angaben, die Sie von Herrn Schmitz zur Personalverwaltung benötigen.

5. Aufgabe

Herr Schmitz hat bei seinem vorherigen Arbeitgeber (Urlaubsregelung wie im Warenhaus Peter Kolb OHG) den ihm bis zu seinem Ausscheiden zustehenden Urlaub bereits genommen. Er möchte wissen, wie viel Tage ihm noch zustehen.

Auszug aus Arbeitsvertrag mit Herrn Rabauer

*

6. Probezeit/Kündigung

Die ersten 6 Wochen/Monate des Arbeitsverhältnisses gelten als Probezeit. Während der Probezeit kann das Arbeitsverhältnis beiderseits innerhalb der gesetzlichen/tariflichen Mindestkündigungsfrist gekündigt werden.

*

8. Urlaub

Dem Arbeitnehmer wird ein Urlaub von insgesamt 30 Arbeitstagen gewährt. Der Arbeitnehmer hat auf Verlangen des Arbeitgebers die jeweilige Urlaubsanschrift mitzuteilen.

SITUATION 25

Das neu in das Sortiment des Warenhauses Peter Kolb OHG aufgenommene Produkt soll am Markt eingeführt werden. Dazu ist eine entsprechende Werbekampagne zu starten, die insbesondere die potentiellen Kunden der Region erreichen und ansprechen soll.

1. Aufgabe

Welche Werbeträger bzw. Werbemittel halten Sie für geeignet? Begründen Sie Ihre Vorschläge.

2. Aufgabe

Nennen Sie fünf weitere Möglichkeiten der Werbung.

3. Aufgabe

Eine effektive Werbung sollte sich an bestimmte Grundregeln halten. Außerdem sind gesetzliche Vorschriften zu beachten. Nennen und erläutern Sie die wichtigsten Werbegrundsätze.

4. Aufgabe

Im Werbeplan sind u. a. der Streukreis, die Streuzeit, das Streugebiet und der Streuweg festzulegen. Definieren und unterscheiden Sie diese Begriffe.

Streukreis	
Streuzeit	
Streuweg	
Streugebiet	

5. Aufgabe

Eine Anzeige soll vorbereitet werden. Sie werden beauftragt, einen Vorschlag für einen einprägsamen Slogan zu unterbreiten. Nennen Sie Ihnen bekannte Werbeslogans.

Geschäftsprozesse im Einzelhandel

6. Aufgabe

Die Werbekampagne soll zusätzlich durch verkaufsfördernde Maßnahmen unterstützt werden. Welche Maßnahmen sind hierzu geeignet? Machen Sie fünf Vorschläge.

7. Aufgabe

Ihr Chef legt großen Wert auf das Image des Unternehmens in der Öffentlichkeit. Schlagen Sie ihm drei geeignete Maßnahmen vor, die die öffentliche Meinung positiv beeinflussen (Public-Relations-Maßnahmen).

8. Aufgabe

In der Nähe des Warenhauses Peter Kolb OHG hat sich ein neues Sportgeschäft niedergelassen. Seitdem sind die Umsätze in der Sportabteilung merklich zurückgegangen. Daraufhin wurde das Sortiment bereinigt und entsprechende Werbemaßnahmen durchgeführt. Ihr Abteilungsleiter beauftragt Sie nun, den Werbeerfolg der durchgeführten Werbemaßnahmen zu ermitteln. Welche Möglichkeiten haben Sie, diesen Erfolg zu messen?

9. Aufgabe

Eine exakte Messung des Werbeerfolges ist kaum durchführbar. Erläutern Sie kurz die Problematik der Werbeerfolgsmessung.

SITUATION 26

Beim Vergleich innerbetrieblicher Verkaufsstatistiken musste das Warenhaus Peter Kolb OHG feststellen, dass im letzten Halbjahr Umsatzeinbußen hingenommen werden mussten. Aus diesem Grund will die Geschäftsleitung mit den Methoden der Marktforschung den Markt untersuchen, um entsprechende Maßnahmen ergreifen zu können.

1. Aufgabe

Erläutern Sie kurz den Begriff „Marktforschung".

2. Aufgabe

Nennen Sie die drei Phasen der Marktforschung und erläutern Sie diese.

3. Aufgabe

Welche Informationen kann das Warenhaus Peter Kolb OHG von der Marktuntersuchung erwarten? Nennen Sie Beispiele.

4. Aufgabe

Welche Möglichkeiten hat das Warenhaus Peter Kolb OHG, Daten zu erheben, um diese später auswerten zu können? Erläutern Sie kurz Ihre Anworten.

5. Aufgabe

Welche Gründe könnten dafür sprechen, die Marktuntersuchung durch ein Marktforschungsinstitut durchführen zu lassen?

6. Aufgabe

Die Marktuntersuchung hat u. a. gezeigt, dass das Warenhaus Peter Kolb OHG seine Sortimentspolitik ändern muss. Welche Möglichkeiten stehen hier zur Verfügung? Erläutern Sie Ihre Vorschläge.

7. Aufgabe

Das Warenhaus Peter Kolb OHG entschließt sich, als eine Maßnahme neue, hochwertigere Produkte ins Sortiment aufzunehmen. Es gelingt ihr, einen Lieferer zu finden, der diese Produkte für das erste halbe Jahr auf Kommission liefert. Erläutern Sie das Kommissionsgeschäft und nennen Sie die Vorteile für das Warenhaus Peter Kolb OHG.

8. Aufgabe

Bei einer von der Bavaria Fahrradwerke KG angebotenen Handelsware zeigt sich folgende Marktsituation:

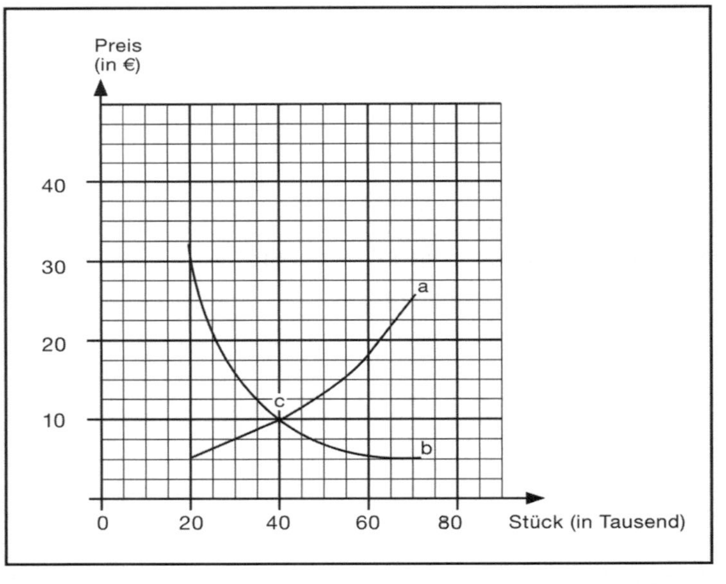

8.1 Benennen Sie a, b und c.
8.2 Stellen Sie fest, wie viel Tausend Stück nachgefragt würden, wenn der Preis von 10,00 € auf 15,00 € stiege.

SITUATION 27

In der Schmuckabteilung des Warenhauses Peter Kolb OHG werden Überlegungen angestellt, künftig auch teure Uhren anzubieten. Dabei will man zunächst Absatzwege nutzen, die das eigene Risiko möglichst gering halten. In einer Mitarbeiterbesprechung werden auch weitere absatzfördernde Maßnahmen diskutiert.

1. Aufgabe

Man entschließt sich, zunächst nur mit Lieferanten zusammen zu arbeiten, die dem Warenhaus Peter Kolb OHG die Ware auf Kommission überlassen. Erläutern Sie kurz das Kommissionsgeschäft.

2. Aufgabe

Bei der Mitarbeiterbesprechung bringt ein Beteiligter das „Rack-Jobber-System" zur Sprache. Was ist darunter zu verstehen?

3. Aufgabe

Eine weitere Möglichkeit, mit dem Hersteller zusammen zu arbeiten, ist das Franchising. Erläutern Sie kurz das Wesen dieses Systems.

4. Aufgabe

Die Peter Kolb OHG überlegt sich, wie sie ihre Öffentlichkeitsarbeit verbessern kann. Erläutern Sie den Begriff Public Relations und geben Sie Beispiele.

5. Aufgabe

Eine weitere absatzfördernde Maßnahme ist Sales Promotion. Was ist darunter zu verstehen?

6. Aufgabe

Ein wesentlicher Faktor, wie man Kunden an das eigene Unternehmen bindet, sind Serviceleistungen. Unterscheiden Sie warenbezogene, personenbezogene und zahlungsbezogene Serviceleistungen.

warenbezogene	
personenbezogene	
zahlungsbezogene	

7. Aufgabe

Eine weitere kundenfreundliche Maßnahme ist der Umtausch aus Kulanz. Erläutern Sie diesen Begriff und nennen Sie Gründe, die den Einzelhändler zu dieser Maßnahme bewegen können.

8. Aufgabe

Unterscheiden Sie die Begriffe Kommunikationspolitik und Distributionspolitik.

Kommunikationspolitik	
Distributionspolitik	

9. Aufgabe

Wann spricht man von „Absatz“ und wann von „Umsatz“?

10. Aufgabe

Unterscheiden Sie die Absatzhelfer „Handelsvertreter“ und „Handlungsreisender“.

Handelsvertreter	
Handlungsreisender	

11. Aufgabe

Bis zu welchem Monatsumsatz ist der Einsatz eines Handelsvertreters kostengünstiger als der Einsatz eines Reisenden, wenn zu berücksichtigen ist, dass für den Handelsvertreter 6 % Provision vom erzielten Umsatz zu zahlen sind. Für den Reisenden fallen folgende Kosten an:

Bruttogehalt	**2.500 €**
Provision	**2 % vom getätigten Umsatz**
Fahrzeugkosten pro Monat	**500 €**
Spesen pro Monat	**600 €**

SITUATION 28

Das Warenhaus Peter Kolb OHG plant für die Elektro- und Haushaltsgeräteabteilung in der ersten Februarwoche eine hausinterne Werbeaktion. Der Einkauf wurde beauftragt, rechtzeitig und in ausreichender Zahl die für die Aktion in Frage kommenden Produkte zu beschaffen.

1. Aufgabe

Ihnen liegt unter anderem die abgebildete Rechnung für Spülmaschinen vor. Grundsätzlich nimmt die Peter Kolb OHG Skonto in Anspruch, auch dann, wenn dafür ein Kredit aufgenommen werden muss.

Elektrogerätefabrik Hummel OHG, Industriestraße. 12 – 18, 84030 Ergolding	
Elektrogerätefabrik Hummel OHG, Industriestraße. 12 – 18, 84030 Ergolding Peter Kolb OHG Luitpoldstr. 56 84034 Landshut	Datum: 20..-01-12 Ust-Id.-Nr. 123 987 567 Lieferdatum: 20..-01-10
Rechnung Nr. 57889/Ihr Auftrag vom 03. Januar 20../Ihre Kundennummer 98700	
20 Geschirrspüler Siemens 20106 je 248,90 € abzüglich 12,5 % Rabatt + 19 Umsatzsteuer	4.978,00 € 622,25 € 4.355,75 € 827,59 € 5.183,34 €
Überweisen Sie den Betrag auf unser Konto bei der HVB Landshut IBAN: DE92 7432 0073 0012 3321 23, BIC: HYVEDEMM433 Zahlungsbedingung: Bei Zahlung innerhalb von 30 Tagen netto Kasse, bei Zahlung innerhalb von 10 Tagen 3 % Skonto.	

Berechnen Sie

1.1 den Überweisungsbetrag nach Abzug von Skonto.

1.2 die Zinsen, die für den Bankkredit bezahlt werden müssen, wenn die Bank 12,5 % Zinsen berechnet.

1.3 den Betrag, den die Peter Kolb OHG durch Ausnutzen des Skontos spart.

2. Aufgabe

Wie hoch ist der Verkaufspreis für einen Geschirrspüler, wenn die Peter Kolb OHK mit einem Kalkulationszuschlag von 1,765 kalkuliert?

3. Aufgabe

Für die geplante Werbeaktion steht ein Budget von 8.000,00 € zur Verfügung. Diese sollen sinnvoll und werbewirksam verwendet werden.
Um einen Anhaltspunkt zu haben, lassen Sie sich von einer Werbeagentur beraten. Diese unterbreitet Ihnen folgende Vorschläge:

Briefaktion an 600 Kunden, Kosten inklusiv Papier, Druck, Versand	360,00 €
Anzeige in einer Fachzeitschrift	2.400,00 €
Kosten der hausinternen Aktion:	
- Speisen und Getränke (Catering) pro Person	12,00 €
- Kosten für Musik (Band)	1.500,00 €
- Tombola	1.000,00 €
- Werbegeschenke (give aways)	600,00 €
Anzeige in Süddeutscher Zeitung	8.000,00 €
Anzeige in Landshuter Zeitung	800,00 €

3.1 Die Briefaktion wird in jedem Fall durchgeführt. Sie rechnen mit einer Erfolgsquote von 50 %. Berechnen Sie die Kosten für diese Aktion inklusive der Verköstigung der Besucher.

3.2 Sie wollen das Ihnen zur Verfügung gestellte Budget möglichst ausschöpfen. Welche der vorgeschlagenen Aktionen können Sie realisieren und wie viel € bleiben Ihnen noch?

3.3 Begründen Sie die von Ihnen getroffene Auswahl der Ihnen vorliegenden Aktionen.

4. Aufgabe

Sie überlegen, ob Sie nicht auch Ihre Zulieferer bzw. Hersteller zur geplanten Produktpräsentation einladen sollten. Welche Gründe sprechen dafür, dies zu tun?

5. Aufgabe

Das Event ist erfolgreich verlaufen. Ihr Abteilungsleiter bittet Sie, anhand der Zahlen des WaWi den Erfolg der Werbeaktion zu ermitteln. Ihnen liegt der abgebildete Ausdruck vor.

Zeitraum	Gesamtumsatz pro Quartal	Umsatz pro Quartal Elektro- u. Haushaltsgeräteabteilung
I. Quartal Vorjahr	245.747 €	48.921 €
II. Quartal Vorjahr	258.098 €	51.876 €
III. Quartal Vorjahr	288.876 €	50.987 €
IV. Quartal Vorjahr	435.272 €	89.980 €
I. Quartal laufendes Jahr	290.976 €	81.665 €
II. Quartal laufendes Jahr		
III. Quartal laufendes Jahr		
IV. Quartal laufende Jahr		

Berechnen Sie den Werbeerfolg, indem Sie die Zahlen des Quartals, in dem die Aktion stattgefunden hatte, mit den Zahlen desselben Quartals im Vorjahr vergleichen. Das Werbebudget wurde noch um 500,00 € aufgestockt, da aufgrund der Anzeige in der LZ mehr Besucher als erwartet kamen.

SITUATION 29

Zu einem dynamisch geführten Einzelhandelsunternehmen gehören Aktionen seit langem zum Standardrepertoire in der Werbung. Um diese Aktionen mit der erhofften Wirkung durchführen zu können, hat sich das Warenhauses Peter Kolb OHG ein eigenes Gebäude in unmittelbarer Nähe des Warenhauses eingerichtet.

1. Aufgabe
Was ist in diesem Zusammenhang unter Aktionen zu verstehen?

2. Aufgabe
Viele Aktionen orientieren sich an den Jahreszeiten oder auch an kalendarischen Terminen. Nennen Sie fünf Beispiele für solche „jahreszeitlichen" Aktionen.

3. Aufgabe
Neben diesen „jahreszeitlichen" Aktionen gibt es auch betriebsbedingte, sortimentspolitische und auch örtlich (regional) bedingte Anlässe. Nennen Sie dazu jeweils noch zwei Beispiele.

Betriebsbedingte Anlässe	Sortimentspolitische Anlässe	Örtliche Anlässe

4. Aufgabe
Aktionen werden häufig auch im Verbund mit anderen örtlichen Einzelhändlern durchgeführt. Nennen Sie zwei Beispiele für solche im Verbund durchgeführten Aktionen und nennen Sie Branchen, die diese Aktion gemeinsam gestalten.

5. Aufgabe

Die nachstehende Abbildung zeigt ein Werbeplakat für eine Aktion im Verbund. Wo ist eine solche Aktion sinnvoll und welche Vorteile sind damit verbungen?

6. Aufgabe

Neben diesen Aktionen werden im Einzelhandel auch sogenannte „Events“ durchgeführt. Worin sehen Sie den Unterschied zu Aktionen? Nennen Sie drei Eventbeispiele.

7. Aufgabe

Das Warenhaus Peter Kolb OHG möchte seine Aktionen künftig nicht mehr in den Geschäftsräumen, sondern in dem eigens dafür eingerichteten Nebengebäude durchführen. Welche Vorteile verspricht sich die Geschäftsleitung von dieser Maßnahme?

8. Aufgabe
Bei der Durchführung der verschiedenen Aktionen in dem Nebengebäude ist mit einem hohen Kundenzuspruch zu rechnen. Damit steigt auch die Gefahr des Ladendiebstahls. Wie können Sie dem vorbeugen? Nennen Sie vier Möglichkeiten der Diebstahlvorbeugung.

9. Aufgabe
Pünktlich zum Frühlingsanfang soll das neue Nebenbegäude mit der 1. Aktion eröffnet werden. Nennen Sie vier Möglichkeiten, wie sie dieses Ereignis in der Öffentlichkeit bekannt geben können.

10. Aufgabe
Die Eröffnung soll ein besonderes Ereignis werden, das eine positive Stimmung erzeugen und das sich bei den Kunden einprägen soll. Mit welchen Maßnahmen bzw. Attraktionen können Sie dies erreichen? Nennen Sie 5 Beispiele.

SITUATION 30

Die Sportartikelabteilung des Warenhauses Peter Kolb OHG prüft die Umsatzentwicklung ihres Produktes Mountainbike „ALPIN XS“. Dabei wird sowohl die Entwicklung der letzten 5 Jahre im eigenen Unternehmen als auch die der gesamten Branche untersucht. Die abgebildeten Grafiken zeigen die Ergebnisse.

1. Aufgabe

Beschreiben Sie die Entwicklung des Umsatzes der letzten 5 Jahre für das Produkt Mountainbike „ALPIN XS“ anhand der Grafik 1.

Grafik 1

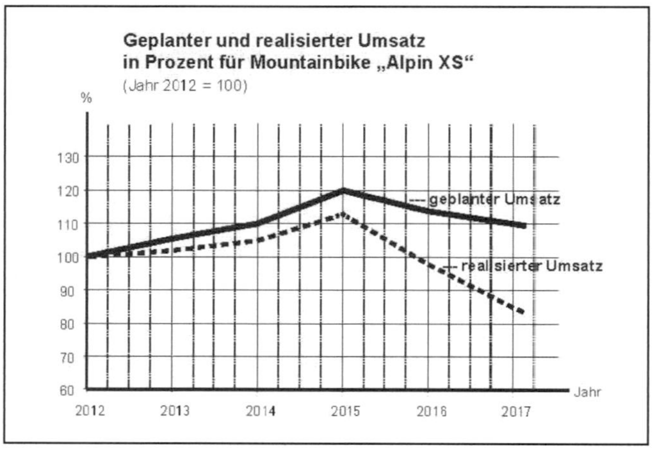

2. Aufgabe

Beschreiben Sie die Entwicklung des Umsatzes der letzten 5 Jahre für das Produkt Mountainbike „ALPIN XS“ anhand der Grafik 2.

Grafik 2

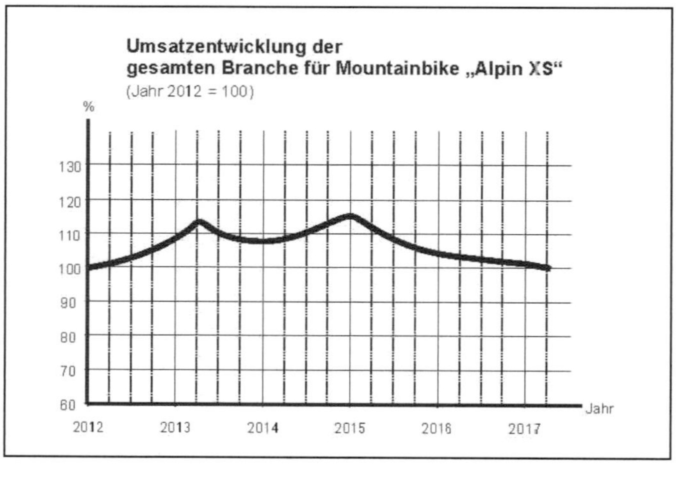

3. Aufgabe

Erklären Sie die Umsatzentwicklung beim Warenhaus Peter Kolb OHG im Verhältnis zum Umsatz der gesamten Branche.

4. Aufgabe

Nennen Sie mögliche volkswirtschaftliche Ursachen, die zu der Umsatzentwicklung der gesamten Branche ab 2015 für das Produkt Mountainbike „ALPIN XS" geführt haben könnten.

5. Aufgabe

Was kann zu der Entwicklung des Umsatzes für das Produkt Mountainbike „ALPIN XS" beim Warenhaus Peter Kolb OHG bis zum Jahr 2015 geführt haben? Nennen Sie 3 Gründe.

6. Aufgabe

Was kann zu der Entwicklung des Umsatzes für das Produkt Mountainbike „ALPIN XS" beim Warenhaus Peter Kolb OHG ab dem Jahr 2015 geführt haben? Nennen Sie 3 Gründe.

7. Aufgabe

Das Warenhaus Peter Kolb OHG ist gezwungen, zu reagieren. Auf dem Beschaffungsmarkt wird ein Lieferer ausfindig gemacht, der gute Qualität zu günstigem Preis anbietet. Ein Moutainbike, versehen mit der modernsten Technik, wird zu folgenden Konditionen angeboten:

Listeneinkaufspreis	**498,00 €**
Transportkosten	**4,00 €**
Zahlungsbedingungen	**innerhalb 10 Tagen 3 % Skonto, 30 Tage netto Kasse**
Liefererrabatt	**12,5 %**

Am Markt ist zur Zeit ein Preis von 650,00 € netto zu erzielen. Das Warenhaus Peter Kolb OHG kalkuliert mit 16 2/3 % Handlungskosten. Ermitteln Sie den erzielbaren Gewinn pro Mountainbike in € und Prozent bei einem Mehrwertsteuersatz von 19 %.

Geschäftsprozesse im Einzelhandel

8. Aufgabe

Erläutern Sie anhand der Kalkulation aus Aufgabe 7, warum bei der Ermittlung von Kundenskonto und Kundenrabatt im Kalkulationsschema bei der Vorwärtskalkulation „im Hundert“ zu rechnen ist.

III. AUFGABEN DES CONTROLLINGS

SITUATION 31

Folgende Daten für das vergangene Geschäftsjahr sind bekannt:

S	WARENEINGANG	H
Einkäufe	19.805.000	

Warenanfangsbestand : 6.500.000,00 €; Warenendbestand: 6.200.000,00 €

Daneben zeigt folgende Liste die Monatsendbestände des Warenlagers:

31.01.	5.480.000
28.02.	7.520.000
31.03.	5.500.000
30.04.	7.402.000
31.05.	5.700.000
30.06.	6.320.000
31.07.	6.250.000
31.08.	6.850.000
30.09.	5.920.000
31.10.	7.020.000
30.11.	5.780.000
Summe	69.742.000

1. Aufgabe
Ermitteln Sie den durchschnittlichen Lagerbestand.

2. Aufgabe
Wie oft schlägt sich das durchschnittliche Lager im Jahr um (ohne Kommastellen)?

3. Aufgabe
Wie lange liegt die Ware durchschnittlich auf Lager (ohne Kommastellen)?

4. Aufgabe

Die Tabelle zeigt die Lagerkennziffern der letzten Jahre. Ergänzen Sie die Tabelle. Tragen Sie Ihre Ergebnisse aus den Aufgaben 1 bis 3 ein, beschreiben und beurteilen Sie die Entwicklung der letzten 3 Jahre.

	Vorvorletztes Geschäftsjahr	Vorletztes Geschäftsjahr	Letztes Geschäftsjahr
Durchschnittlicher Lagerbestand	6.990.876	6.500.765	
Umschlagshäufigkeit		4	
Lagerdauer in Tagen	60		

5. Aufgabe

Die Geschäftsleitung ist mit dieser negativen Entwicklung nicht zufrieden. Machen Sie Vorschläge, wie die Situation verbessert werden könnte.

6. Aufgabe

Das durchschnittliche Lager bedeutet gleichzeitig Kapitalbindung. Welcher Lagerzinsfuß ist anzusetzen (kalkulatorische Lagerzinsen), wenn der aktuelle Marktzins bei 8 % liegt?

7. Aufgabe

Welche Maßnahmen können dazu führen, die Umschlagshäufigkeit zu erhöhen?

8. Aufgabe
Der Lagerbereich verursacht der Geschäftsleitung zu hohe Kosten. Es erfolgt die strikte Anweisung, binnen eines Geschäftsjahres die Lagerkosten zu senken. Welche Kosten fallen im Lagerbereich an?

9. Aufgabe
In diesem Zusammenhang soll auch der Meldebestand gesenkt werden. Schlagen Sie zwei geeignete Maßnahmen vor.

10. Aufgabe
Es wird beabsichtigt, die gesamte Lagerorganisation zu verändern. Welche Gesichtspunkte sind dabei grundsätzlich zu beachten?

SITUATION 32

Legen Sie bei den folgenden Aufgaben die nachstehend abgebildete Lagerdatei des Warenhauses Peter Kolb OHG zugrunde.

LAGERDATEI DES WARENHAUSES PETER KOLB OHG - MONAT SEPTEMBER			
Artikelnummer	APR 87659908	Beschaffungszeit	3 Arbeitstage
Artikelbezeichnung	Fußball Typ „Standard“	Mindestbestand	15 Stück
Einheit	Stück	Meldebestand	85 Stück
Lieferer	Gerold Huber GmbH & Co. KG München	Höchstbestand	120 Stück

Datum	Zugang	Abgang	Bestand
Freitag, 31. August			120
Montag, 03. 09.		40	80
Dienstag, 04.09.		30	50
Mittwoch, 05. 09.		35	15
Donnerstag, 06.09.	80	5	90
Freitag, 07.09.		10	80
Montag, 10. 09.		30	50
Dienstag, 11.09.		**40**	**10**
Mittwoch, 12. 09.	80	30	60
Donnerstag, 13.09.		20	40
Freitag, 14.09.		10	30
Montag, 17.09.		10	20
Dienstag, 18.09.	80	30	70
Mittwoch, 19. 09.		20	50
Donnerstag, 20.09.		15	35
Freitag, 21.09.		15	20
Montag, 24. 09.	80	30	70
Dienstag, 25.09.		20	50
Mittwoch, 26.09.		30	20
Donnerstag, 27.09.	80	20	80
Freitag, 28.09.		20	60
Summe Arbeitstage September 20	Summe Zugänge 400	Summe Abgänge 460	Summe Tagesbestände September 980

1. Aufgabe

Im September wurde der Bestand für Fußball, Typ Standard, im Rahmen der permanenten Inventur ermittelt.

1.1 Erläutern Sie zunächst den Begriff „Inventur".

1.2 Wie ist die Vorgehensweise bei der „permanenten Inventur"?

2. Aufgabe

Sehen Sie sich die Bestände am Dienstag, dem 11.09. genau an. Was können Sie feststellen? Nennen Sie Gründe, die zu dieser besonderen Situation geführt haben können.

3. Aufgabe

In der Lagerdatei wurde ein Meldebestand von 85 Stück angegeben. Überprüfen Sie, ob dieser Wert auch zutrifft. Geben Sie Ihren Rechenweg an.

4. Aufgabe

Ermitteln Sie den exakten durchschnittlichen Lagerbestand für den Monat September (ganze Stückzahl).

5. Aufgabe

Im ersten Halbjahr des Jahres ergab sich ein durchschnittlicher Lagerbestand von 40 Stück. Welche Gründe können zu dem für den im Monat September wesentlich höheren liegenden Wert geführt haben?

6. Aufgabe
Machen Sie Vorschläge, wie der durchschnittliche Lagerbestand gesenkt werden kann.

7. Aufgabe
Stellen Sie den Zusammenhang zwischen durchschnittlichem Lager und der Kapitalbindung kurz dar.

8. Aufgabe
Welche Funktion hat der „Eiserne Bestand“ (Mindestbestand)?

SITUATION 33

Dem Warenhaus Peter Kolb OHG liegt die nachstehende Bilanz und die abgebildete Gewinn- und Verlustrechnung für die beiden letzten Jahre vor:

A	BILANZ **(letztes Jahr)**..		P
Beb. Grundstücke	265.000	Eigenkapital	311.000
Betriebs- u. Geschäftsausstattung	68.000	Grundschuld	75.000
Waren (Bestand)	75.000	Verbindl. a. L. u. L.	92.000
Ford. a. L. u .L.	32.800		
Kreditinstitute	28.200		
Kasse	9.000		
Summe	478.000		478.000

S (Aufwendungen)	Gewinn- und Verlustrechnung (letztes Jahr)		(Erträge) H
Wareneinsatz	310.000	Umsatzerlöse	429.000
Handlungskosen	65.000		
Zinsen für Grundschuld	6.000		
Reingewinn	48.000		
	429.000		429.000

A	BILANZ **(vorletztes Jahr)**		P
Beb. Grundstücke	223.000	Eigenkapital	263.000
Betriebs- u. Geschäftsausstattung	58.000	Grundschuld	63.000
Waren (Bestand)	63.000	Verbindl. a. L. u. L.	78.000
Ford. a. L. u .L.	27.800		
Kreditinstitute	25.200		
Kasse	7.000		
Summe	404.000		404.000

S (Aufwendungen)	Gewinn- und Verlustrechnung (vorletztes Jahr)		(Erträge) H
Wareneinsatz	260.000	Umsatzerlöse	359.000
Handlungskosen	52.000		
Zinsen für Grundschuld	5.000		
Reingewinn	42.000		
	359.000		359.000

1. Aufgabe

Sie haben die Aufgabe, aus den vorliegenden Zahlen folgende Kennziffern für das letzte Jahr zu ermitteln (Rechenweg soll erkennbar sein):

1.1 durchschnittlicher Lagerbestand

1.2 Umschlagshäufigkeit (1 Stelle hinter dem Komma)

1.3 durchschnittliche Lagerdauer

Geschäftsprozesse im Einzelhandel

1.4 Handlungskostenzuschlagssatz

1.5 Kalkulationszuschlag

1.6 Eigenkapitalrentabilität

1.7 Gesamtkapitalrentabilität

1.8 Umsatzrentabilität

2. Aufgabe

Zeigen Sie, wie man durch Eigenkapitalvergleich ebenfalls den Gewinn ermitteln kann.

3. Aufgabe

Warum werden die Kennziffern 1.1 bis 1.3 ermittelt?

4. Aufgabe

Zur Berechnung des durchschnittlichen Lagerbestandes gibt es noch zwei weitere Formeln, mit denen das Ergebnis genauer ermittelt werden könnte. Nennen Sie diese beiden Formeln.

5. Aufgabe

Welche Kalkulationsgrößen stecken in dem unter 1.5 ermittelten Kalkulationszuschlag?

6. Aufgabe

Unterscheiden Sie Rohgewinn und Reingewinn.

7. Aufgabe

Wie wirkt sich die Umschlagshäufigkeit auf den Kapitaleinsatz, die Kosten der Lagerhaltung und auf den Reingewinn aus? Geben Sie eine kurze Erläuterung.

SITUATION 34

Zur Durchführung von besonderen Aktionen (z. B. Einführung neuer Produkte, jahreszeitlich bedingte Verkaufsmaßnahmen, Jubiläumsfeier) wurden vom Warenhaus Peter Kolb OHG bisher nahe gelegene Räume angemietet bzw. Zelte aufgeschlagen. Da die Geschäftsleitung schon länger den Kauf einer geeigneten Räumlichkeit zur Durchführung dieser Aktionen sucht, kommt ihr das Angebot des benachbarten Fotoladens gerade recht: Aus Altergründen soll der Laden geschlossen und das Grundstück verkauft werden. Die Peter Kolb OHG beabsichtigt, das Grundstück zu kaufen.

1. Aufgabe

Ihnen liegt die nachstehende Aufstellung über Vermögen und Schulden des Fotoladens vor. Sie erhalten den Auftrag, eine Bilanz zu erstellen.

Grundstück und Gebäude	200.000 00 €
Waren	300,00 €
Betriebs- und Geschäftsausstattung	1.900,00 €
Bargeld	200,00 €
Forderungen aus L. u. L.	70,00 €
Bankguthaben	3.000,00 €
Verbindlichkeiten aus L. u. L.	500,00 €
Langfristige Verbindklichkeiten	4.000,00 €

Bilanz zum 31.12...			

2. Aufgabe

Das abgebildete GuV-Konto des Fotoladens liegt Ihnen vor.

Gewinn- und Verlustkonto			
Aufwendungen für Waren	19.250,00	Umsatzerlöse für Waren	35.285,00
Aufwendungen für Verpackung	400,00		
Aufwendungen für Material	1.500,00		
Aufwendungen für bezogene Leistungen	850,00		
Soziale Abgaben	950,00		
Abschreibungen	190,00		
Aufwendungen für Kommunikation	350,00		
Betriebliche Steuern	180,00		
Aufwendungen für Beiträge	30,00		
Gewinn			

Ermitteln Sie

2.1 den Rohgewinn

2.2 den Reingewinn

3. Aufgabe

Sie erhalten den Auftrag, weitere Kennziffern zur Beurteilung des Fotoladens zu berechnen. Geben Sie jeweils Formel und Rechenweg an. Ermitteln Sie aus dem Ihnen vorliegenden Zahlenmaterial

3.1 die Eigenkapitalquote

3.2 die Liquidität

3.3 die Eigenkapitalrentabilität

3.4 die Gesamtkapitalrentabilität (Es sind 600,00 € Jahreszinsen für das Darlehen angefallen.)

3.5 die Umsatzrentabilität

3.6 die Wirtschaftlichkeit.

4. Aufgabe

Bei der Berechnung der Wirtschaftlichkeit fragt Sie eine Auszubildende, was Wirtschaftlichkeit bedeutet. Sie erklären ihr, dass Unternehmen nach dem ökonomischen Prinzip arbeiten sollten und dass das Ergebnis der Wirtschaftlichkeitsberechnung möglichst größer als 1 sein sollte.

4.1 Was bedeutet das Ergebnis von 1,49? Erläutern Sie dies in einem ganzen Satz.

4.2 Bei der Gelegenheit erläutern Sie der Auszubildenden die Prinzipien des wirtschaftlichen Handelns. Sie unterscheiden dabei in Maximalprinzip und Minimalprinzip. Wodurch unterscheiden sich diese beiden Prinzipen?

5. Aufgabe

Neben den bereits errechneten Kennziffern sollen Sie noch die Flächenproduktivität, also den Umsatz pro Quadratmeter Verkaufsfläche ermitteln. Sie besorgen sich die dafür zusätzlich erforderlichen Daten. Schließlich wissen Sie, dass die Verkaufsfläche des Fotoladens 90 qm beträgt. Wie hoch war der Umsatz je m^2 Verkaufsfläche in €?

6. Aufgabe

Schließlich interessiert die Geschäftsleitung noch die Handelsspanne des Fotoladens und der Faktor, mit der dieser kalkuliert hatte. Ermitteln Sie

6.1 den Kalkulationsfaktor

6.2 die Handelsspanne.

7. Aufgabe

Sie vergleichen nun die Kennziffern des Warenhauses Peter Kolb OHG mit den von Ihnen ermittelten Werten des Fotoladens. Dabei fällt Ihnen auf, dass die eigene Umsatzrentabilität niedriger ist als die des Fotoladens. Der Umsatz je Verkaufsfläche im Warenhaus ist allerdings deutlich höher als der des Fotoladens. Haben Sie dazu jeweils eine Erklärung?

SITUATION 35

Voraussetzung dafür, dass das Warenhaus Peter Kolb OHG auch künftig erfolgreich am Markt vertreten sein wird, ist, dass die Geschäftsleitung die richtigen Entscheidungen trifft. So genannte „Bauchentscheidungen“ könnten für das Unternehmen sehr gefährlich sein. Deshalb bedient man sich der verschiedensten Verfahren bzw. Methoden, um auf der Basis der vorhandenen Daten die richtigen Entscheidungen für die Zukunft zu treffen.

1. Aufgabe
Auf welche Quelle greift das Warenhaus Peter Kolb OHG zurück, um auf der Basis der bisherigen Daten Entscheidungen z. B. für die Planung treffen zu können, und wie können diese Daten aufbereitet werden?

2. Aufgabe
Wie ist der Begriff „Statistik“ zu definieren?

3. Aufgabe
Welche Aufgabe hat die Betriebsstatistik und welche Methoden wendet sie an?

4. Aufgabe
Für nahezu alle betrieblichen Bereiche werden Statistiken erstellt. Nennen Sie die wichtigsten und erläutern Sie diese kurz bzw. beschreiben Sie deren Inhalt.

5. Aufgabe
Wodurch unterscheiden sich innerbetrieblicher Vergleich und zwischenbetrieblicher Vergleich?

6. Aufgabe

Werden absolute Zahlen statistisch aufbereitet, so spricht man von Kennzahlen. Dabei handelt es sich meist um so genannte Verhältniszahlen. Erläutern Sie den Begriff „Verhältniszahlen“.

7. Aufgabe

Was sagt die unten stehende Statistik aus?

Eigenkapital in Prozent der Bilanzsumme	Vorjahr	Berichtsjahr
Verarbeitendes Gewerbe	33,1	26,0
Baugewerbe	14,9	6,4
Großhandel	23,9	17,1
Einzelhandel	27,4	21,5

8. Aufgabe

Aufgrund der angegebenen Bilanz und GuV sind folgende betrieblichen Kennzahlen zu berechnen:

8.1 Umsatzrentabilität	
8.2 Verschuldungsgrad	
8.3 Liquidität 3. Grades	
8.4 Umschlagshäufigkeit (gerundet)	
8.5 Durchschnittliche Lagerdauer	

Bilanz per 31.12.

Anfangsbestand an Waren 20.000,00 €

Aktiva			Passiva	
Grundstücke	€ 97.600,00		Langfristige Darlehn	€ 59.000,00
Gebäude	€ 59.200,00		Lieferverbindlichkeiten	€ 18.300,00
Kasse, Bank	€ 2.800,00		Kurzfristige Kred te (Girokonto)	€ 41.700,00
Waren	€ 27.500,00		Eigenkapital	€ 96.500,00
Lieferforderungen	€ 28.400,00			
	€ 215.500,00			€ 215.500,00

Gewinn- und Verlustrechnung per 31.12.

Aufwände			Erträge	
Aufwendungen für Waren	€ 97.000,00		Umsatzerlöse für Waren	€ 252.000,00
Personalaufwand	€ 81.700,00			
sonstiger Aufwand	€ 39.500,00			
Abschreibung	€ 12.400,00			
Eigenkapital (Gewinn)	€ 21.400,00			
	€ 252.000,00			€ 252.000,00

SITUATION 36

In der Marketingabteilung des Warenhauses Peter Kolb OHG wird die Marktentwicklung der letzten Jahre untersucht, um Rückschlüsse auf die Wirksamkeit verschiedener Marketing-Strategien ziehen zu können. Folgende Daten liegen vor:

Jahr	2015	2016	2017	2018
Umsatz in Mio. €	20,0	21,1	22,2	23,3
Gewinn in Mio. €	0,7	1,0	2,2	2,1
Gesamtmarktumsatz in Mio. €	213,8	219,3	221,0	222,0

1. Aufgabe
In welchem Jahr erzielte die Bavaria Zweirad GmbH die höchste prozentuale Umsatzsteigerung und wie hoch war diese?

2. Aufgabe
In welchem Jahr hatte die Bavaria Zweirad GmbH die höchste Umsatzrentabilität erzielt und wie hoch war diese?

3. Aufgabe
In welchem Jahr erzielte die Bavaria Zweirad GmbH ihren höchsten Umsatzmarktanteil und wie hoch war dieser?

SITUATION 37

Die Peter Kolb OHG macht Inventur. Damit der normale Geschäftsbetrieb möglichst wenig gestört wird, müssen alle Auszubildenden mithelfen. Sie arbeiten zurzeit in der Haushaltwarenabteilung.

Die nachstehend abgebildete (nicht vollständige) Inventurliste liegt Ihnen vor.

Abteilung Haushaltwaren Regal 12/3								
Waren-gruppe	Produkt-nummer	Produkt-bezeichnung	Stückzahl					
			Soll	Ist	Differenz	Bezugspreis in €	Bruttoverkaufs-preis in €	Inventurwert in €
I	257863	Kaffeemaschine Philips	4	3	1	25,90	44,90	
	257873	Kaffeemaschine WMF	6	2	4	36,20	59,90	
	257883	Kaffeemaschine Siemens	5	4	1	48,60	69,90	
	257893	Kaffeemaschine Privileg	3	3	0	49,90	79,90	
	Erstellt von Paul Müller Berechnet von Gabriele Kunze							

1. Aufgabe
Ermitteln Sie die Inventurwerte der vier Artikel. Geben Sie die Formel und den jeweiligen Rechenweg an.

2. Aufgabe
Wie hoch ist der jeweilige Kalkulationsabschlag? Geben Sie den Rechenweg an.

Formel:

Produkt 257863:

Produkt 257873:

Produkt 257883:

Produkt 257893:

3. Aufgabe
Erläutern Sie den Begriff Inventurdifferenz.

4. Aufgabe
Ermitteln Sie die Inventurdifferenz in €. Geben Sie den Rechenweg an.

Zu den nächsten fünf Aufgaben

ARTIKELDATEI DES WARENHAUSES PETER KOLB OHG			
Artikelnummer	257873	Beschaffungszeit	2 Arbeitstage
Artikelbezeichnung	Kaffeemaschine WMF	Mindestbestand	1 Stück
Einheit	Stück	Meldebestand	? Stück
Lieferer	Efa GmbH Landshut	Höchstbestand	15 Stück
		Bestellmenge	10 Stück
		Durchschn. tägl. Abverkauf	1 Stück

Datum	Zugang	Abgang	Bestand
01.01.			5
03. 01.		1	4
04.01.		1	3
05. 01.		1	2
06.01.	14		16
07.01.		1	15
10. 01.		2	13
12. 01.		2	11
20.01.		1	10
22.01.		2	8
28.01.		1	7
31.01.		1	6

Efa GmbH Landshut

Efa GmbH Landshut, Bahnhofstr. 23, 84032 Landshut

Kauf- und Warenhaus Peter Kolb OHG
Luitpoldstr. 56
84034 Landshut

Lieferschein Nr. 4581/20.. — Kdn-Nr. 002 854 — Datum: 06.01.20..

Artikel	Art.Nr.	Menge	EP €	GP €
Kaffeemaschine WMF	257873	10	36,20	362,00

5. Aufgabe
Sie werden beauftragt herauszufinden, woher die Inventurdifferenz bei den WMF Kaffeemaschinen stammen könnte. Dazu vergleichen Sie den Lieferschein der Fa. Efa GmbH Landshut mit der Ihnen vorliegenden Artikeldatei. Was stellen Sie fest?

Geschäftsprozesse im Einzelhandel

6. Aufgabe
Welche weiteren Gründe können zu Inventurdifferenzen führen?

7. Aufgabe
In der Spalte „Meldebestand" ist ein Fragezeichen eingetragen. Ersetzen Sie dies durch den entsprechenden Wert. Geben Sie den Rechenweg an.

8. Aufgabe
Wie kann sich die Differenz im Warenwirtschaftssystem (siehe Artikeldatei) bei den WMF Kaffeemaschinen auf den normalen Geschäftsbetrieb auswirken?

9. Aufgabe
Schlagen Sie Maßnahmen zur Vermeidung von Inventurdifferenzen vor.

IV. QUALITÄTSSICHERNDE MASSNAHMEN; NACHHALTIGKEIT

SITUATION 38

Die Lebensmittelabteilung des Warenhauses Peter Kolb OHG hatte sich auf ausländische Rotweine spezialisiert. Bevor die Weine nachbestellt werden, will der Abteilungsleiter eine Sortimentsanalyse mit Hilfe des EDV-gestützten Warenwirtschaftssystems vornehmen. Dazu lässt er sich die nachstehende Auswertung über die geführten Rotweine ausdrucken.

WARENWIRTSCHAFTSSYSTEM - Auswertung für Monat September - Rotwein, ausländisch

Anbauland	Bezeichnung	Verkaufspreis	Bestellmenge	Aktueller Bestand	Monatsabsatz	Monatsumsatz	Rohgewinn
Frankreich	Pennautier, Vin de Pays d`Òc Syrah	3,99	750	240	510	2.034,90	406,98
Italien	Umbria Rosso VdT	4,49	240	25	215	965,35	193,07
Frankreich	Pennautier, Vin de Pays d`Òc Merlot	4,99	1500	105	1395	6.961,05	1.392,21
Australien	Rosemount Estate, Jigsaw Red	5,99	1800	180	3240	19.407,60	194,08
Chile	Vina Maipo Merlot Rapel Valley	6,99	240	24	216	1.509,84	301,97
Kalifornien	Woodbridge Merlot Robert Mondavi	7,99	1200	0	1200	9.588,00	1.917,60
Frankreich	Ch. Mont-Redon AC Cotes du Rhone	8,99	420	240	240	2.157,60	539,40
Italien	Chianti Classico DOCG, Il Tesoro	9,99	300	275	25	249,75	24,98
Portugal	Peninsula tinto Vinho	11,99	150	150	0	0,00	0,00
Frankreich	Chateau du Grand Moueyes, Bordeaux	12,99	120	15	105	1.363,95	340,99
Italien	Primitivo di Manduria Giravolta Pozzopalo DOC	13,99	120	95	25	349,75	139,90
Frankreich	Cum Laude Sant'Antimo DOC	15,99	120	100	20	319,80	127,92

1. Aufgabe

Welche beiden Rotweinsorten haben zum wirtschaftlichen Erfolg des Warenhauses Peter Kolb OHG erheblich beigetragen? Begründen Sie Ihre Antwort.

2. Aufgabe

Der Abteilungsleiter geht mit Ihnen obige Liste durch. Er fragt Sie, welche beiden Rotweinsorten aus dem Sortiment zu entfernen sind. Welchen Vorschlag unterbreiten Sie ihm und wie begründen Sie Ihren Vorschlag?

3. Aufgabe

Sie erhalten den Auftrag, den Zahlen zu dem australischen Wein Rosemount Estate, Jigsaw Red zu analysieren. Zu welchem Ergebnis kommen Sie und was schlagen Sie Ihrem Abteilungsleiter bezüglich der Sortimentsbereinigung vor?

4. Aufgabe

Die teuren Weine aus Italien und Frankreich werden ebenfalls nicht stark nachgefragt. Warum ist es dennoch sinnvoll, diese beiden Weine im Sortiment zu belassen?

5. Aufgabe

Welche Weine sind Ihrer Meinung nach dringend nachzubestellen?

6. Aufgabe

Nennen Sie die drei Weinsorten, deren Bestand nach der Liste noch für die nächsten drei Monate ausreicht.

7. Aufgabe

Hohe Lagerbestände sind möglichst zu vermeiden. Nennen Sie Nachteile, die ein zu hoher Lagerbestand mit sich bringt.

8. Aufgabe
Der Abteilungsleiter ist bestrebt, die Lagerbestände möglichst bald zu reduzieren. Welche Maßnahmen dazu halten Sie für geeignet?

9. Aufgabe
Der Abteilungsleiter bittet Sie, sich Gedanken über eine Verbundplatzierung zu machen. Erklären Sie den Begriff und geben Sie ein Beispiel zur Verbundplatzierung mit Rotwein an.

10. Aufgabe
Sie haben die Aufgabe, die vom Warenwirtschaftssystem Ende September gelieferten Bestände an Rotwein mit den Ergebnissen der permanenten Inventur zu vergleichen. Diese ergab nämlich bei dem italienischen Wein Umbria Rosso VdT einen Bestand von 23 Flaschen.
10.1 Erläutern Sie den Begriff „permanente Inventur".
10.2 Wie bezeichnet man den Unterschied zwischen dem Ergebnis der Inventur und dem vom Warenwirtschaftssystem (der Lagerbuchführung) gelieferten Bestand?
10.3 Geben Sie Ursachen an, die zu dieser Differenz geführt haben könnten.

10.1	
10.2	
10.3	

11. Aufgabe
Sie sollen ab sofort den Einkauf für Rotweine organisieren. Welche Informationen aus dem Warenwirtschaftssytem sind grundsätzlich bei der Einkaufsplanung zu berücksichtigen?

12. Aufgabe

Ihr Abteilungsleiter schickt Sie auf die Nahrungsmittelmesse. Hier interessieren Sie sich besonders für das Weinangebot. Welche Informationen können Sie auf dieser Messe erfahren?

SITUATION 39

Das Warenhaus Peter Kolb OHG musste bei einem Betriebsvergleich feststellen, dass bei vergleichbaren Mitbewerbern der Nettoumsatz je qm Verkaufsfläche teilweise wesentlich höher liegt. Dies führte zu Überlegungen, ob die vorhandene Verkaufsfläche nicht optimaler genutzt werden könnte. Tatsächlich kam man zu dem Schluss, dass durch Umgestaltung der Verkaufsräume die Verkaufsfläche vergrößert werden kann. Die gewonnene Verkaufsfläche soll zu einer Sortimentserweiterung genutzt werden, für die mehrere Alternativen zur Verfügung stehen:

Alternative I Sortimentserweiterung durch eine Fotoabteilung	Alternative II Sortimentserweiterung durch eine Kosmetikabteilung	Alternative III Sortimentserweiterung durch eine Schmuckabteilung
Geschätzter Nettoumsatz 108.000 €	Geschätzter Nettoumsatz 96.000 €	Geschätzter Nettoumsatz 90.000 €
Handelsspanne: 33 1/3 %	Handelsspanne: 25 %	Handelsspanne: 40 %
Geschätzte Umschlagshäufigkeit: 4	Geschätzte Umschlagshäufigkeit: 12	Geschätzte Umschlagshäufigkeit: 3
Investitionskosten für neue Warenträger und Umbaumaßnahmen: 120.000 €		

1. Aufgabe
Ermitteln Sie den zu erwarten Rohgewinn jeder Alternative.

Alternative I	
Alternative II	
Alternative III	

2. Aufgabe
Welche Alternative benötigt die höchste Kapitalbindung?

Alternative I	
Alternative II	
Alternative III	

3. Aufgabe
Wie hoch ist die jeweils zu erwartende Lagerdauer?

Alternative I	
Alternative II	
Alternative III	

Geschäftsprozesse im Einzelhandel

4. Aufgabe
Ermitteln Sie für alle drei Alternativen die zu erwartenden Lagerzinsen bei einem Jahreszinssatz von 9 %.

Alternative I	
Alternative II	
Alternative III	

5. Aufgabe
Für welche Alternative würden Sie sich entscheiden? Begründen Sie Ihre Antwort.

6. Aufgabe
Die alten Warenträger sind abgeschrieben und werden nicht mehr verwendet. Es werden völlig neue Warenträger angeschafft. Die Investitionskosten in Höhe von 50.000,00 € werden über einen Bankkredit finanziert. Konditionen: Zinssatz 6 %, Tilgung 10 %. Die infolge der Sortimentserweiterung zu erwartenden Kapitalkosten für das Umlaufvermögen werden mit laufenden Gewinnen finanziert. Die Kosten für einen Kontokorrentkredit betragen 14 %.
Wie bezeichnet man die Finanzierung a) der Warenträger, b) des Umlaufvermögens?

7. Aufgabe
Wann ist die Aufnahme einen Kontokorrentkredites sinnvoll?

8. Aufgabe
Welche Kosten kann die geplante Sortimentserweiterung (außer den Finanzierungskosten) noch mit sich bringen?

9. Aufgabe
Wie könnten die neuen Produkte am Markt eingeführt werden? Machen Sie Vorschläge.

SITUATION 40

Die Fachklasse für Kaufleute im Einzelhandel der ortsansässigen Berufsschule hatte mit Herrn Peter Kolb eine Besichtigung des Warenhauses Peter Kolb OHG ausgemacht. Nachdem die einzelnen Abteilungen intensiv angeschaut worden sind, trifft man sich anschließend im Schulungsraum des Unternehmens. Hier kommen vor allem die Bereiche zur Sprache, die nicht unmittelbar zu besichtigen waren. Unter anderem wurde die Frage nach dem Lagersystem der Firma Kolb OHG gestellt.

1. Aufgabe

Neben dem Einkauf und dem Verkauf der Ware kommt der Lagerhaltung innerhalb der Warenwirtschaft eine große Bedeutung zu. Beschreiben Sie kurz die Aufgaben der Lagerhaltung im Einzelhandel.

2. Aufgabe

Zu besichtigen waren neben den Verkaufsräumen auch noch das Reservelager. Beschreiben Sie kurz die Aufgaben bzw. Funktionen des Reservelagers.

3. Aufgabe

Bei der Lagerung der Ware müssen wichtige Grundsätze beachtet werden. Nennen Sie Lagergrundsätze und erläutern Sie diese kurz.

4. Aufgabe

Das Warenhaus Peter Kolb OHG hat neben Verkaufs- und Reservelager noch ein weiteres Lager am Stadtrand als sogenanntes Außenlager. Von Herrn Kolb erfahren Sie, dass es bei der Einlagerung in ein solches Außenlager zwei unterschiedliche Einlagerungssysteme gibt. Nennen Sie diese und geben Sie eine kurze Erläuterung.

5. Aufgabe

Warum ist eine ständige Kontrolle des Lagers notwendig und was ist im Einzelnen zu kontrollieren?

6. Aufgabe

Beschreiben Sie die Auswirkungen eines
6.1 zu hohen Lagerbestandes.
6.2 zu niedrigen Lagerbestandes.
6.3 Wie würden Sie einen optimalen Lagerbestand beschreiben?

6.1	
6.2	
6.3	

7. Aufgabe

Zwischen den Abteilungen Finanz- und Rechnungswesen, Einkauf und Verkauf kann es bezüglich des Lagerbestandes zu Interessenskonflikten kommen. Beschreiben Sie diese kurz.

8. Aufgabe

Die Lagerhaltung verursacht eine Menge Kosten. Nennen Sie die wichtigsten.

9. Aufgabe

Erläutern Sie die Begriffe Mindestbestand, Meldebestand, Höchstbestand.

Mindestbestand	
Meldebestand	
Höchstbestand	

10. Aufgabe

Die Lagerdatei für einen Artikel zeigt Eintragungen gemäß der folgenden Tabelle. Am 15. Februar sind ein Zugang von 70 Stück und ein Abgang von 18 Stück zu buchen. Wie viel Stück beträgt der Bestand? Tragen Sie das Ergebnis in das Kästchen ein.

Mindestbestand 20 Stück			
Datum	Zugang	Abgang	Bestand
01. Jan.	-	-	52
15. Jan.	-	19	33
01. Febr.	-	11	22
15. Febr.			

11. Aufgabe

Ordnen Sie den Buchstaben im abgebildeten Modell die Begriffe Meldebestand, Mindestbestand und Beschaffungszeit zu. Welche Linie steht für den Höchstbestand?

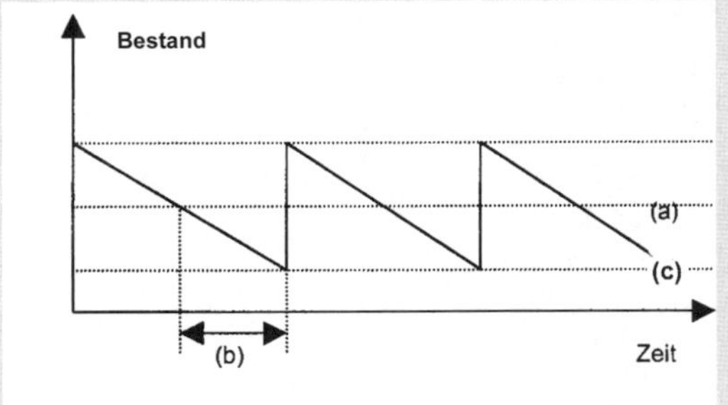

Lagerhaltungsmodell

Geschäftsprozesse im Einzelhandel

12. Aufgabe

Was ist unter einem Soll/Ist/Vergleich der Lagerbestände zu verstehen?

13. Aufgabe

Dem Warenhaus Peter Kolb OHG liegen folgende Alternativen bezüglich ihrer Lagerhaltung vor:

Eigenlagerung	
Fixkosten	
- Miete pro Monat	2.000,00 €
- Personalkosten pro Monat	1.950,00 €
- Versicherungskosten pro Jahr	600,00 €
Variable Kosten pro qm	6,50 €
Fremdlagerung	
Kosten pro qm	15,00 €

13.1 Erläutern Sie die Begriffe Eigenlagerung und Fremdlagerung.

13.2 Berechnen Sie, welche Form der Lagerung kostengünstiger ist, wenn die zu nutzende Lagerfläche 500 qm beträgt.

ANHANG

INFORMATION UND KOMMUNIKATION

SITUATION 41

Das Warenhaus Peter Kolb OHG beabsichtigt, eine Aktion mit dem Motto „Italienische Wochen" durchzuführen. Dazu soll eine Sonderfläche mit italienischen Produkten eingerichtet werden. Die Planung dazu soll in Teamarbeit vorgenommen werden.

1. Aufgabe

Erläutern Sie die Begriffe Team und Teamarbeit und nennen Sie Vorteile und Nachteile der Teamarbeit.

Team	
Teamarbeit	
Vorteile	
Nachteile	

2. Aufgabe

Um erfolgreich in einem Team mitarbeiten zu können, sollten bei den Teamarbeitern gewisse Voraussetzungen gegeben sein. Man spricht auch von den so genannten 4 „*K*s“ wie *K*ooperationsfähigkeit, *K*ommunikationsbereitschaft, *K*ritikbereitschaft und *K*onsensfähigkeit. Was ist im Zusammenhang mit der Teamarbeit unter diesen Begriffen zu verstehen?

Kooperationsfähigkeit	
Kommunikationsfähigkeit	
Kritikbereitschaft	
Konsensfähigkeit	

3. Aufgabe

Ihr Team wird nun beauftragt, die Aktion zu planen. Welche Fragen stellen sich Ihrem Team in diesem Zusammenhang?

4. Aufgabe
Bei der Diskussion um die Produkt- bzw. Sortimentsfrage für die Aktion geraten zwei Teammitglieder aneinander. Machen Sie vier Vorschläge, wie der Teamleiter den entstandenen Konflikt lösen kann.

5. Aufgabe
Im Team werden auch die durchzuführenden verkaufsfördernden Maßnahmen diskutiert. Nennen Sie geeignete verkaufsfördernde Maßnahmen, die zum Erfolg der Aktion beitragen können und begründen Sie Ihre Vorschläge.

Verkaufsfördernde Maßnahmen	Begründung

6. Aufgabe
In Teamarbeit wird beschlossen, wie die Aktion in der Öffentlichkeit bekannt zu machen ist. Dabei einigt man sich auf eine Anzeige in der örtlichen Tageszeitung. Machen Sie Textvorschläge, wie diese Anzeige lauten könnte.

7. Aufgabe

Im Team überlegen Sie, worauf bei der Schaltung der Anzeige in der Tageszeitung noch zu achten ist. Dabei sind alle der Meinung, dass es nicht nur auf den Inhalt der Anzeige ankommt. Nennen Sie weitere Faktoren, die die Werbewirksamkeit einer Anzeige ausmachen.

8. Aufgabe

Ein Mitglied des Teams macht noch weitere Vorschläge, die Aktion zu bewerben. Er möchte zusätzlich die Aktion im Schaufenster groß herausstellen und Radiowerbung im Bayerischen Rundfunk (Bayern 3) betreiben. Wie beurteilen Sie diese Vorschläge? Begründen Sie Ihre Meinung.

Schaufenster	
Bayer. Rundfunk	

9. Aufgabe

Zur Förderung der Teamentwicklung, der offenen Kommunikation und damit zur Verbesserung der Kooperationsfähigkeit aller Beteiligten eines Teams gehört die Methode des Feedback. Beschreiben Sie kurz diese Methode und nennen Sie Regeln, die dabei zu beachten sind.

Feedback	
Regeln	

SITUATION 42

In der Sportabteilung des Warenhauses Peter Kolb OHG soll die Produktpalette um moderne Fitnessgeräte erweitert werden. Auf einer Sonderfläche sollen Laufbänder, Cross- und Ellipticaltrainer, Ergometer, Rudergeräte, verschiedene Hantelsets u. ä. präsentiert werden. Ein Team wird mit der Planung und Durchführung der Sortimentserweiterung beauftragt.

1. Aufgabe

Welche Voraussetzungen müssen für eine erfolgreiche Teamarbeit gegeben sein?

2. Aufgabe

Eine moderne Form des Crosstrainers, der Ellipticaltrainer, soll besonders herausgestellt werden. Sie haben die Aufgabe, für diesen Artikel Informationen zu sammeln, die beim Verkaufsgespräch nützlich eingesetzt werden können. Welche Produktinformationen sind für die Kundenberatung bedeutsam?

3. Aufgabe

Im Team wird überlegt, mit welchem werbewirksamen Slogan die Sonderfläche beworben werden soll. Machen Sie drei Vorschläge.

4. Aufgabe

Im Team wird über geeignete Werbemöglichkeiten nachgedacht. Die Werbung soll sich in der Hauptsache auf das Kundeneinzugsgebiet des Warenhauses Peter Kolb OHG erstrecken. Nennen Sie geeignete Werbemittel.

5. Aufgabe
Die neue Produktpalette soll auf einer Sonderverkaufsfläche präsentiert werden. Welche Vorteile verspricht sich das Warenhaus Peter Kolb OHG von dieser Strategie?

6. Aufgabe
Schon während den einzelnen Phasen und zum Ende der Teamarbeit wurde von den Teammitgliedern ein Feedback erwartet. Was ist unter einem Feedback zu verstehen?

7. Aufgabe
Welche Ziele sind mit dem Geben von Feedback verbunden? Formulieren Sie drei Zielsetzungen des Feedbackgebers in der Ich-Form.

8. Aufgabe
Beim Feedbackgeben und Feedbacknehmen sind Regeln zu beachten. Nennen Sie die wichtigsten Regeln dazu.

Feedback geben	Feedback rehmen

SITUATION 43

Der Abteilungsleiter beobachtet eine Verkäuferin bei der Führung eines Verkaufsgesprächs. In der nächsten Mitarbeiterbesprechung sagt er vor allen Mitarbeitern zu ihr: „Das nächste Mal gehen Sie aber besser auf den Kundenwunsch ein. Sie wissen doch, dass Kunden nur dann kaufen, wenn sie das Gefühl haben, dass man ihnen zuhört."

1. Aufgabe

Welche Reaktionen kann dieses Verhalten des Abteilungsleiters auslösen?

2. Aufgabe

Der Abteilungsleiter ist sicher im Recht. Wie beurteilen Sie die Art und Weise, wie er seine Beobachtung der Verkäuferin mitteilt?

3. Aufgabe

Versuchen Sie die Mitteilung des Abteilungsleiters sachlicher zu formulieren.

4. Aufgabe

Wie beurteilen Sie die nachstehende Mitteilung des Abteilungsleiters im Vergleich zur Ausgangssituation?
„Bei der Ermittlung des Kundenwunsches ist es sehr wichtig, dem Kunden gut zuzuhören. Meine Erfahrung sagt, dass es viel einfacher ist, die richtigen Verkaufsargumente einzusetzen, wenn man genau weiß, worauf es dem Kunden ankommt".

5. Aufgabe

Da der Abteilungsleiter mehrere seiner Verkäuferinnen bei ihren Verkaufsgesprächen beobachtet hatte, konnte er auch positive Verhaltensweisen feststellen. In der nächsten Mitarbeiterbesprechung äußerte er sich wie folgt: „Mir ist bei der Beobachtung der einzelnen Verkaufsgepräche aufgefallen, dass einige von Ihnen den Kundenwunsch geschickt ermittelt hatten. Besonders imponiert hat mir dabei, wie gut dem Kunden zugehört wurde, um so die richtige Auswahl treffen und kundengerecht argumentieren zu können."
Wodurch unterscheidet sich dieses Feedback von dem in Aufgabe 4?

SITUATION 44

In jedem Unternehmen erfolgt ein reger Informationsaustausch durch entsprechende Kommunikation. Kommunikation wird in der heutigen Zeit bestimmt durch den Einsatz von Informations- und Kommunikationstechnologien bzw. durch den Einsatz neuer Medien. So auch beim Warenhaus Peter Kolb OHG.

1. Aufgabe

Beschreiben Sie die Ebenen, auf denen betriebliche Kommunikation stattfindet.

2. Aufgabe

Unterscheiden Sie innerbetriebliche und außerbetriebliche Kommunikation und nennen Sie Medien, die jeweils der Übermittlung dienen.

Innerbetriebliche Kommunikation	
Außerbetriebliche Kommunikation	

3. Aufgabe

Kommunikation kann verbal, nonverbal und auch schriftlich erfolgen. Erläutern Sie diese Begriffe und geben Sie Beispiele.

Verbal	
Nonverbal	
Schriftlich	

4. Aufgabe

Internet und Intranet sind aus dem „Zeitalter der Kommunikation“ nicht mehr wegzudenken. Erklären Sie die Begriffe und zeigen Sie den Unterschied auf.

Internet	
Intranet	

5. Aufgabe
Um die Dienste des Internets wahrnehmen zu können, bedarf es der Provider. Was ist darunter zu verstehen?

6. Aufgabe
Erläutern Sie den Zusammenhang bzw. den Unterschied von Homepage und Website.

Homepate	
Website	

7. Aufgabe
Nennen und erläutern Sie kurz einige Anwendungsmöglichkeiten im Internet.

8. Aufgabe
Das Warenhaus Peter Kolb OHG beabsichtigt künftig auch den Absatz über Internet zu betreiben. In einer Besprechung werden die Vor- und Nachteile dieses Absatzweges diskutiert. Nennen Sie einige Vor- und Nachteile des Verkaufs über Internet.

Vorteile	Nachteile

SITUATION 45

Die modernen Kommunikationsmittel gehen auch am Warenhaus Peter Kolb OHG nicht vorüber. So wurde der Verwaltung nahe gelegt, den geschäftlichen Informationsaustausch künftig verstärkt per E-Mail vorzunehmen.

1. Aufgabe
Die E-Mail ist der meist genutzte Dienst des Internets. Beschreiben Sie kurz, was unter der E-Mail zu verstehen ist.

2. Aufgabe
Leider handelt es sich bei über 90 % des weltweiten E-Mail-Verkehrs um Spams. Was ist darunter zu verstehen?

3. Aufgabe
Spams verursachen im weltweiten Kommunikationssystem erhebliche Schäden bzw. Kosten. Nennen Sie hierzu fünf Beispiele.

4. Aufgabe
Nennen Sie die Vorteile der Datenübermittlung per E-Mail.

5. Aufgabe
Mit der Nutzung der elektronischen Post sind auch Nachteile verbunden. Nennen Sie einige.

6. Aufgabe
Neben der Gefahr, sich über den Anhang einer E-Mail Schädlinge einzufangen, gibt es noch weitere Gefahren für Ihren Rechner. Nennen Sie drei weitere Möglichkeiten.

7. Aufgabe
Ohne Schutzprogramm ist der Befall eines Rechners mit Schädlingen erst dann erkennbar, wenn schon Schäden angerichtet worden sind. Woran können die Auswirkungen eines Schädlings erkannt werden?

8. Aufgabe
Die Abbildung zeigt, wie man sich am besten vor Trojanern, Würmern, Spionage-Software und Viren schützen kann. Nennen Sie die Möglichkeiten des Schutzes vor Computerschädlingen und erläutern Sie diese kurz.

Abb. aus „Computer-Bild“

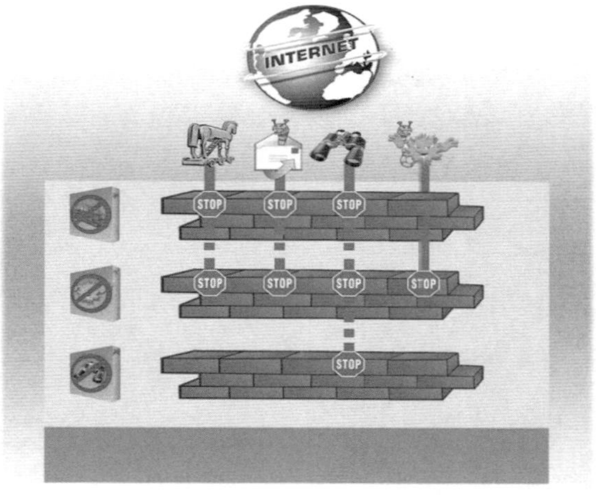

9. Aufgabe

Erläutern Sie mit jeweils einem Satz die Begriffe „Datenschutz“ und „Datensicherheit“.

10. Aufgabe

Nennen Sie Beispiele, wie es im Warenhaus Peter Kolb OHG trotz aller Schutz- und Vorsichtsmaßnahmen zu Datenverlusten bzw. Datenmissbrauch kommen kann.

Datenverlust	Datenmissbrauch

SITUATION 46

Wo Menschen miteinander in Kontakt stehen, können Konflikte entstehen, so auch im Warenhaus Peter Kolb OHG.

1. Aufgabe

Beschreiben Sie, wodurch Konflikte entstehen können.

2. Aufgabe

Um einen Konflikt richtig beurteilen zu können, sollte man wissen, um welchen Konflikttyp bzw. um welche Konfliktart es sich handelt. So gibt es Konflikte, die offen ausgetragen werden, aber auch Konflikte, die im inneren schwelen. Außerdem gibt es Konflikte, die ihre Ursache auf der sachlichen Ebene haben, und andere, die persönlich bedingt sind.
Geben Sie je ein Beispiel für einen Sachkonflikt und einen Beziehungskonflikt.

Sachkonflikt	Beziehungskonflikt

3. Aufgabe

Konflikte können nur dann für die Konfliktparteien zufriedenstellend gelöst werden, wenn die Einsicht, dass das eigene Verhalten sich ändern muss, vorhanden ist. Machen Sie einen Vorschlag, wie persönlich bedingte Konflikte gelöst werden können.

4. Aufgabe

Wesentlich schwieriger sind Konflikte zu lösen, die auf der persönlichen Ebene bzw. der Beziehungsebene ausgetragen werden. Welche Vorschlag zur Konfliktlösung können Sie hier anbieten?

LÖSUNGEN

TEIL I

GESTRECKTES PRÜFUNGSVERFAHREN

TEIL I

VERKAUF UND WERBEMASSNAHMEN

Lösungshinweise

zu den

offenen (ungebundenen) Aufgaben

SITUATION 1

1. Aufgabe

Sortimentsgliederung	Beispiel aus Ihrer Abteilung (Branche)	
Sortiments- oder Warenbereich	Beispiel 1: Elektroartikel	Beispiel 2: Schuhe
Warengruppe	Haushaltsgeräte	Sportschuhe
Warenart	Wäschetrockner	Tennisschuhe
Artikel	Miele Softtronic T 4163	Adidas M Barricade IV running white/light scarlet

2. Aufgabe

Artikelbezeichnungen	Lösungsvorschläge
Babystrampler Kinderspielzeug Nahrung für Kleinkinder Spezielle Pflegemittel für Kinder Sonnencrems für Kinder Babyschuhe Kinderwagen	Vorschlag 1: „Alles fürs Kleinkind“ Vorschlag 2: „Rund um`s Baby“

3. Aufgabe

Breites Sortiment	Das Warenhaus führt viele Warengruppen, z. B. Elektrogeräte: Waschmaschinen, Wäschetrockner, Kühlschränke, Gefrierschränke, Küchengeräte, Elektroherde usw.
Tiefes Sortiment	Innerhalb der Warengruppe(n) werden viele Warenarten (und Artikel) geführt, z. B. Elektroherde: Standgeräte, Einbauherde, mit Backofen, ohne Backofen, mit Induktions-Glaskeramikkochfeld, mit Edelstahlplatten usw.
Schmales Sortiment	Es werden nur wenige Warengruppen geführt, z. B. nur Jeanshosen und Jeansjacken.
Flaches Sortiment	Innerhalb der Warengruppe gibt es wenig Auswahl, z. B. in der Schuhabteilung werden nur wenige Sportschuhe geführt.

4. Aufgabe

A	= breites und flaches Sortiment, z. B. Gemischtwarengeschäft
B	= tiefes und schmales Sortiment, z. B. Fachgeschäft für Hosen
C	= breites und tiefes Sortiment, z. B. Warenhaus Peter Kolb OHG
D	= schmales und flaches Sortiment, z. B. Randsortiment eines Warenhauses

5. Aufgabe

Gründe	Veränderte Situation bei den Mitbewerbern	Zu viel „totes Kapital“
	Technischer Fortschritt	Verändertes Genre
	Veränderte Trends	Veränderte gesetzliche Vorschriften
	Verändertes Käuferverhalten	Erzielter Deckungsbeitrag

6. Aufgabe

Vollsortiment	Das Warenhaus führt alle Warengruppen, die bei einem Warenhaus gängig sind.

7. Aufgabe

Kernsortiment	Hierunter versteht man das eigentliche Sortiment, z. B. Röcke, Hosen, Blusen, Kleider usw. in der Abteilung DOB. Mit den in dieser Abteilung dauerhaft und in großer Auswahl geführten Waren wird der Hauptumsatz getätigt.
Randsortiment	Hierunter versteht man all die Waren, die nicht zum Kernsortiment gehören und deren Anteil am Umsatz gering ist, z. B. nebenher oder saisonal geführte Artikel (Faschingskostüme in der DOB). Mit dem Randsortiment will man dem Kunden zusätzliche Leistungen anbieten.

8. Aufgabe

- Internet	- Fachbücher	- Fachmessen
- Intranet	- Gebrauchsanweisungen	- Sales Promotion
- Herstellerunterlagen	- Bedienungsanleitungen	- Produktverpackung
- Fachzeitschriften	- Werbevorführungen	- Produktbeschreibung

9. Aufgabe

	Umweltzeichen	Umweltfreundliche Produkte und Dienstleistungen, (Festlegung von einer unabhängigen Jury nach definierten Kriterien)
	Gütezeichen	Garantieren eine bestimmte Mindestqualität.
	Prüfzeichen	Sicherstellung von europaweit einheitlichen Mindeststandards.
	Umweltzeichen	Verkaufsverpackung wiederverwertbar, d. h., entweder ist es eine Mehrwegverpackung oder sie kann recycelt werden.

10. Aufgabe

RENNER-/PENNERLISTE - Auswertung für Monat September - Rotwein, ausländisch

Anbauland	Bezeichnung	Verkaufspreis	Bestellmenge	Aktueller Bestand	Monatsabsatz	Monatsumsatz	Rohgewinn
Australien	Rosemount Estate, Jigsaw Red	5,99	1800	180	3240	19.407,60	194,08
Kalifornien	Woodbridge Merlot Robert Mondavi	7,99	1200	0	1200	9.588,00	1.917,60
Frankreich	Pennautier, Vin de Pays d`Òc Syrah	3,99	750	240	510	2.034,90	406,98
Frankreich	Ch. Mont-Redon AC Cotes du Rhone	8,99	420	240	240	2.157,60	539,40
Italien	Primitivo di Manduria Giravolta Pozzopalo DOC	13,99	120	95	25	349,75	139,90
Frankreich	Cum Laude Sant'Antimo DOC	15,99	120	100	20	319,80	127,92
Portugal	Peninsula tinto Vinho	11,99	150	150	0	0,00	0,00

Renner	Der australische Wein Rosemount Estate wurde über 3000 mal verkauft – der absolute Renner.
Penner	Der portugiesische Wein Peninsula tinto wurde gar nicht verkauft – der absolute Penner.

11. Aufgabe

Fördert das Prestige
Hoher Rohertrag je Stück
Vermittelt den Eindruck, man sei gut sortiert

12. Aufgabe

Aktionswoche für französischen Wein	Aktionspreise
In Werbung besonders herausstellen	Umplatzieren in verkaufstarke Zone, Zweitplatzierung

SITUATION 2

1. Aufgabe

Sortimentspolitik = Entscheidungen, das Sortiment betreffend, also Entscheidungen über
- die Zusammensetzung des Sortiments,
- die Festlegung von Breite und Tiefe,
- das Anspruchsniveau.

2. Aufgabe

Sortimentsbereinigung = Herausnehmen von bisher im Sortiment geführter Produkte, z. B. Ladenhüter,
Langsamdreher, Penner; aber auch Produkte, die geringe Erträge aufweisen und nicht notwendig zum Angebot
gehören müssen.
Sortimentserweiterung = in das bestehende Sortiment werden neue Produkte aufgenommen (Diversifikation und
Innovation). Neuheiten sollten schnell aufgenommen werden, auf verändertes Kundenverhalten ist entsprechend
zu reagieren (oft auch gesteuert von Mode und Werbung).

3. Aufgabe

Vorteile: größere Auswahl; deckt Marktnischen ab; bindet Kunden
Nachteile: hohes Lagerrisiko; hohe Lagerkosten (hohe Kapitalbindung); hohes Absatzrisiko, da oft spezielle Artikel,

4. Aufgabe

Sortimentsbereinigung: Senkung von Lagerrisiko und Lagerkosten; übersichtlicheres Lager; weniger Ladenhüter
Sortimentserweiterung: größere Auswahl und damit Kundenbindung; Erfüllung ausgefallener Kundenwünsche

5. Aufgabe

Wird geführt, um zusätzliche Leistungen anbieten zu können, um sich von den Mitbewerbern abzuheben, um einen
zusätzlichen Gewinn zu erzielen.

6. Aufgabe

Kommissionsgüter = zum Verkauf stehende Güter, deren Eigentümer nicht der Händler selbst, sondern ein Dritter ist, in dessen
Auftrag der Händler agiert.
Kommissionsware vergrößert das Warenangebot, ohne etwas zu kosten. Damit wird das Absatzrisiko und der Kapitalbedarf
verringert.

7. Aufgabe

Produktdiversifikation = Erweiterung des Sortiments um bisher nicht geführte Waren(gruppen). Die neu eingeführten Produkte
stehen häufig in einem Zusammenhang mit dem bisherigen Leistungsprogramm, können aber auch von ganz anderer Art sein.
Beispiele: In der Kosmetikabteilung werden künftig auch Drogerieartikel geführt; in der Spielwarenabteilung werden auch
Geschenke angeboten.

SITUATION 3

1. Aufgabe

Demografischer Faktor (bis 2030 besteht die Hälfte der Bevölkerung aus Menschen über 50)
Bei vielen Älteren ist eine hohe Kaufkraft vorhanden.
Die Menschen sind länger alt als jung, d. h. ältere Menschen sind beständige Kunden über Jahrzehnte.
Die ältere Generation wird mehr und mehr die Zukunft vieler Einzelhändler beeinflussen.

2. Aufgabe

Anhebung des Anspruchsniveaus (Trading up), Veränderungen in der Sortimentstiefe (mehr Auswahl)
Einführung von Produkten mit großbuchstabigen Produktbeschreibungen; Lupen an Regalen bereitlegen
Auswahl der Artikel auf Altersgruppe ausrichten (fettarm)
Kleidung der Kundengruppe anpassen (unkomplizierte Verschlüsse, pflegeleicht)
Einführung von Kleinpackungen

3. Aufgabe

Verzicht auf Rolltreppen bzw. Ausrichtung des kundengerechten Sortiments ebenerdig, Fahrstühle
Breitere Gänge (Rollator); großräumige Umkleidekabinen; helle Verkäufsräume mit viel Licht
Altersgerechte Einrichtung mit entsprechenden Sitzgelegenheiten
Hinweisschilder in großer Schrift
Beibehaltung der gewählten Platzierung (Verzicht auf häufigen Warenumbau)
Leicht erreichbare Regalplätze mit gut lesbarer Beschriftung (altersgerechte Warenplatzierung)

4. Aufgabe

Zustell- und Abholdienste, Bestelldienst für zu Hause anbieten
Reparaturservice
Aufbau- und Montagedienste
Anschlussdienste (Elektrogeräte)
Einpackhilfen an der Kasse

5. Aufgabe

Mehr Zeit nehmen, Geduld und Verständnis aufbringen (Steigerung der Beratungsintensität)
Sachlich und ehrlich den Gebrauchswert der Ware darlegen
Produkte mit leichter Hanhabung/Bedienbarkeit und hohem Nutzenkomfort präsentieren

6. Aufgabe

Altersgerechtes Handy – ohne Firlefans, leichte Bedienbarkeit, „große" Tastatur	Nachlassendes Sehvermögen
Fernsehsessel – mit Aufstehhilfe	Einschränkung der Beweglichkeit
Badewanne – mit Ein/Ausstiegsvorrichtung	Einschränkung der Beweglichkeit
Laptop – hochauflösender Monitor, großzügige Tastatur	Schnelleres Ermüden der Augen
Singleportionen im Lebensmittelbereich	Weniger Appetit
„Sprechende" Armbanduhr	Nachlassendes Sehvermögen

7. Aufgabe

Verständnis zeigen	Persönliche Hilfestellung anbieten	Auswahl begrenzen
Testauftrag anbieten	Probieren lassen, vorführen – learning by doing	Umtausch anbieten
Geld-zurück-Garantie anbieten	Waren reservieren	Auswahlsendung anbieten

8. Aufgabe

Kostspielig - englische Begriffe - Fachsprache - mangelndes technisches Verständnis - komplizierte Bedienung
z. B. Handy: Bedarfsanalyse durchführen: Herausfinden, wofür das Handy gebraucht wird, dann passendes Handy anbieten; nur telefonieren und SMS verschicken - einfaches Handy; auch E-Mails schreiben - entsprechendes Handy

9. Aufgabe

Misstrauen in modernen Zahlungsmöglichkeiten (Technik)	Zahlen mit Karte ungewohnt
PIN nicht vorhanden (vergessen)	„Nur Bares ist Wahres“
Fehlender Überblick über Kontostand	Karte vergessen

SITUATION 4

1. Aufgabe

- Gebrauchsanweisungen	- Internet
- die Ware selbst (Betrachten, Ausprobieren, Prüfen)	- Fachmessen und Ausstellungen, Schulungen
- Testberichte (Stiftung Warentest, Verbraucherverbände	- Vertretergespräche, Kollegengespräche
- Fachbücher, Fachliteratur, Prospekte,	- Kundengespräche

2. Aufgabe

- Hier wird ein Überblick über das gesamte Warenangebot gegeben.
- Neuheiten und Trends werden anschaulich präsentiert.
- Die Marktübersicht wird verbessert.
- Direkte Gespräche mit dem Hersteller sind möglich.

3. Aufgabe

Sie können sich einen Überblick über das Sortiment verschaffen, und Sie erhalten Informationen über Anwendung,
Gebrauch, Handhabung, Pflege, Wareneigenschaften, Einsatzmöglichkeiten, Funktionen usw. der einzelnen Waren.
Beispiel: Lesen der Pflegeetiketten – Kennen lernen der Pflege; Testen der Bedienungsmöglichkeiten – Kennen lernen
der Verwendungs- und Einsatzmöglichkeiten

4. Aufgabe

- Eigene Bildungseinrichtungen der Kammern bieten ständig Kurse zur Aus- und Weiterbildung an.
- Fachverbände bieten Fachzeitschriften, Fachbücher und regelmäßig Informationsmaterial und Mitteilungen an.
- Innungen und Kammern übermitteln Adressen weiterer Informationsquellen.

5. Aufgabe

- Sie lesen aufmerksam Prospekte, Gebrauchsanleitungen und beigefügte Beschreibungen.
- Sie nutzen Ihre eigenen Erfahrungen im Umgang mit den Waren (die Sie selbst zu Hause haben).
- Sie lernen im Verkaufsgespräch von erfahrenen Kunden durch gutes Zuhören.
- Sie studieren Testergebnisse und Veröffentlichungen.

6. Aufgabe

- lässt sich bequem von zu Hause aus durchführen	- ist nicht nur objektiv (Sicht des Herstellers)
- ist umfassend und vollständig	- ist oft nervig mit Werbebegleiterscheinungen
- ist aktuell	- wird immer unübersichtlicher

7. Aufgabe

Zweck: Ware besser kennen zu lernen und gleichzeitiges Training einer kundenorientierten Sprache.
Aufbau: Vom Produktmerkmal über den Produktvorteil hin zum Kundennutzen führen (Merkmal-Vorteil-Nutzen-Kette)
Beispiel: Produktmerkmal: Dieser Staubsauger ist mit 2000 Watt ausgestattet. Produktvorteil: Das garantiert eine kräftige Saugleistung. Produktnutzen: Da schaffen Sie es sogar, die Haare Ihres Hundes problemlos aufzusaugen.

SITUATION 5

1. Aufgabe

Unter Serviceleistungen sind alle Aktivitäten des Unternehmens zu verstehen, die als Dienstleistung auf den Kunden gerichtet sind und die zusätzlich zur Hauptaufgabe, nämlich das Verkaufen von Waren, erbracht werden.

2. Aufgabe

2.1

- Freundliche Bedienung	- Änderungsschneiderei
- Ausreichende Produktinformationen	- Warenreservierungen
- Akzeptanz des Bezahlens per Karte	- Großzügige Umtauschregelung
- Gewährung von Garantieleistungen	- Warenzustellung
- Technischer Kundendienst	

2.2

Welche branchenüblichen Serviceleistungen könnten verbessert angeboten werden und wie?
Welche Serviceleistungen könnten dem Kunden den Aufenthalt im Unternehmen so angenehm wie möglich machen?
Welche Serviceleistungen machen aus Sicht des Kunden den Einkauf zu einer Problemlösung?
Welche Serviceleistungen könnten den Kunden überraschen?
Welche Serviceleistungen könnten die Erwartungen des Kunden übertreffen?
Welche Serviceleistungen könnten den Kunden über die reine Problemlösung auch noch emotional ansprechen?
Welche Serviceleistungen sind für eine langjährige Kundenbindung geeignet?

3. Aufgabe

- Kunde kommt häufiger
- Kunde bleibt treu
- Kunde gibt mehr Geld aus
- Kunde empfiehlt aktiv weiter
- Kunde ist weniger preissensibel
- Ansehen des Unternehmens steigt

4. Aufgabe

- Einpackservice	- Einrichten einer Schnellkasse (Expresskasse)
- Warenzustellung	- Einladungen zu Events
- Kundentoilette	- Bessere Kundeninformation (auch durch neue Medien)
- Kinderbetreuung während des Einkaufs	- Rabattkarten
- Ablegen der Gardarobe	- Kundenkarten
- Anbieten von Kaffee oder kaltem Getränk (kostenlos oder	- Kundenzeitschrift
.gegen geringe Gebühr)	- Geburtstagsbonus
- Geschenkservice (Verpackung, Gutschein, Karten)	- Telefonische Beratung und Faxberatung
- Still- und Wickelraum	- Beautyservice
- Sportwerkstatt	- Erstatten von Parkgebühren
- Buchshop	- Reiseservice usw.

5. Aufgabe

Zuverlässigkeit	Bei Terminierung, z. B. bei handwerklichen Serviceleistungen, ist auf Pünktlichkeit zu achten.
Entgegenkommen	Die Bereitschaft, Kunden wirklich zu helfen, muss ausgeprägt und ehrlich sein.
Souveränität	Notwendig ist Fachwissen, Menschenkenntnis, Vertrauenserweckung.
Einfühlungsvermögen	Dem Kunden ist eine fürsorgliche, individualisierte Aufmerksamkeit entgegen zu bringen.

6. Aufgabe

Serviceleistungen können sein:
- warenbezogen: z. B. Vorführungen, Montage, Reparatur, Wartung, Änderung
- kundenbezogen: z. B. Wickeltisch, Kundentoilette, Garderobe, Parkplatz, Kinderbetreuung
- informationsbezogen: z. B. Kundenzeitschrift, Beratung, Internetinformationen, Bestellung per Telekommunikation
- transportbezogen: z. B. Warenzustellung,
- zahlungsbezogen: z. B. Kreditberatung, Kartenzahlung, Ratenzahlung

7. Aufgabe

- Auf verstärkten Service durch Werbung aufmerksam machen
- Serviceleistungen geschickt als Argument in der Verkaufsargumentation verwenden

8. Aufgabe

- Wenn der Kunde über die Ware ausreichend informiert ist
- Wenn bekannt ist, dass mit den angebotenen Serviceleistungen Probleme des Kunden gelöst werden können

9. Aufgabe

Beispiel	Problem	Service-Angebot
Kundin möchte ein Wandregal kaufen	Kann nicht montieren	„Kein Problem. Unser Kundendienst montiert Ihnen das Regal fachgerecht und sauber. Sie ersparen sich dadurch jede Mühe.“
Kundin möchte mehrere Getränke für eine Party kaufen	Hat kein Auto	„Stellen Sie Ihren Einkauf in Ruhe zusammen. Ich kümmere mich darum, dass unser Lieferservice Ihnen die Ware pünktlich zu Ihrem Fest vorbeibringt. Sie können in der Zeit ruhig noch andere Besorgungen erledigen.“
Kunde möchte ein neues Auto kaufen.	Verfügt nicht über die Mittel	„Da möchte ich Sie auf unsere Kreditberatung aufmerksam machen. Ich bin sicher, dass Herr/Frau ... für Sie eine passende Lösung finden wird.“

SITUATION 6

1. Aufgabe

Kundenbindung liegt dann vor, wenn der Kunde dem Unternehmen, der Marke oder einem bestimmten Produkt lang-
fristig die Treue hält, ohne zu der Konkurrenz abzuwandern.

2. Aufgabe

Kunden mögen es, wenn man persönlich und individuell auf sie eingeht, z. B. durch	
- namentliche Begrüßung	- freundlicher Umgangston
- ausdrückliches Fragen nach der Zufriedenheit	- gut Zuhören
- kulante und verständnisvolle Vorgehensweise bei Reklamationen	- Anbieten einer Kundenkarte

3. Aufgabe

Unter Database Marketing versteht man marktwirtschaftliche Tätigkeiten, die auf der Basis von induviduellen
Kundendaten, die in einer Kundendatenbank gespeichert sind, durchgeführt werden.
Mit Data-Warehouse wird die Datenbank bezeichnet, in der Informationen aus allen Bereichen des Einzelhandels
über einen längeren Zeitraum gespeichert sind

4. Aufgabe

- Herausgeben von Kundenzeitschriften	- spezielle Serviceleistungen
- Kundenclub bilden und Mitgliedskarten ausgeben	- Einladungen zu Veranstaltungen
- besondere Angebote für Stammkunden	- Durchführen von Hausmessen
- Gutscheine, Treuepunkte, Rabatte auf Clubkarte	- Einkaufsgutscheine zu Geburtstagen

5. Aufgabe

Customer Relationship Management (CRM), übersetzt etwa Kundenbeziehungsmanagement

6. Aufgabe

- Newsletter
- Social Media
- Kundenapp
- E-Mail-Marketing

7. Aufgabe

- regelmäßiges Verschicken von Newslettern
- E-Mails mit attraktiven Angeboten, auch Gewinnspielen
- Kundenzufriedenheit per Mail abfragen
- Mails zur Bestätigung des Bestelleingangs

8. Aufgabe

- Kundenbindung über digitale Kunden- bzw. Stempelkarte	- günstiges Kundenbindungsprogramm
- Direkte Kundeninformationen über Sonderaktionen und Neuheiten	- Kundenbindung über digitale Kunden
- Erhalten von direktem Feedbak vom Kunden	- effizientes Ensetzen von Werbemittel
- Senkung von Werbekosten,	- Streuverluste minimieren

9. Aufgabe

- Kunden- und Stempelkarten im Handy (kein Kartenstapel mehr)
- einfaches und kostenloses Installieren über App Store oder Google Play Store
- Bonus bei Erreichen einer Anzahl von Stempel oder Bonus bei Vorzeigen der Kundenkarte auf dem Handy
- Aktuelle Informationen über Neuheiten, Sonderangebote, Aktionen direkt auf dem Handy

10. Aufgabe

Durch die dialogartige Kommunikation hat das Warenhaus Peter Kolb CHG die Möglichkeit, mit Kunden auf Augenhöhe
zu kommunizieren und deren Bedürfnisse zu erfahren. Schafft es das Unternehmen, ständig aktuelle Inhalte bereitzu-
stellen (Neuheiten, Angebote, Unternehmensinformationen), dann kann dies für Vertrauen und Bindung an das
Unternehmen, an die Marke oder an das Produkt sorgen.

SITUATION 7

1. Aufgabe

Marenartikel sind Güter, die mit einem Markenzeichen versehen sind. Diese besitzen in der Regel Eigenschaften, die sie von anderen Produkten unterscheidet.

2. Aufgabe

Der Kunde kann damit rechnen, dass es sich dabei um Produkte handelt, die immer und überall
- die bekannten bzw. zugesagten Eigenschaften haben,
- in der bekannten bzw. zugesagten Qualität geliefert werden,
- in den bekannten bzw. zugesagten Verkaufsstellen erhältlich sind.

3. Aufgabe

Markenzeichen	Gütezeichen
- Kann aus Wort- und Bildzeichen oder beiden bestehen	- Kann aus Wort- und Bildzeichen oder beiden bestehen
- Dient der Unverwechselbarkeit gegenüber bereits bestehenden Markenzeichen	- Dient dem Nachweis festgelegter Qualitätsmerkmale - Wird von Wirtschaftsverbänden herausgegeben
- Wird von Herstellern herausgegeben - Wird beim Deutschen Patent- und Markenamt eingetragen	- Wird beim Deutschen Institut für Gütesicherung und Kennzeichnung e. V. eingetragen
(auch Europäisches Markenamt möglich).	(RAL-Gütezeichenliste)

4. Aufgabe

Es handelt sich um ein Gütezeichen, auch Umweltzeichen genannt, das Produkte und Dienstleistungen markiert, die umweltfreundlicher sind als vergleichbare andere.

5. Aufgabe

Dieses Zeichen gibt Auskunft darüber, dass es sich dabei um ein umweltfreundliches Produkt handelt.
Das Zeichen dient dem Kunden zur Orientierung. Somit kann er schnell die umweltfreundlichen von den weniger umweltfreundlichen Produkten unterscheiden.

6. Aufgabe

Es handelt sich dabei um das Europäische Umweltzeichen, auch Euroblume bzw. EU Ecolabel genannt.
Es ist ein internationales Gütesiegel, mit dem Güter gekennzeichnet werden, die besonders umweltfreundlich sind und die Gesundheit kaum belasten.

7. Aufgabe

Es sind grafische oder schriftliche Markierungen an Produkten, Maschinen und Fahrzeugen, die dann vergeben werden, wenn bestimmte Sicherheits- oder Qualitätskriterien erfüllt sind. Je nach Artikel oder Gegenstand werden diese Markierungen nach einmaliger oder regelmäßg wiederkehrender Prüfung angebracht bzw. erneuert.

8. Aufgabe

CE-Kennzeichnung – das gekennzeichnete Produkt entspricht den Anforderungen einer EU-Verordnung.
Geprüfte Sicherheit – das gekennzeichnete Produkt entspricht den Anforderungen des Produktsicherheitsgesetztes
VDE-Zeichen – das gekennzeichnete Produkt entspricht Normen und Rechtsvorschriften hinsichtliche Sicherheits- und Gesundheitsanforderungen

SITUATION 8

1. Aufgabe

Werbung soll
- Aufmerksamkeit erwecken
- informieren (über das Unternehmen und die angebotenen Leistungen)
- Bedürfnisse wecken
- Neukunden gewinnen
- Stammkunden erhalten
- Umsatz steigern
- das eigenen Unternehmen von der Konkurrenz abheben

2. Aufgabe

Absatzwerbung	Durch den Einsatz von Werbemaßnahmen soll der Absatz gesteigert werden.
Public Relations	Durch Öffentlichkeitsarbeit soll das Ansehen (Image) des Unternehmens gesteigert werden.
Sales Promotion	Durch verkaufsfördernde Maßnahmen im Geschäft soll die Absatzwerbung unterstützt werden.
Visual Merchandising	Schaffen einer angenehmen Einkaufsatmosphäre durch aufeinander abgestimmte wirkungsvolle Ladengestaltung (Warenlandschaften).
Corporate-Identity	Durch ein unverwechselbares Erscheinungsbild will man sich von Mitbewerbern abheben.

3. Aufgabe

Einführungswerbung	Neue Ware oder neue Filiale sollen bekannt gemacht werden.
Erhaltungswerbung	Der bisherige Marktanteil soll erhalten bleiben (Stammkundenwerbung).
Expansionswerbung	Der bisherige Absatz soll erhöht werden (Neukundenwerbung).
Aktionswerbung	Bestimmte Ware soll möglichst schnell verkauft werden.
Imagewerbung	Das Erscheinungsbild in der Öffentlichkeit wird positiv dargestellt.

4. Aufgabe

Wofür wird geworben?	**Erläuterungen**
Firmenwerbung	Die Leistungsfähigkeit des Unternehmens steht im Mittelpunkt der Werbung.
Sortimentswerbung	Für das ganze Sortiment wird geworben.
Produktwerbung	Der Werbetreibende wirbt für bestimmte Produkte.
Wer wirbt?	**Erläuterungen**
Alleinwerbung	Ein Unternehmen wirbt für sich und stellt seine Leistungen in den Vordergrund der Werbung.
Gemeinschaftswerbung	Werbung mehrerer Unternehmen für gemeinsame Ziele, der einzelne Werbetreibende ist nicht erkennbar.
Sammelwerbung	Werbung mehrerer Unternehmen für gemeinsame Ziele, der einzelne Werbetreibende ist erkennbar.
Wer wird umworben?	**Erläuterungen**
Direktwerbung	Der individuelle Kunde wird angesprochen (persönlicher Werbebrief).
Massenwerbung	Diese Werbung soll möglichst viele Menschen ansprechen.

5. Aufgabe

Werbebudget	Legt den Betrag fest, der für die Werbekampagne ausgegeben werden darf.
Streukreis	Legt fest, wer umworben werden soll (Zielgruppe).
Streuzeit	Legt den Zeitraum fest, während dem die Werbekampagne laufen soll (auch die Häufigkeit).
Streugebiet	Legt fest, wo geworben werden soll (geografischer Schwerpunkt).
Streuweg	Legt die Werbemittel und Werbeträger fest.

6. Aufgabe

Werbemittel	Werbemittel sind die Gestaltungsformen, mit denen sich die Werbemaßnahme an die Zielgruppe richtet, z. B. Anzeige, Plakat.
Werbeträger	Der Werbeträger ist das Medium, das die eigentliche Botschaft mit Hilfe von Gestaltungsmitteln (Werbemittel) zum Konsumenten trägt, z. B. Zeitung, Plakatsäulen.

7. Aufgabe

- Anzeigen in der Regionalpresse (Zeitung)	- Wurfsendungen
- Werbespots im Regionalrundfunk bzw. -fernsehen	- Tag der offenen Tür
- Plakate	- Werbebriefe (Stammkunden)
- Prospekte	- Plakate
- Handzettel	- Kinowerbung

8. Aufgabe

Wahrheit	Möglichst hoher Wahrheitsgehalt.
Klarheit	Ziel der Werbung soll leicht erkennbar sein.
Stetigkeit	Wiederholungen über längeren Zeitraum.
Originalität	Werbung soll sich von anderen abheben (eigener Stil).
Wirtschaftlichkeit	Kosten und möglicher Werbeerfolg sollen in einem vernünftigen Verhältnis stehen.

9. Aufgabe

Innenwerbung:	Plakat soll Informationen vermitteln (Hinweise auf Preisangaben, Sonderangebote)
	also mehr schriftliche Infos
Außenwerbung	Soll Aufmerksamkeit erwecken auf Produkt und/oder Unternehmen
	Betrachter sieht Plakat nur wenige Augenblicke, deshalb Verzicht auf lange Texte; Bildmotive
	stehen im Mittelpunkt; Gestaltungsmerkmale: Größe; Bild, Farbe, Logos, Slogan; Schrift; Layout

10. Aufgabe

Es ist unzulässig, die Teilnahme am Gewinnspiel vom Warenkauf abhängig zu machen.
Es liegt ein Verstoß gegen das Gesetz gegen den unlauteren Wettbewerb vor (UWG).

11. Aufgabe

3. = Werbeetat
9. = Auswahl der Werbeträger
12. = Werbekontrolle

12. Aufgabe

- Berührungserfolg = Ist Kontakt zwischen Werbendem und Umworbenen zustande gekommen?
- Beeindruckungserfolg = Ist darüber hinaus eine bewusste oder unbewusste Wahrnehmung erfolgt?
- Erinnerungserfolg = Bleibt beim Umworbenen etwas von der Werbebotschaft haften?
- Gefühlserfolg = Hinterlässt die Werbebotschaft beim Umworbenen ein positives Gefühl?
- Interessenweckungserfolg = Hat die Werbung das erwünschte Interesse geweckt (Nutzenerwartung)?
- Aktionserfolg = Hat sich der Umworbene zum Kauf entschlossen? => ökonomischer Erfolg

13. Aufgabe

13.1	Erlaubt, mit Testergebnissen darf geworben werden, allerdings sollten diese aktuell sein.
13.2	Erlaubt, wenn objektiv und nachprüfbar ist, dass der O-Saft auch der gleiche ist und die Aussage wahr ist.
13.3	Nicht erlaubt, da das Wort „preiswerter“ Wertungen enthält, also nicht objektiv ist.
13.4	Nicht erlaubt, da keine relevante Eigenschaft vorliegt.
13.5	Nicht erlaubt, da Leistung des Mitbewerbers herabgesetzt und verunglimpft wird; auch nicht objektiv.

SITUATION 9

1. Aufgabe

- Ladenschlussgesetz	- Gesetz gegen den unlauteren Wettbewerb (UWG)
- Preisangabenverordnung	- Kartellgesetz

2. Aufgabe

Der Mitbewerber – es sollen faire Mittel gegenüber der Konkurrenz eingesetzt werden.
Der Kunde – er soll nicht übervorteilt werden und die Marktübersicht behalten können.
Die Allgemeinheit – der Wettbewerb soll unverfälscht gewährleistet sein.

3. Aufgabe

Bei vorsätzlich irreführender Werbung
Bei in Gang setzen eines „Schneeballsystems“
Bei Verrat von Geschäfts- und Betriebsgeheimnissen

4. Aufgabe

Es sorgt für einen funktionierenden Wettbewerb und bekämpft vor allem die Anhäufung und den Missbrauch von Marktmacht. Im Einzelnen enthält das Kartellgesetz (Gesetz gegen Wettbewerbsbeschränkungen) folgende Bestimmungen:
- Verbot und Kontrolle bestimmter Wettbewerbsbeschränkungen
- Missbrauch marktbeherrschender Stellungen
- Kontrolle von Unternehmenszusammenschlüssen.

5. Aufgabe

- Unsachliche Beeinflussung der Verbraucher bzw. sonstiger Marktteilnehmer (z. B. durch Ausübung von Druck)
- Ausnutzung der geschäftlichen Unerfahrenheit oder einer Zwangslage, Angstwerbung
- Verkaufsförderung durch Gewinnspiele
- Getarnte Werbung (so genannte Schleichwerbung)
- Herabsetzung des Konkurrenten
- Irreführende Werbung
- Vergleichende Werbung
- Behinderung von Mitbewerbern
- Unzumutbare Belästigung (unaufgeforderte Werbeanrufe, unangefochtene Newsletter, Spam-E-Mails usw.)

6. Aufgabe

6.1	Erlaubt, mit Testergebnissen darf geworben werden, allerdings sollten diese aktuell sein.
6.2	Erlaubt, wenn objektiv und nachprüfbar ist, dass der O-Saft auch der gleiche ist und die Aussage wahr ist.
6.3	Nicht erlaubt, da das Wort „preiswerter“ Wertungen enthält, also nicht objektiv ist.
6.4	Nicht erlaubt, da keine relevante Eigenschaft vorliegt
6.5	Nicht erlaubt, da Leistung des Mitbewerbers herabgesetzt und verunglimpft wird; auch nicht objektiv.

7. Aufgabe

Das Produkthaftungsgesetz (Gesetz über die Haftung für fehlerhafte Produkte - ProdHaftG) regelt die Haftung eines Herstellers bei fehlerhaften Produkten. Ausnahme: Arzneimittel.
Zweck des Gesetzes: Der private Endverbraucher soll vor Schäden an seiner Gesundheit, an seinem Körper und Schäden an ihm gehörenden Sachen geschützt werden.

8. Aufgabe

Ein Fehler liegt dann vor, wenn ein Produkt nicht die erforderliche Sicherheit bietet. Bei der Bewertung des erforderlichen Maßes an Sicherheit müssen besonders die Darbietung des Produkts, der zu erwartende Gebrauch und der Zeitpunkt des Inverkehrbringens beachtet werden.

9. Aufgabe

- Preise für Endverbraucher müssen Bruttopreise sein (also inklusive Mehrwertsteuer).
- Die Verkaufs- oder Leistungseinheit und die Gütebezeichnung, auf die sich die Preise beziehen, sind anzugeben.
- Neben dem Endpreis ist auch der Preis je Mengeneinheit einschließlich der Umsatzsteuer und sonstiger Preisbestandteile (Grundpreis) in unmittelbarer Nähe anzugeben.
- Ware, die zum Verkauf bestimmt ist, ist durch Preisschilder auszuzeichnen (im Verkaufsraum und Schaufenster).

SITUATION 10

1. Aufgabe

Bedienung	Warendarbietung:	Ware ist für Kunden nicht direkt zugänglich.
	Kundentätigkeit:	Kunden wenden sich an das Verkaufspersonal; lassen sich die Ware vorlegen.
	Verkäuferverhalten:	Verkäufer betreuen Kunden von Kontaktaufnahme bis Verabschiedung.
Vorwahl	Warendarbietung:	Ware ist für Kunden zugänglich und greifbar.
	Kundentätigkeit:	Kunden wählen selbstständig Ware aus.
	Verkäuferverhalten:	Verkäufer bietet ergänzende Beratung an; gibt Hilfestellung zur Kaufentscheidung
Selbstbedienung	Warendarbietung:	Ware wird kundennah und griffbereit dargeboten.
	Kundentätigkeit:	Kunden wählen selbstständig aus, nehmen die Ware und bringen sie zur Kasse.
	Verkäuferverhalten:	Verkäufer tätigt Kassiervorgang; steht für Nachfragen zur Verfügung.

2. Aufgabe

Bedienung	Vorteile für Kunden:	Fachmännische Beratung; persönlicher Kontakt zum Verkäufer
	Vorteile für EH:	hohe Einflussnahme auf Kunden; bessere Vermittelbarkeit der Eigenschaften der Ware
Vorwahl	Vorteile für Kunden:	freier Zugang zur Ware; Beratung möglich
	Vorteile für EH:	Personaleinsparung, Möglichkeit der Einflussnahme dennoch gegeben
Selbstbedienung	Vorteile für Kunden:	Direkter Kontakt zur Ware; kein Zwang; keine Beeinflussung durch Verkäufer
	Vorteile für EH:	Impulskäufe durch entsprechende Warenpräsentation; Personalkostenersparnis
		schneller Verkaufsvorgang

3. Aufgabe

langlebige, erklärungsbedürftige und beratungsintensive Ware; Luxusartikel;
z. B. Möbel, technische Artikel, Stoffe, Auto
Ware, bei denen eine Selbstbedienung aus hygienischen Gründen nicht möglich ist;
z. B. Fleisch- und Wurstwaren, Fisch
Ware, bei denen Kunden aus Sicherheitsgründen keinen Zugriff haben sollen
z. B. teurer Schmuck, Luftgewehr, giftige Pflanzenschutzmittel

4. Aufgabe

- Art und Größe des Geschäfts (Betriebsform)	- Erwartungshaltung der Kunden
- Die Ware, die angeboten werden soll	- Einkaufsverhalten der Kunden
- Ziele der Geschäftsleitung	- Gesetzliche Vorschriften
- Preis der Ware	- Standort des Geschäfts

5. Aufgabe

Plankäufe = Käufe, die der Kunde gezielt (geplant) vornimmt; bestes Beispiel für einen Plankauf ist der „Einkaufszettel".
Z. B. länger geplanter Einkauf von Möbeln, Haushaltsgeräten, Produkte des täglichen Bedarfs
Impulskäufe = nicht geplante, spontan getätigte Einkäufe, die durch einen „Impuls" des Einzelhändlers, z. B. geschickte
Verpackung, Aufmachung, günstige Preise, auffällige Platzierung oder plötzlichen Bedarf zustande kommen.
z. B. geplant war Käse zu kaufen, durch Zweitplatzierung kauft man noch Rotwein; da es gerade anfängt zu regnen,
wird noch ein Schirm gekauft; Werbedurchsagen machen auf ein Angebot aufmerksam, Kunde greift zu.

6. Aufgabe

z. B. Unterhaltungsmedien	**Begründungen**
LCD-Fernseher werden in Bedienung angeboten.	Hochwertige und teure Ware ist zu erklären. Außerdem soll der direkte Kontakt zu empfindlichen Geräten vermieden werden.
DVD-Player werden in Vorwahl angeboten.	Aus der Vielzahl kann sich der Kunde ein Gerät auswählen. Die technischen Einzelheiten lässt er sich dann vom Verkäufer erklären.
DVD`s und CD`s werden in Selbstbedienung angeboten.	Problemlos kann der Kunde aus dem Angebot wählen, sich die Ware nehmen und zur Kasse bringen.

7. Aufgabe

- Kunde findet sich nicht zurecht	- Kunde braucht Entscheidungshilfe
- Kunde findet die gewünschte Ware nicht	- Kunde findet passendes Zubehör nicht
- Kunde steht unter Zeitdruck	- Kunde braucht Unterstützung, z. B. bei Meterware
- Kunde kann mit der gewünschten Ware nicht umgehen	- Kunde braucht technische Erläuterungen

8. Aufgabe

- Kunde blickt suchend um sich	- Kunde hat seine Hand am Kinn oder andern Kopfpartien
- Kunde betrachtet die Ware von allen Seiten	- Kunde zuckt mit der Schulter
- Kunde probiert die Ware mehrmals	- Kunde macht ein nachdenkliches Gesicht
- Kunde bleibt vor einer verschlossenen Vitrine stehen	- Kunde prüft die Ware intensiv

9. Aufgabe

- Zunahme von Impulskäufen	- Wegfall des psychologischen Kaufzwangs
- Höhere Kundenfrequenz (Abbau der Schwellenangst)	- Direkter Zugang zu den Waren
- Schnelleres Einkaufen möglich	- usw.

10. Aufgabe

- Erhöhtes Diebstahlrisiko	- Störungen im Warenaufbau
- Beschädigung der Ware	- Höherer Werbeaufwand

11. Aufgabe

Internet	Fachbücher
Intranet	Werbevorführungen
Fachmesse	Produktverpackung und Gebrauchsanweisung
Fachzeitschriften	Hersteller

SITUATION 11

1. Aufgabe

Zeichnen Sie die typische Kundenlaufrichtung in die Grafik ein.

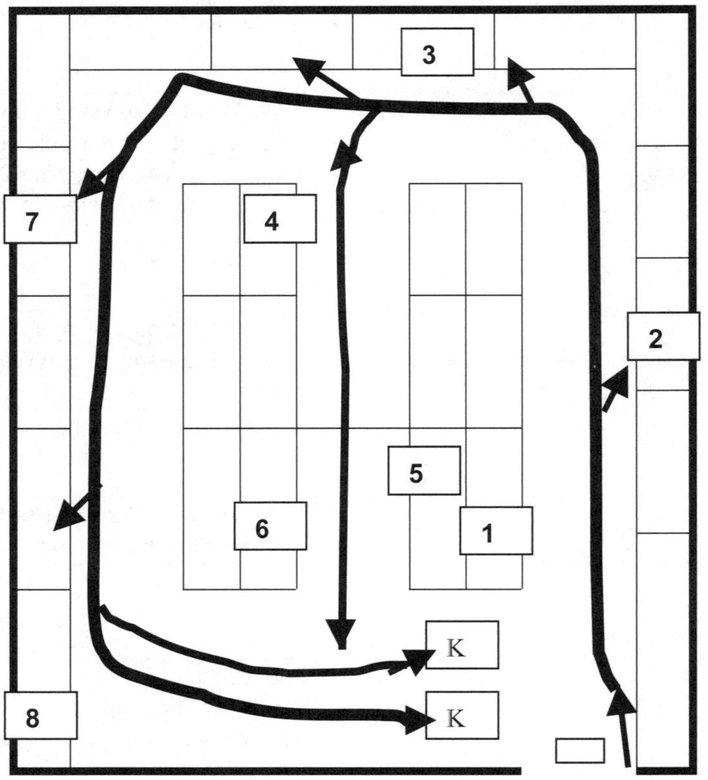

2. Aufgabe

Würden Sie die mit 1 bis 8 gekennzeichneten Regalplätze als verkaufsstark oder als verkaufsschwach bezeichnen? Tragen Sie „schwach“ bzw. „stark“ in die Kästchen nach den Ziffern ein.

1	= schwach
2	= stark
3	= stark
4	= stark
5	= schwach
6	= stark
7	= stark
8	= schwach

3. Aufgabe

- Durch Platzierung von Mussartikeln	- Durch Zweitplatzierungen
- Durch Sonderangebote	- Durch Umplatzierungen innerhalb der Regalzonen
- Mithilfe von Displays die Kunden lenken	

4. Aufgabe

Höhe des Regals ca.	Verkaufsintensität	Bezeichnung des Regals	Zu platzierende Ware
1,60 bis 2,20 m	verkaufsschwach	Reckzone	Leichte, notwendige Ware, geplante Ware, Muss-Artikel
1,20 bis 1,60 m	(sehr) verkaufsstark	Sichtzone	Neue Artikel, Artikel mit hoher Gewinnspanne, im Trend liegende Ware, gerade beworbene Ware
0,80 bis 1,20 m	verkaufsstark	Griffzone	Gewinnbringende Artikel, Impulsware
0,00 bis 0,80 m	verkaufsschwach	Bückzone	Große, schwere, auffällige Ware, Sonderangebote

5. Aufgabe

Obst und Gemüse:	Die Rennstrecke nach dem Eingang soll gestoppt, der Kundenstrom verlangsamt werden.
Frischfleisch und -fisch	Da diese Artikel häufig gekauft werden, sollen die Kunden den gesamten Laden durchqueren.
Wasch- und Putzmittel	Der Kunde sucht sich diese Produkte, da er sie benötigt.
Sonderangebote	Der Kunde soll aufgehalten, der Kundenstrom verlangsamt werden.

6. Aufgabe

Kleinere Artikel, wie Süßigkeiten, Zigaretten, aber auch z. B. Speichermedien, sollen zu Impulskäufen anregen.

7. Aufgabe

Verbundplatzierung	Unterschiedliche Waren, die aber miteinander in enger Verbrauchsbeziehung stehen, werden
	auf eng benachbarten Regalplätzen angeboten.
Beispiele	Zahnpasta, Zahnbürste, Mundwasser, Zahnseide; Oberhemden mit Krawatten
Zweitplatzierung	Als Zweitplatzierung bezeichnet man eine Sonderplatzierung zusätzlich zum üblichen
	Regalplatz (so genannte Stammplatzierung) einer Ware im Handel.
	Häufig stehen diese Waren dann auf einer entsprechenden Aktionsfläche oder in der Nähe des
	Kassenbereiches.
Beispiele	Saisonware, Aktionsware, Sonderangebote; Sonnencreme bei Badeartikel und bei Kosmetika

8. Aufgabe

In einer Warenlandschaft sind verschiedene Artikel und Dekorationsgegenstände scheinbar ungeordnet kombiniert.
Sie soll sich von der üblichen „ordentlichen" Platzierung abheben, um so anziehend und spannend zu wirken.
Beispiel: Exotische Früchte werden auf einem Leiterwagen zu einer Pyramide aufgetürmt. Aufgeschnittene Früchte
sollen den Appetit des Kunden anregen.

9. Aufgabe

Darunter versteht man die Gestaltung der Verkaufsflächen und die Warenpräsentation nach dem Erlebnis-
prinzip. Dem Kunden soll die Ware visuell vermittelt werden. Da Bilder besser im Gedächtnis haften bleiben als das
gesprochene oder gelesene Wort, will man so möglichst viele Kunden ohne Beratungs- bzw. Verkaufsgespräch erreichen.
Das Ambiente des Ladens, das von einer besonderen Atmosphäre, der Raumgestaltung, der Warenpräsentation, der
Dekoration und nicht zuletzt vom Verkäufer geprägt ist, spielt dabei eine wesentliche Rolle.

10. Aufgabe

- Sauberkeit	- Schutz vor Feuchtigkeit
- Übersichtlichkeit	- Schutz vor Temperatur
- Sicherheit (Diebstahl)	- Alte vor neue Ware

11. Aufgabe

Gestaltungselemente	Erläuterungen/Anmerkungen
- Beleuchtung	Auf warmes und freundliches Licht achten.
- Raumtemperatur/Frischluft	Nicht zu kalt, nicht zu warm, keine stickige Luft
- Hintergrundmusik	Sollte Kundenzielgruppe erreichen, evtl. der Jahreszeit angepasst sein.
- Ordnung und Übersicht	Kunde sollte möglichst schnell die gewünschte Ware finden.

SITUATION 12

1. Aufgabe

POS-Werbung = alle werblichen Maßnahmen, die in und an den Verkaufsstätten erfolgen, mit dem Ziel, beim
Verbraucher Kaufentschlüsse auszulösen.

2. Aufgabe

Schaufensterwerbung, Gestaltung von Verkaufsräumen und Fassaden, Displaywerbung sowie
sämtliche Werbemaßnahmen der Hersteller am Verkaufsort.

3. Aufgabe

- Lautsprecherdurchsagen	- Zweitplatzierungen der Aktionsware
- Einsatz von Displays	- Autogrammstunden von Prominenten
- Produktvorführungen im Geschäft	- Einsatz von audio-visuellen Werbeträgern
- Verkostung von Aktionswaren (z. B. Weinprobe)	- Lichtbeschriftung der Kundenlaufwege (mit Beamer)
- Besondere Dekoration vor der Aktionsware	- Preisausschreiben
- Angebotspreise für Aktionsware	- Tombola
- Warenplatzierung auf Aktionsflächen	- Vor der Aktion: besondere Schulung des Personals

4. Aufgabe

Frühjahr: „Fit für den Frühling“.	Valentinstag: „Geschenke erhalten die Freundschaft“.
Ostern: „Alles für Ihr Osternest“.	Herbst: „Jetzt einkleiden für den Winter“.
Urlaubszeit: „Damit Sie Ihren Urlaub genießen können“.	Silvester: „Wir planen Ihre Party“.

SITUATION 13

1. Aufgabe

- Einkauf der Ware (Bezugspreis)	- Steuern (Gewerbesteuer, Mehrwertsteuer)
- Handlungskosten (Personalkosten, Werbung, Miete	- Kalkulierter Gewinn
Abschreibungen, Sachkosten des Geschäfts usw.)	- Konkurrenzangebote

2. Aufgabe

Kalkulierte Preisgestaltung: Preis auf Grundlage der entstandenen Kosten und einem Gewinnzuschlag kalkuliert.
Marktorientierte Preisgestaltung: Preise der Mitbewerber und Preisvorstellungen der Kunden bestimmen den Preis.

3. Aufgabe

Spezial- und Fachgeschäft: hohe Preislage, attraktive Ladengestaltung, hohe Qualität, große Auswahl, guter Service
Discounter: niedrige Preislage, einfache Ladenausstattung, preiswerte Angebote, günstige Einkaufsmöglichkeit

4. Aufgabe

CD-Tower: Preis für Verkaufseinheit (CD-Tower) fehlt.
Hackfleisch: Grundpreis (1 kg) fehlt.
Modische Bluse: Bruttoverkaufspreis muss angegeben sein.
Korn: Bruttoverkaufspreis muss für jeden Artikel angegeben sein.

5. Aufgabe

Der Scanner erkennt beim Lesen des Strichcodes die Nummer des Artikels. Anhand dieser Nummer werden alle für
den Kassiervorgang wichtigen Daten (Preis, Artikelbezeichnung) im Rechensystem von der hauseigenen Datenbank
gelesen und an die Kasse übertragen. Die für den Kunden wichtigen Daten werden auf den Kassenbon ausgedruckt.

6. Aufgabe

- Keine Einzelauszeichnung der Artikel für den Kassiervorgang erforderlich (Regalauszeichnung genügt)
- Schnellerer Kassiervorgang und damit kürzere Wartezeiten für den Kunden – Kundenzufriedenheit
- Bei Preisänderungen keine Preisumzeichnung nötig, (Änderung der Daten im Rechner) – Zeit- u. Kostenersparnis
- Kassierer/-in braucht keine Preise auswendig zu wissen
- Eintippen der Preise nicht mehr nötig – Vermeidung von Eintippfehlern – höhere Kassenstimmigkeit

Situation 14

1. Aufgabe

Regionalzeitung, Wocheblatt mit Prospekteinlagen – erreicht viele potenzielle Kunden, kostengünstig
Verkehrsmittelwerbung (Bus, Taxi), Plakatwerbung, Kinowerbung – hoher Erinnerungswert, kostengünstig
Onlinewerbung (lokale und regionale Suchmaschinenwerbung) – keine Streuverluste, potenzieller Kunde sucht aktiv

2. Aufgabe

- Regionalfernsehen	- Postwurfsendungen
- Werbesendungen Regionalradio	- Flugblätter, Broschüren
- Kataloge	- u. a.

3. Aufgabe

Streukreis	→ Festlegung der Zielgruppe
Streuzeit	→ Festlegung des Werbezeitraums und der Häufigkeit der Werbemaßnahmen (produktabhängig)
Streuweg	→ Festlegung der Werbemittel und Werbeträger
Streugebiet	→ Festlegung des geografischen Schwerpunktes der Werbung

4. Aufgabe

- Werbewirksamkeit	- Originalität
- Werbewahrheit	- Werbewirtschaftlichkeit
- Werbeklarheit	- Kontinuität

5. Aufgabe

- Verkäuferschulungen
- Unterstützung durch den Händler bei der Warenpräsentation (Aufsteller, Präsenter, Warenträger)
- Kundenberatung
- Regelmäßige Informationsschriften an Kunden
- Ausbau des Kundendienstes
- Kostenlose Proben, Gewährung von Naturalrabatt
- Großzügige Kulanzregelungen
- Produktvorführungen

6. Aufgabe

- Firmenzeitschrift	- Modenschauen
- Spenden für soziale Zwecke	- Sportsponsoring
- Betriebsbesichtigungen	- u. a.

7. Aufgabe

Sie setzen die erzielte Umsatzsteigerung ins Verhältnis zu den Kosten der Werbeaktion (Werberendite).
Sie führen Kundenbefragungen durch.
Sie vergleichen die Absatzzahlen der beworbenen Artikel vor und nach der Werbung.
Sie führen einen Zeitvergleich durch (Umsatz vor der Aktion – Umsatz nach der Aktion).
Sie ermitteln die Kundenfrequenz.

8. Aufgabe

Das Problem jeder Erfolgsmessung ist die Tatsache, dass nicht direkt verglichen werden kann, wie sich der Umsatz ohne die Werbemaßnahmen entwickelt hätte. Man weiß nicht, welcher Umsatz auf die Werbemaßnahme zurückzuführen ist und welcher nicht. Eine einmal durchgeführte Werbeaktion strahlt auch in die Zukunft aus, was die Messung des Erfolgs noch erschwert. Das Käuferverhalten kann auch durch externe Einflüsse wie Jahreszeit, Konkurrenzverhalten oder Konjunktur beeinflusst sein.

SITUATION 15

1. Aufgabe

Beispiel 1: Kundin A wünscht sich ein Kleid. „Zu welchem Anlass wollen Sie das Kleid tragen?“
Beispiel 2: Kundin B fragt nach einem Sherry. „Zu welcher Gelegenheit möchten Sie den Sherry servieren?“
Beispiel 3: Kundin C wünscht eine Tischdecke. „Welche Form und Größe hat Ihr Tisch?“

2. Aufgabe

Die Verkäuferin engt ihr Sortiment mit der Frage nach einer konkreten Farbe selbst ein. Sind keine blauen Pullis
mit Blümchen vorrätig, hat sie ein Problem.

3. Aufgabe

Verkäuferin: „Tut mir Leid, aber blau mit weißen Margeriten drauf haben wir nicht. Aber ich könnte Ihnen andere
Pullover mit Blümchen zeigen.“
Kundin: „Ja, was haben Sie denn sonst noch so da“?
(Es kann natürlich auch sein, dass die Kundin genau den angesprochenen Pulli haben möchte. In diesem Fall wird sie
wohl das Geschäft wechseln.)

4. Aufgabe

Offene Fragen:	Offene Fragen beginnen bzw. beinhalten ein W-Fragefürwort. Der Kunde ist quasi gezwungen,
	eine Information als Antwort zu geben.
Beispiel:	„Zu welcher Sportart brauchen Sie die Schuhe“? – „Ich spiele Tennis.“
	Einzusetzen bei der Bedarfsermittlung, bei der Warenpräsentation, bei Kundeneinwänden
Geschlossene Fragen:	Die geschlossene Frage beginnt mit einem Verb. Der Kunde kann eigentlich nur mit „Ja“ oder
	„Nein“ antworten, eventuell noch mit „vielleicht“.
Beispiel:	„Gefällt Ihnen dieses Hemd?“ – „Ja“.
	Bei Bedarfsermittlung und Warenvorführung, Verkäufer will Bestätigung (z. B. der Größe)
Alternativfragen	Alternativfragen geben in der Frage bereits die Antwortmöglichkeiten vor. Dadurch wird die
	erwartete Kundenantwort schon stark eingeengt. (gewünschte Alternative am Schluss nennen)
Beispiel:	„Möchten Sie ein T-Shirt mit rundem oder V-Ausschnitt?“ – „Mit V-Ausschnitt“.
	Einsetzbar als Entscheidungshilfe, am Ende des Verkaufsgesprächs

5. Aufgabe

Bedarfsbezogene Frage:	„Welchen Durchmesser soll der Schlauch haben?“
	„Wie groß soll der Behälter sein?“
Warenbezogene Frage.	„Aus welchem Material wünschen Sie sich das T-Shirt?“
	„Wünschen Sie sich ein eher schlichtes Dekor für das Speiseservice?“

6. Aufgabe

1
3
2
5
4

7. Aufgabe

Bei dieser Methode der Bedarfsermittlung sind von der Verkäuferin wenige Fragen gestellt worden. Sie legte, nachdem
der Kaufwunsch ermittelt war, sofort Ware (Testangebote) vor. Aus der Reaktion des Kunden auf diese Testangebote
kann die Verkäuferin Rückschlüsse auf die gewünschten Eigenschaften der Ware (Aussehen, Einsatz, Verwendung,
Pflege usw.) ziehen und entsprechend reagieren.

8. Aufgabe

Argumente zum Aussehen	Argumente zu Material und Rohstoff
Argumente zu den Pflegeeigenschaften	Argumente zu Details
Argumente zu den Gebrauchseigenschaften	Argumente zu Bestandteilen
Argumente zu den Vorzügen einer Ware	Argumente zu den Verwendungsmöglichkeiten

9. Aufgabe

Gebrauchsnutzen:	Hier ist der rationale Nutzen, den der Kunde von der Ware erwartet, besonders
	herauszustellen.
Beispiel:	Warenbezogen: „Das Bügeleisen ist stromsparend."
	Gebrauchsnutzen: „Sie sparen Strom. Ihre Stromrechnung wird geringer."
Geltungsnutzen:	Hier steht der emotionale Nutzen im Vordergrund der Argumentation.
Beispiel:	Warenbezogen: „Dieses Auto ist sparsam im Verbrauch."
	Geltungsnutzen: „Die Leute werden Sie um dieses schicke Auto beneiden."

10. Aufgabe

Preis der Ware	Serviceleistungen Ihres Unternehmens
- Preiswerte Angebote	- Warenbezogen
- Preis als Qualitätsgarantie	- Zahlungsbezogen
- Preis spielt keine Rolle (mit kostbar argumentieren)	- Kundenbezogen

SITUATION 16

1. Aufgabe

Hier wäre die Ansprache **über** die Ware ratsam. Ansprache wirkt floskelhaft und unüberlegt.
Die Verkäuferin muss doch sehen, dass der Kunde bereits etwas gefunden hat. Der Kunde bekommt den Eindruck,
dass die Verkäuferin sich nicht für ihn interessiert.
Hätte der Kunde noch nichts Passendes gefunden, wäre er mit dieser Frage überfordert.
Besseres Beispiel: „Dieser Schläger ist extrem leicht und liegt doch gut in der Hand".

2. Aufgabe

Hier wird zwar über die Ware angesprochen, doch die vielen Fremdwörter verwirren den Kunden (es sei denn, der
Kunde ist Profitennisspieler, der sich gut auskennt.)

3. Aufgabe

Der Kunde möchte sich ungestört umschauen.	Eine freundliche Begrüßung ist ausreichend.
Der Kunde gibt zu erkennen, dass er angesprochen werden	„Guten Tag, wie kann ich Ihnen behilflich sein?"
möchte, beispielsweise schaut er sich hilfesuchend um.	Oder nur ein kurzes „Ja?" mit fragendem Blick.
Der Kunde beschäftigt sich bereits mit der Ware.	„Bitte probieren Sie doch diese Hose. Hier vorne ist
Er hat z. B. eine Trainingshose aus einem Stapel herausgesucht.	gleich eine Kabine frei."

4. Aufgabe

Bei jedem Kunden sollte eine individuelle Art, ihn anzusprechen, gefunden werden. Dazu ist es notwendig, so genau
wie möglich die Situation, in der sich der Kunde befindet, zu erkennen, zu analysieren und dann entsprechen zu
zu reagieren.

5. Aufgabe

- Den Kunden beachten	- Namen richtig aussprechen
- Möglichst mit dem Namen begrüßen	- Die Hand reichen, wenn Kunde sie anbietet
- Je nach Situation und Verkaufsform ansprechen	- Nicht zu überlaut grüßen

6. Aufgabe

Indem Sie den Kunden mit Hilfe von Erkundungsfragen nach dem Zweck, dem Anlass, dem Einsatzbereich der
gewünschten Ware fragen; dabei dem Kunden gut zuhören.

7. Aufgabe

- Verkäuferin engt ihr Angebot unnötig ein
- Kunde kann ungeduldig werden, da viel Zeit bis zur Warenvorlage vergeht
- Kunde ist überfordert, wenn seine Vorstellungen noch nicht so konkret sind

8. Aufgabe

Um möglichst schnell die Ware vorlegen zu können, die den Vorstellungen des Kunden am nächsten kommen.

9. Aufgabe

Nicht zu viel – erschwert die Auswahl; nicht zu wenig – keine Vergleichsmöglichkeiten; oft sind drei Artikel angemessen
Nicht zu preiswert – Kunde fühlt sich herabgesetzt; nicht zu hohe Preisklasse – Kunde kann abgeschreckt werden
Empfehlenswert ist die mittlere Preislage, je nach Kundenreaktion kann nach oben oder unten ausgewichen werden.

10. Aufgabe

Die Ware sorgfältig präsentieren – Ware wird aufgewertet.
Darauf achten, dass möglichst viele Sinne des Kunden angesprochen werden (sehen-hören-fühlen-riechen-schmecken)
Beispiel: auf Design aufmerksam machen, auf großes Display hinweisen, dem Kunden die Kamera in die Hand geben.
Bedienungselemente betätigen lassen, auf leisen Klickton des Auslösers hinweisen usw.

SITUATION 17

1. Aufgabe

Verkaufsargumente sind Begründungen (Beweise) und Informationen, die dem Kunden seinen persönlichen Vorteil bzw.
Nutzen durch die Ware verständlich machen und ihn überzeugen sollen

2. Aufgabe

- Warenkenntnisse	- Fähigkeit, sich entsprechend ausdrücken zu können
- Umfassende Kenntnisse über den eigenen Betrieb	- Fähigkeit, gut zuhören zu können
- Gute Menschenkenntnisse	- Beherrschung der Fragetechnik
- Beherrschung der Argumentationstechnik	- Fähigkeit, gut beobachten zu können

3. Aufgabe

Der Staubsauger hat eine Saugleistung von 2 000 Watt.
Durch die hohe Saugleistung können Sie sogar starke Verschmutzungen wegsaugen.
Dieses Bügeleisen hat eine kurze Aufheizzeit.
Sie sparen Zeit durch die kurze Aufheizzeit.
Dieses Campingmesser besteht aus sieben Teilen.
Sie können mit diesem Messer schneiden, sägen, schrauben, Flaschen öffnen, Fingernägel feilen........

4. Aufgabe

Ein Kaufmotiv ist der Beweggrund, der den Menschen dazu veranlasst, Produkte oder Dienstleistungen zu kaufen.
Wenn der Verkäufer weiß, warum Menschen etwas kaufen und was sie sich von dem Kauf erhoffen, dann kann er
sich darauf einstellen und erfolgreicher verkaufen.

5. Aufgabe

Vernunftbetonte Kaufmotive	**Gefühlsbetonte Kaufmotive**
- Geldersparnis	- Geltungsbedürfnis, Ansehen, schönes Aussehen
- Zeitersparnis	- Gesundheit und Wohlergehen
- Arbeitsersparnis	- Spiel- und Arbeitstrieb
- Zweckmäßigkeit	- Neugierde, Entdeckungsfreude
- Bequemlichkeit	- Nachahmungstrieb, Mode
- Sicherheit, Zuverlässigkeit	- Selbstwertgefühl
- Haltbarkeit	

6. Aufgabe

- Es kann leichter ein kundenorientiertes Warenangebot unterbreitet werden.
- Es kann gezielter die Ware gezeigt und vorgeführt werden.
- Es kann individueller kunden- und motivbezogen argumentiert werden.

7. Aufgabe

- Zweckmäßigkeit – Die alte Uhr ist kaputt.
- Geltungsbedürfnis – Die neue Uhr macht was her.
- Nachahmungstrieb – Der Kollege hat sich auch eine neue Uhr gekauft.
- Selbstwertgefühl – Beim Tragen der neuen Uhr ist ein gutes Gefühl spürbar.
- Bequemlichkeit – Die neue Uhr hat Selbstaufziehautomatik.

8. Aufgabe

Kundenäußerungen	Kaufmotive	
Ich brauche dringend einen neuen Geldbeutel. Bei mir gehen die alle so schnell kaputt.	Haltbarkeit	v
Ich benötige mal wieder einen neuen Pulli. Diesmal soll es aber etwas Ausgefallenes sein.	Ansehen, Prestige	g
Ist das Gerät auch wirklich sicher?	Sicherheit	v
Ich möchte ein Paar einfache, preiswerte Schuhe.	Geldersparnis	v
Welcher Lippenstift passt wohl am besten zu meinem Teint?	Schönes Aussehen	g
Ist das auch die aktuelle Modefarbe?	Nachahmungstrieb	g

9. Aufgabe

Ein Kunde wünscht eine Uhr, mit der er auch tauchen kann.
9.1 „Diese Uhr ist wasserdicht."
9.2 „Sie können problemlos mit dieser Uhr tauchen."
9.3 „Sie können sicher sein, dass diese Uhr auch im Wasser ihre Dienste tut."

10. Aufgabe

Es entsteht bereits eine Beziehung zwischen Kunde und Ware. Der Besitzwunsch wird dadurch gestärkt.
Gegebenenfalls lernt der Kunde bereits die Handhabung der Ware kennen.

SITUATION 18

1. Aufgabe

Sie räumen die vorgelegte Ware möglicht schnell zur Seite.
Sie versuchen es mit einer genaueren Bedarfsermittlung, indem Sie dem Kunden weitere „W-Fragen" stellen.
z. B. „Wofür wollen Sie den Artikel verwenden?" oder „Welche Funktionen soll der Artikel erfüllen?"
Danach legen Sie erneut Ware vor und erläutern dabei die Vorteile, die der Kunde von dieser Ware hat.

2. Aufgabe

Signale durch Mimik, Gestik, Körpersprache	Gesprochene Signale
- Kunde prüft nochmals zustimmend die Ware.	- Kunde formuliert Zustimmung („Die Farbe würde passen.").
- Kunde nickt zustimmend bei der Argumentation.	- Kunde fragt nach Einzelheiten (z. B. nach Zubehör, Kunden-
- Kunde nimmt sich die Ware und behält sie länger.	dienst, Reparaturmöglichkeiten, Ausbaufähigkeit usw.).
- Strahlende Mimik signalisiert Zustimmung.	- Kunde wiederholt die Argumente des Verkäufers.
- Kunde reibt sich erfreut die Hände.	- Kunde fragt nach Zahlungsmöglichkeiten.

3. Aufgabe

- Wiederholen der Argumente, die auf die Person und den Verwendungszweck abgestimmt sind
- Vorteile der zur Wahl stehenden Ware einander gegenüberstellen
- Kreis der in Frage kommenden Ware einengen (bis auf zwei Artikel)
- Versuchen, dem Kunden die Entscheidungsangst zu nehmen

4. Aufgabe

Brauche ich das wirklich?	Gefällt das mir künftig auch noch?
Finde ich nicht doch noch etwas Besseres?	Komme ich wirklich mit dem Gerät zurecht?
Ist der Preis auch in Ordnung?	Was werden die andern dazu sagen?
Kleidet mich das auch wirklich?	usw.

5. Aufgabe

1. Kontrollfragen stellen, die der Kunde wahrscheinlich mit „Ja" beantworten wird.
2. Alternativtechnik anwenden.
3. Die wichtigsten Vorteile wieder zusammenfassen.
4. Den Kauf empfehlen.

6. Aufgabe

Durch Abschlussverstärker bestätigen Sie dem Kunden seine Entscheidung.
Beispiele: „Sie haben die richtige Entscheidung getroffen, weil ...."
„Diese Anlage bietet genau das, worauf Sie Wert legen. Deshalb war Ihre Entscheidung genau richtig."
„Sie haben eine gute Wahl getroffen, weil dieses Gerät Ihren Ansprüchen voll gerecht wird."

7. Aufgabe

- Nicht das Interesse am Kunden nach seiner Kaufentscheidung verlieren
- Richtige Wahl bestätigen
- Zur Kasse begleiten
- Eventuell nach besonderen Einpackwünschen fragen
- Sich für den Einkauf (Besuch) bedanken
- Dem Kunden Problemlösungen für die Zukunft anbieten
- Den Kunden höflich und freundlich verabschieden

8. Aufgabe

Nachstehend sind 12 mögliche Schritte zum Kaufabschluss aufgelistet. Bringen Sie diese in eine logische Reihenfolge, indem Sie die Ziffern 1 bis 12 vor die Arbeitsschritte eintragen!

[9] Sorgfältige Aushändigung der Ware

[3] Stellen einer Entscheidungsfrage

[4] Entscheidung des Kunden

[6] Ausschreiben des Kassenzettels

[2] Äußerung von Abschlusssignalen

[8] Bezahlung der Ware

[5] Bekräftigung der richtigen Entscheidung

[7] Einpacken der Ware

[12] Verabschiedung des Kunden

[11] Empfehlung des Geschäfts

[1] Beratung des Kunden

[10] Für den Einkauf bedanken

9. Aufgabe

Der Verkäufer fordert den Kunden regelrecht zum Kauf auf. Damit setzt er ihn unter Druck. Dies könnte dazu
führen, dass der Kunde sich „erpresst" fühlt und nicht kauft, weil der sich der Situation entziehen möchte.
Beispiele: „Jetzt packe ich Ihnen die Bluse ein." – „Das müssen Sie jetzt nehmen, denn morgen haben wir das sicher
nicht mehr auf Lager." – „Entscheiden Sie sich, bevor es zu spät ist." U. a.

10. Aufgabe

- Weil dann die Hoffnung besteht, dass er das Geschäft in guter Erinnerung behält
- Weil er dann vielleicht noch mal zurückkommt und dann kauft
- Weil er dann eines Tages mit anderen Wünschen unsere Geschäft betritt

SITUATION 19

1. Aufgabe

Sie haben vergessen, ihm Zusatzartikel wie Hemd, Krawatte, eventuell Manschettenknöpfe, Socken anzubieten.
Der Kunde hatte dies von Ihnen erwartet.

2. Aufgabe

Zusatzverkäufe bringen dem Kunden zusätzlichen Nutzen, ersparen ihm Zeit, Geld und Ärger.
Zusatzverkäufe steigern das Selbstbewusstsein des Verkäufers, bringen ihm Ansehen beim Kunden.
Zusatzverkäufe steigern den Umsatz des Einzelhändlers und damit auch dessen Gewinn.

3. Aufgabe

Zusatzverkauf = Nützliche Artikel werden zum Hauptkauf angeboten, z. B. zum Hemd die Krawatte.
Ergänzungsverkauf = Notwendige Artikel werden zum Hauptkauf angeboten, z. B. zur Taschenlampe die Batterien.
Mehrverkauf = Größere Verpackungseinheiten werden angeboten, z. B. statt Singlepackung – Familienpackung.

4. Aufgabe

D e n richtigen Zeitpunkt gibt es nicht, hier ist das Fingerspitzengefühl der Verkäuferin/des Verkäufers gefragt.
Richtlinien: Bei Artikeln, die die Wirkung des Hauptkaufs verbessern – während der Warenpräsentation.
Bei günstigen Zusatzartikeln – auch während der Warenpräsentation.
Bei teureren Zusatzartikeln – nach der Kaufentscheidung für den Hauptartikel.
In jedem Fall aber b e v o r der Kunde zahlen möchte.

5. Aufgabe

Diese Frage ist eher phrasenhaft. Sie verleitet den Kunden dazu, „Nein“ zu sagen.
Besser wäre die Frage: „Darf ich Ihnen noch ein passendes T-Shirt dazu zeigen?“
Oder schon während der Warenpräsentation ein passenden T-Shirt dazu zu legen,
Oder wenn Kunde Hose anprobiert hat – T-Shirt an ihm anhalten.

6. Aufgabe

„Ist das alles?“	„Kann ich sonst noch was für Sie tun?“
„Sonst brauchen Sie nichts?“	„Das wär`s?“
„Benötigen Sie sonst noch etwas?“	„Sonst noch was?“

7. Aufgabe

Notwendige Zusatzartikel	**Nützliche Zusatzartikel**
Lampe – Glühbirne	Hemd – Krawatte
Farbe – Pinsel, Pinselreiniger	Anzug – Hemd
Staubsauger – Staubsaugerbeutel	Schuhe – Pflegemittel
Taschenlampe – Batterien	Staubsauger – Polsterbürste

8. Aufgabe

1. Seien Sie nicht aufdringlich.
2. Verdeutlichen Sie dem Kunden den Zweck des Zusatzangebotes.
3. Formulieren Sie richtig.
4. Zeigen Sie dem Kunden den Zusatzartikel.

9. Aufgabe

Computer mit Bildschirm, Drucker, Maus, Kabel und Software	Digitalkamera mit Ladegerät, Batterien und Tragetasche
Hemd mit Krawatte	Einmachgläser mit Gummiringen und Verschlussclipsen

10. Aufgabe

Videokamera – Stativ: ruhigeres Aufnehmen, kein Verwackeln mehr; Tasche: Schutzhülle, besserer Transport
Kostüm – Schal: wirkungsvolleres Aussehen; Gürtel: höherer Tragekomfort
Gitarre – Notenständer: bequemeres Spielen, Tragegurt: ermöglicht Spielen im Gehen und Stehen

SITUATION 20

1. Aufgabe

Sie weisen die Kollegin darauf hin, dass Kundeneinwände völlig normal sind. Schließlich muss der Kunde für jeden Kauf
finanzielle Mittel aufbringen. Daher möchte er bei seinem Kauf auch sicher gehen.

2. Aufgabe

- Als Hinweise, dass der Kunde an der Ware interessiert ist
- Als „versteckte" Kundenfragen
- Als Hinweise auf die Probleme des Kunden
- Als Wegweiser für das Verkaufsgespräch

3. Aufgabe

Einwände gegen das Geschäft: „Ihr habt ja keine Auswahl."
Einwände gegen den Verkäufer: „Kann denn der junge Verkäufer mir das richtig erklären?"
Einwände gegen die Ware: „Der linke Schuh drückt aber an der Ferse."
Einwände gegen den Preis: „Diese Bluse ist aber ganz schön teuer."
Einwände gegen die Argumentation: „Müssen Sie so viele Fachausdrücke benutzen?"

4. Aufgabe

„Echte" Einwände: Der Kunde benötigt weitere Informationen, er ist noch nicht überzeugt.
z. B. „Ist dies auch wirklich die aktuelle Modefarbe?" – „Passen die Gardinen auch wirklich zu meinem Teppich?"
„Unechte" Einwände: Der Kunde hat sich innerlich schon entschlossen, nicht zu kaufen. Er sucht nach einem Vorwand,
das Gespräch abbrechen zu können, bzw. einer Ausrede, das Geschäft verlassen zu können.
z. B. „Eigentlich wollte ich mich ja nur mal umschauen." – „Ich müsste nur noch schnell zur Bank."

5. Aufgabe

Im ersten Fall kommt nicht zum Ausdruck, warum die Hose nicht das Richtige ist. Es handelt sich dabei um einen
allgemein gehaltenen Einwand.
Im zweiten Fall kann der Verkäufer reagieren, da er weiß, dass die gewählte Farbe den Kunden stört. Diese Art Einwand
nennt man speziellen Einwand.

6. Aufgabe

1. Ruhig und freundlich zuhören – Kunde fühlt sich verstanden; Verkäufer erhält Informationen.
2. Meinung des Kunden respektieren und nicht direkt widersprechen – Kunde verspürt Anerkennung.
3. Offen zugeben, wenn Kunde mit seinem Einwand Recht hat – Kunde schätzt Ehrlichkeit.
4. Echte Einwände mit passender Methode entkräften – nicht mit Kunden streiten, sachlich argumentieren.

7. Aufgabe

Ausreden (unechte Einwände): Kunde könnte in Verlegenheit geraten.
Vorurteile: sind oft gefühlsmäßig, daher eine logische Argumentation kaum erfolgversprechend (neue Ware zeigen).
Einwände, die sich auf das Wohlergehen beziehen: Argumente helfen nicht gegen einen kratzenden Pulli (neue Ware).

8. Aufgabe

Ja-aber-Methode: Verkäufer gibt Kunden erst mal Recht, dann erfolgt das Gegenargument.
Bumerang-Methode: Vermeintlichen Nachteil in Vorteil umkehren
Gegenfrage-Methode: Verkäufer stellt Gegenfrage, erkundet Einwände genauer
Vergleichsmethode: Verkäufer vergleicht die vorgelegte Ware mit anderer, um so die Vorteile zu verdeutlichen
Minus-Plus-Methode: Verkäufer gibt Einwand zu, um diesen mit einem vorteilhafteren Argument zu entkräften

9. Aufgabe

Kunden scheinbar Recht geben, ihn somit „in Sicherheit wiegen“ bzw. seinem Einwand das nötige Gewicht verleihen, dann widersprechen und neue Argumente in das Verkaufsgespräch einbringen.
Beispiel: Kunde: „Diese Schuhe können ja nichts taugen – bei dem Preis.“
Verkäufer: „Ja, das könnte man wirklich meinen. Aber betrachten Sie sich doch die erstklassige Verarbeitung. Diesen günstigen Preis können wir Ihnen heute deshalb bieten, weil wir eine Aktionswoche für italienische Schuhe haben.“

10. Aufgabe

Einwand gegen Preis – Das Wort „eigentlich“ drückt aus, dass der Kunde grundsätzlich zum Kauf bereit ist. Er erwartet noch eine einleuchtende Erklärung für den ihm zu hoch erscheinenden Preis. Der Verkäufer soll also den Preis begründen.

SITUATION 21

1. Aufgabe

- Bei geschickter Vermittlung des Kundennutzens während der Warenpräsentation
- Wenn Kunde z. B. bei Anprobe auf das Preisetikett geschaut hat und seine Wertvorstellungen sich mit dem Preis decken

2. Aufgabe

- Nachdem der Kunde danach gefragt hat
- Nicht bevor der Kunde weiß, welchen Nutzen die Ware ihm bringt

3. Aufgabe

- Niemals „nackte“ Preise nennen
- Den Preis in Kundennutzen verpacken
- Die Worte „billig“ und „teuer“ vermeiden

4. Aufgabe

Die Verkäuferin nennt den Preis „nackt“, isoliert. Die Kundin war mit dem Nutzen nicht vertraut.
Verbesserung
K.: *„Wie teuer ist denn dieser Schlafanzug?“*
V.: *„Dieser Schlafanzug ist sehr weich, flauschig und hautsympathisch. Probieren Sie doch selbst ein mal.“*
K.: (fühlt den Stoff)
V: „Er kostet 59,00 €. Sie können diesen Schafanzug auch bequem als Hausanzug tragen. Sie werden sich darin sehr wohl fühlen, zumal das elastische Material Ihnen die entsprechende Bewegungsfreiheit einräumt.“
K.: *„Ja, das glaub` ich auch. Der trägt sich bestimmt ganz gut. Ich nehme ihn.“*

5. Aufgabe

Kundennutzen – Preis – Kundennutzen
Also: Wiederholung wesentliche Nutzeneigenschaften – Preis nennen (beiläufig) – noch mal Kundennutzen nennen.

6. Aufgabe

- Verzögerungsmethode: Mit Preisnennung so lange warten, bis Kunde vom Nutzen überzeugt ist.
- Nachteil-Vorteil-Methode: Niedriger Preis auch niedriger Nutzen, hoher Preis höherer Nutzen.
- Preis als Qualitätsgarantie – Qualitätsmerkmale herausstellen; Qualität verschiedener Artikel vergleichen, auf längere Nutzungsdauer hinweisen.

7. Aufgabe

- Optische Verkleinerung: Preis auf kleinere Mengen verteilen, z. B. „Ein Saunagang kostet nur...“
- Zerlegungsmethode: Gesamtleistung in Teilleistungen aufgliedern, z. B. Auto und Extraausstattung wie Radio usw.
- Vergleichsmethode: Vorgelegten Artikel mit teurerem vergleichen, dadurch erscheint Preis nicht mehr so hoch.
- Verharmlosungsmethode: Auf nächst günstigeren Artikel hinweisen, Preisunterschied erscheint im Vergleich zum Mehrnutzen nicht mehr so hoch.

8. Aufgabe

In diesem Fall ist der günstige Preis sofort als Argument heranzuziehen (auf Sonderangebote aufmerksam machen).

9. Aufgabe

Hier ist nicht sicher, ob es sich um einen echten oder unechten Einwand (Scheineinwand) handelt.
Ist zu erkennen, ob es sich um eine Ausrede handelt, Kunden nicht in Verlegenheit bringen.
Ist es ein ernst gemeinter Einwand, könnten folgende Vorschläge unterbreitet werden:
- Ware gegen kleine Anzahlung zurücklegen.
- Auf Teilzahlungs- und Kreditzahlungsmöglichkeiten hinweisen.
- Auf Zustellung per Nachnahme hinweisen.

10. Aufgabe

Ohne Geringschätzung günstigeres Gerät anbieten und dessen Vorteile plausibel machen.

SITUATION 22

1. Aufgabe

= Der Vorschlag des Verkäufers an den Kunden, anstelle des ursprünglich verlangten Gegenstandes ein gleichartiges oder gleichwertiges Produkt in die Kaufüberlegungen einzubeziehen.

2. Aufgabe

Wenn die vom Kunden gewünschte Ware
- im Augenblick nicht vorrätig ist;
- überhaupt nicht im Sortiment geführt wird;
- durch einen besseren/passenderen Artikel ersetzt werden kann.

3. Aufgabe

Die genaue Kenntnis des tatsächlichen Kundenwunsches

4. Aufgabe

Für den Kunden: Seine Kaufwünsche können erfüllt werden.
Für den Verkäufer: Steigerung des Selbstbewusstseins, Anerkennung vom Kunden
Für das Geschäft: Umsatzsteigerung, guter Ruf

5. Aufgabe

Uhu – Alleskleber	Tesa – Klarsichtklebestreifen
Tempos - Papiertaschentücher	Nutella - Schokoladenbrotaufstrich
Maggi - Suppenwürze	Duden - Rechtschreibewörterbuch

6. Aufgabe

- Modernisierung des Warenangebotes
- Technische Neuerungen
- Augenblicklich nicht vorrätig

7. Aufgabe

- Exakten Kundenwunsch ermitteln
- Alternativartikel anbieten, der in seinen Eigenschaften und Verwendungsmöglichkeiten dem Kundenwunsch entspricht
- Vorteile und Kundennutzen herausstellen
- Über die nicht vorhandene Ware so wenig wie möglich sprechen (am besten gar nicht)
- Dem Kunden aber nichts aufdrängen
- Negative Formulierungen vermeiden

8. Aufgabe

K.: „Ich suche den DVD-Player von Panasonic, den Sie in Ihrem Prospekt hatten."
V.: „Sehen Sie sich mal diesen Player von Sony an, der kann noch mehr DVD-Formate abspielen als der Panasonic. Das Angebot von Panasonic ist ausverkauft."
K.: „Kann der auch DVD + R und DVD – R lesen?"
V.: „Nicht nur das, sondern auch DVD + RW und DVD – RW. Sehen Sie her. Hier ist alles aufgelistet, was dieser Player abspielen kann."
K.: „Oh, dann ist der ja noch besser als der andere".
V.: „Und das zu fast dem gleichen Preis. Der Sony ist um 5,00 € teurer."
K.: „Gut, dann nehm` ich den."

9. Aufgabe

- Vorschlagen, die Ware so schnell wie möglich zu beschaffen (eventuell kleine Anzahlung vereinbaren)
- Geschäfte nennen, wo der Kunde die gewünschte Ware erhalten kann

10. Aufgabe

Kundenwunsch	Vorrätige Alternative	Formulierung des Alternativangebotes
Grünes T-Shirt	T-Shirt in aktuellen Farben	„Sehen Sie sich mal diese T-Shirts in den aktuellen Farben an."
Handcreme von Dove	Verschiedene Hautcremes anderer Marken	„Probieren Sie diese Creme mal. Sie zieht sofort in die Haut ein und macht sie geschmeidig. Diese Creme haben wir neu reinbekommen."
Speichermedium von Sony	Verschiedene andere Speichermedien	„Diese DVD-Rohlinge haben dieselbe Speicherkapazität. Sie sind im 10-er Pack um 5,00 € günstiger."

SITUATION 23

1. Aufgabe

Das Verkaufsgespräch hat die Aufgabe
- dem Kunden den Nutzen und Wert der Ware zu verdeutlichen,
- die Einkaufsprobleme des Kunden zu lösen,
- den Kunden zum Kauf der für ihn geeigneten Ware zu bewegen.

2. Aufgabe

- Verkäufer	- Kundenwunsch
- Ware	- Kaufmotive
- Kundentyp	
- Kundenart (Mann, Frau, Kind usw.)	

3. Aufgabe

Stufen	Erläuterungen
Kontaktphase	Kunde und Verkäufer begegnen einander (Begrüßung und Bedarfsermittlung).
Wunschbestimmung	Kunde und Verkäufer machen sich den Kaufwunsch bewusst (Erkennen von Kundentyp und Kaufmotiv).
Argumentationsphase	Ware und Kundenwunsch werden zueinander in Beziehung gesetzt (Anprobe, Griffprobe, kunden- und kaufmotivbezogene Argumentation, Ausräumung von Kundeneinwänden).
Abschlussphase	Kaufabschluss wird herbeigeführt (Entscheidungshilfen, Kaufabschluss, Bestätigung der Kundenentscheidung, Begleitung zur Kasse, Dank für Besuch).

4. Aufgabe

A = Attention	Aufmerksamkeit des Kunden ist zu gewinnen.
I = Interest	Echtes Interesse an der vorgelegten Ware soll entstehen.
D = Desire	Der Besitzwunsch soll geweckt werden.
A = Action	Der Kaufabschluss ist herbeizuführen.

5. Aufgabe

- Verkäufer/in wird als Fachkraft gebraucht (z. B. bei Reklamation, Ratsuche von Kollegen/-innen, Vertreterbesuch).
- Durch Telefonate
- Bei Verkaufsablösung
- Durch Besucher

6. Aufgabe

- Beim Kunden für die Unterbrechung entschuldigen (knappe Erklärung).
- Für Ersatz sorgen (Kunden um Einverständnis bitten).
- Ersatzverkäuferin/-verkäufer mit aktuellem Stand des Verkaufsgesprächs vertraut machen.
- Auf schnellstem Weg zum Kunden zurückkehren.

SITUATION 24

1. Aufgabe

Da kein Mangel vorliegt, handelt es sich eindeutig um einen Umtauschwunsch.

2. Aufgabe

Zwischen beiden Parteien entstand ein wirksamer Kaufvertrag, da zwei übereinstimmende Willenserklärungen vorlagen.
Für Verkäufer: muss den DVD-Rekorder übergeben und Eigentum an ihm übertragen.
Für Kunden: muss DVD-Rekorder annehmen, prüfen und bezahlen.

3. Aufgabe

- Kunde hat ähnliches Produkt bei einem Mitbewerber günstiger gesehen.
- Verkäufer hat die Bedienung nicht verständlich genug erläutert.
- DVD-Rekorder passt nicht in den Fernsehschrank (zu groß).
- Ehefrau hat das Produkt schon – ohne Wissen des Mannes – beim Mitbewerber gekauft.

4. Aufgabe

Bei einem wirksam geschlossenen Kaufvertrag kann der Kunde nicht einseitig zurücktreten. Ein allgemeines Umtauschrecht aus Gründen, die allein beim Kunden liegen, gibt es nicht.

5. Aufgabe

Wenn er dies bei Abschluss des Kaufvertrages (schriftlich oder mündlich) mit dem Verkäufer vereinbart hat, z. B. „Kann ich den Rekorder in den nächsten Tagen wieder zurückbringen, wenn ich nicht damit zurecht komme?“ – „Ja, selbstverständlich. Bringen Sie dazu den Kassenzettel mit und kommen Sie dann zur mir.“

6. Aufgabe

Ob der Rekorder nicht doch freiwillig (auf Kulanz) zurückgenommen werden sollte. Schließlich will man diesen guten Kunden nicht verlieren. Außerdem ist der Rekorder ohnehin ein Renner, der sich leicht anderweitig verkaufen lässt.

7. Aufgabe

CD´s, deren Verpackung aufgerissen ist; gebrauchte Speichermedien, Batterien (Gebrauch kann nicht überprüft werden)	
aus anderen Branchen:	hygienische Artikel (Wäsche, kosmetische Artikel)
	Offene Lebensmittel
	Schnittwaren (Stoffe, Blumen, Ketten, Draht)

8. Aufgabe

Auch reduzierte Ware kann umgetauscht werden, wenn sie nicht frei von Mängeln ist.
Lediglich dann, wenn auf Mängel hingewiesen wurde, ist es möglich, die Ware vom Umtausch auszuschließen.

9. Aufgabe

- Bei Geschenkartikeln
- Bei Waren, deren Zusammenpassen mit anderen Artikeln zu Hause noch mal überprüft werden möchte
- Beim Kauf für andere (geschmacks- oder größenabhängige Ware)
Sie bieten dem Kunden schon vor dem Kaufabschluss die Möglichkeit des Umtauschs von nicht gebrauchter Ware an (eventuell auf Kassenzettel notieren, Frist dazu setzen, Hinweis, dass Kassenzettel zum Umtausch benötigt wird).

10. Aufgabe

- Dem Kunden gut zuhören,
- Verständnis für den Kunden zeigen, seine Probleme ernst nehmen
- Die exakten Umtauschgründe hinterfragen
- Entscheidung treffen

11. Aufgabe

- Umtausch ablehnen (dem Kunden die rechtliche Situation verdeutlichen, Gründe der Ablehnung nennen,
um Verständnis bitten, z. B. bei getragener Wäsche, aufgerissener Verpackung, teuren Geräten)
- Alternativware mit ähnlichen Eigenschaften anbieten (bei Rückerstattung der Preisdifferenz)
- Gutschrift geben (nichts Passendes ist zur Zeit vorrätig)
- Umtausch als Serviceleistung anbieten (aus Kulanz freiwillig umtauschen und Geld zurückgeben)

SITUATION 25

1. Aufgabe

1. Wenn eine ausdrückliche Vereinbarung über die Kaufsache nicht eingehalten wurde.
2. Wenn sich die Kaufsache für eine gewöhnliche Verwendung nicht eignet.
3. Wenn eine Beschaffenheit, die bei Kaufsachen der gleichen Art üblich ist, fehlt.
4. Wenn öffentliche Äußerungen von Verkäufer, Hersteller und Gehilfen nicht eingehalten werden (z. B. Werbung).
5. Wenn die Montageanleitung fehlerhaft ist bzw. wenn bei der Montage durch den Verkäufer Fehler vorliegen.

2. Aufgabe

Kunde erwartet, dass ihm geglaubt wird.
Kunde erwartet, dass seine Angelegenheit fair und ohne weiteren Ärger behandelt wird.
Kunde erwartet eine situationsgerechte, seinem individuellen Kundenwunsch entsprechende Lösung.

3. Aufgabe

Bleiben Sie ruhig, freundlich und sachlich.	Bearbeiten Sie sofort die Reklamation.
Nehmen Sie die Reklamation ernst.	Seien Sie großzügig und kulant.
Zeigen Sie Verständnis für den Ärger des Kunden.	Bedanken Sie sich für die schnelle Rückmeldung.
Entschuldigen Sie sich für die Unannehmlichkeiten.	

4. Aufgabe

„Wann haben Sie denn den Schaden bemerkt?“
„Wie haben Sie das Kleid gewaschen? Können Sie mir das genauer erklären?“
„Bei wie viel Grad haben Sie denn das Kleid gewaschen“?
„Haben Sie das Kleid in der Maschine gewaschen oder per Hand?“

5. Aufgabe

Der Kunde hat einen Anspruch auf Nacherfüllung. Er kann wahlweise Nachbesserung der fehlerhaften Sache verlangen
oder auf Ersatzlieferung (Umtausch) bestehen.

6. Aufgabe

Der Kunde kann auf Minderung des Kaufpreises bestehen.
Der Kunde kann vom Vertrag zurücktreten.
Sollte dem Kunden ein Schaden durch die mangelhafte Ware entstanden sein, kann er zusätzlich noch
Schadensersatz verlangen (z. B. Kostenersatz).

7. Aufgabe

Den Kundenwunsch exakt und gründlich ermitteln, Kundenvorteil und -nutzen erfragen
Auf Vollständigkeit bei Übergabe der Ware achten
Schon beim Kauf die Ware vor dem Kunden ausprobieren, auf Funktionsfähigkeit prüfen
Ausdrücklich auf Handhabung und Bedienung der Ware, ihre Pflege und Einsatzbereiche hinweisen

8. Aufgabe

8.1 – Minderung des Kaufpreises. Der Kaufvertrag bleibt bestehen. Beide einigen sich auf Herabsetzung des Preises.
8.2 – Nachbesserung. Die Knöpfe werden von der Schneiderin des Hauses neu angenäht.
8.3 – Nachlieferung (Umtausch). Die Kundin erhält die gleiche Hose mangelfrei.
8.4 – Rücktritt. Der Kaufvertrag wird rückgängig gemacht, der Verkäufer erhält das Kleid, der Kunde das Geld..
8.5 – Rücktritt und Schadensersatz. Die Kundin erhält den entstandenen Schaden ersetzt.
8.6 – Es liegt kein Mangel vor, daher auch keine Rechte seitens des Kunden (eventuell Kulanzlösung).
8.7 – Rücktritt und Schadensersatz. Der Kunde hat Anspruch auf Erstattung des Schadens.

9. Aufgabe

9.1 „Ich sehe, Ihre Reklamation besteht zurecht. Entschuldigen Sie bitte diesen Fehler. Das muss wohl schon beim Hersteller passiert sein. Selbstverständlich ersetzen wie Ihnen die Ware. Es ist schön, dass Sie sofort gekommen sind, da können wir das auch gleich weiter leiten. Vielen Dank noch mal."
9.2 „Ja, die Ware hat einen kleinen Fehler. Ich verstehe Ihre Verärgerung. Wären Sie mit einem Preisnachlass von 20 % einverstanden? Schön, dass Sie gleich gekommen sind, damit wir die Sache aus der Welt schaffen können.
9.3 „Natürlich verstehe ich Ihren Ärger. Aber Sie wurden extra darauf hingewiesen, dass dies bei unsachgemäßer Behandlung vorkommen kann. Leider darf ich Ihnen für diesen Fall keinen Ersatz geben. Bitte haben Sie dafür Verständnis." (Bei Stammkunden eventuell dennoch Kulanzlösung.)

10. Aufgabe

Bei beweglichen Sachen – zwei Jahre
Bei Grundstücken und Baumaterialien – fünf Jahre
Die Frist beginnt mit der Übergabe der Kaufsache.

11. Aufgabe

Bei der **Gewährleistung** steht der Verkäufer dafür ein, dass die Kaufsache **zum Zeitpunkt des Verkaufs** frei von Mängeln ist. Der Verkäufer haftet daher für alle Mängel, die schon zum Zeitpunkt des Verkaufs bestanden haben, auch für solche, die sich erst später bemerkbar gemacht haben (versteckte Mängel). Der Zustand der Ware zum Zeitpunkt der Übergabe ist dabei entscheidend. Die Gewährleistung ist gesetzlich geregelt (BGB § 437) und beträgt 24 Monate.
Eine „Garantie" ist eine zusätzliche, **freiwillige** Leistung des Händlers (oder Herstellers) im Rahmen des Kaufvertrags. Der Verkäufer übernimmt die Gewähr, dass die Kaufsache eine bestimmte Beschaffenheit aufweist oder für eine bestimmte Dauer behält. Bei einer Garantie spielt der **Zustand der Ware zum Zeitpunkt der Übergabe** an den Kunden **keine Rolle**, da ja die Funktionsfähigkeit der Kaufsache für den Zeitraum „garantiert" wird.

SITUATION 26

1. Aufgabe

Ist ausreichendes Wechselgeld vorhanden?	Sind Transportband und Scannerfläche sauber?
Liegt erforderliches Verpackungsmaterial bereit?	Kassenarbeitsplatz so einrichten, dass körperliche Schäden möglichst vermieden werden (Stühle auf Körpergröße einstellen)
Liegen Listen für Sonderangebote bereit?	
Ist erforderliches Schreibmaterial griffbereit?	
Liegen Bonrollen bereit?	

2. Aufgabe

- Falschgeld
- Raub
- Diebstahl
- Verluste durch falsches Herausgeben
- hoher Arbeitsaufwand (sortieren, zählen, rollen, transportieren)

3. Aufgabe

- Kundin freundlich begrüßen	- Sich für den Einkauf bedanken
- Blickkontakt suchen	- Eventuell kleine Werbegeschenke mitgeben (give aways)
- Wenn möglich, Kunden mit Namen ansprechen	- Den Kunden freundlich verabschieden
- Sorgfältig mit der Ware umgehen	- Den Kauf bestätigen
- Eventuell Geschenkverpackung anbieten	

4. Aufgabe

- Preise der einzelnen Artikel scannen (eintippen)	- Dem Kunden das Rückgeld vorzählen
- Gesamtbetrag nennen	- Kundengeld in Kasse einsortieren
- Den empfangenen Geldbetrag hörbar nennen	- Kasse schließen
- Den Geldschein auf Echtheit überprüfen	- Kassenbon aushändigen
- Bei Geldscheinen Geldscheinklemme benutzen	- Kunden verabschieden

5. Aufgabe

Eine Kassierkraft sollte sein:	- selbstständig	Gute Umgangsformen runden das Profil ab.
- ehrlich	- freundlich	
- zuverlässig	- konzentriert	
- vertrauenswürdig	- merkfähig	
- belastbar	- flink	

6. Aufgabe

Kenntnisse im Warenwirtschaftssystem aufweisen	Kenntnisse über die Umsatzsteuerregelung haben
Technisches Verständnis haben	Sich mit modernen Zahlungsmethoden auskennen
Kassenabrechnung beherrschen	Kunden- und Kreditkartenzahlungen beherrschen
Tageslosung erstellen können	Gutes Zahlenverständnis haben (rechnen können)
Echtheit von Geldscheinen feststellen können	Gutscheinzahlungen, evtl. auch Retouren abwickeln können

7. Aufgabe

- Verkäufer gibt Zahlungsbetrag in die Kasse ein.
- Käufer steckt Karte in den Kartenleser (Terminal).
- Käufer bestätigt Zahlungsbetrag
- Käufer gibt PIN-Nr. ein
- Sofortige Überprüfung online beim zuständigen Rechenzentrum der kontoführenden Bank
(ob PIN korrekt, Karte nicht gesperrt, Konto gedeckt ist)
- Wenn alles o. k., erfolgt Autorisierung des Betrags durch die Bank (Bank garantiert Einlösung)
- Bestätigung „Zahlung erfolgt" auf Terminal
- Quittungsausdruck

8. Aufgabe

- Zahlung mit Bankkarte unter Eingabe der PIN-Nummer
- Zahlung mit Bankkarte im Einzugsermächtigungsverfahren (ohne PIN, nur mit Unterschrift)
- Zahlung mit Geldkarte
- Zahlung mit Kreditkarte

9. Aufgabe

Die Geldkarte ist mit einem elektronischen Chip ausgestattet. An Ladeterminals der Hausbank kann dieser Chip mit
einem Geldbetrag (höchstens 200 €) aufgeladen werden. Ähnlich wie bei einer Telefonkarte kann mit der Geldkarte
am Terminal des Einzelhändlers bezahlt werden. Der entsprechend einzugebende Betrag wird vom Chipguthaben
abgebucht und dem Einzelhändlerterminal gutgeschrieben. Keine PIN und keine Unterschrift erforderlich.

10. Aufgabe

Kreditkarten eignen sich als weltweites Zahlungsmittel. Mit ihr kann bei allen Vertragsunternehmen der
Kartenorganisation bargeldlos bezahlt werden (Abwicklung am Point of Sale).
Kundenkarten dagegen eignen sich nur als bargeldloses Zahlungsmittel bei den ausgebenden Unternehmen.

11. Aufgabe

Vorteile für das Warenhaus Peter Kolb OHG	Vorteile für den Kunden
- Kundenbindung an das Unternehmen	- Bargeldlos einkaufen
- Umsatzsteigerung	- Kreditspielraum
- Kundendaten ermöglichen den Aufbau einer Kundendatei.	- Übersichtliche Abrechnung einmal im Monat
- Werbemaßnahmen können gezielter eingesetzt werden.	- Eventuell Umtausch- und Rücknahmegarantie
- Kundenpflege	- Informationen über Angebote
	- Sammeln von Rabatt- bzw. Bonuspunkten

12. Aufgabe

- Durch Werbeaktionen (wenn Kundenadresse bekannt mit persönlichem Werbebrief)
- Durch Prospekte
- Durch Preisausschreiben und Gewinnspiele
- Durch Infostände
- Durch direkte Kundenansprache, z. B. an der Kasse
- Durch Flyer

13. Aufgabe

- Kunde kann nachträglich widersprechen (seine Bank beauftragen, den eingezogenen Betrag zurückzubuchen)
- Falls keine Kontendeckung vorhanden, muss Bank des Kunden den Betrag nicht anweisen
- Keine Zahlungsgarantie

14. Aufgabe

- Anreiz zu Impulskäufen – dadurch mehr Umsatz	- Einschränkung des Überfallrisikos
- Weniger Bargeldbestand	- Einschränkung des Unterschlagungsrisikos
- Weniger Risiko bezüglich Falschgeld	- Vereinfachung der Kassenabrechnung

15. Aufgabe

- Ermittlung des Zahlungsbetrags
- Einlesen der Karte mit Hilfe des Kartenlesegerätes
- Kunde gib PIN ein und bestätigt seine Eingabe
- Online-Überprüfung des Kontostands des zur Karte gehörenden Kontos
- Abbuchung des Zahlungsbetrags vom Konto des Kunden und Gutschrift auf dem Konto des Einzelhändlers

16. Aufgabe

Wert des Einkaufs	87,50 €
./. 20 % Nachlass	17,50 €
	70,00 €
./. Gutschein	20,00 €
Zu zahlen noch	**50,00 €**

17. Aufgabe

- Kundenbindung
- Gewinnung von Neukunden
- Interesse am gesamten Sortiment wecken
- Umsatzsteigerung
- Gezielte Werbemaßnahme

18. Aufgabe

„Da haben Sie aber Glück gehabt, 2 Minuten später – und ich hätte die Kasse schon geschlossen. So aber können wir die Artikel noch einscannen."

19. Aufgabe

Da das Hemd keinerlei Mängel aufweist, sind Sie gesetzlich nicht zu dem Umtausch verpflichtet.
Aus Kulanzgründen würde es sich aber lohnen, den Umtausch vorzunehmen (Kundenzufriedenheit).

20. Aufgabe

- Hinweis auf intensive Beratung
- Hinweis auf zusätzliche Garantieleistungen/Reparaturen im eigenen Haus
- Hinweis auf sonstige Serviceleistungen (Lieferung, Montage)

SITUATION 27

1. Aufgabe

Im zentralen Datenverarbeitungssystem des Unternehmens sind alle Artikel mit Artikelnummer und den zugehörigen Daten gespeichert.
Mit einem Scanner wird die Artikelnummer von dem Balkencode optisch-elektronisch eingelesen.
Anhand dieser Nummer werden alle wichtigen Daten aus dem Rechnersystem an die Kasse übermittelt.

2. Aufgabe

Price-Look-Up- Verfahren (PLU)
Vorteil für Kunden: Aussagefähige Kassenbons (mit allen erforderlichen Daten) werden erstellt.
Vorteil für das Unternehmen: Preisänderungen können schnell und problemlos vorgenommen werden.

3. Aufgabe

Die Bezeichnung lautet GTIN-Nummer (Global Trade Item Number) – früher EAN-Nummer
Die Codierung erfolgt meist durch einen Balkencode (Barcode), bei dem die Artikeldaten durch senkrechte Striche codiert werden (Zebrastreifen).
Des weiteren enthält der Balkencode eine weltweit einmalige 8- bzw. 13-stellige GTIN-Nummer, über die eine Vielzahl von Informationen abgerufen werden können.

4. Aufgabe

- Länderkennziffer
- Herstellernummer
- individuelle Artikelnummer des Herstellers
- Prüfziffer (Kontrollzahl, die die Richtigkeit der GTIN-Nummer garantiert)

5. Aufgabe

Der Barcode ist beschädigt und kann deshalb vom Lesegerät nicht erkannt werden.
Die Kassiererin tippt die angegebene Nummer in die Kasse ein.

6. Aufgabe

Der Warenausgang kann artikelgenau an der Kasse erfasst werden.
Notwendige Nachbestellungen werden durch die EDV automatisch angezeigt.
Die Sortimentskontrolle ist jederzeit abrufbar (Renner- und Pennerlisten).
Die Wirkung von Werbemaßnahmen und Sonderangebotsaktionen lassen sich genau erfassen.
Der Bestand jedes einzelnen Artikels kann jederzeit abgerufen werden.

7. Aufgabe

Datenwaagen – erstellen für gewichtsabhängige Waren den Barcode.
Selbstbedienungswaagen – dienen mehr der Kontrolle des Gewichts seitens den Kunden
Kartenlesegeräte – ermöglichen den bargeldlosen Zahlungsvorgang durch Lesen der eingesteckten Karten
Bondrucker – ermöglichen das Ausdrucken des Kassenbons für den Kunden

SITUATION 28

1. Aufgabe

7.060,50 + 180 – 209 – 3.980,90 =**3.050,60 €**

2. Aufgabe

7.060,50 : 119 x 100 = **5.933,19 €**

3. Aufgabe

100 : 20.889,98 x 7.060,50 = **33,80 %**

4. Aufgabe

7.090,50 : 4 = **1.772,63 €**

5. Aufgabe

100 : 7.060,50 x 3.980,90 = **56,38 %**

6. Aufgabe

Sichtprüfung vornehmen
Durchsichtsprüfung vornehmen
Oberfläche abtasten
Technische Hilfsmittel einsetzen

7. Aufgabe

Die durchschnittliche Kassierzeit je Kunde	Den durchschnittlichen Umsatz pro Kunde
Die durchschnittliche Anzahl der gekauften Artikel je Kunden	Den durchschnittlichen Umsatz pro Stunde
Die Häufigkeit von Fehleingaben	
Die eingenommene Umsatzsteuer	

8. Aufgabe

4.770 – 300 + 30 = **4.500 €**

9. Aufgabe

8.456,87 – 8.400,37 + 313,50 = **370 €**

10. Aufgabe

An jeder Kasse kann unabhängig von den anderen Kassen kassiert werden, da jede Kasse eine direkte Verbindung zur Zentraleinheit hat.

GESTRECKTES PRÜFUNGSVERFAHREN

TEIL I

WARENWIRTSCHAFT UND KALKULATION

WIRTSCHAFTS- UND SOZIALKUNDE

Lösungen

zu den

geschlossenen (gebundenen) Aufgaben

Lösungen

WAWIKALK 1 Warenwirtschaft und Kalkulation				WAWI KALK 1 Warenwirtschaft und Kalkulation			
1	d	**51**	d	**101**	d	**148**	d
2	3-2-5-4-1	**52**	d	**102**	c	**149**	b
3	d	**53**	a	**103**	c	**150**	c
4	c	**54**	c	**104**	e	**151**	c
5	c	**55**	c	**105**	b	**152**	d
6	a	**56**	b	**106**	b	**153**	a
7	d	**57**	1,12	**107**	b	**154**	b
8	a	**58**	a	**108**	a	**155**	a
9	e	**59**	c	**109**	e	**156**	b
10	e	**60**	e	**110**	c	**157**	b
11	d	**61**	e	**111**	c	**158**	d
12	d	**62**	a	**112**	b	**159**	d
13	e	**63**	a	**113**	b	**160**	d
14	d-b-e	**64**	c	**114**	c	**161**	b
15	b	**65**	d	**115**	a) 190.000	**162**	e
16	b	**66**	d		b) 4	**163**	d
17	e	**67**	d-e-b		c) 90	**164**	d
18	a	**68**	f-c-a	**116**	d	**165**	e
19	d	**69**	c	**117**	a) 41.000		
20	a	**70**	e		b) 6		
21	b	**71**	c	**118**	a		
22	e	**72**	b	**119**	d		
23	b	**73**	d	**120**	d		
24	b	**74**	b	**121**	d		
25	c	**75**	a	**122**	a		
26	c-e-f	**76**	d	**123**	d		
27	a-d	**77**	e	**124**	b		
28	a	**78**	e	**125**	b		
29	d	**79**	b	**126**	e		
30	c	**80**	d	**127**	b		
31	d	**81**	a	**128**	e		
32	a	**82**	d	**129**	d		
33	d	**83**	c	**130**	c		
34	e	**84**	b	**131**	c		
35	e	**85**	c	**132**	b		
36	d	**86**	e	**133**	b		
37	d	**87**	d	**134**	2-1-5-3-4		
38	a-d-e	**88**	d	**135**	d		
39	e	**89**	e	**136**	d		
40	c	**90**	c	**137**	d		
41	c	**91**	c	**138**	e		
42	a	**92**	a	**139**	3-1-4-5-2		
43	c	**93**	c	**140**	c		
44	d	**94**	d	**141**	c		
45	b	**95**	c	**142**	b		
46	e	**96**	c	**143**	e		
47	d	**97**	e	**144**	c		
48	e-a-b	**98**	c	**145**	c		
49	a	**99**	b-f-a	**146**	d		
50	a	**100**	1 Tag	**147**	e		

WAWIKALK 2 Warenannahme und - lagerung					
1	d	51	d	101	b
2	d	52	d	102	b
3	d	53	c	103	16,00
4	c	54	c-b-a-d	104	33,32
5	c	55	c	105	108,25
6	c	56	c		2,0825
7	c	57	c	106	c
8	a	58	d	107	e
9	b	59	d	108	b
10	c	60	d	109	b
11	c	61	b		
12	c	62	a		
13	e	63	e		
14	d	64	e		
15	b	65	e		
16	a	66	d		
17	b	67	d		
18	b	68	d		
19	b	69	e		
20	a	70	b		
21	c	71	d		
22	6-2-4-3-1-5	72	e		
23	d	73	b		
24	c	74	d		
25	b	75	b-g		
26	a	76	d		
27	e	77	d		
28	c-f	78	e		
29	b	79	d		
30	d	80	a		
31	c	81	a		
32	e	82	b		
33	e	83	d		
34	c	84	a		
35	e	85	a		
36	d	86	f-a-e		
37	74	87	c		
38	a	88	b		
39	e	89	4-2-6-3-1-5		
40	b	90	e		
41	a	91	d		
42	c	92	c		
43	a	93	e		
44	c	94	a		
45	c	95	b-d-e		
46	e	96	c		
47	b	97	c		
48	b	98	d		
49	c-f	99	e		
50	e	100	e		

WAWIKALK 3
Preiskalkulation

1	e	**51**	56,700	**99**	654,16
2	a	**52**	6.018	**100**	5940
3	b	**53**	84,85	**101**	48.240
4	e	**54**	960	**102**	1,5
5	b	**55**	130,10	**103**	90
6	a	**56**	18,4	**104**	31,25
7	g-c-f-d	**57**	1.208,40	**105**	20
8	b	**58**	21	**106**	65
9	b-e	**59**	150	**107**	69.600
10	b	**60**	8,33	**108**	300
11	d	**61**	5,5	**109**	9,47
12	a	**62**	210	**110**	25
13	a	**63**	10	**111**	833.280
14	572,40	**64**	4.500	**112**	125
15	36	**65**	304,05	**113**	4
16	1,80	**66**	36	**114**	6,25
17	41,15	**67**	20	**115**	10,07
18	37,200	**68**	6,5	**116**	80
19	67,85	**69**	50,11	**117**	59.760,27
20	19,87	**70**	1.287,50	**118**	33,33
21	3.880,29	**71**	480	**119**	98.700
22	17,05	**72**	105,53		519.473,67
23	40,00	**73**	296,31	**120**	205,71
24	143	**74**	149,24	**121**	278,91
25	145	**75**	3.774	**122**	15
26	15,94	**76**	a) 1.800	**123**	357
27	2,02		b) 1.687,50	**124**	25
28	70		c) 6,25	**125**	180.000
29	1.500	**77**	524	**126**	85.000
30	3.600	**78**	105,20	**127**	690
31	1.440	**79**	1032,98	**128**	15.000
32	36.000	**80**	133,33	**129**	370.385,31
33	765	**81**	16,39	**130**	560.000
34	a) 320.000	**82**	2.735,68	**131**	1,9
	b) 960.000	**83**	200.200	**132**	4
35	336	**84**	45.412,10	**133**	a) 63.400
36	4.500	**85**	a) 12.400		b) 2.958,66
37	10.800		b) 1.979,83	**134**	a) 207
38	2.244	**86**	650		b) 180
39	30.000	**87**	9.605,20	**135**	30.000
40	320	**88**	22,5	**136**	9.344
41	6.000	**89**	0,36	**137**	a) 48,13
42	100	**90**	765		b) 67,65
43	1.350	**91**	36,75	**138**	54.000
44	192	**92**	12,90	**139**	a) 371.250
45	30.075	**93**	40,50		b) 91,67
46	5.548	**94**	24,72	**140**	483.750
47	183	**95**	36	**141**	44.400
48	2.265,60	**96**	7,8	**142**	a) 12,5
49	3,6	**97**	480		b) 11,25
50	69,64	**98**	3 m	**143**	480.000

			WAWIKALK 3 Preiskalkulation		
144	963	**177**	a) 34,43	**224**	d
145	39.000		b) 9,76	**225**	c
146	25		c) 75,57	**226**	d
147	a) 200.000		d) 43,04	**227**	b
	b) 22,33 %		e) 32,22	**228**	e
148	83,83	**178**	465.726,00	**229**	e
	131,31	**179**	a	**230**	b
149	144	**180**	e	**231**	e
150	30.200	**181**	e	**232**	d
151	38,31	**182**	d	**233**	b
152	469,04	**183**	d	**234**	c
153	654,50	**184**	a	**235**	d
154	1.297,81	**185**	c	**236**	e
155	a) 235	**186**	c	**237**	a
	b) 315,37	**187**	d	**238**	c
156	1.176	**188**	c	**239**	e
157	33,01	**189**	b	**240**	c
158	a) 4	**190**	a	**241**	c
	b) 120	**191**	e		
	c) 637,50	**192**	d		
	d) 758,63	**193**	a-c-e		
159	1.139	**194**	a		
160	84,97	**195**	e		
161	73,90	**196**	a		
162	20,92	**197**	d		
163	17,50	**198**	e		
164	a) 41,52	**199**	e		
	b) 62,64	**200**	a		
	c) 18,24	**201**	c-a-e		
165	200,10	**202**	e		
166	a) 221,16	**203**	b		
	b) 248,76	**204**	c		
167	71,8	**205**	a-f-d		
168	a) 70,20	**206**	d		
	b) 68,80	**207**	e-b		
169	a) 2.488,05	**208**	c		
	b) 2.544,45	**209**	c		
	c) 25	**210**	e		
170	649,44	**211**	e		
171	143,33	**212**	e		
172	a) 35	**213**	c		
	b) 11,11	**214**	a		
	c) 30	**215**	c		
173	a) 37,49	**216**	f		
	b) 7,37	**217**	a		
	c) 47,47	**218**	2-7-4-3-5-1-6		
	d) 90,37	**219**	b-d-e		
174	2.211,60	**220**	e		
175	1200 Mio	**221**	e		
176	a) 20	**222**	c		
	b) 11,11	**223**	e		

WISO 1
Grundlagen des Wirtschaftens

1	a	**51**	d	**101**	e	**151**	d
2	d	**52**	a	**102**	c	**152**	a
3	c	**53**	b	**103**	a	**153**	c
4	d-e-b	**54**	b	**104**	d	**154**	e
5	g-f-b	**55**	c	**105**	d	**155**	a
6	c	**56**	c	**106**	a		
7	e	**57**	e	**107**	b		
8	b	**58**	b	**108**	e		
9	c	**59**	c	**109**	d		
10	d	**60**	d	**110**	d		
11	b	**61**	b	**111**	b		
12	b	**62**	e	**112**	c		
13	d	**63**	e	**113**	c		
14	b	**64**	e	**114**	b		
15	c	**65**	b	**115**	d		
16	e	**66**	d	**116**	a		
17	b	**67**	b	**117**	d		
18	e-a-d	**68**	b	**118**	d		
19	a	**69**	a	**119**	a		
20	d	**70**	d	**120**	d		
21	d	**71**	b	**121**	a-d		
22	e	**72**	b	**122**	b		
23	b	**73**	b	**123**	e		
24	b	**74**	a-d-e	**124**	c		
25	b	**75**	b	**125**	a		
26	d	**76**	d	**126**	b		
27	b	**77**	b	**127**	e		
28	b	**78**	d	**128**	b		
29	d	**79**	a	**129**	b		
30	d	**80**	b	**130**	c		
31	d	**81**	a	**131**	a		
32	b	**82**	c	**132**	b		
33	d	**83**	d-b-a	**133**	e		
34	d	**84**	d	**134**	e		
35	a	**85**	e	**135**	c		
36	b	**86**	c	**136**	e		
37	e	**87**	a	**137**	a		
38	c	**88**	a	**138**	c		
39	a	**89**	d	**139**	e		
40	c	**90**	c-b-a	**140**	e		
41	b	**91**	a	**141**	a		
42	a	**92**	b	**142**	c		
43	c	**93**	b	**143**	e		
44	c	**94**	a	**144**	e		
45	d	**95**	a	**145**	a		
46	b	**96**	c	**146**	c		
47	a	**97**	d	**147**	e		
48	b	**98**	e	**148**	c		
49	e	**99**	c	**149**	c		
50	a	**100**	d	**150**	a		

WISO 2
Rechtliche Rahmenbedingungen

1	d	**51**	d	**101**	c	**151**	b	**201**	a	**251**	c
2	b	**52**	e	**102**	e	**152**	e	**202**	c	**252**	7-3-2-5-1-6-4
3	a	**53**	d	**103**	d	**153**	c	**203**	c	**253**	e
4	b	**54**	b	**104**	c	**154**	c	**204**	e	**254**	a
5	d	**55**	e	**105**	b	**155**	c	**205**	b	**255**	e
6	d	**56**	c	**106**	e	**156**	c	**206**	a	**256**	a
7	b	**57**	d	**107**	c	**157**	a	**207**	b	**257**	c
8	a	**58**	d	**108**	c	**158**	e	**208**	c	**258**	c
9	d	**59**	d	**109**	c	**159**	d	**209**	e	**259**	b
10	b	**60**	c-d-f	**110**	d	**160**	c	**210**	d	**260**	a
11	a	**61**	d	**111**	d	**161**	b-d-e	**211**	d	**261**	c
12	e	**62**	d	**112**	d	**162**	d	**212**	d	**262**	c
13	b	**63**	a	**113**	a	**163**	a	**213**	e	**263**	d
14	1-3-2-1-2-3	**64**	b	**114**	b	**164**	b	**214**	c	**264**	a
15	d	**65**	c	**115**	c	**165**	a	**215**	e	**265**	b
16	a	**66**	a	**116**	b	**166**	d	**216**	e	**266**	e
17	a	**67**	a	**117**	b	**167**	d	**217**	d	**267**	e
18	c	**68**	c	**118**	a	**168**	e-b-c	**218**	d	**268**	c
19	a	**69**	b	**119**	d	**169**	b	**219**	b	**269**	2-4-1-3-5-6
20	c	**70**	a-b-e	**120**	a	**170**	d	**220**	b	**270**	c
21	a	**71**	e	**121**	a	**171**	d	**221**	d	**271**	d
22	a	**72**	b	**122**	b	**172**	b	**222**	b	**272**	d
23	e	**73**	b	**123**	d	**173**	e	**223**	d	**273**	d
24	d	**74**	c	**124**	e	**174**	b	**224**	b	**274**	a
25	a	**75**	e	**125**	c	**175**	e	**225**	b	**275**	c
26	d	**76**	a	**126**	d	**176**	a	**226**	c	**276**	d
27	a	**77**	b	**127**	e	**177**	c	**227**	b	**277**	c
28	c	**78**	b	**128**	c	**178**	c	**228**	d		
29	e	**79**	a	**129**	d	**179**	a	**229**	e		
30	d	**80**	b	**130**	c	**180**	b	**230**	e		
31	a	**81**	a	**131**	c	**181**	d	**231**	c-f-d		
32	c	**82**	b	**132**	b	**182**	c	**232**	c		
33	b	**83**	c	**133**	f	**183**	d	**233**	d		
34	b-a-f	**84**	c	**134**	d	**184**	e	**234**	b		
35	c	**85**	a	**135**	a	**185**	b	**235**	d		
36	a	**86**	c	**136**	b	**186**	b	**236**	5-1-4-6-2-3		
37	c	**87**	d-e-a	**137**	b	**187**	d	**237**	c-a-f		
38	d	**88**	b	**138**	b	**188**	a	**238**	5-3-1-6-4-7-2		
39	b	**89**	d	**139**	c	**189**	b	**239**	b		
40	b	**90**	d	**140**	e	**190**	b	**240**	e		
41	b	**91**	b-f-d	**141**	a	**191**	c	**241**	d		
42	e	**92**	e	**142**	b-c	**192**	a	**242**	a		
43	b	**93**	b	**143**	b	**193**	d	**243**	c		
44	e	**94**	b	**144**	a	**194**	b	**244**	d		
45	c	**95**	d	**145**	d	**195**	c	**245**	c		
46	c	**96**	e	**146**	a	**196**	e	**246**	d		
47	a	**97**	c	**147**	e	**197**	a	**247**	d		
48	d	**98**	c	**148**	d	**198**	e	**248**	c		
49	a-f	**99**	b	**149**	b	**199**	c	**249**	f-b-d		
50	c	**100**	e	**150**	a-f-c	**200**	b-f	**250**	b		

WISO 3 Menschliche Arbeit im Betrieb											
1	c-d-b-a-e	**51**	d	**101**	a	**151**	a	**201**	b	**251**	a-g-d
2	5-2-4-6-3-1	**52**	b	**102**	e	**152**	e	**202**	a	**252**	e
3	a	**53**	d	**103**	d	**153**	b	**203**	c	**253**	c-d-a
4	b	**54**	e	**104**	a	**154**	b	**204**	b	**254**	88
5	a	**55**	e	**105**	c	**155**	d	**205**	b	**255**	d
6	c	**56**	e	**106**	d-b-e	**156**	c	**206**	d	**256**	c
7	e	**57**	c	**107**	c	**157**	a	**207**	d	**257**	a
8	d	**58**	a	**108**	c	**158**	d	**208**	e	**258**	c
9	d	**59**	d	**109**	d	**159**	b	**209**	c	**259**	b
10	b	**60**	a	**110**	b	**160**	c	**210**	c	**260**	c
11	d	**61**	a	**111**	d	**161**	a	**211**	c	**261**	b
12	b	**62**	d	**112**	e	**162**	a	**212**	a	**262**	e
13	6-1-3-5-2-4	**63**	b	**113**	d	**163**	c	**213**	c	**263**	e
14	e	**64**	c	**114**	d	**164**	e	**214**	b	**264**	b
15	b	**65**	c	**115**	b	**165**	e	**215**	c	**265**	c
16	a	**66**	d	**116**	b	**166**	a	**216**	b	**266**	e
17	d	**67**	b	**117**	c	**167**	d	**217**	c	**267**	a
18	e	**68**	d	**118**	d	**168**	d	**218**	a	**268**	d
19	e	**69**	b	**119**	e	**169**	a	**219**	19	**269**	c
20	b	**70**	d	**120**	d-f	**170**	c	**220**	a	**270**	e
21	d	**71**	b	**121**	d	**171**	a	**221**	d	**271**	b
22	e	**72**	c	**122**	b	**172**	b	**222**	b	**272**	a
23	a	**73**	c	**123**	c	**173**	d	**223**	c	**273**	c
24	b	**74**	e	**124**	f-b-e	**174**	b	**224**	b	**274**	b
25	d	**75**	c-f	**125**	e	**175**	e	**225**	c	**275**	c
26	a	**76**	c	**126**	c	**176**	c	**226**	d	**276**	e-a-f
27	c	**77**	a	**127**	c	**177**	b	**227**	e	**277**	b-f-d
28	d-a-e	**78**	d	**128**	b	**178**	b-a-e	**228**	c-d-b	**278**	e-d-b
29	c	**79**	e	**129**	b	**179**	b	**229**	e	**279**	e
30	e	**80**	a	**130**	e	**180**	c	**230**	d	**280**	e
31	e	**81**	d	**131**	a	**181**	a	**231**	a	**281**	b
32	e	**82**	e-d-a	**132**	a	**182**	d	**232**	c	**282**	e
33	a	**83**	c-b-a	**133**	e	**183**	a	**233**	b	**283**	d
34	d	**84**	c	**134**	c	**184**	a	**234**	d	**284**	b
35	c	**85**	d	**135**	c	**185**	c	**235**	d	**285**	c
36	d	**86**	d	**136**	e	**186**	e	**236**	2-3-1-5-6-4-7	**286**	a
37	e	**87**	c	**137**	c	**187**	c	**237**	e	**287**	b
38	c	**88**	d	**138**	b	**188**	a	**238**	e	**288**	c-f-a
39	d	**89**	d	**139**	c	**189**	b	**239**	b	**289**	b
40	a-e-b	**90**	b	**140**	b	**190**	d	**240**	b	**290**	d
41	d	**91**	b	**141**	f-a-d	**191**	c	**241**	a	**291**	c
42	b	**92**	b	**142**	b-d-a	**192**	i-g-a	**242**	d	**292**	d
43	c	**93**	e	**143**	f-c-b	**193**	a	**243**	b	**293**	b
44	c	**94**	d	**144**	a	**194**	d	**244**	b	**294**	e-b-d
45	e	**95**	b	**145**	c	**195**	b	**245**	e	**295**	e
46	a	**96**	b	**146**	d	**196**	a	**246**	b	**296**	e
47	b	**97**	c	**147**	d	**197**	d	**247**	c		
48	b	**98**	c	**148**	e	**198**	c	**248**	a		
49	d	**99**	b	**149**	b	**199**	d	**249**	3-1-4-6-2-5		
50	b	**100**	b	**150**	e	**200**	c	**250**	a		

WISO 4
Arbeitssicherheit, Umweltschutz

1	a	51	b	101	e
2	e	52	e	102	a
3	d	53	c-b-c-a-d-b-c	103	a
4	a	54	b	104	a
5	e	55	e	105	c
6	e	56	e	106	c
7	b-a-c	57	b	107	d
8	g-d-f	58	c	108	a-d
9	a	59	c	109	d
10	c	60	b	110	5
11	d	61	c		
12	c	62	b		
13	c	63	e		
14	e	64	a		
15	e	65	a		
16	a	66	b		
17	a	67	c		
18	e	68	a		
19	a	69	c		
20	d	70	c		
21	c	71	a		
22	f	72	c		
23	e	73	b		
24	d	74	c		
25	c	75	e		
26	b	76	c		
27	7-8-4-3	77	b		
28	6	78	c		
29	e-c-f-d	79	b		
30	3	80	c		
31	a	81	d		
32	b	82	c		
33	d	83	b		
34	d	84	a		
35	e	85	a		
36	d	86	b		
37	b	87	e		
38	e	88	a-d		
39	b	89	e		
40	b-e-d	90	b		
41	b	91	e		
42	b	92	e		
43	a	93	e		
44	e	94	c		
45	c	95	c		
46	b	96	c		
47	d	97	d		
48	f-a-d	98	a		
49	a	99	c		
50	c	100	a		

LÖSUNGEN

TEIL II

GESTRECKTES PRÜFUNGSVERFAHREN

TEIL II

GESCHÄFTSPROZESSE IM EINZELHANDEL

Lösungshinweise

zu den

offenen (ungebundenen) Aufgaben

Lösungen Prüfungsvorbereitung aktuell

Situation 1

1. Aufgabe

- Waren beschaffen	Einkauf
- Sortiment bereitstellen	Lagerung
- An Endverbraucher verkaufen	Vertrieb

2. Aufgabe

Warenannahme	Einsortieren
Warenkontrolle	Warenpflege
Auszeichnung	Bestandsüberwachung

3. Aufgabe

Einkauf:	Bestellung, Warenannahme
Lagerung:	Sortimentszusammenstellung
Verkauf:	Werbung, Kundenberatung, Kundendienst

4. Aufgabe

Versteckte Mängel; unverzüglich nach Entdeckung, jedoch innerhalb der gesetzl. Gewährleistungsfrist von 2 Jahren

5. Aufgabe

5.1

Mengenausgleich (Warenverteilung)

5.2

Beratung

5.3

Kundendienst (Serviceleistungen)

5.4

Sortimentsbildung

5.5

Markterschließung

5.6

Lagerhaltung

6. Aufgabe

Handelsfunktion	Beschreibung (Erklärung)	Beispiel
Raumüberbrückung	Überbrückung der räumlichen Entfernung zwischen Produktion und Konsumenten. Kunde kann an seinem Wohnort kaufen.	Wein aus Südafrika
Zeitüberbrückung	Überbrückung der Zeit zwischen Produktion/Lieferung der Ware und ihrer Verwendung bzw. ihres Verbrauchs (Lagerung).	Wein das ganze Jahr
Beratungsfunktion	Informationen über Herstellung, Eigenschaften und Verwendung der Ware mit dem Ziel einer bedarfsgerechten Kaufentscheidung	Wein zu Wild, Fisch etc.
Sortimentsfunktion	Bereitstellung von Warengruppen zu einem vielfältigen Angebot. Dazu ist der Einkauf bei mehreren Lieferern/Herstellern nötig.	Wein trocken, halbtrocken
Kreditfunktion	In vielen Fällen muss der Kunde nicht sofort bar bezahlen, Bargeldlose Zahlung, auch Finanzierungshilfe wird angeboten.	Kundenkarte Ratenzahlung

7. Aufgabe

7.1.

Kunden stehen im Mittelpunkt des betrieblichen Geschehens. Sämtliche Leistungen orientieren sich an den
Wünschen, Problemen und Bedürfnissen des Kunden, denn nur zufriedene Kunden kommen wieder.

7.2.

Persönliche Kontaktaufnahme	Problemlösungen anbieten
Kunden kennenlernen	Kundengerechte Organisation
Kundenzufriedenheit überprüfen	Kundenfreundliche Mitarbeiter

8. Aufgabe

Gute Auswahl an Produkten	Freundliche Verkäufer	Informative Werbung
Hochwertige Produkte	Günstiges Preis-Leistungs-Verhältnis	Attraktive Warenpräsentation
Qualifizierte Beratung	Nützliche Serviceleistungen	Kundenfreundliche Aktionen und Angebote

9. Aufgabe

Änderungen im Sortiment	Modernisierung des Verkaufsraums
Senkung des Preisniveaus	Änderungen in der Warenpräsentation
Verkaufspersonal schulen	Überprüfung des derzeitigen Serviceangebots

10. Aufgabe

Das Warenangebot soll Bedürfnisse beim Kunden wecken.
Produktinformationen sollten übermittelt werden.
Kunden sollten rational, aber auch emotional erlebnisorientiert angesprochen werden.
Kundenentscheidungen sollten ausgelöst werden.

Situation 2

1. Aufgabe

1.1	Entscheidungsbefugnis
1.2	Vertretungsbefugnis
1.3	Entscheidungsbefugnis
1.4	Weisungsbefugnis

2. Aufgabe

2.1	Spezialvollmacht (Einzel- oder Sondervollmacht)
2.2	Artvollmacht
2.3	Generalhandlungsvollmacht (Gesamtvollmacht, allgemeine Handlungsvollmacht); evtl. auch nur Artvollmacht

3. Aufgabe

Artvollmacht	Sie erstreckt sich auf bestimmte immer wiederkehrende Handlungen z. B. von Kassiererin, Verkäufer, Abteilungsleiter.
Spezialvollmacht	Ermächtigt lediglich zur Vornahme einzelner Handlungen. Nach Erledigung erlöscht die Vollmacht wieder.
Allgemeine Handlungsvollmacht	Sie ermächtigt zu allen Handlungen und Rechtsgeschäften, die im Unternehmen üblich sind, also nicht aus dem Rahmen des Normalen herausfallen.

4. Aufgabe

4.1	Allgemeine Handlungsvollmacht	Kaufleute und Prokuristen
4.2	Artvollmacht	Kaufleute, Prokuristen, allgemein Handlungsbevollmächtigte
4.3	Einzel- oder Sondervollmacht	Kaufleute, Prokuristen, allgemein Handlungsbevollmächtigte, Artbevollmächtigte

5. Aufgabe

Prokura ermächtigt zu
- allen Arten von Geschäften, ob gerichtlich oder außergerichtlich
- allen Rechtshandlungen, die ein Handelsgewerbe überhaupt mit sich bringen kann.

6. Aufgabe

Prokurist darf z. B.	Prokurist darf nicht
- Mitarbeiter einstellen	- Grundstücke belasten (besondere Vollmacht nötig)
- Mitarbeiter entlassen	- Grundstücke verkaufen (besondere Vollmacht nötig)
- Vollmacht erteilen	- Eid leisten (für Geschäftsinhaber)
- Darlehen aufnehmen	- Geschäft veräußern
- Betriebsgrundstück kaufen	- Bilanz unterschreiben
- Abteilung schließen	- Steuererklärung unterschreiben
- Prozesse für das Unternehmen führen	- Prokura erteilen
- Zahlungsgeschäfte erledigen	- IHK-Eintragungen vornehmen
- Einkaufen	- Gesellschafter aufnehmen
	- Insolvenzverfahren beantragen

7. Aufgabe

Einzelprokura	Ein Prokurist nimmt die ihm erteilte Vollmacht alleine wahr.
Gesamtprokura	Zwei oder mehr Prokuristen können nur gemeinsam die Vollmacht ausüben.

8. Aufgabe

Ja, es kommt mit der Annahme des Angebots durch den Prokuristen zum rechtsgültigen Kaufvertrag, da eine Beschränkung der Prokura Dritten gegenüber unwirksam ist (außer der Dritte kennt die Beschränkung).

9. Aufgabe

Aussagen	Zutreffend	Nicht zutreffend
Herr Huber darf ein Betriebsgrundstück mit einer Größe von 1200 qm kaufen, da er beabsichtigt, eine weitere Halle zu bauen.	x	
Herr Huber hat sich entschlossen, den Fuhrpark zu modernisieren und kauft drei neue Lkw für den werkseigenen Vertrieb.	x	
Herr Huber muss alle seine Anweisung mit i. V. Huber unterschreiben.		x
Herr Huber benötigt zur Belastung eines Grundstücks eine zusätzliche Vollmacht vom Geschäftsinhaber.	x	
Die Prokura erlischt automatisch mit dem Tod des Geschäftsinhabers.		x
Herr Huber darf einem weiteren Mitarbeiter Prokura erteilen, da er sich für die Gesamtprokura entschieden hat.		x
Die Prokura für Herrn Huber wurde vom Geschäftsinhaber widerrufen. Der Widerruf wurde aber noch nicht im Handelsregister eingetragen. Herr Huber hat nach dem Widerruf einen Posten Fertigerzeugnisse geordert. Der Geschäftsinhaber kann ohne Probleme dieses Geschäft rückgängig machen.		x

Situation 3

1. Aufgabe

Leiter	Prokura (Filialprokura)
Stellvertreter	Allgemeine Handlungsvollmacht
1. Verkäufer	Artvollmacht
Einkäufer	Artvollmacht

2. Aufgabe

Das Einliniensystem ist dadurch gekennzeichnet, dass jeder Mitarbeiter nur einen Vorgesetzten hat. Jede untergeordnete
Organisationseinheit soll jeweils nur von einer übergeordneten Organisationseinheit Weisungen erhalten.
Vorteile: klare Anweisungs- und Berichtskette; eindeutige Kompetenzregelung; gute Kontrollmöglichkeiten; überschaubare
Beziehungsstrukturen; Schutz der Hierarchie vor Übergriffen bzw. Eingriffen durch Dritte
Nachteile: lange und umständliche Weisungs- und Informationswege; geringe Flexibilität; geringe Kreativität und weniger
Engagement wegen genauer Kompetenzregelungen; kaum flexibles und eigenverantwortliches Handeln möglich

3. Aufgabe

- Bezeichnung der Stelle	- Haupt- und Nebenaufgaben
- Einordnung der Stelle in das Unternehmen (Über-/Unterordnung)	- Kompetenzen und Pflichten
- Stellvertretung	- Anforderungen an den Stelleninhaber
- Tätigkeitsbeschreibung	- Zusammenarbeit mit anderen Stellen

4. Aufgabe

Die Probezeit dient dem gegenseitigen Kennenlernen.
Arbeitgeber: Er will feststellen, ob der/die Angestellte fachlich und persönlich geeignet ist.
Arbeitnehmer: Er will feststellen, ob er den Anforderungen gewachsen ist und ob ihn die Aufgabe ausfüllt.

5. Aufgabe

Unterlagen	**Benötigungsgrund**
Steueridentifikationsnummer und Geburtsdatum	Für den Abruf der Daten, die zur Lohnsteuerberechnung erforderlich sind
Sozialversicherungsausweis	Dient Kontollzwecken; enthält Rentenversicherungsnummer
Urlaubsbescheinigung	Wird zur Ermittlung des Resturlaubs benötigt (für das laufende Kalenderjahr)
Mitgliedsbescheinigung bei einer Krankenkasse	Dient als Nachweis der Mitgliedschaft bei einer gesetzlichen Krankenkasse
Nachweis über Bankkonto	Dient der Lohn-/Gehaltsüberweisung

6. Aufgabe

Kündigung von beiden Parteien möglich und zwar:
- jederzeit, ohne Angabe von Gründen
- unter Einhaltung einer zweiwöchigen Kündigungsfrist zum jeweiligen Wochentag

7. Aufgabe

- Verhaltensbedingte Gründe, z. B. Verstoß gegen Verpflichtungen; Fehlverhalten, schlechte Leistungen
- Personenbedingte Gründe, z. B. lange anhaltende Krankheit, häufige Kurzerkrankungen
- Betriebsbedingte Gründe, z. B. Betriebsschließung, Schließung von Arbeitsstätten bzw. Betriebsteilen

8. Aufgabe

- Ein wichtiger Grund muss vorliegen (z. B. schwere Beleidigung; Arbeitsverweigerung; Werksdiebstahl; sexuelle Belästigung)
- Unzumutbarkeit, das Arbeitsverhältnis bis zum vereinbarten Beendigungszeitpunkt fortzusetzen
- Zugang der Kündigung innerhalb von zwei Wochen ab Kenntnis des wichtigen Grundes
- Anhörung des Betriebsrates

9. Aufgabe

Beim Arbeitsgericht innerhalb von drei Wochen nach Erhalt der Kündigung.

Situation 4

1. Aufgabe

Internet, Branchenverzeichnis, Vertreter, Gelbe Seiten, Fachmessen

2. Aufgabe

Fritz Müller KG 150 x 14,90 = 2.235,00 €	
Listenpreis ./. Liefererrabatt 8 %	2.235,00 € 178,80 €
= Zieleinkaufspreis ./. Liefererskonto 2 %	2.056,20 € 41,12 €
= Bareinkaufspreis + Fracht (150x0,60) +Hausfracht (5,50x8)	2.015,08 € 90,00 € 44,00 €
= Bezugspreis	**2.149,08 €**

Hölkinger OHG 150 x 14,10 = 2.115,00 €	
Listenpreis ./. Liefererrabatt	2.115,00 € ---------
= Zieleinkaufspreis ./. Liefererskonto 3 %	2.115,00 € 63,45 €
= Bareinkaufspreis + Bezugskosten	2.051,55 € ---------
= Bezugspreis	**2.051,55 €**

3. Aufgabe

Da das Angebot der Hölkinger OHG freibleibend war, kam durch die Bestellung des Warenhauses Peter Kolb OHG noch kein Kaufvertrag zustande. Dieser wäre erst durch eine Auftragsbestätigung (Bestellungsannahme) zustande gekommen. Folglich hat das Warenhaus Peter Kolb OHG keinerlei Ansprüche gegenüber der Hölkinger OHG.

4. Aufgabe

2.149,08 : 150 = 14,33	
Bezugspreis pro Handball + Kalkulationszuschlag 65 %	14,33 € 9,31 €
= Bruttoverkaufspreis	**23,64 €**

5. Aufgabe

Warenhaus Peter Kolb OHG	
	Datum: 16.10.20..
8 Handbälle à 23,64	189,12 €
*	
*	
*	
*	
*	
Nettobetrag	158,92 €
+ 19 % Umsatzsteuer	30,20 €
Zu zahlender Betrag	189,12 €

Berechnung der enthaltenen Umsatzsteuer:

189,12 : 119 x 19 = 30,20

6. Aufgabe

Bei Rechnungen bis zu einem Bruttobetrag von 150,00 € handelt es sich um „Kleinbetragsrechnungen". Diese müssen enthalten: - das leistende Unternehmen, - das Ausstellungsdatum, - eine Beschreibung der Leistung, - den Gesamtbetrag, - den anzuwendenden Mehrwertsteuersatz.

7. Aufgabe

Sie ziehen die Kreditkarte durch ein Terminal. Daraufhin wird der Leistungsbeleg gedruckt, den der Kunde mit seiner Unterschrift bestätigt. Das Warenhaus Peter Kolb OHG, das mit der entsprechenden Kreditkartenorganisation einen Vertrag geschlossen hat, leitet diesen Beleg weiter an die Kreditkartenorganisation. Diese wiederum belastet später das Konto des Kunden und leitet den Betrag unter Abzug von Bearbeitungsgebühren an das Warenhaus Peter Kolb OHG weiter.

8. Aufgabe

Vorrangig bedeutet, dass dem Verkäufer zunächst das Recht auf Mangelbeseitigung bzw. Nachlieferung einer mangelfreien Sache einzuräumen ist. Erst wenn dies nach Ablauf einer Frist nicht erfolgt ist, können weitere Rechte wie Rücktritt, Minderung oder Schadenersatz in Anspruch genommen werden. Vorrangig hat das Warenhaus Peter Kolb OHG also entweder den Ball zu reparieren oder einen neuen, mangelfreien Ball auszuhändigen.

9. Aufgabe

Ein Sachmangel liegt vor, wenn
- die Ware nicht die vereinbarte oder erwartete Beschaffenheit aufweist
- zu wenig geliefert wurde
- eine falsche Sache geliefert wurde
- die in der Werbung zugesagten Eigenschaften nicht zutreffen
- eine zur Verfügung gestellte Montageanleitung mangelhaft ist.

10. Aufgabe

Fritz Müller KG	Preis pro Ball: 2.149,08 : 150 = 14,33 €
Hölkinger OHG	Preis pro Ball: 2.051,55 : 150 = 13,68 €
	Differenz also: 0,65 €
	14, 33 = 100 % 0,65 = x % **x = 4,5** %

11. Aufgabe

Das Einkaufslimit ist das errechnete Einkaufsbudget. Damit wird das Lagerbestandsrisiko minimiert. Grundlage für die Höhe des Einkaufslimits bilden Erfolgskennziffern der vergangenen Umsatzentwicklung und geplante Voraussagen. Darauf basierend wird der Limitplan erstellt, ständig kontrolliert und je nach Notwendigkeit korrigiert.

Situation 5

1. Aufgabe

Anzahl der Bestellungen	Bestellmenge je Bestellung	Lagerkosten	Bestellkosten	Gesamtkosten
1	2.400	2.880	100	2.980
2	1.200	1.440	200	1.640
3	800	960	300	1.260
4	600	720	400	1.120
5	**480**	576	500	1.076
6	400	480	600	1.080

2. Aufgabe

2.1	Leistung und Schadenersatz (Verzugsschaden)
2.2	Vom Vertrag zurücktreten – Leistung und Schadenersatz – Schadenersatz statt der Leistung

3. Aufgabe

- Betreff: Anfrage	- Gewünschter Liefertermin
- Anrede	- Bitte um ausführliches Angebot
- Artikelbezeichnung	- Grußformel
- Benötigte Menge (480 oder 2 400 Jahresbedarf)	

4. Aufgabe

- Einen Gesprächstermin vereinbaren.
- Prospektmaterial und Preislisten bereithalten.
- Nach frühstem Liefertermin der neuen Produkte erkundigen.
- Eventuell ein Werbegeschenk bereithalten.
- Lieferungs- und Zahlungsbedingungen abklären.

5. Aufgabe

- Günstige Preise	- Sonderkonditionen wie Bonus, Rabatt, Skonto
- Beste Qualität	- Serviceleistungen
- Sofortige Lieferbereitschaft und Liefergarantie	- Fachliche Beratung durch qualifiziertes Personal

6. Aufgabe

6.1	Bonität = guter Ruf des Kunden bezüglich Zahlungsfähigkeit und Kreditwürdigkeit.
6.2	- Durch Einholen einschlägiger Informationen bei Auskunfteien
	- Durch Bankauskunft
	- Durch Befragen anderer uns bekannter Lieferanten
	- Bei bereits bestehender Geschäftsbeziehung: Auskunft aus Kundendatei

7. Aufgabe

Werbeaktion	Werbemittel	Werbeträger
Fernsehwerbung	Audio-visuelle Mittel wie bewegte Bilder, Texte	Fernsehsender, TV-Geräte
Plakatierung sowie Prospektaktionen	Plakate, Prospekte, Kataloge, Broschüren, Postwurfsendungen	Litfaßsäulen, Plakatwände, Anschlagtafeln, Prospektdienste
Anzeigeaktionen in Tageszeitungen und Fachzeitschriften	Optische (grafische) Mittel wie Anzeigen	Zeitungen, Zeitschriften, Fachzeitschriften
Rundfunkwerbung	Akustische Mittel wie Sprache und Musik	Rundfunkanstalten, Radio

8. Aufgabe

Hsp = (NVP – BP) x 100 / NVP (Der Nettoverkaufspreis ist also 100 %). Demnach beträgt der BP 100 – 30 = 70 %.
NVP = 17,90 / 119 x 100 = 15,04
BP = 70 % von 15,04 = **10,53 €**

9. Aufgabe

10,40 + 25 % = **13,00 €**

10. Aufgabe

NVP – SP = Gewinn
15,04 – 13,00 = 2,04 € pro Stück; 2,04 x 200 = **408,00 €**

11. Aufgabe

16,99 / 119 x 100 = 14,28 (NVP)
14,28 – 13,00 = 1,28 €

Situation 6

1. Aufgabe

Standortwahl war kunden- bzw. absatzorientiert.

2. Aufgabe

Steuern und Abgaben	Beschaffungsmöglichkeiten
Infrastruktur	Verfügbarkeit von Büro-, Lager- und Verkaufsflächen
Arbeitskräfteverfügbarkeit	Verkehrsanbindung

3. Aufgabe

Harte Standortfaktoren sind	Weiche Standortfaktoren sind
messbar und können unmittelbar als Entscheidungsgrundlage	kaum messbar. Hier ist es mehr die persönliche Einschätzung,
für die Standortwahl dienen.	die als Entscheidungsgrundlage dient.
Ihre Auswirkungen sind überprüfbar.	Ihre nachträglichen Auswirkungen sind nur schwer zu überprüfen.
	Beispiele:
	- Image der Region, - Umweltqualität
	- Wohnumfeld, - medizinische Versorgung
	- Kulturangebot, - Einkaufsmöglichkeiten
	- Kooperationsbereitschaft mit den Behörden

4. Aufgabe

Gesellschaft des bürgerlichen Rechts (GbR/BGB-Gesellschaft)	Offene Handelsgesellschaft (OHG)
	Kommanditgesellschaft (KG)

5. Aufgabe

OHG	KG
Mindestens zwei voll haftende Personen	Ein Vollhafter (Komplementär), ein Teilhafter (Kommanditist)
Haftung unbeschränkt, unmittelbar, solidarisch	Kommanditist haftet nur mit seiner Einlage.
Alle Gesellschafter zur Geschäftsführung berechtigt.	Kommanditist nicht zur Geschäftsführung berechtigt.

6. Aufgabe

Herr Jugl ist als Komplementär der alleinige Geschäftsführer. Durch die Aufnahme des Kommanditisten konnte die Eigenkapitalbasis erhöht werden, ohne dass die Herrschaftsverhältnisse des Komplemenärs einschränkt werden.

7. Aufgabe

Diese Bezeichnung entspricht nicht den Vorschriften des HGB, da der Zusatz „KG“ fehlt. „Feinkostjugl KG“ wäre in Ordnung.

8. Aufgabe

250.000 – 120.000 – 70.000 = **60.000**

9. Aufgabe

Vom Jahresgewinn 4 % auf Kapitalanteil; Rest im angemessenen Verhältnis

10. Aufgabe

	Kapitaleinlage	Vorwegnahme	4 % Verzinsung	Restgewinn	Gesamtgewinn
Jugl	150.000	36.000	6.000	12.000	**54.000**
Schuricht	50.000	--	2.000	4.000	**6.000**
Insgesamt	200.000	36.000	8.000	16.000	60.000

11. Aufgabe

Der Leasing-Geber überlässt dem Leasing-Nehmer einen Leasing-Gegenstand zur Nutzung. Der Leasing-Nehmer muss dafür ein vereinbartes Entgelt in Form einer monatlichen Leasing-Rate bezahlen. Der Leasing-Geber bleibt Eigentümer.	
- steuerliche Vorteile: Leasingraten sind Betriebsausgaben	- kein Eigentumserwerb
- geringe Liquiditätsbelastung bei der Anschafffung	- hohe Kosten

12. Aufgabe

345,56 x 48 + 2.000 = 18.586,88

Situation 7

1. Aufgabe

- Mega-Schnäppchenhalle GmbH
- Kolb`s Billigladen GmbH
- Gut und Günstig GmbH

2. Aufgabe

Grundsatz der Firmenausschließlichkeit
Erläuterung: Jede neu gegründete Firma muss sich im Amtsbezirksbereich von bereits existierenden Unternehmen durch ihren Namen unterscheiden (§ 30 HGB).

3. Aufgabe

Die Firma eines Kaufmanns ist der Name, unter dem er seine Geschäfte betreibt und die Unterschrift abgibt.
Ein Kaufmann kann unter seiner Firma klagen und verklagt werden.

4. Aufgabe

Firmenwahrheit = Die Firma darf nicht irreführend sein, das heißt der Firmenname darf nicht über die Art und den Umfang des Geschäfts oder die Verhältnisse des Geschäftsinhabers hinwegtäuschen.
Firmenklarheit = Die Firmenbezeichnung muss zur Kennzeichnung geeignet sein (sogenannte „Namensfunktion") und Unterscheidungskraft besitzen.
Firmenbeständigkeit = Die bisherige Firma kann fortgeführt werden, auch wenn eine Namensänderung (z. B. Heirat), eine Übertragung der Firma (z. B. Kauf, Erbschaft) oder eine Änderung im Gesellschafterbestand erfolgte. Um Verwechselungen zu vermeiden kann bei Übergabe der Firma nicht allein der Name verkauft werden; diese ist nur kaufbar, wenn die Branche beibehalten wird.
Firmenöffentlichkeit = Jeder Kaufmann muss seine Firma, den Ort (Sitz) und die inländische Geschäftsanschrift in das Handelsregister eintragen lassen. In jedem Geschäftsbrief muss u. a. die Firma mit Rechtsformzusatz und zustellfähiger Anschrift genannt werden.

5. Aufgabe

Das Handelsregister ist ein öffentliches Verzeichnes aller Kaufleute, das vom Amtsgericht geführt wird.
Das HR soll Publikations-, Beweis-, Kontroll- und Schutzfunktion zu erfüllen.

6. Aufgabe

In Abteilung B des HR. Das HR führt zwei Abteilungen, HRA und HRB. HRA ist dabei für Einzelunternehmen und Personengesellschaften, HRB für Kapitalgesellschaften zuständig. Da die GmbH eine Kapitalgesellschaft ist, wird in Abteilung B eingetragen.

7. Aufgabe

- Firma	- Grund- oder Stammkapital
- Ort der Niederlassung	- Name des Geschäftsführers
- Gegenstand des Unternehmens	- Prokura

8. Aufgabe

Es handelt sich dabei um Prokura. Unterschrift: ppa. Peter Müller (ppa. = per procura)

9. Aufgabe

- Prokura erteilen	- Handelsregistereintragungen beantragen
- Eide für den Geschäftsinhaber leisten	- Jahresabschluss unterzeichnen
- Insolvenz beantragen	- Geschäfte tätigen mit dem Ziel, den Betrieb einzustellen

Situation 8

1. Aufgabe

Der Online-Shop stellt Waren und Dienstleistungen im Internet zum Kauf bereit. Dabei handelt es sich um eine
Software mit Warenkorbfunktionalität. Der Kunde bekommt die Möglichkeit, Produkte im Internet eingehend zu
betrachten und sich über Details zu informieren. Er kann eine Auswahl treffen und diese in den Warenkorb legen.
Hinter diesem elektronischen (virtuellen) Laden steht ein physisches Geschäft, das die Bestellung abwickelt.

2. Aufgabe

Welche Produkte sind für den Vetrieb über einen Online-Shop geeignet?
Ist die Kundenstruktur so ausgerichtet, dass sie online Geschäfte mit dem Warenhaus Peter Kolb OHG tätigt?
Welche Märkte sollen erschlossen werden? Wie reagieren die Händler-Kunden?
Ist die Vertriebsstruktur des Warenhauses Peter Kolb OHG für eine Online-Absatzlösung geeignet??

3. Aufgabe

- Öffnungszeiten rund um die Uhr	- Problemlose Auftragserfassung
- Weltweiter Vertrieb möglich	- Schnelle Abwicklung
- Erschließung neuer Märkte	- Schnelle Angebotsaktualisierung
- Gewinnung neuer Kunden	- Umsatzsteigerung

4. Aufgabe

- Preise sind leicht zu vergleichen	- Es kann bequem von zu Hause (vom Sofa) eingekauft werden.
- Es kann rund um die Uhr eingekauft werden.	- Der Einkauf erfolgt anonym.
- Es wird Zeit gespart.	

5. Aufgabe

Beim Zahlungsverfahren besteht ein gewisses Sicherheitsrisiko.
Die Ware kann nicht „begutachtet" werden.
Der Kunde muss auf die Ware warten.
Reklamationen gestalten sich evtl. schwierig.

6. Aufgabe

Das technische System muss gegeben sein.
Die Produktdaten müssen entsprechend aufbereitet sein.
Sämtliche Daten müssen stets aktuell sein.
Eine geeignete Struktur zum Suchen und Finden muss aufgebaut werden.

7. Aufgabe

B2B = business to business (Unternehmer an Unternehmer)
B2C = business to consumer (Unternehmer an Konsument)
C2C = consument to consument (Konsument an Konsument)
Für den Einzelhändler ist B2C von besonderer Bedeutung.

8. Aufgabe

Computerviren – Daten können zerstört werden.
Trojanische Pferde – Ausspionieren des Computers

9. Aufgabe

Einrichten einer Firewall – Einrichten aktueller Anti-Viren-Programme – Vorsicht beim Öffnen von E-Mail Anhängen
Datenverschlüsselung – optimale Sicherheitseinstellungen – nur vertrauenswürdige websits öffnen – Betriebssystem updaten

10. Aufgabe

Die entsprechenden Paragrafen sind im BGB (§312b ff BGB) zu finden. Sie sind ausschließlich anwendbar auf Verträge über die Lieferung von Waren bzw. die Erbringung von Dienstleistungen, die zwischen Unternehmern und Verbrauchern unter ausschließlicher Verwendung von Fernkommunikationsmitteln abgeschlossen wurden.

11. Aufgabe

- Der Verbraucher kann innerhalb von 2 Wochen ohne Angabe von Gründen den Vertrag widerrufen. Er kann also innerhalb von 14 Tagen die bestellte Ware an den Verkäufer zurückgeben.
- Der Verbraucher muss die Ware zwar zurücksenden, aber ab einem Warenwert von 40,00 € hat der Verkäufer das Rückporto zu übernehmen.
- Informationspflicht der Anbieter: Vor Abschluss des Vertrags muss der Verkäufer den Käufer über den Geschäftszweck und die Identität des eigenen Unternehmens aufklären. Neben der Anschrift des Unternehmens müssen die wesentlichen Merkmale der angebotenen Ware genannt sein, ebenso der Preis der Ware einschließlich Steuern, Versand- und Lieferkosten. Außerdem muss der Kunde über das Bestehen des Widerrufs- oder Rückgaberecht informiert sein.

Situation 9

1. Aufgabe

Als Sortimentspolitik wird die Gestaltung des Sortiments von Handelsunternehmen bezeichnet.
Dabei sollte das Sortiment möglicht auf die Bedürfnisse der Kunden zugeschnitten sein.
Dabei kann das Sortiment entweder auf Sortimentsbreite oder Sortimentstiefe ausgerichtet sein.

2. Aufgabe

- Steigerung von Umsatz und Gewinn durch das Hervorheben besonders umstatzstarker und gewinnbringender
Produkte
- Entfernung verkaufsschwache Produkte (Ladenhüter) durch Abverkauf
- Verbesserung der Wettbewerbssituation durch Zuschneiden des Sortiments in Bezug auf Qualität und Preis
auf den Kunden
- Effiziente Ausnutzung der Verkaufsfläche durch die Aufbereitung und Auswahl des Sortiments

3. Aufgabe

Sortimentsbreite	= abhängig von der Zahl der im Sortiment vertretenen Warengruppen;
	viele Warengruppen = breites Sortiment; wenige Warengruppen= enges (schmales) Sortiment
Sortimentstiefe	= gekennzeichnet durch die Zahl der innerhalb der Warengruppe(n) vorhandenen Artikel und
	Sorten (= Auswahl innerhalb der Warengruppen).
	Viele Artikel und Sorten innerhalb einer Warengruppe = tiefes Sortiment,
	wenige Artikel und Sorten = flaches Sortiment.
Kernsortiment	= eigentliches Sortiment, das immer auf Lager ist; mit ihm wird der größte Teil des Umsatzes
	erzielt.
Randsortiment	= nicht zum Kernsortiment gehörende Artikel, seltener verlangte Ware, Saisonware,
	Ware, deren Anteil am Gesamtumsatz gering ist.

4. Aufgabe

Komplementärgüter ergänzen sich gegenseitig in ihrem Nutzen. Deswegen werden sie auch gemeinsam
nachgefragt. Beispiele: Fernbedienung und Batterien; Staubsauger und Staubsaugerbeutel: Auto und Benzin

5. Aufgabe

Trading-Up	= Strategie des Einzelhandels, in höherpreisige Marktsegmente einzudringen und das
	Anspruchsniveau zu heben.
Auswirkungen:	Größere Auswahl, bessere Warenqualität, mehr Herstellermarken, Verzicht auf
	niedrige Preislagen, umfangreiche Dienstleistungen.
Trading-Down	= Strategie des Einzelhandels, in niedrigpreisige Segmente einzudringen und das
	Anspruchsniveau zu senken.
Auswirkungen:	Geringere Auswahl, Konzentration auf Schnelldreher, evtl. niedrigere Warenqualitäten,
	Verzicht auf hohe Preislagen, weniger Service.

6. Aufgabe

- Branche, Betriebsform	- Verkaufspersonal (Kenntnisse)
- Standort	- Spezielle Nachfrage vor Ort
- Sortiment der Mitbewerber, deren Werbemaßnahmen	- Einkaufsgewohnheiten der Konsumenten (Marken)
- Verkaufsform	- Kaufkraft
- Preisniveau/Preislage der anzubietenden Ware	- Arbeitsmarkt

7. Aufgabe

No-Name-Produkte	Markenartikel
- Einfache, einheitliche Verpackung	- Markenname
- Keine Markennamen	- Markenzeichen (Logo)
- Keine Qualitätsgarantie für den Kunden	- Gleichbleibende Qualität
- Deutlich preisgünstiger als Markenartikel	- Hoher Bekanntheitsgrad (hohes Image)
	- Überall erhältlich
	- Gleicher Preis bei vergleichbaren Vertriebsstellen
	- Aufmachung bleibt längere Zeit unverändert.

8. Aufgabe

Als Me-too-Produkte bezeichnet man Güter, die einem Original nachgemacht sind (Nachahmerprodukte).
Dabei wird versucht, die Eigenschaften und Fähigkeiten eines bestimmten Originalproduktes zu kopieren.
Diese kommen dann auf den Markt, wenn der Patentschutz des Originals abgelaufen ist.

Situation 10

1. Aufgabe

Sortimentsplanung: Was soll beschafft werden?
Mengenplanung: Wie viel soll beschafft werden?
Zeitplanung: Wann soll beschafft werden?
Bezugsquellenplanung: Wo soll beschafft werden?
Konditonenplanung: Zu welchen Bedingungen soll beschafft werden?

2. Aufgabe

- Bedarf feststellen	- Günstigste(n) Lieferer ermitteln
- Bezugsquellen ermitteln	- Erteilen der Bestellung(en)
- Anfragen versenden	- Liefertermin(e) überwachen
- Eingehende Angebote vergleichen	- Rechnung(en) vergleichen

3. Aufgabe

- Über Fachzeitschriften, Kataloge, Prospekte	- Über Branchenverzeichnisse
- Über die IHK	- Über Adressbücher
- Über die Gelben Seiten	- ABC der Deutschen Wirtschaft
- Bei Messen und Ausstellungen	- Internet

4. Aufgabe

4.1	Bestimmte Anfragen
4.2	Anfragen sind rechtlich unverbindlich.

5. Aufgabe

Lieferer	Listenpreis	Rabatt	Skonto	Lieferbedingungen	Zahlungsbedingungen	Lieferzeit
A						
B						
C						
D						

6. Aufgabe

- Qualität	- Kulanz
- Garantieleistungen	- Leumund
- Kundendienst	- Erledigung von Reklamationen
- Zuverlässigkeit	

7. Aufgabe

Bei Lieferer 3

8. Aufgabe

8.1	Skonto ist ein prozentualer Betrag, der bei Zahlung einer Rechnung innerhalb eines bestimmten Zeitraums vom
	Rechnungsbetrag abgezogen werden kann.
	Skonto ist eine Zinsvergütung für vorzeitige Zahlung.
	Skonto ist auch eine Prämie für die Einsparung von Risiken (und Aufwand), die mit Zielverkäufen verbunden sind
8.2	Der Lieferer will den Kunden zur vorzeitigen Begleichung der Rechnung veranlassen.
8.3	Skonto mindert nachträglich den Anschaffungspreis für das Warenhaus Peter Kolb OHG.

8.4

In 50 Tagen → 3 %
In 360 Tagen → x % ➔ Näherungslösung

$$x = \frac{3 * 360}{50} = 21,6\ \%$$

$$p = \frac{z * 100 * 360}{K * t}$$

$$p = \frac{3 * 100 * 360}{97 * 50} = 22,27\ \%$$ exakte Lösung

Lösungen

9. Aufgabe

Listenpreis ./. Liefererrabatt	10,00 € ---------
= Zieleinkaufspreis ./. Liefererskonto 3 %	10,00 € 0,30 €
= Bareinkaufspreis + Bezugskosten	9,70 € 0,20 €
= Bezugspreis + Handlungskosten 20 %	9,90 € 1,98 €
= Selbstkostenpreis + Gewinnzuschlag 5 %	11,88 € 0,59 €
= Nettoverkaufspreis + Mehrwertsteuer 19 %	12,47 € 2,37 €
= Bruttoverkaufspreis	**14,84 €**

10. Aufgabe

Unter psychologischer Preisgestaltung sind alle die Maßnahmen zu verstehen, die die Preise für Produkte oder
Dienstleistungen für den Käufer oder die Käuferin günstiger erscheinen lassen als diese in Wirklichkeit sind.
Vorschlag: 14,99

11. Aufgabe

- Vergabe von Artikelnummer (in PC eingeben)	- Produkte katalogisieren (Produktkatalog)
- Eventuell Lagerplatz erteilen	- In Ordersatz aufnehmen (eingeben)
- Mindest- bzw. Meldebestand festlegen	- Entsprechende Werbemaßnahmen durchführen

12. Aufgabe

Ware zumindest vorübergehend auf Kommissionsbasis in Sortiment aufnehmen.

13. Aufgabe

Ziel der Konkurrenzbeobachtung ist es, Informationen über den Mitanbieter zu erhalten bezüglich seiner Stärken und
Schwächen. Auf Stärken ist mit entsprechenden Maßnahmen zu reagieren, die Schwachpunkte sollten zum eigenen
Vorteil genutzt werden, z. B. durch bessere Angebote, besseren Service usw.

14. Aufgabe

Vorteile: - Ergänzung des eigenen Sortiments	Nachteile: - Umsatz wird an Konkurrenz abgetreten
- Aufwertung des Standorts	- Verschärfter Wettbewerb
- Besserung der Infrastruktur	- Kunden- und Imageverluste
- Höhere Kundenfrequenz	- Höhere Kosten für Gegenmaßnahmen (z. B. Werbung)

15. Aufgabe

- Andere Preisgestaltung	- Steigerung der Serviceleistungen
- Sortimentsveränderungen (Bereinigung, Erweiterung)	- Attraktive Akionen durchführen
- Personal zu Fachkräften schulen	- Public Relations-Maßnahmen
- Qualitativ höherwertiges Sortiment anbieten	- Gezieltere Werbemaßnahmen

16. Aufgabe

16.1	Deckungsbeitrag = der Erlös eines Produktes, der seine variablen Kosten übersteigt und somit zur Deckung der fixen Kosten beiträgt.	
	Deckungsbeitrag pro Stück = Verkaufspreis (netto) pro Stück – variable Kosten pro Stück	
16.2	14,84 – 10 % = 13,36 (neue Marktsituation)	(Deckungsbeitrag zu Aufg. 9)
	13,36 / 119 x 100 = 11,23	12,47 - 10,55 = 1,92 x 100 Stück = **192,00**
	9,90 + 0,65 = 10,55	
	11,23 – 10,55 = **0,68**	
	0,68 x 150 Stück = **102,00**	192 – 102 = **90,00 Verringerung des Deckungsbeitrags**
16.3	Der Wareneinsatz (Bezugspreis) von 9,90 € und die variablen Kosten von 0,65 € wären zumindest gedeckt.	
16.4	Um Kunden, die dieses Produkt kaufen, nicht zu verlieren; Kunden, die dieses Produkt kaufen, decken sich eventuell auch mit weiteren Produkten beim Warenhaus Peter Kolb OHG ein.	
16.5	Längerfristig keine Deckung der Fixkosten; Lagerplatzbelegung ohne Deckungsbeitrag; Kostenverursacher	

17. Aufgabe

Gründe dafür:	Gründe dagegen:
Keine Kunden verlieren	Trotz höherem Absatz – geringerer Gewinn
Neue Kunden gewinnen	Verärgerung bisheriger Kunden; Verlust der Seriösität
Konkurrenzfähig bleiben	Anreiz für Kunden, verstärkt nach Rabatten zu fragen

18. Aufgabe

Auf gute Beratung setzen; höhere Qualität anbieten; Verbesserung der Serviceleistungen; Verlängerung der Garantiezeiten, vielfältigere Auswahl anbieten

19. Aufgabe

- Höhere Fixkosten, da häufiger bestellt werden muss	- Niedrigere Lagerkosten
- Kein Ausnutzen von Mengenrabatten	- Vorteile bei Preissenkungen
- Bei Preissteigerungen Nachbestellungen teurer	- Stets aktuelle Ware
- Verkaufsstockung bei hoher Kundennachfrage	- Weniger Verlust durch Verderb
- Keine Überbrückung bei Lieferverzögerungen	- Leichteres Überbrücken von Lieferungsverzögerungen
- Bezugskosten für kleinere Mengen meist höher	- Keine Kundenverluste wegen zu geringem Angebot

20. Aufgabe

- Artikel, Artikelbezeichnung
- Menge
- Datum der Lieferung
- Lieferungsbedingungen
- Zahlungsbedingungen
- Evtl. Sondervereinbarungen (Kommission; Probekauf)

Situation 11

1. Aufgabe

- Prüfen der Anschrift.
- Prüfen der Zahl der gelieferten Packstücke.
- Prüfen des Gewichts der Packstücke (Vergleichen mit Transportpapieren).
- Prüfen der äußeren Verpackung.
- Annahme der ordnungsgemäß gelieferten Sendung und bestätigen.

2. Aufgabe

Annahme verweigern bzw. vom Anlieferer den Mangel bescheinigen lassen.

3. Aufgabe

Beide Vertragspartner – Verkäufer (Lieferer) und Käufer (Kunde) erfüllen Verpflichtungen aus dem Verpflichtungs-
geschäft des Kaufvertrages, nämlich Lieferung der Ware durch den Lieferer und Annahme der Ware
durch den Käufer.

4. Aufgabe

Unverzüglich = ohne schuldhaftes Verzögern (wie es unter normalen Umständen zeitlich möglich ist).

5. Aufgabe

- Auspacken und Menge, Art, Güte und Beschaffenheit prüfen.
- Auftragsunterlagen (Bestellschein – Lieferschein)

6. Aufgabe

- Einräumen der einwandfrei gelieferten Ware ins Lager bzw. in den Verkaufsraum.
- Erstellen des Wareneingangsscheins (Durchschläge an Lager, Rechnungsprüfung, Einkauf).
- Erfassen der Wareneingangsdaten mit Hilfe des Warenwirtschaftssystems (evtl. noch Preisauszeichnung).

7. Aufgabe

Sachmängel	- Quantitätsmängel (Mängel in der Menge)
	- Artmängel
	- Qualitätsmängel (vereinbarte Beschaffenheit fehlt; Beschaffenheit dient nicht dem Zweck;
	gewöhnliche Verwendung ist nicht möglich; Sache entspricht nicht dem Werbe-
	versprechen bzw. der Kennzeichnung; fehlerhafte Montage bzw. -anleitung)

8. Aufgabe

10 statt 20 => offener Mangel => sofort zu rügen
Farbunechtheit => versteckter Mangel => rügen sofort nach Entdecken des Mangels, spätestens innerhalb 2 Jahren

9. Aufgabe

Rechte des Käufers bei Schlechtleistungen (Mängeln)
Der Käufer hat bei Lieferung einer mangelhaften Sache grundsätzlich einen verschuldensunabhängigen Anspruch
auf Nacherfüllung, d. h. der Käufer kann zunächst Nachbesserung der fehlerhaften Sache oder Ersatzlieferung
einer neuen fehlerfreien Sache verlangen. Erst wenn die Nacherfüllung gescheitert ist, weil sie unmöglich oder
unverhältnismäßig ist, oder weil die dem Verkäufer zur Nacherfüllung gesetzte Frist erfolglos abgelaufen ist,
kommen weitere Rechte wie Rücktritt, Minderung und Schadenersatz in Betracht.

Siehe dazu noch folgende Übersicht.

Dem Käufer stehen folgende abgestufte Rechte zu:

1. Vorrangig: Nacherfüllung auf Kosten des Verkäufers: Wahl des Käufers

zwischen

Mangelbeseitigung | **Nachlieferung einer mangelfreien Sache**

Verweigerung durch Verkäufer bei Unmöglichkeit oder Unverhältnismäßigkeit möglich *)

2. Nachrangig, da erst nach erfolglosem Ablauf einer dem Verkäufer zur Nacherfüllung gesetzten First

Rücktritt | **Minderung** | **Schadensersatz**

*) Beispiel zur Unverhältnismäßigkeit
Bei geringwertigen Sachen des Alltags ist eine Nachbesserung meist als unverhältnismäßig anzusehen (z. B. Gewindebeschädigung bei einer Schraube), deshalb Ersatzlieferung.
Bei kleinen Mängeln an Großgeräten ist das Auswechseln einer Schraube viel günstiger als eine Ersatzlieferung, deshalb Nachbesserung.

RÜCKTRITT
Folgende Voraussetzungen müssen gegeben sein:

1. Die Sache muss mangelhaft sein.
2. Eine angemessene Frist zur Leistung oder Nacherfüllung muss bestimmt worden und erfolglos abgelaufen sein.
   Keine Fristsetzung in folgenden Fällen erforderlich:
   - Schuldner verweigert die Leistung ernsthaft und endgültig.
   - Leistung war an Rechtzeitigkeit gebunden (kalendermäßig bestimmt).
   - Verweigerung der beiden zustehenden Arten der Nacherfüllung.
   - Fehlschlagen der Nacherfüllung (i. d. R. 2 Fehlversuche).
   - Sofortiger Rücktritt ist unter Abwägung beiderseitiger Interessen gerechtfertigt.

10. Aufgabe

Mängel	Rechte
Statt der bestellten Stockschirme wurden Knirpse geliefert.	Mangel in der Art
Zwei Rotweingläser waren in einem beschädigten Karton.	Qualitätsmangel (Beschaffenheit)
Statt der 30 Hemden wurden nur 20 geliefert.	Mangel in der Menge
Zwei der zwanzig gelieferten PC-Drucker waren am Gehäuse leicht beschädigt.	Qualitätsmangel (Beschaffenheit)

11. Aufgabe

Mängel	Mangelart
Statt der bestellten Stockschirme wurden Knirpse geliefert.	Neulieferung
Zwei Rotweingläser waren in einem beschädigten Karton zerbrochen.	Ersatzlieferung
Statt der 30 Hemden wurden nur 20 geliefert.	Nachlieferung
Zwei der zwanzig gelieferten PC-Drucker waren am Gehäuse leicht beschädigt.	Nachbesserung oder Ersatzlieferung

Situation 12

1. Aufgabe

Warenwirtschaft = alle die Tätigkeiten, die mit der Beschaffung, der Lagerung und dem Verkauf von Waren zu tun haben.

Warenwirtschaftssystem = Obige Tätigkeiten werden mit Unterstützung von Computersystemen vorgenommen, d. h. warenbezogene Geschäftsprozesse werden durch Daten dargestellt.

2. Aufgabe

Jeder Artikel soll in der richtigen Menge, zum richtigen Zeitpunkt, am richtigen Ort und in der richtigen Kombination für den Kunden verfügbar sein. Da mit Hilfe des Warenwirtschaftssystems vom Wareneingang bis zum Warenausgang alle Daten auf einer Datenbank erfasst und verarbeitet werden, wird auf Grund dieser Daten das Betriebsgeschehen geplant und kontrolliert.

3. Aufgabe

Jeder Artikel muss eine Identnummer haben (GTIN oder OCR).
Die so erfassten Daten müssen in einer Stammdatei gespeichert sein.

4. Aufgabe

- Erfassung der Daten mit Hilfe des Strichcodes (oder mit Hilfe der Identnummer), z. B. mit einem Scanner
- Abruf der dazugehörigen Daten aus der Artikelstammdatei
- Wertmäßige Erfassung des Umsatzes (Umsatzstatistik)
- Mengenmäßige Erfassung der Bestandsminderung (Lagerstatistik)

5. Aufgabe

Zahlen des verfügbaren Bestandes

6. Aufgabe

- Verfügbarer Bestand nimmt ab.
- Reservierter Bestand nimmt zu.

7. Aufgabe

Bei Erreichen des Meldebestandes.

8. Aufgabe

8.1	- Bestellen von Saisonartikeln	8.2	- Bei knapper Lagerkapazität
	- Bei günstigen Einkaufspreisen		- Bei steigenden Einkaufspreisen
	- Bei steigendem Nachfrageverhalten		- Bei Absatzstockungen
	- Ausnutzung von Mengenrabatten		- Bei allgemein schlechter Marktlage
	- Marktneuheiten bei entsprechender Nachfrage		

9. Aufgabe

- Meldebestand soll erhöht werden.
- Vergleich der Absatzzahlen des letzten Monats im Vorjahr mit denen des laufenden Jahres.

Situation 13

1. Aufgabe

	Textilwerke Huber KG München	**Textilfabrik Schmitt OHG Nürnberg**	**Textilgroßhandel Wolf Regensburg**
Listeneinkaufspreis ./. Liefererrabatt	1.125,00 € 56,25 €	1.500,00 € 450,00 €	Kommt nicht in Frage, da Mindestmenge von 100 Stück
= Zieleinkaufspreis ./. Liefererskonto	1.068,75 € 21,38 €	1.050,00 € ---	
= Bareinkaufspreis + Bezugskosten	1.047,37 € 40,00 €	1.050,00 € 10,00 €	
= Bezugs- oder Einstandspreis	1.087,37 €	**1.060,00 €** **= günstigstes Angebot**	

2. Aufgabe

Rabatt	= Preisnachlass, der in der Regel in Prozent ausgedrückt und aus verschiedenen Anlässen gewährt wird (unabhängig vom Zeitpunkt der Bezahlung).
Zahlungsziel	= Lieferung der Ware heute, zu zahlen erst in der Zukunft (z. B. nach 30 Tagen).
Frachtfrei	= Lieferungsbedingung: Der Verkäufer trägt die Beförderungskosten bis zur Empfangsstation; der Verkäufer muss lediglich die an seinem Sitz anfallenden Zustellkosten übernehmen (= Kosten der Anfuhr oder auch Hausfracht).
Netto Kasse	= Zahlung ohne jeden Abzug - bei Lieferung, wenn kein Zahlungsziel eingeräumt ist; Zahlung ohne jeden Abzug, wenn Zahlungsziel abgelaufen ist.
Eigentums-vorbehalt	= Der Verkäufer bleibt bis zur vollständigen Bezahlung Eigentümer der Ware. Bei Nichtzahlung kann der Verkäufer die Herausgabe der Ware verlangen. Eigentumsvorbehalt muss im Kaufvertrag vereinbart sein.

3. Aufgabe

Obwohl die Schmitt OHG preisgünstiger liefern kann, kann sie dann dennoch nicht zum Zuge kommen, wenn die Peter Kolb OHG die Waren dringend benötigt. Die Huber KG kann sofort liefern, während die Schmitt OHG eine Lieferzeit von 30 Tagen angeboten hat.

4. Aufgabe

Hierbei handelt es sich um eine Freizeichnungsklausel, die besagt, dass die Huber OHG die rechtliche Bindung an ihr Angebot ausschließt.

5. Aufgabe

Hier handelt es sich um ein Angebot ohne Fristsetzung, das mit normaler Briefpost verschickt wurde. In diesem
Fall gilt das Angebot so lange, wie unter normalen Umständen mit einer Antwort zu rechnen ist (ca. 1 Woche).

6. Aufgabe

Erfüllungsort = der Ort, an dem der Schuldner seine Leistung zu erbringen hat (Lieferer – Warenlieferung;
Käufer – Bezahlung der Ware).
Gesetzlich gilt als Erfüllungsort beim zweiseitigen Handelskauf sowohl für die Lieferung als auch für die Zahlung der
Geschäftssitz des Verkäufers. Also ist Nürnberg der Erfüllungsort.

7. Aufgabe

Der Kaufmann muss, wenn nichts anderes vertraglich geregelt ist, die Kosten für den Transport der Ware
übernehmen, wenn er sie nicht beim Lieferer abholt.

8. Aufgabe

Ist vertraglich nichts vereinbart, ist die Lieferung sofort fällig.

9. Aufgabe

Aus Rationalitätsgründen – vorformulierte Vertragsbedingungen gelten für eine Vielzahl gleichartiger Verträge.
Aus Vereinfachungsgründen – es müssen nicht ständig alle Vertragbedingungen ausgehandelt werden.
Aus Verständnisgründen – klare, einfache Vertragsregeln verbessern die Rechtspostion der Vertragspartner.
Aus Vereinheitlichungsgründen – viele Vertragsbedingungen können vereinheitlicht werden.

10. Aufgabe

Ausdrücklicher Hinweis auf die AGBs
Kenntnisnahme muss zumutbar sein
Vertragspartner muss damit einverstanden sein.

11. Aufgabe

Ungewöhnliche Regelungen (Vertragspartner kann damit nicht rechnen) sind grundsätzlich ungültig.
Persönliche Vereinbarungen zwischen den Vertragspartnern haben immer Vorrang vor den AGBs.
Regelungen, die gegen den Grundsatz von Treu und Glauben verstoßen (Benachteiligung des Vertragspartners),
sind unwirksam.
Bestandteile der AGBs, die gegen gesetzliche Vorschriften verstoßen, sind unwirksam.

Situation 14

1. Aufgabe

1.1	Durch Antrag und Annahme
	Antrag: Bestellung am 26. Februar; Annahme: Lieferung am 1. März
1.2	Gattungskauf: Es handelt sich dabei um vertretbare Sachen, z. B. Schonbezüge.
	Stückkauf: Es handelt sich dabei um nicht vertretbare Sachen, z. B. Fahrzeug X mit der Fahrgestell-
	Nummer 6575ZH98K76, ein anderes Beispiel wäre ein Ölgemälde (Original).

2. Aufgabe

Das Lieferantenstammblatt enthält 20 % Rabatt. Auf der Rechnung wurden nur 10 % abgezogen.

3. Aufgabe

Listeneinkaufspreis abzüglich 20 % Rabatt	24,90 € 4,98 €
= Zieleinkaufspreis abzüglich 3 % Skonto	19,92 € 0,60 €
= Bareinkaufspreis zuzüglich 66 2/3 % Kalkulationszuschlag	19,32 € 12,88 €
= Verkaufspreis	**32,20 €**

4. Aufgabe

Handelsspanne = (Nettoverkaufspreis – Bezugspreis) x 100 / Nettoverkaufspreis
Nettoverkaufspreis: 32,20 / 119 x 100 = 27,06
HSp = (27,06 – 19,32) x 100 / 27,06 = **28,60 %**

5. Aufgabe

Das Warenhaus Peter Kolb OHG ist ab dem 5. April in Zahlungsverzug.

Situation 15

1. Aufgabe

Betriebsinterne Einflussfaktoren: Produktkosten, Handlungskosten, Gewinn
Außerbetriebliche Einflussfaktoren: Stellung auf dem Markt (Marktstruktur), verfügbares Einkommen der Nachfrager, Konkurrenz, Markttransparenz

2. Aufgabe

Handlungskosten = alle die Kosten, die dem Produkt nicht direkt zugeordnet werden können, z. B. Personal-, Heizkosten, Mietkosten, Abschreibungen.

3. Aufgabe

Unternehmerlohn, Eigenkapitalverzinsung, Risikozuschlag

4. Aufgabe

Kostenorientierte Preisgestaltung	Kosten und Gewinnzuschlag machen den Preis aus.
Nachfrageorientierte Preisgestaltung	Preis richtet sich nach den Wertvorstellungen der Nachfrager.
Konkurrenzorientierte Preisgestaltung	Preis richtet sich nach Preisgestaltung der Konkurrenz (Branchenführer).

5. Aufgabe

Listenpreis	1.043,89 €
./. Liefererrabatt 35 %	365,36 €
= Zieleinkaufspreis	678,53 €
./. Liefererskonto 3 %	20,36 €
= Bareinkaufspreis	658,17 €
+ Bezugskosten	25,00 €
= Bezugspreis (BP)	683,17 €
+ Handlungskosten 24 %	163,96 €
= Selbstkostenpreis	847,13 €
+ Gewinnzuschlag 20 %	169,43 €
= Nettoverkaufspreis (NVP)	1.016,56 €
+ Mehrwertsteuer 19 %	193,15 €
= Bruttoverkaufspreis (BVP)	**1.209,71 €**

6. Aufgabe

Kalkulationszuschlag = (BVP – BP) x 100 / BP
= (1.209,71 – 683,17) x 100 / 683,17
= 77,0731 %

Kalkulationsfaktor = BVP / BP = 1.209,71 / 683,17 = **1,7707**	Kalkulationsfaktor = (Kalkulationszuschlag / 100) + 1 = (77,0731 / 100) + 1 oder = 0,770731 + 1 = **1,7707** (gerundet auf 4 Stellen)

Handelsspanne = (NVP – BP) x 100 / NVP
= (1.016,56 – 683,17) x 100 / 1.016,56
= **32,7959 %**

Kalkulationsabschlag = (BVP – BP) x 100 / BVP
= (1.209,71 – 683,17) x 100 / 1.209,71
= **43,5261 %**

7. Aufgabe

- Günstiger einzukaufen	- Auf Teile des Gewinns zu verzichten
- Kosten zu sparen	

8. Aufgabe

= Bezugspreis (BP) ./. Handlungskosten 24 %	(100) **648,89 €** (+ 24) 155,73 €
= Selbstkostenpreis ./. Gewinnzuschlag 20 %	(100) 804,62€ (+ 20) 160,93 €
= Nettoverkaufspreis (NVP) ./. Mehrwertsteuer 19 %	(100) 965,55 € (+19) 183,45 €
= Bruttoverkaufspreis (BVP)	**1.149,00 €**

124 % = 804,62
24 % = 155,73

120 % = 965,55
20 % = 160,93

119 % = 1.149,00
19 % = 183,45

jeweils vermehrte Grundwertrechung (auf Hundert)

9. Aufgabe

= Bezugspreis (BP) + Handlungskosten 24 %	683,17 € 163,96 €
= Selbstkostenpreis + Gewinnzuschlag **12,54 %**	847,13€ **118,42 €**
= Nettoverkaufspreis (NVP) ./. Mehrwertsteuer 19 %	965,55 € 183,45 €
= Bruttoverkaufspreis (BVP)	**1.149,00 €**

von Hundert

Differenz

auf Hundert

857,96 = 100 %
107,59 = **12,54 %**

10. Aufgabe

Räumliche Preisdifferenzierung

11. Aufgabe

Zeitliche Preisdifferenzierung	= andere Preise an anderen Tagen; Sommer- und Winterpreise.
Mengenmäßige Preisdifferenzierung	= Rabatte bei Abnahme größerer Mengen.
Personenbezogene Preisdifferenzierung	= andere Preise beim Verkauf an Betriebsangehörige.
Sachliche Preisdifferenzierung.	= andere Preise bei unterschiedlicher Verwendung der Ware (Heizöl – Dieselkraftstoff).

12. Aufgabe

Hier spielen so genannte Preisschwellen eine Rolle. Anstatt 300,00 € werden 299,90 € verlangt.
Oder statt mit 2,00 € wird die Ware mit 1,99 € ausgezeichnet. Man spricht auch von „gebrochenen“ Preisen.

Situation 16

1. Aufgabe

Abschreibungen = Verteilung der Anschaffungskosten von Anlagegütern auf die Jahre ihrer Nutzung.

2. Aufgabe

- Abschreibungen ermöglichen die Erfassung des Werteverlustes in der Buchführung.
- Abschreibungen wirken sich gewinnmindernd und somit auch steuersenkend aus.
- Abschreibungen dienen der Refinanzierung des Anlagegutes.

3. Aufgabe

Anzahl der Nutzungsjahre (Afa-Tabelle)

4. Aufgabe

linear	- Gleichbleibender jährlicher Abschreibungsbetrag vom ***Anschaffungswert.***
	- Berechnung des Abschreibungsbetrages: Anschaffungskosten / Nutzungsjahre.
	- Abschreibungssatz: 100 % / Nutzungsdauer.
	- Nach Ablauf der Nutzungsdauer wird Nullwert erreicht.
leistungsabhängig:	- Jährlicher Abschreibungsbetrag ist von anteiliger Leistung des Wirtschaftsjahres abhänig.
	- Voraussichtliche Gesamtleistung muss bekannt sein.
	- Abschreibungsbetrag: Anschaffungswert / Gesamtleistung x Jahresleistung

5. Aufgabe

Laut Afa-Tabelle ist eine Frankiermaschine in 8 Jahren abzuschreiben. Dies bedeutet: Der lineare Abschreibungssatz wäre 100 % / 8 = 12,5 %.

6. Aufgabe

Ermittlung der Abschreibungsbeträge			
		Notebook	**Kombifahrzeug**
			29.500,00
			+ 195,00
Anschaffungskosten		**1.499,00**	= **29.695,00**
Nutzungsdauer		3 Jahre	6 Jahre
Abschreibungssatz		33 1/3 %	16 2/3 %
Abschreibungsbetrag	Im Anschaffungsjahr	499,67	4.949,17
Buchwert	Ende Anschaffungsjahr	9.999,33	24.745,83
Abschreibungsbetrag	Im zweiten Nutzungsjahr	499,67	4.949,17
Buchwert	Ende zweites Nutzungsjahr	499,66	**19.796,66**

7. Aufgabe

Abschreibungen sind Kosten, werden über G+V-Konto abgeschlossen, gehen also in die Handlungskosten ein, sind somit im Handlungskostenzuschlagssatz enthalten, erhöhen den Verkaufspreis. Ist dieser am Markt nicht durchsetzbar, verringert sich der Gewinn.

8. Aufgabe

Der Buchwert am Ende des ersten Jahres ist gleichzeitig der Anfangsbestand zu Beginn des zweiten Jahres.

Situation 17

1. Aufgabe

Personalplanung = quantitative und qualitative Anpassung der Personalkapazität an die betrieblichen Anforderungen.

2. Aufgabe

- Abschätzung des Personalbedarfs für die Zukunft
- Planung des qualitativen Personalbedarfs (Anforderungsprofile)
- Planung des quantitativen Personalbedarfs (Aktueller Bestand + Zugang – Abgang = zukünftiger Bedarf)
- Ermittlung der in der Zukunft benötigten Qualifikationen (Festlegen von Fähigkeitsprofilen)
- Festlegen des Einstellungszeitpunkts
- Erstellen von Richtlinien für die Beschäftigungsdauer

3. Aufgabe

- Ersatzbedarf: Bedarf wird durch ausscheidende Mitarbeiter verursacht (Tod, Invalidität, Pensionierung, Kündigung)
- Minderbedarf: Rückgang des Personalbedarfs durch z. B. Rationalisierungsmaßnahmen, Krisen, Rezession.
- Reservebedarf: Schaffen von abrufbereitem Personal für Notsituationen
- Zusatzbedarf: Kurzfristig wird zusätzliches Personal benötigt, z. B. saisonalabhängiger Bedarf (Konjunkturanstieg, Erntezeit)
- Freistellungsbedarf: Personalüberschuss, der abgebaut werden muss (Rückgang der Produktion, Stilllegung von Betriebsteilen)

4. Aufgabe

Externe Personalbeschaffung	Interne Personalbeschaffung
- Das benötigte Personal wird von außen, also vom Arbeitsmarkt beschafft.	Das benötigte Personal kommt aus dem eigenen Betrieb (innerbetriebliche Stellenausschreibung).

5. Aufgabe

Externe Personalbeschaffung	Interne Personalbeschaffung
- Deckung des Personalbedarfs ohne in anderen Bereichen eine Lücke zu reißen	- Schnelleres Besetzen der offenen Stelle(n) möglich - Geringe Beschaffungskosten
- Möglichkeit der Entdeckung qualifizierterer Bewerber	- Betriebskenntnisse bei Bewerbern bereits vorhanden
- Bereicherung durch neue Ideen, Methoden, Kontakte	- Umfangreiches Datenmaterial über Bewerber liegt vor
- Auswahl der Bewerber kann objektiver erfolgen.	- Wahrung des betrieblichen Entgeltsniveaus
- Neubewerber völlig unbelastet	- Motivierung der Mitarbeiter durch Aufstiegschancen
- Verringerung von Konkurrenzdenken und Missgunst unter den Mitarbeitern	

6. Aufgabe

- Rückgriff auf frühere Bewerber
- Auswerten von Stellengesuchen
- Kontakt aufnehmen zu Ausbildungseinrichtungen
- Einschalten der Agentur für Arbeit und von Personalberatern (private Arbeitsvermittlung)
- Stellenausschreibungen in Lokalzeitungen,
- Aushängen von Stellenangeboten sowie Austeilen von Handzetteln
- Suche über Internet (Jobbörsen), Radio, Kinowerbung
- Stellenvermittlung über Mitarbeiter und Bekannte

7. Aufgabe

- Rückgriff auf frühere Bewerber – Unterlagen liegen bereits vor
- Auswerten von Stellengesuchen – Telefonische Kontaktaufnahme ist ausreichend.
- Agentur für Arbeit – Anruf ist ausreichend.
- Nutzen der Internet-Jobbörsen – Kontaktaufnahme per E-Mail genügt.

Situation 18

1. Aufgabe

Istbestand an Personal	26
+ Zugänge geplant	4
- Abgänge geplant	5
= Zwischergebnis	25
Sollbstand neues Jahr	32
Personalbedarf	**7**

2. Aufgabe

Planbare Abgänge:	Planbare Zugänge:
Kündigungen durch AG	Abgeschlossene Ausbildung
Entlassungen	Bereits genehmigte Neueinstellungen
Erreichen der Altersgrenze	Rückkehrer (Ende Beurlaubung, Mutterschaft, Elternzeit)
Beurlaubung	Aufstieg aus niederen Positionen
Versetzung	Versetzungen

3. Aufgabe

Plötzliche Dienst-/Arbeitsunfähigkeit	Schwangerschaft
Unfall	Kündigung durch AN
Tod	Krankheit

4. Aufgabe

Quantitativ: Ermittlung des benötigten Personals nach Köpfen (Menge des benötigten Personals).
Qualitativ: Ermittlung der zukünftig benötigten Qualifikationen (Fähigkeiten des benötigen Personals)

5. Aufgabe

Welche Qualifikationen sind erforderlich?
Welche wichtigen Charaktereigenschaften erfordert die zu besetzende Stelle?
Welche persönlichen Einstellungen werden erwartet?
Welche besonderen Fähigkeiten erfordert die neu zu besetzende Stelle (Teamfähigkeit, Sozialkompetenz, Kommunikationsfähigkeit). Welches Alter bzw. Geschlecht ist von Vorteil?

6. Aufgabe

Die Stellenanzeige ist wie eine Visitenkarte des Unternehmens.

7. Aufgabe

Vorstellen des Unternehmens (Standort, Größe, Mitarbeiterzahl)
Aufgaben, die der neue Mitarbeiter zu erfüllen hat
Stellenbeschreibung
Anforderungsprofil an den neuen Mitarbeiter
Arbeitsbedingungen und Aufstiegsmöglichkeiten
Leistungen, die der neue Mitarbeiter zu erwarten hat (Gehalt, Sozialleistungen, Erfolgsbeteiligungen etc.)
Organisatorische Infos (Eintrittstermin, erwartete Bewerbungsunterlagen, Adresse, an die Bewerbung zu richten ist etc.)

8. Aufgabe

Fachliche Kompetenz: Sie umfasst das gesamte Fachwissen, das zur Erfüllung der aufgetragenen Aufgaben erforderlich ist.
Methodische Kompetenz: Fähigkeit, selbstständig Lösungen für auftauchende Probleme zu finden.
Sozialkompetenz: Fähigkeit zu Teamarbeit, wirksamer Kommunikation und Fähigkeit zur Konfliktlösung

9. Aufgabe

Die Personalentwicklung umfasst alle Maßnahmen, die zur Förderung der fachlichen, methodischen und sozialen Kompetenz der Mitarbeiter beitragen. Ziel ist, die leistungsmäßigen Voraussetzungen für den zukünftigen Erfolg zu schaffen.	
Maßnahmen:	
- Aus- und Weiterbildung	- Einarbeitung
- Umschulung	- Seminare
- Mitarbeitergespräche	- Kurse
- Mentoring (Wissensweitergabe erfahrener MA an unerfahrene)	- Coaching (Begleitung des Mitarbeiters)

10. Aufgabe

Für das Warenhaus Peter Kolb OHG:	Für die Mitarbeiter:
- Verbesserung des Personaleinsatzes	- Höhere Motivation (Einbindung in Unternehmen)
- Anpassung der Fähig- und Fertigkeiten an Unternehmen	- Kompetenzerweiterung
- Anpassung an sich stets verändernde Anforderungen	- Freude an Problemlösung (höherer Kenntnisstand)
- Wettbewerbsfähigkeit	- Existenzsicherung
- Imagesteigerung nach außen	

Situation 19

1. Aufgabe

- Unterschiedliche Steuerklassen	- Verschiedene Kinderfreibeträge
- Unterschiedliche Krankenkassen (-beiträge)	- Höhere Abzüge für Kinderlose
- Kirchensteuerpflichtig bzw. nicht kirchensteuerpflichtig	- (Evtl. Abzug für Betriebswohnung oder Vorschuss)

2. Aufgabe

Mitarbeiter	A	B
Bruttogehalt	2.086,00	2.086,00
Lohnsteuer	237,50	49,50
Solidaritätszuschlag	13,06	--
Kirchensteuer	19,00	--
Krankenversicherung	161,67	161,67
Rentenversicherung	194,00	194,00
Arbeitslosenversicherung	26,08	26,08
Pflegeversicherung	31,81	31,81
Zusätzl. Pflegevers. für Kinderlose	5,22	--
Nettogehalt	1.397,66	1.622,94

3. Aufgabe

Die für die Lohnsteuerberechnung erforderlichen Daten werden in einer Datenbank der Finanzverwaltung hinterlegt
und den Arbeitgebern in elektronischer Form zum Abruf bereitgestellt.
(= elektronisches Lohnsteuerabzugsverfahren ElsterLohn II)

4. Aufgabe

- Anschrift	- Zahl der Kinderfreibeträge
- Geburtsdatum	- Religionszugehörigkeit
- Zuständiges Finanzamt	- Ggf. Freibeträge
- Steuerklasse	

5. Aufgabe

a)	b)	c)	d)
III	I	IV (evtl.mit Faktor)	VI

6. Aufgabe

Durch die Eintragung eines Freibetrags ermäßigt sich die Lohnsteuer, da Freibeträge vom Bruttoarbeitsentgelt
abgezogen werden, bevor die Lohnsteuer einbehalten wird. Freibeträge werden vom Finanzamt auf Antrag
eingetragen.

7. Aufgabe

7.1	Er muss die für die Lohnberechnung der Arbeitnehmer erforderlichen Daten beim Bundeszentralamt für
	Steuern (BZSt) abrufen und sie in das Lohnkonto für den Arbeitnehmer übertragen.
7.2	Der Arbeitnehmer muss dem Arbeitgeber seine Steuer-Identifikationsnummer und sein Geburtsdatum
	mitteilen, damit dieser die entsprechenden Daten beim BZSt abrufen kann.

8. Aufgabe

8.1	140 + 30 = 170 €
8.2	Siehe abgeb. Lohnsteuerbescheinig.: Pos. 6 + Pos. 23 sind Sonderausgaben, also 124 + 4.640 = 4.764,00 €

9. Aufgabe

9.1	1.410,95 €
9.2	188,16 €
9.3	1.679,30€

Situation 20

1. Aufgabe

Der Personal(beschaffungs)bedarf

2. Aufgabe

Der Reservebedarf

3. Aufgabe

- Altersstruktur	- Voraussichtliche Entwicklung des Unternehmens
- Fluktuationsrate	

4. Aufgabe

Sie schlagen vor, dass mit Zustimmung des Betriebsrates für die Durchführung der Aktion Mehrarbeit angesetzt werden soll. Bei Mitarbeitern auf 400-€-Basis könnte ein Stundentausch vorgenommen werden.

5. Aufgabe

Personalschaden	Sachschaden
Der Arztbesuch und die damit verbundenen Kosten	Die Haftpflichtversicherung des Unternehmens übernimmt
(Medikamente) bezahlt die Unfallversicherung des Warenhauses Peter Kolb OHG.	die Kosten für eine Neuanschaffung der Brille.

6. Aufgabe

Trotz der Aufklärungsaktion hat die Anzahl der Unfälle durch Prellungen und Quetschungen erst einmal zugenommen, bevor ein merklicher Rückgang zu verzeichnen war. Der Tiefstand vor Durchführung der Aktion wurde aber nicht mehr erreicht.

Situation 21

1. Aufgabe

31. Juli 20… Eine Frist von 4 Wochen ist einzuhalten.

2. Aufgabe

Im Unterschied zum einfachen Zeugnis, das nur Angaben über Art und Dauer der Beschäftigung beinhaltet, enthält ein qualifiziertes Zeugnis zusätzlich noch Angaben über Verhalten und Leistung.

3. Aufgabe

Der Arbeitgeber muss dem Arbeitnehmer bei Beendigung des Arbeitsverhältnisses folgende Arbeitspapiere aushändigen:
- Versicherungsnachweisheft
- Urlaubsbescheinigung (darin wird der im laufenden Kalenderjahr gewährte oder abgegoltene Urlaub bescheinigt)
- Zeugnis

4. Aufgabe

Der Betriebsrat kann eine interne Stellenausschreibung verlangen. Deshalb ist er vor der externen Stellenausschreibung zu benachrichtigen.

5. Aufgabe

Nein, Frau Hübner hat keinen Anspruch, da sie einer Sperrzeit wegen Arbeitsaufgabe unterliegt.

6. Aufgabe

Unter Führungsstil versteht man die Art und Weise, wie die Vorgesetzten die Menschenführung und Führungsaufgaben ausüben.
Autoritär: Der Vorgesetzte trifft Entscheidungen ohne Mitwirkung der Untergebenen, von denen er völlige Unterordnung verlangt.
Vorteile: schnelle Entscheidungen; eindeutig abgegrentze Aufgaben- und Verantwortungsbereiche
Kooperativ: Die Mitarbeiter werden an Entscheidungen beteiligt, besonders durch Informations-, Beratungs- und Mitspracherecht sowie durch Aufgabendelegation.
Vorteile: Entlastung des Vorgesetzten; Entfaltung persönlicher Fähigkeiten; höhere Arbeitszufriedenheit; besseres Betriebsklima; geringere Fehl- und Fluktuationsquote

7. Aufgabe

Das sozialversicherungspflichtige Bruttoentgelt

8. Aufgabe

8.1	Unfallanzeige
8.2	Original an die zuständige Berufsgenossenschaft; Kopie zur Personalakte

9. Aufgabe

Die zuständige Berufsgenossenschaft der Unternehmung

10. Aufgabe

Die Fluktuation ist in den letzten drei Monaten niedriger als in den Vormonaten.

11. Aufgabe

Gespeichert werden die für die Identifikation des Steuerpflichtigen erforderlichen Daten wie: Familienname,
frühere Namen, Vornamen, akademischer Titel, Tag und Ort der Geburt, Geschlecht, gegenwärtige oder letzte
bekannte Anschrift, zuständige Finanzbehörden, Sterbetag
Zur Ermittlung der Lohnsteuer benötigt der Arbeitgeber noch Steuerklasse, Freibeträge, Kirchensteuerpflicht, Kinderfreibeträge.

12. Aufgabe

Ehepaare haben die Möglichkeit, die Lohnsteuer anteilmäßig zu verteilen (z. B. bei 20 % des gemeinsamen Einkommens auch 20 % der gesamten Steuerlast)

Situation 22

1. Aufgabe

19,00 x 156 = **2.964,00 € (günstiger)**

Bruttogehalt	1.900,00 €	
Urlaubsgeld anteilig	50,00 €	
Weihnachtsgeld anteilig	110,83 €	
VL-Arbeitgeber	20,00 €	
Gesamtbrutto	2.080,83 €	
AG-Anteil SV 19,825 %	376,68 €	(KV = 7,3 % + 0,45 %; RV = 9,3 %; AV = 1,25 %; PV = 1,525 %)
Lohnnebenkosten vom Bruttogehalt	532,00 €	
Lohnkosten /Monat	**2.989,51 €**	

2. Aufgabe

2.989,51 : 156 = 19,16 **€**

3. Aufgabe

Diese Form der Personalbeschaffung eignet sich vor allem dann, wenn Arbeitnehmer kurzfristig eingesetzt werden sollen (Saisongeschäft, Urlaubsvertretung, Krankheit).

Gründe:	
- keine Einstellungskosten	- vorhandene Rechtssicherheit
- Vermeidung von arbeitsrechtlichen Konflikten	- geringer Verwaltungsaufwand im Personalbereich

4. Aufgabe

Lohnnebenkosten sind Aufwendungen des Arbeitgebers für Mitarbeiter, die zusätzlich zum Lohn geleistet werden:
- freiwilliger Sozialaufwand (Werkswohnung, Essenszuschuss)
- gesetzlicher, tariflicher und vertraglicher Sozialaufwand (tariflich vereinbarter Arbeitgeberbeitrag zur vermögenswirksamen Leistung)

5. Aufgabe

Spätestens am drittletzten Banktag des laufenden Monats

6. Aufgabe

Interne Personalbeschaffung	Externe Personalbeschaffung
- Bewerber ist mit Betrieb vertraut	- Gewinnung besonders qualifizierten Personals
- keine Kosten für Neueinstellung	- Stärkerer Wettbewerb für eigene Mitarbeiter

Situation 23

1. Aufgabe

- Personalbeschaffung	- Lohn- und Gehaltsabrechnung
- Personaleinsatz	- Arbeitsschutz
- Personalentlassung	- Unfallverhütung
- Personalverwaltung	

2. Aufgabe

Teilzeitbeschäftigung
Altersteilzeit
keine Wiederbesetzung frei gewordener Stellen
Abbau von Überstunden

3. Aufgabe

Auftragszunahme
Neue Niederlassungen
Arbeitszeitverkürzung

4. Aufgabe

4.1	Einweisung an neuen Anlagen, Verbesserung von Abläufen am Arbeitsplatz
4.2	Sprach- und Informationskurse

5. Aufgabe

Die Geschäftsleitung

6. Aufgabe

6.1	Es wird nicht nur an den bisher dafür vorgesehenen Tagen (z. B. Montag bis Freitag) gearbeitet. Die Arbeitszeit wird variabel gestaltet, z. B. auch an Wochenenden, zu unterschiedlichen Anfangszeiten usw. Die Flexibilisierung kann sich auf das Volumen der Arbeitszeit oder auf die Verteilung eines bestimmten Arbeitszeitvolumens beziehen.
6.2	Stellen im Betrieb werden dann besetzt, wenn es nötig ist. Die Kapazitätsauslastung kann leichter der Auftragslage angepasst werden.

7. Aufgabe

Das Gesamtvolumen der persönlichen Arbeitszeit bleibt i. d. R. unverändert, die Arbeitszeit wird auf andere Tage verteilt.
Durch die Einführung von Arbeitszeitkontingenten kann der Mitarbeiter seine „freie Zeit" zum Teil selbst beeinflussen.

8. Aufgabe

Er hat ein Recht auf Mitbestimmung.

Situation 24

1. Aufgabe

Nettopersonalbedarf = Summe der Abgänge – Summe der Zugänge
Nettopersonalbedarf = 18 – 11 = **7**

2. Aufgabe

Erreichen der Altersgrenze eines Mitarbeiters	Bundeswehr/Ersatzdienst eines Mitarbeiters
Kündigung eines Mitarbeiters	Tod eines Mitarbeiters
Kündigung durch Arbeitgeber	Arbeitsplatzwechsel in Teilzeit oder Höherqualifizierung
Elternzeit	

3. Aufgabe

Aussortieren ungeeigneter Bewerber	Einladung zum Einstellungstest und dessen Durchführung
Ungeeigneten Bewerbern absagen	Einstellungstest auswerten
Vorauswahl auf Grund der Bewerbungsunterlagen	Geeignete Bewerber zum Vorstellungsgespräch einladen
Nachforderung fehlender Bewerbungsunterlagen	Geeignete Bewerber auswählen

4. Aufgabe

Ab 2012 Steuer-Identifikationsnummer und Geburtsdatum	Bankverbindung
Sozialversicherungsnachweis	Anlageform für vemögenswirksame Leistungen
Urlaubsbescheinigung	Natürlich auch die Personalien
Krankenkasse	

5. Aufgabe

Herr Schmitz hat laut Arbeitsvertrag einen jährlichen Urlaubsanspruch von 30 Tagen. Somit steht ihm noch ein Resturlaub
von 10 Tagen für die Zeit von September bis Dezember zu.

Situation 25

1. Aufgabe

- Regionale Tageszeitung; wird von den potenziellen Kunden in der Region gelesen, geringer Streuverlust,
Kosten relativ gering
- Werbebrief; sehr persönlich, gezielt einsetzbar, wirkungsvoll, wenn auch u. U. arbeitsintensiv

2. Aufgabe

- Anzeigen in Zeitschriften	- Plakate
- Werbesendungen in Radio und TV	- Postwurfsendungen
- Kataloge, Prospekte	- Flugblätter, Broschüren u. a.

3. Aufgabe

Werbewahrheit	Werbung darf nicht täuschen oder irreführend sein, sondern sachlich informieren.
Werbeklarheit	Werbeaussagen müssen vom Verbraucher klar und leicht verständlich sein.
Werbewirksamkeit	Werbeaussagen und -mittel sollen den Verbraucher zu Gunsten des Werbenden beeinflussen.
Werbewirtschaftlichkeit	Kosten der Werbeaktion müssen in einem vernünftigen Verhältnis zum Werbeerfolg stehen.

4. Aufgabe

Streukreis	= Festlegung der Zielgruppe
Streuzeit	= Festlegung des Werbezeitraums und der Häufigkeit der Werbemaßnahmen (produktabhängig)
Streuweg	= Festlegung der Werbeträger und Werbemittel
Streugebiet	= Festlegung des geografischen Schwerpunktes der Werbung

5. Aufgabe

Mars macht mobil.	Merci, dass es dich gibt.
Ich bin doch nicht blöd.	Alles Müller, oder was?
Der gute Stern auf allen Straßen.	Wenn der kleine Hunger kommt.

6. Aufgabe

- Verkäuferschulungen	- Kostenlose Proben
- Kundenberatungen	- Großzügige Kulanzregelungen
- Regelmäßige Informationsschriften an Kunden	- Produktvorführungen
- Ausbau des Kundendienstes	- U. a.

7. Aufgabe

- Firmenzeitschrift	- Modenschauen
- Spenden für soziale Zwecke	- Sponsoring
- Betriebsbesichtigungen	- Autogrammstunden bekannter Persönlichkeiten

8. Aufgabe

- Sie setzen die erzielte Umsatzsteigerung ins Verhältnis zu den Kosten der Werbeaktion (Werberendite).
- Sie führen Kundenbefragungen durch.
- Sie vergleichen die Absatzzahlen der beworbenen Artikel vor und nach der Werbung.
- Sie führen einen Zeitvergleich durch (Umsatz vor der Aktion – Umsatz nach der Aktion).
- Sie ermitteln die Kundenfrequenz.

9. Aufgabe

Das Problem jeder Erfolgsmessung ist die Tatsache, dass nicht direkt verglichen werden kann, wie sich der Umsatz ohne die Werbemaßnahmen entwickelt hätte. Man weiß nicht, welcher Umsatz auf die Werbemaßnahme zurückzuführen ist und welcher nicht. Eine einmal durchgeführte Werbeaktion strahlt auch in die Zukunft aus, was die Messung des Erfolgs noch erschwert. Das Käuferverhalten kann auch durch externe Einflüsse wie Jahreszeit, Konkurrenzverhalten oder Konjunktur beeinflusst sein.

Situation 26

1. Aufgabe

Marktforschung = systematische Beschaffung von Informationen über den Markt und deren Aufbereitung (mit Hilfe wissenschaftlicher Methoden).

2. Aufgabe

Marktanalyse	= einmalige Untersuchung des Marktes zu einem bestimmten Zeitpunkt.
Marktbeobachtung	= laufende Untersuchung des Marktes über einen Zeitablauf.
Marktprognose	= Vorausschätzung künftiger Marktentwicklungen.

3. Aufgabe

Z. B. Überblick über Marktverhältnisse innerhalb der eigenen Branche; Infos über Trends, Kundenverhalten; Kundenstruktur (Zusammensetzung); Infos über Konkurrenz (z. B. Anzahl der Mitbewerber, Produkte der Mitbewerber, Nachfrage nach Mitbewerberprodukten); Infos über erfolgsversprechende Werbeträger; Infos über Kundenpotenzial (z. B. Einkommen) u. a.

4. Aufgabe

Sekundärerhebung	= Beschaffung bereits vorhandener Daten (betriebsinterne Quellen, z. B. Absatz- und Umsatzstatistiken; betriebsexterne Quellen, z. B. Zeitungsberichte von Verbänden, IHK).
Primärerhebung	= Beschaffung bisher noch nicht erhobener Daten durch z. B. Befragung, Beobachtung, Tests.

5. Aufgabe

- Professioneller	- Sehr teuer
- Sehr zeitaufwendig	- Mangelnde Ausbildung des eigenen Personals

6. Aufgabe

Sortimentsdiversifikation	= Sortiment wird durch zusätzliche Produkte erweitert (z. B. Aufnahme von Motorradbekleidung).
Sortimentsdifferenzierung	= bereits im Sortiment geführte Artikel werden noch in anderer Ausführung angeboten (z. B. Schonbezüge in neueren Stoffen und Farben).
Sortimentsbereinigung	= Herausnahme bestimmter Artikel aus dem Sortiment (z. B. Deckungsbeitrag ist negativ; bessere Produkte wurden bereits aufgenommen).

7. Aufgabe

Warenhaus Peter Kolb OHG wird Besitzer – Lieferer bleibt Eigentümer; Lieferer muss nicht verkaufte Ware zurücknehmen; Warenhaus Peter Kolb OHG erhält Verkaufsprovision.
Vorteile: kein Absatzrisiko; erweitertes Sortiment; Zahlung erst nach Verkauf.

8. Aufgabe

8.1	a = Angebotskurve; b = Nachfragekurve; c = Gleichgewichtspreis
8.2	30 000 Stück

Situation 27

1. Aufgabe

Der Einzelhändler (Warenhaus Peter Kolb OHG) tritt als Kommissionär auf, der Lieferant als Kommittent. Das heißt, der Lieferant überlässt dem Einzelhändler die Ware, ohne dass dieser sie bezahlen muss. Erst wenn der Einzelhändler die Ware verkauft hat, rechnet er mit dem Kommittenten ab. Dabei erhält er eine im Kommissionsvertrag ausgehandelte Provision. Ware, die nicht verkauft werden konnte, kann er an den Lieferanten zurückgeben. Vorteile für den Einzelhändler: kein Absatzrisiko, keine Kapitalbindung, größeres Angebot

2. Aufgabe

Rack Jobber = Regalgroßhändler, der beim Einzelhändler Regalflächen mietet und sie selbst auf eigene Rechnung betreut.

3. Aufgabe

Franchising = vertragliche Bindung zwischen selbstständig bleibenden Unternehmen. Der Franchisegeber stellt dem Einzelhändler (Franchisenehmer) seine Waren oder Dienstleistungen, Warenzeichen, Werbekonzepte, seine Erfahrungen und evtl. Einrichtungen gegen Entgelt zur Verfügung.

4. Aufgabe

Public Relations = Öffentlichkeitsarbeit, durch die das Image der Unternehmung in der Öffentlichkeit verbessert werden soll. PR zielt nicht direkt auf Absatzerhöhungen, indirekt werden aber positive Rückmeldungen auf den Absatz erwartet.
Beispiele: Modenschauen, Tag der offenen Tür, Spenden für gemeinnützige Zwecke, Sportförderung u. a.

5. Aufgabe

Sales Promotion = alle verkaufsfördernden Maßnahmen, die den Verkaufsvorgang selbst verbessern sollen.
z. B. Verkaufstraining des eigenen Personals, Produktvorführungen, Displays, Proben und Muster.

6. Aufgabe

Warenbezogen	Sie sollen den Zugang zur Ware und den Kaufentschluss erleichtern, z. B. durch Auswahlsendungen, Warenzustellung, Garantieleistungen und Umtauschrechte, technischer Kundendienst.
Personenbezogen	Sie sollen das Wohlbefinden und die Bequemlichkeit des Kunden fördern, z. B. durch kundenfreundliche Gestaltung des Verkaufsraums, Einkaufserleichterungen, Spielecken, Sitzgelegenheiten.
Zahlungsbezogen	Sie sollen die Zahlung des Kaufpreises erleichtern bzw. beschleunigen und den Kaufabschluss günstig beeinflussen, z. B. durch günstige Finanzierungsangebote, Kundenkarte, Kreditkarte.

7. Aufgabe

Umtausch aus Kulanz = Entgegenkommen des Einzelhändlers, Umtausch von fehlerfreier Ware, auch wenn keine Umtauschvereinbarung vorliegt; kostenlose Beseitigung kleiner Mängel auch nach Ablauf der Gewährleistungsfrist.
Gründe: Kundenpflege, Werbezwecke, Pflege des guten Rufs

8. Aufgabe

Kommunikationspolitik	= durch den planmäßigen Einsatz von Kommunikationsmitteln soll
	- die Ware bekannt gemacht werden
	- der Verbraucher beeinflusst werden
	- neue Bedürfnisse geweckt werden.
Distributionspolitik	= alle Entscheidungen im Zusammenhang mit dem Weg eines Produktes zum
	Endverbraucher.

9. Aufgabe

Absatz = mengenmäßiger Verkauf der Ware in einer Periode.
Umsatz = wertmäßiger Verkauf der Ware in einer Periode.

10. Aufgabe

Handelsvertreter	= selbstständiger Kaufmann, der ständig damit beauftrag ist, für einen anderen Unternehmer
	Geschäfte zu vermitteln oder in dessen Namen abzuschließen.
Handlungsreisender	= angestellter Außendienstmitarbeiter, also kein Selbstständiger; ein Angestellter mit
	Artvollmacht.

11. Aufgabe

Kosten Handlungsreisender:

Bruttogehalt	2.500 €
Fahrzeugkosten	500 €
Spesen	600 €
Summe	3.600 €

$K_R = 3.600 + 0{,}02x$
$K_H = 0.06x$

$3.600 + 0{,}02x = 0{,}06x$
$x = 90.000$
======

oder

Provision Handelsvertreter	6 %
- Provision Reisender	2 %
=	4 %

Diese 4 % vom Umsatz entsprechen 3.600 €
100 % sind dann 3.600 / 4 x 100 = 90.000 €

Situation 28

1. Aufgabe

1.1

5.183,34
- 155,50
= **5.027,84**

1.2

Z = K x p x t / 100 x 360
Z = 5.027,84 x 12,5 x 20 / 100 x 360 = **34,92**

1.3

155,50
- 34,92
= **120,58**

2. Aufgabe

248,90 – 12,5 % Rabatt = 217,79 – 3 % Skonto = 211,26
211,26 x 1,765 = **372,87**

3. Aufgabe

3.1

600 Briefe inklusive allem	360,00 €
600 Kunden x 50 % = 300 x 12 =	3.600,00 €
zusammen	**3.960,00 €**

3.2

Gesamtbudget	8.000,00 €
- Werbebriefaktion	360,00 €
- Catering	3.600,00 €
Verbleiben	4.040,00 €
- Kosten für Band	1.500,00 €
- Tombola	1.000,00 €
- Werbegeschenke	600,00 €
- Anzeige in LZ	800,00 €
Rest	**140,00 €**

3.3

Da die Aktion im Haus stattfinden soll, haben alle vor Ort durchführbaren Aktionen Vorrang. Der verbleibende Rest von 940 € erlaubt noch eine Anzeige in der Regionalpresse, um Kunden und potenzielle Kunden entsprechend zu informieren. Überregionale Presse ist zu teuer, Anzeigen in der Fachzeitschrift sind nicht zweckmäßig (und teuer).

4. Aufgabe

- Kontaktherstellung Kunde-Hersteller (Lieferant)	- Entlastung des eigenen Personals
- Bessere Präsentation durch Hersteller	- Evtl. Beteiligung der Kosten durch Lieferer/Hersteller
- Schulung des eigenen Personals	- Beantwortung spezieller Fragen durch Hersteller

5. Aufgabe

Werbeerfolg = Umsatzsteigerung / Werbeaufwand
= (81.665 - 48.921) / 8.500
= 32.744 / 8.500 = **3,85**

Situation 29

1. Aufgabe

Unter Aktionen sind Verkaufsförderungsmaßnahmen zu verstehen, die sich sowohl an vorhandene als auch an potenziell neue Kunden richten. Neben normalen Preisaktionen haben sie in der Regel bestimmte Themen oder werden zu bestimmten Anlässen durchgeführt.

2. Aufgabe

Neujahr	Muttertag	Halloween
Valentinstag	Urlaubs- und Ferienzeit	Advent
Fasching (Karneval)	Schulanfang	Weihnachten
Ostern	Herbstanfang	Silvester

3. Aufgabe

Betriebsbedingte Anlässe	Sortimentspolitische Anlässe	Örtliche Anlässe
Umbau	Sortimtentsumbau (-veränderung)	Stadfest
Filialeröffnung	Sortimentserweiterung	Historische Ereignisse (Landshuter Hochzeit)
Geschäftsjubiläen	Produktneuheiten	Verkaufsoffener Sonntag

4. Aufgabe

Hochzeitsmesse: Brautmoden, Herrenbekleidung, Dessous, Schmuck, Gastronomie, Frisör, Deko, Kosmetik.
Modenschau: Bekleidung, Schuhe, Schmuck, Lederwaren, Blumen, Frisör.

5. Aufgabe

Im Einkaufszentrum. Vorteile: Wecken von Aufmerksamkeit, kostengünstige Werbung des einzelnen, Forcierung des Absatzes bestimmter Artikel

6. Aufgabe

Im Gegensatz zu Aktionen sollen Events sich vor allem an den vorhandenen Kundenstamm wenden, je nach Event werden sogar bestimmte Kundengruppen angesprochen. Das Event ist eine einmalige und zeitlich begrenzte Veranstaltung, die auf einen bestimmten Kundenkreis ausgerichtet ist und einen hohen Erlebniswert hat (Grenzen zur Aktion sind allerdings fließend.) Beispiele: Vorstellen von Neufahrzeugen im Kfz-Handel mit Probefahrten; Juwelier: Vernissage mit einem Schmuckdisigner; Damenoberbekleidung: Modenschau mit Gala-Diner; Kosmetik: Stilberatung und Schminken durch eine bekannte Visagistin

7. Aufgabe

Mehr Spontan- und Impulseinkäufe	Besseres Herausstellen von Warengruppen
Kundenzuwachs	Bessere Einflussnahme auf das Käuferverhalten
Umsatzsteigerung	Weniger Ladenhüter (Absatz durch gezielte Aktionen)

8. Aufgabe

Wahrnehmung des Kunden nimmt dessen Anonymität.	Niedrige Warenträger
Geschultes Personal und stete Präsenz im Verkaufsraum	Hochwertige Ware in Vitrinen oder in Kassennähe
Gut ausgeleuchtete Verkaufsräume	Einsatz von Sicherheitskräften, Kameras

9. Aufgabe

Plakate, Handzettel, Lautsprecherdurchsagen	Prospekte
Durchsagen im Regionalradio	Bekanntgabe auf der Internetseite
Anzeigen in der Tagespresse (regional)	Direktwerbung bei Stammkunden

10. Aufgabe

Einladung eines Künstlers	Kinderschminkaktion
Autogrammstunde	Modenschau
Musikkapelle, regional bekannte Chöre einladen	Kleine Geschenke (Rosen für Kundin)

Situation 30

1. Aufgabe

Geplanter Umsatz: Anstieg in den ersten 3 Jahren um 20 %; stärkster Anstieg war für 2014 geplant; in den
darauffolgenden Jahren wurde mit einem Abfall um 10 % gerechnet.
Realisierter Umsatz: Ein Ansteigen des Umsatzes wurde zwar erreicht, doch um einiges weniger als geplant;
Anfang 2015 war der erzielte Umsatz um ca. 7,5 % hinter dem geplanten zurückgeblieben; der anschließende
Abfall war stärker als der geplante.

2. Aufgabe

Der Branchenumsatz nahm rasant zu bis einschließlich 1. Quartal 2013, dann folgten Umsatzeinbußen bis Anfang
2014, dem ein erneuter Anstieg bis Anfang 2015 folgte (2,5 % höher als im 1. Quartal 2013) . Das Jahr 2015
brachte Umsatzeinbußen um ca. 12,5 %, im folgenden Jahr waren die Umsatzeinbußen wesentlich gemäßigter.

3. Aufgabe

Der anfängliche Umsatzanstieg beim Warenhaus Peter Kolb OHG war zwar nicht so rasant wie der Anstieg im
Branchendurchschnitt, dafür aber kontinuierlicher; insgesamt blieb er aber unter dem Branchendurchschnitt (Anfang
2015 2,5 % niedriger). In den folgenden Jahren mussten höhere Umsatzeinbußen im Vergleich zum Branchen-
durchschnitt hingenommen werden. Während im Branchendurchschnitt ab 2016 der Umsatzrückgang langsamer
ausfiel, war es beim Warenhaus Peter Kolb OHG ein stetiges Bergab.

4. Aufgabe

- Sinkende Einkommen	- Hohe Arbeitslosigkeit	- Höhere Lebenshaltungskosten
- Zinserhöhungen	- Einbruch der Konjunktur	- Zunahme der Sparwilligkeit

5. Aufgabe

- Gute Werbestrategie	- Profitieren vom Markttrend	- Hohe Qualität bei akzeptablen Preisen
- Weniger Konkurrenz	- Gefälliges Design	- Gute Serviceleistungen

6. Aufgabe

- Qualitätsminderung, technische Veralterung	- Sog des Markttrends	- Marketing nicht mehr zeitgemäß
- Konkurrenz in unmittelbarer Nähe	- Zu hohe Preise	- Zu spätes Anpassen an Marktsituation

7. Aufgabe

LEKP	498,00 €
- LR 12,5 %	62,25 €
= ZEP	435,75 €
- LS 3 %	13,07 €
= BEP	422,68 €
+ BK	4,00 €
= BP	426,68 €
+HKZ 16 2/3 %	71,11 €
= SKP	497,79 €
+ Gewinn 20 %	**99,56 €**
= NVP	597,35 €
+ MWST. 19 %	113,50 €
= BVP	710,85 €

==============================

Gewinn = 99,56 **€**
G = 100/497,79x99,56 = **20 %**

8. Aufgabe

Zum Nettoverkaufspreis, der mit 100 % anzusetzen ist, kommen die 19 % Mehrwertsteuer dazu, sodass der
Bruttoverkaufspreis 119 % beträgt. Um dann auf 1 % zu schließen, muss durch 119 geteilt werden. Der sich
daraus ergebende Wert, multipliziert mit 100, ergibt den Nettoverkaufspreis.

Situation 31

1. Aufgabe

Durchschn. Lagerbestand = AB + 12 Monatsendbestände / 13
Durchschn. Lagerbestand = 6.500.000 + 75.942.000 / 13 = **6.341.692** (gerundet)

2. Aufgabe

Umschlagshäufigkeit = Wareneinsatz / durchschn. Lagerbestand
Umschlagshäufigkeit = 20.105.000 / 6.341.692 = **3 x** (gerundet)

3. Aufgabe

Durchschn. Lagerdauer = 360 / Umschlagshäufigkeit
Durchschn. Lagerdauer = 360 / 3 = **120 Tage**

4. Aufgabe

	Vorvorletztes Geschäftsjahr	Vorletztes Geschäftsjahr	Letztes Geschäftsjahr
Durchschnittlicher Lagerbestand	6.990.876	6.500.765	6.341.692
Umschlagshäufigkeit	6	4	3
Lagerdauer in Tagen	60	90	120

Beschreibung der Entwicklung der Lagerkennziffern	Beurteilung (mögliche Auswirkungen)
- Durchschnittlicher Lagerbestand ist gestiegen.	- Umsatzrückgang – evtl. geringerer Gewinn
- Umschlagshäufigkeit ist gesunken.	- Höheres Lagerrisiko (Veralterung, Schwund, Verderb)
- Lagerdauer ist gestiegen.	- Mehr totes Kapital (Kapitaleinsatz ist höher)
	- Höhere Lagerkosten (Lagerzinsen)
	- Mehrbelastung der Lagerkapazitäten

5. Aufgabe

- Änderungen innerhalb des Sortiments (Sortimentsbereinigung)
- Veränderte Preispolitik
- Konsequentes Auswerten der Daten des Warenwirtschaftssystems (Auswerten von Renner-/Pennerlisten)
- Verbesserungen im Einkauf (durch Mengenrabatte, Lagerplatz- und -kosteneinsparung durch Kauf auf Abruf)
- Umsatzsteigerungen durch verbesserte Warenplatzierung, Werbemaßnahmen

6. Aufgabe

Lagerzinsfuß = Marktzins x durchschnittliche Lagerdauer / 360
Lagerzinsfuß =8 x 120 / 360 = **2 2/3 %**

7. Aufgabe

- Erhöhung des Wareneinsatzes, z. B. durch Werbung
- Verminderung des durchschnittlichen Lagerbestandes, z. B. durch ständige Lagerkontrollen oder Verkürzung der Lieferzeiten seitens unserer Lieferanten
- Vereinbarungen mit Lieferanten, z. B. Kauf auf Abruf oder Streckengeschäft

8. Aufgabe

- Versicherungen	- Strom für Beleuchtung
- Löhne und Gehälter des Lagerpersonals	- Miete (auch kalkulatorisch)
- Heizung, Kühlung	- Zinsen (kalkulatorisch)
- Instandhaltung	- Abschreibungen

9. Aufgabe

- Senkung des Mindestbestandes
- Kürzere Lieferzeiten seitens der Lieferanten

10. Aufgabe

- Optimale Ausnutzung des vorhandenen Lagerraums
- Optimale Ausnutzung der vorhandenen Lagerfläche
- Kostensenkung durch Wegeoptimierung
- Modernisierung durch Einsatz neuester Lagertechniken (Warenwirtschaftssystem)
- Bestandssicherung durch möglichst einfache, aber effiziente Lagerkontrollen
- Qualitätsverluste durch Lagerung vermeiden (Lagerüberwachung).

Situation 32

1. Aufgabe

1.1	Inventur = körperliche und buchmäßige Bestandsaufnahme aller Vermögens- und Schuldenteile nach
	Art, Menge und Wert; wird durchgeführt zu Beginn eines Handelsgewerbes und zu jedem Schluss eines
	Geschäftsjahres.
1.2	Bei der permanenten Inventur werden die anfallenden Inventurarbeiten über das ganze Jahr verteilt.
	Dies geschieht i. d. R. durch Bestandsfortschreibung (z. B. per EDV) aller Bestände nach Art und Menge
	anhand von Lagerbüchern bzw. Lagerdateien.
	Es ist mindestens einmal im Jahr mit einer körperlichen Bestandsaufnahme zu überprüfen, ob Buchbestand
	und Istbestand übereinstimmen.

2. Aufgabe

Am 11.09. wurde der Mindestbestand unterschritten.
Gründe: zu späte Bestellung, Lieferungsverzögerungen, Streik, außergewöhnlich hohe Nachfrage.

3. Aufgabe

Meldebestand = (durchschnittlicher Tagesumsatz x durchschnittliche Lieferzeit) + Mindestbestand
Durchschnittlicher Tagesumsatz = 460 : 20 = 23
Meldebestand = (23 x 3) + 15 = **84 Stück**

4. Aufgabe

Durchschnittlicher Lagerbestand = (Anfangsbestand + 20 Tagesendbestände) / 21
= (120 + 980) / 21
= 1 100 / 21 = 52,38 = **53 Stück**

5. Aufgabe

- Der hohe Anfangsbestand (120 Stück)	- Absatzschwankungen
- Saisonale Einflüsse	- Konkurrenzeinflüsse

6. Aufgabe

- Lieferer mit kürzeren Lieferzeiten suchen.
- Durchschnittlichen Verkauf steigern, z. B. durch gezielte Werbemaßnahmen (Aktionen).
- Häufiger, dafür aber geringere Mengen einkaufen.

7. Aufgabe

Je geringer der Lagerbestand – desto geringer die Kapitalbindung.
Je höher der Lagerbestand – desto höher die Kapitalbindung (= totes Kapital).

8. Aufgabe

Vermeidung von Verkaufsstockungen, z. B. bei Lieferschwierigkeiten, bei Streik von Zulieferfirmen, bei erhöhter
Nachfrage.

Situation 33

1. Aufgabe

1.1	Durchschnittlicher Lagerbestand = (63.000 + 75.000) / 2 = **69.000,00 €**

1.2	Umschlagshäufigkeit = 310.000 / 69.000 = **4,5 mal**

1.3	Durchschnittliche Lagerdauer = 360 / 4,5 = **80 Tage**

1.4	Handlungskostenzuschlagssatz = Handlungskosten x 100 / Wareneinsatz
	= 65.000 x 100 / 310.000 = **20,97 %**

1.5	Kalkulationszuschlagssatz = (BVP – BP) x 100 / BP
	BVP = 429.000 x 119 % = 510.510 KaZu = (510.510 – 310.000) x 100 / 310.000 = **64,68 %**

1.6	Eigenkapitalrentabilität = Gewinn x 100 / Eigenkapital
	= 48.000 x 100 / 263.000 = **18,25 %**

1.7	Gesamtkapitalrentabilität = (Gewinn + Fremdkapitalzinsen) x 100 / Gesamtkapital
	= (48.000 + 6.000) x 100 / 404.000 = **13,37 %**

1.8	Umsatzrentabilität = Gewinn x 100 / Umsatzerlöse
	= 48.000 x 100 / 429.000 = **11,19 %**

2. Aufgabe

Gewinn = Eigenkapital am Ende des letzten Jahres – Eigenkapital am Ende des vorletzten Jahres
= 311.000 – 263.000 = **48.000 €**

3. Aufgabe

Sie dienen der Kontrolle und der Beurteilung der Wirtschaftlichkeit der Lagerhaltung.

4. Aufgabe

4.1	Durchschnittlicher Lagerbestand = (Anfangsbestand + 4 Quartalsendbestände) / 5
4.2	Durchschnittlicher Lagerbestand = (Anfangsbestand + 12 Monatsendbestände) / 13

5. Aufgabe

Handlungskostenzuschlag, Gewinnzuschlag und Mehrwertsteuer

6. Aufgabe

Rohgewinn = Umsatz – Wareneinsatz
Reingewinn = Summe der Erträge – Summe der Aufwendungen

7. Aufgabe

Je höher die Umschlagshäufigkeit, desto	Je geringer die Umschlagshäufigkeit, desto
- geringer ist der Kapitaleinsatz,	- größer ist der Kapitaleinsatz,
- geringer sind die Lagerhaltungskosten,	- höher sind die Lagerhaltungskosten,
- höher ist letztlich der Gewinn.	- geringer ist letztlich der Gewinn.

Situation 34

1. Aufgabe

Bilanz zum 31.12...			
Anlagevermögen:		Eigenkapital:	200.970,00
Grundstück	200.000,00	Fremdkapital:	
BGA	1.900,00	Darlehensschulden	4.000,00
Umlaufvermögen:		Verbindlichkeiten aus L u.L.	500,00
Waren	300,00		
Forderungen aus L. u. L.	70,00		
Bank	3.000,00		
Kasse	200,00		
	205.470,00		205.470,00

2. Aufgabe

2.1

Rohgewinn = Umsatzerlöse für Waren – Aufwendungen für Waren
35.285 – 19.250 = **16.035**

2.2.

Reingewinn = Umsatzerlöse für Waren – Aufwendungen
35.285 – 23.700 = **11.585**

3. Aufgabe

3.1

Eigenkapitalquote = Eigenkapital x 100 / Gesamtkapital
200.970 x 100 / 205.470 = **97,81 %**

3.2

Liquidität = Flüssige Mittel (Bank, Kasse) x 100 / kurzfristige Verbindlichkeiten
3.200 x 100 / 500 = **640 %**

3.3

Eigenkapitalrentabilität = Gewinn x 100 / Eigenkapital
11.585 x 100 / 200.970 = **5,76 %**

3.4

Gesamtkapitalrentabilität = (Gewinn + Zinsen für Fremdkapital) x 100 / Gesamtkapital
12.185 x 100 / 205.470 **= 5,93 %**

3.5

Umsatzrentabilität = Gewinn x 100 / Verkaufserlöse
11.585. x 100 / 35.285 = 32,83 %

3.6

Wirtschaftlichkeit = Leistungen (Umsatzerlöse für Waren) / Kosten (betrieb iche Aufwendungen)
35.285 / 23.700 = **1,49 %**

4. Aufgabe

4.1

Der Fotoladen hat mit Gewinn gearbeitet, denn die Leistung ist um das 1,49-Fache höher als die Kosten.

4.2

Maximalprinzip	Mit den eingesetzten Mitteln (Kosten) wird der größtmögliche Erfolg (Umsatz) angestrebt.
Minimalprinzip	Ein bestimmter Erfolg (geplanten Umsatz) soll mit geringstmöglichem Einsatz (Kosten) erzielt werden.

5. Aufgabe

Umsatz je m^2 = Umsatz / m^2 Verkaufsfläche
35.285 / 90 = **392,06**

6. Aufgabe

6.1

Kalkulationsfaktor = Bruttoumsatz / Bezugspreis (Wareneinsatz)
Bruttoumsatz = 35.285 x 119 % = 41.989,15
41.989,15 / 19.250 = **2,18125**

6.2

Handelsspanne = (Nettoverkaufspreis – Bezugspreis (Wareneinsatz) x 100 / Nettoverkaufspreis
(35.285 – 19.250) x 100 / 35.285 = **45,44 %**

7. Aufgabe

Die verschiedenen Artikel des Warenhauses weisen im Durchschnitt eine geringere Gewinnspanne aus. Außerdem liegen die Handlungskosten höher (höhere Abschreibungen, hochwertige Ausstattung, höhere Personalkosten, mehr Energiekosten usw.)
Der Umsatz je Verkaufsfläche kann dennoch höher liegen, da auf Grund der Vielfältigkeit des Angebotes auf mehreren Abteilungen eine wesentlich stärkere Kundenfrequenz vorhanden ist.

Situation 35

1. Aufgabe

Wichtigste Quelle ist die Buchführung mit ihren Belegen. Die vorhandenen Zahlen werden mit statistischen Methoden aufbereitet.

2. Aufgabe

Statistik = Hilfsmittel (Werkzeug) zur systematischen Darstellung und Auswertung von Zahlenmaterial (Daten).
Mithilfe statistischer Methoden werden Kennzahlen gebildet, die helfen sollen, das vorliegende Datenmaterial bzw. die dazu gehörigen Sachverhalte objektiv zu bewerten (= beschreibende Statistik).

3. Aufgabe

Aufgabe der betrieblichen Statistik ist die Aufbereitung und Auswertung betrieblichen Zahlenmaterials zu Planungs- und Kontrollzwecken. Die wesentlichen Methoden sind Vergleiche (innerbetriebliche und zwischenbetriebliche Vergleiche) sowie die Gegenüberstellung von Vorjahreswerten (Zeitvergleich).

4. Aufgabe

Beschaffungsstatistik: Statistiken über Anfragen, Angebote, Bestellungen, Beschaffungspreise, Liefermengen, Reklamationen
Lagerstatistik: Statistik über Bestände, den Lagerumschlag, den Schwund, die Lagerbewegungen
Absatz- bzw. Umsatzstatistik: Statistik über Absatz bzw. Umsatz, Werbung, Kundendienst, Vertriebskosten
Personalstatistik: Statistik über Belegschaft, Lohn-, Gehalts- und Sozialleistungen, Arbeits- und Fehlzeiten, Fluktuationen
Finanzstatistik: Statistik über Ein- und Auszahlungen, Finanzbedarfe, Kreditaufnahmen und -tilgungen
Statistik der übrigen Bereiche: Kostenarten, Bilanzstatistik, Kennzahlenstatistik, Betriebsvergleich

5. Aufgabe

Innerbetrieblicher Vergleich: Kennzahlen eines Betriebes zu verschiedenen Zeitpunkten werden miteinander verglichen, z. B. Umsatzzahlen Monat Mai des Vorjahres und Monat Mai des aktuelles Jahres.

Zwischenbetrieblicher Vergleich: Kennzahlen vergleichbarer Betriebe werden miteinander verglichen, bzw. eigene Kennzahlen werden mit veröffentlichten Branchendurchschnittszahlen verglichen.

6. Aufgabe

Mit Verhältniszahlen drückt man das Verhältnis zwischen zwei oder mehreren Größen aus, z. B. den Gewinn zum Eigenkapital.

7. Aufgabe

Das Eigenkapital ist, bezogen auf die Bilanzsumme der Betriebe, in den angegebenen Wirtschaftsbereichen zurückgegangen.

8. Aufgabe

8.1	Umsatzrentabilität	8,5 %
8.2	Verschuldungsgrad	55,2 %
8.3	Liquidität 3. Grades	97,8 %
8.4	Umschlagshäufigkeit (gerundet)	4 mal
8.5	Durchschnittliche Lagerdauer	90 Tage

8.1 Gewinn x 100 / Umsatzerlöse - also: 21.400 x 100 / 252.000 = 8,5 %
8.2 FK x 100 / GK - also: 119.000 x 100 / 215.500 = 55,22 %
8.3 Umlaufvermögen x 100 / kurzfristige Verbindlichkeiten - also: 58.700 x 100 / 60.000 = 97,8 %
8.4 Wareneinsatz / durchschn. Lagerbestand - also 97.000 / 23.750 = 4,08 gerundet 4; (durchschn. LB = 20.000+ 27.5500 / 2 = 23.750
8.5 360 / U - also 360 / 4 = 90

Situation 36

1. Aufgabe

20,0 Mio. = 100 % 21,1 Mio. = 105,5 % = 5,5 % Steigerung **also im Jahr 2016**	21,1 Mio. = 100 % 22,2 Mio. = 105,21 = 5,21 % Steigerung	22,2 Mio. = 100 % 23,3 Mio. = 104,95 % = 4,95 % Steigerung

2. Aufgabe

22,2 Mio. = 100 %
2,2 Mio. = 9,9 %

also im Jahr 2017

3. Aufgabe

222 Mio. =	100 %
23,3 Mio. =	10,5 %
also im Jahr 2017	

Situation 37

1. Aufgabe

3 x 25,90 =	**77,70 €**
2 x 36,20 =	**72,40 €**
4 x 48,60 =	**194,40 €**
3 x 49,90 =	**149,70 €**

2. Aufgabe

Kalkulationsabschlag = (BVP – BP) x 100 \ BVP

Produkt 257863: (44,90 – 25,90) x 100 \ 44,90 = **42,32 %**

257873: (59,90 – 36,20) x 100 \ 59,90 = **39,56 %**

257883: (69,90 – 48,60) x 100 \ 69,90 = **30,47 %**

257893: (79,90 – 49,90) x 100 \ 79,90 = **37,55 %**

3. Aufgabe

Inventurdifferenz ist der Unterschied zwischen dem Wert des buchmäßig errechneten Warenbestandes (Sollbestand) und dem am Inventurtag tatsächlich festgestellten Warenbestandes (Istbestand).
Sie errechnet sich aus der mengenmäßig festgestellten Differenz multipliziert mit dem jeweiligen Einstandspreis.

4. Aufgabe

1 x 25,90 =	25,90 €
4 x 36,20 =	144,80 €
1 x 48,60 =	48,60 €
	219,30 €

5. Aufgabe

Es wurden am 06.01. statt 10 WMF Kaffeemaschinen, die laut Lieferschein geliefert wurden, 14 Maschinen ins Warenwirtschaftssystem eingegeben.

6. Aufgabe

Weitere Gründe können sein: - Diebstahl durch Kunden, Personal, Lieferanten
- Organisationsmängel und Fehler bei der Preisauszeichnung, beim Kassieren;
- Schwund, Verderb und Bruch von Waren; - Fehler bei der Inventur

7. Aufgabe

(Durchschnittl. TU	x	durchschn. Lieferzeit)	+	EB	=	Meldebestand
(1	x	2)	+	1	=	**3**

8. Aufgabe

Der Meldebestand wird laut WaWi nicht erreicht (z. B. am 28.01.), folglich wird nicht rechtzeitig nachbestellt. Somit kann es an den folgenden Tagen zu Verkaufsstockungen kommen, da die Kaffeemaschinen WMF nicht ausreichend auf Lager sind.

9. Aufgabe

- Schulung des Personals (Vermeidung von Eingabefehlern, Vermeidung von Fehler bei der Inventur)
- Anbringen von Videokameras, Einstellen von Kaufhausdetektiven, elektronische Warensicherung (Diebstahlvermeidung); - häufigere Datenauswertung Warenwirtschaft; - öfter Kassendatenauswertung; - Warenkontrollen

Situation 38

1. Aufgabe

Der Wein aus Kalifornien „Woodbridge Merlot Robert Mondavi" und der Wein aus aus Frankreich
„Pennautier, Vin de Pays d`Òc Merlot". Bei beiden wurde ein im Vergleich zu den anderen Weinen sehr hoher
Rohgewinn erzielt.

2. Aufgabe

- Den Wein aus Portugal: Peninsula tinto Vinho, da keine Nachfrage nach diesem Wein besteht.
- Den Wein aus Italien: Chianti Classico DOCG, Il Tesoro, da auch hier nur eine geringe Nachfrage besteht
und zudem der Rohgewinn niedrig ist.

3. Aufgabe

Dieser Wein hat eine sehr geringe Gewinnspanne (Rohgewinn gerade mal 1 %). Da er aber sehr stark
nachgefragt wird, sollte er im Sortiment bleiben.

4. Aufgabe

- Relativ hoher Umsatz trotz geringer Nachfrage
- Hoher Rohgewinn (40 %)
- Verzicht auf hochpreisige Weine könnte zu Imageverlust führen -> eventuell Kundenabwanderung
- Auswahl würde eingeschränkt
- Hauch von Exklusivität des Sortiments

5. Aufgabe

- Der Kalifornier Woodbridge Merlot Robert Mondavi, da bereits ausverkauft;
- Der Australier Rosemount Estate, Jigsaw Red, da Bestand nur noch 10 % beträgt und es sich hier um den
meist verkauften Wein des letzten Quartals handelt;
- Der Franzose Pennautier, Vin de Pays d`Oc Merlot, Bestand liegt bereits unter 10 %, aufgrund der hohen
Nachfrage trägt dieser Wein erheblich zum Rohgewinn bei;
- Der Chilene Vina Maipo Merlot Rapel Valley und der Franzose Chateau du Grand Moueyes, Bordeaux,
bei beiden liegt der aktuelle Bestand unter 10 %, der Bordeaux hat relativ hohe Gewinnspanne (25 %)

6. Aufgabe

- Der Italiener Chiante Classico DOCG, Il Tesoro
- Der Franzose Cum Laude Sant'Antimo DOC
- Der Italiener Primitivo di Manduria Giravolta Pozzopalo DOC

7. Aufgabe

- Totes Kapital (Zinskosten)	- Höhere Lagerkosten
- Unnötige Platzbelegung	- Gefahr durch Schwund, Verderb, Veralterung

8. Aufgabe

- Andere Platzierungen (z. B. Zweitplatzierung, Umplatzierung, Verbundplatzierung)
- Aktionen mit Verkostung
- Preisreduzierungen

9. Aufgabe

Verbundplatzierung = Marketingmaßnahme, wobei unterschiedliche Waren, die aber miteinander in enger
Verbrauchsbeziehung stehen, auf eng benachbarten Regalplätzen angeboten werden, beispielsweise
Rotwein und Käse (andere Beispiele: Zahnpasta-Zahnbürste-Mundwasser-Zahnseide oder
Oberhemd mit Krawatte).

10. Aufgabe

10.1	Die Inventur ist die Bestandsaufnahme aller vorhandenen Vermögenswerte und Schulden eines
	Unternehmens zu einem bestimmten Stichtag. Bei der permanenten Inventur werden die Bestände während
	des ganzen Jahres nach einem Inventurplan überprüft und mit den Sollbeständen der Lagerbuchführung
	verglichen. Aufgetretene Differenzen müssen ständig in der Lagerbuchführung abgeglichen werden.
10.2	Inventurdifferenz
10.3	- Bruch (Verderb, Schwund) wurde nicht erfasst.
	- Diebstahl wurde nicht erfasst.
	- Daten wurden fehlerhaft eingegeben.
	- Daten wurden gar nicht eingegeben.
	- Warenbestandserfassung war fehlerhaft (Zähl-, Mess- und Wiegefehler).

11. Aufgabe

So gennante Renner- und Pennerlisten	Vorgegebene Einkaufslimits
Absatz- und Umsatzstatistiken	Umschlagshäufigkeit der Artikel
Aktuell ausgewiesene Bestände	Erzielter Rohgewinn der einzelnen Artikel

12. Aufgabe

Informationen über die Branche	Informationen über Vermarktung von Auslandsweinen
Informationen über neue Weine (Trends)	Informationen über neue Weinhändler
Informationen über Weinanbaugebiete	Kennenlernen und Probieren neuer (aktueller) Weine

Situation 39

1. Aufgabe

Alternative I	108.000 : 3 = **36.000,00 €** (33 1/3 % -> bequemer Teiler 3)
Alternative II	96.000 : 4 = **24.000,00 €** (25 % -> bequemer Teiler 4)
Alternative III	90.000 x 0,40 **= 36.000,00 €**

2. Aufgabe

Alternative I	108.000 – 36.000 = 72.000; 72.000 : 4 = **18.000,00 €** (Wareneinsatz : Umschlagshäufigkeit)
Alternative II	96.000 – 24.000 = 72.000; 72.000 : 12 = **6.000,00 €**
Alternative III	90.000 – 36.000 = 54.000; 54.000 : 3 = **18.000,00 €**

3. Aufgabe

Durchschnittliche Lagerdauer = 360 : Umschlagshäufigkeit	
Alternative I	360 : 4 = 90 Tage
Alternative II	360 : 12 = 30 Tage
Alternative III	360 : 3 = 120 Tage

4. Aufgabe

Lagerzinssatz = Jahreszinssatz x durchschnittliche Lagerdauer / 360	
Alternative I	9 x 90 / 360 = 2,25 %: 2,25 % von 18.000 = **405,00 €**
Alternative II	9 x 30 / 360 = 0,75 %; 0,75 % von 6.000 = **45,00 €**
Alternative III	9 x 120 / 360 = 3,00 %; 3,00 % von 18.000 = **540,00 €**

5. Aufgabe

Für die Alternative I.
Die Alternativen I und III weisen zwar den gleichen Rohgewinn aus; auch die Kapitalbindung ist bei beiden gleich.
Durch die höhere Umschlagshäufigkeit bei Alternative I sind jedoch die Lagerzinsen niedriger.

6. Aufgabe

Warenträger = Fremdfinanzierung.
Umlaufvermögen = Eigenfinanzierung (Selbstfinanzierung = Einbehalten von Gewinnen).

7. Aufgabe

Kontokorrentkredite eignen sich zur kurzfristigen Kreditaufnahme, da sie problemlos in Anspruch genommen
werden können, z. B. zur Ausnutzung von Skonto oder für Zwischenfinanzierungen zur Liquiditätssicherung.
Vorteile: flexible Inanspruchnahme, fehlende Zweckbindung.

8. Aufgabe

- Zusätzliche Lagerkosten
- Kosten für Werbemaßnahmen (zur Einführung der neuen Produkte)

9. Aufgabe

- Durch gezielte Werbemaßnahmen	- Durch Public Relations
- Durch Sonderaktionen	- Durch Sales Promotion

Situation 40

1. Aufgabe

- Gewährleistung einer ständigen Liefer- und Verkaufsbereitschaft des gesamten Sortiments.
- Überbrückung der Zeit zwischen Bestellung und Eintreffen der neuen Ware.
- Ausnützung von Preisvorteilen (Mengenrabatte, Einsparen von Versand- und Verpackungskosten, Wahrnehmung günstiger Angebote)

2. Aufgabe

- Vorratshaltung (bei Standardartikeln)
- Aufbewahrung (bei Saisonartikeln und Aktionswaren, die vor Verkaufsbeginn geliefert werden)
- Platz für verkaufsvorbereitende Aufgaben (Auspacken, Auszeichnen, Umpacken)

3. Aufgabe

- Zweckmäßigkeit (Ware artgemäß lagern) – Gefriergut vor Wärme schützen, Stoffe vor Sonnenstrahlen schützen.
- Übersichtlichkeit (Lager übersichtlich gestalten) – Lagerplan bei Festplatzsystemen
- Sicherheit (Schutz vor Diebstahl, Schutz vor Unfällen)
- Sauberkeit (Einhaltung hygienischer Anforderungen)
- Wirtschaftlichkeit (Vermeidung unnötiger Lagerkosten)

4. Aufgabe

Festplatzsystem	= systematische Lagerplatzordnung. Alle gelagerten Waren werden nach einem festen Lagerplatznummernsystem eingelagert. Ein bestimmter Artikel liegt also immer am selben Ort.
Freiplatzsystem	= chaotische Lagerplatzordnung. Den eingehenden Waren wird ein gerade freier Lagerplatz zugewiesen (meist mit EDV-Unterstützung). Ein bestimmter Artikel hat also keinen festen Platz.

5. Aufgabe

- Damit die Ware jederzeit ohne Qualitätsverlust und Wertminderung zum Verkauf zur Verfügung steht.
- Haltbarkeitsdatum, Zustand der Ware.

6. Aufgabe

6.1	Zu hoher LB: unnötige Kapitalbindung (Zinskosten); erhöhtes Warenrisiko (Verfall, Schwund, Ladenhüter); hohe Bestellkosten.
6.2	Zu niedriger LB: fehlende Verkaufsbereitschaft (Verkaufsstockungen); Umsatzeinbußen durch Kundenverluste.
6.3	Optimaler LB: dann, wenn die Nachteile sowohl eines zu hohen als auch die eines zu niedrigen Lagerbestandes auf ein Minimum reduziert werden können.

7. Aufgabe

Finanz- u. Rechnungswesen. Ziel: geringere Kapitalbindung einerseits, was geringere Lagerbestände zur Folge hat. geringere Bestellkosten andererseits, was eher höhere Lagerbestände bedeutet (Konflikt in sich).
Einkauf. Ziel: Wahrnehmung von Einkaufsvorteilen wie Mengenrabatt und Günstigangebote – hoher Lagerbestand
Verkauf. Ziel: stetige Verkaufsbereitschaft – eher höhere Lagerbestände
Die Zielsetzungen von Einkauf und Verkauf stehen also in Konflikt mit dem Ziel der geringen Kapitalbindung.

8. Aufgabe

Kosten für das Lagergebäude und die Lagerausstattung:	Instandhaltung, Miete, Abschreibung, Heizung,
	Beleuchtung, Kühlung, Reinigung, Zinsen
Kosten für die Verwaltung des Lagers:	Löhne, Gehälter, Büromaterial
Kosten für die eingelagerte Ware:	Verderb, Schwund, Veraltung, Diebstahl,
	Versicherungskosten, Zinsen für gebundenes Kapital

9. Aufgabe

Mindestbestand	= der Bestand, der immer auf Lager sein muss; darf nur in Notfällen angegriffen werden
	(z. B. bei Lieferschwierigkeiten der Lieferanten, bei erhöhter Nachfrage, bei Streik der Zuliefer-
	betriebe). Seine Höhe wird aufgrund von Erfahrungswerten von der Geschäftsleitung festgelegt.
Meldebestand	= der Bestand, bei dem neu bestellt werden muss (Bestellzeitpunkt).
	Formel: Meldebestand = (tägliche Absatzmenge x durchschnittlich Lieferzeit) + Mindestbestand
Höchstbestand	= wird erreicht beim Eintreffen der neu bestellten Ware.

10. Aufgabe

Mindestbestand 20 Stück			
Datum	Zugang	Abgang	Bestand
01. Jan.	-	-	52
15. Jan.	-	19	33
01. Febr.	-	11	22
15. Febr.	70	18	**74**

11. Aufgabe

(a) = Meldebestand	(c) = Mindestbestand
(b) = Beschaffungszeit	Höchstbestand: die obere Linie

12. Aufgabe

Die Bestände laut Lagerdatei (Warenwirtschaftssystem) werden mit den laut Inventur ermittelten tatsächlichen
Beständen verglichen.

13. Aufgabe

13.1

Eigenlagerung: Die Lagerräume sind Eigentum des Warenhauses Peter Kolb OHG.
Fremdlagerung: Die Lagerräume befinden sich in fremdem Eigentum (z. B. gemietete Lagerräume).

13.2

Eigenlagerung: 500 x 6,50 = 3.250,00 (variable Kosten) 2.000 + 1950 + 50 = 4.000,00 (fixe Kosten) = 7.250,00 (Gesamtkosten)	Fremdlager: 500 x 15,00 = 7.500,00 € Die Eigenlagerung ist um 250,00 € günstiger.

Situation 41

1. Aufgabe

Team	= besonders arbeitsteilige und leistungsorientierte Arbeitsgruppe.
Teamarbeit	Bei der Teamarbeit sind die Aufgabenbereiche unter den Mitarbeitern verteilt, wobei jeder für seinen Bereich verantwortlich ist.
Vorteile	- Freisetzung von Kreativität
	- Nutzen und Integrieren von vorhandenem Wissen (Ideenvielfalt)
	- Zunahme von Arbeitsmoral und Arbeitszufriedenheit (stärkere Motivation)
	- Stärkere Identifizierung der Mitarbeiter mit dem Unternehmen (besseres Betriebsklima)
	- Verbesserung des Informationsflusses
	- Verbesserung der gegenseitigen Unterstützung der Mitarbeiter
	- Effizienteres Arbeiten
	- Bessere Konfliktlösung
Nachteile	- Kompetenzstreitigkeiten (z. B. bei negativer Teamentwicklung, schwachem Teamleiter)
	- Hoher Zeitaufwand zur Konfliktbewältigung
	- Gefahr des Eingehens schlechter Kompromisse
	- Geringere Arbeitsleistung durch zuviel Rücksichtnahme
	- Motivationsverlust bei Teammitgliedern, die nicht „zum Zuge kommen"

2. Aufgabe

Kooperationsfähigkeit	Teamarbeiter müssen bereit sein, sich in eine Gruppe zu integrieren, sich gegenseitig zu unterstützen und Kompromisse einzugehen.
Kommunikationsfähigkeit	Teamarbeiter sollten ihr Wissen und die erarbeiteten Problemlösungen weitergeben und offen sein, Wissen von anderen anzunehmen.
Kritikbereitschaft	Teamarbeiter sollten sachlich begründete Kritik akzeptieren und sich selbst kritisch einschätzen können. Rückschläge sollten ohne Schuldzuweisung verarbeitet werden können.
Konsensfähigkeit	Teamarbeiter sollten bestrebt sein, Übereinstimmung mit anderen zu erzielen, ohne dabei das eigene selbstständige Denken zu vernachlässigen.

3. Aufgabe

An welcher Stelle im Warenhaus soll die Sonderfläche eingerichtet werden (Standortfrage)?
Welche Produkte sollen während der Aktion angeboten werden (Produkt- bzw. Sortimentsfrage)?
Wie lange soll die Aktion dauern (Zeitfrage)?
Mit welchem Personal ist die Aktion durchzuführen (Personalfrage)?
Welche verkaufsfördernden Maßnahmen sind während der Aktion durchzuführen (Eventfrage)?
Wie ist die Aktion zu bewerben (Werbeträger-/Werbemittelfrage)?
Woher sind die erforderlichen Produkte günstig und zeitgerecht zu beschaffen (Beschaffungsfrage)?

4. Aufgabe

Teamleiter soll	- eventuell einen Schlichter hinzuziehen.
- sich neutral und unvoreingenommen verhalten.	- mit den streitenden Parteien Gespräche führen.
- beruhigend auf streitende Parteien einwirken.	- streitende Parteien ihren Standpunkt darlegen lassen.
- zuhören, nachfragen, zusammenfassen.	- negative und abwertende Kommentare unterbinden.
- versuchen zu vermitteln.	- Lösungsfindung vorbereiten, auf Kompromiss hinarbeiten.

5. Aufgabe

Verkaufsfördernde Maßnahmen	Begründung
Produktvorführung/Proben	Fördern den Kontakt „Kunde-Ware“, wirken kaufanreizend
Gewinnspiel, Verlosung	Macht die Aktion „interessant“ für den Kunden, unterstützt den „Aktionscharakter“
Kundenpräsente als Zugabe für den Einkauf	Kann Kaufanreiz steigern, Hemmschwellen senken, dient als sinnvolle Ergänzung, steigert die Produktverwendung
Aktionsrabatte	Unterstützen die Aktion, fördern den „Aktionscharakter“, stellen Kaufanreiz dar
Verpflegung der Kunden zu günstigen Preisen	Erhöhung der Kundenfrequenz
Weit sichtbare Attraktionen, Werbeständer oder produktbezogene Besonderheiten	Erregen Aufmerksamkeit beim Kunden

6. Aufgabe

„Ab nächsten Montag – Italienische Woche beim Warenhaus Peter Kolb OHG:“
„Alles aus Italien - was das Herz begehrt“.
„Probieren Sie ....“
„Spielen Sie mit bei unserem Gewinnspiel – gewinnen Sie eine Reise in die Toskana!“
„Lassen Sie sich von uns verwöhnen – mit italienischen Köstlichkeiten!“
„Verbringen Sie mit Ihrer Familie einen schönen Nachmittag – in italienischem Flair!“

7. Aufgabe

Größe und Format	Layout
Platzierung in der Zeitung	Bilder, Grafiken
Tag der Erscheinung	Farbgestaltung
Logo und Schriftart	Werbebudget, Kosten der Anzeige

8. Aufgabe

Schaufensterwerbung:	Geeignet; vielleicht noch mit Handzetteln und Displaywerbung im Verkaufsraum unterstützen
Bayer. Rundfunk	Ungeeignet, zu teuer, überregional; wenn Rundfunkwerbung dann Regionalrundfunk

9. Aufgabe

Feedback	= Gesprächsform, um anderen etwas darüber zu sagen, wie man sie sieht, bzw. zu erfahren, wie andere einen selber sehen.	
Regeln	- Gut zuhören	- Andere ausreden lassen
	- Positives bekräftigen	- Keine Vorwürfe erheben
	- Sachlich bleiben	- Keine Rechtfertigungen geben
	- Nicht persönlich werden	- Keine Anweisungen erteilen

Situation 42

1. Aufgabe

- Bereitschaft zur engagierten Mitarbeit	- Auf Termine einigen
- Vorschläge und Ideen anderer akzeptieren	- Termine einhalten
- Den anderen Teamitarbeitern zuhören	- Sinnvolle Verteilung der anstehenden Aufgaben
- Informationen austauschen	- Gegenseitige Unterstützung
- Kompromissbereitschaft	- Bereitschaft, Übereinstimmung mit den anderen zu finden

2. Aufgabe

- Handhabung und Verwendungsmöglichkeiten
- Besonderheiten gegenüber normalen Crosstrainern (neues Klappsystem)
- Sicherheitshinweise und Pflegetipps
- Preisargumente
- Leistungsvermögen des Trainingscomputers

3. Aufgabe

„Fit in den Tag“	„Die Quelle Ihrer Fitness“
„Moderne Technik – Ihre Fitness“	„Schlapp war gestern“
„Ihre Gesundheit – unsere Anliegen“	„Clever fit“

4. Aufgabe

Zeitungsbeilage	Plakate	Produktflyer (mit Hinweis auf web-Site)
Anzeige in Regionalzeitung	Handzettel	Lokale Kinowerbung
Radiospot im lokalen Radiosender	Lautsprecherdurchsagen	Buswerbung

5. Aufgabe

- Höhere Aufmerksamkeit	- Vermittlung von Fachkompetenz
- Verstärktes Kundeninteresse	
- Absatz-, Umsatz-, Gewinnsteigerung	

6. Aufgabe

Das Feedback ist eine Gesprächsform, anderen etwas darüber zu sagen, wie ich sie sehe bzw. zu lernen, wie andere
mich sehen. Feedback besteht daher aus zwei Komponenten, nämlich dem **Feedback-Geben** und dem **Feedback-**
Nehmen. Jeweils am Ende einer Arbeitssitzung, einer Gruppenarbeit oder auch einer Präsentation, kann dieser
Austausch stattfinden, um aus konkreten Erlebnissen zu lernen und seine Argumentationstechnik, sein Auftreten in der
Gruppe, seine Präsentationstechnik und sein Präsentationsverhalten zu verbessern.

7. Aufgabe

- Ich will den anderen darauf aufmerksam machen, wie ich sein Verhalten erlebe und was das für mich bedeutet.
- Ich will den anderen über meine Bedürfnisse und Gefühle informieren, damit er darüber informiert ist, worauf er
besser Rücksicht nehmen könnte.
- Ich will den anderen darüber aufklären, welche Veränderungen in seinem Verhalten mir gegenüber die
Zusammenarbeit mit ihm erleichtern würden.

8. Aufgabe

Feedback geben: - ohne Vorwurf	Feedback nehmen: - Aufmerksam zuhören
- Sachlich, nicht persönlich	- Verständnisfragen stellen
- Ich sagen statt du (Ich-Botschaft formulieren)	- Nur berücksichtigen, was einen selbst betrifft
- Keine Rechtfertigungen oder Anweisungen	- Nicht rechtfertigen oder verteidigen
- Mit positivem Feedback beginnen	- Für Rückmeldungen bedanken

Situation 43

1. Aufgabe

- Die Verkäuferin versucht sich vor versammelter Mannschaft zu rechtfertigen.
- Zwischen Abteilungsleiter und Verkäuferin entwickelt sich ein Spannungsverhältnis.
- Das Verhältnis zwischen Abteilungsleiter und den übrigen Mitarbeitern verschlechtert sich.
- Die Motivation der Verkäuferin, es im nächsten Verkaufsgespräch besser zu machen, ist nicht besonders hoch.
- Es regt sich ein innerer Widerstand gegen den Abteilungsleiter.
- Die Bereitschaft, dem Abteilungsleiter zuzuhören, sinkt.

2. Aufgabe

So wie er es sagt, kann es von der Verkäuferin als Vorwurf aufgenommen werden, auch wenn er ihr nur den Sachverhalt mitteilen wollte.

3. Aufgabe

„Den Kunden fällt die Kaufentscheidung leichter, wenn sie sich verstanden fühlen. Verkaufsargumente sollten daher exakt auf den Kundenwunsch zugeschnitten sein.“

4. Aufgabe

Hier wurde richtiges Feedback gegeben: Die Mitteilung ist
- vorwurfsfrei
- sachlich und nicht persönlich
- ich- und nicht du-bezogen
- anweisungsfrei.

Dadurch wird der Verkäuferin ein Spiegel vorgehalten, ihr Verhalten wird vorwurfsfrei und sachlich widergespiegelt.

5. Aufgabe

Hier handelt es sich um ein positives Feedback. Man erspart sich so das negative Feedback. Dies kommt bei den Mitarbeitern besonders gut an, da die direkte Kritik wegfällt. Dies hat zur Folge, dass das Verhältnis zum Vorgesetzten ungetrübt bleibt.

Situation 44

1. Aufgabe

Betriebliche Kommunikation findet statt
- zwischen Mitarbeitern im Unternehmen
- zwischen Unternehmen
- zwischen Unternehmen und Kunden.

2. Aufgabe

Innerbetriebliche Kommunikation	Informationsaustausch zwischen der Geschäftsleitung und den Mitarbeitern sowie zwischen den Mitarbeitern untereinander in einem Betrieb. Medien: Telefon, Sprechanlagen, E-Mail, Intranet
Außerbetriebliche Kommunikation	Informationsaustausch zwischen Betrieben, dem Betrieb und öffentlichen Einrichtungen, dem Betrieb und privaten Haushalten. Medien (mündlich): Telefon, Handy, ISDN, Medien (Text und Bild): E-Mail, Telefax, Bildschirmtext, Briefpost

3. Aufgabe

Verbal	Informationsübermittlung erfolgt durch das Gespräch (Meeting, Konferenz, Aussprache, „Schwätzchen")
Nonverbal	Informationsübermittlung durch Mimik, Gestik, Blickkontakt, Körpersprache (Gefahr der Missdeutung), aber auch durch Zeichen (Verbots-, Gebots-, Achtungszeichen)
Schriftlich	Informationsaustausch durch geschriebenes Wort, oft mithilfe von Vordrucken (z. B. Telefonnotizen, Umlaufzettel, Kurzmitteilungen), aber auch durch freie Texte (Mitarbeiterinfos, Rundschreiben).

4. Aufgabe

Internet	= Das Internet ist die Gesamtheit aller weltweit zusammengeschlossenen Computer-Netzwerke, die nach einem standardisierten Verfahren miteinander kommunizieren. Verbunden sind Unternehmen, Universitäten und Schulen, staatliche Einrichtungen und private Nutzer.
Intranet	= Intranet ist die Bezeichnung für ein firmeneigenes Computernetz, das dem Internet nachempfunden ist und dazu dient, Mitarbeitern firmeninterne Inhalte zu vermitteln. Dabei ist der Zugriff nicht räumlich begrenzt. So können z. B. die Mitarbeiter von Unternehmen mit Standorten in verschiedenen Ländern auf dasselbe Intranet zugreifen.

5. Aufgabe

Wörtlich übersetzt: "Versorger". Provider versorgen die Nutzer des Internet mit dem Zugang ins Netz, mit Leitungskapazität mit Serverplatz oder mit den eigentlichen Seiten, dem Inhalt (manchmal auch alles gleichzeitig).
Kurz: Provider sind Unternehmen, die gegen Gebühr den Zugang zum Internet ermöglichen.

6. Aufgabe

Homepage	Anfangsseite einer Website.
Website	Sie besteht aus einer Homepage und Folgeseiten. Website ist also das ganz Angebot eines Anbieters im Internet.

7. Aufgabe

E-Business	Geschäftsvorfälle, die über das Internet abgewickelt werden.
E-Commerce	Elektronische Vermarktung von Waren und Dienstleistungen.
E-Banking	Elektronischer Geldverkehr.
E-Marketing	Alle unternehmerischen Aktivitäten, über das Internet am Markt aufzutreten.
E-Procurement	Elektronische Beschaffung.
E-Learning	Lernprozesse, die durch das Internet unterstützt werden.

8. Aufgabe

Vorteile	Nachteile
- Steigerung des Bekanntheitsgrads – mehr Kunden	- Risiko des Vireneinfangs
- Schnelles Erreichen der Kunden (per E-Mail)	- Bekanntheitsgrad birgt Risiko für Spams.
- Schnelle und umfassende Information der Kunden (Newsletter)	- Kunden nicht bekannt, Risiko des Zahlungseingangs
- Zeit- und Kostenersparnis durch E-Mails	- Angabe von falschen Daten auf Bestellformular
- Unkomplizierte Bestellung durch vorgegebenes Bestellformular	- Zeitaufwand durch ständiges Abrufen der E-Mails

Situation 45

1. Aufgabe

E-Mail kommt vom englischen *electronic mail* und bedeutet „elektronische Post“ oder auch „elektronischer Brief“.
Dabei handelt es sich um eine auf elektronischem Weg über Computernetzwerke übertragene Nachricht.

2. Aufgabe

Spams (auch Junks) sind unerwünschte auf elektronischem Weg übertragene Nachrichten. Diese werden dem Empfänger un-
verlangt zugestellt. Lästig dabei ist der häufig damit verbundene werbende Inhalt.

3. Aufgabe

Das Aussortieren kostet Arbeitszeit.	Die dadurch überhöhte Datenmenge muss finanziert werden.
Filter müssen beschafft und eingerichtet werden.	Der normale E-Mail Verkehr kann beeinträchtigt werden.
Anhänge können Viren enthalten.	

4. Aufgabe

- Sender und Empfänger müssen nicht zur gleichen Zeit aktiv werden.
- Kommunikation weltweit möglich, da überall gleicher Standard
- Nutzung rund um die Uhr möglich
- Nutzung überall (von jedem Telefonanschluss) möglich
- Versand von Daten aller Art (vom einfachen Text bis zu multimedialen Dokumenten) möglich
- Kostengünstig und entfernungsunabhängig
- Die in elektronischer Form vorliegenden Daten können gut weiterverarbeitet werden (Archivierung, Verwaltung).
- Schnelle Datenübermittlung

5. Aufgabe

- E-Mails tragen keine Unterschriften (geschäftliche Transaktionen erst nach Realisierung des Signaturgesetzes möglich)
- Keine (oder seltene) Rückmeldung über Erhalt der Nachricht
- Fehlende Authentizität und Sicherheit (wenn keine Verschlüsselung vorliegt)
- Datenflut durch Spams
- Gefahr der Übermittlung von Viren, Würmern, Trojanern

6. Aufgabe

- Über Datenträger wie CDs, externe Festplatte,
- Über das Internet (oft schon beim Verbindungsaufbau)
- Über Heim- und Firmennetzwerke (wenn eine Einheit befallen ist.)

7. Aufgabe

- Plötzliches ungewöhnliches Verhalten des Computers
- Dateien lassen sich nicht mehr öffnen-
- Verzögertes Starten, deutlich langsameres Arbeiten

8. Aufgabe

Firewall: Sie überwacht die Programme, die Daten ins Internet schicken bzw. aus dem Internet erhalten. Dabei erkennt die Schutzsoftware, ob das jeweilige Programm dies darf oder nicht (vom Nutzer selbst festlegbar). Ist also ein unbekanntes Programm dabei, schlägt die Firewall Alarm. Der Nutzer kann dann entscheiden, ob die Datenübertragung stattfinden darf. (Beispiel: Abwehr einer neuen Spionagesoftware).
Virenschutzprogramme: Sie untersuchen den Computer und alle neu hinzukommenden Dateien auf Virenbefall. Wird ein Schädling entdeckt, verhindert die Software den Zugriff auf die entsprechende Datei, sodass das Virus nicht gestartet wird. Außerdem versucht die Software, das Virus zu löschen. Sollte dies nicht gelingen, wird das Virus zumindest so isoliert, dass es keinen Schaden anrichten kann.
Anti-Spionagesofware: Sie sind darauf spezialisiert, Spionage-Programme abzuwehren. Die Arbeitsweise dabei ist ähnlich wie die der Virenschutzprogramme.

9. Aufgabe

Datenschutz: Daten werden vor unberechtigtem Zugriff geschützt.
Datensicherheit: Daten werdem vor Verlust oder unberechtigten Veränderungen geschützt.

10. Aufgabe

Datenverlust:	Datenmissbrauch:
- Zerstörung durch Computerviren	- Diebstahl des Passwortes, unerlaubte Nutzung der Daten
- Ausspionieren relevanter Daten	- Unerlaubte Kopien von Daten
- Diebstahl von Datenträgern	- Versehentlicher Versand von Daten an Unbefugte
- Veräußerung von Daten, die nicht sicher gelöscht waren	- Unverschlüsselter Versand von E-Mails

Situation 46

1. Aufgabe

Treffen Handlungsabsichten, Erwartungen, Wünsche und Ziele, die miteinander konkurrieren bzw. gegensätzlich sind, aufeinander und jede Seite ihre Ansicht als die allein Richtige ansieht, so entstehen Konflikte.

2. Aufgabe

Sachkonflikt	Beziehungskonflikt
Wer hat Vorfahrt?	Wieso wird der Kollege besser beurteilt als ich?
Wer war Schuld an einem Unfall?	Warum wurde nicht ich befördert?
Wer bekommt über Weihnachten Urlaub?	Warum hat die Kollegin wichtige Informationen zurückgehalten?

3. Aufgabe

- durch ein klärendes Gespräch, - durch bessere Informationsversorgung
- durch klare Anweisungen und Kompetenzabgrenzungen

4. Aufgabe

- durch Hinzuziehen einer neutralen dritten Persond (Konfliktmanager)
- durch professionelle Mediation